U0637666

鸣　谢

感谢中国·关公文化遗产保护基金会、中国宗教学会宗教经济学分会、山西解州关帝庙文物保管所、河南洛阳关林管理处、河北涿州三义宫旅游开发有限公司、山东省海阳市沛溪书院等对本书出版的支持！

关公文化研究丛书

主编／雷中喜

关公文化学

王志远　康宇　著

中国社会科学出版社

图书在版编目（CIP）数据

关公文化学／王志远，康宇著 . —北京：中国社会科学出版社，2015.11
（关公文化研究丛书）
ISBN 978 – 7 – 5161 – 7001 – 4

Ⅰ . ①关…　Ⅱ . ①王…　②康…　Ⅲ . ①关羽（160～219）—文化研究
Ⅳ . ①K825.2

中国版本图书馆 CIP 数据核字（2015）第 261664 号

出 版 人	赵剑英	
责任编辑	黄燕生　王　琪	
责任校对	王佳玉	
责任印制	王　超	

出　　版	中国社会科学出版社	
社　　址	北京鼓楼西大街甲 158 号	
邮　　编	100720	
网　　址	http://www.csspw.cn	
发 行 部	010 – 84083685	
门 市 部	010 – 84029450	
经　　销	新华书店及其他书店	

印　　刷	北京君升印刷有限公司
装　　订	廊坊市广阳区广增装订厂
版　　次	2015 年 11 月第 1 版
印　　次	2015 年 11 月第 1 次印刷

开　　本	710×1000　1/16
印　　张	31.5
字　　数	537 千字
定　　价	98.00 元

凡购买中国社会科学出版社图书，如有质量问题请与本社营销中心联系调换
电话:010 – 84083683

2003 年荆州关帝庙开光法会

荆州出土的宋代关公像

关羽濑

恭城"关帝诞"万人巡游

金代西夏黑水城武安王神像

南宁二王庙中的关朗灵神像

明代关羽傩面具

荆州傩面具展展出的方相氏面具

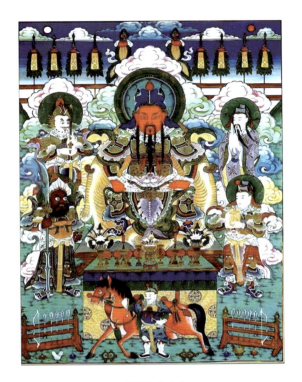

西藏关公唐卡

彝族大刀舞中的红面傩神

2010 年 9 月，山西运城建成 61 米关公立像

明代宫廷画家商喜作品《关公擒将图》

清末北京正阳门关帝庙关公神像

"活关公"张自忠将军

中国远征军抗战老兵尤广才在台儿庄关帝庙的留影

中国香港大澳关帝古庙

2014 年 12 月中国台湾金门 23 家宫庙回漳州东山关帝庙晋香

中国台湾日月潭文武庙

日本横滨关帝庙

韩国首尔关帝庙庙额

越南会安男人寺

美国德州关帝庙

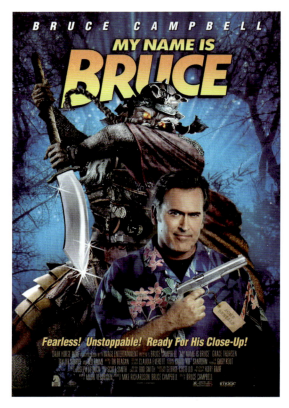

我叫布鲁斯（海报）

澳大利亚新金山关帝庙内景

序

文化建设和精神楷模

关公文化源远流长，作为学术研讨也是很久以来就陆陆续续在进行，"2012 中国荆州国际关公文化学高峰论坛"首次提出了"关公文化学"的概念，但是，最终成其为书者，本书大概是第一部。荆州市政协刘作忠先生为《关公文化学》的编纂和出版奔走操劳不遗余力。中国荆州关公文化学研究会副会长陈元芳先生也在 2015 年 2 月发表文章《关于建立关公文化学的思考》，提出了很好的设想。类似的文章还见于其他报纸杂志。荆州市政协可以说是振兴关公文化的大功臣之一。正是在这样的背景下，本书应运而生。

其实，关公文化学的第一人，还要数胡小伟先生。

我与胡小伟先生当年都是中国社会科学院研究生院的研究生，毕业后又同时供职于中国社会科学院，只不过他在文学所，我在宗教所。他这个文学研究者，剑走偏锋，对关公文化情有独钟，几十年孜孜不倦，写下百万言的关公文化专著，特别是从历史考据的角度做了大量工作。无论是文献资料还是田野调查，他稳健翔实，极尽所能，不愧为"中华关公文化研究第一人"！借"关爷"的光，我们习惯用北京的土话称呼他"胡爷"。

所惜天妒其才，哲人其萎，出师未捷，胡爷长作酒中仙，猝然驾鹤西去，给我们留下无限惆怅。

我与胡爷交情甚笃，也由于我研究佛教，不可回避地要涉及关公，因此，常常被他请到有关关公的学术研讨会上。胡爷对关公文化了如指掌，旁征博引，谈笑风生，振聋发聩，至今言犹在耳，使我终生难忘。

由于胡爷走得太急，一部《关公文化学》的重担竟然落在胡爷和我的得意门生康宇身上，康宇年轻谦逊，执意请我担纲。几番推脱，最后一句话，要了却胡爷的遗愿，成为我对此书写作的承诺。

　　既然斗胆称"学"，一定要铺列张陈，条分缕析，综述百家，阐明己见。其中关键，是建立一个研究关公文化的科学体系，拨开历史迷雾，探寻其中真相。"究天人之际，通古今之变，成一家之言"是每一位严肃认真的学者的理想。我们为此而努力。但是，尽管我们已经竭尽全力，仍然难免挂一漏万，其中疏漏与谬误，还有待学界同人不吝赐教。期望以此抛砖，引来关公文化研究的新繁荣、新成就。

　　借此序言的机会，我还想把最近拜读关公文化保护基金秘书长修崃荣先生的几篇文章后的一点感想奉献给本书的读者。

　　关公，又称关圣。

　　中国人能够称圣的不多，历朝历代，只有孔子是大家公认的万世师表，自然无愧于圣人之称。虽然近代以来圣人为中国的衰落背了不小的黑锅，但是一旦到了太平盛世，人心思定，还是要重温他为中国人留下的圣经——《论语》，蕴养中国人的灵魂。

　　用孔子思想塑造灵魂最成功的中国人，甚至因而也能称为圣人的，唯一的就是本书极为推崇的这位，关公，关圣！孔子是文圣，关公是武圣。其实，所谓"武"，不过是他的才能和职务的标志，比"武"更重要的，是他在孔子《春秋》大义滋养下成就的道德力量。孔子有三千弟子，七十二贤人，孔子后人中有曾子、孟子、荀子，甚至可以延续到董仲舒、程颢、程颐、朱熹、陆象山、王阳明，乃至曾文正公。虽然他们可以入孔庙配享，却无一人可以称圣。孟子也只是亚圣而已。称圣的，唯有一人，关羽、关云长、关圣帝君。

　　说关公是儒家最成功的代表，新儒家们恐怕都会愕然失色。我孤陋寡闻，确实还没有听说国际儒联或孔子学会之类的儒学机构中或者杜维明之流的世界级儒学家的言论中，给过关公什么地位，或者评价过他曾经或现在可能为中华文化的伟大复兴发挥什么作用。他们始终在象牙之塔里憧憬着儒学的再生。

　　但是修崃荣先生和他的伙伴们却不这样看。他们从最广大的民众的角度，从普通中国人的道德信仰植被应该得到保护的角度，提出了新的看法。

　　我为之点赞。

　　中国人绝非没有信仰。说中国人没有信仰的人们，大多根本就不尊重中国人的固有信仰，一概斥之为"封建迷信"。六十多年前，老百姓都知道"举头三尺有神明","人在做,天在看"。那时候,由于五四运动的影响,颇有以骂孔子为能事的,但是几乎没有敢于骂关公的,因为关公在当时人的心目中,不仅是神,而且是极有威严、极有威力的代表正义的神。一切猥琐的鬼魅都惧怕他,认为亵渎他就会受到惩罚。

饰演关公的戏剧演员在上场前一定要在关公的神主前拜上三拜,请关公显圣。同行则没有一个敢在拜过神主的关公演员面前嬉闹。关公显圣的传说使一切敬畏都变得极其自然与合理。

关公的神圣,实为"神道设教"的一种典范,成为教化普通民众筑牢道德底线的一种推动力量。

没有敬畏就没有信仰。许多人在叹息中国人没有信仰的时候,却忘记或根本没想到过"敬畏"这两个字。只有丝毫不可以亵渎的敬畏才是信仰的内在基础!失去敬畏,什么信仰也建立不起来!

关公一生,可谓神勇,几乎百战百胜。麦城一役,殆于内奸,非战之过,虽败犹荣。关公一生,为信而忠,为仁而义,"威武不能屈,富贵不能淫,贫贱不能移",是顶天立地的真正大丈夫精神的楷模。信义二字,是关公以生命来书写的。所以,士农工商,无不因"信"而敬他,因"义"而畏他,推人而及于鬼神,皆敬畏如仪。

我们为什么要推崇优秀传统文化?因为失去传统就失去了民族精神的根,失去传统就失去了我们赖以得到荫庇的一棵五千年岁月长成的大树。

复兴传统文化要达到什么目的?就是要在中华民族伟大复兴的进程中润泽中国人的灵魂,涵育中国人的道德和信仰,使每一个中国人在世界之林中能够自豪地抬起信义的头颅。

如何才能丰盈灵魂,坚定信仰?唯有敬畏,唯有在每一个人心中树立一个值得敬畏的楷模。

本书希望能够为树立这样一位值得敬畏的英雄楷模而做出学者所能做的一点点贡献。

兹以为序。

王志远

中国社会科学院研究员

2015 年 7 月 25 日于北京沛溪堂

目　录

绪　论

一

关羽是家喻户晓、妇孺皆知的历史人物，同时又是三教敬奉、历代崇封的著名神祇，所谓"汉封侯、宋封王、明封大帝；儒称圣、释称佛、道称天尊"，至今他的影响仍然能够圆融儒道佛、和睦多民族、覆盖全社会、延及海内外。关羽所代表的关公文化已不仅是中国传统文化的重要组成部分，更是一种独立的且拥有强大精神力量的中华文化传统。

自 1990 年开始至 2012 年 10 月 30 日，全国学术期刊发表与关公相关的论文已有 1692 篇。其中博士论文 12 篇，硕士论文 86 篇，会议论文 47 篇。从学科分类上来看，中国历史占 854 篇、中国文学占 388 篇、传播学 115 篇、旅游学 110 篇，宗教学 94 篇、文化学 87 篇。[①] 这表明，关公文化的研究在事实上已经形成了多学科、多角度参与的学术局面，这就在理论上为创立"关公文化学"奠定了基础。

不过，对于关公文化的现代方式研究却是从西方国家开始的。俄罗斯著名学者李福清（Борис Лъвович Рифтин）曾在他的著作中写道：

> 关公信仰这个题目并不是新的题目，有许多国家的学者从 19 世纪中叶就开始专门讨论这个问题。[②]

从目前所知的资料来看，西方最早论述关公文化的专著是传教士白奇

---

① 数据来源于"中国知网"（http://www.cnki.net）。
② 李福清：《关公传说与关帝信仰》，辑入《古典小说与传说——李福清汉学论集》，中华书局 2003 年版，第 61 页。

（Birch）在 1840 年所作的《解析中国之四：关帝保佑》（*Analecta Sinensia，No. 4：The Kwan Te Paou Heum*）。而中国则以 1929 年容肇祖在广州《民俗》杂志发表的《关帝显身图说》为最早。第二年（1930 年），叶镜铭先生又在《民俗周刊》上发表了文章《关云长是龙血变成的》，可谓是以民俗视角研究关公文化的开山之作。此后因为时局动荡，中国的关公文化研究基本处于停滞状态。

1949 年之后，中国大陆学者开始以当时流行的阶段分析法研究《三国演义》（全称《三国志通俗演义》）中的关羽形象，如李希凡的《论中国古典小说的艺术形象》（1959 年）一书中收入了他的论文《〈三国演义〉里的关羽形象》。文章认为虽然小说也批判地描写了关羽的刚愎自用、骄傲自负，但是"整个来说，关羽的形象，却分明是罗贯中作为一个'理想'英雄的典型创造出来的"。而且，"关羽之成为人们心目中的'忠义'的完人，却也并不始自《三国演义》"①。李希凡的文章主要从文学创作的立场为后人提供了一个比较综合的研究视角。

20 世纪 80 年代，美国芝加哥大学历史系教授杜赞奇在他的著名论文《文化、权力与国家：1900—1942 年的华北农村》中列举了大量 1940—1942 年日本满铁株式会社在中国华北地区对关公信仰所进行的田野调查资料，并设专节讨论关羽是"华北地区的保护神"的问题，他写道：

> 乡村精英通过参与修建或修葺关帝庙，使关帝越来越摆脱社区守护神的形象，而成为国家、皇朝和正统的象征。……关帝圣像不仅将乡村与更大一级社会（或官府）在教义上而且在组织上连接起来。

杜赞奇认为遍布城乡的关帝庙就是中国传统社会中"国家政权建设"和"权力文化网络"的"交叉点"。这篇论文曾先后荣获 1989 年度的美国历史学会费正清奖以及 1990 年度的亚洲研究学会列文森奖。在此前后，杜赞奇又撰写了论文《刻划标志：中国战神关帝的神话》，对关公在国家、民众和大众宗教之间的关系进行了阐释，关公文化也因此在世界范围内得到了更多学者的关注。

实际上，自 20 世纪中后期以来，东西方学界对关公的研究就从未停

---

① 刘海燕：《关羽形象与关羽崇拜的演变史论》，博士学位论文，福建师范学院，2002 年。

止过，目前已有众多的相关学术论著发表或出版，如：德国学者格勒诺特·普鲁罗的《关圣教——中国古代神仪式 20 世纪在韩国复活》、俄罗斯学者李福清的《关公传说与〈三国演义〉》，美国学者鲁尔曼也曾在《中国通俗小说与戏剧中的英雄形象》一书中专章论述关羽，并认为他是一位"综合型的英雄"。此外，韩国学者具银我的《首尔的关帝庙与关帝信仰》、日本学者伊藤晋太郎《关公的书信与单刀会——再谈关羽文献的本传》，中国台湾学者洪淑苓的《关公"民间造型"之研究——以关公传说为重心的考察》也都是不可多得的学术佳作。

自 1988 年开始，中国社会科学院文学所研究员胡小伟先生已经在中央电视台多个频道栏目以及上海电视台、山西电视台、陕西电视台、江西电视台等十余个省级电视台讲述关公文化，并应国家图书馆、首都图书馆、山西省委领导干部历史文化讲座、安徽亳州市委市政府历史文化讲座等单位邀请作关公文化的专门讲座。虽然在人文社会科学领域的研究中，人们普遍对于"文化"的概念存在某些歧义，但将其理解为经演化过程而积淀下来的社会规范则是相当多的社会学者所认可的。就胡小伟所从事的研究来说，"关公"不仅是一个历史人物，不仅是一个文学形象，更是在中国长期的社会历史演化中凝结成的社会规范现象，是社会规范的人格化。① 在《中国文化史研究：关公信仰研究系列》《关公崇拜溯源》② 等学术著作中，胡小伟用社会科学的研究方法，以跨学科共进为研究理念，将关公文化阐述得淋漓尽致，因此他也被海内外的各大媒体誉为"关学泰斗"。

"关学"一词最初出现于 1993 年，在香港《明报月刊》第 12 期发表的香港大学著名学者饶宗颐的文章《新加坡：五虎祠——谈到关学在四裔》中，饶先生已率先提及"关学"之说，可惜语焉不详。

2001 年，中国社会科学院学术交流委员会与台湾民主基金会、世界龙冈亲义总会等组织合作在河北涿州举办了"中国历史上的关羽学术研讨会"，此次研讨会汇集了两岸哲学、文学、历史、政治、宗教、新闻传

---

① 引自北京大学社会学系教授刘世定先生对《关公文化学》的评议意见。

② 胡小伟《中国文化史研究：关公信仰研究系列》为五卷本学术著作，分别为《伽蓝天尊——佛道两教的关羽崇拜》《超凡入圣——宋代儒学与关羽崇拜》《多元一统——元代关羽崇拜》《护国佑民——明清关羽崇拜》《燮理阴阳——〈关帝灵签〉祖本及其研究》，香港科华图书出版公司 2005 年版。《关公崇拜溯源》为上、下两册，北岳文艺出版社于 2009 年出版。

播等多学科的专业学者进行讨论，说明关公文化的研究已是一个需要多学科共同关注的话题。在这次会议上，又有学者提到了"关学"。

2007年以来，胡小伟先后应邀为北京大学社会学系、中国社会科学院世界宗教研究所、中央民族大学、中国政法大学、上海师范大学、许昌学院、福建漳州师范学院、四川省社会科学院、四川师范大学、四川西华师范大学、宜昌三峡大学、荆州长江大学等进行关公文化讲座20余次。2011年6月，胡小伟应厦门大学人文学院邀请，为其中文、历史、哲学、民族及人类学四系十数个专业的本科及研究生做过半个月的"关公文化讲座"，每讲分别应对该院所设四个一级学科以及社会学专业师生。每次讲演完毕，学生们都会起立鼓掌，表示感谢。

在胡小伟努力研究和推广关公文化的同时，越来越多的学者对这个命题产生了浓厚的兴趣，大量与关公文化有关的学术专著和论文在国内不断涌现。这似乎在催生一种新的学科的出现，即"关学"（关公文化学）的诞生。部分学者认为，"关学"作为一门独立的研究中国人的英雄主义文化的学问理应存在于当今的学术领域之中。

2012年6月17日，"2012中国荆州国际关公文化学高峰论坛暨湖北壮腰工程招商大会"在湖北省荆州市隆重举行。海内外关公文化学者、关氏后裔、商界精英会聚关公文化的发源地，共同祭祀关公，探讨关学。此次盛会的主办方之一荆州市政协的负责人在会议间隙与胡小伟等多位专家学者进行了广泛而深入的交谈，他们一致认为，关公文化在中国传统文化中的地位极其重要，但涉及的学科既多且杂，需要单独设立学科才能够更好地研究、继承和发展这种文化，并应该让关公文化为中国特色的社会主义事业发挥更加积极的作用，原荆州江陵县地方志办公室主任浦士培先生还专门为此撰写了《建立中国关学刍议》一文。至此，在荆州市政协与胡小伟先生的倡议下，"关公文化学"的课题终于得到确立，与之相关的准备工作也开始列入日程。

2014年7月20日，中国文物保护基金会在京举办"关公精神的现代化意义"研讨会，会上同时宣布，"中国文物保护基金会关公文化遗产保护专项基金管理委员会"成立。这是我国第一个旨在保护关公文化遗产、弘扬关公文化精神的全国性公益组织。加快对有关关公的物质文化和非物质文化遗产的全面发掘、整理、保护和研究，将成为"关公文化遗产保护专项基金管理委员会"的重要责任与使命。

中国"八大关庙"的负责人与"关公文化遗产保护专项基金管理委员会"全体成员发起倡议书，并承诺：在中国文物保护基金会领导下，将践行保护关公文化遗产的神圣使命，弘扬"关公精神"，为传承中华民族优秀传统文化作出贡献。

修正药业集团现场捐资 100 万元人民币，用以保护关公文化遗产、弘扬中华民族正气的"关公文化精神"。

二

备受海内外关注的关公文化为何在从前的历史上没有形成专学呢？胡小伟认为原因有四：

1. 儒家向以"太上立德，其次立功，其次立言"的三不朽著称，但人们对文化的传承却尤重著作言论，就连佛教、道教也强调经书教化。历史人物关羽虽然"立德、立功"，却没有留下系统的言论著作，明代之后关公在国家祭祀的飞跃上升，亦没有给三教留下时间为其托经造言。因此，在传统学理上，人们视其崇拜为"当然"，而没有深入探索其"所以然"。

2. 与传承两千多年的孔子信仰相比，关公信仰在中国传统文化中虽然形成较晚，却涉及面更加广泛，这不仅与世界几大宗教判然有别，即便与中土儒家仪礼相比，也同中有异：唐宋社会转型带来公共空间扩大，金元时期少数民族政权的尊崇，中明嘉靖以后帝室的屡屡封赐以及在官方祭祀中特立独行，使得关公信仰的地位飞速提升，以致儒、释、道及民间信仰中惯常以托经、造经方式，形成供奉祭祀缘由、礼仪的速率，远远跟不上现实社会供奉普及的步伐。故至今存留的各地历代碑刻文字甚多，而列举的理由却不尽一致，并未形成"一致之思"和系统经典。换句话说，关公信仰更多地表现为"实践功能"，始终缺乏系统理论支撑、教义阐发和宗教管理体制。

近代由于受到日本"去中国化"的蛊惑，以及"西方优越论"的误导，国民党民国政府废除了延续数百年的关公国家祀典，这使得现代学者将关公信仰视为和王三奶奶、挑水哥哥等同的民俗。同时，学界所坚持的"国学"之说也一直纠结于儒家，尤其是"孔学"的兴废，却忽略了作为实践性榜样关公的价值树立原因及过程。近年来，"国学"虽然大盛，但相关学者多谈原教旨之儒、佛、道，于宋明理学如何承继儒学、融合三教的重视度不够，因此不能充分理解、阐释关公文化在社会历史演进和中华道德文化发展中的作用。

3. 中国现代的社会科学从西方引进了不同的学术、教育模式，大陆采用苏式，香港袭用英式，台湾承继美式，这对学术研究虽有极大助益，但学科分类趋于细密，缺失的是对历史文献资料的重新综合研究与审视，这就让关公文化很难在学术界得以全面的展示。

4. 由于小说戏曲影响，学界多以为关公信仰为小说、戏剧之产物，因而"关学"未被纳入哲学、社会学、宗教学等学科的学术视野。

以上这些消极因素使得学界对关公文化产生了诸多误解，也使得关公文化学的创立举步维艰。虽然如此，关公信仰终究在中国各个民族中以民间信仰、宗教信仰、国家信仰的形式存在了一千多年，它在中国传统文化中特别是传统伦理体系中的符号作用不容忽视。就算在今天，关公所代表的伦理精神依然具有强大的社会感召力，依然激励着海内外的中华儿女们不断拼搏，奋勇直前，这从遍布世界的关帝庙即可见一斑。甚至美国圣地亚哥加州大学人类学系教授、芝加哥大学人类学博士戴维·乔丹（David Jordan）也曾如此评价关公，他说：

> 我尊敬你们的这一位大神，他应该得到所有人的尊敬。他的仁、义、智、勇直到现在仍有意义，仁就是爱心，义就是信誉，智就是文化，勇就是不怕困难。上帝的子民如果都像你们的关公一样，我们的世界就会变得更加美好。

可见关公文化早已跨越国界，并在一定程度上潜移默化地影响着不同肤色、不同种族的各类人群。对于这样一种文化，如果不设立专科研究，确实是中国学术界的一大憾事。

关公文化学无疑具有跨学科、交叉性、总体性的特点。从关公文化的发展轨迹来看，这门学科更接近于宗教文化学或宗教伦理学，但其外延更为广阔，它涉及历史学、哲学、文学、艺术学、民族学、社会学、经济学、新闻传播学等一级学科，以及更多的二级学科。

因此，关公文化学的研究重点应该是：梳理清楚关公文化的产生、形成、发展与演变的脉络，阐明关公文化与宗教信仰、国家信仰、民间信仰之间的关系，厘清关公文化在海内外的传播历史、传播途径以及在传播过程中的演变，从而解析出关公文化与中国传统伦理道德结合之后的意义和作用，最终达到令人能够客观了解关公文化内涵，以更好地运用关公文化为社会服务的目的，而这个目的就是本书产生的主要原因。

三

本书参用了许多胡小伟的研究方法和重要观点，对关公文化的起源、演变以及关公文化与民族、民俗、宗教、国家之间的关系也提出了一些个人的看法，对关公文化的定义、特性和关公文化学的理论体系、伦理价值、关公文化的海外传播史方面的论述则参考了更多学者的研究成果。其中，第一章主要是关公文化的简介以及关公文化和关公文化学的一些学术概念，并对比了历史性的关羽与神圣化的关公。从第二章到第五章，本书论述关公文化的起源、发展和演变过程，包括关公文化在宗教信仰、国家信仰、民间信仰中的功能和地位，关公文化与少数民族信仰之间的关系，关公文化在历史进程中所扮演的角色等等。第六章、第七章论述了关公文化在港澳台地区以及海外国家的传播历程。最后一章则阐述了关公文化的历史作用、核心价值和发展规律，对关公文化学的时代价值做出了判断，并对关公文化学的发展前景给予展望。

本书用大量的篇幅介绍关公文化的发展历史，因为只有正确地了解关公文化的发展史，才能寻找到认识关公文化的理论依据，进而客观地分析出关公文化的本质。而目前学界对这方面的研究略显不足，许多学者依然仅仅通过《三国志》《三国演义》来考证关公与关公文化，这显然是不够的。本书中的有些观点也许比较新颖，甚至与学界以往的共识相悖，这可能是本书所采用的历史研究方法、关公文化学的跨学科特性、以往人们对关公文化的误解等因素所共同造成的。在研究方法上，本书借鉴了20世纪初发端、50年代形成的"历史年鉴派"（Annales School）方法，即通过综合梳理、运用各种史料，来考证关公文化的发展脉络，这种方法也有助于人们减少对历史的误读。当然，"历史年鉴派"也有自身的缺陷：他们反对和排斥历史哲学，片面追求方法论的革新；忽视政治史，片面追求结构和长时段的研究；用不变的观点看待历史，忽视对人物和事件的研究等等。① 因此，本书并没有摒弃传统的历史观和方法论，而是以"共时性"为纬，以"历时性"为经，希望能为读者呈现出比较全面的关公文化发展史。

因为关公文化学具有跨学科的特性，所以本书在史料选择上也比较宽泛，从二十四史到历代的笔记、碑文、杂谈、小说、诗歌、戏曲、楹联、传说，以及经文、图像都有采用。本书完全赞同陈寅恪先生在《冯友兰中国哲学史审查报告》中的精辟见解：

> 以中国今日之考据学，已足辨别古书之真伪。然而真伪者，不过是相对问题，而最要在能审定伪材料之时代及作者，而利用之。盖伪材料亦有时与真材料同一可贵。如某种伪材料，若径认为其所依托之时代及作者之真产物，固不可也。但能考出其作伪时代及作者，即据以说明此时代及作者之思想，则变为一真材料矣。中国古代史之材料，如儒家及诸子等经典，皆非一时代一作者之产物。昔人笼统认为一人一时之作，其误固不俟论。今人能知其非一人一时之所作，而不知以纵贯之眼光，视为一种学术之丛书，或一宗传灯之语录，而断断致辩于其横切方面，此亦缺乏史学之通识所致。②

另外，本书大量引用了最近几十年中外学界有关关公文化的专著和论文，如：胡小伟《中国文化史研究：关公信仰研究系列》《关公崇拜溯源》；马昌仪《关公传说》；李步嘉《关羽始筑江陵城说辩误》；张强《关帝庙建筑的布局及其空间形态分析——以山西省境内现存的关帝庙为例》；加央平措《关帝信仰与格萨尔崇拜——以拉萨帕玛日格萨尔拉康为中心的讨论》；才让《藏传佛教中的关公信仰》；陈岗龙《内格斯尔而外关公——关公信仰在蒙古地区》；张雨新《清朝对其保护神关羽的崇奉》；张志德《关公的传说》；张志江《关公》；刘海燕《从民间到经典——关羽形象与关羽崇拜的生成演变史论》；田海林、李俊领

---

① 参见彼得·伯克《法国史学革命：年鉴学派，1929—1989》，刘永华译，北京大学出版社 2006 年版。

② 陈寅恪：《冯友兰中国哲学史审查报告》，辑入陈寅恪《金明馆丛稿二编》，上海古籍出版社 1980 年版，第 248 页。

《"忠义"符号：论近代中国历史上的关岳祀典》；李道和《炎帝与关公的历时性传承》；郑协《关公与晋商会馆》；司徒美、陈琳瑜、麦静文《客家乡土文化体系下关公崇拜习俗的嬗变与其意义转换——以广东梅县南口镇关帝庙为例》；葛继勇、施梦嘉《关帝信仰的形成、东传日本及其影响》；具银我《首尔的关帝庙和关帝信仰》；刘宝全《韩国的关王庙与关圣教小考》；姜春爱《韩国关庙与中国关庙戏台》；伊藤晋太郎《与曹操书》；阮光颖《试论关公信仰文化在越南的传播》；付飞亮《关公形象在美国的变异》；朱正明《关帝文化向世界传播》等。

　　这些专著和论文都是关公文化学范畴内重要的学术成果，也代表了国内外关公文化研究现有水平。本书不一定完全支持这些著作中的所有观点，但对于所引用的部分大多是认同的。必须承认的是，虽然关公文化已经产生了近一千八百年，但关公文化学者在今天所面对的依然是一片既熟悉又陌生的视野。在关公文化的领域之中，对于它的本体、认识、价值、方法、实践等学理基础层面上的概念还并不完备。对于关公文化的实体结构、主体结构、价值结构和规范结构还需要学者们进行更加系统的梳理，这需要更多的热情和时间。因此，学术观念上的争论和冲突都在所难免。实际上，关公文化学还将提供更广阔的空间供学人驰骋、更陡峭的山峰供学人攀登，这也正是它的魅力所在。

第 一 章

关公文化与关公文化学

第一节　关公文化概述

关羽，本字长生，后改云长，河东解（今山西运城）人，是三国时期蜀汉政权的开国元勋。其一生经历极富英雄主义色彩，曾因万众之中匹马刺颜良而扬名天下，又因挥军北伐、水淹七军而威震华夏；曾被曹操表封为汉寿亭侯，又被刘备拜为荡寇将军、前将军、襄阳太守，以其忠、义、仁、勇著称于世，后不幸兵败被孙权斩于临沮，后主刘禅追谥其为"壮缪"。

作为真实的历史人物，在建安二十四年年底（220 年）①，关羽已经去世了，但以关羽为主体的关公文化在这时却才刚刚产生。

早期的关公文化主要流行于荆楚地区。从三国到南北朝，在长达三百多年的大动荡时代里，荆州的士人群体、汉地民众和少数民族对关公文化的形成和发展起到了积极的促进作用。士人群体的言论使关羽成为上层社会评价勇士的标准，让关羽的事迹在官方记忆里不至于消失；汉地民众奉关羽为鬼神、山神、荆州神，为关公文化的多宗教传播打下了基础；荆州的武陵蛮、长沙蛮、零陵蛮等少数民族随着迁徙将关公文化向南方的更远地区传播。

隋唐时期，佛教天台宗创始人智颛在玉泉山度化关羽的传说开始流行，从此关羽作为伽蓝神走进佛教寺院。不久，在唐朝德宗皇帝的认可下，关羽成为武成王庙六十四位配享名将之一。

----

① 建安二十四年按简单算法应是 219 年，但这一年有闰十月，关羽死时又值年末，所以按阳历换算，应该是 220 年。

自宋代以来，关羽在国家信仰中的地位不断攀升。据各类史籍记载：仁宗年间，关羽曾以"阴兵"助战而被朝廷颁赐庙额；徽宗年间，在丞相张商英的影响下，关羽被朝廷封为"武安王"；北宋末年，"武安王精神"曾一度激励包括岳飞在内的爱国将士们奋勇抗金；南宋时期，朝廷加封关羽为"壮缪义勇武安英济王"，同时，关羽"盐池降妖"的道教传说也开始在民间广为传播；元至元七年（1270年），国师八思巴进言元世祖以关羽为宫廷法事监坛，以五百人抬关羽神像"游皇城"；天历元年（1328年），关羽被元文宗封为"显灵义勇武安英济王"；明代初期，太祖朱元璋尽废前朝"溢美之词"，恢复关羽"汉前将军寿亭侯"封号，并在南京鸡鸣山为其建庙；万历四十二年（1614年），关羽被加封为"三界伏魔大帝神威远震天尊关圣帝君"，关夫人被封为"九灵懿德武肃英皇后"，关平为"竭忠王"，关兴为"显忠王"，周仓被封为"威灵惠勇公"。至此，关羽成为大明王朝的最高信仰之一，与孔丘并称为文武二圣。

清代以后，因为清皇族在入关前就信奉关羽，所以关公文化更是被推到了极致。顺治九年（1652年），朝廷敕封关羽为"忠义神武关圣大帝"；雍正三年（1725年），爱新觉罗·胤禛追封关羽上三代为公爵：曾祖为光昭公，祖为裕昌公，父为成忠公；乾隆三十三年（1768年），弘历追封关羽为"忠义神武灵佑关圣大帝"。此后，历代皇帝对关羽都有加封。到了光绪五年，他的封号已经是："忠义神武灵佑仁勇威显护国保民精诚绥靖翊赞宣德关圣大帝"，共二十六个字，这在清朝对古人的追赐封号中绝无仅有。

明清以后的中国民间社会几乎村村有关庙，关公的神职接近万能。他已经不只是武神、军神，还是财神、乡里神、江湖神、科考神、送子神以及各种行业神，在台湾、福建一带，他甚至是第十八代玉皇大帝。所以，关公庙宇的数量早已超过了其他任何神祇的寺庙，遍布通衢城乡，覆盖全国各地。

在历代帝王将相、宗教领袖、商人社团、普通民众的共同参与下，在传说、笔记、戏曲、小说的共同推广下，在民俗、宗教、经济、伦理等理论的共同作用下，关公文化从最初的英雄崇拜逐渐发展为超凡入圣、多元一统的国家信仰，其影响之深、范围之广，已难以估量。

清人赵翼曾在《陔余丛考》中写道：

> 鬼神之享血食，其盛衰久暂，亦若有运数而不可意料者。凡人之殁而为神，大概初殁之数百年则灵著显赫，久则渐替。独关壮缪在三国、六朝、唐、宋皆未有禋祀……今且南极岭表，北极塞垣，凡儿童妇女，无有不震其威灵者，香火之盛，将与天地同不朽。

其实赵翼还是将关公的影响范围说小了，关公文化早在明清之前就已远播海外。

最迟于元代，中国商人、僧侣已将关公文化带到日本；明朝军队远击侵朝日军时，又将关公文化带到朝鲜；而越南、印度尼西亚等东南亚国家本是华人移民聚居地，历代的大陆移民很自然地将关公信仰带到了这些区域。清代以后，一方面是清廷对其他民族和周边国家的有意识宣化，一方面是战争、宗教、商贸、移民等多种因素的共同作用，加快了关公文化向海外传播的速度。

今天，北至蒙古国乌兰巴托，南至越南河内、印尼爪哇群岛、澳大利亚墨尔本、毛里求斯路易港、留尼旺圣旦尼，东至韩国首尔、日本横滨，西至美国纽约、加利福尼亚、得克萨斯州以及加拿大维多利亚、本拿比，都有关帝庙和关公信众，这堪称人类文化史上的一个奇迹。

由此可见，关公文化是一种多元的文化系统，它在产生、形成和发展的过程中，得到了各种外在条件的支持，但这种文化能够长久不衰的原因，还在于它具有其他类似文化所没有的、民众发自内心认可的道德魅力。

不过，后世也有人对关公文化的产生不解。比如周作人曾在《秉烛后谈》中谈到关公，他认为：

> 羽善待卒伍而骄于士大夫……实在也只是普通的名将，假如画在百将图传里固然适宜，尊为内圣外王则显然尚无此资格。
> 听说戏台上说白自称吾乃关公是也，这是戏子做的事，或若可以说是难怪，士大夫们也都避讳，连书画舫这种书里也出现了，这不能不算是大奇事。论其原因第一当然是《三国志演义》的传播。
> 无论怎么看都没有成神的资格，虽然去当义和团等会党的祖师自然尽够。

不佞非敢菲薄古人，只因看不出关羽神圣之处何在，略加谈论，若是当他一条好汉，则当然承认，并无什么不敬之意也。

任何作品的内容都会受其作者历史局限性影响，周氏这篇文章代表了"五四"之后疑古时代学界对关公文化的误解，所以需要借此厘清关公文化中的一些概念性问题。

第一，关羽并不是一般的名将，他是一位英雄。在正史中他被他的敌人称为"虎臣""万人敌"，并且，"汉以后称勇者，必推关、张"①。同时，他也是在中国二十四史中唯一被史官称赞为"威震华夏"的人。

第二，戏台上或文学作品中对关公的尊称，是制度文化的体现，说明元代以后关公文化制度的成熟和民间对这种文化的认可。

第三，关公文化并不是仅靠《三国演义》传播的。关羽去世后，关公文化就已经产生并开始在民间传播，这个起始时间至少在公元3世纪，后在政治、宗教、文学、艺术、贸易、战争、移民等多种因素的作用下，关公文化更得到广泛传播。

第四，关公并不仅是某种隐性组织的祖师爷，他还是多种官方机构、行业商会、民间组织的守护神，包括胥吏、盐商、皮匠、木匠等三十多种行业都曾明确敬奉关公为祖师爷和守护神，这是关公文化核心价值所决定的普遍社会现象。

第五，关羽本身不是神，而关公文化却是神圣的。这是因为关公文化是中国人对一个英雄的集体记忆的体现，这种文化汇聚了古代中华民族集体价值观。从这个意义上说，它是神圣的。

最后需要澄清的概念是：关羽不等同于关公文化，关羽是关公文化的重要组成部分，两者存在必然关系，但并不是一个概念。

两者从理论上的区别是：关公是指历史人物关羽；而关公文化则是指以关羽为原型，以忠、义、仁、勇等伦理观念为核心的、曾经体现中华民族集体意识的一种传统文化。

其他的区别还有很多，如：关公出生于河东解州，而关公文化却产生于荆州；关公是一位英雄，而关公文化中的关公却不只是一般的人间英雄，他还是神明、菩萨；对于关公的研究仅涉及三国时期的历史，对于关

---

① 赵翼著，王树民校证：《二十二史札记》，中华书局1984年版，第137页。

公文化的研究却涉及从古至今的文化、历史、宗教、政治以及其他多种社会科学。

当然，关羽和关公文化两者之间的关系也是显而易见的，关羽是关公文化产生的基础，而关公文化所涉及的范围远远不局限于关羽本人的生平事迹。

第二节   关公文化的定义与文化结构

一   关公文化的定义

关公文化是指：以历史人物关羽为原型，以忠、义、仁、勇等伦理观念为核心，以民俗、宗教、艺术、制度等形式为表现的传统文化体系，其本质是一种影响深远的英雄主义文化。

英雄主义[①]是人类不断由野蛮向文明演进过程中逐渐形成的一种具有集体意识的精神价值观，是属于社会意识形态方面的价值判断。它通过社会群体中具有崇高、悲壮、不屈和进取品格的具体人物为摹本或榜样，旨在弘扬这一群体所追寻的最完美、最高尚、最能代表整体利益的宏大目标，并以此号召、鼓励和激励社会所有人模仿这一人物，以达到或完成这一事业的最终目的。[②]

从历史的发展角度来看，关公文化与英雄主义的概念无疑是相吻合的。关公文化就是这样一种具有集体意识的精神价值观的文化。它以历史人物关羽所具有的崇高、悲壮、不屈和进取品格为摹本，弘扬了中华民族所追寻的最完美、最高尚、最能代表整体利益的"春秋大一统"等宏大目标。中国历史上的众多帝、王、将、相之所以劝勉和激励社会所有人崇拜关羽，归根结底正是为了这些宏大目标能够得以实现。而民俗、宗教、艺术等领域所显示出来的关公文化都是这种英雄主义文化的

---

① "主义"是个近现代产生的词汇，指某种特定的思想、宗旨、学说体系或理论或是对客观世界、社会生活以及学术问题等所持有的系统的理论和主张，而"英雄"二字却无疑是中国的传统词汇，它的广泛使用恰恰是在关羽所处的三国时代。王粲的《英雄记》率先记录了当时多位英雄的事迹，随后，刘邵在《人物志》中为"英雄"一词下了最初定义，即："夫草之精秀者为英，兽之特群者为雄，故人之文武茂异，取名于此。"陈寿在《三国志》中将这个词用到了刘备的身上："先主之弘毅宽厚，知人待士，盖有高祖之风，英雄之气焉。"

② 潘天强：《论英雄主义——历史观中的光环和阴影》，《人文杂志》2007 年第 3 期。

外在表现。

二　关公文化的文化结构

关公文化的文化结构可以分为精神文化、物质文化、制度文化和信息文化四个部分。

1. 关公精神文化

关公精神文化，是关公文化中最重要的组成部分，也是整个关公文化体系中最深层次的内容。

在中国精神文化史上，儒、释、道文化一直占据主流地位，而关公文化在这三种不同的文化体系中都曾占有重要位置。特别是在儒家文化中，关公和孔子都曾是这种精神文化的象征"符号"。在历史上的很长时间里，文圣孔子与武圣关公往往被人们并称，这种现象是由儒家文化推行的伦理思想所造成，它的文化动机是以文武二圣为万民楷模，以达到教化世风的目的。文圣是理论化身，武圣是行动榜样；文圣是伦理道德的倡言者，武圣是伦理道德的践履者。一文一武，一静一动，恰好互相参证。

在历代官方典籍与民间传说中，关羽用他的一生为天下万民做出了表率。于是，统治者倡其忠，号召臣民们赤胆忠心、精忠报国；百姓们认其仁，讲求强不凌弱、安宅正路；军士们服其勇，讲求匹马一麾、蹈锋饮血；商人们崇其义，讲求互助互济、童叟无欺……正是有了关羽这样一个人格楷模，儒家的一系列伦理规范才能在代代相传中潜移默化地植根于中华传统文化的土壤里。

相比孔子，关公向来对民众具有更强的亲和力和感染力，这是因为孔子文化的形成和发展是在历代统治者授意下完成的，具有一定的强制性；而关公文化却不是形成于社会统治阶层，而是来源于普通的民众。在它的发展初期，并没有得到统治阶层的重视与支持，几百年间，这种文化更多地存在于黎民百姓自发的祭祀和纪念活动之中。正因如此，它具有广泛的受众人群。所以，隋唐以后，出于宗教发展的需要，关公文化开始被佛教所借取。宋以后，这种自下而上发展起来的文化逐渐得到了朝廷统治者的重视，最终道教、儒家也接纳了这种文化，并且有意识地对这种文化加以扶植、引导和推动。究其本质，关公文化是一种代表民众利益的英雄主义文化，它拥有强大的精神力量。以至明清以后，关公在风教上的作用，已超过以孔子为代表的儒家先贤，诚如一副关庙对联所说："圣学得坚强，仲尼未见之刚者；正气塞天地，孟子难言此浩然。"[①]

这种精神力量使得这种文化拥有了心理慰藉和文化象征的功能，这两种功能又引申出了关公行为文化。至今我们依然能在日常生活中看到这种文化，如海内外以关公为主题的各种纪念活动、商家供奉关公像的风气、各地祭拜关公的习俗等，都是关公精神文化在人们行为上的体现。

2. 关公物质文化

关公物质文化，即关公文化的物化形态，主要包括物质文化遗产和物质消费文化两个部分。

关公物质文化遗产包括关公文化遗址、关公文化场所和各种关公文化的古迹和文物。

湖北荆州城、湖南益阳关侯滩、湖北当阳关陵，是历史上最早的关公文化遗址；洛阳关公埋首处、常平关公故居、荆州关帝庙、解州关帝庙、福建东山铜陵关帝庙以及清代以前各地修建的关公庙都是关公文化古迹；湖北荆州的得胜街、湖北监利县的华容古道、湖北襄樊市的罩口川、湖北远安县关羽回马处、湖南长沙捞刀河、河南省许昌霸陵桥，以及近现代关帝庙都是重要的关公文化场所；而各种年代久远的碑刻、绘画、书法、塑像，包括湖北荆州近年发现的最早的关帝像、山西沁县发现的最早的关侯庙碑都是年代久远的关公文化文物。

以上种种都属于关公物质文化遗产。

关公物质消费文化，包括所有与关公有关的商品中的文化元素。古代这类文化主要体现在宗教经济和民俗领域，如关帝庙的香火、关公的年画等。在现代商品经济时代，这种文化形式可谓琳琅满目、种类繁多，比如关公酒、关公手表、关公像，还有关公茶、烟、玩具、服装，以及以关公为主题的文化产业园区等。这些都是关公物质消费文化的表现。

3. 关公制度文化

关公制度文化主要包括庙制、祀典、民俗三部分，前两种制度是中国古代宗庙祭祀制度延伸和发展的体现，第三种制度是关公文化在民间长期积淀的结果。

所谓庙制，即关于关帝庙建筑的各种规定和制度。宋代以后，关庙的标准基本确立，到了明清时期，这种制度基本定型。《清会典》中对关庙

---

① 王楚香：《古今楹联大观》卷五《庙祀》，上海文明书局 1919 年版。

的标准是："南向，庙门一间，左右门各一，正门三间，前殿三间，殿外御碑亭二，东西庑各三间，东庑南燎炉一，庑北斋室各三间，后殿五间，东西庑及燎炉与前殿同，东为祭品库，西为治牲间，各三间，正殿覆黄琉璃瓦，余为筒瓦。"在清代，全国各地关帝庙，无论京都还是边疆，无论是官建还是民建，规格统一，几乎没有例外，其建筑等级之高，与皇宫、皇陵相同。

祀典制度即历代统治阶层对于关公的祭祀礼仪规定和典章制度。《清史稿》云："国之大事，在祀在戎"，这是统治阶级为维护其江山稳固的政治信条。各代王朝都制定有各种细密严格的制度，清政府尤为典型。关公从唐代开始就被官方纳入了祭祀的范围，宋元以后，他成为历代统治者顶礼膜拜的重要神灵，直至明清时期这种现象达到了登峰造极的地步。关公祀典在明末清初已相当系统、完善和成熟，内容也很丰富和细腻，堪称是一种"关公祭祀文化"。①

关公文化的民俗制度是民间出于对关公的崇拜，自发创造出的一种制度文化，在演化过程中受到过官方的影响，但是创造主体还是普通民众。比如在戏曲舞台上，关公戏一直是经久不衰的表演项目，但在明清时期，朝廷为了维护关公的神圣性，曾明令禁止在戏曲演出中扮演圣人，为了解决这个矛盾，民间艺人在扮演关公之前会首先进行祭祀，穿上"行头"以后，就不苟言笑，上台后的自称和其他扮演者对他的称呼都要用敬语，观众看到关公扮演者上台后，也要行礼，以示尊重，这种制度得到了朝廷的默许，甚至就连皇室成员也会遵守这种制度。久而久之，就形成了一种关公文化所特有的民俗制度。

关公民俗制度还涉及诸多方面，比如祭祀日期、庙会形式、许愿方式、祭祀禁忌等，虽然在这些方面各地的习俗颇有差异，但就各自的表现形式来看已非常完备。

4. 关公信息文化

广义来讲，关公信息文化包括所有与关公文化有关的信息。狭义来说，关公信息文化是指：与关公文化有关的带有文学性质和传播功能的口头、文字、图像、塑像、音乐及影视作品。比如小说《三国演义》、各地

---

① 参考张强《关帝庙建筑的布局及其空间形态分析——以山西省境内现存的关帝庙为例》，硕士学位论文，太原理工大学，2006 年。

关庙的碑文、关帝灵签、关帝善本，与关公有关的古籍、楹联、诗歌、民间传说、评书、绘画、造像、剧本、影视等文学艺术作品，甚至关公的歇后语、网络游戏等都是关公信息文化的表现。

早在西晋，陈寿在《三国志》中所载的"虎臣""万人敌""素勇猛""恩信大行"等对关羽的评价，就是最早的关公信息文化；唐代董侹的《荆南节度使江陵尹裴公重修玉泉关庙记》中"缁黄入寺，若严官在傍，无敢亵渎"，也是一种信息文化，它传达了人们对关羽的敬畏之情；而"智颉禅师……夜分忽与神遇""陆法和假神以虞任约，梁宣帝资神以拒王琳"[①]，是最早的关公传说；郎士元的"将军秉天姿，义勇冠今昔。走马百战场，一剑万人敌"，是最早歌颂关羽的诗句，这些都属于关公信息文化。

宋代以后，关庙的数量在不断地增加，与之相应的关公传说也在不断地涌现。明清以后，人们将这些关庙的碑文、民间的传说汇编在一起，外加历代的艺文、考辨、方志等合成了许多关公文化的专著，如《解梁关帝志》《关帝显圣纪实录》《关圣帝君纪事》《关帝全书》等，这些专著为关公文化的传播起到了积极的作用。

宋代的城市商业经济空前繁荣，社会文化娱乐的需求也相应增加，在这种环境下，各种曲艺形式因而产生。"说三分"就是这个时期的产物，这是一种说书人专讲三国故事的民间的口头文学，关公文化也通过这种形式得到了发展。同时，宋代的"影戏"也比较普及，影戏艺人们也会演出关公的戏目。有记载显示，这时的关公形象已经深入人心，甚至有观众看到"斩关羽"的情节都会"为之泣下"[②]。"说三分"与"关公影戏"也是重要的关公信息文化。

随着元代话本的出现，关公信息文化得到了快速的发展。在《全像三国志平话》中，作者对关羽已用"敬语"相称，或称"关侯"，或称"关公""美髯公"，甚至有"圣"的称呼出现，这说明，在此时的民众心中关羽已经是"圣人"了。中国的戏曲艺术也在元代开始兴盛，所以

---

① 董侹：《荆南节度使江陵尹裴公重修玉泉关庙记》见《钦定全唐文》，清嘉庆二十三年扬州诗局刻本，卷六百八十四。

② 张耒：《明道杂志》，转引自关四平《三国演义源流研究》，黑龙江教育出版社 2001 年版，第 129 页。

在这个时期，《关大王独赴单刀会》《关张双赴西蜀梦》《寿亭侯五关斩将》《关云长大破蚩尤》《关云长单刀劈四寇》《关大王月下斩貂蝉》等以关羽为主题的元杂剧剧本竞相问世，这些作品，无一例外都在歌颂关羽的忠义品格和勇武精神。通过艺人们不断地演绎这些剧本，关公文化也取得了更大的社会影响力，据《元曲选》等资料记载，元代的三国戏共有六十余种，其中有十七种是关公戏，可见关公戏受欢迎的程度。元末明初，《三国志通俗演义》开始问世，在演义中，作者罗贯中对于关羽的人物刻画可谓是尽心尽力，他吸纳了前人话本、杂剧的成果，并进行了大胆的创新，将关羽描写得神威凛凛、忠义绝伦，这使得关公形象更加深入人心。从此后，关公信息文化表现出了强劲的发展势头。

明代中期，关公戏在全国各地越来越受欢迎，这时涌现了一批专门创作关公戏的剧作家，如朱有燉，撰有《关云长义勇辞金》《单刀会》；凌星卿，撰有《关岳交代》《斩貂蝉》等，这些戏被专门称作为"关戏"。到了清代以后，关戏的数量达到了惊人的程度，按清人陶君起的统计，仅京剧中就有近三十种关戏，如：《三结义》《温酒斩华雄》《虎牢关》《斩车胄》《屯土山》《破壁观山》《战延津》等，同时，专门扮演关公的行当也应运而生，这种只扮演关公的艺人被梨园行称作"红生"。这些璀璨的戏曲艺术都是关公信息文化的重要组成部分。

在关公信息文化中，比较有特色的是"关帝善本"，就是以关公为主体的传播伦理思想的经书。从教义来说，这些善本似道非道、似佛非佛，而其宣扬的主题又大都是儒家的伦理思想，可谓是三教圆融。

早在元代，就有由道教天师托名关公撰写的《太上大圣朗灵上将护国妙经》面世，明朝嘉靖年间，有《关王忠义经》等善本流传。到了清代，"关帝善本"的种类开始增多，其影响力也在不断扩大，其中最知名的是《关圣帝君觉世真经》和《关帝桃园明圣经》。

从光绪年间开始，《关圣帝君觉世真经》已经和《阴骘文》《感应篇》一起成为海内外华人心目中的"圣经"，一些私塾甚至会将《关圣帝君觉世真经》作为童蒙读物。20世纪40年代，大陆还有"讲善书"的组织和个人，他们在偏僻的农村和繁华的都市中流动，向不识字的人们念诵和宣讲《关圣帝君觉世真经》和《关帝桃园明圣经》，这也对关公文化的普及起到了一定的作用。

信息时代到来以后，关公文化的传播途径也在不断地增多，它正在以越来越多的表现形式出现于大众的面前。今天，关公文化存在于小说、音乐、雕塑、影视剧、网络游戏等各种信息传播方式中。因为关公文化的本质是来源于民间的英雄主义文化，所以科技的进步、媒介的发展，都会提高它的传播效果、扩大它的受众人群，关公信息文化因此得到了更大的发展空间。

第三节　关公文化学及其理论体系

一　关公文化学的定义

关公文化学是专门研究关公文化的学科，具体来说是一门全面的综合性研究关公文化的学科。

一直以来，学界对于关公文化的研究以关公史传、关公形象、关公崇拜和关公传说四个方面为主，成果颇丰。然而，就文化意义来说，无论是历史人物中的关羽，文学艺术形象中的关羽，还是宗教信仰与民间传说中的关羽，都不是孤立存在和一成不变的。不仅相互之间有着密不可分的联系，各自还必然和当时的社会经济基础与上层建筑有着千丝万缕的联系。关公文化的演变发展历程是由各个历史时期的政治制度、经济基础、民族构成以及宗教观念、社会心理、文化背景等因素的影响相联系所决定的。① 因此，大量的文献资料与众多全面、综合的研究成果就成为关公文化学学科建立的基础。

二　关公、关公文化、关公文化学之间的关系

关公、关公文化、关公文化学之间是一种继承的关系。关公是历史上的真实人物，关公文化是因其而得以产生的，在一千余年以后，为了清楚地了解这种文化，又产生了关公文化学，三者之间本身就是一种传承关系。而关公文化、关公文化学之间又是一种相互发展的关系，关公文化继承了关公固有的美德，并赋予了关公更多的文化内涵，关公文化学的研究目的就是为了通过科学的分析，让这种带有优秀品格的传统文化在现代社会中得到合理的发展，所以，关公文化学与关公文化之间必然是相互发展

---

① 　参考浦士培《建立中国关学刍议》，辑录于《2012 中国荆州·国际关公文化学高峰论坛论文汇编》。

的关系。

　　反过来说，关公文化学对关公、关公文化又是一种研究与被研究的关系。比如：关公究竟是一个什么样的人，他为何能在数以百计的三国名将中脱颖而出，而成为影响中国一千余年的传奇英雄？对于已经"现代化"了的人们来说，这是一个很难理解的问题，这就需要不断深入地研究。另外，关公是河东解人（今山西运城人），但以关公为主体的关公文化为何会起源于荆州？荆州在三国时期的地缘状况是怎样的？它的民族构成、社会心理、文化背景又是怎样的？历史上的佛、道、儒三教为何争相借取关公文化？还有，关公在唐代为何会进入武庙配享？宋代北方地区（包括河东地区）关公文化兴盛的客观原因是什么？元代统治者为何会崇拜关羽？关公文化是否对汉民族的意识觉醒乃至大明王朝的建立有所助益？明王朝中期以后关羽为何会不断得到社会的尊崇，并被皇帝封为"三界伏魔大帝"？满人入关后为何会将关公信仰推至登峰造极的地步？民国时期，关公文化的境遇是怎样的？香港、澳门、台湾的关帝信仰为何如此兴盛？苗族、壮族、瑶族、彝族、藏族等少数民族为何至今还在祭祀关公？海内外的关帝庙为何如此众多？关公文化的社会意义、现实意义究竟是什么？如此种种问题，都需要通过关公文化学的研究来做出解答。

三　关公文化学的研究对象

　　关公文化学的研究对象是：关公文化的起源、发展和发展规律，关公文化在发展过程中与其他相关社会科学的关系以及关公文化对现代社会的影响和作用。

四　关公文化学的学科性质

　　关公文化学是属于文化学范畴之内的一门跨学科的社会科学。

　　社会科学是用科学的方法，研究人类社会的种种现象的各学科总体或其中任一学科。如社会学研究人类社会的结构、功能、发生和发展规律；历史学研究世界各民族、国家的历史现象、历史事件和历史人物，以及由它们所构成的历史运动事实和过程；政治学研究政治；宗教学研究宗教；经济学研究资源分配等。广义的"社会科学"，是人文学科和社会科学的统称。关公文化学作为一门社会科学，就是由它的研究对象所决定的。首先，关公文化在历史上真实存在，并且至今还在世界范围内产生着影响；其次，在关公文化的产生、形成、发展、演变的过程中，曾对社会、宗教、政治、经济、军事活动乃至民族意识觉醒起到重要作用，同时也受到来自各方面因素的积极或消极的反作用，这其中存在着不以个人意志为转移的客观规律。最后，关公文化对现代社会的影响和作用本身就是需要研究的社会科学问题。

将关公文化学归属于文化学范畴之内，是因为其他学科很难对关公文化做到全面、综合的研究。比如：以宗教学的视角来研究关公文化就很难解释"汉寿亭侯""关索""关玛法""伧司颇""真日杰布"等称谓的民族内涵；以民族学的观念来研究又无法说清"忠义神武关圣大帝"的历史意义；以历史学的研究方法来研究又会忽略关公文化在当今社会的现状；以社会学的……所以，只有文化学更适合关公文化的研究。因为文化学是一门以人类文化现象及其发生发展规律为研究对象的学问，它是一门综合性的人文社会科学，涉及人类文化的各个方面。而且，文化学的研究方法也比较适合对关公文化的研究，历史溯源法、田野调查法、社会实践法等方法可以更清晰地将关公文化展现在人们面前。

五　关公文化学的理论构架

关公文化学的理论构架可以分为文化的本体、认识、价值、方法和实践应用研究五个层面，这五个层面既各自独立又相互支撑。

1. **本体**

本体论是哲学概念，它是研究存在的本质的哲学问题。在实现上，本体论是概念化的详细说明，其核心作用就在于定义某一领域或领域内专业词汇，以及它们之间的关系。这一系列的基本概念如同一座大厦的基石，为交流各方提供了一个统一的认识。在这一系列概念的支持下，知识的搜索、积累和共享的效率将大大提高，真正意义上的知识重用和共享也将成为可能。本体论的建立具有一定的层次性，就学术领域而言，如果说某门学科中的概念、术语及其关系看成是特定的应用本体，那么所有课程中的共同的概念和特征则具有一定的通用性。

关公文化学的本体是要解决关公文化的最基础的概念问题，即："关公文化是什么"的问题。如：界定关公文化的概念，阐述关公文化的特征、结构和功能等，这是关公文化领域最重要、最抽象也是目前最少被人涉及的层面。这一层面理论的产生可以有效地减少人们因为重复研究所浪费的时间。

2. 认识

关公文化认识层面研究是为本体、价值、方法、实践应用层面提供理论依据的，同时这四个方面的研究又对关公文化认识层面的研究提供理论指导。

20 世纪初，中国进入了重大的社会变革时期，学术界的变革也是翻天覆地的，这自然对中国的发展产生了不可否认的积极作用，但同时也使得传统文化受到了前所未有的冲击，许多延续了千百年的优良传统基本上都被武断地扣上了腐朽、落后的"帽子"，关公文化在此时也和"封建迷信""江湖义气""维护帝制""愚忠""武人政治"等词语画上了等号。这就让现代人很难了解这种文化的真实面目。

其实，通过关公文化学的研究会让我们发现，关公文化的本质是一种影响极其深远的英雄主义文化，也是典型的中国式的伦理文化。在中国历史上很多次面临民族危亡的时候，这种文化都曾起到过重要的积极作用，它是不应该被否定的。况且，"封建迷信""江湖义气"等词语对于关公文化来说也是片面的或完全不准确的定义，这些词语根本不能够将已经产生了近 1800 年的关公文化现象解释清楚。

关公文化学在认识层面上的研究目的就是要重新认清这种文化的内涵、性质、发展规律、传播方式以及社会作用。比如：关公文化究竟起源于何时、何地？关公信仰是否只是一种民间信仰？关公崇拜是否算是一种宗教？宗教、民俗、民族领域所展现的关公文化以及它们对关公文化起到的影响和作用是什么？关公为什么会受到历代帝王的追捧？关公文化的民众基础是什么？关公文化的传播是否只是依靠《三国志通俗演义》的流行？关公文化覆盖哪些地区和国家？类似种种问题都应通过关公文化认识层面的研究而得到解答。

3. 价值

关公文化的价值体现在多个方面，概括来说可分为学术价值与社会价值两个方面。其中学术价值是针对关公文化学而言的，而社会价值则主要体现在关公文化本身的价值层面。

从学术价值来说，对关公文化的研究可以对周边学科的发展提供一定帮助。比如：研究关公文化的产生、形成、发展、演变，必然会涉及对历史的重新认知，这方面的成果对历史学的价值是不容忽视的；研究民间信仰中的关公文化，以及儒、释、道三教对关公文化的借取，需要对这些传统信仰的产生和发展过程进行必要的梳理，这又会对宗教学的发展有所助益；明清时代，关公之所以能够成为"财神"，与当时的社会变迁、经济政策、商业理念有着重要关系，研究这时期的关公文化就会和经济学产生关联；研究苗族、彝族、藏族、满族、蒙古族的关公文化必然会遇到各民族的风俗、语言等方面的问题，这又会与民族学、语言学产生关系；关公文化留存至今的塑像、书画、碑刻很多都是文物，它们无疑都是考古学、美术学的研究范畴……如此种种。可见，关公文化学的研究成果对于周边学科来说是具有一定的学术价值的。

从社会价值来看，作为在历史上影响深远的传统文化，关公文化在今天依然有其存在的价值，它主要体现在伦理、政治、艺术、经济几个方面。这些价值都很难量化，但它们对社会产生的作用还是可以通过研究而得出结论的。关公文化学在价值层面的研究目的，就是要了解清楚这种传统文化曾经以及正在产生的社会影响和作用，从而对其在现代甚至未来的社会发展中的存在价值进行估算，并得出客观的结论。

文化是传承的。中国文化之所以绵延数千年而不湮灭，就在于其在各个历史时期的传承。就其历时性而言，文化的传承作用就在于发掘出其在前进的时代中可为现实服务的价值。关公文化亦可作如是观。关公文化在当今时代是否具有传承的价值，就在于这一文化的价值是否在当今仍然具有意义。应该说，答案是肯定的。①

4. 方法

关公文化的研究需要用跨学科的方法来进行。比如，关羽这位真实的历史人物如何能够成神成圣实际上是一个非常客观的历史问题，它的答案其实就藏在三国直至现代的历史进程之中。而在这个进程里，宗教、社会、经济、文艺、民族等诸多元素都曾起到重要作用。这就必须通过中国哲学、伦理学、宗教学、政治经济学、经济思想史、经济史、区域经济学、人类学、民俗学、中国少数民族史、中国少数民族艺术、汉语言文字

---

① 孟祥荣：《信仰、崇拜、价值、仪式——荆州地区关公文化断想》，辑录于《2012 中国荆州·国际关公文化学高峰论坛论文汇编》。

学、中国古典文献学、中国古代文学、中国少数民族语言文学、比较文学
与世界文学、传播学、美术学、戏剧戏曲学、应用心理学、史学理论及史
学史、考古学及博物馆学、历史地理学、历史文献学、专门史、中国古代
史、中国近现代史、世界史等诸多学科的学术视野进行审视。即：史料辨
析与贯通不可或缺，多学科综合性立体型推进。

　　总体来说，关公文化学至少牵涉 9 个一级学科并延及 28 个二级学科，
具体列表如下：

一级学科	二级学科
01 哲学	010102 中国哲学、010105 伦理学、010107 宗教学
02 经济学	020101 政治经济学、020102 经济思想史、020103 经济史、020202 区域经济学
0303 社会学	030303 人类学、030304 民俗学
030401 民族学	030404 中国少数民族史、030405 中国少数民族艺术
0501 中国文学	050103 汉语言文字学、050104 中国古典文献学、050105 中国古代文学、050107 中国少数民族语言文学、050108 比较文学与世界文学
0503 新闻传播学	050302 传播学
0504 艺术学	050403 美术学、050405 戏剧戏曲学
0190 心理学	019065 应用心理学
0601 历史学	060101 史学理论及史学史、060102 考古学及博物馆学、060103 历史地理学、060104 历史文献学、060105 专门史、060106 中国古代史、060107 中国近现代史、060108 世界史

　　现实就是跨学科的，任何学科的边界都是相对的，文化学就曾打破学
科界限，社会科学的许多重大突破和重大成果就是在多学科交叉处取得
的。关公文化具有多种属性，比如它的主体属性是历史性、人文性，它的
内容属性是伦理性，而它的外在表现又带有宗教、民俗属性。所以，关公
文化的研究应是以历史学、哲学（宗教学、伦理学）、社会学（现象学）
构成对关公文化本体和存在研究的三维结构，然后向其他学科延展。也就
是说，关公文化学的底层学科是历史学，然后和哲学（伦理学、宗教学、
现象学）、社会学产生关联，再辐射到心理学、经济学、文学、艺术学、
传播学、民族学，而且这些学科之间还相互关联，可以构成一套完整的体

系。这种体系的形成和关公文化的发展脉络是相辅相成的。

在具体操作层面，历史溯源法、田野调查法、社会实践法、"他者"观察法等文化研究方法也需要共同使用，这样才能够更加客观全面地分析信息。

另外，关公文化的多样性，也会催生出由不同学科切入、遵循不同学科方法进行研究的多元综合方式，最终会形成独具特色的研究方法。

5. 实践应用

英国后现代主义理论家齐格蒙特·鲍曼在《作为实践的文化》一书中把文化划分为三种基本类型：作为概念的文化、作为结构的文化以及作为实践的文化。他通过研究表明，"文化就是将知识和旨趣融为一体的一种人类实践的方式"。

文化自产生以来就是与实践密不可分的，是始于实践、依存于实践并以实践为其重要表现形态的。在西方语境中，英语和法语中的文化（culture）一词均来源于拉丁语的农业词"cultura"，最初的意义为土壤的培育、耕作及加工成果，后来逐渐被引申到人类精神生活领域，用来指称对人性情的陶冶和品德的培养。在中国的语言文化系统中，文化最初是分开使用的，"文"意为纹理，"化"意为教化，后在西汉时期合用为文治教化之意，即刘向提出的"凡武之兴，谓不服也，文化不改，然后加诛"。可见，文化在中西方的发展和演进一直都是与实践密不可分的。文化实践不但是文化的重要组成部分和表现形态，而且是文化观念得以产生的基础，是文化反作用于经济、政治进而推动社会发展的动力因素。文化作为推动社会发展的精神性力量离不开对其实践形态的研究和认知。

关公文化涉及经济、政治、伦理、宗教、艺术等诸多领域。面对丰富的关公文化现象，如何更好地将其应用到现实社会中去，需要有相应的文化理论作为指导。

比如，目前荆州、当阳、运城、洛阳、东山、恭城等许多城市每年都会举行盛大的关公文化活动，这对促进地方的旅游、招商、引资以及文化产业的发展都会起到一定的作用。但是，每个城市的文化底蕴、与关公文化的历史渊源不尽相同，因此，这种活动需要有符合区域特点的文化理论作为支撑。

再比如，关公物质消费文化所包含的种类繁多，有关公酒、关公手表、关公像，还有关公茶、烟、玩具、服装，以及以关公为主题的书籍、歌曲、电影、戏曲、网络游戏、文化产业园区等，这些物质消费文化产品都需要有相应的文化理论作为企业管理、产品设计、营销策略的依据。

关公文化实践应用的研究无疑会对关公物质消费文化起到积极作用。同时，随着关公文化产品的成功销售，以关公文化为代表的"忠""义""仁""勇"等传统美德也会得到更大范围的普及，而如何将这些美德进行普及，同样也在关公文化学实践应用理论研究的范畴之内。

另外，关公文化所体现的价值观是一种与西方哲学完全不同的传统价值观，它存在于中国上千年的历史岁月之中，在当代依然发挥着作用。如何解决传统与现代之间的矛盾，如何利用关公文化的多民族性、国际性与全球华人进行互动，让关公文化更好地为中华民族的伟大复兴事业起到更加积极的作用，也是一个非常值得研究的实践应用层面的问题。

附一　三国英雄关羽

在《三国志》中，关羽仅有一篇九百余字的传记，但他的事迹却多次出现在其他人的传记里，比如在《魏书》中提到关羽的篇数有 6 篇、《蜀书》有 7 篇、《吴书》有 9 篇，分散记录在《武帝纪》《先主传》《吴主传》《诸葛亮传》《诸夏侯曹传》《荀彧荀攸贾诩传》《程郭冬刘蒋刘传》《张乐于张徐传》《周瑜鲁肃吕蒙传》《陆逊传》《张顾诸葛步传》《程黄韩蒋周陈董甘凌徐潘丁传》《虞陆张骆陆吾朱传》等多部传记中。其中《吴书》记载的篇数竟然是三书之中最多的，且多是一些吴国君臣评价关羽勇猛甚至仁义的情节，这颇值得人们玩味和思考。

从这些记载中我们可以看出，关羽的主要事迹是：亡命涿郡、追随刘备、守备下邳、委寄曹操、白马解围、辞曹归刘、南下荆州、开疆拓土、镇守荆州、单刀赴会、刮骨疗毒、挥军北伐、水淹七军、威震华夏、兵败荆州、身死临沮，共十六个。

下面先对这十六个小节分段罗列，以便对关羽的一生有一个较为清晰的了解：

1. 亡命涿郡

关羽字云长，本字长生，河东解人也。亡命奔涿郡。

——《三国志·蜀书·关张马黄赵传》

2. 追随刘备

先主于乡里合徒众，而羽与张飞为之御侮。先主为平原相，以羽、飞为别部司马，分统部曲。先主与二人寝则同床，恩若兄弟。而稠人广坐，侍立终日，随先主周旋，不避艰险。

张飞字翼德，涿郡人也，少与关羽俱事先主。羽年长数岁，飞兄事之。

——《三国志·蜀书·关张马黄赵传》

3. 守备下邳

先主遣关羽守下邳。

——《三国志·蜀书·先主传》

先主之袭杀徐州刺史车胄，使羽守下邳城，行太守事，而身还小沛。

——《三国志·蜀书·关张马黄赵传》

4. 委寄曹操

建安五年，曹公东征，先主奔袁绍。曹公禽羽以归，拜为偏将军，礼之甚厚。

——《三国志·蜀书·关张马黄赵传》

备将关羽屯下邳，复进攻之，羽降。

——《三国志·魏书·武帝纪》

曹公尽收其众，虏先主妻子，并禽关羽以归。

——《三国志·蜀书·先主传》

5. 白马解围

绍遣大将颜良攻东郡太守刘延于白马，曹公使张辽及羽为先锋击之。

——《三国志·蜀书·关张马黄赵传》

使张辽、关羽前登，击破，斩良。

——《三国志·魏书·武帝纪》

羽望见良麾盖，策马刺良于万众之中，斩其首还，绍诸将莫能当者，遂解白马围。曹公即表封羽为汉寿亭侯。

——《三国志·蜀书·关张马黄赵传》

6. 辞曹归刘

初，曹公壮羽为人，而察其心神无久留之意，谓张辽曰："卿试以情问之。"既而辽以问羽，羽叹曰："吾极知曹公待我厚，然吾受刘将军厚恩，誓以共死，不可背之。吾终不留，吾要当立效以报曹公乃去。"辽以羽言报曹公，曹公义之。及羽杀颜良，曹公知其必去，重加赏赐。羽尽封其所赐，拜书告辞，而奔先主於袁军。左右欲追之，曹公曰："彼各为其主，勿追也。"

——《三国志·蜀书·关张马黄赵传》

7. 南下荆州

从先主就刘表。

——《三国志·蜀书·关张马黄赵传》

8. 开疆拓土

表卒，曹公定荆州，先主自樊将南渡江，别遣羽乘船数百艘会江陵。曹公追至当阳长阪，先主斜趣汉津，适与羽船相值，共至夏口。

孙权遣兵佐先主拒曹公，曹公引军退归。先主收江南诸郡，乃封拜元勋，以羽为襄阳太守、荡寇将军，驻江北。

初，飞雄壮威猛，亚于关羽，魏谋臣程昱等咸称羽、飞万人之敌也。

——《三国志·蜀书·关张马黄赵传》

关羽、张飞皆万人敌也，权必资之以御我。

——《三国志·魏书·程郭董刘蒋刘传》

刘备与周瑜围曹仁于江陵，别遣关羽绝北道。

——《三国志·魏书·二李臧文吕许典二庞阎传》

瑜上疏曰："刘备以枭雄之姿，而有关羽、张飞熊虎之将，必非久屈为人用者。"

——《三国志·吴书·周瑜鲁肃吕蒙传》

9. 镇守荆州

先主西定益州，拜羽董督荆州事。羽闻马超来降，旧非故人，羽书与诸葛亮，问超人才可谁比类。亮知羽护前，乃答之曰："孟起兼资文武，雄烈过人，一世之杰，黥、彭之徒，当与益德并驱争先，犹未及髯之绝伦逸群也。"羽美须髯，故亮谓之髯。羽省书大悦，以示宾客。

——《三国志·蜀书·关张马黄赵传》

蒙曰："今东西虽为一家，而关羽实熊虎也，计安可不豫定？"因为肃画五策。

——《三国志·吴书·周瑜鲁肃吕蒙传》

及羽与肃邻界，数生狐疑，疆场纷错肃常以欢好抚之。

——《三国志·吴书·周瑜鲁肃吕蒙传》

羽号有三万人，自择选锐士五千人，投县上流十余里浅濑，云欲夜涉渡。肃与诸将议。宁时有三百兵，乃曰："可复以五百人益吾，吾往对之，保羽闻吾欬唾，不敢涉水，涉水即是吾禽。"肃便选千兵益宁，宁乃夜往。羽闻之，住不渡，而结柴营，今遂名此处为关羽濑。

——《三国志·吴书·程黄韩蒋周陈董甘凌徐潘丁传》

蒙曰："羽素勇猛，既难为敌，且已据荆州，恩信大行，兼始有功，胆势益盛，未易图也。"

——《三国志·吴书·陆逊传》

10. 单刀赴会

备既定益州，权求长沙、零、桂，备不承旨，权遣吕蒙率众进取。备闻，自还公安，遣羽争三郡。

——《三国志·吴书·周瑜鲁肃吕蒙传》

肃住益阳，与羽相拒。肃邀羽相见，各驻兵马百步上，但请将军单刀俱会。肃因责数羽曰："国家区区本以土地借卿家者，卿家军败远来，无以为资故也。今已得益州，既无奉还之意，但求三郡，又不从命。"语未究竟，坐有一人曰："夫土地者，惟德所在耳，何常之有！"肃厉声呵之，辞色甚切。羽操刀起谓曰："此自国家事，是人何知！"目使之去。

——《三国志·吴书·周瑜鲁肃吕蒙传》

11. 刮骨疗毒

羽尝为流矢所中，贯其左臂，后创虽愈，每至阴雨，骨常疼痛，医曰："矢镞有毒，毒入于骨，当破臂作创，刮骨去毒，然后此患乃除耳。"羽便伸臂令医劈之。时羽适请诸将饮食相对，臂血流离，盈于盘器，而羽割炙引酒，言笑自若。

——《三国志·蜀书·关张马黄赵传》

12. 挥军北伐

建安二十四年，孙权攻合肥，是时诸州皆屯戍。恢谓兖州刺史裴潜曰："此间虽有贼，不足忧，而畏征南方有变。今水生而子孝县军，无有远备。关羽骁锐，乘利而进，必将为患。"于是有樊城之事。

——《三国志·魏书·刘司马梁张温贾传》

二十四年，先主为汉中王，拜羽为前将军，假节钺。是岁，羽率众攻曹仁于樊。

——《三国志·蜀书·关张马黄赵传》

后羽讨樊，留兵将备公安、南郡。蒙上疏曰："羽讨樊而多留备兵，必恐蒙图其后故也。蒙常有病，乞分士众还建业，以治疾为名。羽闻之，必撤备兵，尽赴襄阳。大军浮江，昼夜驰上，袭其空虚，则南郡可下，而羽可禽也。"遂称病笃，权乃露檄召蒙还，阴与图计。羽果信之，稍撤兵以赴樊。

——《三国志·吴书·吕蒙传》

13. 水淹七军

曹公遣于禁助仁。秋，大霖雨，汉水汛溢，禁所督七军皆没。禁降羽，羽又斩将军庞德。

——《三国志·蜀书·关张马黄赵传》

14. 威震华夏

梁、郏、陆浑群盗或遥受羽印号，为之支党，羽威震华夏。曹公议徙许都以避其锐。

——《三国志·蜀书·关张马黄赵传》

15. 兵败荆州

权内惮羽，外欲以为己功，笺与曹公，乞以讨羽自效。

——《三国志·吴书·吴主传》

及关羽围曹仁于樊，孙权遣使辞以"遣兵西上，欲掩取羽。江陵、公安累重，羽失二城，必自奔走，樊军之围，不救自解。乞密不漏，令羽有备。"

——《三国志·魏书·程郭董刘蒋刘传》

司马宣王、蒋济以为关羽得志，孙权必不愿也。可遣人劝权蹑其后，许割江南以封权，则樊围自解。曹公从之……于是权阴诱芳、仁，芳、仁使人迎权。而曹公遣徐晃救曹仁，羽不能克，引军退还。

——《三国志·蜀书·关张马黄赵传》

芳为南郡太守，与关羽共事，而私好携贰，叛迎孙权，羽因覆败。

——《三国志·蜀书·许麋孙简伊秦传》

权已据江陵，尽虏羽士众妻子，羽军遂散。

——《三国志·蜀书·关张马黄赵传》

蒙入据城，尽得羽及将士家属，皆怃慰，约令军中不得干历人家……羽人还，私相参讯，咸知家门无恙，见待过于平时，故羽吏士无斗心。

——《三国志·吴书·周瑜鲁肃吕蒙传》

会权寻至，羽自知孤穷，乃走麦城，西至漳乡，众皆委羽而降。

——《三国志·吴书·周瑜鲁肃吕蒙传》

16. 身死临沮

　　权征关羽，璋与朱然断羽走道，到临沮，住夹石。璋部下司马马忠禽羽，并羽子平、都督赵累等。

　　　　　　　　——《三国志·吴书·程黄韩蒋周陈董甘凌徐潘丁传》

　　权遣将逆击羽，斩羽及子平于临沮。

　　　　　　　　　　　　　——《三国志·蜀书·关张马黄赵传》

　　追谥羽曰壮缪侯。子兴嗣。兴字安国，少有令问，丞相诸葛亮深器异之。弱冠为侍中、中监军，数岁卒。子统嗣，尚公主，官至虎贲中郎将。卒，无子，以兴庶子彝续封。

　　　　　　　　　　　　　——《三国志·蜀书·关张马黄赵传》

附二　神话英雄关公

　　关羽去世之后不久，关公文化就已经产生了，从此成为跨越十几个世纪的重要传统文化。在如此长的时间里，人们留下了大量的与之有关的文献资料，通过对这些资料的研究，我们会发现一个更加"神话性""宗教性"和"伦理性"的关公，即一个文化层面的英雄形象。而这个形象，却恰恰是"活在"历朝历代人们心中的最"真实"的关公。

　　现在，我们就从历代的祠庙碑文、文人笔记、皇帝诏书、宗教经典、民间传说中节选出一些比较有代表性的文章，尽量拼接出这个"真实"的关公来。

一　龙血化生，火神降世

　　一次，有一条龙，在天上做错了事，被玉皇处以斩刑。某处寺里有一个得道和尚算到这龙要斩了，就用一只钵头，将龙血接来，然后把钵口封好，放在佛桌底下。到了四十八日头上，得道和尚要外出去了，就吩咐寺里的和尚，不要动佛桌下的那只钵头。但他们偏不听话，去揭开来看了，只见一个红面小人，"陡"地向外飞走了。这红面的小人，就是关云长。……

——浙江富阳民间传说

相传，火德星君是天上的一个大神……就是后来同刘备、张飞在桃园结义的关羽哩。

——苗族传说①

（汉）桓帝时，河东连年大旱。蒲坂居民闻雷首山泽中有一尊龙神，相传亢旱求之极灵，集众往跪泣告。老龙悯众心切，是夜遂兴云雾，吸黄河水施降。上帝方恶此方尚华靡，暴殄天物，当灾旱以彰罪谴。而老龙不秉上命，遂取水救济过民，上帝令天曹以法剑斩之，掷头于地，以警人民。蒲东解县有僧普静，见性明心，结庐于常平溪侧。闻空中雷电，在白藤床上。晨出视之，溪边有一龙首，即提至庐中，置合缸内，为诵经咒。九日，忽闻缸中有声，启视已无一物，而溪东有呱呱声，发自关道远家。……（延熹三年）六月十五日，忽快雨如驶，一黑龙现于村，绕道远之庭，有顷不见。夫人淹芳方娠，至二十四日产一子。……后自名羽，字云长。

——（明）徐道《历代神仙通鉴》卷九

关将军非汉忠臣，盖火帝也……如云何以名某，南方属火，火为朱雀，朱雀有羽，征其为火帝，一也。天南门之星，正在南方。门阀在南，门扃亦在南，自宜姓关。南方为夏，夏云属火，故字云长。

——（明）瞿九思《关将军幽赞录》②

---

① 马昌仪：《关公传说》，中国社会出版社 2006 年版，第 2—4 页。
② （清）周广业、崔应榴：《关帝事迹征信编》卷三十，引自洪淑苓《关公民间造型之研究——以关公传说为重心的考察》，台北"国立大学"出版社 1995 年版，第 153—154 页。

盖天地之妙万物者，神也；神之为之者，气也。得其灵奇盛著则为伟人。当其生时，挥霍宇宙，顿摧万物，叱电风云，雄视举世，故发而为忠毅之业，巍巍赫赫，与日月并明，与阴阳同用……

—— （明）方孝孺《宁海县关王庙碑》①

二　红面美髯，赤马青刀

蒲州解梁关公本不姓关，少时力最猛，不可检束，父母怒而闭之后园空室。一夕，启窗越出，闻墙东有女子啼哭甚悲，有老人相向而哭，怪而排墙询之。老者诉云："我女已受聘，而本县舅爷闻女有色，欲娶为妾。我诉之尹，反受叱咤，以此相泣。"公闻大怒，仗剑径往县署，杀尹并其舅而逃。至潼关，闻关门图形，捕之甚急。伏于水旁，掬水洗面，自照其形，颜已变苍赤，不复认识。挺身至关，关主诘问，随口指关为姓，后遂不易。

—— （元）《关西故事》②

关云长美髭髯，内有一须尤长，二尺余。……常自震动，必有大征战。公在襄阳时，夜梦一青衣神，辞曰："我乌龙也。久附君身，以壮威武。今君事去矣，我将先往。"语毕，化为乌龙，驾云而去。公寤而怪之。至夜，公走麦城，与吴兵对。天曙，将须，失其长者。公始悟前梦辞去者是须也。

—— （明）薛朝选《异识资谐》

尝见《太函集》中的《泾县庙碑》称："王秉火德，荧惑应之。颜如渥丹，骑如赤兔。"

—— （明）瞿九思《关将军幽赞录》

---

①　辑入四库全书本《逊志斋集》卷二十二，转引自胡小伟《关公信仰研究系列》第四卷《明清关羽崇拜》，香港科华图书出版公司 2005 年版，第 65—66 页。

②　（清）梁章钜：《归田琐记》，中华书局 1981 年版，第 133 页。

奔腾千里荡尘埃，渡水登山紫雾开。掣断丝缰摇玉辔，火龙飞下九天来。①

——（明）罗贯中《三国演义》

关羽，为先主所重，不惜身命，自采都山铁为二刀，铭曰万人敌。及羽败，羽惜刀，投之水中。

——（梁）陶弘景《古今刀剑录》

邑无西门，筑城之初拟开西门，跨山而下抵金榜，将凿山为道，得一大刀，有青龙偃月字，异之。……创关公庙……奉刀庙中，神甚灵赫……

——（清）罗天尺《五山林志》

炼到最后一火时，已是午夜时分。忽然炉中射出一道雪亮的光，似一把利剑刺入苍穹，照得天空如同白昼一般。众工匠急忙躲开，不知是何缘故。正在惊愕之际，忽听空中"咔嚓"一声巨响，一条青龙落入炉中，白光也没有了。当工匠们跑到炉前看时，大刀没有炸，抽出一看，殷红的血沾满了刀刃，恰如淬火一般。一把宝刀打成了。因有青龙入炉，大刀形如仰面躺着的月亮，故将这把宝刀叫做"青龙偃月刀"。

——张志德《刀历》②

三　春秋大义，凛然虎臣

将军秉天姿，义勇冠今昔。走马百战场，一剑万人敌。

——（唐）郎君胄《关羽祠送高员外还荆州》

夫辰象之精，岳渎之灵，□□融粹，爰生英烈。英而秀者，华国以文；烈而毅者，卫时以武。将军关侯，禀武之烈，而为虎臣。遗风

---

① 《三国演义》中说赤兔马高八尺，《周礼·夏官·庚人》云："马八尺以上为龙。"

② 张志德、王成祖、郭学敏：《关公的传说》，山西人民出版社1986年版，第37页。

可□庙□□□□□。汉道微于建安之间，二袁方锐，三主未定，四方纷扰，英雄驰骛。谋臣猛将，如雨如云，斗智角力，水路并攻，未决成败。当是时也，兵皆□□□□□□□不解鞍，捐躯必死，赴白刃中，杀气相吞，流血相溅。递捷□递衄，其勇益备。有类刘项相持，未指鸿沟，割为楚汉，则构兵争雄焉。能少息□□□□□□战始定其地。壮哉！……建安二十四年，尝率精锐进围樊城。将军善攻有术，不在矢石，在于权□ 机制胜，密不可窥。坐降于禁而威震华方，曹公议徙□□□□其锐。曹公明略盖于天下，闻其威名，勇气几夺，况下者乎？每建旗临阵，作愤轩昂，横刀而前，□奋于臆，顾眄小宇宙，叱咤生风，霆□上冲□□□□□。万众睹其勃如之色，人人不寒而股栗，虽生而魄碎。雄棱未霁，虏势已摧，威之盛也。……迄今江淮之间，尊其庙像，犹以为神。

　　——（北宋）李汉杰《威胜军新建蜀荡寇将□□□□关侯庙记》①

　　怒同文武；志在春秋。

　　圣以武成名，刚毅近仁，于清任时和中更增一席；学于古有获，春秋卒业，在诗书礼易外别有专经。

　　——（清）梁章钜《楹联丛话》卷三

　　九伐威名襄夏政；千秋正统凛春王。

　　——（清）北京清廷兵部署中关帝庙

四　日月精忠，千古一人

　　先时，云长见获于吴，吴人欲以言说之。有曰："将军亦知满之难持乎？盛之难继乎？将军威伸于四海，而屈于一介士，此天也，为若顺天而从吴。"云长怒斥之曰："狗彘语，胡为对我言哉？"有从旁者曰："若言洵非也。将军义人也，今失荆州，谅无面目见玄德，暂从吴，然后图复，如曩在曹公者然。于将军不亦便耶？"云长曰："料尔能取吾首，不能取吾心；尔能折吾骸，不能折吾灵。你吴能永

---

①　冯俊杰：《山西戏曲碑刻稽考》，中华书局 2002 年版，第 18 页。

挟长江耶？我死，吴当沼也；我死，当有精神上薄霄汉，诉于天帝左右，且将神随天帝缥缈，下鉴察人间顺逆忠邪，若者福，否者祸，令万古知有大丈夫。湘江汉水之人，异日当仰望我于九天之上也。"言下辟易，吴人惊相失色曰："不能屈也。"乃遇害。

——（明）穆氏《关帝显圣纪实录》

乾坤正气，日月精忠，满腹义勇，万代英雄。

——（明）《关羽挺风勒马画像碑》①

数定三分扶汉室，削吴吞魏、辛苦备尝，未了平生事业；志存一统佐熙朝，伏虎降魔、威灵丕振，只完当日精忠。

先武穆而神，大汉千古，大宋千古；后文宣而圣，山东一人，山西一人。

——（清）梁章钜《楹联丛话》卷三

关圣有言："日在天之上，心在人之中。"迄今天下学士大夫，以至妇女孺子，类能尊而敬之。益精诚所郁，金石矢坚，历始卒如新者，总不以间关废兄弟，不以离乱废君臣；此其所以英雄直诣圣贤，亘古而犹神也。

——（清）郝尚久《潮州溪东关圣帝庙碑记》

五 护法伽蓝，释门成佛

先是，陈光大中，智颛禅师者至自天台，宴坐乔木之下，夜分忽与神遇，云："愿舍此地为僧坊，请师出山以观其用。"指期之夕，前壑震动，风号雷虓，前劈巨岭，下埋澄潭。良材丛木周匝其上，轮奂之用则无乏焉。惟将军当三国之时，负万人之敌，孟德且避其锋，孔明谓之绝伦。其于殉义感恩，死生一致，斩良擒禁，此其效也。呜呼！生为英贤，殁为神灵，所寄此山之下，邦之兴废，岁之丰荒，于是乎系。

——（唐）董侹《荆南节度使江陵尹裴公重修玉泉关庙记》

---

① 现立于许昌春秋楼院内，碑石上角署名"唐吴道子画，明秣陵弟子李宗周立"。

十二月，师（智顗）至荆州，旋乡答地，将建福庭。乃于当阳玉泉山创立精舍，及重修十住寺。道俗禀戒听讲者，至五千余人。初至当阳，望沮、漳，山色堆蓝。欲卜清溪，以为道场，意嫌迫隘，遂上金龙。池北百余步有一大木，婆娑偃盖，中虚如庵，乃于其处趺坐入定。一日天地晦冥，风雨号怒，妖怪殊形，倏忽千变。有巨蟒长十余丈，张口内向，阴魔列陈，炮矢如雨。经一七日，了无惧色。师悯之曰："汝所为者，生死众业。贪着余福，不自悲悔。"言讫，象妖俱灭。其夕，云开月明，见二人威仪如王，长者美髯而丰厚，少者冠帽而秀发。前致敬曰："余即关羽，汉末纷乱，九州瓜裂。曹操不仁，孙权自保。余义臣蜀汉，期复帝室。时事相违，有志不遂。死有余烈，故王此山。大德圣师，何枉神足？"师曰："欲于此地建立道场，以报生身之德耳。"神曰："愿哀悯我愚，特垂摄受。此去一舍，山如覆船，其土深厚。弟子当与子平建寺化供，护持佛法，愿师安禅七日，以观其成。"师既出定，见湫潭千丈，化为平阯。栋宇焕丽，巧夺人目，神运鬼工，其速若是。师领众入居，昼夜演法。一日神白师曰："弟子今日获闻出世间法，愿洗心易念，求受戒，永为菩提之本。"师即秉炉，授以五戒。于是，神之威德，昭布千里，远近瞻祷，莫不肃敬。

——（南宋）志磐《佛祖统纪》

大定十三载（1173年），寺主澄公新将军（关羽）之庙貌于法堂东庑之间，予因暇日过慈相寺，有虎溪之会而问公，公曰"今兹天下伽蓝奉此者为护法之神"。

——（金）郝瑛《慈相寺关帝庙记》

暨自在支那之大战神（关羽），本神主动许诺守护佛教，出自色类号称真日杰布，大神主从来此圣地久住。血肉饮食汇聚成大海，享用如此无漏甘露与威力，做我瑜伽师修成佛法之法友。消除万障成就圆满顺缘，佛法兴盛，国泰民安。瑜伽师徒与众施主，自始至终平安又愉悦，祈愿结成圆满之助伴。

——（清）土观·洛桑曲吉尼玛活佛《煨桑祈祷真日杰布颂辞》①

---

① 加央平措：《关帝信仰与格萨尔崇拜——以拉萨帕玛日格萨尔拉康为中心的讨论》，《中国社会科学》2010年第2期。

六　斩妖除魔，道教称尊

崇宁五年，夏，解州有蛟在盐池作祟，布氛十余里，人畜在氛中者，辄皆嚼啮，伤人甚众。诏命嗣满三十代天师张继先治之。不旬日间，蛟祟已平。继先入见，帝抚劳再三，且问曰："卿此翦除，是何妖魅？"继先答曰："昔轩辕斩蚩尤，后人立祠于池侧以祀焉。今其祠宇顿弊，故变为蛟，以妖是境，欲求祀典。臣赖圣威，幸已除灭。"帝曰："卿用何神，愿获一见，少劳神庥。"继先曰："神即当起居圣驾。"忽有二神现于殿庭：一神绛衣金甲，青巾美须髯；一神乃介胄之士。继先指示金甲者曰："此即蜀将关羽也。"又指介胄者曰："此乃信上自鸣山神石氏也。"言讫不见。帝遂褒加封赠，仍赐张继先为秩大夫虚靖真人。

——（南宋）佚名《宣和遗事》

（宋元祐中，哲宗召三十代天师张继先除解池之害）逾倾，雷电昼晦。帝问："卿向用何将？还可见否？"曰："臣所役者关羽也。"即握剑召于殿左，羽随见。帝惊，掷崇宁钱与之，曰："以封汝。"（徽宗时）宫中有祟。见一道士碧莲冠，紫鹤氅，手持水晶如意，前揖曰："奉上帝命，来除此祟。"良久，一金甲丈夫捉祟擘而啖之。帝问金甲者何人，道士曰："所封崇宁真君关羽也。"

——（明）徐道《历代神仙通鉴》卷十九

太上神威，英文雄武，精忠大义，高节清廉，协运皇图，德崇演正，掌儒释道教之权，管天地人才之柄，上司三十六天星辰云汉，下辖七十二地冥垒幽酆，秉注人身功德延寿丹书，执定生死罪过夺命黑籍，考察诸天诸神，监制群仙群职，高证妙果，无量度人，至灵至圣，至上至尊，伏魔大帝，关圣帝君，大悲大愿，大圣大仁，贞元显应光昭翊汉灵佑天尊。

——（明）《三界伏魔关圣帝君忠孝忠义真经·关圣帝君诰》

七　消灾降雨，治病救人

荆门军当阳县显烈神壮缪义勇武安王名著史册，功存生民。一方所依，千载如在。凡有祷于水旱雨赐之际，若或见于焄蒿凄怆之间。

——（南宋）孝宗赵昚《特封关羽壮缪义勇武安英济王诏》①

却说关公找水磨刀，……一面磨，一面喝道："蛇精啊蛇精，你再不为老百姓下雨的话，等我刀磨快了，就把你一刀两断！"不等关公话音落地，突然间，一阵风起，从天边飘来一团团乌云，不一会儿，竟哗啦啦地下起雨来。关公心中高兴，用刀接雨，更加有劲地在巨石上磨起刀来。谁知越用力磨刀，雨竟下得越大，小溪里顿时涨起水来。这是为什么呢？原来那湿漉漉的巨石，正是蟒蛇精的额头。关公一磨刀，那蛇精便头痛难挡，所以才照关公的吩咐下起雨来。从此以后，要是遇上旱天，老百姓只要到这溪湾里喊一声："关老爷来磨刀了。"那蛇精就得乖乖地把肚里的水吐出来……后来，人们就把五月十三作为一个节日传了下来。这一天下的雨叫"关老爷磨刀雨"。

——马昌仪《关公传说》

雩祀坛之下，桃渚之同，青甍而庙，貌之渥丹而须俨然，关公也。士女患疟，纳其床下，慢神褫魄，遁寒祟也。

——朴趾源《婴处稿序》②

八　胥吏敬仰，商贾供奉

王，解人也，……闻喜，解之支邑也，中条稷山，南北相望，土广民饶，最为繁剧。崇宁初，二寇扰民，当职者深以为患。……我辈

<hr>

① 张镇：《解梁关帝志》，山西人民出版社 1992 年版，第 66 页。
② 朴趾源：《燕岩集》卷七十别集《婴处稿序》。朴趾源（1737—1805 年），李氏王朝时期的朝鲜人，著名学者。

以擒捕为职，戮力用命；匪神佑于其间，不能屡捷。故临出入，常祷于王，无不获功。信乎王之德生而忠勇，其名不陨，降灵在人，应与不测。故上可以佑国家，远可以镇边疆，近可以保乡间，昭然鉴□，若在左右。

——（北宋）阮升卿《解州闻喜县新修武安王庙记》[1]

1990 年 5 月，比尔曾在中国人民公安大学白色的阶梯教室里讲课，鄙人当过翻译……第二天，比尔上街买东西，王府井跑了一个遍，也没称心。原来他要买一张关公——关云长的画像。"关羽"他发音又不准，说成是 Guan Dai（关岱）。说了半天，我才知道他是要买关羽的像。真是"林子大了，什么鸟都有！"问他为什么，他却反说我无知，关羽是谁？是世界警察之父，他要买一张关羽画像回家。警察研究所的所长嘛，没有关羽像成何体统？

——王大伟《龙的盾牌》[2]

山左有孔子道德高于万山，世人重其文也。然有文以为之经，必有武为之纬。惟我关羽生于山右，仕于汉朝。功略盖天地，神武冠三军，尤可称秉烛达旦，大节重于史册，洵足媲美孔子，躬身武夫子称。护国佑民，由中达外。至今普天有血气者，莫不尊亲。三晋商贾贸易□□上者，夙托神庇，无往不利。

——（清）河南舞阳北舞渡山西会馆《创建戏楼碑记》

万历十四年浙江钱塘人施如忠、邵万钟、顾英三人尝往北地贸易，启行必请关帝为随身香火。北地有潞河，河中多精怪，往往坏人舟楫。是年施如忠三人舟从潞河过，但见河面上烟雾弥漫，远望尽是鱼头人身精怪，兴波作浪而来，掀翻船只。如忠三人惊慌无计，向帝前叩祷，俄顷间空中震响，帝现云端。见手提大刀，指天将同河神冲向烟波中，与鱼等精怪征战。顷刻间风平浪静，河内渔翁共喧，争拾

---

① 胡聘之：《山右石刻丛编》光绪本，卷十七，第 434—439 页，引自胡小伟《关公信仰研究系列》第二卷《宋代儒学与关羽崇拜》，香港科华图书出版公司 2005 年版，第 98 页。

② 王大伟：《龙的盾牌——中国警察在英国》，农村读物出版社 1999 年版，第 7 页。

水族，死形百余斤，其虾大如车轮。凡往来客船莫不欢呼帝灵，谓潞河从今太平也。

——（清）《关圣帝君纪事》①

开财之源节财之流悉赖神功为主宰；爵以取贵禄以驭富多有明德荐馨香。

麟经炳千秋浩气弥纶江汉仕商钦宝训；鹤楼高万尺名区辉映晋秦桑梓肃明烟。

——（清）汉口山陕会馆楹联

九　惩奸除恶，护国佑民

拜斯人便思学斯人，莫混帐磕了头去；入此山须要出此山，当仔细扪着心来。

——（清）梁章钜《楹联丛话》卷三

民部沈君襄，其父青霞公炼，抗疏论奸相嵩过激，徙置绝徼，而又以重忤严相，弃世。青霞公诸子皆冤死，独襄出，婴杵藏孤，击狱且久。一日狱吏持饭饭襄，曰："君食之。"凡囚死，例给饭。盖其两台使皆相私人，受相旨，缢死襄狱中，俾无噍类沈氏尔。襄亦知之，但疆饭待毙。忽白日发异香满室，而神御赤马，盘舞自云中下。语曰："我，关某是也。汝忠义之子，故来救汝，汝不死。"语讫，忧刀入云中。狱中人皆见之。至夜半，狱外喧声震地，两台使皆以他疏，遂被逮去。身赝绨绮银铛，一死，一从戎，而襄果出。盖神力所扶救也。沈君出令安乡，构圣帝庙，日夕展拜。予友胡载道过安乡，沈自语其事如此。近闻圣庙在某处，而来祷者欧父逆子也。神下，亲戳之。会观者弥集，神还，坐未及端，而一旦泥像左偏云。

——（明）王同轨《耳谈》卷六

---

① 《古今图书集成·博物汇编·神异典》三十八卷492册，第39页。引自胡小伟《关公信仰研究系列》第四卷《明清关羽崇拜》，香港科华图书出版公司2005年版，第295页。

夷考闽粤，在汉季始入舆图，而海外岛屿不与焉。……顷疆圉不靖，逆党往往据此以抗王师，遂视为盗薮焉。嘉靖间，命都督俞大猷、副总兵刘显率舟师三万人讨吴平。吴平走匿南澳，若虎负嵎，相持三月，罔绩。事闻，复命都督戚继光提婺兵五千自浙来援。都督夜梦赭面美髯伟丈夫决策曰："若从后攻贼，靡不破矣。"诘旦如言，留二千人殿后，潜率三千人，从澳之云盖寺芟刈林莽，且息且进。三日道开，布列已定，铳炮齐发，军声震天。贼众大惊披靡，以为王师从天而下也。一日夜俘斩三千级，贼自杀死无算。吴贼获小舟遁外洋，仅以身免。然自是挫损，寻亦扑灭。……緊寿亭侯宣效灵之助，议建祠报祀，属草创未遑。……遗像俨然，赫奕在上，使人瞻视，恍若侯怒气横戈助兵灭贼时也。夫岭海去原万里，侯生年未尝一履其地，乃显相王师，破此黠贼，不啻摧枯拉朽。侯忠义之气，殆如日月在天，容光必照，河海行地，无浚不通者欤！其血食兹土也，有由然矣。

——（明）何敦复《南澳镇城汉寿亭侯祠记》

隆庆间，广平府淫雨浃旬，山水暴涨，浸入东门，城中男妇嗷号，震动天地。顷见城上云雾中，关圣一脚踢倒城门楼，橹门以填实，略无罅隙，用是壅住水头，城得不没。

——（清）张镇《解梁关帝志》卷一

张格尔占领南疆四城以后，一路掩杀乘势逼近阿克苏南面的浑巴什河。……此时固守浑巴什河的正是额尔古伦率领的锡伯、索伦等八百名官兵。是日，张格尔发动了一场又一场猛烈的进攻，额尔古伦率众拼死反抗，与叛军展开了殊死搏斗。可想而知，以微弱兵力对抗强大的敌人谈何容易？尽管如此，额尔古伦下决心就此一战，准备以血肉之躯报效祖国。激战持续了几个时辰，叛军攻势越来越强，正当额尔古伦等官兵难以支持之际，突然狂风四起，风中卷着黄沙，天昏地暗，抬头一看，关公手持青龙偃月刀从天而降，并追杀叛军。叛军阵脚大乱，纷纷抱头鼠窜，额尔古伦忙命顺风放箭，随后掩杀，终于取得了浑巴什河战役的胜利，为平定张格尔的叛乱奠定了基础……每年的农历五月十三日，是锡伯人杀猪祭祀关公的日子，这种祭祀活动在民间俗称"磨刀节"，意为替关公磨刀。

——朱哲《锡伯族人与关公的艺术情结》

十　民族之魂，乃圣乃神

蜀汉前将军关侯之神，与吾孔子之道并行于天下。然祠孔子者止郡县而已，而侯则居九州之广，上至郡城，下至墟落，虽烟火数家，亦靡不酬金构祠，肖像以临，球马弓刀，穷其力之所办。而其酬也，虽妇女儿童，犹欢忻踊跃，惟恐或后。以比于事孔子者，殆若过之。

（明）徐渭《蜀汉关侯祠记》

正气钟灵开正觉；神明普佑显神功。

——（清）乾隆　北京中南海关帝殿楹联

人之道，非圣无以臻其极，至圣不可知而谓之神，如《书》所谓"乃圣乃神"，与夫炎帝而谓神农，夏帝之为神禹者，希焉。若神之道。吱吱穆穆，自日星河岳，虞逮坊庸门罍之各瑞其职，靡不缘司契以定主名，则纯乎神，而非人之所得预者。生为英，殁为灵，其功德勿沫于世，世亦相与俎豆尸祝以神之，然未有不推本乎正直聪明，足立万祀人伦之表，故敬仰皋然，尊而宗之，以为神圣焉。盖圣而神之，所以著圣道也；稽神而圣之，所以明神道之正若者。尝求诸先圣先师而外，厥为关圣大帝，克以当之。

——（清）乾隆《御制重修关帝庙碑记》

乃圣乃神乃武乃文，扶四百载承尧之运；自西自东自南自北，如七十子服孔之心。

——（清）赵翼　北京正阳门关帝庙楹联

史策几千年未有，上继文宣大圣，下开武穆孤忠，浩气长存，树终古彝伦师表；地方数百里之间，西连汉寿旧封，东接益阳故垒，英风宛在，想当年戎马关山。

——（清）左宗棠　题常德关帝庙楹联

关公者，国人心中之武帝也。其忠、义、仁、勇之风范感召着一代代炎黄子孙去攀升，去奋进。吾村之关帝庙数百年间拜客如流，香火鼎盛，实乃全村灵气之所蕴，武脉之所系也。呜呼，十年浩劫，未能规避其难，殿塌像坍，灵失光散，草长虫生。改革开放，物阜民丰，国运昌盛；思绪开化，异彩纷呈。至此时也，修复关帝庙、承继关帝魂之呼声日臻隆盛。村委会顺应民意，树起重修之帜。于是乎，甲申年春，村民解囊捐款，干部多方筹资，吉日良辰，开工修建。监管人员昼夜操劳，能工巧匠尽展才艺，周围百姓鼎力相助。劳顿数月，大功告成。观我今日之院庙：门楼高大壮阔，照壁敦厚宽弘，楼殿巍峨雄伟，公所舞台气宇轩昂。东殿里关公威武，沐浴众生礼智勤；西台上音韵铿锵，高歌人间真善美；北堂中干部辛劳，谋划百姓康福寿。此地也，诚乃北关村凝心聚力、强村富民之圣地耳！关帝神灵，启诚赐福，无限无疆。噫嘻，重修关帝庙，复古昌今创未来，功德无量耶哉！

　　——2009年新绛县惠君写作公司　惠永林撰文《重修关帝庙碑记》

　　不难看出，这些文章体现着中华民族历史上不同时期、不同阶层、不同民族的人对于关公的不同认识。在它们的撰写者中，有的是皇帝，有的是将军，有的是宰相，有的是胥吏，有的是僧侣，有的是道士，有的是商人，有的甚至是今天乡镇企业的笔手。从时间上看，他们相隔千百年，从空间上讲，他们相距几万里，彼此之间好像找不到任何的相似之处，但其实这些人有一点是一致的：他们都崇拜关公。如此多的人崇拜关公本身就是一个非常值得研究的文化现象。

第 二 章

关公文化的起源

第一节 产生关公文化的背景

一 时代背景：东汉的衰落

东汉自开国以来，人口的数量就在不断飙升，虽然垦田面积也在逐渐扩大（和帝元年，垦田数达七亿多亩），但远远赶不上人口的增长。到了汉桓帝时期，全国户口数达到高峰，《晋书·地理志》载：

> 至桓帝永寿三年，户千六十七万七千九百六十，口五千六百四十七万六千八百五十六。

人口与垦田的差额在不断增大，导致了越来越多的农民破产，这似乎是历代封建王朝末期都会遇到的麻烦。

然而，实际上当时的中国还有许多未开发的土地，议郎崔寔曾在《政论》中载：

> 今青、徐、兖、冀，人稠土狭，不足相供。而三辅左右及凉、幽州，内附近郡，皆土旷人稀，厥田宜稼，悉不垦发。

这说明，至少在北方的左冯翊、扶风郡、京兆尹和凉州、幽州等地区还有大量的土地没有开垦，而青州、徐州、兖州、冀州这些老牌的农业发达地区却已经是地少人多，根本养不活自己。

而此时的土地兼并现象已经非常普遍，各地的豪强和士族大户都在想方设法占据土地和各种政治、经济资源，并开始建立起各自的武装力量，这些武装力量被称为部曲或家兵。而平民百姓却一无所有，致使他们唯一的选择就是把自己卖给地方豪强或士族大户，签订终身为奴的契约，这使得社会中的贫富悬殊更加明显：

> 故富者席余而日炽，贫者蹙短而岁蹴，历代为虏犹不赡于衣食，生有终身之勤，死有暴骨之忧，岁小不登，流离沟壑，嫁妻卖子。其所以伤心腐藏、失生人之乐者，盖不可胜陈。①

全国人口密度的失衡、各地农业发展水平的不均、土地兼并之风的猖獗，使得饥饿如影随形，而饥饿总是社会混乱的直接诱因。故崔寔云："人非食不活，衣食足然后可教以礼义，威以刑罚；苟其不足，慈亲不能畜其子，况君能捡其臣乎！"

另外，这时东汉与西羌的战争已打了数十年，一直没有平息的迹象。羌人实行民兵制，兵源雄厚，作战以袭击为主，胜则进，败则逃，进退飘忽不定，且部落繁多，无统一政权，使东汉军队穷于应付。从永和元年（136 年）开始，东汉朝廷在征羌的战役中，动辄花费几十亿军资，又由于诸将贪污腐化，不恤军事，死亡的士卒不计其数②。

失去土地、失去亲人、失去尊严，还有沉重的徭役，这些已经让百姓苦不堪言，再加上连年的干旱、蝗虫、瘟疫等自然灾害，更使得饿殍载道，民不聊生。严峻的社会问题已经把东汉政权逼到了悬崖的边缘，而此时的朝廷却在皇帝、宦官与外戚的权力角逐中变得日益昏暗。

东汉立国之初，汉光武帝为了皇权的至高无上，削弱了太尉、司空、司马三公的政治权力，在朝廷中设立尚书台，将一切政事交由尚书处理，这就是"虽置三公，事归台阁"③，因尚书权重职微，所以国家权力最大限度地掌握在皇帝手中。这本是一种有效维护皇权的机制，但是，自东汉中叶以后，皇帝大多年少登基和过早夭亡，太后临朝执政成为常态，面对如此庞大的帝国和纷乱复杂的政务，这些年轻的女子往往无所适从，因此

---

① 崔寔：《政论》，见杜佑撰，曾贻芬校《通典食货典校笺》，巴蜀书社 2013 年版，第 14、15 页。

② 参见司马光《资治通鉴》卷五十二。

③ 范晔：《后汉书》卷四十九《仲长统传》，中华书局 1965 年版，第 6 册，第 1657 页。

她们会更加依赖亲戚和近侍，听从他们的建议来处理朝政。在这种情况下，"台阁"制度就为外戚和宦官这两大政治集团的扩张提供了有利的条件。

外戚集团一般先以太后的父兄、皇帝的外家这种显赫的身份获得操纵"台阁"的权力，而充任侍中①、大将军等内朝官职，然后就可以"亲其党类，用其私人，内充京师，外布列郡，颠倒贤愚，贸易选举"②。他们大多自恃亲贵、骄横擅权。在这种情况下，年幼的皇帝一般只是个傀儡，他们唯一能够信任的群体只有日夜伴随左右的宦官。到了懂事的年龄，不甘心被挟持的皇帝就会利用宦官发动政变，剪除外戚集团。在他亲政以后，往往也会赐予那些宦官极大的权力。这样，宦官便可以操纵或干预"台阁"的政务，于是朝廷上又会出现宦官专权的局面。然而，宦官的身份卑贱，不能够辅政，在先皇去世、新皇登基以后，又会有新的外戚上台执政，原来风光的宦官们就会变成被打压的对象。这种围绕争夺皇权而出现的外戚、宦官交替专政的现象，是东汉后期政治的一个显著特点。

桓、灵二帝时期，外戚势力较弱，宦官当政。他们左右司法、典领禁军，权倾朝野，而且见钱眼开、贪得无厌，同时又干预察举、卖官鬻爵，滥用亲朋，堵塞着仁人志士的仕途之路。当时民间流传着一首嘲讽官吏的民谣："举秀才，不知书；察孝廉，父别居；寒素清白浊如泥，高第良将怯如鸡。"③可知这时选拔的官吏大多为昏庸之辈。这些人和宦官们沆瀣一气，对民众的财产横征暴敛：

> 若夫高冠长剑，纡朱怀金者，布满宫闱；苴茅分虎，南面臣人者，盖以十数。府署第馆，棋列于都鄙；子弟支附，过半于州国。南金、和宝、冰纨、雾縠之积，盈仞珍藏；嫱媛、侍儿、歌童、舞女之玩，充备绮室。狗马饰雕文，土木被缇绣。皆剥割萌黎，竞恣奢欲。构害明贤，专树党类。……虽忠良怀愤，时或奋发，而言出祸从，旋见孥戮。④

---

① 侍中有权审察尚书奏事，能够和尚书一样秉持朝政。

② 《后汉书》卷四十九《仲长统传》，中华书局1965年版，第1657页。

③ 葛洪：《抱朴子外篇》卷十五《审举》辑于《正统道藏》太清部，文物出版社、上海书店、天津古籍出版社1987年版。

④ 范晔：《后汉书》卷七十八《宦官列传》，中华书局1965年版，第9册，第2510页。

此时有一位出身无考的人，乞拜大宦官曹腾为干爹，并因此而爬上了太尉的宝座，历史上没有记载他的真实姓名，后人只知他改名以后叫作曹嵩，他是曹操的父亲。

《三国志·武帝纪》说曹操是汉代第二任相国曹参的后代，这已经被现代遗传学家所否定，[①]《后汉书·袁绍传》曾引檄文曰：

> 司空曹操祖父腾，故中常侍，与左悺、徐璜并作妖孽，饕餮放横，伤化虐人。父嵩，乞丐携养，因臧买位，舆金辇宝，输货权门，窃盗鼎司，倾覆重器。操赘阉遗丑，本无令德，僄狡锋侠，好乱乐祸。

虽然这篇檄文是袁绍讨曹操时所作，用词难免有些激烈，但曹嵩是依附于宦官集团而起家的却是不争的事实。

政治的黑暗，社会的动荡，国家命运和个人前途的渺茫，促使一些人对时政提出了尖锐的批评，他们贬抑窃国的宦官与奸臣，褒扬正直的清官和廉吏，并向朝廷提出选贤任能、严惩奸佞、安抚百姓、节省开支等建议，这些人之中有朝廷的官员，也有求学的士子，都是一些受时人尊重的知识分子，他们的言论得到了广泛的共鸣，这在社会上逐渐产生了一种评议时事的风气，即所谓的"清议"。然而，这种"清议"发展到后来，却酿成了一场悲剧，这就是历史上著名的"党锢之祸"。

桓帝延熹九年（166 年）夏，善于术数的方士张成推算朝廷不久会大赦天下，遂教其子杀人，河南尹李膺督促部下收捕了罪犯，不久朝廷果然颁布赦令，李膺大怒，仍将张成之子杀死。张成遂乞求从前就有所勾结的宦官为他报仇，宦官们正想消灭政治对手，随即唆使张成的弟子牢修上书，诬告李膺等人"养太学游士，交结诸郡生徒，更相驱驰，共为部党，诽讪朝廷，疑乱风俗"[②]。桓帝大怒，下令全国各郡搜捕"党人"，太尉陈蕃认为这些"党人"都是久负盛名的忠正之士，不应无故逮捕，桓帝更

---

① 2012 年年底，复旦大学人类遗传学实验室根据现代基因和古 DNA 的双重验证已经证实曹参与曹操无任何关系，相关论文发表在国际学术杂志《人类遗传学报》上。

② 范晔：《后汉书》卷六十七《党锢列传》，中华书局 1965 年版，第 8 册，第 2187 页。

怒，即刻将李膺等收狱，受牵连的还有太仆杜密、御史中丞陈翔、名士陈寔、范滂等二百余人，有些人一时不能抓获，桓帝便通告天下，悬赏缉拿，并派出酷吏四处搜捕。不久，太尉陈蕃也因上疏直谏被罢职免官。

然而，这些"党人"在朝野上下却得到了人们的尊敬，有些人甚至以没有成为"党人"而感到耻辱，比如六十多岁的老臣度辽将军皇甫规就以没有被列入"党人"而上书说："臣宜坐之"①，虽然皇帝没有理会他，但可知当时的人心向背。

次年，名士贾彪入京请窦皇后的父亲槐里侯窦武、尚书霍谞等人为党人诉冤，于是窦武直言上疏，霍谞等人也为党人讲情。与此同时，李膺等人在狱中故意供出宦官子弟。宦官等害怕牵连到自己身上，所以他们开始向桓帝进言，声称应该改元并大赦天下。于是，桓帝改元永康，并于永康元年（167年）六月下诏赦免"党人"，勒令"党人"二百余名皆归田里，终身罢黜，永远不许入朝为官。史称的"第一次党锢之祸"，暂时平息。

同年，桓帝驾崩，灵帝即位，窦武被拜为大将军、陈蕃为太傅，两人气愤于宦官的所作所为，经常在一起商量对策，想要铲除宦官集团，但一直找不到合适的时机。灵帝建宁元年（168年）八月，出现了太白犯房左骖、上将星入太微的天象，当时的人们认为这是不祥之兆，象征有奸佞在皇帝身旁，将会对朝廷的将相不利。这让窦武和陈蕃认为到了必须铲除宦官的时候，于是准备动手。

九月辛亥日（九月初七），窦武、陈蕃的计划被宦官集团知晓，他们连夜歃血为盟，发动政变。宦官们与皇帝的乳母赵娆一起，蒙骗年幼的灵帝，抢夺印、玺、符、节，胁迫尚书假传诏令，劫持窦太后，追捕窦武、陈蕃等人。

年过八旬的太傅陈蕃闻讯，率太尉府僚及太学生数十人拔刀剑冲入承明门，但到了尚书门，终因寡不敌众而被擒，并在当日遇害。与此同时，窦武骑马驰入步兵营，准备起兵抵抗，却被宦官所控制的几千虎贲军和羽林军所包围。这时，此前率军出征的护匈奴中郎将张奂刚刚回京，尚未了解情况，宦官假传诏令骗他说窦氏叛乱，张奂遂率大军与宦官们一起进攻窦武，在重重围困下，窦武最终无奈自杀，虎贲中郎将刘淑、尚书魏朗夜

---

① 范晔：《后汉书》卷六十五《皇甫张段列传》，中华书局1965年版，第2136页。

被迫自杀，窦武的宗亲宾客姻属及侍中刘瑜、屯骑校尉冯述等人皆被灭族，窦太后也被软禁在南宫。

张奂因"平叛"的功劳被宦官们提拔为大司农，并封侯，而张奂却因深恨被他们所欺骗，以致害死忠良，铸成大错，坚决不肯受印，并上书灵帝，要求为窦武、陈蕃等人平反，迎回窦太后，还推荐李膺等人出任三公。灵帝开始觉得他说得有道理，但宦官们纷纷进谗言，改变了灵帝的想法，反而把张奂拘留数日，罚俸三月，最终还罢黜了他的官职，禁锢终生。郎官谢弼也因上书为窦武、陈蕃等人鸣冤，而被宦官杀害。

看到窦武、陈蕃等人虽已身亡，却名望依在，这让宦官们深感恐惧，他们认为绝不能善罢甘休，于是向灵帝进谗言，诬陷"党人"欲图社稷。年仅十四岁的汉灵帝因而大兴牢狱，先将李膺、杜密、翟超、刘儒、荀翌、范滂、虞放等一百余人处死，而后又开始在全国各地四处搜捕，对"党人"展开了血腥的屠杀。这是"第二次党锢之祸"。在这一次，被处死、流徙、囚禁的士人达到六七百人之多，被通缉的更是数不胜数。

这些被杀、被捕和被通缉的"党人"大多是天下名士，都是百姓所认同的"贤人"，人们将其中最受尊重三十五个人称为"三君""八俊""八顾""八及""八厨"：

> 上曰"三君"，次曰"八俊"，次曰"八顾"，次曰"八及"，次曰"八厨"，犹古之"八元"、"八凯"也。窦武、刘淑、陈蕃为"三君"，君者，言一世之所宗也；李膺、荀翌、杜密、王畅、刘祐、魏朗、赵典、朱寓为"八俊"，俊者，言人之英也；郭林宗、宗慈、巴肃、夏馥、范滂、尹勋、蔡衍、羊陟为"八顾"，顾者，言能以德行引人者也；张俭、岑晊、刘表、陈翔、孔昱、苑康、檀敷、翟超为"八及"，及者，言其能导人追宗者也；度尚、张邈、王考、刘儒、胡母班、秦周、蕃向、王章为"八厨"，厨者，言能以财救人者也。[①]

请记住一个名字，他叫刘表，此时他也是这三十五个人之一，位列"八及"，他的老师王畅也是其中的一个，位列"八俊"。

八年之后的熹平五年（176年）闰五月，永昌太守曹鸾上书为"党

---

① 范晔：《后汉书》卷六十七《党锢列传》，中华书局1965年版，第8册，第2197页。

人"鸣冤，要求解除禁锢，灵帝不但没有听从，反而收捕并处死曹鸾。接着，灵帝又下诏书，凡是"党人"门生、故吏、父子、兄弟中任官的，一律罢免，禁锢终身，并牵连五族。党锢的范围扩大，开始波及更多的无辜者。

"党人"反对宦官的斗争，在客观上体现了当时民众的愿望。因此，他们得到了各界的支持和同情。在"党人"遭受迫害时，许多人为了保护他们而家破人亡，比如陈蕃的友人朱震收葬了陈蕃的尸体，并将他的儿子陈逸藏到甘陵，后被人告发，朱震一家被捕，全都受到了酷刑，然而朱震至死也没有说出陈逸的行踪；"党人"张俭在逃亡时到处投宿，从没有遇到不愿意收留他的家庭，他在众人的帮助下逃到了塞外，但因为他而被满门抄斩的家族竟有数十家之多，甚至连郡县都因此残破。这反映出人们对"党人"的同情和对宦官的愤恨，也显示出了宦官集团的凶狠与残暴。

在清除了政敌后，宦官集团的专制已经达到了登峰造极的地步，他们从此更加为所欲为，更加残酷地欺压良善、祸害百姓，因而激起了中国历史上规模最大的一次宗教形式暴动，"黄巾之乱"爆发了。

黄巾军的领导者是太平道教主张角，他和他的教徒用布施符水治病的方式收拢人心，在贫苦农民中树立了极高的威望。十几年的时间，太平道信众多达数十万，遍布青、徐、幽、冀、荆、扬、兖、豫八个州。张角将这些信众分为三十六方，大方万余人，小方六七千人，每方设一渠帅，由他统一指挥，这就为大规模的暴动做好了准备。

汉灵帝光和七年（184年）二月，暴动全面爆发，一个月内，全国七州二十八郡都发生战事。这些参加暴动的人大都是淳朴的农民，但是因为饥饿，他们放下了锄头，拿起了刀枪；因为屈辱，他们放弃了忍耐，选择了反抗。他们头裹着黄巾，脚穿着草鞋，喊着"苍天已死，黄天当立"的口号，一路上攻城略地，势如破竹。他们掠劫富户、诛杀官吏、焚烧府衙，彻底地发泄积聚已久的不满，向这个曾经肆意摧残他们的社会复仇。

不过，黄巾军虽然声势浩大，人数众多，但从战略部署到军事素养上来讲，他们都不可能与朝廷的军队抗衡。所以，当朝廷真正开始排兵布将、采取强硬的手段镇压后，黄巾军就只能被动挨打了。

三月戊申日（184年4月1日），灵帝拜何进为大将军，率羽林军守护京师，并在函谷、大谷、广城、伊阙、镮辕、旋门、孟津、小平津等京师道口，设都尉驻防，并下诏令各地提防戒备、整点武器、训练士兵。同时，令各地召集义军，准备作战。刘备、关羽、张飞就是在这个时候，响应朝廷的号召，聚集徒众，组建义军，开始走进这纷乱的历史舞台的。

四月，左中郎将皇甫嵩、右中郎将朱俊奉命率领五校、三河骑士及新募兵勇共四万多人，兵分两路，进攻对洛阳威胁最大的颍川波才军。五月就将汝南、颍川、陈国三郡的黄巾军全部镇压了下去。八月，皇甫嵩被调到河北，进攻号称有二十万众的张角军，但此时的张角却忽然病死，由张角的弟弟张梁、张宝领导教众，黄巾军的士气已经受到了沉重的打击。

皇甫嵩首先进攻广宗，黄巾军奋死抵抗，一时官军无法取胜。于是皇甫嵩下令停止进攻，使其放松戒备，然后指挥官军乘夜潜伏至黄巾军阵前，天明时突然发动进攻。黄巾军仓促应战，激战一日，张梁阵亡，部下战死八万余人，广宗平定。随后，皇甫嵩与巨鹿太守郭典攻下曲阳。十一月，张宝也阵亡，十余万人或死或降，全军覆没。

荆州的情况也差不多，六月，南阳太守秦颉击杀了自称神上使的黄巾军首领张曼成。十一月，朱俊从颍川赶来，与荆州刺史徐璆及秦颉合兵，连续击杀了赵弘、韩忠等黄巾军首领，将黄巾军逼至西鄂精山（今河南南召东南），并继续追击，又斩杀了黄巾军新任首领孙夏及部众一万多人，其余部众逃散。至此，南阳一带平定。

不到一年的时间，黄巾军主力已经全线溃败。然而，虽然大范围的暴动已经被镇压下去，各地依然在不断发生着小型的叛乱，许多分散的势力继续在袭击州府，如黑山、黄龙、白波、左校、郭大贤、于氐根、青牛角、张白骑、刘石、平汉、大洪、司隶、缘城、雷公、浮云、飞燕、白雀、杨凤、于毒、五鹿、李大目、白绕、畦固、苦蝤①等"匪徒"依然在各处作乱，他们势力大的二三万人，势力小的也有六七千人，由张燕率领的"黑山贼"，甚至号称"从者百万"，势力遍及中山、常山、赵、上党、河内多郡。东汉的社会已经不可能再回到和平年代了。

为了有效镇压叛乱，中平五年（188 年）三月，灵帝不得不接受太常刘焉的建议，将部分刺史改为州牧，由宗室或重臣担任，让其拥有地方军、政之权，以便加强各方实力。然而，灵帝对地方下放权力，也助长了地方豪强与士族拥兵自重、不把朝廷放在眼里的习气，从此东汉的皇权在

---

① 范晔：《后汉书》卷七十一《皇甫嵩朱俊列传》，中华书局 1965 年版，第 8 册，第 2310—2311 页。

各地豪强眼中已经形同虚设。

"黄巾之乱"还使得朝廷大赦"党人",结束了"党锢之祸"。暴乱爆发后,皇甫嵩上谏要求解除党禁,此时宦官们也害怕"党人"会和黄巾军联合起来造反,于是灵帝于中平元年(184年)四月丁酉日大赦天下,免除了对"党人"的禁锢,曾经为官的重新被起用,未曾为官的也可以为国家效力。

在这些被解除禁锢的"党人"中,很多人的心态已经发生了变化,有的学会了趋炎附势和明哲保身,有的已经不对东汉政权抱有任何希望,开始寻找自己心中的明主,只有一小部分人依旧保留着自己的信仰,他们依然还拥有力挽狂澜、匡扶汉室的理想,虽然这点理想在这个血雨腥风的乱世面前显得那样的微不足道。

中元六年(189年),灵帝驾崩。这时的大将军何进准备铲除宦官集团,并传令将并州军阀董卓召进京师,以作护佑。但宦官又一次得到了消息,并又一次抢先下手。他们马上假传皇后懿旨,将何进诱进皇宫,乱刀砍死。在何进临死之前,一个叫张让的宦官曾问过他这样一句话:"卿言省内秽浊,公卿以下忠清者为谁?"此言却也不虚,东汉政权早已腐朽不堪,朝野上下很难说谁是干净的。

宦官们也许认为这次政变的结果会和上次一样,只要将最大的政敌杀死,就可以取得胜利。然而,这次却并不一样,因为何进有一个盟友叫作袁绍。

袁绍此时是京城的司隶校尉,他听说何进已死,就率军径直闯入了皇宫,见到宦官就杀,一时间京城内外哀号不断、血流成河,几千名宦官全部死于非命。史书记载,在这场屠戮之中,连没有胡子的男人也被错杀了不少。到了这个时候,长期祸乱天下的宦官们,基本已经被铲除干净了。

不过,宦官虽然杀光了,宦官集团却并没有完全消失。数十年以来,宦官之所以能够长期拥有显赫的地位,不仅仅是因为他们会奉承皇帝,操纵台阁,还因为他们收揽了一批党徒,就像《后汉书》中所载的,对宦官"南面臣人者,盖以十数"。他们都是宦官集团的骨干成员,被安插在朝廷的各个重要部门。宦官被杀光以后,这些人及其后代就开始寻找新的生存发展空间,其中有些人依靠祖上横征暴敛留下来的财富,和胁肩谄笑得到的官职,反而成为一方豪强,甚至最终能够逐鹿天下,完成霸业,比如曹操。

当袁绍大开杀戒的同时，领命而来的董卓已经把西凉大军开到了洛阳城外，这个人给大汉帝国带来的伤害，一点儿也不亚于宦官集团。他进京后，把持朝政、废除少帝、祸乱后宫、残害百姓，最终使得天怒人怨，一时间朝野上下，皆有讨董之意。此时尚书周毖、城门校尉伍琼对其假意奉承，在博得信任之后，推举韩馥、刘岱、孔伷、张咨、张邈等人出宰州郡。董卓批准，任命尚书韩馥为冀州牧，侍中刘岱为兖州刺史，颍川张咨为南阳太守，陈留孔伷为豫州刺史，东郡张邈为陈留太守，这些人到任之后，即刻招兵点将，准备反董。同时，车骑将军袁绍、广陵太守张超、功曹臧洪、东郡太守桥瑁、骁骑校尉曹操、中牟县令杨原、西河太守崔钧、河内太守王匡、山阳太守袁遗、济北国相鲍信、南阳太守袁术、颍川太守李旻、青州刺史焦和、高唐县令刘备、荆州刺史王叡也都纷纷反董。第二年，各路豪强在陈留郡酸枣县会盟，共推袁绍为盟主，开始挥军讨伐董卓。

蔡琰的《悲愤诗》详细描绘了当时的情景：

汉季失权柄，董卓乱天常。志欲图篡弑，先害诸贤良。逼迫迁旧邦，拥主以自强。

海内兴义师，欲共讨不祥。卓众来东下，金甲耀日光。平土人脆弱，来兵皆胡羌。

猎野围城邑，所向悉破亡。斩截无孑遗，尸骸相撑拒。马边悬男头，马后载妇女。

长驱西入关，迥路险且阻。还顾邈冥冥，肝胆为烂腐。所略有万计，不得令屯聚。

……

在讨伐董卓的各路豪强中，有两路的首领没能参加酸枣县会盟，一个是荆州刺史王叡，一个是南阳太守张咨。

王叡有一个下属，名叫孙坚，官职是长沙太守。在军队集结的时候，发生了一件近乎荒谬的事情，孙坚竟然逼死了王叡。《三国志》称"王叡素遇坚无礼，坚过杀之"。但是，一个上司对下属无礼，下属就把上司杀死，而且还是在一同起兵勤王的时候，这其实非同寻常，《后汉书·刘表传》曾在这段情节引《吴录》说："叡见执，惊曰：'我何罪？'坚曰：

'坐无所知。'睿穷迫，刮金饮之而死。"继而，孙坚又以"不助军资"为名，杀了南阳太守张咨，然后才开始率军北上。在没有打击真正的敌人之前，先杀了自己的上司和盟友，这与他后来驳斥董卓和亲使者的言辞"卓逆天无道，荡覆王室，今不夷汝三族，县示四海，则吾死不瞑目"①之大义凛然，完全不符。由此只能推断，孙坚自认的真正敌人并不是董卓，而是王睿、张咨以及荆州的所有反对势力，也就是说，非"王睿无理"，也非张咨"不助军资"，孙坚之所以杀了他们，只是想趁火打劫，扩充势力罢了。

董卓最终死于非命，而此时的大汉皇朝早已分崩离析，四分五裂。各方豪强与士族都知道汉祚不保、国将易主，所以"上者挟天子以令诸侯，次者割境自雄"，"初则州郡割据，继而强凌弱、众暴寡"②，各方豪强竞相角逐，人与人之间开始了长期而血腥的杀戮。从此时起，即东汉初平元年（190年），中国历史开启了一个长达九十年的混乱时代，史称这个时代为"三国"。

二　地缘背景：古荆州概述

荆州，古九州之一。《尚书·禹贡》曰："荆及衡阳惟荆州"，《尔雅·释地》曰："汉南曰荆州。"

荆州的地势为西高东低，西边是秦岭、大巴山、武陵山、大娄山等山脉，东部则是由长江、汉水冲积而成的江汉平原。先秦时期，江陵以东曾是烟波浩渺的云梦大泽，《史记·司马相如传》记载，"云梦者，方九百里"。可知其面积之大。从东汉时期开始，长江支流的涌水和夏水分流分沙激增，致使江汉平原的面积不断加大，云梦泽的面积开始缩小，有些地带逐渐变成沙洲和沼泽，成为一片平原广泽之地。这里雨量充足，土地肥美，江湖密布，鱼虾众多，有利于人类的居住。其灵秀、广袤的地理特征，曾孕育出瑰丽、奇异，富含神秘色彩的楚文化。

"荆"与"楚"字义相同，均指一种灌木植物，也同为地理名词。《诗经·商颂》中有"维女荆楚居国南方""奋伐荆楚"等诗句，这说明

---

① 陈寿：《三国志》卷四十六《孙破虏讨逆传》，中华书局2006年版，第650页。

② 台湾三军大学编著：《中国历代战争史》第四册第八卷，军事译文出版社1983年版，第1009页。

早在商代，"荆楚"一词已被专指长江中游的广大地区。西周时期，周成王赐荆君熊绎为子爵，封地丹阳（今湖北枝江市）。周桓王十六年（前704年），熊绎的子孙熊通自立为楚武王，开始正式与周王朝分庭抗礼。楚王也被称为荆王。《韩非子》中有："荆王伐吴"①之说，可见，在先秦时代，荆、楚实为一个概念。

楚顷襄王十九年（公元前278年），秦将白起攻克载郢（今湖北荆州市），楚国先迁都于陈（今河南淮阳），后迁都于巨阳（今安徽太和东南），再迁都于寿春（亦称郢，今安徽寿县西南），荆州遂并入秦地。

秦朝统一天下后，将荆州分置郡县，自汉水以北置南阳郡，汉水以南置南郡，在巫中分置黔中、长沙两郡。

汉高祖在荆州分长沙立桂阳郡，改黔中为武陵郡，并以东海郡、薛郡、彭城郡三十六县置楚国，封刘交为楚王，"荆"与"楚"遂成为两个地理称谓。东汉章和二年（88年），汉和帝以楚郡置彭城国，"荆楚"遂成为区域文化名词，而非简单的地域概念。

东汉时期，全国设为十三州，荆州统南阳、南郡、江夏、武陵、长沙、桂阳、零陵七郡，汉末又分南阳郡置章陵郡，共为荆州八郡，辖县一百一十七，所辖范围相当于今湖北、湖南二省全境、河南西南部以及贵州、广西、广东三省边缘的广大地区。

荆州的城市大多位于江流沿岸，所以水路交通极其畅通。长江自西向东横穿荆州，其支流汉水自北而南，湘水、资水、沅水、沣水自南而北一齐汇入长江。主干如长江、汉水，支流如夏水、阳水、丹水、均水、沮水、漳水、蛮水、白水、涢水皆"可以浮舟筏"。②从江陵往西可以溯江而上直达建平、秭归、夷陵、河东诸郡以至蜀；往东可以顺江而下到达蒲圻、沙阳、夏口以至长江下游的扬州。

荆州的陆路交通也同样发达，其主干道为荆襄驿道，又分"秦楚大道"和"南襄隘道"两段。从长安至南阳路段为秦楚大道，其历史可上溯到西周，它从咸阳东南的蓝田，沿秦岭过武关，向东南到达南阳的宛城，然后自南襄夹道到达江陵；从南阳到襄阳路段为南襄隘道，因其古代与中原诸夏相通，又称"夏路"，它"从襄阳渡沔，自南阳界，出方城关

---

① 韩非：《韩非子校注》，江苏人民出版社1982年版，第264页。

② 郦道元著，陈桥驿校证：《水经注》，中华书局2007年版，第734页。

是也，通周、郑、晋、卫之道"①。

由此可见，这种便利的交通条件应该能对地区的经济文化发展提供良好的支持。

但是，至少在西汉初期，荆州的大部分地区竟然还都是荒蛮之地。《史记·货殖列传》载："楚越之地，地广人稀，饭稻羹鱼，或火耕而水耨，果隋蠃蛤，不待贾而足，地埶饶食，无饥馑之患，以故呰窳偷生，无积聚而多贫。是故江淮以南，无冻饿之人，亦无千金之家。""江南卑湿，丈夫早夭。"② 这说明当时的荆州生产力水平比较低，经济条件也比较差，但因为自然环境良好，食物丰富，林木茂密，所以人们不会饿死、冻死，可是每个人的寿命却很短暂。这里没有明显的贫富差别，也不需要交换什么商品。这时的荆州基本上是一片沉睡的土地，还保持着原始的状态。

汉武帝继位以后，开始实行盐铁官营政策。朝廷在全国设立 49 处"铁官"，荆州区域中离中原地区最近的南阳郡被划为其中之一，这使得这里的农业、商业、手工业得到了一定的发展。到了西汉末期，南阳生产的铁制农具已经不仅用于本地的生产，还远销今天的陕西、山西乃至新疆等地。隶属南阳的宛城也在这个时期和洛阳、邯郸、临淄、成都一起成了全国的五大都会之一。

到了东汉，荆州的经济和人口开始呈现较好的发展态势。汉安帝年间，北方蝗灾泛滥，朝廷曾调零陵、桂阳等郡租米赈济广陵、庐江、下邳、彭城、山阳、九江等地的灾民。从这一点可以看出，当时荆州的农业经济水平已经有了很大的提高。与此同时，荆州的人口密度也在增长，东汉永和五年的南阳郡、桂阳郡、零陵郡、长沙郡比西汉元始二年增长了五个百分点，南郡、江夏郡、武陵郡也有一定的增幅。不过，和北方发达地区相比，荆州依然显得比较落后，如同期北方安平郡的人口密度为 225.9人/平方公里，任城郡为 184.4 人/平方公里，清河郡为 169.0 人/平方公里，而荆州人口最多的南阳郡人口密度也不过 48.8 人/平方公里。③ 所以，此时荆州的总体发展速度依然比较缓慢。

---

① 习凿齿：《襄阳耆旧记校注》，荆楚书社 1986 年版，第 312 页。

② 司马迁：《史记》卷一百二十九《货殖列传》，中华书局 1959 年版，第 3270 页。

③ 王玲：《汉魏六朝荆州地区的经济与社会变迁》，中国社会科学出版社 2010 年版，引论部分，第 4 页。

　　这主要是因为，两汉时期政治、经济、文化中心皆在北方，以长安、洛阳为中心的京畿地区和泾水、渭水、汾水流域的地方重镇与交通要道得到了皇朝的更多关注，《左传》云："天子之地一圻"①，一圻就是方圆一千里，在距首都洛阳一千里内的河内郡、河东郡、弘农郡、左冯翊、颍川郡、陈留郡、汝南郡、安平郡、任城郡及清河郡都得到了更多的经济支持和发展机会。而荆州地处偏僻，除南阳距洛阳稍近以外，江夏离洛阳一千五百里，南郡离洛阳一千五百里，武陵、桂阳、长沙、零陵等郡的位置则更远，这使得荆州缺少必要的政策支持和经济支持。同时，虽然荆州的土地资源丰富，但山林苍郁却常有虎豹出没，土地肥美却荆棘丛生。而且，在荆楚大地上向来居住着许多被中原人称为"蛮夷"的人，他们"其俗剽轻，易发怒"，性格暴躁，民风彪悍，遍布在荆州大大小小的山林、河流和原野之中。因此荆州也难吸引到更多的外地人来此地生存和发展，继而它的经济、文化和社会规模也很难有更大的进步。

　　不过这一切在东汉末年开始改变。汉初平元年（190年），一个名叫刘表的人来到荆州。在他的治理下，荆州不但成为能让百姓衣食丰足的安居之所，还成为长江中游的政治、经济、军事中心，更成为全国范围内的学术、文化中心。从此，荆州在中国的历史舞台上，开始扮演起越来越重要的角色。

　　董卓裹胁献帝西迁以后，各方豪强开始相互争伐，中原大地战事不断，再加上频繁的旱灾、蝗灾、地震，各种天灾人祸结合在一起，使得大范围的饥荒接踵而至，一时北方大地饿殍载道、满目疮痍，"出门无所见，白骨蔽平原。"②

　　当袁绍的士兵在河北以桑葚充饥的时候；当袁术的人马在淮南以蛤蜊果腹的时候；③ 当曹操的军粮中"杂以人脯"的时候④，在长江的中部有一个地方，这里没有肆虐的战火，也没有遍地的尸骸，粮草充足、百姓安乐，俨然人间天堂，这个地方就是荆州。管理这里的最高长官是荆州牧刘表。

---

①　左丘明：《左传》，中华书局 2012 年版，第 1359 页。

②　王粲：《七哀诗》。

③　陈寿：《三国志》卷一《武帝纪》，裴注引《魏书》，中华书局 2006 年版，第 9 页。

④　陈寿：《三国志》卷十四《程昱传》，裴注引《世语》，中华书局 2006 年版，第 260 页。

　　刘表（142—208 年），字景升，山阳高平（在今山东微山县北部的两城镇）人，鲁恭王刘余后代。《后汉书·袁绍刘表传》称其："身长八尺余，姿貌温伟，少时知名于世，与同郡张俭等俱被讪议，号为'八顾'。"

　　这里"与同郡张俭等俱被讪议"指的就是东汉历史上著名的"党锢之祸"，这是一场由宦官集团针对朝廷的大臣、太学生及士大夫阶层所进行的政治迫害。在这场迫害中，无数知识分子被斩首、囚禁和通缉，但当时的民众对这些知识分子还是非常支持和同情的，他们认为这些人是道德的楷模，并把这些人中最具威望的三十五个人称为"三君、八俊、八及、八顾、八厨"，而刘表就是其中之一。在《三国志》中刘表："少知名，号八俊"，裴注又引张璠《汉纪》曰："表与同郡人张隐、薛郁、王访、宣靖、公褚恭、刘祇、田林为八交，或谓之八顾。""顾者，言能以德行引人者也"。

　　这都是当时民众给这些名士们的美誉。不过，这些美誉也曾让刘表被迫亡命天涯。"黄巾之乱"爆发后，"党锢"解除。这时的东汉政权已经风雨飘摇，朝廷正在用人之际，所以在这个时候，刘表被何进推荐成为北军中候，掌管京城禁军。

　　初平元年（190 年），原荆州刺史王睿被孙坚逼死，汉献帝遂委派刘表接替王睿之职。

　　当时荆州的内部形势比较复杂。"江南宗贼盛，袁术屯鲁阳，尽有南阳之众。吴人苏代领长沙太守，贝羽为华容长，各阻兵作乱。"[1] 而刘表却是"单骑入宜城"，没有任何武装力量，所以面对荆州混乱的局面，刘表果断地采取了一系列措施。

　　首先，他争取到当地很有影响力的蔡、蒯两大家族的信任和支持，并征求他们对荆州局势的建议。蒯良、蒯越兄弟都颇有才识，蒯良提出的见解是："众不附者，仁不足也，附而不治者，义不足也"，认为"苟仁义之道行，百姓归之如水之趣下，何患所至之不从而问兴兵与策乎？"蒯越的意见是："治平者先仁义，治乱者先权谋"，又认为"宗贼帅多贪暴，为下所患。越有所素养者，使示之以利，必以众来。君诛其无道，抚而用之。一州之人，有乐存之心，闻君盛德，必襁负而至矣"。还建议刘表

---

　　① 陈寿：《三国志》卷六《刘表传》，裴注引司马彪《战略》，中华书局 2006 年版，第 129 页。

"兵集众附，南据江陵，北守襄阳"。

刘表认为"子柔之言，雍季之论也。异度之计，臼犯之谋也"，对两人见解都表示赞同，然后"使越遣人诱宗贼，至者五十五人，皆斩之，袭取众多，或既授部曲"，① 一举歼灭了嚣张多年的宗贼势力。后来，他又平定了零陵、长沙等郡，并击败了袁术、孙坚联军的进攻，孙坚也在这次战争中被流矢击中而死。"江南悉平。诸守令闻表威名，多解印绶去。"② 刘表扭转了荆州的混乱局面，自己也被朝廷封为荆州牧、镇南将军。

经过几年努力，刘表"南收零、桂，北据汗川，地方数万里，带甲十余万"。把之前"人情好扰，加以四方震骇，寇贼相扇，处处糜沸"的荆州，变成了"万里肃清"的一片乐土。在对外问题上，刘表采取了拥兵自重的政策，尽量避免发生大的冲突；在经济上，刘表利用了当地各大家族的势力，并颁布一系列有效的政策，使得农业生产得到了很大的发展，荆州地区的百姓"大小咸悦而服之"。

而这时的中原大地，已经"名都空而不居，百里空而无民"③。荆州能够如此的和平和富足，无疑对乱世中的人们具有强大的吸引力，所以大批的北方人纷纷迁往荆州，仅关中一地，"人民流入荆州者十万余家"，这是历史上第一次人口大规模向荆州迁徙，能够出现这种兴旺的局面，虽然与东汉末年政局混乱的背景有关，但刘表对荆州所采取的积极政策还是主要的原因。

在避乱的人群中，不乏东汉时期的高级知识分子，《三国志·王粲传》言"士之避难荆州者，皆海内之俊杰也"。于是，本身也是知识分子的刘表就在荆州开办州学，他"乃开立学官，博求儒士，綦毋阇、宋忠等。撰立《五经》章句，谓之后定"。当时在州学中从教的儒士就有三百多人，而自关西、兖、豫迁到荆州的儒生数以千计。在他们中间，既有像司马徽、颍容、綦毋阇、宋忠那样的名流宿儒，也有像诸葛亮、徐庶、祢衡、王粲、石广元、庞统、向朗、刘廙、李撰、尹默、石韬、孟建等青年才俊。当洛阳的太学已经毁于战火的时候，当各地的学馆已经荒废的时

① 陈寿：《三国志》卷六《董二袁刘传》，裴注，中华书局 2006 年版，第 129 页。
② 范晔：《后汉书》卷七十四《刘表传》，中华书局 1965 年版，第 9 册，第 2420 页。
③ 范晔：《后汉书》卷四十九《仲长统传》，中华书局 1965 年版，第 1657 页。

候，荆州，却成为全国的学术中心。

这些学者和学子们在一起交流探讨、著书立说，后人根据时间、区域和学术思想将他们统称为一个学派，这就是在中国文化史上占有重要地位的"荆州学派"。它虽然是一个在战乱年代产生的学术流派，却承上启下，摒弃了东汉时期陈旧腐朽的学术枷锁，开启了直接影响到魏晋南北朝学术走向的崭新的学术潮流。

"爱民养士、从容自保"①，"沃野万里、士民殷富"② 是史书上对于刘表功绩的评价。他的有效管理让这里的人民富足，学术繁荣，但也正因为如此，荆州也成为其他豪强势力的必争之地，这里有粮食、有人才，也有土地，还具备四通八达的水路、陆路交通，"北得之则据吴楚上游以制南土，南得之则据襄汉要地而图北方"③，所以，战火即将席卷这片丰茂的荆楚大地。

第二节　关羽与荆州的关系

一　汉寿亭侯

建安五年，关羽在徐州失守后，无奈委寄于曹营。曹操拜关羽为偏将军，礼之甚厚。

同年，袁绍遣大将颜良攻击东郡，围太守刘延于白马，曹操派关羽、张辽解围。此时，袁军势大，曹军人少，而关羽却能在万众之中刺颜良于马下，并斩首而还，可谓勇冠三军。曹操大喜，上表汉献帝，封关羽为汉寿亭侯，并多有赏赐。从此，关侯之勇，天下皆知。

汉寿亭侯，即是其食邑为汉寿的亭侯。亭侯，是东汉朝廷对功臣的最高封爵之一，其规制来源于秦代。

商鞅变法以后，秦国为赏军功，特设了二十等爵，分别为：一级公士，二上造，三簪袅，四不更，五大夫，六官大夫，七公大夫，八公乘，九五大夫，十左庶长，十一右庶长，十二左更，十三中更，十四右更，十

---

① 范晔：《后汉书》卷七十四《刘表传》，中华书局1965年版，第9册，第2421页。
② 陈寿：《三国志》卷五十四《鲁肃传》，中华书局2006年版，第752页。
③ 顾炎武：《天下郡国利病书·湖广上》，转引自王玲《汉魏六朝荆州地区的经济与社会变迁》，中国社会科学出版社2010年版，第27页。

五少上造，十六大上造，十七驷车庶长，十八大庶长，十九关内侯，二十彻侯。① 秦国的士兵只要斩获敌人"甲士"一个首级，就可以获得一级爵位公士和田一顷、宅一处、仆人一个，斩杀的首级越多，获得的爵位就越高。

汉朝基本沿用此制，但在"彻侯"上增设了"王"爵，可在汉高祖刘邦对异姓王诛伐殆尽以后，"王"爵就仅适于皇族成员，所以"彻侯"实际上是朝廷封给异姓功臣的最高爵位。能得到"彻侯"爵位的人，除拥有无与伦比的光荣之外，还能拥有许多经济上和生活上的特权。

在 1983 年湖北荆州江陵张家山汉墓出土的竹简《二年律令·户律》② 中，记载了汉初朝廷对各阶层受田面积和宅地标准的规定，其中受田面积是：

> 关内侯九十五顷，大庶长九十顷，驷车庶长八十八顷，大上造八十六顷，少上造八十四顷，右更八十二顷，中更八十顷，左更七十八顷，右庶长七十六顷，左庶长七十四顷，五大夫二十五顷，公乘二十顷，公大夫九顷，官大夫七顷，大夫五顷，不更四顷，簪袅三顷，上造二顷，公士一顷半顷，公卒、士五（伍）、庶人各一顷，司寇、隐官各五十亩。不幸死者，令其后先择田，乃行其余。他子男欲为户，以为其□田予之。其已前为户而毋田宅、田宅不盈，得以盈。宅不比，不得。

宅地标准是：

> 宅之大方卅步。彻侯受百五宅，关内侯九十五宅，大庶长九十宅，驷车庶长八十八宅，大上造八十六宅，少上造八十四宅，右更八十二宅，中更八十宅，左更七十八宅，右庶长七十六宅，左庶长七十四宅，五大夫廿五宅，公乘廿宅，公大夫九宅，官大夫七宅，大夫五宅，不更四宅，簪袅三宅，上造二宅，公士一宅半宅，公卒、士五（伍）、庶人一宅，司寇、隐官半宅。欲为户者，许之。

---

① 　见《通典·职官十三》。
② 　张家山二四七号汉墓竹简整理小组：《张家山汉墓竹简》，文物出版社 2001 年版。

由于竹简出土时有所残破，以至于"彻侯"的受田面积没有记载，但既然比其低一级的关内侯是九十五顷，那么"彻侯"的受田至少不会小于这个面积，而且彻侯的宅地标准也是最高的，可以修一百零五间住宅。

由此可见，在汉朝，"彻侯"是一个非常显赫的爵位。

汉武帝即位后，因"彻"与汉武帝的名字相同，故避讳改为"通侯、列侯"。为筹措军款，朝廷一度卖过一些爵位，致使二十等爵为世人所轻，但也只是卖关内侯以下的爵位，列侯从没有被朝廷卖过，只有靠军功和世袭才能够得到。

《通典·职官十三》载："凡列侯，金印紫绶，大者食县，小者食乡、亭，得臣其所食吏民。"可知列侯是以县、乡、亭为食邑，分为县侯、乡侯、亭侯三种。

县侯是最高级别的列侯，以一县作为食邑，如袁绍被封为邺侯，曹操被封为武平侯。乡侯基本与皇室成员有关，如《后汉书·光武十王列传》中有"元和二年，封定弟十二人为乡侯"的记载，因军功得乡侯的很少见，后来很多带有"乡"字的侯爵，其实都是县侯，比如后来诸葛亮被封为武乡侯，武乡是一个县，所以诸葛亮所得的爵位是县侯。

亭侯是食邑较小的列侯，秦制每十里设一亭，汉朝继承秦制，所以理论上讲亭侯是以方圆十里的地区为食邑，地方虽然不大，但其爵位同样显耀。

从经济地位来讲，各个亭侯之间也存在着很大的差别，这主要是因为食邑所在区的人口户数决定的，大的地区有上千户人口，小的地区仅百余户。

而曹操封给关羽的"汉寿"却不是一个小地方。

汉寿，今属湖南常德市，东汉时期属荆州武陵郡，地理位置处于荆州的正中心，其所辖范围相当于今天常德汉寿县、武陵区和鼎城区的一部分。《后汉书·郡国志》记载："汉寿，故索，阳嘉三年更名，刺史治。"由此可知，"汉寿县"的原名为"索县"，后改为"汉寿"，并曾被定为荆州刺史的治所。

索县自身有其悠久的历史。汉寿县西港等地发掘的新石器时代遗址证明，距今7000多年前，人类就曾在这里生存过。在《左传·定公四年》

中曾有过殷氏六族的记载：

> 昔武王克商……殷民六族：条氏、徐氏、萧氏、索氏、长勺氏、
> 尾勺氏。使帅其宗氏，辑其分族，将其类丑，以法则周公。

有学者认为，古索县就是殷氏六族之一的索氏的聚居地。①

春秋战国时期，索县盛产香茅，即《尚书·禹贡》中提到的"苞匦菁茅"，是一种缩酒原料，也是楚国向周王室进奉的贡品。鲁僖公四年，齐桓公称霸后，曾借口楚国没有向周朝进献此茅，而加以讨伐。可知索县实为楚文明的发源地之一。

到了西汉时期，索县已经是一个大县，同时也成为武陵郡的郡治所，王莽当政时期（公元9—23年）曾一度将郡治所迁往义陵（今湖南省溆浦县南）。东汉建武六年（公元30年），义陵被武陵蛮攻占，朝廷又将郡治所迁回索县。建武二十年（公元44年），为镇压武陵蛮，武陵郡治所又移至临沅（今鼎城区长茅岭乡）。但由于地处洞庭湖边，农业生产、水路交通十分发达，索县的发展并没有因为郡治的迁移而停滞。

东汉顺帝阳嘉三年（134年），朝廷将荆州的刺史治所迁到了索县。在此之前，荆州刺史治所一直在江陵，但此时的荆州"江南宗贼"势力强盛，"武陵蛮"也经常暴动，朝廷为了加强江南防务，遂将州治所迁到了这里，从这一刻开始，索县被改名为汉寿县，当是取"汉朝万寿无疆"之意。在此后的几十年时间里，汉寿都是荆州的政治中心。

东汉末年，刺史王睿将治所重新设在了江陵。初平元年（公元190年），刘表平定了"江南宗贼"势力，又将治所移到了襄阳。从此以后，荆州治所皆在南郡。不过，汉寿依然是荆州的大县。

据《常德地区志·文物志》载：

> 索县，汉代城，位于常德市东北30公里处的断港头乡城址村，该城分大小二城，坐北朝南向，东为大城，西为小城，中间有城垣相隔。大城南北宽600米，东西长600米；小城南北600米，东西300

---

① 参考傅利民《从里耶秦简看汉寿古"索县"地历史沿革演变》，湖南行政区划网，ht-tp：//www.hnxzqh.com。

米。两城总面积为 54 万平方米。现残存城垣约为黏土夯筑，城垣残高 3—4 米，宽 12—18 米。有东、西、南、北 4 门。城四角有瞭望台，残高 7.8 米。四周有护城河，宽 30 米左右。

从这条记载可以看出，当时索县县城的规模还是很大的，其人口户数也不会很少。

综上所述，汉寿亭侯是一个非常显赫并且食邑人口不少的爵位。要知道，此时的曹操也只是县侯，所以这也是他所能给予的最高封赏。当然，曹操之所以重视关羽，还是看中了他万人难敌的勇者风范。要想成就霸业，关羽是一个得力的"虎臣"，他希望这些赏赐能够买下关羽的"忠诚"。但从以后的事态发展来看，关羽对于"忠诚"二字的意思，有他自己的解读。

在白马解围之前，曹操"壮羽为人，而察其心神无久留之意"，曾派张辽去试探他，关羽曰："吾极知曹公待我厚，然吾受刘将军厚恩，誓以共死，不可背之。吾终不留，吾要当立效以报曹公乃去"，等到匹马刺颜良以后，关羽认为已经报效过了曹操，所以："尽封其所赐，拜书告辞"，重新找到了刘备，并和他一同来到汝南，聚众几千人，继续与曹操为敌。能在乱世之中面对荣华富贵而不改初衷，实属不易，所以，陈寿在《三国志》中评价关羽这件事做得有"国士之风"。

因为和袁绍的战争还处于胶着状态，曹操仅派大将蔡阳攻击汝南，但被刘备所破。北方的战事基本结束以后，曹操立即亲自率军来讨伐刘备。此时的刘备终究人马太少，只得再一次逃亡。

按《三国志·先主传》记载，这可能是刘备第五次被迫逃亡了，如果再算上他杖打督邮那次，这应该是第六次。但是这次他们选择的目的地有些不同，他们来到了荆州，这里有关羽的封邑。巧合的是，刘备的封邑也在荆州，而且也是曹操表封的。建安元年（196 年），刘备在盱眙、淮阴等地和袁术作战，曹操为此上表汉献帝，封刘备为宜城亭侯，而宜城（今湖北宜城市）也在荆州境内，隶属南郡。

几年以后，这二人在自己的封邑附近，联合江东的孙权与曹操展开了一场举世闻名的大战，这场大战以曹操的大败、刘备的大胜而告终，从而奠定了蜀汉政权的立国基础，并使中华大地上出现了三分天下的政治格局，这应该是历史对曹操所开的最大的一次玩笑吧。

二　左氏春秋

建安六年（201 年），刘备带领着关羽、张飞等将领和千百名疲惫的军士来到了荆州。刘表在郊外列队欢迎了他们，这让这支士气低落的队伍，多少感到了一些温暖。

到了城中，刘表以上宾之礼款待了刘备，并给他增添了一些人马，请他们驻守新野。至此开始，刘表对刘备"厚相待结"，刘备和他的将领们终于可以稍事休整。

从建安六年到建安十三年（208 年），七年的时间里，刘备及其将领只抵御过一次夏侯惇的进攻，并且大获全胜，其他时间没有发生过任何战争。史籍中对刘备在这段时间里的事迹记载很少，对关羽更是只字未提，但是关羽在这段时间里，却不可能无事可做，至少，他可以读一读《左氏春秋》。

史称："羽好《左氏传》，讽诵略皆上口。"这句评语，确立了关羽文武双全的儒将形象，让他和一般人心目中的粗鲁、野蛮的武人形象有所区别，以至在后世的关庙中多修有春秋阁、春秋楼，关公的神像也多塑成"夜读春秋"的样子。这种形象，不但使关公文化被历代文人所认可，也为关公在千百年后顺利成为武圣打下了基础。

关羽从何时开始研读《左氏传》的，史无记载，在后世的传说中大多说是在河东时期，也就是关羽亡命走涿郡之前。这不是没有可能，因为关羽的出身一直是个谜。也有可能是在涿郡时期，就是在刘备和关羽起事以前。因为刘备曾求学于卢植，而卢植是汉末有名的古文经学家，所以关羽也许会受其影响。但还有一种可能就是在荆州时期，因为荆州才是当时中国的学术中心，也是《左氏传》最盛行的地方。

《左氏传》就是《左氏春秋》，也称《春秋左氏传》《左传》，相传为左丘明所作，是以鲁国为主线，记录了春秋至战国时期诸侯争霸的历史，对各类礼仪规范、典章制度、社会风俗、道德观念、军事活动、民族关系、天文地理、历法时令、古代文献、神话传说、歌谣言语均有记述和评论，代表了先秦史学的最高成就。《左氏传》虽然包罗万象，但儒家认为它的主旨是在阐释孔子所编的《春秋》。《春秋》所表现的主题思想是"春秋大义"，即是王道正统下的社会伦理观，所以，孟子在《滕文公下》中曾说："孔子成《春秋》而乱臣贼子惧。"

　　《左氏传》与《春秋榖梁传》《春秋公羊传》共称《春秋》三传，都被认为是《春秋》的注解，司马迁《史记·十二诸侯年表》云："鲁君子左丘明惧弟子人人异端，各安其意，失其真，故因孔子史记具论其语，成左氏春秋。"因为和孔子有关，所以历来被认为是儒家的重要经典。

　　不过，《左氏传》的地位还不止于此，它还牵扯到一场影响非常深远的学术之争，这就是"今古文经之争"。

　　从战国到西汉，中国文字有过两次大的变化。战国时流行的是"籀书"，但各国所用差异甚多，秦始皇统一六国后，将籀书规整为小篆，汉代又将小篆简化为隶书。从此，汉代人用隶书写成的书籍被称为"今文"，汉以前用籀、小篆写成并流传到汉代的则被称为"古文"。《左氏传》属于古文，而《春秋榖梁传》《春秋公羊传》属于今文。

　　汉武帝时期，"罢黜百家、独尊儒术"，朝廷设立了专门研究《诗》《书》《礼》《易》《春秋》的五经博士，五经超出了一般典籍的地位，成为法定经典，而研究五经的学问，叫作"经学"，以古文研究五经的叫作"古文经学"，以今文研究五经的叫作"今文经学"。从此，经学成为中国传统文化的核心。

　　从西汉开始，"今文经学"一直是学术主流，是朝廷支持的"官学"，古文经学则只是在民间推广，直到王莽当政时期，古文经学才一度被列为官学。汉光武帝登基以后，曾力排众议设《左氏春秋》博士，但今文经学的官方地位一直在古文经学之上。东汉中叶，古文经学大师贾逵、马融、许慎等，都以学术取得了高官，有弟子几千人，势力极盛，古文经学才开始有压倒今文经学之势。汉章帝时期《白虎通义》的颁行，标志着古文经学已跻身显学之列，也标志着今文经学由盛转衰。东汉末年，郑玄集汉代经学之大成，他采用以古文经学为主，兼顾今文经学的方式注释《五经》，这才使得古文经学得以大盛。

　　郑玄的老师是马融，马融另有一位弟子叫卢植，卢植有一位弟子叫刘备。这也就是说，刘备本身就曾学习过古文经学，所以至少应该阅读过《左氏传》。关羽辅佐刘备多年，多少会受到一些影响。但是，刘备不太可能成为关羽的老师，因为《三国志·先主传》记载他："不甚乐读书，喜狗马、音乐、美衣服。"

　　再看刘表治理下的荆州，北方士子避乱南迁以后，此地学者云集，正是荆州学派的创立之时，而荆州学派的学术特点之一正是推崇古文经学，儒士中不乏研究《左氏传》的大家，比如颍容、谢该。《后汉书·儒林列传》中载：

> 颍容字子严，陈国长平人也。博学多通，善《春秋左氏》，师事太尉杨赐。郡举孝廉，州辟，公车征，皆不就。初平中，避乱荆州，聚徒千余人。刘表以为武陵太守，不肯起。著《春秋左氏条例》五万余言，建安中卒。
>
> 谢该字文仪，南阳章陵人也。善明《春秋左氏》，为世名儒，门徒数百千人。建安中，河东人乐详条《左氏》疑滞数十事以问，该皆为通解之，名为《谢氏释》，行于世。

这两位名儒都在荆州传授《左氏传》，每个人的门徒都至少千百人。他们也许并不是荆州州学的讲师，但州学中擅长《左氏传》的学者也不在少数，如宋忠、司马徽、綦毋闿等一些学者，他们同样是古文经学的名宿。

除此以外，在荆州求学的青年才俊中，爱好《左氏传》也不在少数，如后来投奔刘备的尹默：

> 尹默字思潜，梓潼涪人也。益部多贵今文而不崇章句，默知其不博，乃远游荆州，从司马德操、宋仲子等受古学。皆通诸经史，又专精于左氏春秋，自刘歆条例，郑众、贾逵父子、陈元、服虔注说，咸略诵述，不复按本。

由此可知，喜好《左氏传》在荆州是一种学术风气。

而且，在荆州学派的学子之间，并不全都是文人雅士，也有很多赳赳武夫，王粲的《荆州文学记官志》中记载：

> 于是童幼猛进，武人革面，总角佩觽，脱介免胄，比肩继踵，川逝泉涌，矗矗如也。

这些"脱介免胄"的武人，同样受到荆州学术风气的影响而来到荆州学习各种知识，他们当然也会学习《左氏传》。这是因为，《左氏传》

不仅是孔子所成《春秋》的注解，还是一部军事百科书，在《左氏传》中，从鲁隐公元年（前722年）到鲁哀公二十七年（前468年）二百五十余年的战争，均有记载，而且将每一场战役都放在大国争霸的背景下展开叙述，对于战争的远因近因，各国关系的组合变化，战前策划，交锋过程，战争影响，都以简练的文笔写了出来。对于武人来讲，《左氏传》无疑是一部难得的"兵书"。

由此看来，关羽会不会也是那"比肩继踵，川逝泉涌"中的一员呢？对此我们不得而知，但是我们知道，此时身兼荆州最高长官和荆州学派学术领袖的刘表对刘备"厚相待结"，而此时的刘备"荆州豪杰归者日益多"。

刘备在这七年里，所接触的司马徽、诸葛亮、庞德公、庞统、马良、马谡、尹默、李仁、杨颙、向朗等都是荆州学派中的重要人物，这其中很多人后来都投靠了刘备，成为西蜀政权的核心成员。在这种背景下，关羽的所见所闻、耳濡目染都和荆州学派以及《左氏传》有所关联，如果说他没有受到影响是不可能的。

当然，无论关羽是从何时开始研读《左氏传》的，但能够做到"讽诵略皆上口"，必然需要有一定的学习时间和学术氛围，而此时的荆州正好可以为关羽提供宽裕的时间和良好的氛围。

三 赤壁疑云

建安十三年（208年），曹操率军南下荆州。荆州牧刘表病死，其次子刘琮投降曹操，长子刘琦联合刘备，欲与曹军决一死战。刘备派遣诸葛亮下江东联吴抗曹，吴主孙权遂命都督周瑜、程普出军援助，由此拉开了赤壁大战的序幕。

这场战役在中国战争史上的地位可谓是"前无古人，后无来者"，自唐代以后，歌颂"赤壁大战"的诗词就不绝如缕，如李白的"二龙争战决雌雄，赤壁楼船扫地空。烈火张天照云海，周瑜于此破曹公。君去沧江望澄碧，鲸鲵唐突留余迹。——书来报故人，我欲因之壮心魄。"胡曾的"烈火西焚魏帝旗，周郎开国虎争时。交兵不假挥长剑，已挫英雄百万师。"而苏轼的："大江东去，浪淘尽，千古风流人物。故垒西边，人道是，三国周郎赤壁"，更是被人千古传唱。不过，人们似乎都将这场战役中最大的英雄锁定在周瑜身上。

关羽在这场战役中的表现，史籍中并没有详细记载，在《三国志·蜀书·关羽传》中只写了：

> 表卒，曹公定荆州，先主自樊将南渡江，别遣羽乘船数百艘会江陵。曹公追至当阳长阪，先主斜趣汉津，适与羽船相值，共至夏口。

也许后世关羽的崇拜者们不能允许关羽在这场确定魏、蜀、吴各自立国基础的"世纪大战"中的表现如此之少，所以，人们创作了一个"华容道"的故事。

在嘉靖本《三国志通俗演义》卷十的"关云长义释曹操"章节中，将这个故事描述得尤为传神：

> 言未毕，一声炮响，两边五百校刀手摆列，当中关云长提青龙刀，跨赤兔马，截住去路。操军见了，亡魂丧胆，面面相觑，皆不能言。操在人丛中曰："既到此处，只得决一死战！"众将曰："人纵然不怯，马力乏矣，战则必死！"程昱曰："某知云长傲上而不忍下，欺强而不凌弱；人有患难，必须救之，仁义播于天下。况丞相旧日有恩在彼处，何不亲自告之，必脱此难矣。"操从其说，即时纵马向前，欠身与云长曰："将军别来无恙？"云长亦欠身答曰："关某奉军师将令，等候丞相多时。"操曰："曹操兵败势危，到此无路，望将军以昔日之言为重。"云长答曰："昔日关某虽蒙丞相厚恩，某曾解白马之危以报之。今日奉命，岂敢为私乎？"操曰："五关斩将之时，还能记否？古之人，大丈夫处世必以信义为重。将军深明《春秋》，岂不知庾公之斯追子濯孺子者乎？"云长闻之，低首良久不语。当时曹操引这件事，说犹未了。云长是个义重如山之人，又见曹军惶惶，皆欲垂泪；云长思起五关斩将放他之恩，如何不动心？于是把马头勒回，与众军曰："四散摆开。"这个分明是放曹操的意。操见云长勒回马，便乘空和众将一齐冲将过去。云长回身时，前面众将已自护送操过去了。云长大喝一声，众皆下马，拜哭于地。云长不忍杀之。正犹豫中，张辽纵马至。云长见了，亦动故旧之心，长叹一声，并皆放之。
>
> 后来史官有诗曰：彻胆长存义，终身思报恩；威风齐日月，名誉

震乾坤。忠勇高三国，神谋陷七屯；至今千古下，军旅拜英魂。

《三国志通俗演义》中的关羽在此时显得神威凛凛而又义薄云天，其中程昱的话道出了作者想要表达的主题："云长傲上而不忍下，欺强而不凌弱。"这正是人们心中"义勇卓绝"的关公形象。

或许有人认为小说之言不可相信，因其人为编造的情节太多，若要想了解赤壁大战的真实情况应该看正史《三国志》，这种想法没有错误，不过，也许正史中人为编造的情节比小说还要多，比如周瑜在这场大战中的作用就被人为地夸大了。

在《三国志·吴书》中，"赤壁大战"占了很大的篇幅，《吴主传》《周瑜传》《鲁肃传》《吕蒙传》《程普传》《韩当传》《周泰传》《甘宁传》《凌统传》《吕范传》皆有相关记载，特别是《鲁肃传》和《周瑜传》对此战役着墨尤多。从鲁肃促使孙刘联盟，到吴国君臣的上下一心，再到周瑜、黄盖的赤壁火攻，《吴书》所记述情节跌宕起伏、令人印象深刻。相比之下，《蜀书》和《魏书》对于"赤壁大战"的记载却很少。仅见于《先主传》《诸葛亮传》和《武帝纪》，为何如此重大的事件，两国传记都不进行详细的记录呢？

原因很简单，真正的"赤壁大战"并不复杂，也就是说，对于这场战役，史官们确实没有什么可写的。虽然它的意义非凡，影响深远，但其实在人类历史上，许多重大事件的发展过程并没有人们所想象的那样惊心动魄，"赤壁大战"也是如此。它的全过程就是：曹操军中大疫，一战即溃，周瑜趁机烧了几张筏子，然后就是刘备乘胜追击，仅此而已。但《吴书·周瑜传》对于"赤壁火攻"的详细描写却不能不令人产生误会：

> 时曹公军中已有疾病，初一交战，公军败退，引次江北。瑜等在南岸。瑜部将黄盖曰："今寇众我寡，难与持久。然观操军船舰首尾相接，可烧而走也。"乃取蒙冲斗舰数十艘，实以薪草，膏油灌其中，裹以帷幕，上建牙旗，先书报曹公，欺以欲降。又豫备走舸，各系大船后，因引次俱前。曹公军吏士皆延颈观望，指言盖降。盖放诸船，同时发火。时风盛猛，悉延烧岸上营落。顷之，烟炎张天，人马烧溺，死者甚众。军遂败退，还保南郡。

这段记载，刻画出了周瑜、黄盖机智勇敢的英雄形象，使人感到曹军是因为遭受"火攻"重创而至败的。

然《三国志·蜀书·先主传》中却说：

> 权遣周瑜、程普等水军数万，与先主并力，与曹公战于赤壁，大破之，焚其舟船。先主与吴军水陆并进，追到南郡，时又疾疫，北军多死，曹公引归。

这里讲的是先"大破之"，然后再"焚其舟船"，而且也是因为曹军的"大疫"，联军才能赢得胜利。这在《三国志·吴书·吴主传》中竟然也能得到证实：

> 瑜、普为左右督，各领万人，与备俱进，遇于赤壁，大破曹公军。公烧其余船引退，士卒饥疫，死者大半。

写明了联军先大破曹军，然后才"烧其余船"，并不是因为烧了船，才大破曹军的，且烧船的人还并非他人，竟然就是曹操自己，这一点和《周瑜传》不同。可见，就算是《三国志·吴书》，在内容上也有自相矛盾的现象。

实际上，《三国志》中对于赤壁大战的详细描写仅见于《周瑜传》，在其他人的传记里都只用一两句话带过，比如在《三国志·吴书》其他将领的传记中是这样记载的：

> 遂任瑜以行事，以肃为赞军校尉，助画方略。《鲁肃传》
> 又与周瑜、程普等西破曹公于乌林。《吕蒙传》
> 与周瑜为左右督，破曹公于乌林。《程普传》
> 与周瑜等拒破曹公。《韩当传》
> 后与周瑜、程普拒曹公于赤壁。《周泰传》
> 后随周瑜拒破曹公于乌林。《甘宁传》
> 与周瑜等拒破曹公于乌林。《凌统传》
> 曹公至赤壁，与周瑜等俱拒破之。《吕范传》

如此多的条目，似乎都是在证明《周瑜传》的说法无误，但除《周瑜传》以外，战争情况大都用"破""拒破""拒破之"加以敷衍。按说这样多的将领参加一场"旷世大战"，不可能不留下什么可供记载的事迹，而《三国志·吴书》却只字未提，这也许就是因为孙吴的史官实在没有什么可编的，所以只能应付了事。但需要注意的是，在这些记载中都没有提到"火攻"。

裴氏在《周瑜传》注中引用了王粲①《英雄记》的两篇记录，也许能够还原真正的"赤壁火攻"：

> 周瑜领江夏，曹操欲从赤壁渡江南，无船，乘簰从汉水下，住浦口。未即渡，瑜夜密使轻舡、走舸百所艘，艘有五十人移棹，人持炬火，火燃则移船走去，去复还烧者。须臾烧数千簰，火大起，光上照天，操夜去。
>
> 曹军至江上，欲从赤壁渡江，无舡，作竹椑使部曲乘之，从汉水来下，出大江，注浦口，未即渡，周瑜又夜密使轻舡、走舸百艘烧椑，操乃夜走。

这里的"火攻"和《周瑜传》所描写的"火攻"实在是大相径庭。从这两段记载中，我们至少可以总结出以下四点：（1）曹军的水上交通工具是竹筏（簰、椑）。（2）曹军还未渡河。（3）周瑜的军士乘坐快船（轻舡、走舸），不断往返于竹筏前点火。（4）周瑜一共出动了几千人，烧了几千张筏子。

如按此说，曹操的军队根本不可能像《周瑜传》所描述的那样，有"船舰首尾相接"的情景出现，最多是"竹筏首尾相连"。而既然是竹筏，而曹军又是"未即渡"，筏上人马自然不会很多，对其"火攻"之后，又如何能够出现"人马烧溺，死者甚众"的情况？而且，周瑜也完全不需要用黄盖的诈降计来麻痹敌人。所谓诈降，完全是为了出其不意、乘其不备，可是，如果周瑜的军士乘坐的是轻便的快船，并不断往返于竹筏之前放火，诈降又有何意义？还有，如果是快船，又何来什么"实以薪草，

---

① 王粲本为南迁荆州的名士，后随刘琮一起归降曹操，所以他应该算是这场战役的亲历者，其言可信度颇高。

膏油灌其中，裹以帷幕，上建牙旗"的"蒙冲斗舰"？由此可知，所谓的"赤壁火攻"只不过是一场骚扰战，《周瑜传》里的描写未免太过夸张。

《宋书·乐四》曾收录了三国时期的"吴鼓吹曲"十二篇，其中的《乌林》说的就是赤壁大战之事，其辞曰：

> 《乌林》者，言曹操既破荆州，从流东下，欲来争锋。大皇帝命将周瑜逆击之于乌林而破走也。汉曲有《上之回》，此篇当之。第四。
> 曹操北伐，拔柳城。乘胜席卷，遂南征。刘氏不睦，八郡震惊。众既降，操屠荆。舟车十万，扬风声。议者狐疑，虑无成。赖我大皇，发圣明。虎臣雄烈，周与程。破操乌林，显章功名。

这是孙吴在赤壁之战胜利后的"军歌"，其中却并未提及"诈降""火攻"等情节。而且，在这首军歌中，孙吴绝口不提刘备，从头到尾都是孙权、周瑜、程普在和曹操进行正面抗衡，然而他们的这种看法就连曹操也不会认同。

其实，《三国志·魏书·武帝纪》对于这场战役的记载非常简略：

> 十二月，孙权为备攻合肥。公自江陵征备，至巴丘，遣张憙救合肥。权闻憙至，乃走。公至赤壁，与备战，不利。于是大疫，吏士多死者，乃引军还。备遂有荆州、江南诸郡。

这里甚至没有提到周瑜，就算是孙权也只是起到了佯攻的辅助作用，并没有与曹军正面交战，战役完全是在刘备和曹操双方之间进行的。而且，曹魏方面仅承认赤壁大战是与刘备之间的对决，对于战争结果来说，曹军是因为"与备战，不利"，军中又赶上"大疫"才被迫撤退的，而来自孙吴方面的骚扰，对于整个战局根本无关痛痒。

裴松之在此引《山阳公载记》云：

> 公船舰为备所烧，引军从华容道步归，遇泥泞，道不通，天又大风，悉使羸兵负草填之，骑乃得过。羸兵为人马所蹈藉，陷泥中，死者甚众。军既得出，公大喜，诸将问之，公曰："刘备，吾俦也。但

得计少晚，向使早放火，吾徒无类矣。"备寻亦放火，而无所及。

在这里，所谓的"火攻"竟然是刘备所为，而后刘备又追曹操至华容道，点燃山火想要全歼曹军，无奈曹操先走一步。整个过程从头到尾没有孙吴什么事。

《宋书·乐四》中也收录了"魏鼓吹曲"十二篇，其中有一首《平南荆》就是曹魏在赤壁大战之前的军歌，歌词是：

> 南荆何辽辽，江汉独不清。菁茅久不贡，王师赫南征。刘琮据襄阳，贼备屯樊城。六军庐新野，金鼓震天庭。刘子面缚至，武皇许其成。许与其成，抚其民。陶陶江汉间，普为大魏臣。大魏臣，向风思自新。思自新，齐功古人。在昔虞与唐，大魏得与均。多选忠义士，为喉唇。天下一定，万世无风尘。①

从"刘子面缚至，武皇许其成"来看，这首歌是在刘琮投降以后、赤壁大战以前所作，歌词中明确道出了曹魏的目标就是刘琮和"贼备"，既然刘琮已经投降，那曹魏的敌人就只剩下"贼备"了。所以，对于这场战役来说，曹操根本没有把孙权、周瑜当作敌人。

如此看来，在"赤壁大战"之中，孙吴集团所起的作用并不大，也许他们的确曾经协助刘备抗曹，但没有发生过《周瑜传》所写的"赤壁火攻"，最多只是"火烧竹筏"；也没有"黄盖诈降"，因为根本不需要。这场战役并没有人们所想象的那样慷慨悲壮，气势恢宏，说到底主要是瘟疫帮了孙、刘联军的忙。而且，直到战争结束，曹操也没有把孙权当成真正的敌人，他只认为自己在和刘备作战。由此可见，在《三国志·吴书》中，有关赤壁一节的描述大多为谎言。

随着年代的日渐久远，真实的历史日渐模糊，一些史学大家竟然也纷纷认可了"周郎赤壁"的说法，比如范晔的《后汉书》、司马光的《资治通鉴》等史学巨著都采纳了这种说法，"周瑜败曹公于赤壁"遂成定论。

---

① "武皇"和前面吴鼓吹曲的"大皇"一样，应该都是后人修改的，但这种鼓吹曲一般都是用于在战前鼓舞士气和战后庆祝胜利的"当时鼓吹曲"。

为此，我们不得不佩服那些为孙氏家族修史的"江东才俊"们①，为了让完全不合理的事情变得看似合理，他们无限夸大了一个事件的历史作用，将一次简单的骚扰战，描绘成了一场规模宏大的战役，这种"编故事"的能力实在应该让后世的小说家们汗颜。

四　单刀赴会

《三国志·鲁肃传》云：

> （鲁）肃住益阳，与（关）羽相拒。肃邀羽相见，各驻兵马百步上，但请将军单刀俱会。肃因责数羽曰："国家区区本以土地借卿家者，卿家军败远来，无以为资故也。今已得益州，既无奉还之意，但求三郡，又不从命。"语未究竟，坐有一人曰："夫土地者，惟德所在耳，何常之有！"肃厉声呵之，辞色甚切。羽操刀起谓曰："此自国家事，是人何知！"目使之去。

这条记载经过历代文人的加工，成为非常受欢迎的关公故事之一，这就是著名的"单刀会"。

从单刀会的过程来看，关羽确实神勇。在两军对垒敌友未分之际，敢于接受对方的挑战而只身犯险，这没有过人的胆量是做不到的。所以，后人将此事与"白马解围"相提并论，并创作成了一对关庙的楹联："匹马斩颜良河北英雄皆丧胆，单刀会鲁肃江南文武尽寒心。"②

不过，《鲁肃传》所要表现的主题并不是"关侯之勇"，而是鲁肃对关羽的问责："我国之所以把土地借给你们，是因为你们打了败仗之后远来投奔，而没有生存的资本。现在你们已经有自己的地盘了，为什么还不把荆州还给我们？不能全还，还一半也不成？"说得有理有据，有礼有节，似乎让人无法反驳。

后面没有记载关羽如何回复，仅写"座有一人曰：'夫土地者，惟德所在耳，何常之有'"，同鲁肃据理力争的辩词比起来，这句话未免显得有些蛮横，终究有借就要有还，这是世人皆知的道理。所以这种略显不讲

---

① 陈寿的《三国志·吴书》实为参考韦曜等人编著的《吴书》而成。

② 广东梅县关帝庙楹联。

理的话，陈寿也认为关羽是说不出口的，这种话需要"座有一人"来说，这个人在后世的小说中被定为周仓。

而在裴松之所引的《吴书》中，鲁肃则显得更加大义凛然：

> 肃欲与羽会语，诸将疑恐有变，议不可往。肃曰："今日之事，宜相开譬。刘备负国，是非未决，羽亦何敢重欲干命！"乃趋就羽。羽曰："乌林之役，左将军身在行间，寝不脱介，戮力破魏，岂得徒劳，无一块壤，而足下来欲收地邪？"肃曰："不然。始与豫州观于长阪，豫州之众不当一校，计穷虑极，志势摧弱，图欲远窜，望不及此。主上矜愍豫州之身，无有处所，不爱土地士人之力，使有所庇荫以济其患，而豫州私独饰情，愆德隳好。今已藉手于西州矣，又欲翦并荆州之土，斯盖凡夫所不忍行，而况整领人物之主乎！肃闻贪而弃义，必为祸阶。吾子属当重任，曾不能明道处分，以义辅时，而负恃弱众以图力争，师曲为老，将何获济？"羽无以答。

这里的鲁肃简直可以用"慷慨激昂"来形容。首先，他认为"刘备负国"，然后，"乃趋就羽"。这似乎是鲁肃在深入虎穴，而不是关羽。在关羽强调乌林之役（赤壁大战）刘备也有功劳之后，鲁肃"义正词严"的陈述开始了："你说的不对，我在长坂看到刘备的时候，他的军队战斗力低下，一个兵也打不过，他没有主意、没有斗志，一心只想着向远方逃亡，当时的情况可能比我说的还要惨。我主怜悯刘备无处安身，施舍土地和人力让他有地方避难，而刘备只为自己着想，虚情假意、损害道义、辜负恩德、破坏和睦，如今已得到西川却又想要兼并荆州，就是一般人也干不出这种事，何况是人主？我听说因为贪婪放弃道义，就会招致祸患。我和你都有重任在肩，你却不能明白道理，以道义辅助时局，凭着弱旅还想力图抗争，难道不知道自己理亏吗！有什么能救得了你呢？""关羽无言以对。"

裴注所引的《吴书》是吴国的官修国史，共五十五卷，今已亡佚，内容多见于裴注。该书于孙权晚年开始编写，这个时间比陈寿开始撰写《三国志》的太康元年（280年）要早三十多年。以当时的史学状况来看，不会再有比它更全面更完整的吴国史书，所以《吴书》成为陈寿编写《三国志·吴书》的主要依据，因此，以上这段记载也是《三国志·

鲁肃传》的依据。

　　两段文字对比之下，我们会发现，陈寿已经对《吴书》进行了修改，首先确定了是关羽赴会，而不是鲁肃；其次将鲁肃的说辞简化，去掉了对刘备的奚落之词和对关羽的训斥之言；然后增加了蜀汉方面的说辞，而不是"关羽无言以对"；最后删去了鲁肃出发前所说的"刘备负国"等言论。

　　其实，无论是《三国志·鲁肃传》还是《吴书》，鲁肃言辞的核心就是要关羽还荆州，所谓"还"一定是先有"借"，而"刘备借荆州"却正是孙吴集团最大的政治谎言。

　　千百年来，"刘备借荆州"不但成了定论，而且成了妇孺皆知的俗语。在这个政治谣言中，孙权是个忍辱负重的君主，周瑜是有勇有谋的智将，鲁肃是个以大局为重的宽厚长者。相比之下，刘备、诸葛亮却显得多少有些狡诈和不讲理。不过，虽然这个谣言被传了千百年，但实际上却不可能发生。

　　在农耕文明的社会里，土地是最金贵的资源，特别是在东汉末年那种四处充斥着饥饿和死亡的年代，很难想象会有人把本该属于自己的土地"借"给别人，而且还是像荆州这样一片"沃野万里、士民殷富"①、"北得之则据吴楚上游以制南土，南得之则据襄汉要地而图北方"② 的土地。这等于是把每年千万石的粮食、沟通南北的交通枢纽、数不清的人才和士兵全盘送给了别人。而且，孙吴政权的地理位置在长江下游，荆州在他们的上游，"顺流纵击"的道理，他们不会不懂，如此险要的军事重地，怎么可能借给别人？难道就是因为"矜愍豫州之身，无有处所"吗？这在人类历史上是从来没有发生过的。

　　《三国志·蜀书·先主传》中云：

　　　　先主表琦为荆州刺史，又南征四郡。武陵太守金旋、长沙太守韩玄、桂阳太守赵范、零陵太守刘度皆降。

---

　　①　陈寿：《三国志》卷五十四《鲁肃传》，中华书局 2006 年版，第 752 页。
　　②　顾炎武：《天下郡国利病书·湖广上》，转引自王玲《汉魏六朝荆州地区的经济与社会变迁》，中国社会科学出版社 2010 年版，第 27 页。

　　这说明，至少武陵、长沙、桂阳、零陵四郡都是刘备自己打下来的，对于这个事实，我们在《三国志·吴书》的记载中并没有看到非议。而"单刀会"里鲁肃对关羽所说的"但求三郡"，却指的就是"长沙、桂阳、零陵"，那明明是刘备自己的土地，为什么要"还"给孙权？

　　其实，"刘备借荆州"之辞仅见于《三国志·吴书》，在《魏书》《蜀书》之中都未见记载。《三国志·吴书》中除《鲁肃传》以外，还有几条相关记录，即《吕蒙传》中："……（鲁肃）虽劝吾借玄德地，是其一短……"和《程普传》"领江夏太守，治沙羡，食四县……周瑜卒，代领南郡太守。权分荆州与刘备，复还领江夏……"《鲁肃传》在"单刀会"之前还有"后备诣京见权，求都督荆州，惟肃劝权借之，共拒曹公。曹公闻权以土地业备，方作书，落笔于地"之词，似乎说清了借荆州的缘由。唯"曹公闻权以土地业备，方作书，落笔于地"一句最为传神。只是，曹公"落笔于地"一事，孙吴是怎么知道的？陈寿又是怎么知道的？文中未表。

　　关于刘备见孙权的事情，《三国志·蜀书·先主传》中是这样说的：

　　　　琦病死，群下推先主为荆州牧，治公安。权稍畏之，进妹固好。先主至京见权，绸缪恩纪。

　　说白了，刘备下江东就是来迎亲的，并没有谈"借荆州"的事。《吕蒙传》所载的孙权之语，是在建安二十五年以后对陆逊所说，至于"借玄德地"的过程也没有说明。《程普传》写明，"借荆州"实际发生在周瑜死后，程普代领南郡太守之时，参照其他传记来看，此时的刘备实际已经得到了荆州的武陵、长沙、桂阳、零陵四郡和南郡的大部分地区，就算"权分荆州与刘备"，也只是将南郡的江陵县分给刘备而已。另外，这里的"分"字用得很有意思，好像天下都是孙权的，他竟然可以把他没有控制的土地分给别人，这应是在孙权称帝以后，吴国史官用"普天之下，莫非王土"的口气来讲述这件事情时的自大之辞。

　　实际上，就算是江陵县，也不能说是刘备"借"来的。

　　孙吴的周瑜确实攻打过江陵，并和曹仁相持了一年左右的时间，这在《三国志》的《魏书》和《吴书》中，都有记载，但要说是周瑜最终将其攻占，却仅见于《周瑜传》：

　　瑜与程普又进南郡，与仁相对，各隔大江。兵未交锋，瑜即遣甘宁前据夷陵。仁分兵骑别攻围宁。宁告急於瑜。瑜用吕蒙计，留凌统以守其后，身与蒙上救宁。宁围既解，乃渡屯北岸，克期大战。瑜亲跨马擽陈，会流矢中右肋，疮甚，便还。后仁闻瑜卧未起，勒兵就陈。瑜乃自兴，案行军营，激扬吏士，仁由是遂退。

而《魏书 李通传》却载：

　　刘备与周瑜围曹仁于江陵，别遣关羽绝北道。

这就是说刘备、关羽也参加了围攻，并起到了重要的作用。裴松之还在《周瑜传》中引《吴录》曰：

　　备谓瑜云："仁守江陵城，城中粮多，足为疾害。使张益德将千人随卿，卿分二千人追我，相为从夏水入截仁后，仁闻吾入必走。"瑜以二千人益之。

这里虽没有明说曹仁是因为刘备的堵截而撤退，但事实上曹仁确实是撤退了。在《关羽传》中：

　　先主收江南诸郡，乃封拜元勋，以羽为襄阳太守、荡寇将军，驻江北。

也写明是刘备自己收的江南诸郡，当然也包括南郡以及江陵。把这些信息综合起来进行分析的话，就会发现，刘备收服江陵的可能性要比周瑜大得多。

　　姑且先承认江陵是周瑜攻占的，但为何在《三国志》中从未见孙吴集团提出索要江陵的记录？在建安二十年发生的"单刀会"中，鲁肃气势汹汹索要的是整个荆州，退一步之后也是要长沙、桂阳、零陵三郡，并未向关羽提出索还江陵的要求。这实际上是非常不合情理的事。如此说来，江陵是刘备"借"来的可能性已经几乎为零。

对于这段历史，宋人唐庚在《三国杂事》中的见解颇为独到：

> 汉时荆州之地为郡者七，刘表之殁，南阳入于中原，而荆州独有南郡、江夏、武陵、长沙、桂阳、零陵。备之南奔，刘琦以江夏从之，其后四郡相继归附，于是备有武陵、长沙、桂阳、零陵之地。曹仁既退，关羽、周瑜错处南郡，而备领荆州牧，居公安，则六郡之地，备已悉据之矣。其所以云借者，犹韩信之言假也，虽欲不与，得乎？①

唐庚认为，"借"只不过是一种托词，地盘已经是刘备的了，你孙权不"借"又能怎样？其实严格来讲，"借"用在这里，连托词都算不上，只能算是"无稽之谈"。"借"的意思按《辞源》解释为："暂时使用别人的东西，或把自己的东西暂时给别人使用。"古今意义相同。说孙权把荆州借给刘备，其前提条件必须是荆州本是孙吴的，如果不是，这个"借"字就只能是无稽之谈。

在后世流传的《江表传》中，"借荆州"还有另外的原因：

> 周瑜为南郡太守，分南岸地以给备。备别立营于油江口，改名为公安。刘表吏士见从北军，多叛来投备。备以瑜所给地少，不足以安民，复从权借荆州数郡。

《江表传》认为刘备"借荆州"的原因是：刘表的故吏投奔刘备，刘备没有地方安置，所以要孙权借给他数郡。很难想象，连大半个荆州都安置不了的"故吏"，到底有多少人？用这种借口向孙权要地，而且还要几个郡，孙权竟然还借给了他，果真如此，那孙、刘两个人的智商实在令人担忧。《江表传》为东晋时期的虞溥所著，裴松之曾引其为《三国志》作注，在所引的一百一十九条记录中有一百一十条都是写孙吴政权的，可知这也是一本"吴书"。

---

① 唐庚：《三国杂事》卷下《鲁肃劝权以荆州借备，周瑜言备枭雄，不宜以土地资业之》，引自胡小伟《关公信仰研究系列》，香港科华图书出版公司 2005 年版，第 78 页注释部分，按四库全书本修改。

而北宋的史学大家司马光竟然相信了《江表传》的记述，并且同时采纳了《三国志·吴书》和韦曜版《吴书》的记述，在《资治通鉴》卷六十六中总结道：

> 十五年（210 年）十二月……备以周瑜所给地少，不足以容其众，乃自诣京见孙权，求都督荆州。……权以鲁肃为奋武校尉，代瑜领兵，令程普领南郡太守。鲁肃劝权以荆州借刘备，与共拒曹操，权从之。……复以程普领江夏太守，鲁肃为汉昌太守，屯陆口。

从此，"刘备借荆州"一事，遂成定论。

清人赵翼曾以"借荆州之非"为题，专述此事，他写道：

> 借荆州之说，出自吴人事后之论，而非当日情事也。《江表传》谓"破曹操后，周瑜为南郡太守，分南岸地以给刘备。而刘表旧吏士自北军脱归者，皆投备，备以所给地不足供，从孙权借荆州数郡焉"。《鲁肃传》亦谓：备诣京见权，求都督荆州。肃劝权借之，共拒操。操闻权以地资备，方作书，落笔于地。后肃邀关羽索荆州，谓羽曰"我国以土地借卿家者，卿家军败远来，无以为资故也"。权亦论"肃有二长，惟劝吾借玄德地，是其一短"。此借荆州之说之所由来，而皆出吴人语也。
>
> 夫借者，本我所有之物而假与人也。荆州本刘表地，非孙氏故物。当操南下时，孙氏江东六郡，方恐不能自保，诸将咸劝权迎操，权独不愿。会备遣诸葛亮来结好，权遂欲藉备共拒操。其时但求敌操，未敢冀得荆州也。亮之说权也，权即曰："非刘豫州莫可敌操者。"乃遣周瑜、程普等，随亮诣备，并力拒操。是且欲以备为拒操之主而已为从矣！
>
> 亮又曰："将军能与豫州同心破操，则荆、吴之势强，而鼎足之形成矣！"是此时早有三分之说，而非乞权取荆州而借之也。赤壁之战，瑜与备共破操。华容之役，备独追操。其后围曹仁于南郡，备亦身在行闲。未尝独出吴之力，而备坐享其成也。
>
> 破曹后，备诣京见权，权以妹妻之。瑜密疏请留备于京，权不纳，以为"正当延揲英雄"。是权方恐备之不在荆州以为屏蔽也。操

走出华容之险，喜谓诸将曰："刘备，吾俦也，但得计少晚耳。"是操所指数者惟备，未尝及权也。

程昱在魏，闻备入吴，论者多以为权必杀备，昱曰："曹公无敌于天下，权不能当也，备有英名，权必资之以御我。"是魏之人亦只指数备，而未尝及权也。

即以兵力而论，亮初见权曰："今战士还者及关羽精甲共万人，刘琦战士亦不下万人。"而权所遣周瑜等水军亦不过三万人，则亦非十倍于备也。

且是时，刘表之长子琦尚在江夏，破曹后，备即表琦为荆州刺史，权未尝有异词，以荆州本琦地也。时又南征四郡，武陵、长沙、桂阳、零陵皆降。琦死，群下推备为荆州牧。备即遣亮督零陵、桂阳、长沙三郡，收其租赋，以供军实。又以关羽为襄阳太守荡寇将军驻江北。张飞为宜都太守征虏将军在南郡。赵云为偏将军领桂阳太守。遣将分驻，惟备所指挥，初不关白孙氏，以本非权地，故备不必白权，权亦不来阻备也。

迨其后三分之势已定，吴人追思赤壁之役，实藉吴兵力，遂谓荆州应为吴有，而备据之，始有借荆州之说。抑思合力拒操时，备固有资于权，权不亦有资于备乎？权是时但自救危亡，岂早有取荆州之志乎？羽之对鲁肃曰："乌林之役，左将军寝不脱介，戮力破曹，岂得徒劳无一块土？"此不易之论也。

其后吴、蜀争三郡，旋即议和，以湘水为界，分长沙、江夏、桂阳属吴，南郡、零陵、武陵属蜀，最为平允。而吴君臣伺羽之北伐，袭荆州而有之，反捏一借荆州之说，以见其取所应得，此则吴君臣之狡词诡说，而借荆州之名，遂流传至今，并为一谈，牢不可破，转似其曲在蜀者，此耳食之论也。①

赵翼的论述条理清晰、证据确凿，无疑还原了真实的历史。

如此说来，既然荆州不是刘备借来的，那么"单刀会"在历史上是否真实发生过，就也未可知了。不过，就算真的发生过，在听到鲁肃颠倒

---

① 赵翼：《廿二史札记》卷七《三国志·晋书》，王树民校证《廿二史札记校证》，中华书局 1984 年版，第 137—140 页。

黑白、无中生有，竟还"慷慨激昂"的陈词后，不只是关羽，估计任何人都只能无语了。

对于后世喜爱关羽的人来说，刘备是否"借"过荆州，似乎无关痛痒，在"单刀会"中他们只看到了关羽傲视群雄的英雄气概，如关汉卿的杂剧《关大王单刀赴会》中，关羽没有"无所答"，而是和鲁肃这样的对白：

关羽："鲁子敬，你听的这剑戛么？"

鲁肃："剑戛怎么？"

关羽："我这剑戛，头一遭诛了文丑，第二遭斩了蔡阳，鲁肃呵，莫不第三遭到你也？"鲁肃："没、没。"

关羽："我则这般道来，这荆州是谁的？"

鲁肃："这荆州是俺的。"

关羽："你不知，听我说。"

（唱）"想着俺汉高皇图王霸业，汉光武秉正除邪，汉献帝将董卓诛，汉皇叔把温侯灭。俺哥哥合承受汉家基业。则你这东吴国的孙权，和俺刘家是甚枝叶？请你个不克己先生自说。"

关羽："这剑按天地之灵，金火之精，阴阳之气，日月之形；藏之则鬼神遁迹，出之则魑魅潜踪；喜则恋鞘沉沉而不动，怒则跃匣铮铮而有声。今朝席上，倘有争锋，恐君不信，拔剑施呈。吾当摄剑，鲁肃休惊。这剑果有神威不可当，庙堂之器岂寻常；今朝索取荆州事，一剑先教鲁肃亡。"

也许在大多数老百姓的心中，"单刀会"就是孙吴集团导演的一出戏罢了。在这出戏里，关羽是真正的英雄，而鲁肃只是个陪衬。从这一点上来说，普通群众竟然比史学家们更加明白。

"刘备借荆州"只是孙权晚年为了强调其拥有荆州的正当性、掩盖其偷袭盟友的行径而命人编造出来的政治谎言。本来这类谎言在人类历史上俯拾皆是，不足为奇，但是，陈寿、司马光等严谨的史学家竟然没能认识到这一点，未免令人感到遗憾。

五　荆州大战

早在赤壁大战之前，诸葛亮就曾为刘备制定了蜀汉政权的建国之策，这就是著名的《隆中对》：

> 今曹已拥百万之众，挟天子而令诸侯，此诚不可与争锋。孙权据有江东，已历三世，国险而民附，贤能为之用，此可以为援而不可图也。荆州北据汉、沔，利尽南海，东连吴会，西通巴、蜀，此用武之国，而其主不能守，此殆天所以资将军，将军岂有意乎？益州险塞，沃野千里，天府之土，高祖因之以成帝业。刘璋暗弱，张鲁在北，民殷国富而不知存恤，智能之士思得明君。将军既帝室之胄，信义著于四海，总揽英雄，思贤如渴，若跨有荆、益，保其岩阻，西和诸戎，南抚夷越，外结好孙权，内修政理；天下有变，则命一上将将荆州之军以向宛、洛，将军身率益州之众出于秦川，百姓孰敢不箪食壶浆以迎将军者乎？诚如是，则霸业可成，汉室可兴矣。①

建安十九年（214 年）六月，刘备攻取成都；建安二十四年（219年）五月，刘备攻克汉中。自此，蜀汉、曹魏、孙吴三国鼎峙之势已完全告成。

建安二十四年（219 年）七月，关羽留南郡太守糜芳守江陵，将军士仁守公安，自率主力开始北伐，征讨曹魏之征南将军曹仁于樊城及其将吕常于襄阳。这就是《隆中对》所说的："命一上将将荆州之军以向宛、洛……"

曹操闻讯后立即派遣左将军于禁率七军三万人及立义将军庞德等增援曹仁，屯军于樊城之北。八月，会大霖雨，汉水暴涨，平地水深数丈，于禁七军皆遭淹没。关羽乘势亲率水军乘大船攻击曹军，俘虏于禁及其步骑三万余人，并送归江陵。此后，关羽又杀庞德，并围攻襄、樊二城，别遣将深入郏下（今河南省郏县）煽动陆浑之民孙狼等，骚扰洛阳、许昌。曹魏的荆州刺史胡修，南乡（今河南省淅川县东南）太守傅方尽皆投降。

---

①　陈寿：《三国志》卷三十五《诸葛亮传》，中华书局 2006 年版，第 544 页。

关羽因是威震华夏，"曹公议徙许都以避其锐"①。

直到此时，诸葛亮"隆中对"的大部分战略目标已经实现，下一步刘备就应该"身率益州之众出于秦川"，以成大业、振兴汉室。然而，也就在此时，孙权突然背叛盟友，偷袭荆州，致使战争局势出现了陡然直下的转变。

《三国志·吴书·吴主传》载：

> 权内惮羽，外欲以为己功，笺与曹公，乞以讨羽自效。

关羽在征讨襄、樊之时，也曾留下部分兵力驻守公安、南郡，并沿江设置了屯候哨所，以便知悉荆州的一举一动。因此，吕蒙对孙权上疏说："关羽多留防守部队，必是担心我袭取荆州。我时常患病，请让我以治病为名，连同一部分兵力返回建业。关羽听到这一消息后，一定会撤走留守后方的部队，尽数开往襄阳。那时我们大部队从水路昼夜逆流而上，袭击蜀军空虚所在，则南郡可得，关羽可擒。"于是孙权就公开发布文书召吕蒙回建业，暗中却与他密商计策。关羽果然中计，逐渐撤走南郡的留守部队开赴樊城。

曹操已至洛阳，有使者为他带来了孙权的密信，信上说孙吴即将派兵袭击关羽，但请曹操保密，以防关羽得知有备。曹操故意泄露信中内容，令徐晃用箭将孙权密信分别射入樊城及关羽营中。被围曹军得信后，士气倍增，防守更坚；而关羽得信后，却进退两难。

此时的孙权已经开始行动，先遣吕蒙出兵，自率大军紧随其后。吕蒙军至寻阳，将精兵全部打扮成商人的模样埋伏在大船之内，使普通百姓摇橹，昼夜兼程，来到关羽设在江边的哨所，将屯候哨兵全部俘虏，所以关羽根本没有得到己方传来孙吴偷袭的消息。

同一时间，曹操亲率主力由洛阳赶到摩陂（今河南郏县东南），并先后派殷署、朱盖等十二营兵进至偃城，悉归徐晃指挥。徐晃以声东击西战术，扬言欲攻围头，却出其不意突袭四冢。关羽自率步骑五千出战，被曹军击败，徐晃乘势冲入关羽营内，大破蜀军，并杀降蜀之臣胡修、傅方。

---

① 参见陈寿《三国志》卷十八《庞德传》、《三国志》卷三十六《关羽传》，中华书局2006年版，第327、561页。

关羽撤军，曹魏樊城之围遂解。

　　这时蜀汉驻守公安、江陵的士仁、糜芳都已投降孙吴。吕蒙进驻江陵城，尽得关羽及其他将士的家眷，但对他们好言安抚，关羽府中所藏的财货，他也都封存起来等待孙权前来处置，并下令孙吴军队不得干扰百姓，不能索要任何东西。吕蒙帐下有一个兵士，拿了百姓家一个斗笠，用来遮盖铠甲，吕蒙就认为他违犯军令而杀了他，于是全军震惊，一时间江陵城内路不拾遗。吕蒙每日都会派出亲近的将士去慰问抚恤孤老，询问他们缺少什么，有病者给他们派医送药，饥寒者给他们送粮送衣。关羽在返回的路上，多次派人打听江陵的消息，吕蒙都厚待关羽派来的人，让他们周游城中，到各家致意问候，或者让家人亲自给军中的将士写信说明情况。关羽的使者回到关羽军中后，与将士们私下里互相交谈，都知道家中安然无恙，所受的待遇比过去还好，故此关羽全军渐失斗志。

　　此时，孙权的大军也到了江陵，关羽自知势孤力单，于是转往麦城（今湖北当阳东南）。当大军西行到漳乡的时候，兵士们便都纷纷逃跑并投降于孙吴。关羽率领着为数不多的部属撤进了麦城，闭城死守。孙权的兵马在陆续平定了南郡、宜都郡、武陵郡等郡县后，开始向麦城周围集结。关羽兵微将少，困守在孤城之中，外无援兵，内无粮草。这时，孙权派人前来劝降，关羽为了麻痹孙权，假意答应，并在城头上插上投降的旗帜，用假人拿着武器守在城上，而自己则率领部队悄悄撤走。但这时的关羽已经控制不住自己的部队，一路上不断有士兵逃跑，到最后他的身边只剩下关平、赵累和十几个骑兵。关羽选择向漳乡一带突围，但吴将潘璋和朱然已经奉了孙权的命令在夹石扎下了大营（今湖北当阳东北），并在临沮布置了防线。关羽等人走到夹石陷入了吴军的埋伏圈，被潘璋的手下马忠所擒。据说孙权曾希望收服关羽，《蜀记》曰：

　　　　权遣将军击羽，获羽及子平。权欲活羽以敌刘、曹，左右曰："狼子不可养，后必为害。曹公不即除之，自取大患，乃议徙都。今岂可生！"

　　孙权遂下令斩首。一代名将关羽遂与其子关平、部将赵累一起在临沮遇害，时间为建安二十四年十二月（220 年 2 月）。①

至此，孙权终于如愿以偿得到了荆州，而诸葛亮与刘备的《隆中对》之计划也已完全破灭。

后世学者对于关羽的死因多有论述，如南宋理学大家朱熹曾言："此特关羽恃才疏卤，自取其败。"但他的这种言辞只是为了维护诸葛亮的名誉，因为有人曾向他提问："孔明与先主俱留益州，独令关羽在外，遂为陆逊所袭。当时只先主在内，孔明在外如何？"而且，朱熹也曾大骂孙权：

> 学者皆知曹氏为汉贼，而不知孙权之为汉贼也。若孙权有意兴复汉室，自当与先主协力并谋，同正曹氏之罪。如何先主才整顿得起时，便与坏倒！如袭取关羽之类是也。权自知与操同是窃据汉土之人。若先主事成，必灭曹氏，且复灭吴矣。权之奸谋，盖不可掩。平时所与先主交通，姑为自全计尔。

近现代学者的看法颇为不同，如中国社会科学院历史研究所的朱大渭先生②曾认为关羽之死是因为诸葛亮的《隆中对》判断有误，他认为"跨有荆、益"和"外结好孙权"本身就存在着极大的矛盾：

> 《隆中对》把荆州作为蜀国北伐中原的一个战略据点，忽视了"荆州在扬州上游，关系吴国的安顾，孙权对荆州是势所必争的，否则便不能有吴国"。刘备、诸葛亮在夷陵之战以前，对此始终无深刻认识，从而反复同吴国争夺荆州，把蜀军主力大量消耗在荆州战场，刘备、关羽也为此丧命。如放弃荆州，集中主力北上争夺雍、凉和关中，并有吴国为援，如此蜀国形势当会改观。③

---

① 参见陈寿《三国志·魏书·徐晃传》《三国志·蜀书·关羽传》《三国志·吴书·吕蒙传》等。

② 朱大渭，1931 年 2 月生，四川省西充县人。1957 年毕业于四川大学历史系。现任中国社会科学院历史研究所研究员。

③ 朱大渭：《武将群中独一人——关羽人社辨析》，转引自胡小伟《关公信仰研究系列》，第一卷《佛道两教的关羽崇拜》，香港科华图书出版公司 2005 年版，第 94 页。

　　而国学大师章太炎却认为是诸葛亮故意害死了关羽，他曾在《訄书》中提出："葛氏（诸葛亮）假手于吴人，以陨关羽之命。"史学家方诗铭先生袭用了章太炎的观点，但他却认为杀死关羽的元凶不是诸葛亮，而是刘备。其理由是关羽骄横跋扈，"不但易代之后将难于控制，即刘备健在之时也感到没有把握"。①

　　章氏、方氏之言的理论依据是：关羽七月出兵北伐，至十二月兵败身死，未见蜀汉一兵一卒的支援，这非常之不正常。

　　蜀汉是否讨论过发兵营救关羽，确实《三国志》及裴注皆无记载，这一点恐怕陈寿也无从了解。他曾在《三国志·蜀书·后主传》中说："又国（蜀国）不置史，注记无官，是以行事多遗，灾异靡书。"在这种情况下，《蜀书》的编纂难度可想而知。所以，《蜀书》在《三国志》中卷数最少，也最为简略，《关羽传》也同样如此，致使后人无从了解荆州大战的详细过程，这场战争的真实情况也已成为千古之谜。

　　不过，从《吴书》《魏书》的模糊记载中，我们依然可以看出，孙权的背盟偷袭乃关羽之死的最直接原因，这应是毋庸置疑的。而在人类的战争史上，一个盟友的背叛才是最危险和最难以预防的。

　　在关羽熟读的《左氏春秋》中，并没有一个国家在没有毁盟的情况下，就开始偷袭盟友的记载，这种事情在关羽去世之前的中国历史上实属罕见。也许孙权也觉得自己干的是比较卑鄙无耻的行径，因此，他才让史官漏洞百出地编造了"借荆州"和"赤壁大战"等政治谎言，以证明自己夺取荆州的合法性。

　　实际上，在三国时代，关羽所秉持的人生价值观注定他将是个不折不扣的悲剧英雄。他对汉室效以"忠"，对刘备报以"义"，对卒伍和荆州百姓施以"仁"，对篡汉奸贼以及所有破坏他人生价值观的人还以"勇"。而在当时乃至后世的很长一段时间里，"忠、义、仁、勇"的人，必然会遭到别人的攻击和背叛。

　　在三国时代的前三十年，也就是初平元年（190 年）到建安二十四年（219 年）之间，还经常能看到以死殉节之人（如：田丰、沮授、审配、典韦、张任等），而在关羽死后，这样的人就已非常少见了（特别是孙吴

---

① 方诗铭：《三国人物散论》，上海古籍出版社 2000 年版，第 236—238 页。

方面，似乎只有一个张悌①）。到了两晋以后，殉节之士就已完全消失。清人赵翼曾在《陔余丛考·六朝忠臣无殉节者》中说：

> 魏、晋以来，易代之际，能不忘旧君者，称司马孚、徐广。故王琳故吏朱场乞葬琳，首书曰："典午将灭，徐广为晋家遗家；当涂已谢，马孚称魏室忠臣。"按《晋书·司马孚传》：晋武受禅，陈留王出就金墉城，孚拜辞流涕曰："臣死之日，固大魏之纯臣也。"《宋书·徐广传》：广在晋为大司农，宋武受禅，恭帝逊位，广哀感流涕。谢晦曰："徐公将无小过？"广曰："君是兴朝佐命，身是晋室遗老，悲欢之致，固是不同。"是二人者可谓知君臣大义矣。然孚入晋仍受封安平王，邑四万户，进拜太宰、都督中外诸军事。广入宋，亦徐中散大夫。抑何其恋旧君，而仍拜新朝封爵也？盖自汉、魏易姓以来，胜国之臣即为兴朝佐命，久已习为固然。其视国家禅代，一若无与于己，且转藉为迁官受赏之资。故偶有一二耆旧，不忍遽背故君者，即已啧啧人口，不必其以身殉也。又如谢朓，当齐受禅时，朓为侍中，当解玺，朓佯不知。传诏催令解玺，朓曰："齐自应有侍中。"遂不赴。然齐受禅后，朓仍以家乞郡，为义兴太守。王琨之于宋顺帝逊位也，攀车恸泣曰："人以寿为欢，老臣以寿为戚。既不能先驱蝼蚁，频见此事！"呜咽不自胜。然齐高帝即位后，琨仍加侍中，高帝崩，琨又不待车而步行入宫。然袁昂当梁武起兵时，独拒守。闻东昏死，举哀恸哭。马仙琕初亦与梁武相抗，谓其下曰："我受人寄任，义不容降，君等各自有亲，我为忠臣，君为孝子。"乃悉遣其下，独与壮士数十人拒守。后俱执送建康，昂仍仕梁为侍中，仙琕亦为梁将，且曰："小人如失主犬，后主饲之，便复为用。"《北史》：裴让之当魏静帝逊位，执手流涕，入齐，仍为清河太守。北齐傅伏守东雍州，周武既破并州，令其子世宽来招。伏不受，曰："此不忠不孝，愿即斩之。"及闻后主被获，乃降，入周仍为岷州刺史。窦炽当隋文帝将受禅，自以世受周恩，不肯署笺劝进，然入隋仍拜太傅，加殊礼。柳机当隋文作相时，周代旧臣皆劝禅让，机独义形于色，无所陈

---

① 张悌（236—280 年），字巨先，荆州襄阳（今湖北襄樊）人，少有名理。后拜丞相。晋伐吴，悌督沈莹、诸葛靓等率众三万渡江逆之。所领奋勇死战，无去意。军败，为王浑军所杀。

请，然入隋仍拜卫州刺史，封建安郡公。颜之仪当周宣帝崩，郑泽矫诏以隋文帝辅政，之仪不肯署诏。文帝索符玺，之仪又拒之。然文帝登极，仍拜集州刺史。文帝将受禅，谓荣建绪曰："且共取富贵。"建绪曰："明公此旨，非仆所闻。"遂赴官去。及开皇中来朝，文帝曰："卿亦悔否？"建绪曰："臣位非徐广，情类杨彪。"上笑曰："朕虽不解书语，亦知卿此言不逊也。"建绪仍历始、洪二州刺史。陈许善心聘隋，会隋灭陈，礼成而不得返，善心衰服哭于阶下，藉草东向三日，敕书唁焉。明日有诏拜散骑常侍，善心哭尽哀，入房改服而出，垂涕拜受诏，入朝伏地，泣不能起。文帝曰："我平陈惟获此人，既能怀旧君，即是我纯臣也。"之数人者，史策已载其行义，以为人之所难，曾莫有议其先守义而后失节者，即当时人主亦以为甚难希有，而未尝以必死为完人。如梁武于仙琕之被执，使待袁昂至俱入，曰："使天下见二烈士。"周武于傅伏亦亲执其手曰："朕平齐惟见此一人。"后俱宠之以官，任特至，初不以其再仕新朝而薄其为人。则知习俗相沿，已非一朝一夕之故。延及李唐，犹不以为怪。颜常山、张睢阳、段太尉辈，一代不过数人也。直至有宋，士大夫始以节义为重，实由儒学昌明，人皆相维于礼义而不忍背，则《诗》《书》之有功于世教，匪浅鲜矣！《后汉书》：杨彪在汉朝致仕十余年，曹丕受禅，欲以为太尉，固辞，乃授光禄大夫，赐几杖。因朝会，令彪著布单衣鹿皮冠而后入，待以宾客之礼。按彪虽辞太尉，仍授光禄大夫，亦未免有玷。

可见，三国是一个道德观念日渐混乱、功利主义日渐喧嚣的时代的开始。此后的魏、晋、南北朝、隋、唐、五代也都处于这个时代之中。所以，关羽之死是传统道德体系崩塌的必然结果。但也正因为如此，到了宋代儒生们重构社会伦理系统之时，关羽的影响力才会不断地攀升，最后他超凡入圣、庙堂独享，甚至超越孔子，成为中华历史人物中最受人尊重和敬仰的全民英雄。从这个意义上来讲，关羽的悲壮而死恰恰就是他能够化为不朽神明的主要原因。

六　江陵筑城

江陵城（今属湖北荆州市），位于江汉平原腹地，东连武汉，西接三峡，南跨长江，北临汉水，是连东西、跨南北的交通要道和物资集散地，这里曾是楚国故都。楚昭王十年（前506年），吴军攻破楚都"郢"（史称鄢郢，今湖北宜城），第二年，楚昭王迁都至此，史称"载郢"。《史记·货殖列传》中就曾有"江陵故郢都，西通巫巴，东有云梦之饶"之句。

在三国、两晋、南北朝时期，江陵作为中国南方一个区域性的政治、经济、军事、文化中心和兵家必争的战略要地，谱写了一首又一首金戈铁马的英雄史诗，也上演了一场又一场兴衰成败的帝王戏剧，而这个时期的江陵城即为关羽所筑。

长久以来，荆州民间流传着大量的关公传说，比如：如今荆州古城大北门外有条古街叫作"得胜街"，从前是沿荆襄古道出入荆州城的必经之地。传说关羽北攻襄樊水淹七军打了大胜仗，喜讯传来，人们十分高兴，于是将这条街命名为"得胜街"。

八岭山本是状似游龙的山冈，分布着大大小小的山丘，这些山丘实际都是些土丘。其中有个最大的山丘顶部是块平地，叫作"平头冢"。据说当初关羽在此演武，奋起神威一刀向这个大山丘劈去，竟把这个大山丘的"头颅"给劈掉了，于是从此成了平头冢。

荆州城西北约三公里处有座高十余米的土台，相传是关羽练兵作战时的"点将台"，人们据此演绎出关羽操练人马与曹魏方面作战的故事，听来娓娓动人。"点将台"附近的"拍马山"，传说也因关羽在此操练军马而得名。附近还有一个土丘叫"摩旗台"，据说是关羽练兵时插旗帜的地方。

还有，荆州古城老南门的关帝庙，相传就是当年关羽的府邸，总占地面积约4500平方米，其建筑规模宏大，雄伟壮观。其东侧有一条街巷叫作关带巷，也因临近关府而得名；城东百里长湖南岸的关咀口，本是长湖岸边的渡口，传说关羽曾在此视察水军；城外江津湖畔的春秋阁，是关公研读《春秋》之处；还有偃月堤、铜铃冈、系马山、洗马池等，都是关羽传说的产物。

荆州也有和"失荆州"一事相关的传说。如松甲山、卸甲山、掷甲山，这称为山的三处地方，其实都不是山，只是城垣内侧的土堆，其作用是保护城坦内坡。而民间却有"三山不见山"之说，影响颇大，其原因就和关羽失荆州有关。相传当东吴袭取荆州时，守城将士合力据守，日夜巡视城头，为防吴兵入侵累得满头大汗，曾经借着星光松开衣甲，稍作休息，后闻南郡太守麋芳准备开城投降，众将士气愤地卸下衣甲，正欲去跟麋芳论理，不想吴兵已经入城，于是把衣甲全都掷在地上，以示对变节投降者的抗议。后来，人们就把这三处地方分别叫作松甲山、卸甲山、掷甲山，以不忘这段历史。清代的人们改掷甲山为余烈山，以喻关羽"死有余烈"，并在此地建有祠庙，纪念关羽。

在众多的关公传说中，最被人津津乐道的就是关羽修筑江陵城的故事。比如今荆州市西北角有一处地名叫九女冢，便是因关羽与九仙女比赛筑城的故事而得名。话说关羽与九仙女比赛筑城，先成者拥有管辖权。结果，关羽先筑成，还半夜学鸡叫，引发全城鸡鸣四起，仙女在朦胧夜色中见关羽负责的城墙已筑好，知大势已去，便溜之大吉。现在荆州小北门东北角经常倒塌，据说就是因为仙女马虎没修好，而西门经常被淹，因为它是关羽为赶时间用芦苇做的。

另外，在公安门附近有一座高6米，长14米的土丘，人们叫它"张飞一担土"。据传说，张飞听闻关羽要建江陵城就想来帮忙，他挑了一担土往江陵赶。谁知道才到城外，城已建好，于是他便将土往地下一倒就回去了，这一担土因此成为一座土丘。

其实，这些传说并不是没有根据的，因为关羽修筑江陵城的记载最早见于南北朝时期的地理文献《水经注》，其中第三十四卷《江水二》中说：

> 今城，楚船官地也……汉景帝二年，改为江陵县。王莽更名郡曰南顺，县曰江陆。旧城，关羽所筑。羽北围曹仁，吕蒙袭而据之。羽曰：此城吾所筑，不可攻也。乃引而退。

这就是说，至少在三国时代以后二百余年的时间里，"关羽修筑江陵"之说已成为人们的共识。

另外，南宋王象之在《舆地纪胜》卷六十五《荆湖北路·江陵府下》中载：

《元和郡县志》①云：州城本有中隔，以北，旧城也；以南，关羽所筑。羽北围曹仁于樊，留糜芳守城。及吕蒙袭破芳，羽还旧城，闻芳已降，退住九里。曰：此城吾所筑，不可攻也，乃退保麦城。今江陵城广十八里。

这说明，关羽主要修筑的是江陵的南城，北城在三国时代以前就已经存在。

但是，这些记载却引起了清末著名的地理学家杨守敬的质疑，他在《水经注疏》中说：

守敬按：《舆地纪胜》引《元和志》，荆州城本有中隔，以北，旧城也；以南，关羽所筑。羽北围曹仁于樊，留糜芳守城。及吕蒙袭破芳，羽还救城，闻芳已降，退住九里。曰：此城吾所筑，不可攻也。乃退保麦城，与此《注》同。然考《吴志·孙权传》，关公自襄阳还当阳，西保麦城，伪降遁去，为潘璋司马马忠所获，未得至江陵也。又《权传》，赤乌九年，朱然城江陵。关公既言不可攻，则基城坚可知，何以不久复筑？此均有可疑者。

它主要的疑问是：第一，按《三国志》记载，关羽在北伐之后，就没有返回过江陵，所以不会在城下说"此城吾所筑，不可攻也"；第二，《三国志·吴书·孙权传》说赤乌十一年（杨氏所言之事发生在赤乌十一年，而不是赤乌九年）"朱然城江陵"，此时距关羽去世仅二十八年，为何坚固的城池这样快就需要复筑呢？所以关羽筑江陵一说存在疑点。

其实，对于第一个疑问，本不用深究，因为《三国志》中的记录大多过于简略，陈寿没有写的事情，不能说就一定没有发生过。而第二个疑问才值得关注，为此，武汉大学教授李步嘉先生曾在论文《关羽始筑江陵城说辩误》②中有一段论述：

---

① 《元和郡县志》为唐人李吉甫所作，涉及荆州的卷二十《山南道一》现已亡佚。

② 李步嘉：《关羽始筑江陵城说辩误》，载于《华中师范大学学报》（哲学社会科学版）第36卷第4期，1997年7月。

《通典》卷一百九十六《边防十二·北狄三》"拓跋氏"条载刘宋何承天《安边论》："魏舍合肥，退保新城；吴城江陵，移入南岸。"这是何承天以三国时的军事地理形势，来讨论刘宋时的安边策略所说的一番话。这段记载所说的"吴城江陵"，正是与"朱然城江陵"相印证。我们还没有看到孙吴立国的五十八年中，有"吴城江陵"的另外记载，那么"吴城江陵"即应指"朱然城江陵"。《安边论》既说其城"移入南岸"，那么，关羽所筑之城与朱然所筑之城，自非一城，则杨守敬提出疑问的这条理由，实际是对关羽、朱然所筑之城，并非同一城未能详察而产生的一种误解。

此论可备一说。不过，就算是朱然复筑了关羽所筑的江陵城，也没有什么不合理的。因为，三国时代的城墙是土墙，其坚固程度当然不能和后世的砖墙相比，经常复修也很正常。而且，关羽去世以后不久，曹魏大军就对江陵城发动了大规模的攻城战，《三国志·吴书·朱然传》载：

> 魏遣曹真、夏侯尚、张郃等攻江陵，魏文帝自住宛，为其势援，连屯围城。权遣将军孙盛督万人备州上，立围坞，为然外救。郃渡兵攻盛，盛不能拒，即时却退，郃据州上围守，然中外断绝。权遣潘璋、杨粲等解围而围不解。时然城中兵多肿病，堪战者裁五千人。真等起土山，凿地道，立楼橹临城，弓矢雨注，将士皆失色，然晏如而无恐意，方厉吏士，伺间隙攻破两屯。魏攻围然凡六月日，未退。

在被曹真、夏侯尚、张郃等人率领的大军"起土山，凿地道，立楼橹临城，弓矢雨注"的攻击了六个月以后，无论多么坚固的城墙也会毁坏，就算是这样，朱然还是在二十多年以后才复筑城墙，这难道有什么可奇怪的吗？而且，当时的那场大战也证明了朱然所守的正是已经筑好了的江陵城。因为他在如此短的时间里，是不可能建筑起这样坚固的城墙的。

1997年9月30日至1998年3月16日，荆州博物馆的工作者对荆州城进行了一次考古发掘。由于地下水位高，考古工地塌方严重，发掘未能挖到最底部，无法推断下面是否有更早的城垣存在，但在发掘过程中，考古工作者们已经发现了荆州城在历史变革中的六个发展时期，分别是：东汉到两晋时期；东晋至隋唐时期；五代至北宋时期；南宋至元末时期；元末至明末时期；清末时期。这次考古工作最终将江陵（荆州）城修筑的时间推到了关羽所处的年代。

从三国时代起，现存的荆州城墙没有发生大的变迁，城址始终没有离开现存城墙的范围。但各个时代的城墙位置有小的变动，即从平面上看，从早到晚，由内向外推进，推进的距离仅仅在 50 米之内。

这次考古工作的报告全称为《荆州城南垣东端发掘报告》，登载于 2001 年第 4 期《考古学报》上，由陈跃钧、张世松执笔。他们用翔实的考古发掘资料，充分证实了郦道元《水经注》和李吉甫《元和郡县志》记载的正确性。而且，报告中称"此次发掘出的三国土城，已埋入地下三米多深，虽暂露头角，但顶部宽度仍达 10 余米，可见三国城墙之高大"。

这次考古挖掘还发现，荆州古城是先建土城，后建砖城。三国至五代筑城用土多为居民生活用废土，用圆木夯筑而成。可知，荆州民间流传的"张飞一担土"的传说，也并非空穴来风。

由此，"关羽筑江陵城"之说，再无悬念。

对于关公文化来说，江陵古城的发现，具有非凡的意义。这是最早的关公文化遗迹，也是关羽为后人留下的唯一"遗物"。我们现在已知这座城池高大雄伟，可见关羽曾为它付出的心血之多，回想当年江陵城下关羽所说的那句话："此城吾所筑，不可攻也。"不禁让人感慨万千。

七 蛮王关羽

章武元年（221 年）七月，刘备为了给关羽报仇，挥兵东下讨伐孙吴。在他的征讨大军中，有一支特殊的部队，他们穿着另类的衣服、操着难懂的语言、拿着古怪的武器，披发跣足、性格暴烈，被当时的中原人称之为"武陵蛮"。

在小说《三国演义》中，武陵蛮出场不多，但令人印象深刻。第一次在八十三回：

> 却说甘宁正在船中养病，听知蜀兵大至，火急上马，正遇一彪蛮兵，人皆被发跣足，皆使弓弩长枪，搭牌刀斧；为首乃是番王沙摩柯，生得面如噀血，碧眼突出，使一个铁蒺藜骨朵，腰带两张弓，威风抖擞。甘宁见其势大，不敢交锋，拨马而走；被沙摩柯一箭射中头

颅。宁带箭而走，到于富池口，坐于大树之下而死。

第二次在八十四回：

> 时有蛮王沙摩柯，匹马奔走，正逢周泰，战二十余合，被泰所杀。

在《三国志·吴书·陆逊传》中，沙摩柯最终是被陆逊所杀：

> 乃敕各持一把茅，以火攻，拔之；一尔势成，通率诸军，同时俱攻，斩张南、冯习及胡王沙摩柯等首，破其四十余营。

可知，历史上确实有蛮族帮助刘备攻打孙吴之事。

"蛮"在先秦以前是华夏人对非华夏民族的称谓之一，《尔雅》曰："九夷、八狄、七戎、六蛮，谓之四海。"荆州的蛮族又被称为蛮荆，《诗经·小雅·采芑》有："蠢尔蛮荆，大邦为雠。"之句，朱熹集传曰："蛮荆，荆州之蛮也。"。

在春秋前期，楚国曾大举进攻蛮族，史称楚武王"大启群蛮"。但当时的楚国也经常被中原各国贬称为"蛮"，如《国语·晋语八》记弧兵之盟时，叔向就曾言"楚为荆蛮"，楚武王之祖熊渠自己也曾桀骜不驯地说："我蛮夷也，不同中国之号谥。"

楚庄王时，蛮族乘楚国大饥之际，曾"戎伐其西南，又伐其东南，庸人率群蛮以叛楚，麋人率百濮聚于选，将伐楚"。这时的蛮、戎、百濮并称，可知皆是不同的种族。在楚庄王的反攻之下，庸国破灭，群蛮降服。在晋楚"鄢陵之役"之时，"蛮"还曾与楚恭王合兵攻打晋国。战国初期，楚悼王曾"南并蛮、越，遂有洞庭、苍梧"。到秦昭王时，白起攻占楚都以后，"略取蛮夷，始置黔中郡"，"黔中蛮"之名始见于册。

后汉高祖改黔中郡为武陵郡，"黔中蛮"也被改称为"武陵蛮"，又因其居住地有雄溪、横溪、辰溪、酉溪、武溪五条溪流，亦称"五溪蛮"。《后汉书·南蛮列传》中记载他们本为盘瓠子孙，"其后滋蔓，号曰蛮夷"。干宝《晋纪》也说："武陵、长沙、庐江郡夷，盘瓠之后也。"

在东汉历史上，中原王朝的史官有时也会按行政区域来称呼他们，如溇中蛮、零阳蛮、澧中蛮、零陵蛮、桂阳蛮等，魏晋以后，他们还将有更多的称谓。其实，这些称谓都是汉人自己认定的，这些少数民族不可能按照这种叫法称呼自己、识别族群以及限定自己的活动区域，他们在当时应该是一种来自多个不同民族的人们所组成的较为松散的部落联盟。

在《三国志》中，对于武陵蛮为何加入蜀汉军团的原因所述甚少。《吴书·吴主传》载：

> 是岁，刘备帅军来伐，至巫山、秭归，使使诱导武陵蛮夷，假与印传，许之封赏。于是诸县及五溪民皆反为蜀。

《陆逊传》载：

> 备从巫峡、建平连围至夷陵界，立数十屯，以金锦爵赏诱动诸夷。

似乎是刘备以"金锦爵赏"收买武陵蛮，才使得他们援助西蜀的。

然而，《三国志·蜀书》却给后人提供了另外一条线索，《先主传》载：

> 章武元年……初，先主忿孙权之袭关羽，将东征，秋七月，遂帅诸军伐吴。孙权遣书请和，先主盛怒不许，吴将陆议、李异、刘阿等屯巫、秭归；将军吴班、冯习自巫攻破异等，军次秭归，武陵五溪蛮夷遣使请兵。
>
> 二年春正月，先主军还秭归，将军吴班、陈式水军屯夷陵，夹江东西岸。二月，先主自秭归率诸将进军，缘山截岭，于夷道猇亭驻营，自佷山通武陵，遣侍中马良安慰五溪蛮夷，咸相率响应。

从这两条记载中，我们不难看出，在刘备发动攻吴战争不久，武陵蛮就曾主动遣使向刘备请兵，而在第二年二月，刘备才派马良前去联络，所谓"金锦爵赏"之事应当是在武陵蛮请兵之后。也就是说，无论有没有封赏，武陵蛮都是会反吴的，这和《三国志·吴书》的记载完全不同。

但武陵蛮为何要反吴？难道也是要为关羽报仇吗？也许确实如此，因为关羽很可能就是他们的"王"。

关羽和"蛮"的关系在《三国志》中并没有记载，但从《宋书·乐四》所录的两首吴国鼓吹曲中却可以看出他们之间的关系非常之不一般。这两首曲子分别名为《关背德》与《通荆门》，现抄录如下：

> 《关背德》者，言蜀将关羽背弃吴德，心怀不轨。大皇帝引师浮江而禽之也。汉曲有《巫山高》，此篇当之。第七。
>
> 关背德，作鸱张。割我邑城，图不祥。称兵北伐，围樊襄阳。嗟臂大于股，将受其殃。巍巍吴圣主，睿德与玄通。与玄通，亲任吕蒙。泛舟洪氾池，溯涉长江。神武一何桓桓！声烈正与风翔。历抚江安城，大据郢邦。虏羽授首，百蛮咸来同，盛哉无比隆。

> 《通荆门》者，言大皇帝与蜀交好齐盟，中有关羽自失之愆，戎蛮乐乱，生变作患，蜀疑其眩，吴恶其诈，乃大治兵，终复初好也。汉曲有《上陵》，此篇当之。第八。
>
> 荆门限巫山，高峻与云连。蛮夷阻其险，历世怀不宾。汉王据蜀郡，崇好结和亲。乖微中情疑，逸夫乱其间。大皇赫斯怒，虎臣勇气震。荡涤幽薮，讨不恭。观兵扬炎耀，厉锋整封疆。整封疆，阐扬威武容。功赫戏，洪烈炳章。邈矣帝皇世，圣吴同厥风。荒裔望清化，化恢弘。煌煌大吴，延祚永未央。

据《宋史》记载，这两首曲子的作者是韦昭，其中《关背德》的创作时间应是在孙吴偷袭荆州之后，《通荆门》的创作时间应是孙吴与刘蜀在外交上和好之时。需要注意的是"虏羽授首，百蛮咸来同，盛哉无比隆"和"蛮夷阻其险，历世怀不宾"之语，特别是《通荆门》的介绍中："关羽自失之愆，戎蛮乐乱，生变作患……"之句，似乎是在揭示关羽和蛮族之间的特殊关系。

首先，是"虏羽授首"导致了"百蛮来同"，这证明了关羽与"百蛮"之间至少是同盟关系；其次，《通荆门》说关羽有"自失之愆"，而他的"自失"就是"戎蛮乐乱"，孙吴方面认为的"乱"，对于关羽一方自然不是相同意思，它可能更是一种团结的象征，这说明关羽实际是"戎蛮"的首领。《汉书》卷九十五的《南越王赵佗报汉文帝书》中说：

西北有长沙，其半蛮夷，亦称王。

可知"王"实为长沙、武陵蛮对首领的通称，所以如果按照他们的思维来讲的话，关羽其实就是蛮"王"。①

学界普遍认为，少数民族的关公信仰产生于元代以后，是道教的传播、《三国演义》的流行、明清时期的战争、商贸往来以及明朝皇帝的推崇、汉人移民所致，一言以概之就是被"汉化"的结果。这种观点来源于一种观念，即：关羽只是汉人的英雄。但从关羽和武陵地区的关系来看，也许情况并非如此。因为我们知道，关羽是"汉寿亭侯"，而"汉寿"正是武陵郡的治所。

前文已叙，东汉时期武陵郡的治所曾在义陵、索县、临沅三县之间变迁。阳嘉三年（134 年），朝廷将索县升级为整个荆州的刺史治所并改名汉寿，其目的应该只有两个，一、是为了防备当时的"江南宗贼"；二、就是为了镇压武陵蛮。这是因为自光武中兴以来，荆州的蛮族就经常暴动，而暴动的核心区域就在武陵，如《后汉书·南蛮列传》载：

光武中兴，武陵蛮夷特盛。建武二十三年（47 年），精夫相单程等据其险隘，大寇郡县。遣武威将军刘尚发南郡、长沙、武陵兵万余人，乘船溯沅水入武溪击之。尚轻敌入险，山深水疾，舟船不得上。蛮氏知尚粮少入远，又不晓道径，遂屯聚守险。尚食尽引还，蛮缘路徼战，尚军大败，悉为所没。

二十四年（48 年），相单程等下攻临沅，遣谒者李嵩、中山太守马成击之，不能克。

肃宗建初元年（76 年），武陵澧中蛮陈从等反叛，入零阳蛮界。

三年（78 年）冬，溇中蛮覃儿健等复反，攻烧零阳、作唐、孱陵界中。

和帝永元四年（92 年）冬，溇中、澧中蛮潭戎等反，燔烧邮亭，杀略吏民，郡兵击破降之。

---

① 《汉书》卷九十五载《南越王赵佗报汉文帝书》中说："西北有长沙，其半蛮夷，亦称王"，可知"王"为长沙武陵蛮对首领的通称。

安帝元初二年（115 年），澧中蛮以郡县徭税失平，怀怨恨，遂结充中诸种二千余人，攻城杀长吏。

明年（116 年）秋，溇中、澧中蛮四千人并为盗贼。又零陵蛮羊孙、陈汤等千余人，著赤帻，称将军，烧官寺，抄掠百姓。

顺帝永和元年（136 年），……其冬澧中、溇中蛮果争贡布非旧约，遂杀乡吏，举种反叛。

明年（137 年）春，蛮二万人围充城，八千人寇夷道。

桓帝元嘉元年（151 年）秋，武陵蛮詹山等四千余人反叛，拘执县令，屯结深山。至永兴元年，太守应奉以恩信招诱，皆悉降散。

永寿三年（160 年）十一月，长沙蛮反叛，屯益阳。至延熹三年秋，遂抄掠郡界，众至万余人，杀伤长吏。又零陵蛮入长沙。冬，武陵蛮六千余人寇江陵，荆州刺史刘度、谒者马睦、南郡太守李肃皆奔走……贼复寇桂阳，太守廖析奔走。武陵蛮亦更攻其郡。

至灵帝中平三年（186 年），武陵蛮复叛，寇郡界，州郡击破之。

也就是说，从建武二十三年到中平三年这 139 年的时间里，荆州的蛮族平均每十几年就发起一次暴动。以上所记还均系上千人的大规模动乱，至于百十来人的小股反抗，也许从来就没有停止过。后在建安三年（198 年），长沙太守张羡曾联合零陵、桂阳二郡一同反叛刘表，在这场叛乱中应该也不乏蛮族的身影。[1]

然而，自建安六年（201 年）刘备、关羽来到荆州以后，直至建安二十四年（220 年）关羽被杀之前，史书上就再也没有任何蛮族闹事的记载。可以说在这二十年的时间里，蛮族的表现异常平静。

但是，当关羽被杀后，武陵蛮就立即造反。《三国志·吴书·黄盖传》载：

武陵蛮夷反乱，攻守城邑，乃以盖领太守。……自春讫夏，寇乱尽平。

后长沙益阳县为山贼所攻，盖又平讨。加偏将军，病卒于官。

---

[1]　据《后汉书·刘表传》说张羡其人"甚得江湘闲心"，而此时的江、湘多为蛮人。

武陵蛮向刘备请兵一事就应当发生在黄盖平乱前后。而且，黄盖还曾去攻打长沙益阳的"山贼"，所谓"山贼"应该就是"山蛮"①，也就是所谓的长沙蛮。

章武二年，刘备和"胡王沙摩柯"被陆逊击败于夷陵以后，蛮族的反抗也并没有停止。按《三国志·吴书·吕岱传》载，在黄龙三年（231年）武陵蛮就又发动一场暴乱：

> 会武陵蛮夷蠢动，岱与太常潘濬共讨定之。

这场叛乱历时多年，孙吴共计用兵五万，最后在蜀汉降将兼汉寿本地人潘濬的努力下，才基本得到平息。

但到了炎兴元年（263 年），蜀汉被曹魏所灭，武陵蛮就又和孙吴发生了一场战争，《三国志·吴书·钟离牧传》载：

> 魏遣汉葭县长郭纯试守武陵太守，率涪陵民入蜀迁陵界，屯于赤沙，诱致诸夷邑君，或起应纯，又进攻酉阳县，郡中震惧。

当时孙吴的武陵太守钟离牧率兵"晨夜进道，缘山险行"一直挺进武陵山区两千余里，才最终"斩恶民怀异心者魁帅百余人及其支党凡千余级，纯等散，五溪平"，他自己也得到了公安督、扬武将军、都乡侯、前将军假节等封赏，可见对于孙吴来说，钟离牧这次平乱的功绩非同凡响。

以上这些武陵蛮的抗争活动都见于正史，如按各县方志的记载来看，从关羽去世到蜀汉灭亡的四十余年间，荆州蛮族发动的大大小小的暴动共四十余起，平均每年一次，可以说，他们对于孙吴政权的抗争就从来没有停止过。

这些史料完全能够说明，荆州的蛮族是心向蜀汉的，而之所以能够出现这种情况，应该与蜀汉政权所奉行的少数民族政策不无关系。从《三

---

① 旧指居住在山间的某些少数民族。《南齐书·高帝纪上》："（元嘉）二十三年，雍州刺史萧思话镇襄阳，启太祖自随戍沔北，讨樊邓诸山蛮，破其聚落。"需要留意的是，前文所谈到的"关羽濑"就位于长沙益阳县，这个地名很可能就是由当地的蛮族最早叫起来的。

国志》中我们可以看到，孙吴对于少数民族的政策就是强行征缴，反抗即杀；曹魏是以征缴为主、兼用安抚；蜀汉却是安抚为主、不得已才会征缴。在诸葛亮的《隆中对》中也有："西和诸戎，南抚夷越"之句，说明安抚西南少数民族是蜀汉政权的基本国策。

这种政策的实施，必然会让荆州蛮族产生感激之情，因为他们近二百年的抗争只是为了得到这种政策而已。但他们最感激的人，应该还是关羽，因为关羽才是在蜀汉核心人物中管理荆州时间最长的人，特别是在建安十七年（212年），诸葛亮、张飞、赵云入蜀协助刘备作战以后，关羽"董督荆州"，所有的政令都要由他决定，这些政令中自然会包括少数民族政策。吕蒙曾对陆逊说关羽镇守荆州之时"恩信大行"，所指的应当也包含这些政策。

而且，关羽还是"汉寿亭侯"，这种封邑上的主从关系，再加上合理的政策，应该会使蛮族和关羽之间产生一种类似血缘关系的亲密情感。

关羽和荆州的蛮族到底发生过什么故事，现在已经不会有人知道了，因为当时蛮族的相关文字并没有流传下来，而汉人的史书也没能详细记载。但后世广泛存在于西南少数民族之中的关公信仰或许能说明一些问题。

我们知道，武陵蛮与苗族、侗族、瑶族等少数民族有族属关系，而这些民族至今还保留着关公信仰，虽然他们已经不知道为什么要信奉关公，但古老的风俗使得他们在每年的正月初一、四月初八、五月十三、六月二十四或其他既定时间祭祀关公，届时各村各寨都会举行盛大的活动。

现在西南少数民族地区还流传着大量的关公传说，其中以"火神下凡"的传说流传最广。这类传说的基本情节是这样的：（1）玉皇派火神（火德星君、火龙、火文星等）下凡烧百万之家，火德星君心疼老百姓，只烧了姓百、姓万的两家，所以犯了欺君之罪，要被斩首；（2）火神托梦给和尚（或道士）说，在他被斩之时，用盆接住从天上滴下来的鲜血，经过念经诵咒，若干天之后，打开盆盖，里面就会出来一个娃娃；（3）和尚把娃儿送给磨豆腐的冯姓孤老抚养；（4）娃儿快速长大，武艺出众，因打死人（或杀死凌人之富豪）外逃，得观音之助，变成红脸长须的大汉，取名关羽。①

_____

① 参见马昌仪《论民间口头传说中的关公及其信仰》，原载《中国神话与传说学术研讨会论文集（上册）》，台北汉学研究中心，1996年，第369—397页。

虽然关公转世的情节和观音、玉皇大帝等神话人物都带有佛、道色彩，但传说中的滴血寄魂、灵魂不死等观念，显然是十分古老的。从这些传说中，我们能够联想到以下几点。第一，火神在西南少数民族以及楚地原住民的意识里是祖先的象征，他和祝融、炎帝、蚩尤三位神灵，苗族、瑶族、侗族等多个民族有着复杂的渊源。第二，传说中说火神因为心疼百姓，犯了天条而被斩首，应该就是当年关羽被孙权斩首这段真实历史的神话性表征，而滴血寄魂则是灵魂不死观念的体现，同时血也是在强调火神与少数民族之间的血缘关系。第三，火神在凡间复活并且长大，他为民除害并在观音的帮助下变成红脸大汉，并取名关羽，实际是在用神话的方式来解释关羽到荆州以前的经历。

在这些传说中，还有一位非常重要的人物，就是那位卖豆腐的冯姓孤老，据说是他将火神转世的关公养大，所以关公本该姓冯，这种说法在民间广为流传。在清人《清音小集》卷四《夜看春秋》，就有"关羽原姓冯名贤，字寿长"的记载。

实际上，这种说法应该就源自于古荆州的少数民族传说，而且，这里的"冯"其实也并不是汉族的姓氏，而是瑶族的。

汉族的冯姓，早在战国时代就已经出现，可谓历史悠久，源远流长，但其实瑶族中也有冯姓。

瑶族的姓都是由"评王"赐予的。据《评皇券牒》[①] 中记载，瑶族始祖盘瓠与皇帝（评王）的三公主成婚后隐入南山，过了几年生下了六男六女，评王知道后大喜，遂赐六男六女为王之子孙，赐封十二姓：盘、沈、包、黄、李、邓、周、赵、胡、唐、雷、冯。

而冯姓孤老和豆腐之间的关系，在瑶族的传统饮食文化中也能找到根源。

今天，在全国瑶族人口最多的县湖南永州市江华瑶族自治县，有一道特色的美食，叫"圣水"豆腐丸，是以沱江镇竹园寨的仙岩中的"圣水"磨制的豆腐做成的，享誉江南。此外，瑶族人还以"圣水"豆腐丸为依托，创造出了风味独特的系列小吃，有水豆腐酿、辣椒酿、苦瓜酿、螺蛳酿、米豆腐酿、油炸豆腐酿、香菇酿、蒜头酿、竹笋酿、茄子酿、丝瓜

---

① 《评皇券牒》俗称《过山榜》，又名《盘王券牒》《瑶人榜文》等，是瑶族人民世代流传和珍藏的一种记载本民族历史的珍贵文献。

酿、莲藕酿、冬瓜酿、南瓜花酿、牛耳菜酿、萝卜酿、蛋酿等，这些小吃被统称为"瑶家十八酿"，可知豆腐实际在瑶族的食谱上占有重要的位置。

要知道，永州市在三国时代正处于荆州的零陵郡，而江华瑶族自治县在当时就是所谓的"零陵蛮"居住区。

卖豆腐的冯姓孤老这个传说人物出现的时间不会很早，至少会在豆腐与瑶族的姓氏开始普及以后，所以现在我们所听到的这些传说早已不是最初的版本了，但最早创造这些传说的人其创作目的就是为了强调关公与本民族之间的血缘关系，这一点应该是毋庸置疑的。我们知道，神话传说是一些没有文字的古老民族的记事方式，所以对于西南少数民族的先民来说，"火神下凡"也许就是真实历史的反映。

这段历史就是：孙权（玉皇大帝）斩杀了他们的祖先关公（火神），但是关公灵魂不灭，继续为老百姓打抱不平。这就是"火神下凡"传说所要表达的真正意义。

从这个意义上来讲，关羽其实就是他们的"王"。

第三节　关公文化的形成与早期传播

一　吴主礼葬

据裴松之《三国志注》引《吴录》的记载，建安二十四年（220年），"权送羽首于曹公，以诸侯礼葬其尸骸"[1]。《当阳县志》载：孙权礼葬关羽后，"帮人墓祭，岁以为常"。

孙权为何礼葬关羽，后人已不得而知，推测起来应该有四种可能。

第一，孙权想嫁祸于曹魏。

民间有歇后语为"孙权杀关羽——嫁祸于人"，人们觉得孙权一边厚葬关羽，一边又将他的首级送给曹操，明显是想让刘备觉得杀关羽是曹操的意思。这种说法自有一定的道理。但仔细想来，孙权也许谈不上是要"嫁祸于人"，但"推诿责任"还是有的。从史料上可以看出，当时江东君臣并不想和刘备产生全面战争，礼葬关羽，也许能够平息刘备的愤怒，并继续和江东一起合力抗曹，虽然从以后事态的发展看来这只是他们的一

---

[1] 《三国志·关羽传》裴松之引注《吴历》。

厢情愿。

第二，孙权迷信。

有人认为孙权是害怕关羽的冤魂会报仇，才厚葬关羽的。这种说法很有道理，因为孙权确实比较"迷信"。

比如民间一旦出现"祥瑞"，孙权就会改年号，什么黄龙、嘉禾不一而足。再比如黄龙二年（230年），孙权因为听从了"长老之言"，想要求得仙药，便派卫温与诸葛直带领东吴甲士万人，出海寻找夷州、亶州。第二年，两人带回了一两千土著俘虏，却只到达了夷州，没有找到亶州，更没有找到什么仙药。孙权认为卫温和诸葛直无功而返，就把他们处死了，这说明孙权确实是迷信透顶。

自东汉末年开始，妖人惑众的事情就屡见不鲜，在江南地区这种事也发生了不少，早在孙权的父亲孙坚时期，就有妖人许昌在会稽聚众造反，《三国志·吴书·孙破虏讨逆传》载：

> 会稽妖贼许昌起于句章，自称阳明皇帝，与其子韶扇动诸县，众以万数。坚以郡司马募召精勇，得千余人，与州郡合讨破之。是岁，熹平元年也。

而在孙权执政之初，一种叫"于君道"的组织已经开始在吴国盛行。裴松之在《三国志·孙策传》注引的《江表传》中曾有"于君道教主"于吉的记载：

> 时有道士琅琊于吉，先寓居东方，往来吴会，立精舍，烧香读道书，制作符水以治病，吴会人多事之。

晋人干宝的《搜神记》中也曾记载了一条于吉死于孙权的哥哥孙策之手而孙策也被于吉的鬼魂复仇的故事：

> 孙策欲渡江袭许，与于吉俱行。时大旱，所在燋厉，策催诸将士，使速引船。或身自早出督切，见将吏多在吉许。策因此激怒，言："我为不如吉耶？而先趋附之。"便使收吉至，呵问之曰："天旱不雨，道路艰涩，不时得过，故自早出。而卿不同忧戚，安坐船中，

作鬼物态，败吾部伍。今当相除。"令人缚置地上，暴之，使请雨。若能感天，日中雨者，当原赦；不尔，行诛。俄而云气上蒸，肤寸而合；比至日中，大雨总至，溪涧盈溢。将士喜悦，以为吉必见原，并往庆慰，策遂杀之。将士哀惜，藏其尸。天夜，忽更兴云覆之。明旦往视，不知所在。

策既杀吉，每独坐，仿佛见吉在左右。意深恶之，颇有失常。后治疮方差，而引镜自照，见吉在镜中，顾而弗见。如是再三。扑镜大叫，疮皆崩裂，须臾而死。

虽然这个故事充满了虚妄怪诞的色彩，但能够流传，说明当时江南地区的巫教组织已经盛行。在这种氛围下，孙权多多少少会受到影响。

在太元元年（251年）五月，孙权竟亲封了一个名叫"王表"的术士为"辅国将军罗阳王"。此人神出鬼没，言语无常，终日神经兮兮。吴国内发生什么天灾人祸，孙权都会直接请教他，导致当时的民风大坏。这说明孙权迷信鬼神已达到了昏庸的程度。

《三国志·吴书·虞翻传》记载：

关羽既败，权使翻筮之，得兑下坎上，节，五爻变之临，翻曰："不出二日，必当断头。"果如翻言。

这说明，在偷袭荆州之前，孙权的心中充满了焦虑与矛盾，而能够让他心理得到慰藉的只有占卜和谶纬等巫术。

传说孙权甚至还把一个无赖封为了山神，《搜神记》卷五有蒋山祠的故事：

蒋子文者，广陵人也。嗜酒好色，挑挞无度。常自谓："己骨清，死当为神。"汉末，为秣陵尉，逐贼至钟山下，贼击伤额，因解绶缚之，有顷遂死。及吴先主之初，其故吏见文于道，乘白马，执白羽，侍从如平生。见者惊走。文追之，谓曰："我当为此土地神，以福尔下民。尔可宣告百姓，为我立祠。不尔，将有大咎。"是岁夏，大疫，百姓窃相恐动，颇有窃祠之者矣。文又下巫祝："吾将大启佑孙氏，宜为我立祠；不尔，将使虫入人耳为灾。"俄而小虫如尘虻，入耳，皆死，医不能治。百姓愈恐。孙主未之信也。又下巫祝："汝不祀我，将又以大火为灾。"是岁，火灾大发，一日数十处。火及公宫。议者以为鬼有所归，乃不为厉，宜有以抚之。于是使使者封子文为中都侯，次弟子绪为长水校尉，皆加印绶。为立庙堂。转号钟山为蒋山，今建康东北蒋山是也。自是灾厉止息，百姓遂大事之。

这个生前无功无德的蒋子文竟然在南朝时被封"帝"位，并且历经多个朝代而长盛不衰，到了明朝虽去其"帝"号，但明末崇祯皇帝对他的谥号赫然是"威灵忠烈武顺昭灵嘉佑王"。[①] 如果他确实是因为孙权才开始拥有如此令人瞩目的"成就"，那么孙权的迷信之深确实已经到了可以创造一个千年"奇迹"的程度。

以上诸多记载和传说都在表明，当时的吴国文化以及孙权所处环境的文化背景之中充斥着鬼神崇拜元素，而孙权对这些鬼神之说也是深信不疑的，所以他因为迷信而厚葬关羽是完全有可能的。

第三，孙权这样做是出于对汉寿亭侯的尊重。

从《三国志·吴书》中江东君臣对关羽的评价来看，他们对关羽多多少少是有些敬畏的，如：

《周瑜传》言"瑜上疏曰：'刘备以枭雄之姿，而有关羽、张飞熊虎之将，必非久屈为人用者。'"

《吕蒙传》言："蒙曰：'今东西虽为一家，而关羽实熊虎也，计安可不豫定？'"

《陆逊传》言："蒙曰：'羽素勇猛，既难为敌，且已据荆州，恩信大行，兼始有功，胆势益盛，未易图也。'"

《吴主传》云："权内惮羽，外欲以为己功，笺与曹公，乞以讨羽自效。"

这也许能够说明，孙权之所以用诸侯之礼厚葬关羽，的确是出于对这位"熊虎之将"的尊重，况且，关羽汉寿亭侯这个爵位终究是大汉天子册封的，孙权在此时还没有公开称帝，他这样做也许是想表示一下对朝廷的敬意。

第四，孙权是在稳定人心。

---

① 参见钱锺书《管锥编》第二册，中华书局1986年版，第770页。

　　荆州在刘表、刘备的治理下，士民的生活相对稳定，而关羽在治理荆州时也是"恩信大行"，孙权刚刚得到这片土地的统治权，不想给人以"暴君"的形象，因此，礼葬关羽是为了让荆州的社会保持稳定的状态，不至于造成不必要的混乱，虽然，从后来的发展来看，他的这种努力并没有达到预期的效果，但是，对于孙权来说，这样做终究不失于是一种表现"仁德"的王道手段。

　　无论是出于借刀杀人、迷信、对关羽的尊重还是稳定荆州人心的目的，作为东吴之主的孙权能够礼葬关羽，无疑对关公文化的形成起到了重要的促进作用。民众纪念本国政权的敌人，这在中国古代显然是不合法的，但孙权既然自己开了头，那么民众的行为就自然是合法的，这实际上是为关公文化的形成提供了法理上的支持。而更为重要的是，吴主以诸侯之礼厚葬关羽，必然会使关羽的形象在荆州民众的心中变得更加崇高和伟大，并使人们对去世后的关羽产生更多的尊敬与畏惧之情。

　　在中国历史上，能被敌方礼葬的武将其实并不是很多，而能"享用"诸侯之礼的则更是少之又少，纵观三国之前的历史，似乎只有一个人曾获此"殊荣"，这个人就是项羽。

　　《史记·项羽本纪》载：

　　　　项王已死，楚地皆降汉，独鲁不下。汉乃引天下兵欲屠之，为其守礼义，为主死节，乃持项王头视鲁，鲁父兄乃降。始，楚怀王初封项籍为鲁公，及其死，鲁最后下，故以鲁公礼葬项王谷城。汉王为发哀，泣之而去。

　　"鲁公之礼"亦即"诸侯之礼"。关羽、项羽都是英雄。两个人的名或字中都有一个"羽"（项羽名籍、字羽），也都有"力拔山兮气盖世"之威猛和万夫不当之勇气，又都是傲视天下的人物，两人甚至连死法都有几分相同，虽然关羽是被斩首而死，而项羽是死于自刎，但死后却同样都是首身分离，尸骨也是被分多处埋葬。

　　在中国人的集体记忆里，项羽的确是个充满英雄主义色彩的人物。司马迁曾在《史记·项羽本纪》中评价他道：

　　　　吾闻之周生曰"舜目盖重瞳子"，又闻项羽亦重瞳子。羽岂其苗裔邪？何兴之暴也！夫秦失其政，陈涉首难，豪杰蟠起，相与并争，不可胜数。然羽非有尺寸乘埶，起陇亩之中，三年，遂将五诸侯灭秦，分裂天下，而封王侯，政由羽出，号为"霸王"，位虽不终，近古以来未尝有也。

将项羽说成上古先王舜帝之苗裔，这无疑使他的形象带有了正统的特性，而司马迁评价他的功绩用了"近古以来未尝有也"的语句，这显然是在肯定项羽的历史地位，但既然"近古未尝有"，就自然会使得人们在上古时代中去寻找与他相似的人物，这又会使得人联想到另一位上古英雄——蚩尤。

蚩尤是中国神话传说中的古君长，长久以来，他就是战争的同义词，尊之者奉其为战神，斥之者以其为祸首。自春秋以来，史籍中多有蚩尤的记载，其中被提及最多的就是他和黄帝之间爆发的那场旷世大战，即著名的涿鹿大战。虽然对于这场战争的起因及过程至今众说纷纭，莫衷一是，但《史记·五帝本纪》的记载仍然具有它的权威性：

> 轩辕之时，神农氏世衰，诸侯相侵伐，暴虐百姓，而神农氏费能征。于是轩辕乃习用干戈，以征不享。诸侯咸赤宾从。而蚩尤最为暴，莫能伐。炎帝欲侵陵诸侯，诸侯咸归轩辕。轩辕乃修德振兵，治五气，艺五种，抚万民，度四方。教熊罴貔貅貙虎以与炎帝战于阪泉之野，三战，然后得其志。蚩尤作乱，不用帝命，于是黄帝乃征师诸侯，与蚩尤战于涿鹿之野，遂禽杀蚩尤，而诸侯咸尊轩辕为天子，代神农氏，是为黄帝。

在秦汉以前，蚩尤曾是历代祭祀体系中的"兵主"，《史记·封禅书》云：

> 秦始皇遂东游海上，行礼祠名山大川及八神，求仙人羡门之属。八神将自古而有之……其礼绝莫知起时。八神：一曰天主，祠天齐，天齐渊水，居临菑南郊山下者。二曰地主，祠泰山梁父。……三曰兵主，祠蚩尤，蚩尤在东平陆监乡，齐之西境也。四曰阴主，祠三山。五曰阳主，祠之罘。六曰月主，祠之莱山。七曰日主，祠成山……八

曰四时主……

《史记·高祖本纪》中言"司兵之星名蚩尤",同时也记载了刘邦在沛县起兵反秦之时曾"祠黄帝,祭蚩尤于沛庭。而《史记·天官书》中也提道:"蚩尤之旗,类彗而后曲,象旗,见则王者征伐四方。"

这都说明,蚩尤曾是人们记忆中的古君长、兵主、星宿。自古以来,蚩尤被一些学者认定为苗族等西南少数民族的远祖之一,而今在河北、山东、山西等地的汉民族和一些海外民族之中,也有很多人奉蚩尤为祖。史学家丁山曾认为他就是最后一位炎帝,他在《中国古代宗教与神话考:炎帝与蚩尤》中写道:

> 古称黄神与炎神争斗涿鹿之野,是黄帝所灭者为榆罔,为蚩尤,虽若可疑,然当从《史记》分而为二,盖古史仅称蚩尤逐帝榆罔,而未言杀帝榆罔也。殆当时榆罔都蚩尤、黄帝之间,先被逐于蚩尤,后见灭于黄帝。蚩尤所率九黎之民,先在江南。及战胜榆罔,自号炎帝,时则已逾河北。

通过将一些史籍进行对比,我们会发现蚩尤和项羽之间也有很多的相似之处。

首先,他们都曾经是帝王。司马迁将项羽的传记定为"本纪",就是将他算在了帝王之列;在《史记集解》中,东汉学者应劭也曾说:"蚩尤,古天子。"

其次,他们在死后都依然拥有着强大的威力。汉代纬书《龙鱼河图》云:

> 蚩尤没后,天下复扰乱,黄帝遂画蚩尤形像以威天下,天下咸谓蚩尤不死,八方万邦皆为弭服。

这就是说,蚩尤死后天下再次陷入混乱,黄帝要用他的画像震慑天下才使得八方宾服,可知蚩尤的威望之高;而项羽死后,天下尽归大汉,唯鲁国不降,刘邦在"引天下兵"都没有解决问题的情况下,也是"持项王头视鲁",才使得鲁国人投降,这说明,至少对他们各自的敌人来说,蚩尤、项羽在死后都具有同样的威慑力。

而且，他们死后都被敌人分尸。

《皇览·冢墓记》云："传言黄帝与蚩尤战于涿鹿之野，黄帝杀之，身首异处，故别葬之。"而项羽死后的尸体同样被分为五个部分，《史记·项羽本纪》云："（项羽）乃自刎而死。王翳取其头，余骑相蹂践争项王，相杀者数十人。最其后，郎中骑杨喜、骑司马吕马童、郎中吕胜、杨武各得其一体。五人共会其体，皆是。"这无疑会让人们对于项羽与蚩尤的看法变得更加一致。

在三国时代的荆州，项羽和蚩尤的事迹是不会令人感到陌生的，因此，孙权礼葬关羽这件事也一定会使人们联想到项羽，进而联想到蚩尤。

总体来看，这三者之间确实存在很多重要的相似点。除了都具有英雄主义色彩、都具有"傲"的性格特征、生前都曾被世人尊重、死后都被分尸以外，他们还有最主要的一个相似点——都和荆楚之地有些渊源。关羽生前是荆州的最高长官，项羽本就是"西楚霸王"，而蚩尤又是许多荆楚原住民所公认的祖先，所以他们之间的这些相似点无疑会对荆州士民的心理产生强烈的震撼。

这也就是说，关公文化自产生之初，就含有大量的蚩尤崇拜和项羽崇拜的因子，这使得关羽、项羽、蚩尤三者之间不可避免地产生了跨越时空的紧密联系。

虽然蚩尤的形象在后世逐渐被丑化，特别是宋真宗自认为是黄帝的嫡传苗裔之后，蚩尤的地位一度跌到了谷底。同样，随着时间的推移，项羽也在官方记忆中逐渐失去光彩。然而，在民间文化之中，蚩尤、项羽的英雄形象几千年来并没有褪色。

从文化发展来看，关羽也确实继承了蚩尤的"兵主"及其他的神格功能，而关羽与项羽两人甚至在后世曾被混成了一个人，在冯梦龙纂辑的《喻世明言》第三十一卷《闹阴司司马貌断狱》中，关羽就被写了项羽的转世，当年分解项羽尸体的五个人：王翳、杨喜、吕马童、吕胜、杨武，也被安排转世，成了关羽过五关时斩杀的五员守关大将。

之所以会出现这种现象，查其根源，和当时孙权礼葬关羽对人们造成的心理作用不无关系。这种在社会心理上的"引导"，应该是孙权对关公文化所做的最大"贡献"。

二　士人归晋

太康元年（280 年）三月，西晋王浚的大军攻占建业，孙吴的最后一位君主孙皓"备亡国之礼，素车白马，肉袒面缚"，至晋军的营门前请降。三国时代至此结束，那些曾各为魏、蜀、吴三国效力的士人也统归晋属。

陈寿就是在这个时候开始撰写《三国志》的。这部史学巨著中的《关羽传》，可以说是历史上最早也是最重要的关公信息文化，如果没有这篇九百余字的传记，也许关羽的形象将在后世的官方记忆中消失。

陈寿在《三国志》中将关羽描述得近乎完美，但在《张飞传》的结尾处他也提到了关羽的一个"弱点"："羽善待卒伍而骄于士大夫。"这句话让喜欢关羽的人说他"仁"，也让不喜欢关羽的人说他"傲"，有些学者还因此得出了关羽看不起读书人①的结论。"善待卒伍"是军队统帅的美德，这是无可争议的，而"骄于士大夫"也绝不是说关羽傲慢，更不是说他看不起读书人，因为"士大夫"和"读书人"并不是一个概念。

"士"在不同的时代，有着不同的含义。它的初义，或指具有独立地位的农夫，由于这些人在生产上有些贡献，遂转变为低级的贵族。"士"与"大夫"在初并不是一个意思，大夫可以世袭，有封地，而士却没有这些。在西周时期的诸侯国中，国君之下就设置了卿、大夫、士三级贵族，这说明，"士"比"大夫"的社会地位要低。但"士"有统驭平民的权力，也有执干戈保卫社稷之义务，所以需要文武兼修。

到了战国初期，由于社会环境变化加剧，文武渐形分途。"士"或偏于文，或趋于武，他们学优则求仕，力勇则求将，大都怀抱着过高的理想，故而其不切实际的作风也常为世人所轻。他们奔走四方，以求一栖之地，因没有任何生活的保障，也为亲人所耻，因此往往脱离家庭，有如浮萍之飘零，成为一群无根之人在列国间周行往来。文的成为游士，武的则成为游侠。他们之中得志者少，失意者多，所以为了生存，理想便成了虚名，继而"儒以文乱法，侠以武犯禁"。

对于这些游士游侠，儒家尚能容忍，法家却深恶痛绝。所以明悉法家理论的秦始皇就曾不断对他们痛下杀手。他们既得不到宗族亲人的支持，

---

① 　周作人：《谈关公》，辑录于《秉烛后谈》，新民印书馆 1944 年版，第 133 页。

也得不到朝廷世人的赞许，其当时的处境可想而知。

到了汉代，汉武帝诛杀郭解①，游侠之风稍息，而此时的游士也已有了实质上的转变。因为武帝为了政治上的需要，没有用秦始皇时期的那套高压政策，而是采用了较为和缓的方法来对待游士。他先是排除了诸子百家的博士，之后便只任用熟读五经，主张孔学的学者为官，这就是"罢黜百家，独尊儒术"。从此以后，偏文之士就将"读经"作为人生的第一要务。而既然读经能够带来功名利禄，士人的宗族也就会为其提供更多的鼓励和支持，待到功成名就之时，他们也自会还报宗族。先秦时无根的游士，至此又复为有根了。社会上的游士以是日减，而家族中读经的士人得以渐多。②

其中，稍有财力的宗族为了能够让自己族中的士人入朝为官，就会贿赂公行，结交权贵，以此垄断"察举""征辟"，操纵"乡间""清议"，使朝廷的官员选拔制度终成摆设。就这样，宗族中为官的人越来越多，宗族的势力也就越来越大。小的宗族因此成为一方豪强，大的宗族甚至可以和皇室联姻，继而控制整个朝廷的政治格局。自此，在士人和宗族的紧密团结下，汉代产生了一种新的社会阶层，即士族阶层。

这些士族为了结交权贵的实际需要，也为了改变自卑的心理状态，往往将自己的家史和古代的圣贤挂上关系，动辄就以"高阳之后""黄帝玄孙"自居。同时，一般小士族出身的读经人，也会以低姿态结好大的士族，以求升官发财和光宗耀祖。所以，大的士族就会"门生故吏遍于天下"，因此他们也就将自己的宗族美称为"累世经学"。由此，为了模糊"士"这种低级贵族与"大夫"这种高级贵族之间的区别，他们遂将"士大夫"三字合称，以示自己的尊贵。

关羽所藐视的"士大夫"，正是这群蝇营狗苟、自以为是、争权逐利、祸国殃民，并阻碍真正人才致仕之路的国家蛀虫。

而"读书人"却是一个宽泛得多的称谓。它是指唐初废除士族制度以后，通过科举考试而求取功名的有文化的学子，这其中自然包含士族家庭成员，但更多的人却来自一般的平民阶层。他们通过十年寒窗苦读，最后要通过考试来决定自己的命运，与家族的背景无关（当然，考场上的

---

① 见司马迁《史记·游侠列传》。
② 参见国风《士人与士族》，《中国县域经济报》2007 年 7 月 30 日。

潜规则及隐私舞弊现象不在此论的范围之内）。从这个意义上讲，隋唐以后的读书人恰恰和东汉末年的士大夫是两个极端对立的概念，因为，东汉的士大夫阶层就是阻碍这些读书人进入政界的最大障碍。虽然唐宋以后的官员依然以士大夫自居，但其本质已与东汉末年的士大夫有着天壤之别。

所以说"羽善待卒伍而骄于士大夫"这句话中的"士大夫"和真正的"读书人"完全没有关系。

陈寿在《关张马黄赵传》之后还加了一句对关羽、张飞的评语："关羽、张飞皆称万人之敌，为世虎臣。羽报效曹公，飞义释严颜，并有国士之风。然羽刚而自矜，飞暴而无恩，以短取败，理数之常也。"

前两句评价尚属中肯，后两句却未免偏颇，说"羽刚而自矜""以短取败"，显然与实际不符，因为，关羽的性格和他兵败的结果没有什么逻辑上的关系。孙权阴结敌军、偷袭盟友、不宣而战才是招致关羽兵败的主要原因，对于这一点，陈寿应该完全明白。但他为何还要违心地加上这一句评语呢？

其实，不只是这一句，《三国志》中多有"回护"和"曲笔"已是史家共识。如唐代刘知幾就在《史通·直书篇》中说："当宣、景开基之始，曹、马构纷之际，或列营渭曲，见屈武侯，或发仗云台，取伤成济，陈寿、王隐咸杜其口而无言。"

直接批评了陈寿对曹操进行的回护。

清人赵翼也在《廿二史札记》卷六中写道：

> 自陈寿作《魏本纪》多所回护，凡两朝革易之际，进爵封国，赐剑履，加九锡，以及禅位，有诏有策，竟成一定书法。以后宋、齐、梁、陈诸书悉奉为成式，直以为作史之法固应如是。然寿回护过甚之处，究有未安者。

历代史家大都认为陈寿对曹魏的回护过多，却鲜有批评他对孙吴政权的回护与曲笔。实际上《三国志·吴书》中的疑点同样不少，而且涉及的都是一些逻辑问题。

比如鲁肃在孙刘联盟中的作用，就很令人生疑。《蜀书·先主传》中云："先主遣诸葛亮自结于孙权。"这里说明了是"自结"，《诸葛亮》也写的是：

先主至于夏口，亮曰："事急矣，请奉命求救于孙将军。"时权拥军在柴桑，观望成败，亮说权曰："海内大乱，将军起兵据有江东，刘豫州亦收众汉南，与曹操并争天下……"权大悦，即遣周瑜、程普、鲁肃等水军三万，随亮诣先主，并力拒曹公。

这也说是诸葛亮主动到柴桑说服孙权，促成了孙刘联盟的。

而《三国志·吴书·鲁肃传》却写的是：

刘表死。肃进说曰："夫荆楚与国邻接……今不速往，恐为操所先。"权即遣肃行。到夏口，闻曹公已向荆州，晨夜兼道。比至南郡，而表子琮已降曹公，备惶遽奔走，欲南渡江。肃径迎之，到当阳长阪，与备会，宣腾权旨，及陈江东强固，劝备与权并力。备甚欢悦。时诸葛亮与备相随，肃谓亮曰"我子瑜友也"，即共定交。备遂到夏口，遣亮使权，肃亦反命。

在这里，孙刘联盟已经是鲁肃的功劳了，是他在孙权的授意下主动去结交正在"惶遽奔走"的刘备而促成此事的。

为此，裴松之在给《三国志》作注的时候，也对这个问题产生了疑惑：

臣松之案：刘备与权并力，共拒中国，皆肃之本谋。又语诸葛亮曰"我子瑜友也"，则亮已亟闻肃言矣。而蜀书亮传曰："亮以连横之略说权，权乃大喜。"如似此计始出于亮。若二国史官，各记所闻，竞欲称扬本国容美，各取其功。今此二书，同出一人，而舛互若此，非载述之体也。

裴氏所言极是，如果是两国史官，各自修史，出现不同的论述也算正常，但《三国志》是陈寿一人所著，为何还会自相矛盾呢？其实，这个问题的矛盾点完全来源于韦曜版的《吴书》。

《三国志》是陈寿以王沈的《魏书》、鱼豢的《魏略》、韦曜的《吴书》为主要依据，编写成了《魏书》和《吴书》，又自行采集蜀国的资料写成了《蜀书》。三书的史料来源各不相同，其中韦曜版《吴书》的真实性是最令人怀疑的。

在刘知幾的《史通·外篇·古今正史第二》中对韦曜版《吴书》的记载为：

> 吴大帝之季年，始命太史丁孚、郎中项峻撰《吴书》。孚、峻俱非史才，其文不足纪录。至少帝时，更敕韦曜、周昭、薛莹、梁广、华覈访求往事，相与记述。并作之中，曜、莹为首。当归命侯时，昭广先亡，曜、莹徙黜，史官久阙，书遂无闻。覈表请召曜、莹续成前史，其后曜独终其书，定为五十五卷。

可见，这部史书是孙权晚年开始命人撰写的，有很多人参与了这项工作，开始担任主编的太史丁孚、郎中项峻，此二人后被吴主认为"俱非史才"，所以到孙亮时期换了韦曜、周昭、薛莹、梁广、华覈等人继续编写。其编纂工作前后历时几十年，中途还曾一度废止，最后由韦曜"独终其书"。

此书大部分作者的身份和背景是难以确定的，比如主修之人韦曜，裴松之认为韦曜即是韦昭："曜本名昭，史为晋讳，改之。"但这种说法却不能令人信服，如董昭、公孙昭、胡昭、段昭之名在《三国志》中不胜枚举，为何只有韦昭需要避讳？可见不通。不过就算能够确定韦曜的身份，还有其他编写者如太史丁孚、郎中项峻的生平、背景也已无法考证，而他们才是最初编写《吴书》的人。

同时，《吴书》内容的真实性也很难考证。比如孙吴政权中曾有一位重量级人物孙邵，他曾在黄武初年（222 年）做过丞相，但《吴书》中却未见此人的传记，甚至只字未提。为此，裴松之也曾引《志林》曰：

> 吴之创基，邵为首相，史无其传，窃常怪之。尝问刘声叔。声叔，博物君子也，云："推其名位，自应立传。项峻、（吴孚）〔丁孚〕时已有注记，此云与张惠恕不能。后韦氏作史，盖惠恕之党，故不见书。"

这说明，《吴书》的内容并不客观，而且在编纂过程中也作过重大修改。孚、峻二人写了孙邵的传记，而韦曜却给删除了，这样看来，似乎很难说明到底谁不是"史才"。

孙权晚年"性多嫌忌，果於杀戮"①，而孙皓更是历史上著名的暴君，他"或剥人之面，或凿人之眼"，在这种君主的授意下编纂史书，要想做到完全的客观公正，的确是不太可能的。对于《吴书》这种当朝官修的"国史"来说，其真正的作者就是当时的最高统治者，也就是说，《吴书》真正的作者只不过就是孙权、孙亮、孙皓祖孙三人罢了。所以，其中的夸张溢美之词甚至颠倒黑白之事自然不会少，其内容的真实性是非常值得怀疑的。

而陈寿却非常尊重韦曜版的《吴书》，所以这本"国史"中的荒谬言论，也被他继承了下来。虽然他对一些明显错误的情节也做了相应的考证和修改，但是，对于一些不易考证的错误，或者是孙吴集团有意编织的政治谎言，陈寿却没能辨析清楚。比如"单刀会"一节，陈寿虽然删去了《吴书》中不合情理的言辞，但他似乎没有意识到，整个事件都是不合情理的。

其实，也不排除陈寿有"明知故犯"的可能，也就是说，他明明知道事实的原委，但为了能将《三国志》传于后世，不得不违心地做一些"曲笔"和"回护"，因为在《三国志》成书之时，影响中国千百年的"门阀制度"② 已经产生，这种制度完全是为士族服务的。

士族对东汉以后的社会影响非常之大，当时的大部分名士不是出于这个阶层，就是在政治上和这个阶层有裙带关系。"黄巾之乱"以后，皇权已没有往日的威严，士族的社会地位因此下降，但他们很快就放弃了对皇权的"效忠"，转而投资那些新兴的军阀势力，并为自己找到了政治上的庇护。几年的时间里，他们又成为当时最重要的政治力量。

比如孙权就是因为得到了淮泗、江东士族的支持，才使得国力一直保持着上升的态势，他麾下的张昭、周瑜、陆逊、顾雍、虞翻等人都出自士族家庭。曹操由于其宦官家族的身世，曾一度不为名士所重，故而一再发布"唯才是举"令，选用那些被士族所不齿但有治国用兵之术的人，但

---

① 陈寿：《三国志》卷四十七《吴主传》，中华书局 2006 年版，第 682 页。
② "门"即门第，指家世族望；"阀"即阀阅，指功绩资历。门阀初指政治中累世显贵之家，其后形成以门第阀阅为依据的等级制度。

在实际操作中，曹操也不得不重视对士族的争取工作，他手下的荀彧、荀攸、臧霸、孔融等很多人都是名门之后，就连司马懿①也是在这种背景下走进历史舞台的。

曹操死后，魏文帝曹丕采纳了陈群建议的九品官人之法，即"九品中正制"。这种制度在实行之初，士人品定之权掌握在政府的中正手里，中正采择舆论，按人才优劣评定官爵品第的高低，这多少改变了东汉末年士族操控操纵人才选拔的局面。但这个制度也因此引起了士族集团的不满，并为曹魏的亡国埋下了伏笔。

到了西晋，这种情况已经大为转变，朝廷虽仍袭用九品中正制，但一般只注意被评定者的家世封爵与官位，很少注意到才能的鉴别，以致"上品无寒门，下品无士族"，这就让这种人才选拔机制变了味道，成为士族专享的"门阀制度"。

在陈寿撰写《三国志》的时候，"门阀制度"已经形成，而与江东士族相比，陈寿老家一带的巴蜀士族根本不值一提。

较之魏、晋、吴，蜀汉政权最缺乏的就是那些"累世经学"的本土高门，也缺少经汉、魏、晋三朝累积的战功勋贵。巴蜀的士族主要由荆州士人、避乱南迁的大姓家族与当地豪族组成，但因地处偏僻，政权割据时间也长，和晋廷方面基本没有什么往来。而且，蜀汉士族在经济实力、地方威望方面也远远不如江东士族。所以，西晋对于蜀汉方与孙吴两地的政策也截然不同。

在蜀汉亡国之初，司马氏就强行迁徙其旧臣、豪族三万余家："后主既东迁，内移蜀大臣宗预、廖化及诸葛显等并三万家于东及关中，复二十年田租。"而且，大量蜀汉名勋的后人竟然一度沦为奴隶，为此，蜀国故臣文立曾上书建议，"散骑常侍文立表复假故蜀大臣名勋后五百家不豫厮役，皆依故官号为降。"② 名勋之后尚且如此，何况一般的士人。

然而，晋廷对吴国士族的政策却不是这样，"其牧守下皆因吴所置，除其苛政，示之简易，吴人大悦。"这种安抚政策是蜀汉士族没有享受到的。而且，江东士族没有一家沦为奴隶，他们只是交出了军队，其经济利

---

① 司马懿的宗族就是河内望族，据说其先出自帝高阳之子重黎云云，见《晋书》卷一《帝记第一》。

② 常璩：《华阳国志》卷八《大同志》，齐鲁书社 2010 年版，第 101 页。

益和社会地位根本没有受到任何影响。他们的去就也比较自由，大都可以自行选择隐居还是入仕，比如陆逊的孙子陆机就是在家里闲散了十年，才入朝当官的，而且一当就是国子祭酒。

在孙吴故地的淮泗、江东一代，聚集着很多的名门，如庐江周氏，彭城张氏，武康沈氏，余姚虞氏，吴县顾、陆、朱、张四氏都是真正的望族。降晋以后，他们都和晋廷保持了良好的关系。实际上，当时以司马氏为首的北方士族与江东士族之间是一种大合作的关系，这种合作是完全将蜀汉士族排斥在外的。

而身为蜀国故吏的陈寿就是在这种背景下，写成了《三国志》。身为"亡国之余"，又无士族支持，竟能写下如此鸿篇巨制，其写作过程中的辛酸血泪可想而知。他之所以会在书中有些"回护"和"曲笔"，也许就是因为这些不为后世所知的隐衷。在当时的情形下，他是无法对抗江东那些高门士族的，更无法对抗北方的勋贵士族，但他又不希望蜀汉历史就此埋没，所以，他只能对真实的历史稍作篡改，并且，明知韦曜的《吴书》充满孙吴自夸之辞，王沈的《魏书》、鱼豢的《魏略》尽是曹魏溢美之言，也只得沿袭抄录。

但无论如何，陈寿的《三国志》终于让后人看到了蜀汉政权曾经的辉煌与风采，也让后世的士大夫永远记住了有"万人敌"之称的蜀汉勇将，这使得在两晋南北朝三百余年血雨腥风的历史之中"称勇者必推关、张"。清人赵翼在《二十二史札记》中曾说：

> 二公之勇，见于传记者止此。而当其时无有不震其威名者。魏程昱曰："刘备有英名，关羽、张飞皆万人之敌。"（魏志昱传）刘奕劝曹操乘取汉中之势进取蜀，曰："若小缓之，诸葛亮明于治国而为相，关羽、张飞勇冠三军而为将，则不可犯矣！"（魏志奕传）此魏人之服其勇也。周瑜密疏孙权曰："刘备以枭雄之姿，而有关羽、张飞熊虎之将，必非久屈为人用者。"（吴志瑜传）此吴人之服其勇也。
>
> 不特此也。
>
> 晋刘遐每击贼，陷坚摧锋，冀方比之关羽、张飞。（晋书·遐传）
>
> 符秦遣阎负殊使于张元靓，夸其本国将帅有王飞、邓羌者，关张之流，万人之敌；秃发辱檀求人才于宋敞，敞曰："梁崧、赵昌，武

同飞、羽。"李庠膂力过人，赵廞器之曰"李元序，一时之关张也。"（皆晋书载记）

宋檀道济有勇力，时以比关羽、张飞。（宋书·道济传）

鲁爽反，沈庆之使薛安都攻之。安都望见爽，即跃马大呼直刺之，应手而倒。时人谓关羽之斩颜良，不是过也。（南史·安都传）

齐垣历生拳勇独出，时人以比关羽、张飞。（齐书·文惠太子传）

魏杨大眼骁果，世以为关张弗之过也。（魏书·大眼传）

崔延伯讨莫折念生，既胜，萧宝寅曰："崔公，古之关张也。"（魏书·延伯传）

陈吴明彻北伐高齐尉，破胡等十万众，来拒有西域人，矢无虚发，明彻谓萧摩诃曰"若殪此胡，则彼军夺气，君有关张之名，可斩颜良矣！"摩诃即出阵，掷铣杀之。（陈书·摩诃传）

以上皆见于各史者。

可见二公之名，不惟同时之人望而畏之，身后数百年，亦无人不震而惊之。威声所垂，至今不朽，天生神勇，固不虚也！

从这些记载来看，刘遐、王飞、邓羌、梁崧、赵昌、李庠、檀道济、薛安都、垣历生、杨大眼、崔延伯、萧摩诃等两晋南北朝时的名将，都被时人以关、张相誉，而且这些名将的阵前杀敌之行为也多被人以"关羽斩颜良"相提并论。虽然关羽在他们的意识里还并不是神，但无疑已是勇将的代表人物。溯其根源，这都是陈寿的功劳。

不止如此，正史中第一个称关羽为忠臣的帝王是魏孝文帝元宏（467—499年），他在太和二十一年（498年）征伐沔北之时，曾写信给正在"聚兵襄阳"的南齐平北将军曹虎，书曰：

皇帝谢伪雍州刺史：

神运兆中，皇居阐洛。化总元天，方融八表。而南有未宾之吴，治为两主之隔。幽显含嗟，人灵雍阏。且汉北江边，密尔乾县，故先动凤驾，整我神邑。卿进无陈平归汉之智，退阙关羽殉节之忠，婴闭穷城，忧顿长沔，机勇两缺，何其嗟哉！朕比乃欲造卿，逼冗未果，且还新都，缲厥六戎，入彼春月，迟迟扬旆，善修尔略，以俟义临。①

此时据关羽逝世不过二百余年，可知在如此短的时间里关羽已经是世人眼中忠臣的典范了，这也应该与陈寿所撰之《三国志》在当时的史学地位不无关系。

三　关濑惊湍

《三国志·吴书·甘宁传》载：

> 羽号有三万人，自择选锐士五千人，投县上流十余里浅濑，云欲夜涉渡。肃与诸将议。宁时有三百兵，乃曰："可复以五百人益吾，吾往对之，保羽闻吾欬唾，不敢涉水，涉水即是吾禽。"肃便选千兵益宁，宁乃夜往。羽闻之，住不渡，而结柴营，今遂名此处为关羽濑。权嘉宁功，拜西陵太守，领阳新、下雉两县。

这里提到了一个地名——关羽濑。"濑，水流沙上也"②，《论衡》曰："溪谷之深，流者安洋；浅多沙石，激扬为濑。"这条溪流至今尚存，位于湖南省益阳市青龙洲、萝卜洲上游附近，又称"关侯滩"，是资江进入洞庭湖的最后一道关险。其河面开阔，沙洲鳞次栉比，卵石满布，水流滔滔，如万马奔腾，向有"惊湍"之说，为"资江十景"之一。

"关羽濑"是历史上第一个以关羽命名的地名，可以说是后世成千上万与关羽有关的地名之滥觞。这个地名能够出现在《三国志》中，是非常不寻常的事，它透露出了一条重要的信息：关公文化在三国时代已经产生。

中国以历史人物命名的地方有很多，以三国人物命名的地方也不少，但这些地名大多形成于人物原型逝世很久以后，其最初记录很少见于这个人物所处时代的史籍之中，在《二十四史》中，除"关羽濑"以外，似乎只有"严陵濑"有些类似。《后汉书·逸民传·严光》曰：

① 萧子显：《南齐书》卷三十《列传第十一》，中华书局1972年版，第562、563页。
② 许慎：《说文解字》，万卷出版公司2009年版，第639页。

　　除为谏议大夫，不屈，乃耕于富春山，后人名其钓处为严陵濑焉。

　　但《后汉书》虽为东汉正史，却是范晔在南朝刘宋时期所作，距严光所处年代已近四百年。两晋以后玄学大兴，归隐山林成为大多士人羡慕的生活方式，"严陵濑"的典故很可能为后人附会，这个地名并不见得出自东汉时期。

　　《三国志》的编写时间距关羽逝世不过六十年，在如此短的时间里，以他的名字命名的地名就已经产生，而这个地名又被编入正史，这在中国历史上是绝无仅有的。

　　初看《三国志·甘宁传》，也许有人会误以为"关羽濑"是用来纪念甘宁的，因为这段记录表现出了甘宁英勇好斗的性格，仅用一千兵就吓得有三万兵的关羽不敢进攻，这种气魄确实令人钦佩。然而，如果我们用地名学来解读这段史料，就会明白"关羽濑"其实就是纪念关羽的，与甘宁无关。

　　地名学（英文为：Toponomastics）是一种近代出现的交叉学科，与地理学、语言学、历史学有天然的、不可分割的联系，是研究地名的由来，地名的词语构成、演变、分布规律、功能以及地名与自然和社会环境之间关系的一门学科。

　　地名学中有一些基本的概念，如：地名是一种社会文化现象，是人们赋予某一特定空间位置上的自然或人文地理实体的专有名称，具有社会性、时代性、民族性和地域性等特性；地名基本能反映人们的心理状态、风俗习惯和其他的文化特征。一般有五种类型：（1）描写自然、社会景观的地名，如"三峡""石林""甜井村""牌坊庄"。（2）记叙人文、历史的地名。如："司马台""赵庄""王村""十家堡镇""骡马市大街"。（3）寓托思想、感情的地名。如："神农架""申江""韩江""曹娥江""屈原镇"。　（4）古老地名的移用。如海南省的沭泗、三山、瓜步。（5）方位、序号地名。如淮阴、海阳、东十一村、前后十六村、十五村等。以人命名的地名包含在第二、第三、第四种类型之中，同时又可再分为两种，即：政府颁定的（如：中山路、黄兴路等）和民众自发认定的（如：吴起镇、梅岭等）。

最重要的是：地名的意义通常就是其字面所表达的含义。

按照这些概念，"关羽濑"这个地名所要表达的意义就是它字面上的含义，也就是说，既然名曰"关羽濑"，那么这个地名自然就是纪念关羽的，如果是为了纪念甘宁，那就应该叫"甘宁濑"。而且，它自然不可能是当时的政府颁定的（当时的政府就是孙氏家族的），只会是民众自发认定的，而既然是出于自发，那么这个地名就更只能是纪念关羽的。

"关羽濑"在晋宋时期问世的《湘州记》之中，也有记载：

> 石子山西有小溪，水石映澈，名之羽濑。昔关羽南征，顿此山下，因以为名。①

这可能是继《三国志》之后历史上第二条关于这个地名的文献记录，里面只字未提甘宁。实际上，在《三国志·吴书·甘宁传》的记载中，作者陈寿也并没有说关羽畏惧甘宁。

从文字的表面意思来看，似乎关羽在兵力上有着绝对的优势，但在准备渡江的时候，听说甘宁带领少量军队前来，就不敢渡河了。不过，"羽号有三万人"和"云欲夜涉渡"这两句话却揭示了关羽的真实意图，他并不想渡江，而只是想试探敌情。

所谓"号有三万人"，实际就是不到三万人，如曹操在赤壁大战之时，号有四十万大军，实际仅十几万人而已。关羽说自己有三万人，只是在运用一种军事震慑的手段。

关羽又放话说要夜晚渡江，但渡江就渡江，为什么先要放出话来？这不是给自己找麻烦吗？因此不难看出：关羽根本就没有想要渡江。他之所以放出话来，就是想看看鲁肃方面的反应而已。因为，首先对方的具体情况还不清楚；其次，此时孙刘同盟并未破裂，刘备也没有授意让他开战，所以他没有必要真正展开进攻，既然甘宁立刻带兵赶到，那么试探也就结束了，所以关羽的目的业已达到。在这种情况下，自然不用和甘宁真的打起来，只需就地扎营并等待刘备的下一步指示即可。

---

① 徐坚：《初学记》卷八《江南道第十》"昭潭羽濑"条。《湘州记》是中国古代较早的地记著作，南宋时亡佚，作者庚穆之，字仲雍，为东晋或晋宋之际人，熟悉江汉水道地理，应当长期生活在古荆州地区。

　　但吴人却不这么想，他们认为就是甘宁吓住了关羽，可笑的是，孙权为了嘉奖甘宁的"勇猛"，竟然拜他为"西陵太守，领阳新、下雉两县"。对敢于和关羽正面交锋之人的奖赏竟然如此丰厚，反倒体现出了孙吴君臣对于关羽的畏惧之情。所以，清人庄士祯就曾写诗为"关羽濑"正名：

> 夫子昔屯兵，相持水一泓；飞湍如雪涌，触石作雷鸣。
> 不涉风波险，非惊咳嗽声；甘宁亦何幸，浪得此威名。

　　其实像这种自夸的言语在《三国志·吴书》中可以说是比比皆是，本不足为奇，只是这条"羽闻之，住不渡，而结柴营，今遂名此处为关羽濑"的记载方式，很容易令人误解。致使后人干脆在关羽濑对面找了一块地方起名曰"甘宁垒"，但这个地名未像"关羽濑"一样见于《二十四史》，它最初出现在北魏郦道元所作的《水经注》之中：

> 又东北过益阳县北，县有关羽濑，所谓关侯滩也。南对甘宁故垒，昔关羽屯军水北，孙权令鲁肃、甘宁拒之于是水。宁谓肃曰：羽闻吾咳唾之声，不敢渡也，渡则成擒矣。羽夜闻宁处分，曰兴霸声也，遂不渡。①

　　此时距关羽濑成名已有三百年，既云"甘宁故垒"，可知"甘宁垒"之称在当时并没有成为地名，最多只是一处景观而已。
　　而距关羽濑不远的安乐县曾有一个地方被命名为"关州"。唐人李吉甫《元和郡县志》卷二十八载：

> 沅江县，中下。东北至州三百七十里。本汉益阳县地，梁元帝分置重华县，隋平陈改为安乐县，开皇末又改为沅江县。关州，在县东南五十八里。建安二十年，孙权以先主得蜀，使使求荆州。先主言须得凉州，乃相与。权患之，遣吕蒙袭长沙零陵桂阳三郡。先主引兵五万下公安，令关羽入益阳。此州盖羽屯兵之处，故以为名。

---

① 郦道元：《水经注》卷三十八《资水》，陈桥驿校证《水经注校证》，中华书局 2007 年版，第 889 页。

这里已经完全采纳《湘州记》的说法了。虽然今天的益阳已没有"关州"这个地名，不过随着人们在历史长河中的迁徙，"关州"已被移用到了其他的地区。今天四川省甘孜藏族自治州丹巴县还有"关州村"，而贵州省黔东南苗族侗族自治州剑河县也有"关州"，这些地名很可能就是原住益阳的人们在不断的迁徙过程中，为纪念老关州所起的。

今天，与关羽有关的地名已经浩如繁星。据粗略统计，目前国内尚存有"关帝"地名的城市至少上百个；带有"关公""关王""老爷庙""关庙"等地名的城市各有几十个。另外，我国目前至少有七座关公山，分别在北京市、衢州市、益阳市、茂名市、南充市、泉州市和福州市；五座关帝山，分别在太原市、吕梁市①、温州市、台州市；五座关爷岭，分别在长治市、南阳市、河源市、晋城市和济源市。除此之外，各地还有不可计数的与关羽有关的地名，如：卸甲山、捞刀河、回马坡、半边山、勒马山、吊马界、箭头冲、跑马泉、关索岩、关索岭、关灵山等。当然，这些地名的产生时间都比"关羽濑"要晚得多。如此看来，"关羽濑"确实是关公文化产生的一个重要标志。

1962 年，湖南当地政府在资水上游建成了柘溪水电站，下游水势稍减，"关羽濑"的水速也相应变缓，但每逢春夏两季水位猛涨之时，"关濑惊湍"的场面依旧壮观，就像明朝"资江十景"的编辑者刘激和蒋道临在诗歌中所表现的那样：

> 此地云长压重兵，惊飞湍濑至今鸣。乱腾泪鹤喧戈甲，寒遇流云拥旅旌。
>
> 汉贼不忘忠独激，吴山不卷恨难平。乾坤昼夜资江水，长使英雄听此声。

四　护佑江陵

梁太清二年（548 年）八月，"侯景之乱"爆发。南豫州牧侯景在寿阳（今安徽寿县）起兵反梁，先后攻占建康（今江苏南京）、三吴（吴、吴兴、会稽三郡）。

---

①　吕梁市有两座关帝山，分别在交城县和方城县。

同时，侯景另派大将任约率军直捣江陵（今湖北荆州），意图一举拿下荆州。荆州刺史湘东王萧绎委派陆法和出兵抗击，陆法和自召八百蛮夷弟子，另率胡僧祐所领一千士兵在江津大破叛军，生擒任约。

此事见于《北齐书·陆法和传》，原文将这场战争写得奇诡卓绝，现节录如下：

> （侯）景遣将任约击梁湘东王于江陵，法和乃诣湘东乞征约，召诸蛮弟子八百人在江津，二日便发。湘东遣胡僧祐领千余人与同行。法和登舰大笑曰："无量兵马。"江陵多神祠，人俗恒所祈祷，自法和军出，无复一验，人以为神皆从行故也。至赤沙湖，与约相对，法和乘轻船，不介胄，沿流而下，去约军一里乃还。谓将士曰："聊观彼龙睡不动，吾军之龙甚自踊跃，即攻之。若得待明日，当不损客主一人而破贼，然有恶处。"遂纵火舫于前，而逆风不便，法和执白羽麾风，风势即返。约众皆见梁兵步于水上，于是大溃，皆投水而死。约逃窜不知所之。法和曰："明日午时当得。"及期而未得，人问之，法和曰："吾前于此洲水干时建一刹，语檀越等，此虽为刹，实是贼标，今何不向标下求贼也？"如其言，果于水中见约抱刹仰头，裁出鼻，遂擒之。约言求就师目前死，法和曰："檀越有相，必不兵死，且于王有缘，决无他虑，王于后当得檀越力耳。"湘东果释用为郡守。

陆法和仅带了一千余人，却笑称："无量兵马。""彼龙睡不动，吾军之龙甚自踊跃"一语也显得神秘莫测，而陆法和逆风放火，"执白羽麾风，风势即返"，更见其"法力"之高。唯"约众皆见梁兵步于水上，于是大溃，皆投水而死"。一句所描绘之情景颇似神话版的"水淹七军"，这种情景在中国其他的民间传说中是十分少见的，在正史中更是仅此一例。

陆法和本就是个神秘人物，他的事迹仅见于《北齐书》，该书就是把他当作得道高人来写的，比如：

> 陆法和，不知何许人也。隐于江陵百里洲，衣食居处，一与苦行沙门同。耆老自幼见之，容色常不定，人莫能测也。或谓自出嵩高，

遍游退迹。既入荆州汶阳郡高安县之紫石山，无故舍所居山。俄有蛮贼文道期之乱，时人以为预见萌兆。[①]

还有侯景未反之时，他就曾预测到了要和侯景开战：

> 及侯景始告降于梁，法和谓南郡朱元英曰："贫道共檀越击侯景去。"元英曰："侯景为国立效，师云击之，何也？"法和曰："正自如此。"

还有，他是佛教徒，自称"荆山居士"；他让渔民放生，渔民就打不到鱼；他劝人杀牛之后要作有功德的事来弥补，人不听就会死；他精于医疗之术，居山中时，凡有恶疾之人，就于山中采药给予治疗，一般不过三符，即能好转；他在北齐时曾被封为大都督十州诸军事、太尉公，但他将北齐赐予他的婢女全部解散回家，财物一天之内散尽，"以官所赐宅营佛寺，自居一房，与凡人无异"；他还曾令人在江陵城下挖出过当年诸葛亮埋下的弓弩箭镞，如此等等，神乎其神。最后他在天保九年（558年）：

> 无疾而告弟子死期，至时，烧香礼佛，坐绳床而终。浴讫将敛，尸小，缩止三尺许。文宣令开棺视之，空棺而已。

《北齐书》成书于唐贞观十年（636年），为李百药所著，是他在其父李德林遗著《齐书》二十四卷的基础上编写完成的，可知陆法和去世的时间距该书成书时间并不长。

对于陆法和大破任约一事，《北齐书》已明确表示当地人相信此战有神灵相佑，"江陵多神祠，人俗恒所祈祷，自法和军出，无复一验，人以为神皆从行故也"。也就是说，江陵人所信奉的众多神灵都参加了这场战争，但这也许仅是李德林、李百药父子的个人看法，其实荆州人更相信此战的护佑神灵只有一个，那就是关公。

这一观念表现在唐贞元十八年（802年）董侹撰写的《荆南节度使江陵尹裴公重修玉泉关庙记》之中：

---

① 李百药：《北齐书》卷三十二《列传第二十四》，中华书局1992年版，第427页。

　　　　昔陆法和假神以虞任约，梁宣帝资神以拒王琳，聆其故实，安可
诬也？

　　可见对于荆州人来说，关公护佑江陵的神迹是不容置疑的。

　　董侹还提到了另一件事情，即"梁宣帝资神以拒王琳"，这件事的原
型在《周书·萧詧传》[①] 中也可以找到：

　　　　初，江陵灭，梁元帝将王琳据湘州，志图匡复。及詧立，琳乃遣
其将潘纯陀、侯方儿来寇。詧出师御之，纯陀等退归夏口。詧之四
年，詧遣其大将军王操率兵略取王琳之长沙、武陵、南平等郡。五
年，王琳又遣其将雷文柔袭陷监利郡，太守蔡大有死之。寻而琳与陈
人相持，称藩乞师于詧。詧许之。师未出而琳军败，附于齐。[②]

　　这里没有任何神迹的记载，可知"梁宣帝资神以拒王琳"一事在当
时并没有得到史家的关注。

　　"陆法和假神以虞任约"和"梁宣帝资神以拒王琳"两件事，是目前
所知时间最早的关公传说，虽然董侹对于这两个传说只是一语带过，但却
传达出了一个重要的信息，即：关公是江陵的守护神。所以，《荆南节度
使江陵尹裴公重修玉泉关庙记》也是现在所发现的人们明确将关公作为
神来膜拜的最早记录。

　　前文提过益阳的关羽濑是关公文化产生的重要标志，但那还不能说明
以关公为神的民间信仰已经存在，而"陆法和假神""梁宣帝资神"两件
事情，已完全能够说明这一点了。

　　民间信仰一般有以下几个特征：

　　1. 自发性：民间信仰在最初形成时，是自发产生的。古代的人们对
强大的自然力无法抗拒或对社会生活中的苦难无法解释时，想借助超自然
的力量去与自然抗争，去解脱现实苦难，从而自发地产生民间信仰。如对
图腾神、祖先神的信仰。它的传承和传播也并不需要更多的组织工作，就

---

　　① 萧詧即梁宣帝。
　　② 令狐德棻：《周书》卷四十八《列传第四十》，中华书局1971年版，第859、860页。

可以自发地在民间比较广泛地流行。不像佛、道等人为宗教有自己的创始人，有严格的教义，有成套的组织形式等。

2. 功利性：民间信仰都与功利实用目的相连。如农耕民族信仰龙王是为了适时得到降雨，狩猎民族信仰猎神是为了猎取更多猎物，一个氏族信仰氏族图腾或氏族始祖是为了凝聚同族人的向心力，以征服自然，抗拒外敌，因而往往伴随一些随时的或定期的祭祀、祈祷仪式。不像人为宗教更多地强调修行和自我完善。

3. 神秘性：民间信仰思想基础主要为万物有灵的观念，因而把天、地、山、林、鬼魂等各种对象神秘化，但并不深究为什么具有这种神秘性，不像人为宗教对崇拜信奉对象在宗教经典上有详细的阐述。

4. 民族性、区域性：它往往与一个民族、一个区域的人们居住环境、生产方式、生活方式以及发展历史、传统文化有关，因而带有不同的民族文化、区域文化的特点。如东北各民族民间信仰带有萨满文化特点，南方纳西族民间信仰带有东巴文化特点；福建、台湾等地渔民信仰海神妈祖，山东一带人们则信仰泰山娘娘。

关公信仰在产生之初，是具备这几种特性的。比如：

1. 自发性：江陵民众完全不在乎正史中如何记载，只相信自己的认知，这是自发性的体现。

2. 功利性：江陵在南北朝时是兵家必争之地，无数战争都发生在这里，他们希望有一个强大的神灵能够护佑江陵，这是一种功利性的需求。

3. 神秘性：关羽已经逝去，但关公显然已经化为一种神秘的力量，江陵人也并不会深究关公为什么会具有这种神秘性。

4. 民族性、区域性：关公信仰在唐代以前主要是在荆楚地区传播，其信众有荆州一带的汉人，也有当地的少数民族群众。对于汉人来说，当时关公信仰的核心地区应该就是江陵，因为关羽的大部分军事、政治生涯是都在这里度过的。

建安六年（201 年），关羽随刘备来到荆州；建安十三年（208 年）十月，他参加了乌林之役，因军功被封为荡寇将军、襄阳太守。从此，他就一直驻军江陵，直至建安二十四年冬（220 年年初），关羽最终因孙权偷袭江陵城而兵败身死，在这十余年的时间里，他基本上都居住在江陵，甚至连江陵城都是关羽修建的。

而且，虽然关羽逝世后被葬于当阳，但实际上当时的当阳也隶属于江陵。《晋书·地理志下》载：

> 江陵编当阳、华容、郢、枝江、旌阳、州陵、监利、松滋、
> 石首。

唐代，当阳依然归江陵府所辖，《新唐书·地理四》云：

> 江陵府江陵郡……县八：江陵、枝江、当阳、长林、石首、松
> 滋、公安、荆门。

玉泉山在此时只是一处人迹罕至的荒山，附近的居民绝不会很多，大部分的关公信奉者其实都应该是居住在江陵城内的。

由此可以推断，自两晋南北朝至唐代中期，在荆州的汉人心中，关羽就是江陵之神，他还像建安二十四年以前一样，一直在护佑着这个地方。

五　楚人立祠

> 将军禀天姿，义勇冠今昔。走马百战场，一剑万人敌。
> 虽为感恩者，竟是思归客。流落荆巫间，裴回故乡隔。
> 离筵对祠宇，洒酒暮天碧。去去勿复言，衔悲向陈迹。

这首诗名为《关羽祠送高员外还荆州》，是唐朝诗人郎士元所作。据《唐才子传》卷三记载，郎士元，字君胄，天宝十五年（756 年）进士，曾任郢州刺史。这首诗应创作于他在郢州的任职期间。[①]

荆楚之地自古有"信巫鬼，重淫祠"[②] 的传统，这已是历代史家的共识。王逸在《九歌序》中称："昔楚南郢之邑，沅湘之间，其俗信鬼而好祠。"《隋书·地理志》载"大抵荆州率敬鬼，尤重祠祀之事。昔屈原为制《九歌》，盖为此也。"在南朝宗懔所撰的《荆楚岁时记》中，记有厕

---

① 　郢州的刺史治所在今天的湖北省钟祥市，距离当时属于江陵的关羽墓有上百公里。钟祥在西魏之前也隶属于荆州。

② 　班固：《汉书》卷二十八《地理志下》，中华书局 1962 年版，第 1666 页。

神、穷鬼、江神、涛神、灶神等各种鬼神的迎送方法，这说明当时的
"巫鬼""淫祠"已充斥于楚人生活的各个方面。

但是，如果认为关公文化仅仅是因为楚人"信巫鬼，重淫祠"而产
生的话，那么未免把问题看得过于简单了。因为严格来说，关羽既不是
"巫鬼"，关羽祠也不是"淫祠"。

所谓"巫鬼"，应该是指被巫师所役之鬼，《说文解字》上讲："巫：
祝也。女能事无形，以舞降神者也。象人两袖舞形。""鬼：人所归为
鬼。"① 这也就是说，在古人的思想里，任何人死后都能成为鬼，也都能
被巫师所控制。如按此说，关羽已经去世，自当算是"巫鬼"。

但是，董侹曾在《荆南节度使江陵尹裴公重修玉泉关庙记》② 中
写道：

> 呜呼！生为英贤，殁为神灵，所寄此山之下，邦之兴废，岁之丰
> 荒，于是乎系……至今缁黄入寺，若严官在傍，无敢亵渎。

可以看出，至少在唐代，荆州民众是将关羽作为英贤和神灵崇拜的，
并且在他们的眼中，关羽是关乎"邦之兴废，岁之丰荒"的重要神灵，
这和"巫鬼"是有很大区别的。

而"淫祠"，指的是滥建的、不在祀典、不合理法的祠庙。这个词最
早见于《宋书·武帝纪下》：

> 淫祠惑民费财，前典所绝，可并下在所除诸房庙。

相对于"淫祠"，"淫祀"产生的时间要更早。《礼记·曲礼下》言：
"非其所祭而祭之，名曰淫祀。淫祀无福。"也就是说，所有不当的祭祀
行为，都是淫祀。在《礼记》中也明示了何为得当的祭祀，《礼记·祭
法》曰：

---

① 中国古人认为人死之后将化为鬼，《礼记·祭法》曰："大凡生于天地之间者，皆曰命。
其万物死，皆曰折；人死，曰鬼；此五代之所不变也。"

② 玉泉关庙现称关陵，在今湖北省当阳市玉泉山，史籍记载这里就是关羽的葬身之处。

　　　　法施于民则祀之，以死勤事则祀之，以劳定国则祀之，能御大灾则祀之，能捍大患则祀之。

　　以此看来，关羽至少也应算为"以死勤事"之人，而从后来关公文化的发展来看，"法施于民""以劳定国""能御大灾""能捍大患"也都是神话后关羽的"职责"所在，因此祭祀关羽自然不应在淫祀之列。

　　另外，前文已讲过吴主礼葬关羽一事，这能够说明在关羽死后直至吴国灭亡的六十年中，祭祀关羽的行为都是"合法"的，所以至少在三国时期关羽祠并不是"淫祠"，而唐人郎士元能以刺史的身份在关羽祠送别友人并留下千古佳作，也足以证明，在唐代的初期，关羽祠也同样不是"淫祠"。这也就是说，自三国到唐代的五百余年中，关羽祠其实一直都是"正祠"。

　　所以，"巫鬼""淫祠"与关羽并没有什么关系，荆楚之民"信巫鬼，重淫祠"① 的习俗也并不是关公文化产生的主要原因，一定还有其他更重要的因素在起作用。

　　这个因素应该就是楚人性格之中所特有的尚武精神。

　　《隋书·地理志》曾提到，楚地"其人率多劲悍决烈，盖天然性"，"风气果决、视死如归，其旧风也"，这种"天然性"及"旧风"就是他们绵延已久的尚武之风。

　　据《史记·楚世家》载，楚人本为火神祝融的后代。在殷商时代或者更早，楚国的先民被中原王朝驱逐到了一片荆棘丛生、虎豹肆虐的蛮荒之地，这个地方就是荆州的荆山。商朝末年，楚人为了重回中原，曾经参加过"武王伐纣"的大军，但在周王朝建立以后，他们依然被冠以"蛮夷"之名而遭受讥笑和冷落。

　　在此后的几百年中，这些"筚路蓝缕以启山林"② 的楚人不但磨炼出顽强的意志和强壮的体魄，并且得到了一种中原人少有的顽强精神，这就是尚武精神。自楚武王熊通即位之后，楚国人曾用这种精神先后吞并了四五十个国家，在巅峰时期，楚国曾是"南卷沅湘，北绕颍泗，西包巴蜀，东裹郯淮。颍汝以为洫，江汉以为池，垣之以邓林，绵之以方城。山高寻

---

① 班固：《汉书》卷二十八《地理志下》，中华书局 1962 年版，第 1666 页。

② 左丘明：《左传》，中华书局 2012 年版，第 805 页。

云，谷肆无景，地形便利，士卒勇敢"① 的超级强国，其国土面积比当时世界上任何一个国家都要大得多。因此，楚国曾被中原各国明确地称为"尚武之国"。

当地处西北的秦国崛起后，楚国的国力开始下降，之后吴起、屈原的两次变法也以失败收场。最终，楚国招致了亡国的灾难，但即使在秦始皇统一天下以后，楚人还曾发出过惊人的誓言："楚虽三户，亡秦必楚也。"② 事实上，他们实现了这个誓言，因为大秦帝国最终就是被楚人陈胜、吴广敲响了丧钟，继而覆灭在西楚霸王的铁蹄之下的。而且，后来建立大汉帝国的刘邦也同样是楚国人。

但也许是故地彪悍的民风让刘邦恐惧，也许是荆楚的地理位置远离中央，刘邦并没有大力发展荆州的经济和文化，而是让这个地方"蛮荒"了下去。此后，司马迁曾有"楚人剽疾"之说，扬雄也有楚人"风剽以悍，气锐以刚。有道后服，无道先强"之语，他们虽然是在描述楚人的尚武精神，但从字里行间中却流露出一丝对于"蛮夷"的不屑。

王莽篡位以后，刘秀从荆州起兵，夺得政权，建立了东汉帝国。但取得天下以后，他也只是将南阳发展了一下，其他的荆州地区也并没有引起他的重视。直到刘表管理荆州以后，荆楚大地才散发出了一丝文化和书卷的气息。

但也许正因为如此，楚人尚武的民风在两汉几百年的时间里能够得以保全。事实上，这种习俗一直都深深地扎根在荆楚大地上。直到中国近代的军事史上，我们依然不乏看到楚人骁勇的身影。杨度曾说过："若道中华国果亡，除非湖南人尽死。"湖南即为楚国故地也。

楚大夫屈原曾在《九歌·国殇》中淋漓尽致地展现出了楚人的尚武精神：

> 操吴戈兮披犀甲，车错毂兮短兵接。旌蔽日兮敌若云，矢交坠兮士争先。
>
> 凌余阵兮躐余行，左骖殪兮右刃伤。霾两轮兮絷四马，援玉枹兮

---

① 刘安：《淮南子·兵略训》，何宁撰《淮南子集释》，中华书局 1988 年版，第 1060—1061 页。

② 司马迁：《史记》卷七《项羽本纪》，中华书局 1959 年版，第 300 页。

击鸣鼓。

　　天时怼兮威灵怒，严杀尽兮弃原野。出不入兮往不反，平原忽兮路超远。

　　带长剑兮挟秦弓，首身离兮心不惩。诚既勇兮又以武，终刚强兮不可凌。

　　身既死兮神以灵，魂魄毅兮为鬼雄。

令人深思的是，《国殇》竟然非常适合用来形容关羽、关平、赵累以及他们所率领的那十几骑顽强不屈的士兵，而"带长剑兮挟秦弓，首身离兮心不惩。诚既勇兮又以武，终刚强兮不可凌。身既死兮神以灵，魂魄毅兮为鬼雄"之句，也正是关公文化的核心精神"勇"字的终极阐述。

事实上，后世文人也确实曾将关羽的精神气节比于《国殇》，南宋庐陵曾三异在《同话录》中就曾谈道：

　　《九歌·国殇》，非关云长辈，不足以当之。所谓"生为人杰，死为鬼雄"也。①

在三国时代，关羽的勇猛是天下皆知的事情，从《三国志》中可以看出，当时的天下没有任何人能够像关羽一样，得到那么多勇猛的评价，直到魏晋南北朝时期，谈勇者还必提关羽，所以楚人因尚武之风而崇拜关羽才是最正常不过的事情。

另外，《三国志·蜀书·关羽传》云："羽善待卒伍而骄于士大夫。"这曾使后世腐儒对关羽产生过反感，认为他傲慢、目中无人，连朱熹都说他是"恃才疏卤，自取其败"。然而，关羽的这种脾气恰恰与楚人相近，他们的祖先在与周王朝的长期斗争当中，早就养成了桀骜不驯的性格，至今在湖北武汉还有"不服周"的方言，意思为"不服气""不信邪"，可见这种性格已经完全融入了他们的血液之中。

---

　　① 陶宗仪：《说郛》，文渊阁《四库全书》影印本，转引自彭志敏《关羽崇拜起源地考》，《安徽文学》2009 年第 12 期。

六　夷族迁徙

唐人段成式的《酉阳杂俎续集》载：

> 武宗之元年，戎州水涨，浮木塞江。刺史赵士宗召水军接水，约获百余段。公署卑小，地窄不复用，因并修开元寺。后月余日，有夷人逢一人如猴，着故青衣，亦不辩何制，云："关将军差来采木，今被此州接去，不知为计，要须明年却来取。"夷人说于州人。至二年七月，天欲曙，忽暴水至。州城临江枕山，每大水犹去州五十余丈。其时水高百丈，水头漂二千余人。州基地有陷深十丈处，大石如三间屋者，堆积于州基。水黑而腥，至晚方落，知州官虞藏玘及官吏才及船投岸。旬月后，旧州寺方干，除大石外，更无一物。惟开元寺玄宗真容阁去本处十余步，卓立沙上，其他铁石像，无一存者。①

"武宗之元年"当指会昌元年（841年），这个故事的背景当在"会昌灭佛"时期。故事中所提到的那场洪水，也确实发生过，为此戎州（今四川宜宾）在僰道县的州治和县治还迁到了岷江北岸。而需要注意的是，最初传播"关将军索木"信息的人是个夷人。

《元和郡县志》卷三十二《戎州》记载：

> 戎州，南溪中……梁武帝大同十年，使先铁讨定夷獠，乃立戎州，即以铁为刺史。后遂不改。

可见，戎州最初的设立，实为抵御"夷獠"，所以此地本应为少数民族聚居地。《酉阳杂俎续集》中传播或制造"关将军索木"谣言的夷人，应当就是所谓的"夷獠"。问题是，为何"夷獠"会传播或制造这个谣言。

戎州属于蜀地，但据说蜀地的"獠"是从外地迁徙过来的。《华阳国志·李特雄期寿势志》载：

---

① 段成式：《酉阳杂俎续集》卷三《支诺皋下》，转引自胡小伟《关公信仰研究系列》第一卷《佛道两教的关羽崇拜》，香港科华图书出版公司2005年版，第51页。

蜀土无獠，至是始从山出，自巴至犍为、梓潼，布满山谷。

这里说的是成汉政权"引僚入蜀"的历史事件。

据史料记载：自东晋咸康年间（338 年）开始，成汉与东晋展开对峙，双方争夺的目标不仅是土地，还有劳动力，因此，成汉政权在李寿统治时期掠夺或劝诱了大批的僚人入蜀，以充实因战争而荒芜的城镇。据统计，成汉时入蜀的僚人约有十余万户，五十八万人之多。梁李膺《益州记》曾写道："李寿从牂牁引僚入蜀境，自象山北尽为僚居"，表明这些僚人大部分是从牂牁而来。

《说文》云："沅水出牂牁东北，流入江。"可知，牂牁本为沅水之源，而沅水是流经古荆州的，它沿武陵郡的镡成（今洪江市）、沅陵（今沅陵县）、临沅（今常德市），最后注入洞庭湖。也就是说，僚人的聚居地牂牁与荆州武陵郡之间的水路交通是非常便利的。

而且，西晋张华所著的《博物志·异俗篇》载：

荆州极西南界至蜀，诸民曰獠子。

这就说明，至少在三国魏晋时期，荆州地区就应该居住过大量的"夷獠"，如结合"引僚入蜀"的历史事件就能够得出结论：唐代戎州的僚人至少有一部分应该是从古荆州迁徙而来。

这就解释了为何唐代戎州的夷獠会制造或传播"关将军索木"的传闻，即："关将军"就是他们的神。要知道，虽然唐德宗曾将关羽列为武庙配享，但对关公文化的传播来讲终究影响力不大。唐代的戎州虽然在三国时代曾为蜀地，但蜀地的关公文化实际形成时间较晚，要到五代时期才初见端倪。因此，唐代中期戎州的关公文化只能是原荆州的少数民族传播过来的。

《说文》曰："獠，猎也。"据现代学者研究，"僚"实际为这些少数民族人民的自称，意思为"我们""人们"①，而"獠"是中原王朝对他们的蔑称。请记住这个名为"僚"的部族，因为到了宋代，这个部族中

---

①　李锦芳：《百越族称源流新探》，《云南民族学院报》1997 年第 2 期。

古老相传的关公信仰将因两场战争而传播到中原内地，从此，关公文化才真正开始在北方发展。

戎州还有一个地方，名叫"关索岩"，这个地方至今尚存，它也是关公文化在戎州久已盛行的例证，因为，关索曾是关公"团队"中最"神秘"的一位角色，他的来源其实也与少数民族的迁徙有关。

根据清代的《关氏家谱》所载：关索，字维之，为关羽的第三子，"己亥之乱奔川，请兵报仇，建兴二年从武侯征孟获为先锋"。不过，在陈寿的《三国志》和裴松之注中却没有关于他的任何记述，元朝至治年间建安虞氏刻印的《全相三国志平话》卷下"诸葛七擒孟获"中仅有"关索诈败"四字，在清代毛宗岗本《三国志演义》八十七回"征南寇丞相大兴师　抗天兵蛮王初受执"中，才对他有稍为详细的描写：

> 忽有关公第三子关索军求见，自云："自荆州失陷，养病鲍家庄，每欲赴川见先帝报仇，以创痕未复，不能起行。近已安痊，打听得东吴仇人皆已诛戮，径来四川见帝，恰在途中遇见南征之兵，特来投见。"孔明闻之，嗟讶不已；一面遣人申报朝廷，就令关索为前部先锋，一同征南。

后人钟眉曾批注曰："此遇亦巧。"

1967年，上海市嘉定县出土了一批明朝成化年间的说唱词话和传奇刻本，其中发现有《新编全相说唱足本花关索出身传》等四种说唱本。简述如下：

1. 《新编全相说唱足本花关索出身传》：下刻白文"全集"；插图有"刘备关张同结义""胡氏生关儿""先生引关索学道""索童得水打强人""索童拜别师父下山""员外引索童见外公""关索杀退二强人""十二强人投关索""关索别外公去寻父""收太行山二强人""关索射包（鲍）王""关索问包丰包义""三娘问父要捉关索""关索大战鲍三娘""关索娶鲍三娘"。

2. 《新编全相说唱足本花关索认父传》：下刻白文"后集"。插图有"廉康太子要娶妻""关索杀廉康""关索收芦塘寨主""军师与关公圆梦""姚赛盗马夜走""张飞杀姚赛""关索认父""关公引公索见先主""关索战廉旬""姜维用计借马""魏国请先主赴宴""先主二人去赴宴"

"关索舞剑杀吕高"。

3.《新编足本花关索下西川传续集》：书后刻白文"续集"。插图有"关索与张琳舞剑""关索扭断张琳头""先主入荆州作宴席""关公父子守荆州""先主阆州被围""姜维靖关家父子救阆州""关索入阆州捉王志""关索巴州捉吕凯""众官商议战周霸""关索离阆州""关索先主入西川""关索入西川捉周仓""关索下西川"。

4.《新编全相说唱足本花关索贬云南传》下刻白文"别集"。插图有"汉王收得成都府""关索共刘丰出外""关公战陆逊""刘王得梦见关张""刘王诏关索回朝""先生救关索病""关索引兵征吴""关索战颜昭""曾宵败关索""关索入水取刀""关索杀旗曾宵""关索杀将祭父""先主归天关索死"。

这些说唱本的出现能够证明，关索至少在明朝中叶已是一个家喻户晓的人物，但其实早在宋代，"关索"已经是当时有诸多草莽豪杰喜用的绰号了，如：

《茶香室丛钞》卷十二宋范公《过庭录》曰：

> 忠宣守信阳时，汉上有巨贼曰罗垩，拥众直压郡界。忠宣集群僚谋守御，皆懦怯无敢当者。有酒吏秦生请行，独以数十骑直对敌垒。贼副小关索者，领十余骑饮马河侧，秦射中关索心而死。

《北盟会编》卷一百二十：

> 建炎三年，攻充出兵杜张用，岳飞、桑仲、马皋、李宝等皆率兵城南以捣用，用勒兵拒战，赛关索李宝被擒。

又卷二百一十一引《林泉记》曰：

> 刘光世命王德斩邵谭、喜关索……于饶州。

岳珂《金陀粹编》卷七十二：

> 王贵等自伪齐回军至北塔，李成率……贾关索……并兵来，绝贵

归路，以马军迎击，贼兵尽败。

《金史》卷十八《突合速传》：

> 宋兵救太原……擒其将……张关索。

薛季宣《浪语集》卷三十三《先大夫行状笺》：

> 讨积年名贼……朱关索等，皆获之。

另外，《梦粱录》卷六载诸色艺人名，有"角觝张关索，女占赛关索"；《武林旧事》卷六载诸色艺人名也有"角觝张关索、赛关索、严关索、小关索"；还有《水浒传》中的"病关索"杨雄，在中宋龚圣的《三十六人像赞》中被称为"赛关索"杨雄，其赞曰：

> 关氏之雄，超之亦贤。能持义勇，自命可全。

如此多的"好汉"都取关索之名为绰号，至少说明在宋代"关索"已成为武人的一种标志，而既然武人争相以他的名字显耀自己的本领，"关索"其人之英勇，当可想而知。

其实，关索的名气还不止于此。在云、贵、川、蒙一代，多有以关索为名的地名，如《中国古今地名大辞典》中的"关索岭"条载：

> 在云南徵江县西北十里，山阜高数百丈，险峻难渡，若关隘然，牵绳而过；在云南罗次县西南二十里，接禄丰县界，旧置哨；在云南寻甸县易龙驿东五里，名小关索岭，上有关，旁立一石，标汉诸葛南征时驻此。《汉志》小关索岭，岭路盘曲，人行其上，如之字。

在贵州镇宁县西关岭县东，势极高峻，周围百余里，滇黔通道也，上有关索庙，明胡宝庙记云：

> 以关索为忠义子，然忠义子无名索者，三国蜀志关羽传，惟次子

兴随丞相亮征南中有功，所谓关索者，或即其人也。

云、贵地区的"关索岭""关索庙"在明、清时期的文献中就有记录，如明李文凤《月山丛谈》：

> 云南平夷过曲靖、晋宁，过江川，皆有关索岭，上各有庙。

王士祯《池北偶谈》卷二十四：

> 云、贵间有关索岭，有祠庙极灵，云明初征云南至此，见一古庙，庙中石炉插铁箭一镞，其上曰："汉将关索至此，云南平。"遂建关索庙，今香火甚盛。

《图书集成》职方典安顺府永宁州条：

> 关岭在州城西三十里，上有汉关索庙，旧志："索，汉寿亭侯子，从武侯南征有功，土人祀之。"

清陈鼎《黔游记》：

> 霸陵桥即关索桥。水从西北万山来，亦合盘江而趋粤西以入海。关索岭为默山险峻第一。……山半有关壮缪祠，即龙泉寺，中有马跳泉，甘碧可饮，相传壮缪少子索用枪刺出者。……西巅即顺忠王索祠。铁枪一杆，重百余斤，以镇山门。

此外，云、贵地区另有"关索饮马池"多处；贵州盘江上有一座桥，相传也是关索所筑，故取名为"关索桥"；云南永平县东五里处，有一个周围二里的寨子，据说也是关索所建，故名"关索寨"；四川成都也有"关索寨"，广元还有"关索城"，内蒙古通辽市和贵州关岭县辖下也都有"关索镇"。

在云南玉溪市为澄江县阳宗区的小屯村，还有一种古老的傩戏，名为"关索戏"。其表演特点是不设舞台，不化装，也不受时间地点的限制，戴上面具（脸壳），穿上服装，拿上道具即可出场表演。行当有生、旦、净三行，而且多以净行为主，角色以面具和服饰相区别。演出时无弦索伴奏，全用鼓点（也不正规）。一般情况是由小军或马童先上场，道说情况以后，即开始各种各样的翻滚动作以吸引观众，继而生角上，在表演中说说唱唱，唱唱打打，没有固定程式（也可能是继承不全），演员可以自由发挥。

"关索戏"一般在春节演出。演出期间，有一套成规仪式贯串始终。如演出前先要祭药王、练武；正月初一日起开始按日举行"出巡""踩村""踩街""踩家"仪式，然后才能演出；每次演出开头第一个节目必演《点将》，当日演出结束后要辞神，正月十六日全部演出结束后要举行装戏箱、送关公的仪式。目前，"关索戏"已经被列入"国家级非物质文化保护遗产"，与端公戏、梓潼戏、香通同为云南仅存的四种傩戏之一。但很奇怪的是，小屯村的关索戏名为关索戏，但实际上演的都是关羽的戏，并没有关索的剧目。

如此多的地名、庙宇、曲艺、戏剧似乎交织出了一种独特的"关索文化"。这就很容易令人感到困惑，因为一个完全虚构出来人物，似乎不可能具有如此大的影响力。

实际上，"关索"就是关羽。

《清一统志》载：

> 疑帅与率通，因讹帅为索耳，或曰蛮呼父为索，或曰是岭以关锁黔滇名。

《顾颉刚读书笔记》卷四曾引周寿昌《三国志注证遗》说：

> 汉寿县，前汉属武陵郡，本名索……后人因"关汉寿"之称，或谓"关索"。

顾颉刚写道：

> 关索一名之由来，几成不解之谜。今得周说，焕然解也。①

---

① 顾颉刚：《顾颉刚读书笔记》第四册，中华书局 2011 年版。

20 世纪 40 年代初，王古鲁曾去日本访书，发现了几种古本《三国志》小说。为此，王古鲁写了一篇《小说琐证·关索》，考证《三国演义》中关索故事的演化。周绍良也曾写过一篇《关索考》，附记中说明参考了王古鲁在日本的《阅书札记》。周绍良关于《三国演义》中关索故事的演化，与王古鲁的考证基本一致，但他引用了更多西南地方志里与关索有关的地名记载，如关索岭、关索城、关索寨、关索饮马池等等。

王、周的考证均未引用周寿昌之说，但周绍良引了赵一清《三国志注补》的说法：

> 西南夷谓爷为索。关索寨即关爷寨，皆尊称也。

古人的称呼中多以封邑或官职所在地为名、姓，如商鞅、姜尚，刘备也曾被人称为刘豫州，关羽封邑"汉寿"即为"索县"，所以他被人称为"关索"，其实是很正常的事。而且，"索"也确实是某些西南少数民族对"公""爷"的称呼，比如今位于湖南省湘西自治州保靖县夯沙乡境内的雷公山（现为吕洞山），在苗语中即为"格索"（Gheulsob）。也就是说，"关索岭"就是"关爷岭""关索岩"就是"关公岩"，这种地名在中国就有很多了，今天在长治市、南阳市、河源市、晋城市、济源市都有"关爷岭"，在青岛也有"关公岩"。

宋代以降，关公文化开始在北方汉地盛行。也许在初期，北方人还知道关索就是关羽，所以有那么多的武将与草莽豪杰都以关索为绰号，龚圣的《三十六人像赞》说赛关索杨雄时也用了"关氏之雄""能持义勇"之词，而后人就不了解其中缘故了，所以大多姑妄言之。再加上民间艺人对于关公故事所做的加工创造，关羽、关索遂被剥离为两个人，并被演义成了父子，又经元杂剧、小说、评书、说唱本等文学艺术的渲染，关索的故事就逐渐多了起来，而人们对"关索"的误会也就越来越深了。[①]

戎州等地的关公文化无疑都是由原荆州的少数民族通过迁徙而传播过来的。这些少数民族和汉人一样也是关公文化的创造者和传播者，他们对

---

① 以上内容参考于一《关索之谜》，《民族艺术》1993 年第 1 期；杨立杰《也谈关索之谜》，《金融时报》2015 年 6 月 12 日。

于关公文化的产生、形成和发展都起到了相当重要的作用。然而，自古以来，汉民族对少数民族的信仰知之甚少，对其风俗习惯的描述也多为臆测，所以"关索之谜"才会延续至今。

第 三 章

宗教信仰中的关公文化

第一节　佛教与关公文化

一　玉泉山显圣

佛教对中华本土神灵的借取一向非常谨慎，但关公却是佛教的伽蓝菩萨①，此中的渊源还要从佛教的第一个中华本土宗派天台宗开始说起。

隋开皇十二年（593 年），天台宗四祖智者大师来当阳玉泉山创立精舍。他的弟子灌顶在《隋天台智者大师别传》中记载了这件事：

> 于当阳县玉泉山而立精舍。蒙敕赐额号为一音，重改为玉泉。其地本来荒险，神兽蛇暴，谚云：三毒之薮，践者寒心。创寺其间决无忧虑。是春夏旱，百姓咸谓神怒。故智者躬至泉源灭此邪见，口自咒愿，手又拗略，随所指处，重云叆叇笼山而来，长虹焕烂从泉而起，风雨冲溢歌咏满路。荆州总管上柱国宜阳公王积，到山礼拜战汗不安。出而言曰：积屡经军阵临危更勇，未尝怖惧顿如今日。

从这段记载中可以看到，对于智者大师在玉泉山传法，荆州的官员和

---

① "伽蓝"是寺院道场的通称，来自梵语的 Samghārama，也译作"僧伽蓝摩"。Samghā（僧伽）意为大众、和合僧；Rama（蓝摩）意为园林。伽蓝神就是指寺院的守护神，也泛指所有拥护佛法的诸天善神。依《七佛八菩萨大陀罗尼神咒经》所说，有十八神保护伽蓝，即美音、梵音、天鼓、叹妙、叹美、摩妙、雷音、师子、妙叹、梵响、人音、佛奴、颂德、广目、妙眼、彻听、彻视、遍视，统称为"十八伽蓝神"。而关羽在佛教中的位置却不止于"神"，而是"菩萨"。在佛教观念中，菩萨的地位比神要高，因此在很多寺庙的伽蓝殿中，关羽的塑像都在正中位置，两边分立十八伽蓝神。

民众是有所顾虑的。首先，他们认为此地为"三毒之薮"①，不适于讲法。另外，此时正赶上旱灾，百姓皆以为这是神灵发怒的表现，而这位神灵是谁，灌顶却并没有说明。

到了唐贞元十八年（802年），董侹在他的《荆南节度使江陵尹裴公重修玉泉关庙记》中确认了这位神灵的身份，他就是关羽。这篇庙记是目前所发现的最早的关庙碑文，现全文抄录如下：

> 玉泉寺覆船山，东去当阳三十里，叠嶂回拥，飞泉迤逦，信途人之净界，域中之绝景也。寺西北三百步，有蜀将军都督荆州事关公遗庙存焉。将军姓关名羽，河东解梁人，公族功绩，详于国史。先是陈光大中智顗禅师者，至自天台，宴坐乔木之下，夜分忽与神遇，云愿舍此地为僧坊，请师出山，以观其用。指期之夕，前壑震动，风号雷虩，前劈巨岭，下堙澄潭，良材丛木，周匝其上，轮奂之用，则无乏焉。惟将军当三国之时，负万人之敌，孟德且避其锋，孔明谓之绝伦。其于殉义感恩，死生一致，斩良擒禁，此其效也。呜呼！生为英贤，殁为神灵，所寄此山之下，邦之兴废，岁之丰荒，于是乎系。昔陆法和假神以虞任约，梁宣帝资神以拒王琳，聆其故实，安可诬也？至今缁黄入寺，若严官在傍，无敢亵渎。荆南节度工部尚书江陵尹裴均曰，政成事举，典从礼顺，以为神道之教，依人而行，禳彼妖昏，佑我蒸庶，而祠庙堕毁，厥悬断绝，岂守宰牧人之意也耶？乃令邑令张愤，经始其事，爰从旧址，式展新规，栾栌博敞，容卫端肃。唯曩时禅坐之树，今则延袤数十围，夫神明扶持，不凋不衰，胡可度思。初营建之日，白龟出其新桥，若有所感。寺僧咸见，亦为异也。尚书以小子曾忝下介，多闻故实，见命纪事。文岂足征，其增创制度，则列于碑石。
>
> 贞元十八年记。②

智者大师（538—597年），法名智顗。俗姓陈，字德安，他的父亲陈起祖曾在梁元帝萧绎身边做过散骑常侍。《续高僧传》中说他"颍川（今

① （东汉）许慎：《说文》曰：薮，大泽也。另《国语·周语下》曰：薮，物之归也。
② 董诰等：《钦定全唐文》卷六百八十四，扬州诗局嘉庆二十三年本。

河南许昌）人也。有晋迁都，寓居荆州之华容（今湖南潜江）焉。"可知他自小生长在荆州，所以对于关公信仰应该并不陌生。

智顗在南陈时期已经是著名的高僧。隋开皇十一年（591 年），晋王、扬州总管杨广（即后来的隋炀帝）请智顗为菩萨戒师，智顗赐名"总持"，杨广上尊号"智者"，从此智顗遂有智者大师之号。他是天台宗的创始人，该宗以龙树为初祖、北齐慧文为二祖、南岳慧思为三祖，智顗为四祖。因智顗常驻天台山（今属浙江台州市）讲法，所以该宗被称为天台宗，又因其教义多取自《法华经》，故也被称为法华宗。

天台宗是中国最早的本土佛教宗派，在其教义里其实也吸收了很多道教的思想。比如三祖慧思就曾发愿"成就五通神仙"，并作偈曰："为护法故求长寿命。不愿生天及余趣。愿诸贤圣佐助我。得好芝草及神丹。疗治众病除饥渴。常得经行修诸禅。愿得深山寂静处。足神丹药修此愿。藉外丹力修内丹。欲安众生先自安。"[1] 智顗也曾讲道家的丹道之术，他在《修习止观坐禅法要杂说》中说："脐下一寸名优陀那，此云丹田，若能止心守此不散，经久即多有所治。"可见，天台宗并不拘泥于原始佛教的教义，对于其他宗教的可取之处也能做到兼收并蓄。

因此，我们在董侹的《庙记》中可以看到，关羽在为智者大师修建僧坊的情景是："指期之夕，前壑震动，风号雷虩，前劈巨岭，下堙澄潭，良材丛木，周匝其上，轮奂之用，则无乏焉。"这明显是道教"驱役鬼物"的手段，这也说明关公信仰之所以能和佛教交融，正是有赖于天台宗开放、积极的宗教态度。

智者大师在玉泉山传法两年，向弟子居士阐述了《法华经》的义理、完成了《法华玄义》和《摩诃止观》两部经典巨著以后，在杨广的催促下，不得不于开皇十四年（595 年）离开荆州，顺长江东下江浦。灌顶本欲随行，然行至江陵豫章口却身染疾病，只好滞留江陵，直至开皇十六年（596 年）他才回到天台山的佛陇道场，其年冬天智者大师便圆寂了。[2] 灌顶遂继续弘传教义，成为天台五祖，此后台岳一脉还

---

① 《大正藏》卷四十六《南岳思大禅师立誓愿文》，大正一切经刊行会大正年间（1912—1926 年）版。

② 灌顶《大般涅槃经玄义》卷下云："爰西向江陵，仍遭雾露。敕征师江浦，顶疾滞豫章。始举飘南湖，已闻东还台岳。"

有法华寺智威、天宫寺慧威、左溪玄朗相次传承。在这几代里，因新兴慈恩、贤首各宗势力所掩，黯然不彰。及至玄朗弟子荆溪湛然，一宗始有中兴之象。

而在荆州玉泉寺，天台宗还有玉泉道素、志果、道慧、道臻、道悦、道势、行简、法盛、法论、法偃、法才、法璨、义邃、当阳德抱等高僧传播"荆南正法"，这一脉可以说是人才辈出。其中，法盛曾在唐初入京师，"每说法，口出光明，四众戴仰，同于真佛。朝廷尊其道，赐号悟真禅师。"而道素之弟子宏景①在武曌时期也已经天下闻名，李华称为"国都教宗，帝室尊奉"。②

宏景还有两个最著名的弟子，在佛教史上甚至人类历史上的成就都非常之高，他们就是鉴真和兰若惠真。鉴真后来东渡日本，对日本的宗教、文化、政治、生活都产生过重大影响，被日本人称为"天平之甍"。兰若惠真曾著《毗尼孤济蕴》，以明律学，又撰《菩提心记》，以明教门。他强调三学俱备，止观双行，反对宗派偏见，主张会归一体，可谓得天台教法之精髓，圆寂后被唐玄宗敕赐为"大惠禅师"。惠真也有两个著名的弟子，一位是一行，即世界上第一个发现子午线的科学家；另一位即净土宗三祖弥陀和尚承远，而承远的弟子法照又被唐代宗奉为国师。可见在唐初，天台宗的玉泉山一脉比之台岳更加兴盛。

这些高僧大德与关公文化之间的关系，与史无载，但他们之中的许多人都曾在当阳玉泉寺修行过，所以理应了解荆州的关公信仰。唐人范摅曾在《云溪友议》中介绍过当时玉泉山一带的文化氛围：

> 玉泉祠，天下谓四绝之境。或言此祠鬼兴土木之功而树，祠曰"三郎神"。三郎，即关三郎也。③ 允敬者，则仿佛似睹之。缁俗居者，外户不闭，财帛纵横，莫敢盗者。厨中或先尝食者，顷刻大掌痕出其面，历旬愈明。侮慢者，则长蛇毒兽随其后。所以惧神之灵，如

---

① 宏景也称弘景、恒景。宏景与道素、灌顶之师承关系参见徐文明《天台宗玉泉一派的传承》，《佛学研究》1998 年第 7 期。

② 李华：《荆州南泉大云寺故兰若和尚碑》辑录于《钦定全唐文》卷三一九，扬州诗局嘉庆二十三年本。

③ 此为最早将关羽与关三郎混淆的记载，后又有关平为关三郎之说，但皆有误。详见后文"绿袍竹王"。

履冰谷，非斋戒护净，莫得居之。①

在这种气氛之下，玉泉寺的修行人如果不知道关公为何人，应该是不可能的。

史传此时当阳以外的佛教寺庙也已有关公信仰的存在，《宋会要辑稿》称：

> 蜀汉寿亭侯祠。一在当阳县……一在东隅仇香寺。羽字云长，世传有此寺时即有此祠，邑民疫疠必祷，寺僧以给食。

据乾隆元年《江西通志》卷一一三载：

> 仇香寺，余干县东隅。梁天监创。汉仇香后裔以其宅建寺，故名。

卷一百零八《祠庙》载：

> 饶州府各县关帝庙：鄱阳在东街上，余干在仇香寺右。

可见东隅仇香寺地处饶州，为南朝萧梁时期所建。"世传有此寺时即有此祠"之语，目前很难考证，如果此言当真，那仇香寺就会是中国第一个与关公结缘的佛教寺庙，比玉泉寺还早。不过，玉泉山天台宗一脉在唐代如此兴旺发达，当阳距饶州又并不遥远，所以东隅仇香寺的关公信仰更有可能是受其影响，与之结缘的时间应该早不过唐代。

北宋至和二年（1055 年），天台僧人义缘在桂林龙隐岩题刻"擎天得胜关将军"，为今存最早的关公信仰摩崖碑刻。碑文曰：

> 城里崇明寺主持碁僧义缘，谨用斋资，命匠者镌庄就天台教主智

---

① 北宋道诚编辑的《释氏要览》云："寺院既有十八神护，居住之者，亦宜自励，不得怠惰为非，恐招现报耳。"此处所说的伽蓝神正与范摅所言的关公"职能"相似。盖为寺院以关公为伽蓝之因由。

者大师、擎天得胜关将军、坛越关三郎。相仪圆具，在龙隐岩释迦寺开光斋僧，上报四恩，下资三友。至和二年乙未九月五日谨题……

这篇摩崖碑刻至今仍可见于桂林龙隐岩的岩壁之上。能将天台教主与关羽父子同奉，可知宋初天台宗之"荆南正法"已与关公信仰完全融为一体。

不过，我们从董侹的《庙记》、义缘的摩崖碑刻，以及《宋会要辑稿》对仇香寺的介绍来看，关公此时似不像是寺院的"伽蓝神"，更像是"施主"，义缘的摩崖碑刻也明确说"关三郎"为坛越，"坛越"即是"檀越"，也即"施主"之意。

而到了北宋元丰四年（1081年），在张商英①所作的《重建关将军圣帝庙记》中，关公的形象就有所转变了，原文如下：

道出陈隋间，有大法师名曰智顗，一时圆证诸佛法门，得大总持辩说无碍，敷演三品，摩诃止观。是三非一，是一非三，即一是三，即三是一，随众生根而设教。后至天台，止于玉泉，宴坐林间，身心湛寂。此山先有大力鬼神与其眷属，怙恃凭据，以帝神力故法行业，即现种种诸可怖畏：虎豹号擲，蛇蟒盘睒，鬼魅嘻啸，阴兵悍怒，血唇剑齿，毛发鬅鬙，丑形妖质，剡然千变。

法师愍言："汝何为者，生死于幻，贪著馀福，不自悲悔？"作是语已，音迹消绝，顾然丈夫，鼓髯而出，曰："我乃关羽，生于汉末，值世纷乱，九州瓜裂。曹操不仁，孙权自保，虎臣蜀主，同复帝室，精诚激发，洞贯金石，死有馀烈，故主此山。谛观法师，具足殊胜，我从昔来，本未闻见。今我神力，变见已尽。而师安定，曾不省视，汪洋如海，匪我能测。大悲我师，哀愍我愚，方便摄受。愿舍此山，作师道场。我有爱子，雄鸷类我，相与发心，永护佛法。"师问所能，援以五戒。帝诚受已，复白师曰："营造期至，幸少避之。"其夕晦暝，震霆掣电，灵鞭鬼捶，万壑浩汗，湫潭千丈，化为平址。

① 张商英，蜀州新津人，字天觉，号无尽居士。他倡导三教圆融，是关公文化发展中的重要人物，曾在荆南府做税官长达七年，后官至相位（尚书左仆射），著作有《神宗正典》六卷、《护法论》一卷、《无尽居士集》等。

黎明往视，精蓝焕丽，檐楹栏楯，巧奇人目。海内四绝，遂居其一。以是因缘，神亦庙食千里，内外庙供云。委玉泉之田，实帝之助。

岁越千昇，魔民出世，寺纲颓素，槌佛虚设。帝既不怙，庙亦浸弊。元丰庚申，有蜀僧名曰承皓，行年七十，所作已辨，一大众请，倏然赴感。有陈氏子，忽作帝语："自今以往，祀我如初。"远近播闻，瞻祷愈肃。明年辛酉，庙宇鼎新，尔时无尽居士闻说其事，以偈赞曰：

关帝父子为蜀将，气尽中原绝等伦。喑呜叱咤山岳摧，义不称臣曹孟德。

愤烈精忠贯金石，英灵死至玉泉山。阴兵十万部从严，铁骑咆哮汗金甲。

架鹯韝鹰走獒犬，鞭笞虎豹与龙蛇。脍肝脯肉饮头颅，无上菩提岂知有？

智者南来为利益，默然宴坐乔木荫。法力广大不思议，溪山动荡失安据。

妖怪百千诸怖畏，神道究竭誓归依。大威大猛大英豪，弃置爱恋如泥滓。

将此山峦奉佛土，受持五戒慑身心。仰山南岳及高山，佛佛道同五异化。

见在住持承皓老，宗风孤峭帝所钦。未来补处出家人，万木岩前希审细。

宏我如来像季法，长风十里碧云寒。

在这篇庙记里，关羽已是被智者大师用悲悯之心降服的"大力鬼神"，这已完全是佛门护法的形象了。

到了南宋，关公信仰在全国盛行。此时在已经沦陷为金国领地的山西，开始有僧侣明确将关羽奉为伽蓝护法，如郝瑛《慈相寺关帝庙记》载：

大定十三载（1173 年），寺主澄公新将军之庙貌于法堂东庑之间，予因暇日过慈相寺，有虎溪之会而问公，公曰"今兹天下伽蓝奉此者为护法之神。"①

这应该是佛教寺院明确将关公奉为"天下"伽蓝护法的最早记录。

近一百年以后，南宋僧人志磐②在佛教史书《佛祖统纪》中更加详细地描述了智者大师与关公的渊源：

十二月，师至荆州旋乡笞地。将建福庭，乃于当阳玉泉山创立精舍，及重修十住寺。道俗禀戒听讲者，至五千余人。初至当阳望沮漳山色堆蓝，欲卜清溪以为道场，意嫌迫隘遂上金龙。池北百余步有一大木，婆娑偃盖中虚如庵。乃于其处跌坐入定。一日天地晦冥风雨号怒，妖怪殊形倏忽千变。有巨蟒长十余丈，张口内向，阴魔列陈炮矢如雨。经一七日了无惧色。师闵之曰："汝所为者生死众业，贪着余福不自悲悔。"言讫象妖俱灭，其夕云开月明。见二人威仪如王，长者美髯而丰厚，少者冠帽而秀发。前致敬曰："予即关羽。汉末纷乱九州岛瓜裂。曹操不仁，孙权自保。予义臣蜀汉，期复帝室。时事相违有志不遂，死有余烈故王此山。大德圣师何枉神足。"师曰："欲于此地建立道场，以报生身之德耳。"神曰："愿哀闵我愚特垂摄受。此去一舍山如覆船，其土深厚。弟子当与子平（蜀先主拜羽前将军。率众攻曹仁不克，孙权已据江陵。羽因遁走吴马忠获羽及其子平，于章乡斩之。唐书，羽生侍中兴，其裔孙播相德宗）建寺化供护持佛法。愿师安禅。"七日以须其成。师既出定，见湫潭千丈化为平址；栋宇焕丽巧夺人目；神运鬼工其速若是。师领众入居，昼夜演法。一日神白师曰："弟子今日获闻出世间法。愿洗心易念求受戒永为菩提之本。"师即秉炉授以五戒。于是神之威德昭布千里，远近瞻祷莫不肃敬。

同时，志磐还认为，当年智者大师在给杨广的书信中谈到了玉泉寺的创建确有神灵相助，灌顶在《隋天台智者大师别传》中没有谈到关羽父

---

① 胡聘之：《山右石刻丛编》卷二十一，转引自胡小伟《关公信仰研究系列》第五卷《关帝灵签》祖本及其研究，香港科华图书出版公司2005年版，第312页。

② 释志磐，号大石，南宋天台宗僧人，曾住四明（今浙江省鄞县）福泉寺及东湖月坡山。

子是不对的，他在注解中说：

> 智者上玉泉图，必应表闻神异，故晋王答书有云。当阳建寺，既事出神心，理生望表，即当具奏嘉号。章安撰别传，略不及关王事，殊所未晓。若谓之无所闻知，则章安亲在玉泉听讲矣。谓之不语神怪，则华顶安禅，强软二魔，必言之矣。矧夫关氏事迹逮今神应，岂于当时有所遗逸邪？今据玉泉碑以补其阙。用彰吾祖之圣德若此。至若别传叙事之际，尚多浮辞，今并删略，务存简实；至他所未录者，今并收载。览者宜知。

并且，他在同书卷三十九《法运通塞志》中再次强调说：

> （开皇）十二年……十二月。智者禅师至荆州玉泉山安禅七日。感关王父子神力开基造寺乞授五戒。师入居玉泉。道俗禀戒听讲者至五千人。

自此，"天台教主"智者大师与"关王父子"的这段渊源便成为佛门正史中不可辩驳之"史实"。

二　密宗与关公

佛教密宗，又称为真言宗、金刚顶宗、毗卢遮那宗、秘密乘、金刚乘，唐初由善无畏、金刚智、不空等祖师传入中国，自此大盛。宋代以后，密宗在内地的宗教地位开始下降，但却在乌思藏（今西藏）地区得以兴起，自此成为一种政教合一的强大势力。

关公信仰在唐代还只是荆楚地区的区域性民间信仰，他在佛教中的推广也只限于天台宗的"荆南正法"一系，所以并未和密宗的大德们产生过联系。然而，因不空大士的弘扬而显耀一时的毗沙门天王崇拜，却在后世被关公信仰所完全继承。

毗沙门，是梵文 Vaiśravana 一词的音译，意为"多闻""遍闻"。毗沙门天王是佛教的四大天王之一，住须弥山之北，守护阎浮提之北方，为北方天王。

唐代开元年间，狮子国（一说北天竺）高僧不空随金刚智来长安传法，得到了玄宗的敬重，被奉为"智藏法师"，从此开始了他的译经、弘法生涯。不空在唐期间共翻译了七十余部密宗经典，其中有一部就是《毗沙门天王经》，经文有云：

> 持诵者白毗沙门天王言。愿我一切处通达。获得金银无尽名称福德。寿命无量劫飞腾虚空。变化种种瑜伽自在。毗沙门言随汝所愿。

此后，唐代又有《北方毗沙门天王随军护法仪轨》传世，据说也是不空所译，其文有曰："行此法降伏五国五万军自平安故，是名随军护法。"从此，毗沙门天王就以佛教财神、战神的身份而受到了人们的普遍崇信。

唐代有很多关于毗沙门天王显灵助战的传说，如《宋高僧传》卷一《唐京兆大兴善寺不空传》载：

> 又天宝中西蕃大石康三国帅兵围西凉府，诏空入。帝御于道场，空秉香镡诵仁王密语二七遍。帝见神兵可五百员在于殿庭，惊问空。空曰：毗沙门天王子领兵救安西，请急设食发遣。四月二十日果奏云：二月十一日，城东北三十许里，云雾间见神兵长伟，鼓角喧鸣山地崩震，蕃部惊溃。彼营垒中有鼠金色，咋弓弩弦皆绝。城北门楼有光明天王怒视，蕃帅大奔，帝览奏谢空，因敕诸道城楼置天王像。此其始也。

又如，在今四川资中西岩摩崖 34 龛毗沙门造像后的唐天成四年（929年）题记中载：

> 咸通中，南蛮救乱，围逼成都……焚庐掠地，穷恶恣凶……此际，天王茂昭圣力，遽显神威，楼上耀光明之彩。蛮会瞻之而胆，酋豪视之品心口，即时遁跃。

所以在唐代、五代、宋代、元代的几百年时间里，这种信仰不仅在朝野上下盛行，也广泛地传播于军队之中，很多这个时期的驻军地点都建有供奉毗沙门天王的天王堂或北天王庙。

此后，毗沙门天王的地位逐渐被关公、李靖等本土神灵所取代，他的神职也大多被人转化后由这些神灵继承了下来，其中关公就完全继承了他的战神职能。

如元人同恕曾在《关侯庙记》中写道：

> 相传金大定间，西兵潜寇，城几不守，乃五月二十三日，见若武安状者，率兵由此出山，贼骇异退走。随即其地而祀之。①

这和资中西岩摩崖中的唐代毗沙门造像题记所述之事极为相似。

明代嘉靖时期的嘉兴梅里关庙的《义勇武安王神祠碑记》中说：

> 嘉靖之庚戌，岛寇猝起，大江以南佳丽地无不蹂躏，而继之以火，寻抵王镇。王镇故殷饶蕃盛，悉啖其资寇斧，旋加火焉。少顷，祝融肆出，无噍类矣。王从云端大呼，舞偃月刀，指寇。寇乃辟易罗拜，酋长谓众寇曰：若辈倘有所见否？红面长髯，叱吒而叫，呼者非关王也耶？里中必有积善余庆之家崛起而大，其后者相戒勿犯，冉冉而散。余弟倩叔承李君素敬礼王，是夕亲见我王飞舞退寇，亦亲闻众寇相戒勿犯密语。②

这个场面又极像《唐京兆大兴善寺不空传》中所说毗沙门天王显灵的情景。

此后，中国的关庙愈来愈多，而天王堂、北天王庙却越来越少。现在的毗沙门天王已降到了和其他三大天王平等的地位，成为佛教寺院天王殿中的普通一员。

关公信仰能够逐渐融合毗沙门信仰，最终取而代之，是长时间里政治、宗教、民俗等多重因素互相作用下的结果，其中有一位密宗上师的大力推广也是促成这种结果的关键因素之一，这位上师被时人尊称为"八

---

① 同恕：《矩庵集》卷三，转引自胡小伟《关公信仰研究系列》第一卷《佛道两教的关羽崇拜》，香港科华图书出版公司 2005 年版，第 301 页。

② 《光绪梅里志》卷三，《中国地方志集成》乡镇志专辑 19，上海书店 1992 年版，第 31—32 页。

思巴",意为:圣者。

元世祖至元七年(1270年),忽必烈听从八思巴的建议,在大明殿御座上置"镇伏邪魔护安国刹",并以关羽为"法事监坛"举行了盛大的活动。此后,元朝廷每年正月十五在大都(今北京)、六月份在上京(今内蒙古正蓝旗境内),都会举行类似的法事活动,其中最重要的环节就是五百人抬关羽神像"游皇城"①,这种规制一直保持到元朝的结束。

八思巴(1239—1280年)为藏传佛教喇萨迦派第五代祖师,吐蕃萨斯迦(今西藏萨迦)人,本名罗古罗思监藏,生于款氏贵族之家。乃马真后三年(1244年),他跟从伯父萨斯迦·班弥怛奉蒙古阔端太子之召,北上凉州,代表乌思藏(今西藏)各僧俗首领归顺蒙古;蒙哥汗元年(1251年),八思巴继为萨斯迦教派法主;三年(1253年),他"年十有五,谒世祖于潜邸,与语大悦,日见亲礼。"② 中统元年(1260年),忽必烈即位,尊其为国师,授以玉印;至元六年(1269年),八思巴依照藏文30个字母创制由41个字母构成的蒙古新字(后称八思巴蒙文),忽必烈下诏颁行天下,并晋升八思巴为大宝法王,更赐玉印;至元十六年(1279年),八思巴卒,元廷对他的赐号是:"皇天之下、一人之上、开教宣文、辅治大圣、至德普觉、真智佑国、如意大宝法王、西天佛子、大元帝师。"可见其履历之辉煌。八思巴有统领天下佛刹之权,所以他对关公文化在佛教信众中普及应该起到了不可估量的作用。

到了清代,满清政府在崇祀关公的同时也信奉藏传佛教,因此,关公信仰便与藏传佛教产生了更为紧密的联系,雍乾时期的活佛章嘉·若必多吉就曾撰写过《关老爷之祈供法》,其文曰:

在此想做简短的祭祀煨桑,备齐不掺杂任何污垢的药、珍宝、谷物、缎子等纯净的煨桑用物,冥想自己为集密、胜乐、大威德等金刚本尊中的任何一个,以虚空藏百字咒、六咒六手印、三字金刚诵为加持:

统领中国大地的大战神,自己曾允诺要守护佛法,出自"色"

---

① 详见《元史》卷七十七《志第二十七下》,中华书局1976年版,第1926—1927页。
② 宋濂:《元史》卷二〇二《列传第八十九》,中华书局1976年版,第4517—4518页。

种，称为真日杰布，大神眷属等临此地而安住。血肉饮食似大海汇
集，及无漏甘露加持请享用。请做瑜伽圣法修炼之助伴，息灭所有
违缘而助顺缘无余成，使佛法广弘国境平安。瑜伽师徒及献资施主
等，无论住家、外出、做事皆平安，愿做心意如法成就之助友。

　　这则中国大地号称战神关老爷的护法神托付事业之祈文，是因遵
从达擦杰仲活佛之嘱托，由章嘉·若必多吉速写，愿吉祥圆满！①

　　《关老爷之祈供法》虽然文字简短，却包含了藏传佛教祈供神灵的基
本程序与主要方式。第一步，预备：用药、珍宝、谷物、缎子等来煨桑；
第二步，冥想本尊：冥思自己是集密、胜乐、大威德等此三本尊中的一
个；第三步，加持：咒百字和诵三字金刚等来加持；第四步，祈请：宴请
神灵眷属等；第五步，朵玛：就是请关帝与眷属享用祭祀者奉献的有漏与
无漏之丰盛祭品；第六步，托付事业：要求大神做修炼之助伴、破除违缘
成就顺缘，保国弘法、保卫师徒与施主平安；第七步，祝福：祝愿心意如
法圆满。

　　《关老爷之祈供法》首先交代了关帝是来自汉地并保卫整个中国大地
的战神，也是自愿守护佛法的护法神，并将"关云长"意译成藏语的
"真日杰布"，其中"真日"意为云长，"杰布"意为帝王。然后说关帝
出自"色类"，这说明章嘉·若必多吉把关帝当作"穿戴色类铠甲的卫则
姊妹护法"的化身。

　　章嘉·若必多吉（1717—1786 年）为第三世章嘉呼图克图，甘肃凉
州人。三岁时被认定为是二世章嘉呼图克图的转世灵童，次年至佑宁寺出
家。不久因寺内有喇嘛参加了罗卜藏丹津的反清活动，佑宁寺被清军焚
毁，三世章嘉被军队护送至北京。在京期间，他曾与雍正皇帝四子弘历
（即后来的乾隆皇帝）、二子弘昀等一起读书。1734 年，章嘉·若必多吉
奉雍正谕旨护送七世达赖喇嘛返回西藏，在藏期间曾到甘丹寺、哲蚌寺等
处说法。雍正去世后回到京城，乾隆命他管理京城各寺庙喇嘛，同时赐他
"札萨克达喇嘛"。1740 年奉乾隆之命将《丹珠尔》译为蒙文；1751 年乾
隆又赐他"振兴黄教大国师"；1772 年至 1790 年间再次奉乾隆之命将
《甘珠尔》译为蒙文；1786 年圆寂。可见，章嘉活佛对关公文化的了解应

<hr />

　　①　参见才让《藏传佛教中的关公信仰》，《中国藏学》1996 年第 1 期。

来源于在北京的所见所闻。①

三世章嘉活佛的弟子八世达擦丹白贡布活佛，也同样对关公信仰非常重视。早在京城学习期间，他就已经把关羽当作藏传佛教的护法神，并曾为他做过灵煨桑祭祀。回到西藏以后，八世达擦丹白贡布活佛在福康安的协助下，于乾隆五十七年（1792 年）主持修建了一座关帝庙，这就是拉萨帕玛日山关帝庙。关于这次修庙的历史背景和具体缘由，《达擦活佛传》曾有记载：

> 择良辰吉日……举行庆贺战胜廓尔喀的大宴会。给中堂（福康安）等颁赐皇帝与达赖喇嘛的礼物，为皇帝法王、达赖喇嘛与班禅额尔德尼、达擦活佛等护持教法者，永寿平安、事业宏大、佛法兴盛，以及为了众生的善业幸福，用白银七千两作为酬金，在文殊圣山蚌瓦日或称作帕玛日山上兴建藏汉式神殿与寺庙，奏请施主皇帝和福田达赖喇嘛，批准摄政达擦呼图克图接管庙殿。……乾隆五十七年，八世达赖喇嘛登上金座三十三年，上师达擦丹白贡布再次担任摄政两年之后，即水鼠年之吉日动工。建庙成员：汉族代表财管李三唐伊、达赖喇嘛的代表卓尼德巴格桑朗杰、俗官德巴昂热巴、办事员恰昂次培，精干诚实的土木工人等。兴建过程如达擦活佛所言，吐蕃地域之中心，三怙主幻化的魂山之一，文殊圣山上兴建尊胜的大寺院与汉地战神关云长作为护法神的三怙主殿。文殊殿与关云庙三庄严为汉式，藏式的"长寿法轮洲"内殿、经堂等建造的犹如自然生成一般。达擦活佛不仅如此思量，在奠基典，对管理员等建庙成员如此下令，并且对具体建筑者等一切员工做了细致的指导。②

继章嘉和达擦活佛以后，积极推动关公文化在藏传佛教中发展的重要人物是土观·洛桑曲吉尼玛活佛（1732—1802 年）。他用藏语撰写了许多关帝祈祷文，其中以《三界命主贡玛赤尊赞祈文》最为著名，大致内容

---

① 参考加央平措《关帝信仰与格萨尔崇拜——以拉萨帕玛日格萨尔拉康为中心的讨论》，《中国社会科学》2010 年第 2 期。

② 洛桑赤烈朗杰：《达擦活佛传》木刻版，功德林寺馆藏，此版本由功德林寺从布达拉宫与"雪"印经院搜集整理印刷而来（第 182—184 页）。转引自加央平措《关帝信仰与格萨尔崇拜——以拉萨帕玛日格萨尔拉康为中心的讨论》，《中国社会科学》2010 年第 2 期。

如下：

> 　　在释迦牟尼成就佛果之时，"三界命主尊赞战神之王"曾带领众夜叉眷属奉献饮食侍供，顶礼膜拜，立誓护法。佛祖圆寂以后，三界命主遂转世托生于"中国大地"上，为"汉室宗王玄德"的一个大臣，被称作"羽"。他勇武异常，所向无敌，似同转轮法王，征服过无数大小邦国，闻其名者无不降服。晚年在一次战事中由于极度愤怒而去世，遂变成四川云长县一座大山的一位神通广大的"鲁"类非人，危害地方，甚是厉害，使人很难走进其所在之处。大约四百年后，有位守持龙树师徒中观学的大师"智子熙"至该地，当地百姓虽说此地非常凶煞，大师依然坐于山中静修。此神幻变为一条大蟒蛇，绕山三圈，并引来属鲁神之族的千万军兵，显示大山倒塌，日月沉没，兵器似雨降，霹雳电闪不断等种种恐怖景象。而大师入于三摩地，终不为所动。于是，领其穿戴铠甲的八部兵众向大师顶礼并陈述了自己的本生，说自己曾做大将军时终因愤怒死亡，幻变成这般蟒蛇形象，又因行事磊落光明拥有神通广大之能。大师则向其讲述佛教因果法，从此感悟，应诺自己将做佛教护法神，请求在有佛像的庙殿大门或左右房舍塑造自己的身像，发誓守护佛法和僧众。

　　他在这篇祈文中还说，这位战神之王（关公）和"卫则姊妹"[①] 是同一心识，与"尚论多杰东都"[②] 也是本质同一之神。最后还说，文成公主入藏时此神跟随公主和觉吾来到吐蕃，就是现在拉萨的"赤尊赞神"[③]。

　　土观活佛还撰写了《煨桑祈祷真日杰布颂辞》：

---

　　① "卫则姊妹"即藏密本尊马头明王之眷属红面狱主，也称大红司命主，又名战神、皮铠甲、大红大黑天，藏语称为"滚波斯仁"，是喇嘛教里特有的五守舍神之一，直译为"敌神"。其"神职"与关公的汉传佛教护法之职相近。

　　② "尚论多杰东都"中的"尚"在藏语中为"舅"，"论"之意为臣，"多杰东都"翻译成汉语即为"金刚降魔"。

　　③ "赤尊赞"是护送释迦牟尼12岁等身像的唐朝将军。参见土观·洛桑曲吉尼玛《三界命主贡玛赤尊赞祈文》《鲁赞图夺旺丘祈文》，拉萨赤慈桥林寺印。译文与分析参见才让《藏传佛教中的关公信仰》，《中国藏学》1996年第1期。

暨自在支那之大战神，本神主动许诺守护佛教，出自色类号称真日杰布，大神主从来此圣地久住。血肉饮食汇聚成大海，享用如此无漏甘露与威力，做我瑜伽师修成佛法之法友。消除万障成就圆满顺缘，佛法兴盛，国泰民安。瑜伽师徒与众施主，自始至终平安又愉悦，祈愿结成圆满之助伴。①

可见，土观·洛桑曲吉尼玛先是吸收了关公信仰的汉地元素，然后又将关公与藏传佛教的护法神联系起来，其目的无非就是让藏地民众更好地了解和接受关公文化。

现在，八世达擦丹白贡布活佛和福康安共同修建的拉萨帕玛日山关帝庙，已名为帕玛日格萨尔拉康，也称拉萨关帝庙，可知藏地的关公文化已经与当地传统信仰格萨尔王崇拜融为一体。对于藏民来说，格萨尔王即是关公，关公即是格萨尔王，这种现象在人类文化史上也是非常有特色的。

在藏地以外，密宗僧侣对关公文化的发展依然在发挥着重要作用。至今，每年的农历五月十三，在三世章家活佛曾担任第一任住持的北京雍和宫，还会举办祭祀关公的法事活动。在这一天，密宗上师们会在法轮殿齐诵《关公大供经》《单身大威德金刚经》，以祈请关公回到人间，护卫众生。

三　禅宗的介入

至迟在元明时期，佛教禅宗也已介入到关公文化之中。

嘉靖壬午本《三国志通俗演义》卷十六中曾说：

后《传灯录》记云：大唐高宗仪凤年间，开封府尉氏县有一秀才，累举不第，三上万言策，皆不中选，遂乃出家，法名神秀，拜蕲州黄梅山黄梅寺五祖弘恩禅师为师，学大小乘之法。后云游至玉泉山，坐于怪树之下，见一大蟒，风簇而至。神秀端然不动。次日，于树下得金一藏，就于玉泉山创建道场。因问乡人："此何庙宇？"乡人答曰："乃三分时，关公显圣之祠也。"神秀拆毁其祠，忽然阴云四合，见关公提刀跃马于云雾之中，往来驰骤。神秀仰面问之，公具

---

① 土观·洛桑曲吉尼玛：《煨桑祈祷真日杰布颂辞》，西藏自治区图书馆藏文古籍收藏室。

言前事。神秀即破土建寺，遂安享关公为本寺伽蓝。至今古迹尚在。神秀即六祖也。

后在明末清初面世的《历代神仙通鉴》中，也有相关记载：

> 神秀至当阳玉泉山，创建道场。乡人祀敬关公，秀乃毁其祠。忽阴云四合，见公提刀跃马，秀仰问，公具言前事。即破土建寺，令为本寺伽蓝。自此各寺流传。①

在这些著作中，神秀成为最初奉关羽为伽蓝神之人。

神秀是唐代的著名高僧，早年博览经史，后出家，于唐武德八年（625年）在洛阳天宫寺受具足戒。五十岁，至蕲州黄梅县双峰东山寺参谒弘忍，从事打柴汲水等劳役以求法。深为弘忍所器重，担任教授师，居五祖门下首座弟子，有神秀上座的名声。上元二年（675年），弘忍圆寂后，神秀去江陵当阳山玉泉寺，大开禅法，声名远扬。武则天听到他的盛名，于久视元年（700年）遣宋之问迎请，当时神秀已年过九十。大足元年，（701年）神秀抵达东京洛阳，住于内道场，受高遇。武后时常询问，并命于当阳置度门寺、于尉氏置报恩寺，表彰功德。由此成为长安、洛阳两京法主，则天、中宗、睿宗三帝亲教授师，所传教法盛行华北，号称"北宗"。唐中宗神龙二年（706年），在天宫寺圆寂，谥大通禅师。②

唐人张说的《唐玉泉寺大通禅师碑铭》曾说神秀是"两京法主，三帝国师，仰佛日之再中，庆优昙之一现"。可知，神秀也曾是"帝师"，而且他又曾在当阳玉泉山传法，这就与关公产生了渊源。

嘉靖壬午本《三国志通俗演义》中所提的《传灯录》不知是何典籍，如今在《景德传灯录》《五灯会元》等著作中均未见神秀与关公有任何关系，不过神秀的弟子"普寂"也许是《演义》中"普净"的原型。

同是嘉靖壬午本《三国志通俗演义》卷之六《关云长五关斩将》中

---

① 徐道：《历代神仙通鉴》卷一四，转引自胡小伟《关公信仰研究系列》第一卷《佛道两教的关羽崇拜》，香港科华图书出版公司2005年版，第41页。

② 参见张说《唐玉泉寺大通禅师碑铭》，辑录于周绍良《全唐文新编》，吉林文史出版社2000年版，第2607页。

写道：

　　过了沂水关，到镇国寺前下马。众僧鸣钟出迎。本寺有僧三十余人，数内长老正是云长同乡，法名普净长老。长老已知其意，向前来与关公问讯。关公答之，净长老曰："将军离蒲东几年？"公曰："近二十年矣。"净曰："还认得贫僧否？"公曰："离乡多年，不能相识。"僧曰："贫僧家与将军家只隔一河。"卞喜见净长老说乡里故事，只恐走泄，叱之曰："吾欲请将军赴宴，汝僧人何多言也！"云长曰："不然。乡人见乡人，安得不相叙旧情耶？"长老请方丈内待茶。云长曰："二嫂在车上，可先献茶。"长老教取茶先奉夫人，遂请关公入方丈。长老以手携拿戒刀，以目顾盼。公会其意，唤左右将刀近侧。卞喜来请关公，于法堂上筵席。公见壁衣之后多人密布，皆掣剑在手。公曰："卞君请关某是好意耶？是歹意耶？"卞喜曰："安得不敬乎？"关公于壁衣中窥见一群刀斧手，公大喝卞喜曰："吾以汝为好人，安敢如此！"卞喜知事已泄，大叫："左右下手！"其间有胆大者，就欲向前，皆被关公砍之。卞喜急下堂，绕廊而走。关公弃剑，执大刀赶来。卞喜暗取飞锤掷打。公用刀背隔开锤，赶将入去，一刀劈为两段，死于廊下。关公急来看二夫人。早有军人将欲围住，见公来四散奔走。公皆赶散，谢净长老曰："若非吾师，已被此贼之害。"公遂辞净长老行。净曰："贫僧此处难容，收拾衣钵，亦往他处云游。后会有期，将军保重。"普净相别去了。

后在卷十六《玉泉山关公显圣》中说：

　　且说关公一魂不散，悠悠荡荡，乘云而飞。忽至一处，地名荆门州当阳县一座山，名为玉泉山。山上一僧，法名普净，原是汜水关镇国寺长老。是时云游天下，来到此山，见山明水秀，就此结草为庵，每日坐禅参道。止有一小行者，时常下山化饭度日。当夜月白风清，正值三更时分，净禅师在庵中坐禅，忽闻空中有人大呼："主人何在？"禅师命行者观之，见空中一人，骑赤兔马，提青龙刀，左右随从二将，口中但呼如前言不息。行者回报禅师，禅师知是关公与关平、周仓也。待云头飞至庵前，禅师以手中麈尾击其座曰："颜良安在?"关公闻言,英魂顿悟,即落云下马,叉手立于庵前曰:"吾师何人?愿求清号。"禅师曰:"昔日汜水关前镇国寺中,曾与君侯相会,今日何不识普净也?"公曰:"某虽愚鲁,愿听清诲。"禅师曰:"昔非今是,一切休论,只以公所行言之:向日白马隘口,颜良并不待与公相斗,忽然刺之,此人于九泉之下,安得而不恨乎?今日吕蒙以诡计害公,安足较也?公何必疑惑于是?"公遂从其言,入庵讲佛法,即拜普净禅师为师。后往往显圣,乡人累感其应,因此就于山顶上建庙,四时致祭。

可见在《三国志通俗演义》中,这位关羽的老乡"普净"才是最早度化关羽的佛门之人,而神秀的传人普寂却恰好是关羽的老乡:

> 普寂姓冯氏,蒲州河东人也。年少时遍寻高僧,以学经律。时神秀在荆州玉泉寺,普寂乃往师事,凡六事,神秀奇之,尽以其道授焉……(神秀卒)制令普寂代神秀统其法众。①

"普净"很可能就是这位曾住玉泉而又声势赫赫之"普寂"的一音之转,而且,普寂也曾被时人称为"法山净",唐沙门净觉撰《楞伽师资记》卷一有云:

> 唐朝洛州嵩山普寂禅师,嵩山敬贤禅师,长安兰山义福禅师,蓝田玉山惠福禅师并同一师,学法侣应行,俱承大通和上后,少小出家,清净戒行,寻师问道,造访禅门。行至荆州玉泉寺,遇大通和上讳秀,蒙受禅法,诸师等奉事大师十有余年,豁然自证,禅珠烛照。大师付嘱普寂、敬贤、义福、惠福等照世炬灯,传颇梨大镜,天下坐禅人叹四个禅师曰:法山净,法海清,法镜朗,法灯明。②

---

① 刘昫等:《旧唐书》卷一九一《列传第一百四十一》,中华书局 1975 年版,第 5110—5111 页。

② 据《朝鲜金九经校敦煌唐写本》,转引自胡小伟《关公信仰研究系列》第一卷《佛道两教的关羽崇拜》,香港科华图书出版公司 2005 年版,第 45 页。

将"普寂"与"法山净"截头加尾，另为之名，亦是小说家惯技耳。由此可见，"普净"实为"普寂"。

虽然神秀与关公的渊源目前仅见于嘉靖壬午本《三国志通俗演义》和《历代神仙通鉴》，但作为曾长期在玉泉山修行的神秀、普寂来说，他们不可能不了解当时荆州的关公文化。所以，后人的这种附会倒也并非完全没有道理。

禅宗高僧对关公文化的发展确实起到了积极的推动作用，清代有许多关庙即为禅宗僧侣募化创建或重修的。如，康熙二十四年，临济正宗法派行渡、元彻就在北京化缘重修铁匠营内官监关帝庙，行渡还撰写了《重修铁匠营内官监关帝庙功竣纪善碑记》：

> ……焚修香火也，庙内业基分明，恐后人争取，以斯为鉴。祈神之格，恩不可度。思是以为记。[1]

可见，至少在清代以后，禅师主持管理关帝庙，并在关帝庙中讲解佛门之生死奥义已是很正常的事情了。

第二节 道教与关公文化

一 关公战蚩尤

关公在道教中的"职位"非常多，有"北极紫微大帝之主将""雷部斩邪使、兴风拔云上将、馘魔大将、护国都统军、平章政事、崇宁真君、关元帅"，还有太上大圣朗灵上将、兴国太平天尊、大圣馘魔纠察三界鬼神刑宪都提辖使、三界采探捕鬼使者、元始一炁七阶降龙伏虎大将军、雷霆行符伐恶招讨大使、三十六雷总管、酆都行台御史、提典三界鬼神刑狱公事大典者、提督刑案神霄大力天丁、三界都总兵马招兵大使、统天御地诛神杀鬼大元帅等。

在关羽如此众多的头衔之中，以"崇宁真君"流传的时间最长、范围最广，而这个尊号却来源于一则"关公战蚩尤"的传说。

---

[1] 元彻正书、马化龙刻。碑原在北京市西城区地安门西大街恭俭胡同，拓片藏于中国国家图书馆，索取号北京652。

《大宋宣和遗事》载：

崇宁五年，夏，解州有蛟在盐池作祟，布阵十余里，人畜在阵中者，辄皆嚼啮，伤人甚众。诏命嗣满三十代天师张继先治之。不旬日间，蛟祟已平。继先入见，帝抚劳再三，且问曰："卿此翦除，是何妖魅？"继先答曰："昔轩辕斩蚩尤，后人立祠于池侧以祀焉。今其祠宇顿弊，故变为蛟，以妖是境，欲求祀典。臣赖圣威，幸已除灭。"帝曰："卿用何神，愿获一见，少劳神庥。"继先曰："神即当起居圣驾。"忽有二神现于殿庭：一神绛衣金甲，青巾美须髯；一神乃介胄之士。继先指示金甲者曰："此即蜀将关羽也。"又指介胄者曰："此乃信上自鸣山神石氏也。"言讫不见。帝遂褒加封赠，仍赐张继先为秩大夫虚靖真人。

这位三十代天师虚靖真人张继先是道教史上的重要人物，他九岁继承教位，号翛然子，曾著有《大道歌》《心说》等作品传世，明代天师张宇初辑有《虚静真君语录》七卷，多叙述他的理论与方法。《水浒传》开篇《张天师祈禳瘟疫　洪太尉误走妖魔》中描述的那位"头绾两枚丫髻，身穿一领青衣；腰间绦结草来编，脚下芒鞋麻间隔"，"道行非常，清高自在，倦惹凡尘。能驾雾兴云，踪迹不定"的张天师就是张继先。试想"七十二天罡，三十六地煞"，一百零八个魔君，都封在他的"伏魔之殿"中，可见其道法无边。

"天师"的称谓来源于"天师道龙虎宗"。这个道派由张陵（后世称张道陵）于东汉顺帝时期在鹤鸣山（今成都市大邑县北）创立，因信徒尊张陵为"天师"，故称天师道，又因入道者要交五斗米，也称五斗米教，为最早的道教流派之一。

东汉末年，张鲁得到了五斗米教教主之位。他进一步发展了天师道的教义、教规，并在汉中建立了一个长达三十余年的政教合一的政权。建安二十年（215年），曹操占领汉中，张鲁及其大部分教众被迁往北方，不过天师道却并没有消亡，反而在汉中、巴蜀、荆楚等地区广为流传，并随着移民的迁徙被传到了北方。

据《汉天师世家》《历世真仙体道通鉴》等书记载：张陵曾在龙虎山（今属江西省贵溪市）炼丹修道，因在此山炼丹成功后有龙虎出现，故名为龙虎山。后张陵第四代孙张盛，自汉中还居龙虎山，开龙虎山正一宗坛，传授弟子。从此世居山中，或隐或显。不过从正史记载来看，张鲁率全家降魏后，他的五个儿子均被封为列侯，并享受"命婚帝族"的荣宠，似乎不太可能离开魏国去还属于吴地的龙虎山创教，而且张鲁五子之中也未见有张盛之名。这就为龙虎宗的起源添加了神秘的色彩。

北魏时，嵩山道士寇谦之自称奉太上老君之命，在北方清整派系，革新教务，创立了"新天师道"；在南方，陆逊的后代陆修静在庐山传道，也创立了"南天师道"。同时，张陵子孙之名也开始见于史籍，如刘大彬《茅山志》卷十五曾记有张陵九世孙张玄真、十世孙张景遘等十人。《道学传》和梁简文帝《招真馆碑》也记载了张陵的十二世孙张裕在虞山（今江苏常熟市西北）招真馆的事迹，但这些天师后裔皆不居于龙虎山。直至唐代中晚期，始有张天师居龙虎山的记载。敦煌遗书中①存晚唐诗人李翔的《涉道诗》中有《献龙虎山张天师》诗一首，称颂当时龙虎山张天师"世上无人见不尊"；《全唐诗外编下》有唐元和初（806—820 年），进士信州人吴武陵的《龙虎山》，诗中有"五斗米仙真有道"之句；五代徐锴在《茅山道门威仪邓先生碑》中称，茅山道士邓启霞于唐咸通十二年（871 年）"诣龙虎山十九代天师，参授都功正一法箓"。

在北宋年间，天师道龙虎宗在宗教界的声势已经凸显。宋真宗大中祥符八年（1015 年），二十四代天师张正随被召至吏部，尚书王钦若为其奏立授箓院，并敕改其"真仙观"为"上清观"。张正随年 87 岁而终，宋真宗为其作制曰："尔祖得灵诠于金阙，垂法统于后昆，汝为嫡孙，绍承异学，兹启先天之秘，以诱后觉之民，为帝鉴观，跻世仁寿，赐颁徽号，益衍玄猷。"赐号"真静先生"。

直至北宋结束，龙虎宗前后有六位天师被皇帝封为"先生"：二十四代天师张正随为真静先生，二十五代天师张乾曜为澄素先生，二十六代天师张嗣宗为虚白先生，二十八代天师张敦翙为葆光先生，二十九代天师张景瑞为葆真先生，第三十代天师就是张继先，被皇帝赐号为虚靖先生。

龙虎宗是个积极参与国家政治的宗教团体，它的教义侧重于济世救人，具有一定的社会性。比如，《翊圣保德真君传》载，三十二代天师张守真曾

---

① 《敦煌遗书》P3866 号，参见周维平《从敦煌遗书年敦煌道教》，《中国宗教》2006 年第 6 期。

借降神评价陈抟，他说："守真尝启告曰：'华山陈抟近卒，时人谓之尸解，未审其人修何功行？'真君曰：'抟之炼气养神，颇得其要。然及物之功未至，但有所主掌耳。'"这里的"及物之功"指的就是"济世之力"。

在举行斋醮仪式中，龙虎宗不但祈祝君主永寿，国泰民安，还会宣扬忠孝节义，提倡伦理纲常，这种方式在北宋以前，还鲜有宗教团体去做，因此，龙虎宗立道场为国祈禳，也就成了北宋朝廷每逢节日或君主诞辰的定制项目。这表明，在龙虎宗的教义里，含有一定的护国佑民思想。而"关羽战蚩尤"的传说，实际上也是这样一种思想的体现。

元明以后，"关公战蚩尤"的传说就被人们不断的渲染，并演变成为多种版本。如，《万历续道藏》的《汉天师世家》四卷云：

　　三十代天师讳继先者，宋崇宁二年投符解州盐池，碟蛟死水裔。上问："用何将？"随召关某见于殿左。上惊，掷崇宁钱与之，曰："以此封汝。"世因祀为"崇宁真君"。此当是关帝受封之始。

明人徐道在《历代神仙通鉴》卷十九中也说：

　　（宋元祐中，哲宗召三十代天师张继先除澥池之害）逾倾，雷电昼晦。帝问："卿向用何将？还可见否？"曰："臣所役者关羽也。"即握剑召于殿左，羽随见。帝惊，掷崇宁钱与之，曰："以封汝。"（徽宗时）宫中有祟。见一道士碧莲冠，紫鹤氅，手持水晶如意，前揖曰："奉上帝命，来除此祟。"良久，一金甲丈夫捉祟擘而啖之。帝问金甲者何人，道士曰："所封崇宁真君关羽也。"

明人王世贞也在《关将军四祀图序》中说：

　　宋政和中，解州解池盐至期而败，课辍不登，帝召虚静张真人询之，曰："此蚩尤神暴也。"帝曰："谁能胜之？"曰："臣以委直日，关帅可也。"寻解州奏："大风霆偃巨木，已而霁，则池水平若如镜，盐复课矣。"帝召虚静而劳之，曰："关帅，其可得乎？"曰："可。"俄而见大身，遂充廷。帝惧，拈一崇宁钱投之，曰："以为信。"明当敕拜崇宁真君也。①

在各种版本之中，以《三教源流搜神大全》所载最为详细：

> 义勇武安王，姓关，名羽，自云长，蒲州解良人也。当汉末，与涿郡张飞佐刘先主起义兵。后于南阳卧龙岗三谒茅庐，聘诸葛孔明，宰割山河，三分天下，国号为蜀。先主命关公为荆州牧，不幸吕蒙设计，公乃不屈节而亡，追赠大将军，葬于玉泉山。土人感其德义，岁时奉祀焉。
>
> 宋真宗祥符五年十月十七日，夜有神人自空而降，奏曰："臣乃上天直符使者，玉帝有敕，后八日有圣祖轩辕降于宫阙。"言讫而去。帝次日与群臣议之，洒扫宫室，设祭礼。至日，圣降于延恩殿，帝拜于前。圣曰："吾往昔人皇氏也，其后为轩辕，即汝赵宋之始祖也。吾以汝善修国政，抚育下民而来。"言讫，圣升天矣。帝大异之。帝与群臣议之，圣降之迹山存，天香未散。群臣贺曰："陛下圣德所感，圣祖降于宫阙。"帝诏天下梵宫，并建圣祖宝殿。
>
> 至祥符七年，解州刺史表奏云："盐池自古生盐，收办宣课。自去岁以来，盐池减水，有亏课程。此系灾变，敢不奏闻。"帝遣使持诏至解州城隍庙祈祷焉。使梦一神告曰："吾城隍也，盐之患乃蚩尤也。往昔蚩尤与轩辕帝征战，帝杀蚩尤于此地盐池之侧，至今尚有近迹。近闻朝廷创立圣祖殿，蚩尤大怒，攻竭盐池之水。"飒然而觉，得此报应，回奏于帝。帝与群臣议之，王钦若奏道："地神见报，当设祭一祷之。"帝遣吕夷简持诏就盐池祷之。
>
> 祭毕，是夜梦一神人戎服金甲持剑，怒而言曰："吾乃蚩尤神也，奉上帝之命来此盐池，于民有功，以国有益。今朝廷崇以轩辕，立庙于天下，吾乃一世之仇也，此上不平，故竭盐池水。朝廷若能除毁轩辕之殿，吾令盐池如故。若不从，竭绝盐池，五谷不收，又使西戎为边境之患。"言讫而去。夷简飒然而觉，其梦中之事回奏于帝。

---

① 万历《承天府志》卷十四《艺文》，载于《日本藏罕见中国方志丛刊》影印本，第258页，转引自胡小伟《关公信仰研究系列》第一卷《佛道两教的关羽崇拜》，香港科华图书出版公司2005年版，第321页。

帝亦梦之。王钦若奏曰:"蚩尤乃邪神也。陛下可遣使就信州龙虎山诏张天师,可收服此怪。"帝从之,乃遣使诏天师至阙下。帝曰:"昨因立圣祖轩辕殿,致蚩尤怒,涸绝盐池之水,即今为患,召卿断之。"天师奏曰:"臣举一将最勇猛者,蜀关将军也。臣当召之,可讨蚩尤,必得成功。"言讫,师召关将军至,现形于帝前。帝云:"蚩尤竭绝盐池之水。"将军奏曰:"陛下圣命,敢不从之!臣乞会五岳四渎,名山大川所有阴兵,尽往解州,讨此妖鬼。若臣与蚩尤对战,必待七日方剿除得。伏愿陛下先令解州管内民户三百里内,尽闭户不出,三百里外,尽示告行人,勿得往来。待七日之期,必成其功,然后开门如往。恐触犯神鬼,多致死亡。"帝从之。关将军乃受命而退。遂下诏,解州居民悉之。

忽一日,大风阴暗,白昼如夜,阴云四起,雷奔电走,似有金戈铁马之声,闻空中叫噪。如此五日,方云收雾散,天晴日朗,盐池水如故,皆关将军力也。其护国祚民如此。帝夸其功,遣王钦若斋诏往玉泉山祠下致享,以谢神功。复其新庙,赐庙额曰:"义勇",追封四字王,号曰"武安王"。宋徽宗加封尊号,曰"崇宁至道真君"。

通过比较这几则传说之后我们会发现,成书于南宋的《大宋宣和遗事》将此事记述得比较简约,成书于元明时期的《三教源流搜神大全》,就已经把事情的细节描绘得清清楚楚了。而且,在《大宋宣和遗事》中,"关公战蚩尤"的主角明显是天师张继先,而在《三教源流搜神大全》中,故事的主角就已经完全转变成关羽了。这说明,"关公战蚩尤"的故事自南宋产生以来,得到了历代正一派教众的推崇,其内容也日渐丰满,同时,关羽的影响力也在不断地飙升。

另外,虽然故事的主题未变,但各种版本的内容却略有不同。有的把时间定位在崇宁二年,有的是在祥符五年,也有的是元祐、政和年间;天师有张继先、张真人之别;皇帝也分别为宋徽宗、宋真宗和宋哲宗,但赐封关公为"崇宁真君"的皇帝都被记为宋徽宗,这是因为哲宗、徽宗确实封赐过关羽,《宋会要辑稿》称:

蜀汉寿亭侯祠。一在当阳县,哲宗绍圣二年五月赐额"显烈"。徽宗崇宁元年二月封"忠惠公",大观二年进封"武安王"。

　　至于《三教源流搜神大全》在"关公战蚩尤"中又加上了宋真宗，则和一个真实的历史事件有些关系，即著名的"天降神书"事件。

　　《宋史·志五十七·礼七》记载，大中祥符五年十月，宋真宗对他的辅臣说："朕梦先降神人传玉皇之命云：'先令汝祖赵某授汝天书，令再见汝，如唐朝恭奉玄元皇帝。'"在满朝文武准备好迎神之礼以后，宋真宗确实见到了赵氏祖神。祖神对他说："吾人皇九人中一人也，是赵之始祖，再降，乃轩辕皇帝，凡世所知少典之子，非也。母感电梦天人，生于寿丘。后唐时，奉玉帝命，七月一日下降，总治下方，主赵氏之族，今已百年。皇帝善为抚育苍生，无怠前志。"可见宋真宗通过"天降神书"已经认轩辕为赵氏皇族的祖先，而轩辕就是黄帝。

　　《山海经·大荒北经》云：

　　　　蚩尤作兵伐黄帝，黄帝乃令应龙攻之冀州之野。应龙蓄水。蚩尤请风伯雨师，纵大风雨。黄帝乃下天女曰魃，雨止，遂杀蚩尤。

　　可知蚩尤为黄帝所杀。罗泌《路史·后纪四·蚩尤传》载：

　　　　（黄帝）传战执尤于中冀而殊之，爰谓之"解"。沈括《梦溪笔谈》卷三云："解州盐泽，卤色正赤，俚俗谓之'蚩尤血'"。

　　可知解州本为蚩尤身死之处。这就为后世传说留下了由头。

　　另外，自西汉以来，盐税即是国家最重要的财赋来源之一，《新唐书》卷五十四《食货志》曾云："（刘）晏之始至也，盐利才四十万缗。至大历末，六百余万缗。天下之赋，盐利居半。宫闱服御、军饷、百官禄俸，皆仰给焉"，而"榷盐之利，国用所资"，"国家经费之大，藉于盐利者居多"等议论亦充斥史书。而解州盐池产的"解盐"一直在盐税中占有重要的地位，唐人誉解州池盐为"阴阳调和，神鬼驱造，不劳人而擅其利。与夫凿泉、煮海不相为谋"，宋人则说："海盐、井盐全资于人，解池之盐全资于天，而人不与。"柳宗元《晋问》曾有"猗氏之盐，晋宝之大也。人之赖之与盐同。化若神造，非人力之功也"。唐大历八年（773年）盐池曾被朝廷赐号"宝应灵庆池"。南宋学者吕祖谦评论宋代盐利时，曾有"惟海盐与解池之盐，最资国用"之语。人们甚至把盐池视为某种神灵，立祠祭祀，至今山西运城解州的盐池边还立有池神庙。所以解州盐池获灾，对于北宋朝廷来说，实际上是动摇国本之事。

在"关公战蚩尤"的传说中，张天师、关公所代表的是大宋皇帝以及整个国家的利益，而蚩尤则代表的是皇帝的仇人和国家利益的破坏者。国家受难、百姓受苦，天师张继先临危受命、为国出力，这其实就是这则传说想要传播的主题思想。通过这个传说，龙虎宗必将会得到当时的朝廷和民众更多的信任与支持，而关公文化也必将因这个传说而加快传播速度。

宋嘉熙三年（1239 年），宋理宗命第三十五代天师张可大提举三山符箓①，兼御前诸宫观教门公事，主领龙翔宫，赐号"观妙先生"。龙虎宗遂开始整合上清、灵宝等符箓道派，并逐渐发展成为道教的第一大宗。元大德八年（1304 年），元成宗敕封龙虎山第三十八代天师张与材为"正一教主""主领三山符箓"。而关公文化也在宋元时期大盛于世，这都和"关公战蚩尤"的广泛流传有着密切的关系。

二　朗灵关元帅

在关公文化迅速发展的宋元之际，道教出现了众多以关羽为主题的经文。从目前的资料来看，在这些经文中以《太上大圣朗灵上将护国妙经》产生的时间为最早，原文字数不多，现抄录如下：

> 尔时兴国太平天尊、义勇武安王、汉寿亭侯关大元帅敕封崇宁真君，圣父聪明正直忠翊仁圣明王，圣母助顺明素元君，神子圣孙，参谋大将，麾下左右统兵分兵之神，伏兵降兵之神，藏兵收兵之神，布阵摆阵之神，团阵走阵之神，水阵火阵之神，八方八煞、四方四勇天丁，掣电轰雷、腾云致雨、鸣锣击鼓、发号施令将军，合司文武公卿，玉泉山得道仙真。
>
> 吾授玉帝敕命三界都总管、雷火瘟部、冥府酆都御史，提典三界鬼神。吾今登坛示知尔众：日在天中，心在人中。日在天中，普照万方。心在人中，不容一私。宁为忠臣而不用，毋邪媚以欺君。宁为孝子而不伸，毋忿戾以忤亲。无论纲常伦理，无论日用细微，皆当省身

---

① 道教三山为：龙虎山、茅山、阁皂山。

寡过，不可利己损人。一念从正，景星庆云。一念从邪，厉气妖氛。善恶明如观火，祸福应若持衡。凡我含生，总盟此心。吾司雷部霹雳，奏疏速上天庭。昼察阳元功过，夜判冥府鬼神。若人传写千本，胜看一藏真经。吾遣天丁拥护，自然百福来臻。即说咒曰：

大圣戡魔纠察三界鬼神刑宪都提辖使、三界采探捕鬼使者、元始一炁七阶降龙伏虎大将军、崇宁真君、雷霆行符伐恶招讨大使、三十六雷总管、酆都行台御史、提典三界鬼神刑狱公事大典者、提督刑案神霄大力天丁、三界都总兵马招兵大使、统天御地诛神杀鬼大元帅。

尔时与会文武圣众，闻是经说，莫不踊跃赞叹称善。若人虔心讽诵，上至帝王，下及民庶，即得星辰顺度，社稷安宁，人物康阜，灾厄蠲除。凡有请祈，悉应其感。一切人天，均沾利益。信受奉行，作礼而退。

大明万历三十五年岁次丁未上元吉旦，正一嗣教凝诚志道阐玄弘教大真人，掌天下道教张国祥奉旨校梓①

此经文堪称释、道、儒三教圆融的经典之作，先是借取了"智者大师度化关羽"的佛教典故，后又用儒家崇尚的忠义观念、纲常伦理来进行劝世，最后再以道教的符箓为人蠲除灾厄。通观全篇，作者可谓是用心良苦。

经文署名为"正一嗣教凝诚志道阐玄弘教大真人掌天下道教事张国祥奉旨校梓"，张国祥为第五十代天师，传法于明朝万历年间，即是"校梓"，则此经非其所作。从"酆都行台御史"来看，这篇经文应产生于元代，因为"行台御史"②是元代的专有官职。从名称《太上大圣朗灵上将护国妙经》来说，也许道教与关公文化产生关系的时间还要更早，因为"朗灵"就是"朗州之灵"，而朗州却是武陵郡在隋唐以后的称谓。

《隋书·地理志》载，开皇九年（589年）隋灭陈后，废陈在武陵郡所置的沅州，改武陵郡为朗州，并临沅、汉寿、沅南为"武陵县"。隋炀

---

① 《道藏》第34册，文物出版社、上海书店、天津古籍出版社1988年版，第746—747页。

② 至元十四年（1277年）七月，元世祖忽必烈为了加强对江南新征服区域"方伯连帅"、"大小官吏"的监督，降诏设置了以蒙古勋旧相威为统领的行御史台。这种官署在明代以后废除。

帝大业三年（607年），又将朗州更名为武陵郡。《旧唐书·地理志》云：武德四年（621年）平肖铣置朗州，天宝元年（724年）改为武陵郡，乾元元年（758年）复为朗州。属山南东道，旧领县二：武陵（今常德市武陵区、鼎城区、桃源县地）、龙阳（即三国时代的汉寿）。又据《文献通考》记载：唐昭宗时，以澧、朗二州为武贞军。此后，朗州之名虽多有废立，但基本沿袭到了清代。

关羽的封邑为汉寿，汉寿在三国时代属于武陵郡，而武陵郡就是朗州，因此将关羽称为"朗灵上将"确也不错。

道教还传有《酆都朗灵关元帅秘法》①，在此"秘法"中，主法祖师为三十代天师虚靖张真君；将班为主将酆都朗灵馘魔大将关元帅，副将清源真君赵昱，统领飞天八将：韦锡、刘锄、杨鉴、孟锷、车镥、夏金练、劣炉、桑铜。

"遣咒"为：

> 天心天心，莫负我心，雷霆迅速，关羽即今酆都大帝，令下排兵，急抵患家，搜捉邪精，若有违戾，黑律匪轻，急急如紫微大帝敕，酆都大帝令。

可见关羽在道教中又成为"酆都大帝"。

酆都即为"地狱""阴曹地府"，"酆都大帝"又被称为"北阴大帝""北太帝君"。南朝陶弘景②在《真灵位业图》中所排神仙座次的第七中位即为"酆都北阴大帝"，称其为：

> 炎帝大庭氏，讳庆甲，天下鬼神之宗，治罗丰山，三千年而一替。

他在《真诰》卷十三中说：

---

① 《道法会元》卷260，辑录于《正统道藏》第30册，第594页。
② 陶弘景（456—536年），字通明，南朝梁时丹阳秣陵（今江苏南京）人，人称"山中宰相"。他的思想脱胎于老庄哲学和葛洪的神仙道教，后开创茅山宗（即南天师道），是南朝道教中最有影响的人物。

鬼官之太帝者，北帝君也，治第一天宫中，总主诸六天宫。

是总领生杀大权的鬼官。《真诰》卷十五"阐幽微第一"也载：

罗酆山在北方癸地，山高二千六百里，周回三万里。……其上其下并有鬼神宫室。山上有六宫……第一宫名为纣绝阴天宫，以次东行，第二宫名为泰煞谅事宗天宫，第三宫名为明晨耐犯武城天宫，第四宫名为恬昭罪气天宫，第五宫名为宗灵七非天宫，第六宫名为敢司连宛屡天宫。凡六天宫是为鬼神六天之治也。

注云，此六天宫：

是北丰鬼王决断罪人住处，其神即应是经（今）呼为阎罗王所住处也，其王即今北大帝也。……凡生生之类，其死莫不隶之至于地狱。

炎庆甲者，古之炎帝也，今为北太帝君，天下鬼神之主也。

可知在道教系统中，炎帝即为第一任"酆都大帝"。

炎帝又与朗州（武陵）的各个民族渊源极深，所以作为"朗灵上将"的关羽接替炎帝成为"酆都大帝"似乎也是顺理成章的事。

但从另一角度来看，"酆都朗灵"的"酆"，也许是"澧"的笔传之误。因为澧州（今湖南常德澧县）就在朗州的边上，三国时代也属于武陵郡。况且，澧州还曾辖管屡陵①，而"屡陵"在蜀汉政权之时的名字叫"公安"，即刘备的治所，也是在建安十三年（208 年）和十七年（212

---

①　澧县，因澧水贯境而得名，素称"九澧门户"。澧之名首见于《禹贡》，春秋、战国均属楚。秦属慈姑县，隶黔中郡。两汉时期为屡陵、零阳县，属武陵郡。三国时，始属蜀，后属吴零阳、作唐县，分隶天门郡、南郡。西魏恭帝二年（555 年）始置澧州。隋开皇九年（589 年），改澧州为松州，不久复名澧州，新置澧阳县（澧县）。隋大业三年（607 年），改澧州为澧阳郡，辖澧阳、石门、屡陵、安乡、崇义、慈利 6 县。唐武德四年（621 年），复为澧州，仍辖 6 县。唐天宝元年（742 年）改为澧州澧阳郡。唐乾元元年（758 年）复为澧州。宋乾德元年（963 年）又为澧州澧阳郡。元至元十二年（1275 年）升为澧州路，至元十四年（1277 年）改为澧州路总管府。明洪武九年（1644 年）复为澧州，并裁澧阳县入州治，隶常德府。清康熙三年（1644 年），澧州改隶岳常澧道。雍正七年（1729 年）升澧州为直隶州，辖安乡、石门、慈利、安福 4 县。雍正十三年（1735 年）增辖永定县（今张家界永定区）。

年）之间荆州实际的政治中心。可知，鄂州、朗州的关公信仰本先于道教的介入而存在。所以，道教中关羽"鄷都朗灵"的称号在产生之初很有可能就是"澧、朗之灵"。后因时间久远，这个称号却渐渐地失去了原本的意思。

也许后世的道士并不明白此间道理，索性"确立"了从鄷都召唤关羽的咒语，如《东岳独体关元帅大法》：

> 鄷都大将，斩鬼馘魔。拖刀仗剑，运戟挥戈。威声烜赫，邪道消魔。大刀所拖，倾倒山河。随吾符命，速出北罗。上帝有敕，普济沉疴。急急如北帝律令。……①

明永乐皇帝敕第四十三代天师张宇初编修的《正统道藏》中还载有《道法会元·地祇馘魔关元帅秘法》② 一文，此文为关羽"鄷都朗灵"之名另创了起源。文中所言，关羽是北极紫微大帝之主将，称为"雷部斩邪使，兴风拔云上将，馘魔大将，护国都统军，平章政事，崇宁真君关元帅"，并赞扬关羽"英烈威灵，在生忠勇，死后为神，忠贯日月，德合乾坤"，还曾"诛砍妖魔"，例证就是：崇宁年间，第三十代张天师奉诏往盐池除孽蛟，他在东岳庙行香时，看到廊庙的关羽神像，问左右此是何神？弟子回答是汉将关羽，乃忠义之神。张天师便遣关羽诛蛟。即时风云四起，雷电交加，关羽即斩蛟于盐池上。张天师奏明徽宗，徽宗命召见。关羽现形于殿下，拽大刀执蛟首于前，不退。徽宗掷崇宁钱，封之为"崇宁真君"。天师责之非礼，罚下鄷都五百年。这个故事其实还是"关公战蚩尤"的增补，只是加了关羽见徽宗不退的情节，但却似乎说清了关羽下鄷都的原因。

自嘉靖年间开始，关羽明显在道教系统中的地位又尊崇了许多，在《三界伏魔关圣帝君忠孝忠义真经》的《关圣帝君诰》中，关羽已是：

> 太上神威，英文雄武，精忠大义，高节清廉，协运皇图，德崇演

---

① 李一氓：《藏外道书》，巴蜀书社 1992 年 8 月影印本，第二十九册，第 91 页。

② 《道法会元》为道教道法之大型汇编，共计 268 卷。其序作于元代至正丙申（1356 年），并提及第三十九代天师张嗣成，当成于元末。

正，掌儒释道教之权，管天地人才之柄，上司三十六天星辰云汉，下辖七十二地冥垒幽酆，秉注人身功德延寿丹书，执定生死罪过夺命黑籍，考察诸天诸神，监制群仙群职，高证妙果，无量度人，至灵至圣，至上至尊，伏魔大帝，关圣帝君，大悲大愿，大圣大仁，贞元显应光昭翊汉灵佑天尊。①

从此，关羽已成为道教中统管三界十方神仙鬼神的超级神祇，并跳出历代神谱之外，自成一格了。

三　全真的介入

据清人王复礼《季汉五志》的记载，在万历四十二年十月，明神宗加封关羽为"三界伏魔大帝神威远震天尊关圣帝君"之时，"特命全真道士周宏真等赍请，前去彼处供安，镇静方隅，肃清中外。"可知道教中崇奉关羽者已不独正一派，亦延至并盛行于全真。

其实全真道士的关公崇拜早在元代已有所显现。如至元十八年（1281年），山西荣河县道士张志觉创建栖云观，前殿设老子像，后殿则：

> 列七真人于座，求全吾真者，得知所自出。堂之左右，延宇垂阿，武安、灵官位奠焉。②

关羽在元代曾被封为："齐天护国大将军、检校尚书、守管淮南节度使、兼山东、河北四门关镇招讨使、兼提调天下诸宫刹、无地分巡按、管中书门下平章政事、开府仪同三司、金紫光禄大夫、驾前都统军、无佞侯、壮穆义勇武安英济王、崇宁护国真君。"③

既然"兼提调天下诸宫刹"，全真教道观自也统摄其中。

全真教产生于金代，又称全真道或全真派，是中国道教的一个重要支派，于北宋末年由王重阳在河南终南山所创。王重阳去世以后，由他的七

---

① 李一氓：《藏外道书》第四册，巴蜀书社1992年8月影印本，第273页。

② 段成式：《创修栖云观记》，《全元文》第二册，凤凰出版社2004年版，第218页。

③ 《山右石刻丛编》卷三八《关庙诏》，转引自胡小伟《关公信仰研究》第三卷《元代关羽崇拜》，香港科华图书出版公司2005年版，第76页。

位弟子轮流接任教主之职，其中之一的丘处机曾随同成吉思汗西征，这使得全真教在元初日渐鼎盛。

蒙哥汗八年（1258年），忽必烈集佛教高僧、全真道士辩论《老子八十一化图》的真伪。据《至元辩伪录》①记载，这是一次总人数达700余人的大规模论战。佛教方面的参加者主要是以福裕为首的禅宗和尚及克什米尔佛教的那摩与西藏佛教的八思巴共计300余人，全真教方面则是以第三代弟子张志敬为首的200余人，此外，到场的还有作为裁判人员的200余人。此次辩论以福裕、那摩、八思巴所代表的佛教取得压倒性的胜利而告结束。全真教从此一蹶不振。

入明以后，全真教的宗教地位依然日趋下降，其主要原因是明朝皇帝所崇信的道教为正一派。朱元璋曾在《御制玄教斋醮仪文序》中说：

> 朕观释道之教，各有二徒。僧有禅，有教。道有正一，有全真。禅与全真，务以修身养性，独为自己而已。教与正一，专以超脱，特为孝子慈亲之设，益人伦，厚风俗，其功大矣哉。②

他认为道教全真派、佛教禅宗偏重自修，而道教的正一派、佛教的律宗更有社会责任感，对益人伦、厚风俗功不可没。朱元璋的这种说法使得全真派的宗教影响力在有明一代都无法超越正一派。

但全真教还是有很多的忠实信众，在北方的民间社会中它的号召力依然存在，所以对于几大全真道场，正一派的势力一直无法介入。同时，朝廷的冷淡态度反而激起了全真道士在完善教义、充实教众方面进行了不懈的努力。明代的全真道不但增加了全真正一、全真律宗等几大支派，又积极地吸收了其他道教派系中的思想，包括天师道中的天师系统和神灵体系，这其中就包含关公崇拜。

在今青岛崂山仰口湾西南的上苑山东南猪头峰下，有一处景色清丽的道院，即为"关帝庙"。这是崂山地区至今所存留的唯一一座主祀关羽的

---

① 释祥迈：《至元辩伪录》卷三，辑录于《续修四库全书》，上海古籍出版社1996年版，第411—469页。

② 《大明玄教立成斋醮仪范·御制玄教斋醮仪文序》见《道藏》第9册，文物出版社、上海书店、天津出版社1988年版，转引自余来明、黎超《明代道教文学研究的几个问题》，《云南大学学报》（社会科学版）2013年第4期。

道教庙宇，其创建时间是明朝嘉靖年间。

据民国时期的重修碑记载，这座关帝庙本系太平宫之下院，属全真华山派，清光绪十二年（1886年）从太平宫分出，1929年由道士刘太清、贾太成主持重修，始具规模。

据当地政府1959年统计，青岛道教宫、观、庵、庙、洞共59座，今尚存并可数者有44座，分属于全真教七真十派，其中刘长生（刘处玄）所创"随山派"之庙庵有：太清官、天后宫、关帝庙、常在庵、白云庵、真武庙。可知这座庙也曾被划为随山道场。

实际上，自明清以来，崂山道教各派在数百年的时间里几多分化融合，现在已很难说清这座关帝庙最初属于何门何派，但如果说建自嘉靖年间，却很有可能和金山派创始人护国天师孙玄清有关。

孙玄清，字金山，号海岳山人，青州府寿光县人，明武宗正德十二年（1517年）至隆庆三年（1569年）在世。据清人梁教无《玄门必读》载：孙玄清自幼于崂山明霞洞出家，师事李显陀，后游铁查山云光洞，遇通源子授以天门升降运筹之法，复遇斗篷张真人（张三丰）谈修真口诀，豁然贯通。嘉靖三十七年（1558）至北京白云观坐钵堂一载，因祈祷求雨有验，"大着灵异"，世宗敕封他为"护国天师府左赞、金山子海岳真人"，令他"掌管真人府事"，后返回崂山传道。民国《寿光县志·人物志·方技》载："孙玄清，号紫阳，本瞽（盲）僧。嘉靖间至即墨崂山明霞洞弃释就道。修养20余年目复明，赴北京白云观，著《皇经始末玄奥》《注灵宝秘诀》诸编。"

孙玄清是明代全真道士中的最显贵者，本属龙门派第四代，其后别立"金山派"（或曰"崂山派"）。该派是较早融合斋醮祈禳等正一符箓法术的全真龙门道派之一，《全真须知》中列有金山派派目。目前崂山、泰山和辽宁千山等风景区的道教庙宇大多属于金山派。

由此可知，孙玄清有在北京"坐钵堂"的经历，又是融合正一派法术的倡导者，同时，他又因被嘉靖皇帝封为"护国天师""掌管真人府事"而具有广泛的号召力。

嘉靖皇帝是关公文化发展中的重要人物，他对关公的崇信程度远远超过前代的任何一个帝王，孙玄清对此不可能不知道。因此，在他返回崂山之后修建关帝庙，并将关公信仰在全真各派中弘扬也是符合情理之事。

《玄门必读》中载，孙玄清曾因张三丰的修真口诀，而"豁然贯通"，可知金山与武当两派渊源极深，而武当道是以真武大帝为主神，有了这层关系，关羽在全真道之中的神格又成为"北极镇天真武玄天上帝"麾下的马、赵、温、关四大元帅之一。① 所以，万历初年的福建书商余象斗，还在他编写的神话小说《北方真武祖师玄天上帝出身志传》（又称《北游记》）中专门描写了关羽保护真武大帝降妖除魔的情节。不过关羽的这个"身份"持续的时间并不长，因为在万历四十二年（1614 年），神宗皇帝加封关羽为"三界伏魔大帝"之时，还特别强调此后关羽将"永昭定乱之神功，安享帝君之尊奉"，其道教神职"以宋忠臣鄂王岳飞代"，可见在明代晚期，关公在皇家祭祀中的地位已经至少和真武大帝相等，此后的道教门徒自不敢妄加贬低。

今在北京白云观、武当山和很多的全真道观中，都有关羽或"财神"或"天尊"或"神将"的造像，这其中之缘起应该都和孙玄清以及金山、龙门两派有关。

第三节　儒家与关公文化

一　蜀汉正统论

在先秦儒家思想中，已含有"威武不屈""自强不息""天下为公""仁者爱人""杀身成仁""见利思义"等精神元素，这些元素在关羽的人生经历中都有所体现，因此，儒家能够认可关羽，也是顺理成章的事情，唐代的文人、学者就曾为关公文化的形成起到过积极的作用（如董侹、郎士元）。但是作为一个重要的社会群体，儒生们真正认识到关公文化的意义，并且开始有意识的推广，还是宋代以后的事情，这和当时庙堂上正在进行的围绕"正统论"和"忠义观"之间的辩论有着很大的关系。

"正统"，又称法统、道统、礼仪之统，这是一个攸关历代皇朝统治者地位合理性的重大问题，也是一个困扰了中国人近两千年的政治文化问题。其理论依据有两端，一是"五德运转说"，一是"春秋大一统"论。

"五德运转说"是战国时期阴阳家邹衍所倡导的历史观，他把来源于中国上古哲学的"阴阳"观念和"五行"观念糅合到一起，用来解释历

___

① 真武麾下四大元帅为马灵耀、赵公明、温琼、关羽，见《北方真武祖师玄天上帝出身志传》。

史上的朝代兴替的原因，为新兴王朝的建立提供理论依据。他说"五德从所不胜，虞土、夏木、殷金、周火"。木克土、金克木、火克金、水克火、土克水。按照它的说法，五行代表的五种德性是以相克的关系传递的，后世也有人提出五行相生的说法来解释五德终始。

"春秋大一统"是一种兴盛于汉代的政治思想，最初来源于《春秋公羊传·春王正月》：

> 元年者何？君之始年也。春者何？岁之始也。王者孰谓？谓文王也。曷为先言王而后言正月？王正月也。何言乎王正月？大一统也。

董仲舒将这种"统一历法"的观点赋予了国家政权统一和国家意识形态统一的含义。他在《春秋繁露》中云：

> 王者受命而后王。王者必改正朔，易服色，制礼乐，一统于天下。①

亦即"改正朔"乃是圣王勃兴、天下一统的标志，"唯天子受命于天，天下受命于天子。"行使王权的天子是国家的根本，是天的人格化，是上天在人间的代表。就这样，"大一统"已经不仅指人类社会，还包括天地万物在内，亦即政治上的一统和思想文化上的一统。这种宏大的政治理想在中国传统政治思想体系中一直占有纲领性的地位。

经过后代学者的不断丰富和调整，"五德运转说"和"春秋大一统"这两种理论到两宋时期，已经发生了重大转变。

首先，儒生们以"春秋大一统"为理论基础，否定了"五德运转说"，提出"居天下之正"与"合天下于一"②的正统标准，这为解释历代政权的合法性和正当性提供了新的理论依据。然后，随着理学"存天理""灭人欲"等学说的兴起，儒家所信奉的历史观逐渐以"王道仁德"代替了"一统功业"，从而使得"正统"理论在王道和霸道、道德和功业的思辨上反复纠缠着，这就让三国时期"争立正统"的历史旧账又被重

---

① 董仲舒：《春秋繁露》，中华书局1975年版，第230页。
② 欧阳修：《居士集》卷十六《正统论下》，中华书局2001年版，第269页。

新提到了台面上。

在宋代以前，历代朝廷对于三国的看法大都是以"魏"为正统，虽然习凿齿在《汉晋春秋》中"以魏为伪国者"，但也只是一家之言，对当时以及后世很长一段时间的社会主流意识形态并没有产生太大的影响。这种情况到了宋代发生了根本的改变，这是由于一场史学争端引起的。

先是编纂《新五代史》的欧阳修坚持以"魏"为正统，并作《魏论》阐明他的观点：

> 新与魏皆取于汉，新辄败亡，魏遂传数世而为晋。不幸东汉无贤子孙，而魏为不讨之仇。今方黜新而进魏，疑者以谓与奸而进恶，此不可以不论也。昔三代之兴也，皆以功德，或积数世而后后王。其亡也，衰乱之迹，亦积数世而至于大坏，不可复支，然后有起而代之者……夫得正统者，汉也；得汉者，魏也；得魏者，晋也。晋尝统天下矣，推其本末而言之，则魏进而正之，不疑。①

随后，司马光在《资治通鉴》中也说：

> 乃汉室倾覆，三国鼎峙，晋氏失驭，五胡云扰……然天下离析之际，不可无岁时月日以识其事之先后。据汉传于魏而晋受之，晋传于宋以至陈而隋取之，唐传于梁以至于周而大宋承之，故不得不取魏宋齐梁陈后梁后唐后晋后汉后周年号，以纪诸国之事，非尊此而卑彼，有正闰之辨也。昭烈之于汉，虽云中山靖王之后，而族属疏远，不难纪其世数名位，亦犹宋高祖称楚元王后，南唐烈祖称吴王恪之后，是非难辨，故不敢以光武及晋元帝为比，使绍汉氏之遗统也。②

这在儒生群体中激起了一片质疑声，首先发难的竟然是欧阳修的门人章望之，他认为："进秦梁，得而未善也。进魏，非也。""乡人且耻与盗

---

① 欧阳修：《居士外集》卷九，转引自胡小伟《关公信仰研究系列》第二卷《宋代儒学与关羽崇拜》，香港科华图书出版公司2005年版，第300页。

② 司马光：《资治通鉴》卷六九《魏纪一·文帝黄初二年》，中华书局1956年版，第2186—2188页。

者偶，圣人岂得与篡君同名哉？"他认为那些靠篡位而得天下的只不过是"霸者也"，而"弑君得天下而不失为霸"，所以提出了"霸统论"的观点①。而协助司马光编纂《资治通鉴》的刘恕，则更为直接地否定了司马光的"尊魏"主张：

> 然汉昭烈窜巴蜀，似晋元。吴大帝兴於江表，似后魏。若谓中国有主，蜀不得绍汉为伪，则东晋非中国也；吴介立无所承为伪，则后魏无所承也，南北朝书某主而不名。魏何以得名吴蜀之主乎？②

由此，宋代史学界开始了"正统"之争。

到了南宋，这场辩论以"尊蜀"一方获胜而告终。先是李季可在《松窗百说》中说：

> 魏武取天下于盗贼，不取于汉，《通鉴》之误也。譬田园之主幼弱，为强力者侵夺，其家老能办理而尽复之，遂治为己有，可乎？则不可也。谓非主人之有，又大有不可也。彼是时，方挟天子而令诸侯，动以朝廷为辞，是主人之名，而复天下也。不以汉氏，其谁从之？酬其功，既已极人臣矣。方孙权劝操称尊号，乃曰："是子欲踞吾炉火上邪？"固自知之矣。③

他认为司马光在《资治通鉴》中的"尊魏"思想完完全全是"强盗逻辑"。而后，理学大家朱熹在《通鉴纲目》中径以"刘蜀继汉"为正统，公开与司马光唱反调：

> 温公《通鉴》以魏为主，故书"蜀丞相亮寇"。何也？从《魏志》也，其理都错，某所做《纲目》以蜀为主，问《纲目》主意，

①　苏轼：《正统辩论》，转引自胡小伟《关公信仰研究系列》第二卷《宋代儒学与关羽崇拜》，香港科华图书出版公司2005年版，第301页。

②　刘义伸：《通鉴问疑》，转引自胡小伟《关公信仰研究系列》第二卷《宋代儒学与关羽崇拜》，香港科华图书出版公司2005年版，第303—304页。

③　李季可：《松窗百说》，辑入《笔记小说大观》，台湾艺文印书馆1964—1969年版，第55—56页。

曰"主在正统"。问"何以主正统?"曰"三国当以蜀汉为正,而温公乃云某年某月诸葛亮入寇,是冠履倒置,何以示训?遂欲起意成书"。

朱熹的再传弟子黄震也说:

> 陈寿何人?敢谓贼为帝,而谓汉为贼?且忍于一旦灭汉之号,而私以蜀为称。习熟既久,甚至《通鉴》亦仍其旧。……故作史者以编年之法论,则献帝之汉既灭,当以昭烈之汉继之;昭烈之汉既灭,始不得已而属之吴、魏,以南北分系,特其间尚有斟酌者:昭烈虽有之兴复而未遂,吴、魏乃一时角力,非素相统摄。①

客观地说,在北宋儒学的正统论中,重"一统"甚于"居正",如欧阳修、司马光的正统论,皆是偏重事功,而削弱了"居正"的意义,然而,他们之所以这样立论也自有隐衷。因为,北宋史官一直面临着一个尴尬的难题,那就是如何以正统观念看待历史。比如梁朝,欧阳修撰《新五代史》时不以梁为伪,但也不认其为正统,于是有人指责他不能"信乎后世",欧阳修即撰《或问》申诉,认为朱梁掌有国家权力,修史不能以其为伪,但梁君乃叛国之臣,篡位之君,又不能视其为正统。但麻烦的是,北宋开国皇帝赵匡胤终究也是篡位之君,也是靠"陈桥兵变"的叛国行为才得到天下的,这如何能算是"正统"?所以,欧阳修又撰写了《原正统论》《明正统论》等文章,试图厘清这种矛盾,他说:"正者,所以正天下之不正也;统者,所以合天下之不一也","夫居天下之正,合天下于一,斯正统矣","始虽不得其正,卒能合天下于一;夫一天下而居正,则是天下之君矣,斯所谓正统可矣。"然后他又提出了四项正统的标准:功、德、迹、义,这实际上就是为了给北宋政权的合法性正名。为了再次阐述"合天下于一"即"功"的重要性,这才有了前面所述的《魏论》,强调了曹魏政权的正统地位,因此北宋自然也就是合理合法的"正统"。司马光继承了他的思想,所以在《资治通鉴》中依然是"帝魏

---

① 黄震:《古今纪要》卷四,转引自胡小伟《关公信仰研究系列》,香港科华图书出版公司 2005 年版,第 306 页。

寇蜀"。究其根源，这实际也是北宋儒生们的无奈之举。

而到了南宋，形式发生了根本的变化。"建炎南渡"以后，大宋失掉了天下一统的地位，同时面临社稷沦亡的威胁。这样的政治格局，给南宋儒生以极大的震动，导致了文化心态和历史观念的剧烈变化，所以在南宋的正统论中，"合天下于一"的观念开始淡化，"居正"原则开始得到强调。朱熹的"褒刘贬曹"学说，具有很强的代表性，因此这种理论的产生也就完全改变了儒学界的"帝魏寇蜀"立场。

周密编写的《癸辛杂识·后集》卷一六九《帝统部》云：

> 欧公作《正统论》，则章望之著《明统论》以非之。温公作《通鉴》，则朱晦庵作《纲目》以纠之。张敬夫亦著《经世纪年》，直以蜀先主上继汉献帝。其后庐陵萧常著《后汉书》，起昭烈章武元年辛丑，尽后主炎兴元年癸未。又为吴魏《载记》。近世郑雄飞亦著《续后汉书》，不过踵常之故步。最后翁再又作《蜀汉书》，此不过拾萧、郑弃之竹马耳。

可知自朱熹以后，"蜀汉正统论"已成南宋史家之定论。

在中国哲学史上，理学是影响时间最长的官方哲学，而朱熹正是理学的集大成者。他曾被誉为是继孔子之后中国历史上最伟大的思想家，所以朱熹的"蜀汉正统论"成为南宋之后的元、明、清儒学中的主流思想，延续九百余年的"曹魏正统论"被彻底地推翻了。也就是从这时起，儒生们才开始重新品评蜀汉政权中的文臣武将，除诸葛亮一直具有强大的影响力以外，其他的蜀汉人物还没有被他们如此重视过，关羽也是其中之一。而朱熹的另一番话又将关羽提高到令儒生仰视的程度，因为朱熹不仅仅"尊刘抑曹"，还"贬吴"，后人编辑的《朱子语类》中曾记载了他说的一段话：

> 学者皆知曹氏为汉贼，而不知孙权之为汉贼也。若孙权有意兴复汉室，自当与先主协力并谋，同正曹氏之罪。如何先主才整顿得起时，便与坏倒！如袭取关羽之类是也。权自知与操同是窃据汉土之人。若先主事成，必灭曹氏，且复灭吴矣。权之奸谋，盖不可掩。平时所与先主交通，姑为自全计尔。

这是儒家学者第一次在思想理论著作中提到关羽。在之前的史籍中，虽然也能看到历代儒生称赞关羽的言论和诗句，但大多都是赞颂他的勇猛，很少注重他的个人品格，但在《朱子语类》中，既然朱熹明确把孙权定义为"汉贼"，并以关羽作为比照，那么关羽自然就是"扶汉"的英雄，从后来的发展轨迹来看，朱熹的这段话无疑是为关公文化定下了"忠义"的基调，这就为关羽能在明代成为与文圣人孔子同受儒家敬奉的武圣人打下了基础。

当然，朱熹并不知道他这段话的历史意义，实际上，和关羽相比，他更看重的还是儒生形象的诸葛亮，这也是三国时代以后大多数儒生们共同敬仰的人物，所以为了褒扬诸葛亮，他也只能将关羽小小地贬低了一下：

> 或曰："孔明与先主俱留益州，独令关羽在外，遂为陆逊所袭。当时只先主在内，孔明在外如何？"曰："正当经理西向宛洛，孔明如何可出？此特关羽恃才疏卤，自取其败。据当时处置如此，若无意外龃龉，曹氏不足平。两路进兵，何可当也！此亦汉室不可复兴，天命不可再续而已，深可惜哉！"①

从提问者的角度看来，当年荆州失守是因为诸葛亮没有亲临前线，但朱熹认为关羽"恃才疏卤"的性格才是导致失败的主要原因。此后，虽然历经宋、元、明不断有儒生对此提出质疑，但这种观点也因为是朱熹提出的而几成定论，关羽便长期背负了"大意失荆州"之名。

二　重塑忠义观

"忠"与"义"在先秦之前是两个独立的概念。在儒家祖师的语录里，"忠"指的是尽心为人办事，不分对上与对下。如"为人谋而不忠乎"②，"君使臣以礼，臣事君以忠"③，"教人以善谓之忠"④；"义"指的

---

① 黎靖德：《朱子语类》卷一百三十六《历代三》，中华书局1986年版，第3237页。

② 孔丘著，杨伯峻译注：《论语译注》，中华书局1980年版，第3页。

③ 同上书，第30页。

④ 孟轲著，杨伯峻编：《孟子》，中华书局1960年版，第125页。

是办事准确，几乎包括处理一切人和人之间的关系问题，如"不义而富且贵，与我如浮云"①，"子谓子产，有君子之道四焉……其使民也义"②。

曾参对孔子的思想做过简要概述："夫子之道，忠恕而已矣。"③ 在这里，曾参以中正平和为忠，未涉及"效忠"，《大戴礼记》中的"忠"，也只是"忠者，中此者也。"④ 直到在董仲舒的《春秋繁露》中才有"忠心不二"之说："心止于一忠者，谓之忠；持二忠者，谓之患；患，人之中不一者也，不一者，故患之所由生也，是故君子贱二而贵一。"⑤ 这种观点已经与先秦的儒家思想有很大的不同。

但是，这种不二之"忠"，在很长时间里，也并没有被广泛地落实到社会的伦理体系之中去。这是因为，西汉的文化设计是"以孝治天下"，认为"忠臣以事其君，孝子以事其亲，其本一也"⑥。"忠君"即是"孝父"的延伸，是为"移孝于忠"。然而，"忠"和"孝"在现实中却往往不能两全，在身处两难境地之时，"孝"就不免会成为一些人逃避责任的借口，比如魏晋时期被传颂为孝道典范的李密就曾有《陈情表》，曰：

……除臣洗马。猥以微贱，当侍东宫，非臣陨首所能上报。……臣欲奉诏奔驰，则刘病日笃，欲苟顺私情，则告诉不许。臣之进退，实为狼狈。伏惟圣朝以孝治天下，凡在故老，犹蒙矜育，况臣孤苦，特为尤甚。且臣少仕伪朝，历职郎署，本图宦达，不矜名节。今臣亡国贱俘，至微至陋，过蒙拔擢，宠命优渥，岂敢盘桓，有所希冀！但以刘日薄西山，气息奄奄，人命危浅，朝不虑夕。臣无祖母，无以至今日，祖母无臣，无以终余年，祖孙二人，更相为命，是以区区不能废远。臣密今年四十有四，祖母刘今年九十有六，是臣尽节于陛下之日长，报养刘之日短也。乌鸟私情，愿乞终养。臣之辛苦，非独蜀之人士及二州牧伯所见明知，皇天后土，实所共鉴。愿陛下矜悯愚诚，听臣微志。庶刘侥幸，保卒余年。臣生当陨首，死当结草。臣不胜犬

① 孔丘著，杨伯峻译注：《论语译注》，中华书局1980年版。
② 同上书，第47—48页。
③ 同上书，第39页。
④ 王聘珍撰，王文锦点校：《大戴礼记解诂》，中华书局1983年版，第83页。
⑤ 董仲舒：《春秋繁露》，中华书局1975年版，第427页。
⑥ 孙希旦撰，沈啸寰、王星贤点校：《礼记·祭统》，中华书局1989年版，第1237页。

马怖惧之情，谨拜表以闻。

所以到了唐代，儒生们还曾为"忠孝能否两全"展开过一场辩论。《封氏闻见记》卷四《定谥》载：

太常博士掌谥，职事三品已上薨者，故吏录行状，申尚书省，考功校勘，下太常博士拟议讫，申省，省司议定，然后闻奏。昔周公，文王之子，谥曰文公。苟有令德，不嫌同谥。谥二字者，一字为质，一字为文。或文或质，盖出当时礼官之意，非定例也。自汉魏以来，虽道德之重，先无爵者不加谥。晋代王遵上疏，称武官有爵必谥，甚失制度之本。自是公卿无爵皆谥。太宗朝郑公魏征，玄宗朝梁公姚崇、燕公张说、广平公宋璟、郇公韦安石，皆谥为文贞二字。人臣美谥，无以加也，非德望尤重不受此谥。有唐以来，五人同谥亦无嫌也。代宗朝吏部尚书韦陟薨，太常博士程皓谥曰忠孝，刑部尚书颜真卿驳之："出处事殊，忠孝不并。已为孝子，不得为忠臣，忠臣不得为孝子。故求忠于孝，岂先亲而后君移孝于忠，则出身而事主。所以叱驭而进，不惮危险，故王尊为忠臣。思全而归，恐有毁伤，故王阳为孝子。则知昼之与夜本不相随，春之与秋，岂宜同日且以为尚书忠业高远，羽仪前朝，百行之中，能事甚众。议行称谥，固多美名。何必忠孝两施，然后表德历考前史，恐无此事。敢率愚见，请更商量。"皓执前议曰："天地之性人为贵，人之行莫先于孝。孝于家则忠于国，爱于父则敬于君。脱爱敬齐焉，则忠孝一矣。夫君臣上下不可以废忠，事父母、承祭祀不可以亏孝。忠孝之道，人伦大经。孔子曰：以孝事君则忠。又曰：夫孝始于事亲，中于事君，终于立身。此圣人之教也。至于忠孝不并，有谓而言：将由亲在于家，君危于国，奉亲则孰当问主；赴国则无能养亲。恩义相迫，事或难兼。故徐庶指心，翻然辞蜀；陵母刎颈，卒令归汉。各求所志，盖取诸随。至若奉慈亲、当圣代，出事主，入事亲，忠孝两全，谁曰不可岂以不仕为孝，舍亲为忠哉！况忠孝侯之传鹊印，唐尧之代即有此官。伏念美名，请依前谥。"有司不能驳焉。

颜真卿认为"忠孝不并"，即为人臣和为人子者不可能同时既为忠臣又为孝子，程皓却认为"当圣代"时忠孝可以两全，一旦面临极端情况，并不用苛求"忠"或"孝"，各人可根据自己的实际情况做出自己认为合适的选择。虽然程皓的意见最终占了上风，还得到了皇帝的支持，但忠孝之间的矛盾却并没有解除。

实际上，历代的统治者之所以大力推广"移孝于忠"的观念，还是希望臣子能牺牲个人的家庭利益，而效忠于皇室。将统治者看成是最大的"父"，就可舍弃血缘上真正的"父"，如臣子们认同这种观念，就会发自内心地维护皇室"家天下"的社会地位，从而使皇帝的江山永固。

然而，纵览三国、两晋、南北朝、隋、唐、五代近八百年的历史，这种自汉代开始推崇的价值观，一直没有在朝野上下得到真正的认可和普及。自东汉末年"董卓进京"，直到后周"陈桥兵变"、北宋"烛影斧声"，父子相残、兄弟反目、弑君篡位之事在这几百年间可谓是罄竹难书、数不胜数。

这种情况到了宋代中期开始有所转变。

随着社会经济结构的变动和旧有贵族门阀体制的瓦解，人身依附关系进一步减弱，民众总体文化素质日渐提高，又由于国家外部压力的日益增加，宋代儒生们对历代的君臣关系及道德伦理加以深刻的反思以后，为"忠""孝"找到了新的含义。

首先，宋儒们对民间的孝行给予了极大关注，大力倡导孝道，而且将父慈子孝的双向要求改为"父可以不慈，子不能不孝"的单向要求。而对自身而言，他们却认为整日围绕父母膝下是"庸行粗迹"，有违为国献身的意愿。同时，宋儒对"忠孝不并"的两难抉择也有新的认识。如《宋史》卷四一七《赵葵传》载：

> 三年，葬其母，乞追服终制，不允。葵上疏曰："移忠为孝，臣子之通谊；教孝求忠，君父之至仁。忠孝一原，并行不悖。故曰忠臣以事其君，孝子以事其亲，其本一也。臣不佞，戒谨持循，惟恐先坠。往岁叨当事任，服在戎行，偕同气以率先，冒万死而不顾，捐躯戡难，效命守封，是以孝事君之充也。陛下昭示显扬，优崇宠数，使为人子者感恩，为人亲者知劝矣。臣昨于草土，被命起家，勉从权制，先国家之急而后亲丧也。今释位去官，已追服居庐，乞从彝制。"又不许。再上疏曰："臣昔者奉诏讨逆，适丁家难，闵然哀疚

之中，命以驱驰之事，移孝为忠，所不敢辞。是臣尝先国家之急，而效臣子之义矣。亲恩未报，浸逾一纪，食稻衣锦，俯仰增愧。且臣业已追衰麻之制，伸苦块之哀，负土成坟，倚庐待尽，丧事有进而无退，固不应数月而除也。"乃命提举洞霄宫，不拜。

赵葵所说的"移忠为孝"与"移孝为忠"的传统观念正好相反。赵葵想为母守丧，就不能不脱离为国尽忠的职责，所以他选择了"先国家之急而后亲丧"，这说明儒生们已用"先忠后孝"的思想理论解决了忠孝两难的问题。①

其次，在宋代儒生们的大力倡导下，"忠义观"逐渐超越了"忠孝观"，成为社会价值观的主流。

在此之前，"忠义"虽然也经常被人提起，如《后汉书·桓典传》："献帝即位，三公奏典前与何进谋诛阉官，功虽不遂，忠义炳著。"《后汉书·臧洪传》："将军举大事，欲为天下除暴，而专先诛忠义，岂合天意？"唐代崔融有《西征军行遇风》诗："夙龄慕忠义，雅尚存孤直。"但与"忠孝"相比，"忠义"还未成为最主流的社会意识。从流传下来的各种文献资料来看，自秦汉至隋唐，儒生们对"忠义"二字的使用频率远远低于"忠孝"，如韩愈和柳宗元的文集中，"忠义"只出现过 1 到 2 次，而"忠孝"在《韩愈集》中出现过 10 次，在《柳宗元集》中出现过 7 次。但是到了宋代，情况就已经完全不一样了。在《欧阳修集》中，"忠孝"出现过 10 次，而"忠义"却出现了 21 次；《苏轼集》中"忠孝"出现过 28 次，"忠义"出现了 35 次；《曾巩集》中，"忠孝"出现过 2 次，"忠义"出现了 7 次。这说明，"忠义"观的社会影响力已经超越了"忠孝"观。

而且在宋元时期，"忠义"有时并不是意为"忠臣""义士"的并列词组，而是意为"效忠尽命"的偏正词组，如《宋史·忠义传》云：

> 士大夫忠义之气，至于五季，变化殆尽。宋之初兴，范质、王溥，犹有余憾，况其他哉！艺祖首褒韩通，次表卫融，足示意向。厥

---

① 参见朱海《"忠孝不并"与"忠孝两全"——略论唐宋之际忠孝观念的变迁》，《光明日报》2006 年 1 月 17 日。

后西北疆场之臣，勇于死敌，往往无惧。真、仁之世，田锡、王禹偁、范仲淹、欧阳修、唐介诸贤，以直言谠论倡于朝，于是中外搢绅知以名节相高，廉耻相尚，尽去五季之陋矣。故靖康之变，志士投袂，起而勤王，临难不屈，所在有之。及宋之亡，忠节相望，班班可书，匡直辅翼之功，盖非一日之积也。

可见，在这里"忠义"与"忠节"含义相近，都是指"以死奉国"的气节。

《宋史·忠义列传》中收录了许多"忠义之士"的事迹，这些人在面临强敌准备拼死一搏时，或不愿妻、子受污于敌手，或避免因私念负国，便亲手或让他人杀死自己的至亲或令其自尽，这种事情在宋代以前实属罕见。

不只如此，宋代儒生们所倡导的"忠义"已经不单纯是忠于君主，他们更强调忠于社稷和国家，对他们来说，国家已经比君主更为重要。比如，在祥兴二年（1279年），宋军在崖山海战中全军覆没之时，宰相陆秀夫背着八岁的宋少帝赵昺跳海自尽，这种迫使君主一同殉国的情景在宋代以前的历史上也从未出现过。

在"忠义"观日渐普及的情况下，关羽这位"忠、义、仁、勇"之古代人物也就自然而然地成为儒生们崇拜的对象。比如张商英就有《咏辞曹事》之诗：

> 月缺不改光，剑折不改铓。月缺白易满，剑折尚带霜。
> 势利寻常事，难屈志士肠。男儿有死节，可杀不可量。

这就是在歌颂关羽的忠义气节。郑咸在《元祐（1086—1093年）重修关庙记》中说："侯讳某，姓关氏，以忠义大节事蜀先主昭烈皇帝……"也着重强调了关羽的"忠义大节"。南涛的《绍兴重修庙记》也同样如此：

> 王当汉末，天下扰攘，因故遇蜀先主，为左右御侮之臣。王忠义勇烈，出于天性，每摧锋破敌，所向无前。后世虽牧竖田夫，无不知其善战。此一端耳。初，曹公之得王也，拜为偏将军，礼遇甚厚。及

刺颜良于东郡，曹公即表王汉寿亭侯，优加赏赉。虽蒙曹公厚恩，王终无久留之志。比其去也，尽封宝货，悬印绶，拜而告辞。此忠义大节，又非战勇可方，使曹公见之去而不敢追，况敢加无礼乎？王之行事，载于史册，若皎日之明，如高山之耸，历千余载，不与时而兴废。"①

从此以后，儒生们为关羽所写的庙记、碑文、诗歌基本都是以"忠义"二字为主题，相比郎君胄、董侹等唐人对关羽的崇拜心理而言，宋儒们已不太重视关羽生前的勇猛和死后的神迹，他们更在乎关羽的忠义气节及其道德榜样的作用。

到了元明以后，随着关帝庙数量的增加，为关庙撰写碑记的人也明显增多，这其中不乏儒学领袖，比如金华朱学的代表人物方孝孺。他在《宁海县庙碑》中写道：

　　古之享天下万世祀者，必有盛德大烈被乎人人。其或功盖一时，名震一国，祀事止于其乡，而不能及乎远。惟汉将关侯云长，用兵荆蜀间，国统未复，以身死之，至今千余载，穷荒远裔，小民稚子，皆知尊其名，畏其威，怀其烈不忘，是孰致然哉？盖天地之妙万物者，神也；神之为之者，气也。得其灵奇盛著则为伟人。当其生时，挥霍宇宙，顿摧万物，叱电风云，雄视举世，故发而为忠毅之业，巍巍赫赫，与日月并明，与阴阳同用，不幸其施未竟，郁抑以没，其炳朗灵变者，不与众人俱泯，则为神明，无所不之，固其理也。人多谓侯特武夫之勇，有损益于世，此非知侯之心者。当侯之时，势莫完于操，力莫强于权。昭烈败亡之余，削弱为特甚。操既欲侯为己用，毅然不从；权欲为子请婚，骂辱其使如狗。左右昭烈，誓复汉室，此其忠义之气，固足以伏天下，岂一世之雄哉！使侯不死，与孔明戮力，孔明治内，侯其外，汉贼可诛，孙氏可虏，而高祖天下可复矣！然则之存，岂惟蜀人赖之，海内实赖之；无成而卒，非惟蜀痛之，凡尝为汉民者，皆宜为之悼惜也。感之深思之，事其在天之神，以至尊慕之心而不废，岂非出于天理民彝之正也哉！宁海固有侯庙也，邑人奉虔，

如侯尚存。咸愿纪德，刻之牲石，俾永世之无惑。①

方孝孺不仅笔头上崇拜关公，其所作所为也展现出了他的忠勇之气。他师从"开国文臣之首"的翰林学士宋濂，历任陕西汉中府学教授、翰林侍讲、侍讲学士、文学博士等职。建文年间（1399—1402 年），方孝孺曾以朱元璋托孤重臣的身份担任建文帝的老师，主持京试，推行新政。建文四年（1402 年）六月，燕王朱棣挥军攻入南京，靠武力夺取了皇位，他命方孝孺撰写即位诏书，方孝孺坚拒不从，最终被灭族②，遭此难者竟多达八百多人。对于这位宿儒之死，《明史》是这样记载的：

> 成祖降榻，劳曰："先生毋自苦，予欲法周公辅成王耳。"孝孺曰："成王安在？"成祖曰："彼自焚死。"孝孺曰："何不立成王之子？"成祖曰："国赖长君。"孝孺曰："何不立成王之弟？"成祖曰："此朕家事。"顾左右授笔札，曰："诏天下，非先生草不可。"孝孺投笔于地，且哭且骂曰："死即死耳，诏不可草。"成祖怒，命磔诸市。③

由此可见，方孝孺在《宁海关王庙碑》中所写的："忠毅之业，巍巍赫赫，与日月并明，与阴阳同用，不幸其施未竟，抑郁以没，其炳朗灵变者，不与众人俱泯，则为神明，无所不之，固其理也。"并不是堆砌的辞藻，而是他一生奉行的信条。

三 心学的介入

在南宋朱子理学正在大行于世的时候，一种与之不同的学术思想已经兴起，因其主要倡导者为陆九渊，所以人称"陆学"。它与朱学最大的不同之处有三：

其一，朱子理学是以"天理"为理论依据的；而陆学讲求"心即理"的概念，强调人的道德本心是一切人道伦理可能和必然的根据，谓之

---

① 张镇：《解梁关帝志》卷三《艺文上》，山西人民出版社 1992 年版，第 187 页。

② 一说方孝孺被明成祖"灭十族"，即九族加门生朋友。

③ 张廷玉：《明史》卷一百四十一《列传第二十九》，中华书局 1974 年版，第 4019 页。

"宇宙即是我心，我心即是宇宙"。陆九渊认为孔子所说的"仁"，孟子所倡言的"良知""良能"，都属于人之"本心"，"愚不肖者不及也，则蔽于物欲而失其本心；贤者智者过之，则蔽于意见也会失其本心"。此处所言的本心，既不同于物欲之心，也有别于人的主观意见之心，特指与理合一的先验道德理性之心，它是人之所以为人的内性或根据。

其二，朱学认为"格"尽万物始能"致知"、"明道"；而陆学认为"尊德性而后道问学"，为学的目的只是为了提升道德境界，研读经典或研究外物都不能直接达到这一目的，人的本心才是道德的根源。因此，只有发明本心，才能实现这一目的，换句话说，道德境界的高低与读书多少并无直接的关联，即使一个字不识，也可堂堂正正地做个人。相反，如果不去反省本心，只一味泛观博览，只会使人心烦乱无主，足以蔽害人的道德本心。没有德性，徒有知识，恰似"假盗兵，资寇粮"。

其三，朱学以"学做人"与"希圣希天"为人生目标；而陆学提出"收拾精神，自做主宰"的观点，强调道德主体的自觉能动性，即："人精神在外，至死也劳攘。须收拾做主宰。收得精神在内时，当恻隐即恻隐，当羞恶即羞恶，谁欺得你？谁瞒得你？见得端的后，常涵养，是什次第。"

陆九渊还提出"官无封建而吏有封建"的观点，他认为：

> 天生民而立之君，使司牧之，张官置吏，所以为民也。"民为大，社稷次之，君为轻"、"民为邦本，得乎丘民为天子"，此大义正理也。张官置吏，所以为民。而今官吏日增术以峻削之，如恐不及。蹶邦本，病国脉，无复为君爱民之意，良可叹也。"百姓足，君孰与不足？""损下益上"谓之损，"损上益下"谓之益。理之不易者也，而至指以"老生常谈"，良可叹也。①

这实际上是对孟子、贾谊等人的民本思想的继承和发扬。

陆九渊在当时也有很多的追随者，但是和朱熹的影响力比起来，他终究处于下风，所以一时间还是宗朱者多而宗陆者少。此时的陆学与关公文

---

① 陆九渊：《陆九渊集》，中华书局 1980 年版。参见李振纲《象山心学与朱陆之辩》，《河北大学学报》（哲学社会科学版）2004 年第 4 期第 29 卷（总第 118 期）。

化并没有什么关系，但到了元代，这种情况出现了转变。

元代的关公信仰比之南宋要兴盛得多，佛教帝师八思巴以关公做皇家的法事监坛；道教关于"朗灵上将""馘魔元帅""酆都大帝"的经文铺天盖地；名臣宿儒郝经、赵孟頫、王恽、同恕、偈奚斯等人撰写了多篇关王庙记或碑铭；民间定期举行的"关公赛会"也和众多的关庙一样在各地兴起；各类文艺作品如"杂剧""平话"之中的关公故事更是数不胜数。

而就在这个时期，一位陆学门徒也与关公产生了渊源，并为关公文化的发展起到了前所未有的推动作用，这个人就是罗贯中。

知不足斋钞本《赵宝峰先生集》① 卷首，有《门人祭宝峰先生文》，写道：

> 至正二十六年岁次丙午，十二月戊申朔，越十二日己未，门人：乌本良、郑原殷、冯文恭、罗拱、方原、向寿、李善、乌斯道、王真、顾宁、罗本、翁旭、王桓、洪璋、徐君道、方观、袭善缉、李恒、翁防、岑仁、王慎、童惠、王权、高柔克、顾勋、王直、叶心、袭重、周士枢、郑慎、茅甫生等致祭于故宝峰先生赵公之枢……

这里的罗本就是罗贯中，赵宝峰则是赵偕。赵偕是元代著名的陆学大儒，终身不习举业，隐于大宝山麓，创立宝峰书院，专心从事教育，推广"宇宙即是我心，我心即是宇宙"的陆学思想，谓"人性皆善"，并称"自孔子殁后，大道不明，人心受蒙蔽"，教育可帮助"改旧染之非"，使天理复明。其门人弟子众多，而罗贯中就是其中之一②，从他撰写的《三国志通俗演义》之中也可以看出陆学"民本思想"的体现。③ 他对关公文

---

① 赵偕：《赵宝峰先生文集》，上海古籍出版社 1995 年版。

② 参见李灵年《罗贯中为赵偕门人辨略》载于《三国演义学刊》第 2 辑，四川省社会科学院出版社 1986 年版，以及欧阳健《罗贯中三题》载于《山西大学学报》（哲学社会科学版）2003 年第 1 期。

③ 不过，也正因为罗贯中在《三国演义》中倾注了太多的民本思想，致使这部小说在明初并没有正式出版，仅在民间以手抄本的形式流传。

化的发展作用自是无须多言。①

　　明朝建立以后，朱元璋毫不犹豫地选择了朱学作为社会价值观的基准，从此以后，朱学在百余年里再未遭到质疑。直到明朝中叶，王阳明提出"心外无物，心外无理""致良知""知行合一"的"心学"观点之后，程朱理学才遇到了前所未有的挑战。

　　王阳明是儒学思想的集大成者，他的"王学"直接传承于"陆学"，所以后世也将两人的学术思想合称为"陆王心学"。他首先提出了"心学"的概念，并为其建立了一个庞大的理论体系，从此心学才开始有清晰而独立的学术脉络，这个体系既符合时代的要求，亦比陆学更加精致和完整。所以，王学在明代中期的思想界迅速占据上风，已俨然超越了朱学的政治、学术地位。

　　虽然目前在历史文献中，还没有看到王阳明与关公文化有何关联，但在他的门人学子中，却有很多人对关公心存敬意，并都成为关公信仰的积极传播者。比如江右王学的代表徐阶就是其中之一，他曾在《重修当阳庙碑铭》中写道：

　　　　昔韩昌黎推尊孔子，以为祀而遍天下者，唯社稷与孔子为然。按史王葬于汉建安二十四年，至于今千四百岁矣，其褒赠之典，代以益崇，而庙祀亦遍天下，与孔子等，何其盛也。自古有功德于人者，死则必食其报，然其功德有及有不及，则其庙祀亦必因之。独忠义之事，接于耳目，而有激于心，则不必功德之及我，而慨想感泣，自有旷百世而不能已者，所谓民之秉彝也。②

　　其中"有激于心，则不必功德之及我"就充分体现了"致良知"的王学理念，而"旷百世而不能已者，所谓民之秉彝也"，也突出强调了心学的民本思想。在徐阶的笔下，关羽已经成为心学门人的榜样，而且，徐阶将关羽与"万世师表"的孔子和国家象征的"社稷"相提并论，这是自关公文化产生以来，儒生们首次将关羽推升到如此崇高的位置。

――――――――――――――――

　　① 据《陆氏族谱》载，陆九渊为陆逊后代，在他的门徒中竟有一位关公文化的大力推动者，也值一噱。
　　② 张镇：《解梁关帝志》卷三《艺文上》，山西人民出版社1992年版，第215页。

南中王学的中心人物唐顺之①也曾写过《重修解州关侯庙开颜楼记》，在这篇文章中，他强调了身为"伏剑死绥之将"的关羽，能够"风采传于后世"，完全是"人心"所致：

按侯始识玄德于草莽，卒然之遇，而遂授之以肝胆死生之信，至于崎岖颠沛，西东奔窜，而其志愈不可夺。窘于俘虏之中，而其志愈明，盖侯之大节磊磊如此。而论者特称：侯之雄勇冠世，而深惜其功之不就，以为侯之兵不先加于腹心之吴，而先加于肘腋之魏；不先加于藏戈背伺之吴，而先加于露刃面拒之魏故。其胜魏也未足以肥蜀，而其信吴也乃足以自毙，且操权之不敌也久矣。操也且慑于侯之威，至欲徙都以相避。使侯当时先吴之未，发而图之，岂不可以得志噫？此亦有数焉耳。然使侯为摧锋拔城之将，孰与使侯为伏剑死绥之将也？侯始遇玄德，固相许以死而已幸，而得死侯又何求？且夫摧锋拔城之将，勋庸著于当时；伏剑死绥之将，风采传于后世。勋庸在当时者，身没而响微；风采在后世者，既远则人愈悲而思之。此固世之所以尸祝于侯而解人所以慕侯之深者也。不然古之雄勇如侯而能摧锋拔城者岂少哉？皆身没而响微，可以观人心矣。②

唐顺之还于"嘉靖倭乱"之时，在常州为新建的关侯祠庙撰写庙记。当时，虽然江南地区很早就建有关庙，但常熟一带的民众对关公信仰还存有疑虑，认为关羽不会护佑吴地，唐顺之对此进行了劝慰：

侯之庙盛于北，而江南诸郡庙侯自今始。或谓：江南古吴地也，吴，侯仇国，吴不宜祀侯，侯亦未必歆吴祀。此未为知侯之心与鬼神之情状者也。先儒有言：人皆谓曹操为汉贼，不知孙权真汉贼也。按侯所事与所同事，当时所谓豪杰明于大义者，先主、孔明而已。孔明犹以为吴可与为援，而不可图。先主亦甘与之结婚，而不以为嫌。惟

---

① 唐顺之（1507—1560年），字应德，号荆川，武进人，嘉靖八年会试第一。在学术思想上，他突破了王学左、右两派的壁垒，融合朱、王两学之精髓，开创了"实学"，著有《荆川先生集》《史纂左编》《右编》《文编》《武编》等著作。荆川先生文武双全，而且是有名的抗倭英雄，刀枪骑射，无不娴熟。

② 张镇《解梁关帝志》卷三《艺文志》，山西人民出版社1992年版，第212页。

侯忿然绝其婚、骂其使，摈不与通窃意，当时能知吴之为汉贼，志必灭之者，侯一人而已。权逊君臣，亦自知鬼蜮之资必不为侯所容，非吴毙侯则侯灭吴，此真所谓汉贼不两存之势也。侯不死则襄樊之戈将转而指于建业武昌之间矣。然则灭吴者，侯志也。侯之志必灭吴，岂有所私雠于吴哉？诚不忍衣冠礼乐之民困于奸雄乱贼之手，力欲拯之于鼎沸之中而凉濯之，使吴民一日尚困于乱雄，侯之志一日未已也。然则，侯非雠吴，雠其为乱贼于吴者也。雠其为乱贼本吴者，所以深为吴也。侯本欲为吴民毙贼，而先毙于贼，赍志以没，侯之精灵宜其眷眷于吴民矣。由此言之，侯之所雠莫如乱贼，其所最雠而不能忘尤，莫如为乱贼于吴者。倭夷恣凶，稔恶以毒螫我吴民，是乱贼之尤未有甚焉者也。其为侯所震怒而阴诛之，所必加翼王师而助之攻也，亦何怪乎？神人之情不相远，未可以为杳冥而迂之也。窃谓：吴人宜庙侯，侯亦必歆吴之祀。①

自这篇文章面世以后，三吴之地的关公信仰蔚然成风，以致后世有人写出了这样的楹联："此吴地也，不为孙郎立庙；今帝号矣，何须曹氏封侯。"

而视唐顺之为师②，自称"受业于季本，传姚江纵恣之派"的心学弟子徐渭，同样对关公推崇有加，他在《蜀汉关侯祠记》中写道：

蜀汉前将军关侯之神，与吾孔子之道并行于天下。然祠孔子者止郡县而已，而侯则居九州之广。上自都城，下至墟落，虽烟火数家，亦靡不酿金构祠。肖像以临，球马弓刀，穷其力之所办而其酿也。虽妇女儿童，犹欢忻踊跃，惟恐或后。以比于事孔子者殆若过之。噫，亦盛矣。

愚以为，侯之所以致此于人者，有二，其君子见其大，则以为仲谋以大国之君，请婚于侯而骂其使；羁旅于强曹渺其礼遇，一夕去弗

---

① 唐顺之：《常州新建关侯祠记》，见《重刊荆川先生文集》卷十二，辑录于《四库别集》572 部。

② 徐渭在其晚年自为《畸谱》中，把他一生所师事的人物列为"师类"，一共有五，其中，活跃于当时的心学人物有三，即季本、王畿和唐顺之。

辞，最后见逼至欲徙避，此宜若举，将帅中无与伍者。众庶见其小，则多取裨官小说中语，群居而窃异，或播诸弦歌，往往自相咄嗟，如所谓操闭侯与嫂于一室，及手刃布妻，皆正史所无事，而人共信且诧之。然而愚以为，此皆不足以尽侯也，论人者贵举其全，而见许于人者，亦问其许者之人为何等。孔明大贤也，翼德至亲且贵，且犹见短，自翼德以下，皆无当其意者，而独许侯为逸伦绝群；先主英君也，为侯报吴，宁失其国而不悔。彼二人者立论佳，皆亲见侯于平日，而深得其全。宁若后人所云：君子与众庶从区区一二事间，各据所见，数其美而称者比哉。若孟子之称孔子，直举其高。弟若宰我，子贡有若之，所称者，以答公孙。而后孔子之圣，始不可以名言。余之论侯，亦惟据孔明先主之所以致意于侯者，而后侯之美，殆不可以数而尽，不如是而后之祠侯者，顾独盛于孔子，不亦有遗议耶？

马水口在万山中，为备胡要地。比设参将，领众三千人，辽东李君某，为今宁远伯冢嗣，世称名将军，以才勇忠廉，奉朝命领其事，至则节缩已奉营侯祠。为殿者三，为门者一，并三楹而两庑之壮洁勿侈，役始欢趋君戒勿亟，越若干月而成，适公书抵某，某至自燕记之遂记。①

徐渭同样在开篇就将关公与孔子比肩，但却直接指出天下信奉关公之人"以比于事孔子者，殆若过之"，并表示了由衷的赞叹。接下来，他将"君子"与"众庶"相区别，分析了人们信奉关公的原因："君子见其大"，因关公"举将帅中无与伍者"，所以对其崇敬；而"众庶见其小"，大多相信"裨官小说中语"，"往往自相咄嗟"。然后，徐渭笔锋一转，提出了自己的见解："愚以为，此皆不足以尽侯也，论人者贵举其全，而见许于人者，亦问其许者之人为何等。"他认为：孔明乃是大贤，却独对关羽有溢美之词；刘备身为英君，但为了关羽"宁失其国而不悔"，这二人能够如此看待关羽，足见关羽品格之高尚，完全可以与孔孟相提并论。徐渭对关公的评价比之徐阶的《重修当阳庙碑铭》则又上了一个档次。

---

① 徐渭：《徐文长小品》，文化艺术出版社 1996 年版，第 110—111 页。另，万历八年（1580 年），徐渭带次子徐枳前往北京，途中遇时任马水口参将的李如松，并随其前往军中考察北方的边关形势，这篇《蜀汉关侯祠记》应就是在此时受李如松之请所作。

　　而与此同时，王学门徒、泰州学派的一代宗师李贽对关公的评价却比徐渭的还要高，这表现在他的许多作品中，比如《谒关圣祠》："交契得如君，香烟可断云。既归第一义，宁复昔三分。金石有时敝，关张孰不闻！我心无所似，只是敬将军。"又《观铸关圣提刀跃马像》："英雄再出世，烈烈有晖光。火焰明初日，金精照十方。居然围白马，犹欲斩颜良。岂料人千载，又得见关王。"① 又《题关公小像》："古称三杰，吾不曰萧何、韩信、张良，而曰刘备、张飞、关公。古称三友，吾不曰直、谅与多闻，而曰桃园三结义。呜呼！唯义不朽，故天地同久。"② 又有《关王告文》：

　　　　唯神忠义贯金石，勇烈冠古今。方其镇荆州、下襄阳也，虎视中原，夺老瞒之精魄；孙吴犹鼠，蕞割据之英雄，目中无魏、吴久矣。使其不死，则其吞吴并曹，岂但使魏欲徙都已哉！其不幸而不成混一之业，复卯金之鼎者，天也。然公虽死，而吕蒙小丑亦随吐血亡矣。盖公以正大之气压狐媚之孤，虽不逆料其诈，而呼风震霆，犹足破权奸之党；驾雾鞭雷，犹足裂谗贼之肝。固宜其千秋万祀，不问海外足迹至于不至，无不仰公之为烈。盖至于今日，虽男妇老少，有识无识，无不拜公之像，畏公之灵，而知公之为正直，俨然如在宇宙之间也。某等来守兹土，慕公如生，欲使君臣劝忠，朋友效义，固因对公之灵，复反复而致意焉。彼不知者，谓秉烛达旦为公大节。噫！此特硁硁小丈夫之所易为，而以此颂公，公其享之乎？③

　　徐阶、唐顺之、徐渭、李贽都是明代思想界、学术界的重要人物，同时他们也都是履行心学伦理价值观的楷模。徐阶曾铲除了祸国殃民的严嵩父子；唐顺之曾亲率兵船于崇明、三沙岛大破倭寇；徐渭曾随胡宗宪转战浙江、福建、江苏等地剿灭群倭；而李贽的一生更是对封建的男尊女卑、假道学、社会腐败、贪官污吏的丑恶现象大加痛斥和批判，主张"革故鼎新"，反对思想禁锢。这些心学精英的事迹都能证明，在他们身上"知

①　张建业、刘幼生：《李贽文集》，社会科学文献出版社 2000 年版，第 238 页。
②　同上书，第 135 页。
③　同上书，第 111 页。

行合一"的信念已经深入骨髓。而他们能够如此不约而同地推崇关公，其实正是因为关公文化所体现出的"忠、义、仁、勇"等精神与之心学所倡导的理念不谋而合。

　　"忠""义"属于心学中"知"的范畴；"仁"属于民本思想，同时也在"致良知"的范围之内；"勇"则指出了"知"与"行"如何能够"合一"的方法。由此看来，关公文化与心学的发展趋势实际上是殊途同归的，无怪乎在这些心学门徒所撰写的传世文章中，关公已经远远地超越孔子了。

第四章

国家信仰中的关公文化

第一节　唐宋国家信仰中的关公文化

一　配享武庙

武庙祭祀制度，起始于唐朝玄宗时期。在唐代以前，虽然经常有帝王祭祀"兵主"，如秦始皇、汉高祖，但都没有建立武庙，而且那时祭祀的是蚩尤，自唐代建武庙以后，武圣即被定为太公望（姜子牙）。

开元十九年（731年），唐玄宗置太公尚父庙，庙中以张良为配，以历代良将为十哲侍于两旁，除祭典规模外，祭品、礼乐都和文宣王庙（也就是孔庙）一样，而且朝廷规定，每逢朝廷发动战争，将士们在出征前都要到太公庙辞行。天宝六年（747年），朝廷再次规定，参加武举人科考的举子，在考试之前，也先要拜太公庙。

上元元年（764年），唐肃宗尊太公吕尚为武成王，其祭典规模从此和祭祀孔子完全一样，并确定了配享的十哲为：秦武安君白起、汉淮阴侯韩信、蜀丞相诸葛亮、唐尚书右仆射卫国公李靖、司空英国公李勣、汉太子少傅张良、齐大司马田穰苴、吴将军孙武、魏西河守吴起、燕晶国君乐毅，朝廷每年于中春、中秋两次祭奠，但这时武庙的名字依然称为太公尚父庙。

建中三年（782年），当时身为礼仪使的颜真卿上疏唐德宗，奏请治武成王庙，并"宜用诸侯之数，乐奏轩县"。唐德宗准奏，遂后诏谕史官考订出古今名将，将他们画成神像，供奉在武成庙之中配享。这样做是要和孔子的文宣王庙对等，因为在文庙中除供奉孔子、颜回、十哲外，还供奉着孔子的七十门生。

史官们通过考证，定出了六十四员武将，为：

越相国范蠡，齐将孙膑，赵信平君廉颇，秦将王翦，汉相国平阳侯曹参、左丞相绛侯周勃、前将军北平太守李广、大司马冠军侯霍去病，后汉太傅高密侯邓禹、左将军胶东侯贾复、执金吾雍奴侯寇恂、伏波将军新息侯马援、太尉槐里侯皇甫嵩，魏征东将军晋阳侯张辽，蜀前将军汉寿亭侯关羽、吴偏将军南郡太守周瑜、丞相娄侯陆逊、晋征南大将军南城侯羊祜、抚军大将军襄阳侯王濬，东晋车骑将军康乐公谢玄，前燕太宰录尚书太原王慕容恪，宋司空武陵公檀道济，梁大尉永宁郡公王僧辩，北齐尚书右仆射燕郡公慕容绍宗，周大冢宰齐王宇文宪，隋上柱国新义公韩擒虎、柱国太平公史万岁，唐右武侯大将军鄂国公尉迟敬德、右武卫大将军邢国公苏定方、右武卫大将军同中书门下平章事韩国公张仁亶、兵部尚书同中书门下三品中山公王晙、夏官尚书同中书门下三品朔方大总管王孝杰。

齐相管仲、安平君田单，赵马服君赵奢、大将军武安君李牧，汉梁王彭越、太尉条侯周亚夫、大将军长平侯卫青、后将军营平侯赵充国，后汉大司马广平侯吴汉、征西大将军夏阳侯冯异、建威大将军好畤侯耿弇、太尉新丰侯段颎，魏太尉邓艾，蜀车骑将军西乡侯张飞，吴武威将军南郡太守孱陵侯吕蒙、大司马荆州牧陆抗，晋镇南大将军当阳侯杜预、太尉长沙公陶侃，前秦丞相王猛，后魏太尉北平王长孙嵩，宋征虏将军王镇恶，陈司空南平公吴明彻，北齐右丞相咸阳王斛律光，周太傅大宗伯燕国公于谨、右仆射郧国公韦孝宽，隋司空尚书令越国公杨素、右武侯大将军宋国公贺若弼，唐司空河间郡王孝恭、礼部尚书闻喜公裴行俭、兵部尚书同中书门下三品代国公郭元振、朔方节度使兼御史大夫张齐丘、太尉中书令尚父汾阳郡王郭子仪。①

这六十四员武将的事迹都曾被人广为传颂，其中的管仲、范蠡、孙膑、廉颇、李广、卫青、霍去病等人的名字早已在中国家喻户晓，而李靖、尉迟敬德等人的生平更是被后世赋予了强烈的神话色彩，这也就是说，他们每个人都代表了不同程度的英雄主义文化。而名单里就有蜀前将军汉寿亭侯关羽，这是他首次进入到国家祭祀体系。此时距唐玄宗设置太

---

① 欧阳修等：《新唐书》卷十五《礼乐五》，中华书局1975年版，第377—378页。

公尚父庙的时间不过51年。

不过，我们也可以看出，关羽在配享名单中的位置并不醒目，他的仇人陆逊、吕蒙也在名单之上，而且曹魏武将的位置还在他之前，这说明，社会的主流思想也还是尊曹魏为正统，而关公信仰在国家层面还没有真正形成。

这次提高武庙规格的活动是一次有组织有计划的造神运动，其组织者是唐德宗，策划者是颜真卿。朝廷所选出的古今武将都有两个共同特点，那就是"忠"和"勇"。这些武将不但都曾立下赫赫战功，而且对他们各自的王朝都是忠心耿耿，而这恰恰就是这次武庙升级活动的真正意图，让朝野上下一起来学习"忠勇"精神。

唐德宗李适，是大唐帝国的第十一个皇帝，此时的大唐早已不见了开元盛世的辉煌，代之而来的是乱臣贼子的喧嚣和四面八方的反抗。

现在，唐德宗正在实施一个勇敢的计划，这就是"削藩"。在唐德宗即位之初，他就一直想做这件惊天动地的事情，因为，"安史之乱"的起因就和藩镇节度使制度有莫大的关系。

藩镇节度使，是以朝廷赐给各藩镇统领的旌节而得名，起源于魏晋时期的持节都督，北周及隋代称为总管，用以管理各州、县、镇的"镇戍"。"镇戍"是经常性的防御据点，兵力不多，布局分散，因此每遇战事发生，必须由朝廷派遣行军总管统率出征或备御，规模较大的战役，还需要设置行军元帅或行军大总管统领诸总管。

唐高宗、武后时期，为了加强防御力量和改变临时征调的困难，使得这类"镇戍"的数量开始增多，形成了有较大兵力、固定驻地并且各自置使的军、镇、守捉，而行军元帅或大总管也逐渐演变成统率多个军、镇、守捉的军事长官。景云二年（711年），唐睿宗封贺拔延嗣为凉州都督、充河西节度使，赐双旌双节，负责断隔吐蕃、突厥，统辖凉州、甘州、肃州、瓜州、沙州、伊州、西州等七州，得以军事专杀，府树六纛，威仪极盛。从此，长驻地方的藩镇节度使制度正式产生。

这种以数州为一镇的节度使不只管理军事，还因兼领按察使、安抚使等职而坐拥行政、财政、户口、土地等管理大权，并使得各州的刺史成为其麾下的部属。《新唐书·志第四十·兵》言："既有其土地，又有其人民，又有其甲兵，又有其财赋。"军事、民政、财政的结合使得各节度使得以雄踞一方，逐渐成为朝廷最大的隐患。

为此，唐德宗决心削藩。为了达到这个目的，他甚至不惜动用武力。

建中二年（781 年）正月，河北成德镇（今河北正定）节度使李宝臣病死。按照以往惯例，节度使死后，其职位和土地可以留给子孙，所以李宝臣的儿子李惟岳上表请求继承父位，但唐德宗坚决拒绝了这一要求。这自然引起了李惟岳的不满，他开始和魏博节度使田悦、淄青节度使李正己等密谋联手，准备以武力抗拒朝廷。唐德宗知道这一讯息后，马上征调京西防秋兵万余人戍守关东，然后亲自在长安设宴犒劳军士，紧接着就发动了武力削藩的战役。

战争的最初阶段，朝廷取得了胜利：李惟岳被其部将王武俊杀死，成德镇的大将张忠和投降，淄青李正己病死，其子李讷被打得大败，只有田悦在魏州负隅顽抗。但是，德宗在削藩过程中，依然是利用节度使来打击节度使，但他又不想给节度使更多的权力，所以导致了本来拥护朝廷的幽州节度使朱滔等人的不满，这就为后来更大的叛乱埋下了伏笔。

而颜真卿上疏唐德宗，提出治武成王庙、增加武庙配享的建议，正是在这样的背景下产生的。

颜真卿，字清臣，生于京兆（今西安），秘书监颜师古的五世从孙。"安史之乱"爆发时，他曾在平原郡守任上毅然起兵，联络从兄颜杲卿奋起抵抗。唐玄宗初闻安禄山叛变的消息时，曾悲叹曰："河北二十四郡，岂无一忠臣乎！"等得到颜真卿的战报后，不禁大喜，对左右说："朕不识颜真卿形状何如，所为得如此！"

颜真卿的义举让附近的十七个郡竞相响应，他们各出人马，合兵二十余万，组成了一支联军，颜真卿被推选为联军的统帅，他率兵横绝燕、赵，阻断了叛军的进攻，并在一次战斗中，成功地消灭了万余名叛乱分子，被朝廷加封为户部侍郎，历任吏部尚书、刑部尚书等要职，后封太子太师、鲁郡开国公，世称"颜鲁公"。

颜真卿对朝廷赤胆忠心，他曾为了联合平卢将领共同抗敌，不惜让自己年仅十岁的儿子去当人质；同时，他又注重礼仪法度，在皇帝从陕州返回京城时，颜真卿请皇帝先去拜祭陵庙然后回宫，宰相元载认为迂腐，要治其罪，颜真卿发怒道："用舍在公，言者何罪？然朝廷事岂堪公再破坏邪！"可见其为人之刚正。

同时，颜真卿还是位书法家，而且是继王羲之后成就最高、影响最大的书法家，他的字被称为"颜体"，其特点是充实茂朴，笔势恢宏，字里行间有金戈铁马之气，被历代文人争相临摹，苏东坡曾对他的书法提出过由衷的赞叹，言"书止于颜鲁公"①。他在"安史之乱"结束后，挥笔写成的《大唐中兴颂》是著名的法帖，其布局紧密，真力弥满，能让观者领略到大唐帝国勇于开拓的气魄和奋发图强的自信，也能让人感受到颜真卿锐意进取的不屈精神和报效国家的拳拳之心。

由此可知，颜真卿本身就是位英雄，而且还是位文武双全的英雄。②他和唐德宗想要打造的是一个高度中央集权的崭新帝国，他们希望这些古代将领的浩然正气，能够帮助他们驱除中央政府的懦弱颓唐之风，扫除朝廷官员的阿谀谄媚之习，剪除尾大不掉的藩镇割据之势，并在朝野上下形成礼敬先贤、效忠朝廷、忠毅果敢、勇往直前的新风，以达到重现大唐辉煌盛世的目的。在这样一个大背景下，关羽能够进入国家祭祀体系，也是德宗君臣深思熟虑的结果。

然而，一切努力都有些为时过晚了，良好的风气需要长期的引导，削藩也不可能一蹴而就，急于求成、矫枉过正只能引起更大的混乱。就在这一年，也就是建中三年（782 年）年底，卢龙节度使朱滔自称冀王、成德王武俊称赵王、淄青李讷称齐王、魏博田悦称魏王，"四镇"以朱滔为盟主，联合对抗大唐朝廷，与此同时，淮西节度使李希烈自称天下都元帅、太尉、建兴王，不久又称楚帝，与四镇勾结反叛。这就是历史上著名的"二帝四王之乱"。其后，又发生了"泾源兵变"，叛军围攻长安，德宗仓皇出逃到奉天（今陕西乾县），成为唐朝继玄宗、代宗以后的又一位出京避乱的皇帝，削藩战役至此被迫终止，而武庙祭祀之事，也就更无人问津了。

而颜真卿注定要将以一种英雄的方式结束人生，因为英雄大都会被小人忌恨。"二帝四王之乱"爆发后，宰相卢杞上奏唐德宗，建议让颜真卿去说服当时最大的反王李希烈，这无疑就是借刀杀人，满朝公卿顿时大惊失色，而这时的唐德宗早已变得昏庸不堪，他的人格发生了天翻地覆的变化，那个曾经强硬的帝王，已经变成了懦弱的傀儡，所以，他竟然同意了

---

① 苏轼：《东坡题跋》。

② 按，颜真卿本身曾率军"历江淮、荆楚"（引自《旧唐书·颜真卿列传》）之间，而其朋友及下属也有很多与荆州有些渊源，如戎昱、元结等，此时荆州的关公文化早已产生，不知他是否受到影响，史无可查。

这个建议。

此时的颜真卿已经是一个近耄耋之年的老人了，他像中国历史上大部分的忠臣一样，没有违背昏君的旨意，千里迢迢来到了河南，河南尹劝他不要去见李希烈，他说："君命可避乎？"

到达叛军阵营后，李希烈敬佩颜真卿的为人，想拜他为叛军的宰相，颜真卿慷慨陈词道：

> 若等闻颜常山否？吾兄也。禄山反，首举义师，后虽被执，诟贼不绝于口。吾年且八十，官太师，吾守吾节，死而后已，岂受若等胁邪！

李希烈派人把他拘禁了起来，用活埋、火烧、封官等各种威逼利诱的手段逼他臣服，都没有成功，直到多年以后的兴元元年（784 年）八月，实在无计可施的李希烈才派人把颜真卿缢杀，临死前，这位老人依然大呼逆贼，骂不绝口。

颜真卿和关羽有很多相似的地方，比如两人都具有"忠勇"精神，也都具有"威武不能屈、贫贱不能移、富贵不能淫"的气节，他对唐德宗提出抬高武庙规格的目的，就是想普及这种精神和气节，并用来挽救大唐帝国的命运，但历史却没有帮助他实现这一愿望。直到宋代之后，经过宿儒们长期的争论，这种忠勇精神和英雄气节才逐渐成为朝野上下一致认可的主流意识形态，那个时代距颜真卿的死还有二三百年的时间。

贞元元年（785 年），当颜真卿的灵柩被人送回京师的时候，德宗异常悲痛，宣布废朝五日，赐其谥号为"文忠"，下诏曰：

> 君臣之义，生录其功，殁厚其礼，况才优匡国，忠至灭身。朕自兴叹，劳于寤寐。故光禄大夫、守太子太师、上柱国、鲁郡公颜真卿，器质天资，公忠杰出，出入四朝，坚贞一志。属贼臣扰乱，委以存谕，拘胁累岁，死而不挠，稽其盛节，实谓犹生。朕致贻斯祸，惭悼靡及，式崇嘉命，兼延尔嗣。可赠司徒，仍赐布帛五百端。男頔、硕等丧制终，所司奏超授官秩。

他的悲痛是真挚的，因为，大唐的忠臣已经越来越少，整个社会已经道德沦丧。就在前一年，德宗在绝望之中下了"罪己诏"，声明"朕实不君"，承认削藩的错误，所谓"朕抚御乖方，致其疑惧"，抚慰叛乱的反王，表示今后"一切待之如初"。当一番改革遭遇挫折以后，唐德宗的雄心壮志早已消失殆尽。

贞元二年，被时人认为是关羽后代的关播[1]上奏：

> 太公古称大贤，下乃置亚圣，义有未安。而仲尼十哲，皆当时弟子，今以异时名将，列之弟子，非类也。请但用古今名将配享，去亚圣十哲之名。[2]

唐德宗准奏，自此，除了武成王太公望及留侯张良，其他古今武将不再被祭祀，一场君臣煞费苦心策划的造神运动，至此结束。

唐德宗以后再也没有奋发向上、励精图治的勇气，在平息叛乱后，他开始宠信宦官、猜忌大臣，并大肆聚敛，变成了一个彻彻底底的昏君。

从此后，皇帝的尊严变得越来越微不足道，而各藩镇节度使也越来越嚣张跋扈，最终将大唐帝国颠覆致死。此后，中国又迎来一个更加混乱的时代，在这个时代里，会有人轻蔑地说："天子宁有种邪？兵强马壮者为之尔。"[3] 国家至此暗无天日。

二　建隆风波

> 建隆元年春正月乙巳，大赦，改元，定有天下之号曰宋。[4]

在结束了纷乱而又血腥的五代十国之后，宋太祖赵匡胤上承唐统郊祀天下，并在建隆三年（962 年）重建武成王庙，"命左谏议大夫崔颂董其役，仍令颂检阅唐末以来谋臣、名将勋绩尤著者以闻"。

第二年（963 年）四月，赵匡胤临幸武庙，在参观配祀图像时，他觉

---

① 林宝：《元和姓纂》。
② 欧阳修等：《新唐书》卷十五《礼乐五》，中华书局 1975 年版，第 378—379 页。
③ 欧阳修：《新五代史》卷五十一《安重荣传》，中华书局 1974 年版，第 583 页。
④ 脱脱等：《宋史》卷一《本纪第一》，中华书局 1977 年版，第 4 页。

得白起"杀已降，不武之甚，何受享于此？"① 命令去除，并命吏部尚书张昭等人对配享武将再次裁定，要求"取功业始终无瑕者"。不久，张昭拿出方案，史称"建隆议"，请升二十三人，退二十二人，在退的名单里就有关羽，他的神像遂在此时被撤出了武成王庙。

对于赵匡胤重新筛选配享武将的决定，在当时的朝廷官员中也有不满之声。两天后，秘书郎、直史馆梁周翰就上言，表示异议：

臣闻天地以来，覆载之内，圣贤交骛，古今同流，校其颠末，鲜克具美。周公，圣人也，佐武王定天下，辅成王致治平，盛德大勋，蟠天极地。外则淮夷构难，内则管、蔡流言。蟘尾跋胡，垂至颠顿；偃禾仆木，仅得辨明。此可谓之尽美哉？臣以为非也。孔子，圣人也，删《诗》《书》，定《礼》《乐》，祖述尧、舜，宪章文、武。卒以栖迟去鲁，奔走厄陈，虽试用于定、哀，曾不容于季、孟。又尝履盗跖之虎尾，闻南子之佩声，远辱慎名，未见其可。此又可谓其尽善者哉？臣以为非也。自余区区后贤，琐琐立事，比于二圣，曾何足云？而欲责其磨涅不渝、始卒如一者，臣窃以为难其人矣。

昉自唐室，崇祀太公。原其用意，盖以天下虽大，不可去兵；域中有争，未能无战。资其佑民之道，立乎为武之宗，觊张国威，遂进王号。贞元之际，祀典益修，因以历代武臣陪餐庙貌，如文宣释奠之制，有弟子列侍之仪，事虽不经，义足垂劝。况于曩日，不乏通贤，疑难讨论，亦云折中。今若求其考类，别立否臧，以羔袖之小疵，忘狐裘之大善，恐其所选，仅有可存。只如乐毅、廉颇，皆奔亡而为虏；韩信、彭越，悉菹醢而受诛。白起则锡剑杜邮，伍员则浮尸江滋。左车亦偾军之将，孙膑实刑余之人。穰苴则偾卒齐庭，吴起则非命楚国。周勃称重，有置甲尚方之疑；陈平善谋，蒙受金诸将之谤。亚夫则死于狱吏，邓艾则追于槛车。李广后期而自刭，窦婴树党而丧身。邓禹败于回溪，终身无董戎之寄；马援死于蛮徼，还尸阙遣莫之仪。其余诸葛亮之俦，事偏方之主；王景略之辈，佐闰位之君。关羽则为仇国所禽，张飞则遭帐下所害。凡此名将，悉皆人雄，苟欲指瑕，谁当无累？或从澄汰，尽可弃捐。况其功业穹隆，名称炬赫。樵

---

① 脱脱等：《宋史》卷一百五《礼八》，中华书局 1977 年版，第 2556 页。

夫牧稚，咸所闻知；列将通侯，窃年思慕。若一旦除去神位，摈出祠庭，吹毛求异代之疵，投袂忿古人之恶，必使时情顿惑，窃议交兴。景行高山，更奚瞻于往躅；英魂烈魄，将有恨于明时。

况伏陛下方厉军威，将遏乱略，讲求兵法，缔构武祠，盖所以劝激戎臣，资假阴助。忽使长廊虚邈，仅有可图之形；中殿前空，不见配食之坐。似非允当，臣窃惑焉。深惟事贵得中，用资体要，若今之可以议古，恐来者亦能非今。愿纳臣微忠，特追明敕，乞下此疏，廷议其长。①

可谓有理有据，慷慨激昂。赵匡胤对他的意见不置可否，没有采纳，也没有驳斥，不了了之。

其实这次配享风波之所以产生，其原因比较复杂。一方面，当时的战争形势并不乐观，在大宋的南方还有后蜀、南唐等割据政权，而北方则有兵强马壮、虎视眈眈的契丹。另一方面，自唐以来各地藩镇节度使的尾大不掉之势也并没有消除，五代时期各短命王朝的惨痛教训就在眼前。这使得赵匡胤不得不既重视武备，又要控制武人的势力，还要找到国家长治久安的方法。

因此，重建武成王庙就是在显示他注重武备的决心，而下令在武庙中"取功业始终无瑕者"配享，也是在震慑和警醒那些桀骜不驯的骄兵悍将，让他们为各自的前途仔细考量。历史上著名的"杯酒释兵权"也是在这个时期产生的，可见赵匡胤的良苦用心。

此外，在配享名单中撤去关羽，还有一个心理上的原因。这就是，当时的后蜀政权依然存在，而关羽生前就是蜀汉政权的忠臣，虽然时过境迁，此时距关羽身死已七百余年，但从心理上来说，他应该还是很难被赵匡胤接受的，因为赵匡胤下一步的战略目标就是要消灭后蜀。

而且，此时后蜀境内的关公文化已经形成。北宋黄休复编撰的《益州名画录》"卷中"中"赵忠义"条曾记载：

蜀王知忠义妙于鬼神、屋木，遂令画《关将军起玉泉寺图》，于

---

① 脱脱等：《宋史》卷四百三十九，《梁周翰传》，中华书局1977年版，第13001—13002页。

是忠义画自运材剧基，以至丹楹刻桷，皆役鬼神。叠拱下木昂地木架，一座佛殿将欲起立。蜀王令内作都料看此画图枋棋有准的否，都料对曰："此画复较，一座分明无欠。"其妙如此。

可见，当时关公玉泉显圣的传说已经深入蜀地，并曾让蜀王孟知祥仰慕不已。宋人赵忭也曾在《成都古今集序》中说：

关羽墓，仁显者孟蜀末僧也，作《华阳记》云："墓在草场，庙在荷圣"，此目击之。

可知至迟在五代，成都已出现了关羽的衣冠冢，所以赵匡胤自然不会在本朝的祀典上敬奉一位敌人的神灵，这无疑也是关羽被撤出武庙的重要原因之一。

不过在宋军攻占蜀地以后，情况则略有改变。马端临《文献通考》载：

开宝三年（970 年）……十月，诏前代功臣烈士，宜令有司详其勋业优劣以闻。有司言："齐孙膑、晏婴，晋程婴、公孙杵白，燕乐毅，汉曹参、陈平、韩信、周亚夫、卫青、霍去病、霍光，蜀主刘备、关羽、张飞、诸葛亮，唐房元龄、长孙无忌、魏元成、李靖、李勣、尉迟敬德、浑瑊、段秀实等，皆勋德高迈，为当时之冠；晋赵简子、齐孟尝君、赵赵奢、汉丙吉、唐高士廉唐俭岑文本马周为之次；南燕慕容德、唐裴寂元稹又其次。"诏孙膑等各置守冢三户，赵简子等各两户，悉蠲其役；慕容德等禁樵采。其有为盗贼所发者，皆具棺椁、朝服以葬。掩坎日致祭，长吏奉其事。[1]

此时距"建隆议"不过七年，关羽就又在宋朝皇帝的眼里成为"勋德高迈，为当时之冠"，并当置"守冢三户"的"前代功臣烈士"了。

到了庆历年间（1041—1048 年），宋仁宗按照范仲淹的建议颁行新政，对武成王庙配享也进行了调整：

---

① 马端临：《文献通考》卷一百三《宗庙十三》，中华书局 1986 年版，第 941 页。

> 初，建隆议升历代功臣二十三人，旧配享者退二十二人。庆历
> 仪，自张良、管仲而下依旧配享，不用建隆升降之次。

这就让关羽重新回到了武成王庙。

其实，这次武庙配享风波对于关公文化的影响并不是很大，因为在此时的北方地区，信奉关公的人并不多。但是，在"庆历仪"颁布之后不久，一场发生在北宋西南边疆的重大战役却使得关公文化开启了正式北传的脚步。

三　威胜南征

据文献记载，山西长治市沁县石刻博物馆中，曾陈列有一块字迹斑驳的石碑。碑高 120 厘米，宽 76 厘米，额篆《威胜军①关帝侯新庙记》，碑文提名《威胜军新建蜀荡寇将□□□□关侯庙记》落款为"大宋元丰三年（1080 年）孟夏望日乡贡进士李汉杰记"。这应该是目前所发现的最早的关庙碑刻实物。碑文早已模糊不清，但基本还能看出一个大概，主要内容讲的是一个古老的战争故事。现节录如下：

> 建安二十四年，尝率精锐进围樊城。将军善攻有术，不在矢石，
> 在于权□机制胜，密不可窥。坐降于禁而威震华方，曹公议徙
> □□□□其锐。曹公明略盖于天下，闻其威名，勇气几夺，况下者
> 乎？每建旗临阵，作愤轩昂，横刀而前，□奋于臆，顾眄小宇宙，叱
> 咤生风，霆□上冲□□□□□。万众睹其勃如之色，人人不寒而股
> 栗，虽生而魄碎。雄棱未霁，虏势已摧，威之盛也。此识将军之面，
> 而未识将军之心。其心岂易□□□□□随先主不避艰险，张忠胆，冒
> 贼锋，力战不息，积功居多，累封为荡寇将军、汉寿亭侯。与群臣决
> 大议，□先主为汉中主□□一心□□□□□□之诚，凛逾霜雪，忠之
> 至也。报曹公杀颜良，解白马围，功成弃赏，脱身还蜀。去就两端，

---

① 威胜军即今沁县，春秋时为铜鞮县，宋太平兴国四年（979 年），于铜鞮县之乱柳石围中建威胜军，金时升为沁州，至清亦然。民国初改为沁县。另：军在唐代是一种军区，只管兵戎，五代以后，逐渐与行政区的差别缩小，至宋代则成为兵、民、军、政合一的行政区域。

不负主知，刚果之气，上薄云天，义之高也。□□□传□□□□□为万人之敌，言其威也；称有国士之风，言其忠且义也。后知之将军者，不独取其临战却敌之威，而取其佐君之忠、行己□义，此为□□□□□之心也。迄今江、淮之间，尊其庙像，尤以为神。

向也交阯入寇廉白，熙宁九年，今上矜恻下民，诏元戎举兵问罪。沁州□□□□□趫捷应募者，由任真而下，凡二百三十七人，隶于左第一军前锋之列。撼金伐鼓，行逾桂州，驻□□补，过将军之祠。下□其始，得□□□□□佑中，依贼陷邕州，祷是庙，妄求福助，掷杯不应，怒而焚之。狄丞相破智高，表乞再完。仁宗赐额以旌灵贶。众□其□□□□□□□□□□军誓：假威灵平蛮得俊，长歌示喜，高蹑太行，而北归故里，当为将军构饰祠宇。复请木□绘马，执为前驱，入践贼界，上气□□□□□□钲鼓，望风乞降，余众弃城而遁。进军临富良江，蛮酋遣将，乘蒙冲斗舰，举楫若飞，急趋争岸，迎官军陆战。江北神虎□鼓□□□□□□□□□□□自相腾轹，斩首及溺死者数万余人。既捷，荣雄受爵赏者二十六人。任真、贾信、□宁并指挥使，节以功之高下，递补有差。□□□□□□□□□□南地多多深林，密于栉比。蛮人欲伐，横绝其路。结营息众，势莫能前。夜有大风暴发，怒号之声若挝万鼙。迟明□之卧未□□□军□□□□□□□□□也，众与虏均。俄有阴兵，旗帜戈甲，弥亘山野，敌人顾望，惴恐而败。精诚所招，助顺之灵。暴风夜至，阴兵昼见，神以符效应□□□□□□□□行，深入万里，果立战功。归而建庙，人以享祀答神之休。[①]

前半段引《三国志》的记载着重赞扬了关羽"凛逾霜雪，忠之至也"和"上薄云天，义之高也"的道德品格，并特别强调："后知之将军者，不独取其临战却敌之威，而取其佐君之忠、行己□义"。

后半段则详述了建庙的缘起，大意是说：北宋熙宁八年（1075 年），交趾进犯钦州（在今广西）、廉州（今广西合浦）；熙宁九年，又陷邕州（今南宁），神宗皇帝发兵南征。当时威胜军（今沁县）有二百三十七人应征入伍，被编入左路第一军，并成为该军的先锋部队。当他们开赴桂州

---

① 冯俊杰：《山西戏曲碑刻稽考》，中华书局 2002 年版，第 18 页。

（今桂林）的时候，发现了一座祠庙。进去以后才知道，此庙供奉的是汉将军关羽。见碑记得知，这座庙古已有之，当年狄青南征侬智高的时候就已经存在。侬智高还曾在庙中祈祷，但因未得到神灵的护佑，所以一怒之下将庙烧毁。狄青得胜回师以后，表奏朝廷对这座庙进行了重修，仁宗还赐了庙额。威胜军军士即在神像前许愿：如果此次能够大破交阯，一定在家乡为关将军建构祠宇。许愿完毕，军士们请庙中的木刀纸马，执为前驱，然后立即赶赴沙场。一路上人皆奋勇，势如破竹，交阯士兵大多望风乞降，余者弃城而逃。宋军乘胜追击，在一次丛林战中，关羽率阴兵显灵相助，"夜有大风暴发，怒号之声若挝万鼙"，"俄有阴兵，旗帜戈甲，弥亘山野，敌人顾望，惴恐而败"，宋军于是大胜。在军士中受爵赏者共有二十六人。他们没有忘记当初的誓言，回到家乡修了这座"威胜军关帝侯新庙"。

这块《威胜军关帝侯新庙记》碑在它产生之初可能并未引起太大反响，但对于关公文化来说，它所传达出的信息却是无比重要的。

首先，碑文中说，在狄青南征胜利之后，宋仁宗就曾为桂州关庙"赐额以旌灵贶"，虽然这里并没有说清庙额的文字，但这条信息也是历史上最早的皇帝为关庙赐额的记录，狄青回师的时间应为皇祐五年（1053年），这比宋哲宗在绍圣二年（1095年）五月赐关羽庙额为"显烈"的时间早了四十二年。

其次，碑文中所说"俄有阴兵，旗帜戈甲"一事，应是最早关公显灵助战的记载。在元丰四年（1081年），也就是"威胜军关帝侯新庙"建立之后的第二年，张商英《重建关将军庙记》中就开始有："阴兵十万部从严，铁骑咆哮汗金甲"之句。从此，类似的传说便开始在全国广为流传，关公信仰也从此在宋朝的军队中正式形成。

桂州的关公信仰其实古已有之，比之北方要早得多，其原因是这个地方在三国时期属荆州的零陵郡。唐李吉甫所撰《元和郡县志》卷第三十七"岭南道四"条载：

> 桂管经略使桂州，始安。中都督府。……禹贡荆州之域。汉元鼎六年置零陵郡，今州即零陵郡之始安县也，吴归命侯甘露元年，于此置始安郡，属荆州。晋蜀广州。梁天监六年，立桂州于苍梧、郁林之境，因桂江以为名，大同六年移于今理。

可知这里本就属于是关公文化的发源地。桂州又历来是少数民族的聚居地，这些少数民族在三国时期曾被史官统称为零陵蛮，这其中也包括僚人，[①] 也就是侬智高所属的种族。

20世纪80年代，考古工作者在广西靖西县安德地区（地处中越边境）发现了一尊宋代的关公铜像：

> 这尊关公铜座像头戴绒帽，身穿绿色长袍，前襟绣有龙头。右手紧握腰间玉带，左手安放左膝上。长方脸，高鼻梁，眉微翘，眼光炯炯，五络须垂挂胸前。高29厘米，重1.15公斤。出土铜像的安德圩地区开发较早，早在唐代就建立安德州，这尊关公像是在一座关帝庙旧址的地下出土的。据研究，它是宋代当地壮族人民供奉的关公像，这对壮族崇拜关帝提供了凭据。[②]

僚人与壮族人有着紧密的族源关系，侬智高在我国也普遍被认为是壮族英雄。因此，这尊关公铜像的发现能够使人确定，至少在侬智高与宋军交战的时间前后，僚人已经完全具有了关公信仰。

《威胜军关帝侯新庙记》的碑文说："侬贼陷邕州，祷是庙，妄求福助，掷杯不应，怒而焚之。"这说明，当时侬智高也曾祭拜过关公，后因"掷杯不应"，才焚烧了庙宇。不过，这当然只是狄青以及宋军的说法。侬智高自己也是僚人，他的军队成员也多为僚人[③]，对于他们来说，关公是非常重要的神祇，所以说侬智高焚烧关庙，颇为令人起疑。

前文已述，在"会昌灭佛"时期，迁徙到戎州的僚人就曾经散布过"关将军索木"的传言，可知他们至少在唐代就已经开始崇拜关公。而李延寿所著的《北史》也许会把这个时间继续提前：

> 獠者，盖南蛮之别种……其俗畏鬼神，尤尚淫祀。所杀之人美鬓

---

① 西晋张华所著的《博物志·异俗篇》载："荆州极西南界至蜀，诸民曰獠子。"

② 中国史学会：《中国历史学年鉴》编辑部编《史学情报》，人民出版社1982年版，转引自张雅卿《广西漓江流域地区关帝信仰初探》，硕士学位论文，广西师范大学，2012年。

③ 侬智高至今依然是西南地区人们所崇尚的民族英雄，其国籍和民族的确定一直是学术界争论不休的课题。但说他是僚人应大致不错。

髯者，乃剥其面皮，笼之于竹，及燥，号之曰鬼，鼓舞祀之，以求福利。①

　　这是一个颇为恐怖的场景，僚人将敌人中"美鬃髯者"杀死，并将他的面皮剥下来，笼于竹上，等干燥以后，他们就称呼这张面皮为"鬼"，并会围绕着它跳起古老的傩舞，进行祭拜，以求福利。其实从这种仪式来看，这张面皮所代表的是"神"，而并不是汉人所理解的"鬼"。

　　关键是，为什么一定要"美鬃髯者"？我们知道，《三国志》中没有对关羽的形象做过多的描写，却着重提到了"羽美须髯"，这是不是在说，僚人祭祀的对象其实就是关羽呢？这种可能性无疑是存在的。如果情况确实如此，那就是说在南北朝时期僚人已经有了关公信仰，到了北宋，关公崇拜已是他们的古老习俗。所以，侬智高不管在什么情况下，都不可能焚烧关庙，哪怕是在气急败坏的情况下。其实，当时的大多数宋军将士还没有关公信仰，他们在战争过程中焚毁关庙的可能性要比僚人大得多。

　　实际上，在桂州当地人的记忆里，关公在狄青南征中所帮助的对象却是僚人，今广西南宁、桂林一带，还广泛流传着关公协助侬智高大战宋军的故事，只不过因为岁月变迁，故事的情节已经变异。在这些故事中，关公已经变身为侬智高的"二弟"，名为"关朗灵"。

　　据说，这位"关朗灵"能征善战、勇冠三军，好几次大破交趾军队，而最终却死于宋将狄青的阴谋暗算。此后，他魂灵不散，飘回到石香炉山（现南宁市横县香炉山）为神，造福一方，被百姓称为朗灵大王。这和关公的经历基本雷同，只不过在民间故事中，孙权变成了狄青，玉泉山变成了石香炉山，关大王也便成了朗灵大王。

　　如前所述，"朗灵"就是"朗州之灵"的意思，而朗州则就是三国荆州的武陵郡，所以，关朗灵其实就是关羽。

　　现在的广西南宁还有许多座关朗灵庙，它们的具体名称各不相同，有叫"二王庙"的，也有叫"朗灵大王庙"的，其中位于南宁市吴圩镇周

----

　　①　李延寿：《北史》卷九十五《蛮、獠、林邑、赤土、真腊、婆利》，中华书局1974年版，第3154—3155页。

村的二王庙，始建于北宋哲宗年间（此时正是关羽受封"忠惠公"的时间），江南区的古思村朗灵大王庙也建于南宋末年，这些庙宇至今香火鼎盛，每年农历四月初八也都会举行大型活动。不过，当地人已不知道关朗灵就是关羽，"大王庙"虽有关羽塑像，但主神却被认为是侬智高；"二王庙"中的塑像也已不是关羽的形象，而是金盔金甲、金面微须的样子。另外，在昆仑关也有一座关帝庙，据说此庙曾一度建在昆仑关的城楼上，已有近千年历史。每年五月十三日，昆仑关关帝庙就会举行"关公磨刀诞"，届时人潮涌动、热闹非凡。

值得一提的是，在今天越南高平省高平城的侬智高庙中，也供奉着关公神像，牌位上书"侍奉盖天佑佛伏魔关圣官□帝君之位"，匾额为"福德祠宁"，而在越南的壮族同胞"侬族"中，也存在关公信仰，他们将关公称为"ong"，意为："男人"或"翁"，这些不同寻常的现象，应该能够说明关公就是他们的神。

《威胜军关帝侯新庙记》所说的那座桂州关庙现已不存，但桂林的关公信仰却延续至今。在每年的农历五月十二日，桂林市恭城瑶族自治县都会举行盛大的"关公巡游活动"。届时全城百姓竞相出动，和慕名而来的外地游客共同经历关帝盛典，已成为当地最有特色的人文景观。

从威胜军南征一事可以看出，多民族特性的关公信仰至少在狄青大战侬智高之前就早已形成，自此之后，两个敌对势力同拜关公的现象就不绝于史，李汉杰在《威胜军关帝侯新庙记》中所述之事就是这种现象的起点。

狄青回师以后，宋仁宗只是给桂州关庙赐了庙额，但"神明显灵助战"一向都是宋代君臣最喜闻乐见的事情，神宗时代的威胜军军士依靠关公而取得胜利，必然会在京师乃至全国产生轰动效应。由此，关公信仰才开始正式的在北方地区传播。

四 义勇之王

在沁县关庙建成后不久，河东士人在关公的故里解州也重修了一座关庙，并请郑咸作《元祐（1086—1093 年）重修关庙记》：

> 侯讳某，姓关氏，以忠义大节事蜀先主昭烈皇帝，为左右御侮之臣，官至前将军，假节钺。侯之名闻天下后世，虽老农稚子，皆能道

之。然谓侯英武善战，为万人敌耳，此不足以知侯也。曹孟德以奸雄之资，挟天子以令中原，虎视邻国，谓"本初犹不足数，而况其下乎？"独先主区区，欲较其力，而与之抗。然屡战而数败矣。士于此时，怀去就之计者，得以择主而事之。苟不明于忠义大节，孰肯抗强助弱，去安而即危者？夫爵禄富贵，人之所甚欲也。视万锺犹一芥之轻，比千乘于匹夫之贱者，岂有他哉，忠尽而义胜耳。侯以为曹公名为汉臣，实汉仇也。而先主固刘氏之宗种，侯尝受汉爵号矣。苟为择其所事，则当与曹乎？当与刘乎？曹、刘之敌，虽愚者知之。巴蜀数郡，以当天下之半，其成功不可待也，而侯岂以此少动其心哉？秋霜之严，见日见则消；南金之坚，遇刚则折。而侯之忠义凛然，虽富贵在前，死亡居后，不可夺也。孔融、杨彪皆巨德元老，一日少忤曹公，乃戮而囚之。侯为曹公所得，不敢加无礼焉；比其去也，熟视而不敢追。然则侯之所本，胜曹公多矣。盖有以服其心而折其气，岂在行阵间乎！侯本解人，庙於郡城之西。庙久不治，里中父老相与经营，加完新焉。时维太守张公，别乘张公，相与为雍容镇静之政，而解民熙然乐之，日有余暇，可以致力于神矣。然则神安其宅，厥有由哉。①

这是现存最早的解州关庙碑文，但在文中并没有注明该庙的创建时间，几代之后，明人韩文②撰写的《正德修庙记》言："距解城址西百余步，旧有关王祠，乃宋祥符甲寅敕建，元祐壬申重建。"③ 元祐壬申为1092 年，也许正是郑咸写这篇碑记的时间，而"宋祥符甲寅敕建"也是极有可能的，这一年即为大中祥符七年（1014 年），宋真宗曾在三年前（1011 年）亲临汾阴祭祀后土神，④ 汾阴即在今万荣县，今与解州镇同属于山西运城市管辖，当年宋真宗很可能会巡视解州并想起蚩尤和关羽这两位当地著名的战神。

早在大中祥符元年（1012 年），宋真宗已和王钦若等人制造了"天降

---

① 张镇：《解梁关帝志》卷三《艺文上》，山西人民出版社 1992 年版，第 167 页。
② 按：韩文为明朝正德年间户部尚书，山西洪洞人，《明史》有传。
③ 张镇：《解梁关帝志》卷三《艺文上》，山西人民出版社 1992 年版，第 205 页。
④ 马端临：《文献通考·郊社十六》，见胡小伟《关公信仰研究系列》第一卷《佛道两教的关羽崇拜》，香港科华图书出版公司 2005 年版，第 356 页。

神书"事件，并自称为黄帝后裔，蚩尤本为黄帝死仇，真宗自会对其心生抵触，然而，蚩尤其实也曾是宋军的军神，如《宋史·礼志二十四·军礼》载：

> 军前大旗曰"牙"，师出必祭，谓之"祃"。后魏出师，又建蠹头旗上。太宗征河东，出京前一日，遣右赞善大夫潘慎修出郊，用少牢一，祭蚩尤、祃牙。

也许就是由于这次汾阴之行，使得宋真宗开始在关羽和蚩尤之间做出了抉择，并于几年以后下诏在关羽的故里修建关庙以示尊崇，这也许是道教传说"关公战蚩尤"能够产生的最初因由。

不过，宋真宗敕建关庙一事终究在正史中无载，这说明关羽在当时还没有成为独立的国家信仰符号，从郑咸的"庙久不治"一语也可以看出，当时解州的关公信仰氛围并不浓厚。而在"里中父老相与经营，加完新焉"之时，关羽已是"名闻天下后世，虽老农稚子，皆能道之"了，此时距大中祥符七年已过了 78 年，当地民众能在此时重修关庙，也许正说明 12 年前威胜军得关公显灵助战的传说此时已在河东（今山西、陕西等地）地区广为流传。

据《宋会要辑稿·神庙部》记载，在解州民众重修关庙之后的第四年，即绍圣二年（1095 年）五月，宋哲宗亲赐当阳汉寿亭侯祠庙额"显烈"。这标志着关公信仰已开始独立于国家信仰体系之中。

"显烈"是除刘禅所赐的"壮缪"之外，第一个有明确记载的帝王赐予关羽的国家级封号，这个封号之所以产生其实和当时的政治变革有着密切的关系。

宋哲宗即赵煦，是宋神宗第六子，在元祐元年（1086 年）即位之时年方 9 岁，所以朝政一直被太皇太后高氏把持，满朝文武大臣也大多将哲宗视为傀儡。此时距王安石变法之后不久，高氏重用司马光等旧党，废除王安石新法，并在旧党的怂恿下贬斥一切主张变法的"新党"成员，有一位名叫张商英的开封府推官就是其中之一。

元祐八年（1093 年）高氏病死，哲宗亲政，改元"绍圣"。他在跳出太后长达七年垂帘听政的政治阴影之后，马上贬斥元祐大臣吕大防等数十人，重新起用章惇、曾布、张商英等"新党"成员。

　　前文已述，张商英早在元丰四年（1081年）就为玉泉山关庙撰写了《重建关将军庙记》，可见他对关羽素有崇敬之情。哲宗亲政以后，张商英先被封为右正言，又进为左司谏，这个职位"掌讽谕规谏，凡朝廷阙失，大事廷诤，小事论奏"。关羽被赐额"显烈"的绍圣二年，就是张商英被重新起用之后不久。由此可知，哲宗这次对当阳关庙的赐额无疑是受到了张商英的影响。

　　另外，《宋史·艺文志》记载张商英曾撰有《神宗正典》六卷①，这部书应是他写给包括哲宗在内的皇朝子孙参看的。在神宗时期，威胜军所参与的那次南征交趾的战争无疑是一场重大战役，张商英在书中必然会涉及此事，此中是否提到了关公显灵助战的情节，因原书亡佚，现已无考，不过从哲宗所赐的"显烈"二字可以看出，大宋皇帝正是在嘉奖关羽的护佑之功，所以，威胜军、张商英、宋真宗在关公文化的发展之中一定存在着紧密的联系。

　　至徽宗时期，张商英曾一度身居相位，而此时的关羽也正被朝廷不断加封，《宋会要辑稿》载："（关羽）徽宗崇宁元年二月封忠惠公。大观二年进封武安王。"这应该都是张商英努力的结果。

　　《宋史》称："张商英，字天觉，蜀州新津人。长身伟然，姿采如峤玉。负气傲傥，豪视一世。"可见其风采。他其实既不是"新党"也不是"旧党"，元祐初年他因反对司马光等人废除王安石的新政而遭贬斥，被定为"新党"成员，后又因指责蔡京"身为辅相，志在逢君"而被定为"元祐党人"，再遭贬斥，并因此被两党成员"斥其反覆"。其实，在近千年以后的今天，我们重读有关他的历史就会发现，张商英本来就不属于任何一个"党"，相比司马光、蔡京这两个在后世的评价中截然不同的忠臣、奸相来说，他其实才是一个真正为民做事的好官。

　　他一直坚信王安石变法的正确性，曾向徽宗上书："神宗修建法变（指王安石变法），务以灭大害，兴大利。今诚一一举行，则尽绍述之美。法若有弊，不可不变，但不失其意足矣。"这让他得到了很多官员的支持，被徽宗称为"人望"。在做宰相之时，张商英"为政持平，谓京虽明绍述，但借以劫制人主，禁锢士大夫尔。于是大革弊事，改当十钱以平泉货，复转般仓以罢直达，行钞法以通商旅，蠲横敛以宽民力。劝徽宗节华侈，息土木，

---

　　①　脱脱等：《宋史》卷二〇三《艺文二》，中华书局1977年版，第5096页。

抑侥幸。"并撤销了杨戬的节度使职务，说道："祖宗之法，内侍无至团练使。有勋劳当陟，则别立昭宣、宣政诸使以宠之，未闻建旄钺也。"①

然而，《宋史》对他的评价并不高，说他"譬饥者易为食，故蒙忠直之名。靖康褒表司马光、范仲淹，而商英亦赠太保。绍兴中，又赐谥文忠，天下皆不谓然"。此言略带揶揄，实不知能让老百姓吃上饭，才是古今官吏最大的职责所在，"天下皆不谓然"中的"天下"也不知指的是何人之天下。

事实上，在张商英去世的消息传出以后，素与他政见不和的陈瓘曾在私人宴会上"止酒而起，叹伤久之。客有以为疑者，瓘曰：'张固非粹德，且复才疏，然时人归向之。今其云亡，绝人望矣！近观天时人事，必有变革，正恐虽有盛德者，未必孚上下之听，殆难济也！'"②此后的历史不幸被陈瓘言中。

靖康二年（1127年），北宋在金兵的铁蹄下灭亡，康王赵构逃亡南京并在同年称帝，是为高宗，自此开创了南宋政权。在这个政权的创建初期，"武安王"已不是一般的神灵，而是国家意志的体现，比如《续资治通鉴》曾记载了这样一件事情：

> 先是有撰《劝勇文》者，揭于关羽庙中，论敌兵有五事易杀："连年战辛苦，易杀；马倒便不起，易杀；深入重地力孤，易杀；多带金银，易杀；作虚声吓人，易杀。各宜齐心协力，共保今岁无虞。"觅得而上之，诏兵部镂版散示诸路。③

此事发生在建炎二年（1128年），即金兵蹂躏关陕之际，这正是民间组织抗金最激烈的时候，此时的关羽庙正是起到了团结一致、同仇敌忾的作用。另据《三朝北盟会编》载，建炎二年正月：

> 金人既已渡河，陷同州，系桥为归路，西陷华、陕、岐、雍、

① 脱脱等：《宋史》卷三五一列传第一百一十，中华书局1977年版，第11096—11097页。
② 杨仲良：《皇宋通鉴长编纪事本末》卷第一百三十一，江苏古籍出版社1988年版，第4107—4108页。
③ 见《续资治通鉴》卷一百一，转引自胡小伟《关公信仰研究系列》第二卷《宋代儒学与关羽崇拜》，香港科华图书出版公司2005年版，第77页。

陇、秦、陕右大扰，鄜延路经略司出兵攻同州，收复诸县，焚大庆
关。檄召河南、河北豪杰共起义兵，并力击贼，远近响应。旬日间，
以供状自达姓名：孟迪、种潜、张勉、张渐、白保、李进、李彦仙
等，兵各以万数。又胜捷军卒张宗自称观察使，亦起兵于南山下。①

这说明，虽然北方已经沦陷，但是河东地区民众自发的抗金斗争还是
非常猛烈的，这应和"武安王"信仰在此地的广泛传播不无关系。

与此同时，远在南方的宋高宗赵构也已颁诏加封关羽为"壮缪义勇
武安王"，并称赞关羽"肆摧奸宄之锋，大救黎元之溺"②。而他手下的抗
金将领们也每以关、张自励，比如岳飞。四库本《金佗续编》卷二十八
《江东邵缉献书》中言：

　　飞常与人言："使飞得与诸将齿，不在偏校之列，而进退禀命于
朝，何功名不立，一死焉足靳哉！要使后世书策中有岳飞之名，与
关、张辈功烈相仿佛耳。"飞，武人，意气如此，岂易得哉！亦可谓
人死留名、豹死留皮之意也。

可见，此时的关羽已经被南宋君臣视为宁死不屈、抵抗外侮的精神象
征了。此后不久，绍兴二十七年（1157年），杭州的西溪法华山已建有义
勇武安王庙，此为江南三吴地区兴建关羽祠庙之始。③

"隆兴和议"之后，宋金之间的战事得以平息，关公信仰对南宋政权
的作用也从鼓舞士气转为伦理教化和心灵慰藉，如淳熙十五年（1188年）
十一月二十一日宋孝宗赵昚颁布的《特封关羽壮缪义勇武安英济王诏》
就体现了这一点：

　　敕云："生立大节，与天地以并传；殁为神明，亘古今而不朽。
荆门军当阳县显烈神壮缪义勇武安王名著史册，功存生民。一方所

---

① 徐梦莘：《三朝北盟会编》卷一百十五，上海古籍出版社1987年版，第845页。
② 张镇：《解梁关帝志》卷一《封号》，山西人民出版社1992年版，第66页。
③ 四库本潜说友《咸淳临安志》卷七十三："义勇武安王庙：在西溪法华山。绍兴二十七
年建。"

依，千载如在。凡有祷于水旱雨赐之际，若或见于焄蒿凄怆之间。英烈岩岩，可畏而仰；庙貌奕奕，虽远益新。爰启王封，仍加美号，岂特显尔神威德之盛，亦以慰此邦父老之情。尚祈灵聪，服我休显。可特封壮缪义勇武安英济王。奉敕如右。"①

八字王为宋代对于历代功臣烈士之最高封爵，所以这份诏书完全能够说明关羽在南宋国家祀典中的地位之崇高。开头所说的"生立大节，与天地以并传；殁为神明，亘古今而不朽"。就是在彰显武安王所起到的教化世风的作用，而"凡有祷于水旱雨赐之际，若或见于焄蒿凄怆之间"。又强调了关羽的"雨神"功能。

值得注意的是，此时北方的金帝国并没有禁止关公文化的传播，任其在宗教、民间、军队信仰之中继续的发展下去。

金人田德秀曾在《嘉泰重修庙记》中说："解实公之故里，庙在郡城之西。春秋祈祀，送迎奔走，四远之人，惟恐其后。"② 可知解州的崇关习俗并未因亡国而中断。而且，金大定十三年（1173 年），山西平遥慈相寺住持新建关羽庙于法堂东庑，言"今兹天下伽蓝奉此者为护法之神"。郝瑛为此撰《慈相寺关帝庙记》，这是北方佛教法师奉关羽为伽蓝神的最早记载；金大定十七年（1177 年），解州下封村柳园社乡人王兴为关羽修建家庙，并在庙中建有瘗塔，塔铭且言："（关羽）于灵帝光和二年己未，愤以嫉邪，杀豪伯而奔。圣父母显忠，遂赴舍井而身殁。"此为现存民间为关羽事添加前传之最早记述。除此以外，金明昌年间（1190—1195年），开州（今濮阳）、固安（今固安）等地也纷纷建立了关庙。

金代著名诗人张珣还有《义勇行》传世：

忆昔天下初三分，猛将并驱谁轶群。桓桓胆气万人敌，卧龙独许髯将军。

威吞曹瞒欲迁许，中兴当日推元勋。惜我壮缪功不就，竟令豺狼还纷纷。

血食千年庙貌古，岁时歌舞今犹勤。君不见天都灵武巢未覆，抚

---

① 张镇：《解梁关帝志》卷一《封号》，山西人民出版社 1992 年版，第 66 页。
② 张镇：《解梁关帝志》卷三《艺文上》。

髀常思汉寿君。

全诗充斥着愤慨和期盼的味道，表明了北方汉人希望恢复宋室的决心。这种诗能得以流传，也从一个侧面反映出金帝国对关公文化的宽容态度。另外，元人同恕也曾在《关侯庙记》中写道：

> 相传金大定间，西兵潜寇，城几不守，乃五月二十三日，见若武安状者，率兵由此出山，贼骇异退走。随即其地而祀之。①

此篇庙记是为甘肃巩昌仁寿山关庙所撰，文章中所说的"西军"应为西夏军队，可知金帝国在对外交战中也每以关公显灵的故事来激励将士。也就是说，从此时开始，以"义勇武安王"为象征的关公文化已经不分南北、无论金宋，完全植根于中国的宗教信仰、民间信仰和国家信仰之中了。

蒙古成吉思汗二十一年（1226年），铁木真率大军围攻西夏黑水城。该城守将（或僧侣）在城破之前将众多佛经、图录等文化典籍藏入了一个佛塔，其中包括一幅金人版刻之"义勇武安王"神像。此后，蒙古骑兵对黑水进行了血腥的屠城，这幅神像就因此在佛塔中被默默地封存了六百余年。直到1909年的一天，一位俄国探险家来到此地考察才使其重见天日②。它是否能够说明关公信仰在当时已经延展到了那个短暂而辉煌的西夏王朝，今人已不得而知，但至少能令人肯定的是，对于那位封藏它的人来说，"义勇武安王"神像无疑是一件可以用生命来保护的珍贵物品。

第二节　元明国家信仰中的关公文化

一　元廷崇关

蒙古帝国海迷失后元年（1249年，南宋淳祐九年），也就是金朝灭亡

---

① 同恕：《矩庵集》卷三，转引自胡小伟《关公信仰研究系列》第一卷《佛道两教的关羽崇拜》，香港科华图书出版公司2005年版，第301页。

② 此版刻神像现藏于俄罗斯圣彼得堡艾尔米塔什冬宫博物馆，当年取走此像的俄国探险家名为科兹洛夫，详见李福清《关羽肖像初探》，原文载于台湾"国立"历史博物馆《历史文物》第四卷第四期（1994年10月）。

的五年之后，汉人世侯张柔奉旨在顺天（今河北保定市）建牙开府。在他的城镇建设中，有一项重要工作就是将武安王庙从原有的三义庙中独立出来，所以他请当时的著名理学大儒郝经撰写了《重建庙记》以纪念此事，其文曰：

高、光以仁得天下，而桓、灵失之一时，豪杰莫不欲代汉受命，比迹高、光，只事于诈力智计，土地甲兵。独昭烈帝始终守一仁，武安王始终守一义，尽心复汉，无心代汉。汉统卒，归之袁氏徒为僭伪，曹氏徒为篡窃，孙氏徒为偏霸，竟不能以有汉。

初，王及车骑将军飞与昭烈帝为友，约为兄弟，死生一之。及昭烈取益州，留王镇荆州，独当一面，犄角蹙操。昭烈取汉中，王威镇许、洛，几复汉矣。不幸而操、权合谋以图王，王死而曹氏篡。昭烈与飞出师伐权以诛仇，飞死而帝崩。始则王与飞以死事昭烈，终则昭烈与飞以死报王。呜呼！仁之至，义之尽也。

王讳羽，字云长，解梁人，起义于涿郡，争战于徐、兖，奔走于冀、豫，立功于江、淮，而殁于荆、楚。其英灵义烈遍天下。故所在庙祀，福善祸恶，神威赫然，人咸畏而敬之，而燕、赵、荆、楚为尤笃，郡国州县、乡邑闾井皆有庙。夏五月十三日，秋九月十有三日，则大为祈赛，整仗盛仪，旌甲旗鼓，长刀赤骥，俨如王生。千载之下，仰慕而犹若是，况汉季之遗民乎？

顺天当燕、赵之冲，而府中之庙二，皆痹俯垫逼，不称王之威灵。岁丁酉，权帅府事苑德于鸡水湖之右创为新庙，耽耽弈弈，神居巍然。初为庙貌，并昭烈皇帝、车骑将军及王为三。万户张公来享于庙，退谓德曰："庙无二主，尊无二上。君臣同祀，而王侍侧如昔，享觐不专，非制也。"遂议别为昭烈皇帝庙，而王始正南面之位焉。己酉秋，大享礼毕，请碑其事。故推君臣之义，以昭不朽，乃作以佑神诗，曰：

汉季草泽生英雄，王自蒲坂来山东。结交四海皆儿童，燕南壮士忽相逢。

义气许与开心胸，楼桑五丈即沛丰。破屋半夜喷长虹，指天誓日除奸凶。

万折不易以死从，阚如两虎夹一龙。风雷荡天汉火红，谁知京都遽芜空。

尽为曹氏妖狐踪，忽尔陷贼当天穷。跃马斩将万众中，侯印赐金还自封。

横刀拜书去曹公，千古凛凛国士风。跨有荆益事战攻，直指许洛期一戎。

操为喘气谋避锋，权为鲸枭示象恭。肘腋掩袭有吕蒙，遂令大业弗克终。

飞死帝崩永安宫，三人在天义烈同。唯王神威地天通，血食庙祀仍军容。

操骨已朽王爵隆，操鬼不食王礼崇。作诗颂王兴义功，愿如东坡赞孔融。①

这篇碑文的名称及内容的着力点都在"汉"字上，可见张柔与郝经虽贵为蒙古国的高官，却还是有扶汉情结的，因此可以说《重建庙记》就是当时的汉人在异族的统治下，依然保持着强烈民族意识的证明。

究其根本，在于大元帝国的蒙古统治者和之前的金人一样，允许了这种信仰的存在，甚至还主动促进了这种信仰的发展，《元史》记载：

世祖至元七年（1270 年），以帝师八思巴之言，于大明殿御座上置白伞盖一，顶用素段，泥金书梵字于其上，谓镇伏邪魔获安国刹。自后每岁二月十五日，于大明殿启建白伞盖佛事，用诸色仪仗社直，迎引伞盖，周游皇城内外，云与众生被除不祥，导迎福祉。岁正月十五日，宣政院同中书省奏，请先期中书奉旨移文枢密院，八卫拨伞鼓手一百二十人，殿后军甲马五百人，抬异监坛汉关羽神轿军及杂用五百人。宣政院所辖官寺三百六十所，掌供应佛像、坛面、幢幡、宝盖、车鼓、头旗三百六十坛，每坛擎执抬异二十六人，钹鼓僧一十二人。大都路掌供各色金门大社一百二十队，教坊司云和署掌大乐鼓、板杖鼓、筚篥、龙笛、琵琶、筝、绣七色，凡四百人。兴和署掌妓女杂扮队戏一百五十人，祥和署掌杂把戏男女一百五十人，仪凤司掌汉人、回回、河西三色细乐，每色各三队，凡三百二十四人。凡执役

---

① 张镇：《解梁关帝志》，山西人民出版社 1992 年版，第 177 页。

者，皆官给铠甲袍服器仗，俱以鲜丽整齐为尚，珠玉金绣，装束奇巧，首尾排列三十余里。都城士女，间阎聚观。礼部官点视诸色队仗，刑部官巡绰喧闹，枢密院官分守城门，而中书省官一员总督视之。先二日，于西镇国寺迎太子游四门，舁高塑像，具仪仗入城。十四日，帝师率梵僧五百人，于大明殿内建佛事。至十五日，恭请伞盖于御座，奉置宝舆，诸仪卫队仗列于殿前，诸色社直暨诸坛面列于崇天门外，迎引出宫。至庆寿寺，具素食，食罢起行，从西宫门外垣海子南岸，入厚载红门，由东华门过延春门而西。帝及后妃公主，于玉德殿门外，搭金脊吾殿彩楼而观览焉。及诸队仗社直送金伞还宫，复恭置御榻上。帝师僧众作佛事，至十六日罢散。岁以为常，谓之游皇城。或有因事而辍，寻复举行。夏六月中，上京亦如之。[1]

如此盛大活动的核心竟是五百人抬着"监坛汉关羽神轿""游皇城"，这完全说明了元帝国统治者对关羽的尊崇程度之高，而这种活动必然在无形中推动了关公信仰的发展。

泰定元年（1323年），在阿鲁威所写的《义勇武安王碑》中，关羽的称号已达到八十八字：

齐天护国大将军，检校尚书，守管淮南节度使，兼山东、河北四门关镇都招讨使，兼提调天下诸宫神煞，无地分巡按官，中书门下平章政事，开府仪同三司，金紫光禄大夫，驾前都统军，无佞侯，壮穆义勇武安英济王，崇宁护国真君。[2]

元廷几乎把所有令人眼花缭乱的官衔都加到了他的头上，所以此时的义勇武安王已是"祠周天下，至梵宇琳宫，荒村穷谷"[3]了。

天历元年（1329年），元文宗登基以后，关羽又被重新加封，《元史》卷三十二《本纪》言：

<hr>

[1]　宋濂等：《元史》卷七十七《志第二十七下》，中华书局1976年版，第1926—1927页。

[2]　拓片藏于中国国家图书馆，索取号322，转引自胡小伟《关公信仰研究系列》第三卷，《元代关羽崇拜》，第76页。

[3]　吴律：《汉义勇武安王祠记》辑录于《日下旧闻考》卷五十二，转引自胡小伟《关公信仰研究系列》第三卷《元代关羽崇拜》，香港科华图书出版公司2005年版，第72页。

庚辰，太白犯亢宿。……加封汉将军关羽为"显灵义勇武安英济王"，遣使祠其庙。

前朝南宋最终封关羽为"壮缪义勇武安英济王"，元文宗却将"壮缪"拿掉，换上"显灵"二字，其用心颇为耐人寻味。

实际上，天历元年对于元文宗来说是个"一脚天堂、一脚地狱"的年份，他在此时加封关羽并不是一时心血来潮，而是有更深层次的原因。

元朝虽然以武力混一欧亚，号称极盛，但是仍然保持着由部族诸王推举汗位的传统，所以一直没有解决好帝国继承人的问题。自忽必烈以后，大汗多为短命皇帝，而宫廷政变、弑君谋主之事也不绝于史，故一主有一主之"忠"，一帝有一帝之"义"。元文宗在登基前后所面临的就是这样一个局面。

元文宗名为图帖睦尔，是武宗海山之次子。英宗继位以后，铁木迭儿为丞相，他"怀私固宠，构衅骨肉"，遂贬逐图帖睦尔至海南。后来铁失、也先铁木儿等人为逆，立晋王为帝，改元泰定，并召图帖睦尔返还。图帖睦尔行至潭州（包括今长沙、湘潭、株洲、岳阳南、益阳、娄底等地）之时，"复命止之"，居数月，他才得以回到京师。第二年正月，他又被命令出居建康（今江苏南京），三月，又奉命迁居江陵（今湖北荆州）。同年七月庚午，泰定皇帝崩于上都（今内蒙古自治区锡林郭勒盟正蓝旗境内）。

时燕铁木儿实掌大都枢密符印，谋于西安王阿剌忒纳失里，阴结勇士，以图举义。八月甲午，黎明，百官集兴圣宫，燕铁木儿率阿剌铁木儿、孛伦赤等十七人，兵皆露刃，号于众曰："武宗皇帝有圣子二人，孝友仁文，天下正统当归之。今尔一二臣，敢紊邦纪，有不顺者斩！"乃手缚平章政事乌伯都剌、伯颜察儿，分命勇士执中书左丞朵朵，参知政事王士熙，参议中书省事脱脱、吴秉道，侍御史铁木哥、丘世杰，治书侍御史脱欢，太子詹事丞王桓等，皆下之狱。燕铁木儿与西安王阿剌忒纳失里共守内廷，籍府库，录符印，召百官入内听命。即遣前河南行省参知政事明里董阿、前宣政使答里麻失里，驰驿迎帝于江陵，密以意谕河南行省平章政事伯颜，令简兵以备扈从。

就这样，图帖睦尔才得以继位。然而他的政权并不稳定，早在他登基的前一个月，梁王王禅、丞相倒剌沙等已在上都拥立泰定帝之子阿剌吉八为帝，并已发兵直取大都。此时的图帖睦尔立即改元"天历"，且在燕帖木儿及其所属钦察军团和一部分武宗旧部的支持下，击败了王禅、倒剌沙等反对势力。

他这次加封关羽"显灵义勇武安英济王"，正是在王禅的军队围攻大都之时。此前，"上都王禅兵袭破居庸关，将士皆溃"，"燕铁木儿与王禅前军战于榆河，败之，追奔红桥北"；此后，"燕铁木儿与上都军大战白浮之野，燕铁木儿手刃七人于阵……王禅等遁昆山州。"① 在这样的局势下，关公能被封为"显灵"的意图就已经非常明显了。

至顺元年（1330 年）九月，图帖睦尔又遣特使至洛阳祭祀关羽，这位特使名为穆雪，他所撰写的碑文证实了图帖睦尔就是自认为得到了关羽显灵相助才对其敕封的：

> 今主上龙飞九五，内难并作，神恍惚出没戎伍间，以戡大乱，首帅奏可诏赏王封，粤显灵粤英济，于以答阴相之功也。②

图帖睦尔在登基以前曾在潭州旅居数月，后又迁居江陵，这两个地方在三国时期都隶属于荆州，宋人陈渊曾在《默堂集》中说：

> 臣尝游荆州，见荆人所以事关羽者，家置一祠，虽父子兄弟室中之语，度非羽之所欲，则必相戒以勿言，唯恐关羽之知之也。③

可见对于宋代的荆州人来说，关羽具有一种强大的神秘力量，元代的关公信仰比之宋代更加兴盛，当时荆州人崇信的程度可想而知。图帖睦尔虽然在荆楚居住的时间不长，但当地的这种文化必然会对他有所触动，他

---

① 宋濂：《元史》卷三十二《本纪第三十二》，中华书局 1976 年版，第 711 页。

② 穆雪：《文宗遣使代祀洛阳武安英济王记》，见《洛阳县志》。

③ 陈渊：《默堂集》卷十三《正月十七日上殿札子》，转引自蔡东洲、文廷海《关羽崇拜研究》，巴蜀书社 2001 年版，第 56 页。

是否曾在潭州或江陵的关庙祷告许愿，以求帝位，后人已无从知晓，但在你死我活争夺帝位的紧要关头，他还想到要加封关羽，这就表明在图帖睦尔的心中关羽确实是他的护佑神灵。

总体来说，图帖睦尔还算是一位比较有作为的君主，他曾下令创建奎章阁，编修《经世大典》，封赠先儒，亲祀南郊，颇有意大兴文治。不过，帝国原有的官僚体系，因王禅、倒刺沙等人的倒台而完全解体，以燕帖木儿为首的钦察集团就此势力大增，以至于后来燕帖木儿擅权恣纵，"挟震主之威，肆意无忌"，使得吏治继续败坏，财政愈趋竭蹶，而贵族统治集团内部的矛盾却一直没能缓解。至顺三年（1332年）八月，图帖睦尔病死。庙号文宗。

在他死后，元明宗次子孛儿只斤·懿璘质班继位，不到月余即去世，是为宁宗。此后，明宗长子妥欢帖睦尔继位，他可能是元朝在位时间最长的皇帝，但在他的统治时期，强大的元帝国被各地的起义军所彻底瓦解。这种结果是否和大元帝国广阔浩瀚的统治区域中各民族的民族意识觉醒有关，是一个非常值得研究的问题，但至少可以肯定的是，当时的汉民族的民族意识已经觉醒了，他们打出"驱逐胡虏，恢复中华，立纲陈纪，救济斯民"① 的口号，"虎贲三千，直抵幽燕之地；龙飞九五，重开大宋之天"②，最终迫使妥欢帖睦尔放弃了纸醉金迷的奢侈生活，带着曾经不可一世的蒙古贵族逃亡漠北。他可能至死也没能明白，一直以来以"温、良、恭、俭、让"③ 为行为准则的汉民族为何会爆发出如此强大的力量。

帝国的灭亡也许就是蒙古人统治百余年来依旧不了解汉文化的代价，比如元文宗对关公的认识只限于"显灵"，却忽略了"义勇"二字的意义。

不过需要说明的是，关公信仰并没有因元帝国的解体而被蒙古人摒弃，它依然存在于这个重新找回野性之民族的记忆里。而且，最晚从清代开始，关公在蒙古族中的称谓已经被一个更具民族特色的名字所取代，那就是"格斯尔"。几个世纪以来，无数的萨满诗人、苦行喇嘛将这位英雄的事迹向着草原能够覆盖的天地中传唱，他们在此过程中，不断地加工、

---

① 朱元璋：《北伐檄》暨《谕中原檄》，宋濂撰，辑录于《皇明文衡》卷一正德五年本。

② 陶宗仪：《南村辍耕集》卷二十七《旗联》，四库丛刊本。

③ 《论语·学而》。

创造，并借鉴了西藏等地区的传说故事，最终形成了蒙古民族的著名史诗——《十方圣主格斯尔可汗传》。[①]

二　武庙兴替

明朝开国以后，太祖朱元璋在洪武三年（1370 年），尽去前朝对关羽的"溢美之称"，恢复蜀汉时期的"汉前将军寿亭侯"[②] 封号。这并不意味着朱元璋对关羽有所贬斥，因为这次事件的背景是朝廷对天下神祇的一次大规模清理整顿活动。《明史·礼四·诸神祠》记载：

> 洪武元年，命中书省下郡县，访求应祀神祇。名山大川、圣帝明王、忠臣烈士，凡有功于国家及惠爱在民者，著于祀典，令有司岁时致祭。二年，又诏天下神祇，常有功德于民，事迹昭著者，虽不致祭，禁人毁撤祠宇。三年，定诸神封号，凡后世溢美之称皆革去。天下神祠不应祀典者，即淫祠也，有司毋得致祭。

可知，"凡后世溢美之称皆革去"并不是只限于关羽，而是针对所有神灵，况且，朱元璋还在首都南京修建了关公庙，也足见他对关羽的崇敬之情，《明史·礼四·南京神庙》载：

> 初称十庙。……后复增四：关公庙，洪武二十七（1394 年）年建于鸡笼山之阳，称汉前将军寿亭侯。

与之相关的是，朱元璋在敕建关庙之前还做了一件非常不同寻常的事情，那就是"罢祀武庙"。《明太祖宝训》卷二载：

> 洪武二十年（1387 年）七月丁酉，礼部奏请如前代故事，立武学，用武举，仍祀太公，建昭烈武成王庙。太祖曰："太公周之臣，

---

① 详见陈岗龙《内格斯尔而外关公——关公信仰在蒙古地区》，《民族艺术》2011 年 2 月。

② 其实明太祖对关羽的封号理解有误，他认为关羽是"寿亭侯"而不是"汉寿亭侯"，这种错误到了嘉靖时期得以更改。不过，也许朱元璋就是要强调"汉寿亭侯"的"汉"就是汉朝（也即汉民族）的"汉"，而不是一个地名，这种可能性也是存在的。

封诸侯，若以王祀之，则与周天子并矣，加之非号，必不享也。至于建武学、用武举，是析文武为二途，自轻天下无全才矣。三代之上，士之学者文武兼备，故措之于用，无所不宜，岂谓文武异科，各求专习者乎？即以太公之鹰扬而授丹书，仲山甫之赋政而式古训，召虎之经营而陈文德，岂比于后世武学，专讲韬略，不事经训，专习干戈，不闲俎豆，拘于一艺之偏之陋哉？今欲循旧用武举，立庙学，甚无谓也。太公之祀，止宜从祀帝王庙。"遂命去王号，罢其旧庙。

至此，自唐玄宗开元十九年（731 年）开始，绵延六百余年的武庙祭祀制度在国家信仰体系中被删除。这也许是因为朱元璋在得到天下之后萌生了重文轻武的想法，不过，他在七年后于南京修建关公庙，应该就是对这种想法的修正。《明史·太祖本纪》记载：

> （洪武）二十七年春正月乙卯，大祀天地于南郊。辛酉，李景隆为平羌将军，镇甘肃。发天下仓谷贷贫民。三月庚子，赐张信等进士及第、出身有差。辛丑，魏国公徐辉祖、安陆侯吴杰备倭浙江。庚戌，课民树桑枣木棉。甲子，以四方底平，收藏甲兵，示不复用。

这是一个太平年的开始，一切都是清平之象，然而，在三月初五，朱元璋却突然诏令武官子弟练习骑射，并告谕五军都督府臣说：

> 我尝令武官子弟演习武艺。今天下久安，年少者惟安享父兄俸禄，纵酒嗜音乐歌舞为游戏。一旦袭职，使之挟弓矢上马且不能，安能为国效力？近扬州卫指挥单寿袭其父职，率兵往泰州捕寇，猝与寇遇，众军并力迎战，单寿惧而逃跑，且挥众使退，遂致败事。此由其素不练习之故。自今以后，武官子弟宜于闲暇时令习弓马。当承袭的，由五军阅试其习骑射闲习方许。否则，虽授职而只给半俸；三年后复试，不能骑射的谪为军。著为令。

初八日，朱元璋又诰命兵部，凡武官子弟年幼袭职的，待其年二十，以例比试。这似乎表现出他对自己"收藏甲兵，示不复用"的莽撞决定有所忧虑。不幸的是，同年"秋八月……丙戌，阶、文军乱……冬十一月乙丑……阿资复叛"。这让朱元璋的美好憧憬完全化为了泡影,所以他在这一年修建关公庙也许和这种复杂心理有关。

其实在朱元璋"罢祀武庙"前后,关庙在军队信仰中的位置就已有超越武庙之势,如兰茂所撰的《关王庙碑记》载:

> 圣朝洪武壬戌平定云南,凡将帅之臣,介胄之士,咸慕公之神灵异,以扬威武之助。所在军卫必建祠以祠之。①

实际情况确实如其所说,如正德《琼台志》记载:

> 琼州(海南)关王庙:国朝洪武以来,指挥蔡玉、桑昭、黄瑀继修。
> 崖州(海南)关王庙:在所右,洪武丙寅年千户李兴创建。

嘉靖《湖广图经志书》:

> 茶陵(湖南)关王庙:在州治西。洪武间指挥郑质建。

嘉靖《钦州志》:

> 钦州(广西)关王庙:在城内西冈北向。洪武二年百户杨五建。

万历《雷州府志》:

> 雷州府(广东)关王庙:在府治东北朝天街。洪武间指挥周萧赵兴宋英郎万户历旧址创建。

万历《续修严州府志》:

> 严州府(浙江)关王庙:在兴仁门内。洪武间郡军民建。

---

① 碑原在云南昆明嵩明县杨林堡,成化年间立,拓片藏于中国国家图书馆,索取号9408。

《滇志》：

> 云南府关王庙：一在府城南，洪武十九年建。
>
> 大理府关王庙，在府治西南，元时建。洪武间指挥郑祥重修，锦衣画吏金润甫绘壁。

如此多的关庙都在洪武年间创建或重修，且修建者多为戍边卫所的军官，可知关羽已是大明将士们普遍的崇拜对象，而此前的太公望在历朝历代却从未得到过如此殊荣。

明成祖朱棣继位以后迁都北京。据熊梦祥《析津志辑佚·祠庙》记载，元时北京的关庙"南北二城约有廿余处"，明洪武年间也有敕建，如成化年间的大学士商辂曾在《敕修汉寿亭侯庙记》中说："汉寿亭侯庙在都城西北隅，盖洪武中建。我太祖高皇帝继天立极，事神治民，两尽其诚。而于祀典祠庙，具有著令。"朱棣曾为这座庙"特颁龙凤黄纻丝旗一面，揭竿竖之，以彰威灵。每岁正旦、冬至及朔望，祭祀香烛等仪，具有恒品。列圣相承，崇奉益严"[1]。

不过，朱棣是以北方起兵"靖难"而得天下，所以更崇信"北极镇天真武玄天上帝"。他在位期间大修武当山真武道场，并在宫廷内和民间修建了为数众多的真武庙，真武俨然成为帝国的最高神祇。

朱棣驾崩以后，关公在皇家信仰中的地位又重新升温。宣德七年（1432年），徐州府关尉神祠得到修缮，并列入官方祀典，岁以春秋上丁三日致祭，同期宫廷画家商喜绘制了巨幅的《关羽擒将图》[2]；正统年间，英宗朱祁镇亲自发帑在紫禁城西南修建三义庙，成化年间重修；成化十三年（1477年），敕修宛平县关庙，定以五月十三日太常寺官祭，大学士商辂奉旨撰碑；成化十七年（1481年）明宪宗朱见深亲自为京师关庙颁赐祭文，曰：

> 惟神天挺英豪，而号万人之敌，理涵麟史，以兴一国之图。酬德

---

①　沈榜：《宛署杂记》卷二十《敕撰》，北京古籍出版社1980年版，第242页。

②　此画现藏于北京故宫博物院。

报功，列侯嘉祀。逮于大宋，敕令灵魂，复统阴符之兵，剿灭蚩尤之怪。妖气即绝，旱虐随消。天降甘霖，池盈盐水。生民获利，国课充输。公快私忻，惟神是赖。尤冀佑皇图之永固，更希神灵之悠长。遣使达诚，持香致敬。威灵显赫。昭格是祈。①

此后，明武宗在正德四年（1509 年）又赐陕西兴平马嵬镇（今属陕西省榆林市）关庙额"忠武"，并重修南京燕子矶关庙，"增饰台榭，宏开轩廊，大为壮观"。②

到了明世宗朱厚熜在位期间，关公在国家信仰中的地位更是得到了史无前例的飙升，已经完全超越真武而成为全天下各民族、各阶层人群都信奉的"护国关王"。

产生这种情形的原因有很多，其中最重要的一条是：嘉靖皇帝本人就龙起于荆楚。

正德十六年（1521 年）春，武宗驾崩，无后。三月，在皇太后的懿旨下，定国公徐光祚等四十多人的使团，经过二十多天紧张行程，来到湖广安陆州（今钟祥）的兴献王府，迎接新天子朱厚熜登基。从此，明朝进入嘉靖时代。

安陆州，为洪武九年（1376 年）降安陆府置。这个地方在春秋时期是楚国陪都，称"郊郢"；三国时代属荆州的江夏郡；唐代为郢州治所，就是当年郢州刺史郎士元作《关羽祠送高员外还荆州》之处，至今还留有大量与关羽相关的地名和传说，比如位于荆襄古道上的胡集镇有关羽行军小憩的放马山；城南有关羽屯兵驻扎的汉东城；汉江古镇石牌镇有关羽水师码头荆城；郢中城郊有关羽歇马洗尘的涮马滩和横刀立马的利涉桥……可见此地与关公文化的渊源之深。

生活在这样一种氛围下，朱厚熜不可能不受到影响，且更为重要的是：朱厚熜以南方藩王的身份北上登基，与朱棣以北方藩王的身份南下称帝，其形式虽颇为不同，性质却极其相似，都是帝系的南北转移。所以，

---

① 胡小伟：《关公信仰研究系列》第四卷《明清关羽崇拜》，香港科华图书出版公司 2005 年版，第 73 页。

② 王世贞：《弇山堂别集·亲征考》，辑录于《古今图书集成》第 492 册，第 30 页。转引自胡小伟《关公信仰研究系列》第四卷《明清关羽崇拜》，香港科华图书出版公司 2005 年版，第 88 页。

朱厚熜一到京师就为了追封自己的生父为帝不惜与群臣反目，挑起了为时数年之久的"大礼仪之争"，这就是他在为强调帝系已经转南而做的努力①。正因为如此，北方真武大帝对皇家的护佑职责自然也会被南方神灵所取代，而这位南方神灵自然就是关羽。

嘉靖十年（1531年），按照大明规制，礼部升安陆州（潜邸）为承天府，与南京应天府、北京顺天府并立为"三大府"，并将荆门州、沔阳州与钟祥、京山、天门、当阳、潜江二州五县划归承天府管辖，玉泉山关羽祠也在其境。② 这就表示，关羽已经毫无疑问地成为皇帝的护佑神灵，而对于皇权至上的年代来说，护佑皇帝就是护国，所以，嘉靖十七年（1538年）五月，朱厚熜将京师关庙改名为"护国关王庙"，徐锦撰《明护国关王庙记》③。后在嘉靖三十五年（1556年），司礼太监黄锦、太保都督陆炳捐资复新当阳的关羽墓寝，大学士徐阶作《重修当阳庙碑》④，并在碑文中将关羽和孔子相提并论，这应该就是朱厚熜的重臣近侍们对帝王心思做出的正确理解。

朱厚熜的这种隐秘心理在其后代万历皇帝的《御制敕建护国关帝庙碑记》中也可以得以管窥：

> 帝（关羽）秉火德，荧惑应之。颜如渥丹，骑曰赤兔，尽其征也。阳明用事，如日中天，先天则为南，当乾；后天则重明丽正，天且弗违。朕志符定，询谋金同……赫声濯灵，郁蒸磅礴。朗照所及，朕明正午之运，历万古而常存。真有如日得天，而能久照者，庙食并无穷云。⑤

帝系既已南移，关庙之方位也自当以南为重。所以嘉靖以后，京师新建的关庙大都集中在南城，而且至迟在万历年间，国家祀典关庙也已由

---

① 甚至连朱厚熜死后的庙号"世宗"，也有另开支系的意思。

② 《明史·地理志五》。另，同年关羽曾一度被封为"汉关帝寿亭侯"，见陈梦雷《古今图书集成·博物汇编·神异典》第三十七卷《关圣帝君》引《关帝圣迹图志》，但这个封号暂未见于其他典籍，姑且备录。

③ 见《北京市志稿·金石志》卷七《祠庙金石》，第427页。

④ 张镇：《解梁关帝志》卷三。

⑤ 碑原在北京右安门护国关帝庙，撰写时间为万历四十五年（1617年），拓片现藏于首都图书馆。

"都城西北隅"转到了正阳门月城的西南。

刘侗、于奕正在《帝京景物略》中说：

> 关庙自古今，遍华夷。其祠于京畿也，鼓钟接闻，又岁有增焉，又月有增焉。而独著正阳门庙者，以门于宸居，近左宗庙、右社稷之间，朝廷岁一命祀。万国朝者退必谒，辐辏者至必祈祢也。祀典：岁五月十三日，祭汉前将军关某。先十日，太常寺题，遣本寺堂上官行礼，凡国有大灾，祭告之。

又云：

> 先是成祖北征本雅失理，经阔滦海，至斡难河，击败阿鲁台，勒名擒胡山。军前每见沙濛雾霭中，有神，前我军驱，其巾袍刀仗，貌色髯影，果然关公也，独所跨马白。凯还，燕市先传，车驾北发日，一居民所畜白马，晨出立庭中，不动不食，晡则喘汗，定乃食，回跸则止。事闻，乃敕崇祀。祠有修撰焦竑碑，庶吉士董其昌书之。碑辞曰："桓桓关侯，天挺神武。流连草昧，归心汉绪。逸群绝伦，为帝御侮。勇摧七将，气吞群旅。报曹诅盟，詈吴非忤。炳炳丹心，天高日午。郁郁遗魂，骇霆怒雨。蒸哉文皇，幽燕启土。侯呵护之，如栋斯础。晻霭阴风，弓刀楚楚。伏腊朝昏，有来士女。卜以筵茅，如答枹鼓。子孝臣忠，弟友兄序。匪耳提之，凛面相语。义举长信，奸谋遄沮。侯其冥冥，有纷獯虏。侯甲皑皑，亦赭其马。乘风奋扬，天兵鬼斧。永祚皇图，为百神主。牲牷既副，既歌且舞。孔盖祇临，霓幢纷下。敬勒铭辞，浩然终古。"祠签，跪而摇，报而顿首谢者，恒数人；旁跪而代者，恒数人；挨挤而俟者，恒数十人，日无虚刻。签语答一如其来事，各惕然去。休咎后无爽者。①

可以看出，在明朝中晚期，京师已开始流行"关公显灵助成祖"的传说，并由焦竑撰文、董其昌书写记录在正阳门关庙的石碑上，这其实就是在表示，代表"南方火"的关公已完全取代代表"北方水"的真武而

---

① 刘侗、于奕正：《帝京景物略》卷三。

成为大明帝国的护佑神。

故山阴王思任《恭谒正阳门关帝庙有纪》诗曰：

> 莛篿鹊聒挤黄昏，七尺英风帝觊存。只把人中提万国，大明先谒
> 正阳门。①

焦竑在碑铭中亦云：

> 国朝受命宇内，百灵效职，乃太微营室之间，侯（关羽）实居
> 之，俨如环己。盖四方以京师为宸极，而京师以侯（关羽）为指南，
> 事神其可不恭欤？②

从"大明先谒正阳门"、"四方以京师为宸极，而京师以侯为指南"
两句可以看出，当时关庙的功能不但超越了真武庙，更已完全取代了唐、
宋、元三代的武庙，所不同的是：武庙只面对官方，而关庙却向所有人开
放；武庙只见于京城和几处州县治所，而关庙却是遍布通衢城乡，覆盖荒
村穷谷；武庙主要由官方拨款修建，关庙的修建者却是商人、农民、和
尚、老道、官员、胥吏、军士、皇帝，甚至太监、尼姑皆有，可谓皇族贵
胄、三教九流无所不包。从这个角度来说，以关羽为主祀的关庙确实比以
太公望为主祀的武庙更有资格成为国家精神的象征。

三　嘉靖倭乱

虽然朱元璋在国家祀典之中将关公的封号恢复为"侯"，但在很多人
的心里他仍然是"王"，比如弘治年间钱福为固安关庙所撰写的《义勇武
安王碑记》③，现西安碑林博物馆所藏正德年间的《义勇武安王神像》都
能证明这一点。

明世宗率先在皇室祠庙中恢复了关公的王位。例如嘉靖八年（1529
年），张鹏举撰京师关庙碑文，额题即为《关王庙重修记》；嘉靖十七年

---

① 刘侗、于奕正：《帝京景物略》卷三。
② 焦竑：《澹园集》卷十九。
③ 张镇：《解梁关帝志》。

（1538 年）徐锦也撰有《明护国关王庙记》；嘉靖十九年（1540 年）蔡文魁撰写的，有多名"内官监等衙门太监"及锦衣卫官员参立的京师关庙碑文，额题亦为《重修关王庙记》。

"嘉靖倭乱"爆发以后，一部名为《关王忠义经》的善本开始在明朝军队中广为流传，此经对关公的称谓也是"王""侯"并用，其序言说：

> 关王《忠义经》十九章，皆王自制也。晋陈寿演俗通义，似近鄙衮。兹宋学士孙奭编述，南渡中丞张守订梓，相传五百余年，漫无可稽，世人亦不知有是经也。唯侯忠义昭寓宙，功烈垂史册，祠祀遍天下，黄发幼齿，极海穷边，靡不崇重。而侯之随在普灵，威英显赫，千载一日。博幸生同侯乡，籍侯庇久。嘉靖丙辰巡抚荆楚。荆故侯保障区，迄今家尸户祝，顶礼如在。比还省，辞楚王殿下，王询侯故里事，复出《忠义经》示博，拜赐踊跃，若侯徙降也。归舟检阅，后先紊叙，简篇遗逸，字画错乱差讹，遂为校订重录。首揭侯像，并述侯辞曹之书，后人仰侯之赞，汇成一帙，携之京师。继役开中，未遑锓梓。适都督刘显移兵守川广，因以贻之，俾刻荒镇，以作士气，以风忠义，且播之天下瞻奉者，有所持诵则效云。兵部尚书蒲州杨博叙事。①

从以上记述可以看出，此经的来历非同一般，它是楚王赠予兵部尚书杨博，又在其校对之后转送给都督刘显的。

楚王当是楚恭王朱英金，《明史》对他的记载很少，只有二十余字：

> 愍庶三子，嘉靖三十年（1551 年）袭封。在位二十一年。隆庆五年（1571 年）薨。②

而杨博却为一代名臣，可记之事颇多。他是蒲州人，嘉靖八年（1529 年）进士，初为兵部武库清吏司主事，又任兵部职方清吏司郎中。嘉靖二十五年（1546 年），朝廷升杨博为右佥都御史，巡抚甘肃。嘉靖三

---

① 李一泯：《藏外道书》第四册，巴蜀书社 1992 年影印本，第 273 页。
② 张廷玉：《明史》卷一百一《诸王世表二》，中华书局 1974 年版，第 2607 页。朱英金的"金"字应写为"燅"，现已无此字。

十三年（1554 年），蒙古首领把都儿和打来孙率领 10 多万骑兵劫掠蓟镇。杨博身不解甲，在古北口关上枕戈面宿，督促官兵全力抗敌。蒙古人在古北口攻打四昼夜不能破关，便改攻他处。杨博又招募敢死之士，利用夜暗，举火惊扰敌营，致使蒙古人被迫退走，杨博因功升右都御史，儿子受封锦衣千户。嘉靖三十四年（1555 年），打来孙又率部劫掠益昌，仍被击退，杨博因升为兵部尚书，授太子少保。万历元年（1573 年），杨博致仕归里，次年病故。皇帝又赠授太傅，谥号"襄毅"。可知他本身就是一位忠勇之士。

史料记载，杨博确实是关公的崇拜者，并常以同乡晚生自居，如《柳南续笔》中说：

> 京师前门有汉前将军庙，颇著灵显。前明大司马杨博过之，必投一"乡晚生"名刺。以杨与侯同为蒲州人也。

相比杨博而言，刘显则更有骄人战绩，他是与戚继光、俞大猷、谭纶等人齐名的剿倭英雄，《明史》载：

> 刘显，南昌人。生而膂力绝伦，稍通文义。家贫落魄，之丛祠欲自经，神护之不死。间行入蜀，为童子师。已，冒籍为武生。嘉靖三十四年，宜宾苗乱，巡抚张臬讨之。显从军陷阵，手格杀五十余人，擒首恶三人。诸军继进，贼尽平。显由是知名。官副千户，输赀为指挥金事。
>
> 南京振武营初设，用兵部尚书张鏊荐，召令训练。擢署都指挥金事，金书浙江都司。迁参将，分守苏、松。倭犯江北，逼泗州，鏊檄显防浦口。显测贼将遁，追击至安东。方暑，披单衣，率四骑诱贼，伏精甲冈下。贼出，斩一人。所乘马中矢，下拔其镞，射杀追者。诱至冈下，大败之去。贼出所俘女子蛊将士。显悉送有司。明日伺贼出，潜毁其舟。贼败走舟，舟已焚，死者无算。显进秩三等。寻迁副总兵，协守江、浙。
>
> 三沙倭复劫江北，被围于刘家庄。显以锐卒数千至，巡抚李遂令尽护江北军。显率所部直入，诸营继之，自辰迄酉，贼巢破，逐北至白驹场、茅花墩，斩首六百有奇，贼尽殄。而遂谓贼由三沙来，实卢

镗及显罪。显坐停俸。已，应天巡抚翁大立荐显骁勇，请久任，帝可之。振武营兵变后，诸将务姑息，兵益骄。给事中魏元吉荐显署都督佥事，节制其军。显挈蜀卒五百人往，一军贴然。闽贼流入江西，大掠石城、临州、东乡、金溪，杀吏民万计。诏显赴剿，击败之阳湖，贼乃遁。

四十一年五月，广东贼大起。诏显充总兵官镇守。会福建倭患棘，显赴援。与参将戚继光连破贼，贼略尽。而新倭大至，攻陷兴化城。显以兵少，逼城未敢战，被劾，戴罪。贼以间攻据平海卫。他倭劫福清，谋与平海倭合。显及俞大猷合于遮浪，尽歼之。平海倭欲遁，为把总许朝光所邀败。乃尽焚其舟，退还旧屯。戚继光亦至，显与大猷共助击之，遂复兴化。录功，进先所荫世职二秩。江北倭未平，廷议设总兵官于狼山，统制大江南北，改显任之。显行部通州，以敕书许节制知府以下，而同知王汝言不为礼，劾奏，镌其秩。已，移镇浙江。……

可见其赫赫武功，唯"家贫落魄，之丛祠欲自经，神护之不死"。一句颇为令人玩味，比较他的前后经历，刘显很可能认为这位护佑他的神灵就是关公。

实际上，在嘉靖年间，包括刘显、戚继光在内的一众剿倭英雄基本都是关公的崇拜者，如万历十一年（1583 年）潮州府同知何敦复撰文的《南澳镇城汉寿亭侯祠记》载：

夷考闽粤，在汉季始入舆图，而海外岛屿不与焉。迨我皇帝龙飞汛扫，混一区宇。于是薄海内外，罔不宾服。而南澳越在南海外，当二省之交，盖汪洋中一山岿崒也。故为鲛人渔子之宫。顷疆圉不靖，逆党往往据此以抗王师，遂视为盗薮焉。嘉靖间，命都督俞大猷、副总兵刘显率舟师三万人讨吴平。吴平走匿南澳，若虎负嵎，相持三月，罔绩。事闻，复命都督戚继光提婺兵五千自浙来援。都督夜梦赪面美髯伟丈夫决策曰：若从后攻贼，靡不破矣。诘旦如言，留二千人殿后，潜率三千人，从澳之云盖寺芟刈林莽，且息且进。三日道开，布列已定，铳炮齐发，军声震天。贼众大惊披靡，以为王师从天而下也。一日夜俘斩三千级，贼自杀死无算。吴贼获小舟遁外洋，仅以身免。然自是挫损，寻亦扑灭。迩者，两省抚臣会请于朝，谓委险予敌非便。乃相地而城，守之以副总兵一员，统两省舟师建牙焉，屹然海上雄镇矣。首被命则白君翰纪，继之者晏君继芳、侯君继高，今则于君嵩也。前二三君者，咸以大将军功伐，繄寿亭侯宣效灵之助，议建祠报祀，属草创未遑。自于君莅镇，先声制胜，海氛屏息，轻裘缓带，诸务毕举。若辟土田以赡兵食，开市集以通贸迁，葺庐舍以奠民居，种种可述。而寿亭侯祠建创区画，尤殚厥心力。遗像俨然，赫奕在上，使人瞻视，恍若侯怒气横戈助兵灭贼时也。夫岭海去原万里，侯生年未尝一履其地，乃显相王师，破此黠贼，不啻摧枯拉朽。侯忠义之气，殆如日月在天，容光必照，河海行地，无浚不通者欤！其血食兹土也，有由然矣。予不谷，滥竽防海之役，尝偕于君视师海上，闻其事，甚骇。会祠成，于君征文以记，予故得论述之如此。因系迎送神词二阕，俾报赛者从事焉。于君，杭州人，太保肃愍公后，文武忠孝，克世其家，其敬礼侯也，视法祖之意一辙云。督工则千户李道基，而水陆官兵咸效劳勣，例得附碑后。……①

这篇庙记所述之事和《明史·刘显传》的记载类似，两相对照之下，可见刘显、俞大猷、戚继光等将领就是以关公显圣来激励兵卒继而一举歼灭倭寇的。

有史料称，戚继光之父景通"长干修髯，类关壮缪"②。这是否是后人附会已不得而知，但戚继光崇信关公倒是确凿无误的。四库本《纪效新书》卷十六载有戚家军的"南方关元帅"军旗图形，这说明戚家军就是以关公为军神。

另据福建霞浦的相关资料记载：

戚继光麾下的三千义乌兵，训练有素，纪律严明，作战骁勇。他们绝大部分家有妻子，为了保佑行军平安，作战胜利，都背挂义乌城隍及关公的符袋出征。当时福宁是州所在地，戚继光率军驻扎在福宁

---

① 吴占才辑录《南澳县文物志》南澳县文普办 1985 年铅印，原碑本位于深澳关帝庙（即"寿亭侯祠"）前侧，现集于总兵府内碑廊。碑高 232 厘米、宽 96 厘米。
② 查继佐：《罪惟录》列传之十九。

州东关村。为得到士兵拥戴，达到"战而不屈"的目的，满足士兵的精神寄托与信仰，戚继光便在东关村先后建起义乌城隍与关公庙。士兵们认为义乌城隍主要能为阵亡士兵其灵魂作证，其在阴间登记在册有神灵承认。关公则在礼、智、仁、义上作为士兵的楷模，以达到安定士兵队伍，激发士卒斗志的作用。①

戚继光礼敬唐顺之为师，他在《纪效新书》卷十《长兵短用说篇》中曾说：

> 巡抚荆川唐公于西兴江楼自持枪教余，继光请曰："每见他人用枪，圈串大可五尺，兵主独圈一尺者何？"荆翁曰："人身侧形只有七八寸，枪圈但拿开他一尺，即不及我身膊可矣。圈拿既大，彼枪开远，亦与我枪无益，而我之力尽。"此说极得其精。余又问："如此一圈，其功何如？"荆翁曰："工夫十年矣。"时有龙溪王公、龙川徐公，皆叹服。一艺之精，其难如此！

而且，戚家军令倭寇闻风丧胆的"鸳鸯阵"也出于唐顺之所著之《武编》，在这本巨著的《秘战》中有"秘战者，即新名鸳鸯阵之谓也"的记载，可知唐顺之与戚继光的师承关系。

前文已述，唐顺之是王学、朱学的集大成者，也是明代中期关公信仰的主要倡导者之一，戚继光既敬唐顺之为师，自然会受其影响。另外，戚继光与徐渭也交情匪浅，曾一同在浙闽总督胡宗宪麾下剿杀倭寇，徐渭还曾赠予戚继光两首诗，名为《凯歌二首赠参将戚公》，其中一首写道："战罢亲看海日晞，大酋流血湿龙衣。军中杀气横千丈，并作秋风一道归。"可见两人的战友情义。而徐渭也是关公的崇拜者，他甚至将关公看得比孔子还高，戚继光身处这样一个环境里，对关公的敬仰程度可想而知。

其实，明军中的关公崇拜由来已久，自洪武开国以来，关公在军队中的崇高地位就已经确立，很多将士们行进到哪里就将关庙修到哪里，但也有一些将士信奉真武、天王或其他神祇。然而到了嘉靖年间，关公取代了

---

① 《戚继光与义乌城隍信仰》资料来源于霞浦政府门户网。

所有的"战神",成为独一无二的大明军神,这和剿倭将领们在征战过程中的英勇表现是分不开的。比如仅戚家军就累计歼敌 15 万余人,并创造了敌我伤亡比例超过 200∶1 的战争奇迹,《明史》说戚继光用兵"飙发电举",可见其壮,他的节节胜利,无疑会让饱受倭寇蹂躏的沿海居民和其他的明朝军队振奋不已。

关公信仰正是在此时随着唐顺之、徐渭、刘显、戚继光等爱国将领的剿倭历程而广泛传播到军队与沿海州县的,在这个时期以后,江南、闽广一带的关庙和关公传说明显增多。

如谢肇淛《五杂俎》载:

> 今天下神祠香火之盛莫过于关壮缪,而其威灵感应,载诸传记及耳目所见闻者,皆灼有的据,非幻也。如福宁州倭乱之先,神像自动,三日乃止,友人张叔虑准之。①

再如余姚关庙的《余姚重建庙碑》云:

> 吾姚灵绪山西故有公庙,江山环抱,信神明所郁。旧岁倭奴寇姚,萃而几陷,祷于公庙,卒以却贼。于是当路及邑父老议恢庙制。②

嘉兴梅里关庙的《义勇武安王神祠碑记》说:

> 嘉靖之庚戌,岛寇猝起,大江以南佳丽地无不蹂躏,而继之以火,寻抵王镇。王镇故殷饶蕃盛,悉啖其资寇斧,旋加火焉。少顷,祝融肆出,无噍类矣。王从云端大呼,舞偃月刀,指寇。寇乃辟易罗拜,酋长谓众寇曰:若辈倘有所见否?红面长髯,叱咤而叫,呼者非关王也耶?里中必有积善余庆之家崛起而大,其后者相戒勿犯,冉冉而散。余弟倩叔承李君素敬礼王,是夕亲见我王飞舞退寇,亦亲闻众

---

① 谢肇淛:《五杂俎》卷十五《事部三》,上海书店 2001 年版,第 296 页。
② 张镇:《解梁关帝志》卷三《艺文上》,山西人民出版社 1992 年版,第 223 页。

寇相戒勿犯密语。①

《嘉定捍倭庙记》：

　　吾邑当嘉靖癸未，倭贼蹂躏海上，直逼东门。时未有城，凭土垒以守。门外有仓百间，贼因东风纵火，延及民居。烟焰塞天地，守陴者不能开目。贼遂欲乘之入。县令万公思谦呼神而叩头，语毕，风反。一贼已跃而越壕，民无习弓矢者，相顾丧魄。郡简校张大伦偶以事至，引弓而呼帝曰：帝欲活十万人，愿此箭贯敌喉！一发竟贯敌喉以毙。群倭乃骇而退。由是邑人之事帝益虔。②

南通《通州狼山关庙记》：

　　狼山故无关庙……今狼山有是庙，实滁阳都指挥使白君无咎奉玺书来守狼山，捐买僧庐为之，事在万历丁丑秋冬之交。白君谓：狼山乃江海要卫，南北门户。昔刘七、倭奴之变，大创于是。人传江海之神与关公效灵甚显，而士卒之心惟知有关公者，忠义勇烈，足以依凭畏敬。故出师振旅，吉凶胜败，恃以无恐。而先声鼓奋，若有不言而神，存于其间。于是白君立庙。白君名贲，字无咎。③

　　类似的例子还有很多，可见剿倭英雄们对关公文化传播所起到的作用。

　　关公所代表的"忠义仁勇"精神在剿倭过程中发挥了巨大的作用，它让大明帝国的军民终于知道了团结的重要性，所以自嘉靖三十二年（1553年）开始，东南沿海军民同仇敌忾、浴血奋战、誓死杀贼。嘉靖四

---

① 《光绪梅里志》卷三，《中国地方志集成》乡镇志专辑19，江苏古籍出版社、上海书店、巴蜀书社1992年版，第31—32页。
② 《嘉定捍倭庙记》，《古今图书集成·博物汇编》卷三十八《关圣帝君记事》，中华书局影印本，转引自胡小伟《关公信仰研究系列》第四卷《明清关羽崇拜》，香港科华图书出版公司2005年版，第146—147页。
③ 沈明臣：《通州狼山关庙记》，《天一阁藏明代方志选刊》辑《万历通州志》卷五《杂志》，上海古籍出版社1981年版，第586页。

十年（1561 年），戚继光率戚家军在台州九战九捷，痛歼倭奴。四十一年（1562 年），戚继光转战福建，四战四捷之后，戚、俞联合，福建、浙江的倭寇基本被肃清。四十四年（1565 年），戚继光与谭纶、俞大猷、刘显多方配合，击灭盘踞在广东、南澳的所有倭寇。至此，东南沿海的倭寇被最后荡平，嘉靖倭乱得以平息。

此后，戚继光又被朝廷调任为蓟辽总督，《五杂俎》卷四《地部二》载：

> 戚少保继光守蓟、辽日，以意制大煩，每发血毙千余人，血肉枕藉，而终不肯退，然虏亦畏之甚，不敢窥边者二十余年云。

戚继光的光辉履历其实就是关公精神的最好诠释，他所率领的军队基本是走到哪里就将关公信仰带到哪里，至今在北京市西坨古长城脚下还保留着他们当时修建的关庙。

唐顺之曾和卢镗、刘显一起在崇明岛、三沙岛大破倭寇。在一次战斗中，唐顺之"督镗、显进击，再失利。顺之愤，亲跃马布阵。贼构高楼望官军，见顺之军整，坚壁不出。显请退师，顺之不可，持刀直前，去贼营百余步。镗、显惧失利，固要顺之还"[1]。可见其勇，后不幸染病，于嘉靖三十九年（1560 年）春天病逝，崇祯中追谥"襄文"。他学识渊博，于天文、乐律、地理、兵法、弧矢、勾股、壬奇、禽乙诸学，无不探究原委，并从古今文献中摘录资料，按类别分为左、右、文、武、儒、稗六编，传播于世。

徐渭曾经协助胡宗宪诱捕大倭寇王直、徐海，《明史》说"渭知兵，好奇计"[2]，后因胡宗宪下狱而被牵连，终身也没能致仕，甚至还罹患了疯病，但他却在辽东校场上教出了一位杰出的弟子李如松，这位名将曾率领着包括戚家军旧部在内的几万关王崇拜者在朝鲜战场上痛击比嘉靖倭寇强大得多的十余万日本正规军队。

而刘显更是培养出了一位古今罕见的勇士刘綎，他是刘显之子，堪称

---

① 张廷玉：《明史》卷二百五《列传第九十三》，中华书局 1974 年版，第 5423 页。
② 张廷玉：《明史》卷二百八十八《列传第一百七十六》，中华书局 1974 年版，第 7387 页。

大明第一猛将，其武艺、气节和人生经历都极似时人所知的关羽，可以说是最接近演义版关羽的历史人物。《明史》曾云：

> 綎于诸将中最骁勇。平缅寇、平罗雄、平朝鲜倭、平播酋、平
> 㑆，大小数百战，威名震海内。綎死，举朝大悚，边事日难为矣。綎
> 所用镔铁刀百二十斤，马上轮转如飞，天下称"刘大刀"。天启初，
> 赠少保，世荫指挥佥事，立祠曰"表忠"。①

刘綎死于万历四十七年（1619 年）发生的"萨尔浒之战"，他当时已连下三寨，孤军深入敌境三百余里，一路上只顾斩敌杀将，而其他几路明军却或已覆没或停滞不前。后金的几路人马合力"奋击綎军，綎殊死战。趋綎西者复从旁夹击，綎军不能支。……"据说刘綎死前双臂受伤，被削去了半个面颊，犹手刃数十人，其"养子刘招孙者，最骁勇，突围，手格杀数人，亦死"。活脱脱又是一个关平。刘綎的勇烈气节也得到了后金统治者的敬服，清朝立国以后，追谥他为"忠壮"②。

刘綎也曾参加过万历朝鲜战争，并与丰臣秀吉麾下的小西行长、加藤清正、黑田长政、岛津义弘等大将杀得天昏地暗。至今在韩国全罗道南原关王庙（也称綎报庙）中还有刘綎的神像，他在此地与关公一同受人膜拜，已有四百余年。

从刘显、刘綎、唐顺之、徐渭、戚继光等明军将领的事迹可以看出，关公信仰已经浸入到他们的骨髓之中，这是否和《关王忠义经》的推广有些关系，因限于史料不得而知，不过，《关王忠义经》的来历其实颇为神秘，序文中所说的原著、编述、订梓、出让、校对、刊行之人分别为关羽、孙奭、张守、楚恭王、张博、刘显，皆是名垂青史或身份显赫之人，因此也更加令人感到可疑。虽然如此，无论此经的作者是谁，他的创作目的还是为了"以作士气，以风忠义，且播之天下瞻奉者"，从大明军民在剿倭战斗中的奋勇表现来看，他的目的应该是已经达到了。

---

①　张廷玉：《明史》卷二百四十七《列传第一百三十五》，中华书局 1974 年版，第 6369 页。

②　舒赫德：《钦定胜朝殉节诸臣录》卷一，《钦定四库全书》武英殿本。

四　伏魔大帝

《关王忠义经》又名《三界伏魔关圣帝君忠孝忠义真经》，其中有《关圣帝君诰》一章，称关羽是：

> 太上神威，英文雄武，精忠大义，高节清廉，协运皇图，德崇演正，掌儒释道教之权，管天地人才之柄，上司三十六天星辰云汉，下辖七十二地冥垒幽酆，秉注人身功德延寿丹书，执定生死罪过夺命黑籍，考察诸天诸神，监制群仙群职，高证妙果，无量度人，至灵至圣，至上至尊，伏魔大帝，关圣帝君，大悲大愿，大圣大仁，贞元显应光昭翊汉灵佑天尊。[①]

这些名号在嘉靖三十五年杨博撰写的序言中并没有出现，可知应为倭乱平息前后流传于军队和民间的私谥。到了万历四十二年（1614 年），关羽"伏魔大帝""关圣帝君"的身份已得到了明神宗朱翊钧的认可，并被诏告天下。

《帝京景物略》卷三"关帝庙"条记载：

> 万历四十二年十月十一日，司礼监太监李恩赍捧九旒冠、玉带、龙袍、金牌，牌书敕封三界伏魔大帝神威远震天尊关圣帝君，于正阳门祠，建醮三日，颁知天下。

在王复礼的《季汉五志》中附录了明神宗为此御制的建醮文，现全文抄录如下：

> 切念朕躬，奉天御世，尊为亿兆之君；法祖保邦，位称神人之主。精勤图治，默赖神庇，凡有护国之灵，悉证尊崇之祀。恭惟关圣帝君，生前忠义，振万古之纲常；身后威灵，保历朝之泰运。除邪辅正，圣德神功；保劫康民，福幽利显。既赞乾元之化，宜宣帝号之

---

① 李一泯：《藏外道书》第四册，巴蜀书社 1992 年影印本，第 273 页。

封。所传《三界伏魔大帝关圣经忏》①，足以师世淑人，安供名山福地，以垂久远用。朕发诚心，颁赐帑金，印造伏魔经忏。特命全真道士周宏真等赍请，前去彼处供安，镇静方隅，肃清中外。

以今万历四十二年十月十五日，加封三界伏魔大帝之号。自今伊始，永安地位，不在将班。鉴观万天，巡游三界，悉清人鬼之妖，全消未萌之患。方方阐教，处处开坛，永昭定乱之神功，安享帝君之尊奉。其道坛朗灵上将、三界馘魔元帅，以宋忠臣鄂王岳飞代；其释教伽蓝、崇宁护国真君，以唐忠臣鄂公尉迟恭代。默护国家，永垂宏佑。

是故特命全真道众，启修祈天庆贺醮典三昼夜。借此经忏之功，祈释民物之厄，清时丰岁，佑国宁邦。伏愿位镇丹天，暗助皇图之景远；威加海内，殄除庶域之妖氛。庶使万灵振伏，三界肃静。朝野奠安，海宇乐生平之化；边陲镇静，四方无干扰之虞。凡兹岁月，悉荷神功。

同书又转引了刘道开②之语，言明神宗的这篇文章：

是时颁行天下郡县，各刻黄纸一张。余时十四岁，犹见其全文。自封侯以外，并封夫人为"九灵懿德武肃英皇后"，长子平"竭忠王"，次子兴"显忠王"，将军周仓"威灵忠显公"。赐左丞相一员，宋丞相陆秀夫；右丞相一员，宋将军张世杰。其道坛朗灵上将、三界馘魔元帅，以宋忠臣鄂王岳飞代；其释教伽蓝、崇宁护国真君，以唐忠臣鄂公尉迟恭代。优人搬演不许仍扮关帝，以恣亵渎，违者地方官治罪。③

---

① 这里所说的《三界伏魔大帝关圣经忏》，应该就是当时已播于天下的《关王忠义经》，也即《三界伏魔关圣帝君忠孝忠义真经》。

② 刘道开，崇祯六年（1633 年）举人，清初由达州迁入阆中。顺治十七年（1660 年）移居京师，闭门精修，居斗室二十余年，绝不与人通。卒时遗命以僧服殓，不得用清朝衣冠。著有《自怡轩诗文集》《拟寒山诗》《痛定录》《蜀人物志》《楞严说通》等书，《四川通志》《巴县志》有传。

③ 王复礼：《季汉五志》，转引自张志江《关公》，中国社会出版社 2009 年版，第 141 页。

可知这次封帝大典是一件轰动全国的大事。当时关庙已经遍于天下，甚至传到了海外的朝鲜、越南、日本、东南亚等地区，大明上下对关公的崇拜也已到了如痴如醉的程度，朱翊钧在此时为关公封帝也算是大势所趋。不过，《燕都游览志》云："万历末，特加封三界伏魔大帝神威远镇天尊。旨由中出，未尝从词臣拟定也。"况且封号与赐封仪式都太过道教化，并不符合谥号、祀典的规格，因此整个事件显得颇为蹊跷。沈德符曾在《万历野获编》卷十四中说：

> 蜀汉关壮缪侯，本朝所最崇奉。至今上，累加至大帝天尊之号而极矣。或云上梦有异感，遂进此衔名，未知果否。

看来，当时的京城内外已有"神宗感梦封关帝"的传闻。

天启二年（1622年），董其昌在《西湖建关帝殿碑记》亦言：

> 甲寅（万历四十二年）秋，神宗皇帝梦感圣母中夜传诏，封神为伏魔帝君，易兜鍪为衮冕，易大纛而九旂。五帝同尊，万灵受职。[1]

这就是说，神宗之梦的内容是"圣母（李太后）传诏"，他因遵从母命才封关公为帝为君。

沈德符是万历四十六年（1618年）举人；董其昌为万历十七年（1589年）进士，授翰林院编修，他们都是这一事件的同时期人，且都较有名望。可见，"神宗感梦""圣母传诏"应是万历时期人们对这一事件的主流看法。

崇祯中，吕毖校辑的《明宫史》中载：

> 此厂（道经厂）掌厂林朝者，神庙时最有宠。如汉寿亭侯关君为"敕封三界伏魔大帝"之号，实朝所请也。[2]

---

① 该碑原立于杭州西湖孤山寺旧址。拓片藏于中国国家图书馆，索取号各地5130。

② 吕毖：《明宫史》卷一，转引自胡小伟《关公信仰研究系列》第四卷《明清关羽崇拜》，香港科华图书出版公司2005年版，第239页。

这就让关帝之号又成为是出自太监的主意。其实明代的太监确实也信奉关公，这从嘉靖时期的黄锦捐款修建当阳关庙就可见一斑，但说神宗仅是因为太监的请求而封出一位"大帝"来，终究于理不通。

清康熙年间，钱曾为钱谦益的《牧斋初学集》作注，他在卷一《九月初二奉神宗显皇帝遗诏于京口，成服哭临，恭赋挽词四首》下写道：

> 万历四十二年甲寅，十月十日，加封汉前将军关壮缪侯为"三界伏魔大帝神威远震天尊关圣帝君"。四十五年丁巳五月十三日，福藩常洵《序洛阳关帝庙签簿》曰："前岁予承命分封河南，关公以单刀伏魔于皇父于宫中，托之梦寐间，果验。是以大隆徽号。"由是敕闻天下而尊崇之。

钱曾引"福藩常洵"之语道出了一个新的说法，即关公曾在宫中"单刀伏魔"，并托梦于神宗，神宗也找到了相应的证据（果验），因此"大隆徽号"。"福藩常洵"就是神宗最喜爱的儿子福王朱常洵，他说的话自有一定的权威性，不过他在万历四十二年（1614年）春就已经出京之藩于洛阳，关公十月在京师宫中伏魔的"证据"，自不可能是其亲眼所见。

其实，以上的各种说法都只是传闻，以当时董其昌、沈德符、吕毖、钱谦益等人的身份来看，他们根本不可能接触到万历皇帝朱翊钧，朱常洵虽贵为福王，但当时也并不在场，其言自然也大有水分。

这些传闻应该都来源于人们对当年所发生的一些宫廷事件的臆测，因为在万历四十二年的二月初九，朱翊钧的生母孝定太后驾崩，不久，他的亲弟弟潞王朱翊镠薨，紧接着，其爱子朱常洵又在诸多大臣无休止的劝谏之下被迫之藩，在短短一个月时间里，接连三位亲人离朱翊钧而去，其中两位还永远不可能回来，所以，人们按常情揣度，就有了"神宗感梦""圣母传诏""单刀伏魔"等猜想，然后又有了太监在旁逢迎而促成了关公封帝的说法。

实际上，比起亲人的离去，在万历四十年（1612年）前后，朝廷上下发生了很多更让朱翊钧烦恼的事件，这些事才是关公升为伏魔大帝的主要原因。

先从万历三十八年（1610年）说起：

夏四月丁丑，正阳门楼灾。辛卯，以旱灾异常，谕群臣各修职业，勿彼此攻讦。辛丑，振畿内、山东、山西、河南、陕西、福建、四川饥。五月，河南贼陈自管等作乱，有司讨擒之。冬十月辛丑，停刑。十一月壬寅朔，日有食之。丁卯，以军乏饷，谕廷臣陈足国长策，不得请发内帑。①

首先，在这一年的四月发生了"正阳门楼灾"；然后，严重的旱情导致多省出现了大规模的饥荒，并有人因此造反；接着，十一月又出现了日食，继而军饷也开始匮乏，众大臣都希望让朱翊钧自己出钱解决赈灾款和军饷的问题，却没人提出更长远的方案。

此时的正阳门正是天下"第一关庙"之所在，而且"凡国有大灾，祭告之"，这个地方发生"楼灾"必然会让朱翊钧感到震惊，并将此后的诸多不顺都和这件事联系到一起。

再看万历三十九年（1611年）：三月，蒙古河套部敌②进犯甘州（今甘肃省西北部）；四月，京师大旱，同时"怡神殿灾"③；五月，各部官员陷于"党争"，乐此不疲，而此时的广西、广东却出现了严重的洪水灾害，内阁首辅大臣叶向高上疏曰：

自阁臣至九卿台省，曹署皆空，南都九卿亦止存其二。天下方面大吏，去秋至今，未尝用一人。陛下万事不理，以为天下长如此，臣恐祸端一发，不可收也。

万历四十年（1612年）正月，吏部尚书孙丕扬奏：

今大贤如沈鲤、郭正域、吕坤而皆不得用；名贤如邹元标、顾宪成、赵南星、于玉立、高攀龙、庞时雍、冯从吾、刘为楫等而皆不得

---

① 张廷玉：《明史》卷二十一《本纪第二十一》，中华书局1974年版，第287页。
② "河套部敌"即河套地区的蒙古鞑靼部族，万历二十年（1592年）曾参与哱拜叛乱，被李如松、麻贵、董一元等将领率明军击败，万历三十五年（1607年）和明朝恢复贡市。
③ 《明宫史》载："麟趾门之东，曰延祺宫、曰怡神殿，怡神殿万历三十九年（公元1611年）四月十九日被毁，四十三年五月初二添盖连房。"

用，至于考选科道诸臣犹在候旨。查各部院十四正卿，今两京止于四员；部院左右该二十一员，今两京止于九员，不惟催请取厌□圣心，而大僚多属虚位，未有无官任事而可虚位以致太平者，为今日计惟有放臣先去，壅蔽之源为要著耳。

上搁置；二月，孙丕扬亦拜疏而去，叶向高复言：

> 臣进退可置不问，而百僚必不可尽空，台谏必不可尽废，诸方巡按必不可不代。中外离心，辇毂肘腋间，怨声愤盈，祸机不测，而陛下务与臣下隔绝。帷幄不得关其忠，六曹不得举其职，举天下无一可信之人，而自以为神明之妙用，臣恐自古圣帝明王无此法也。

上依旧不置可否；三月，京师出现流民，朝廷赈济；四月，北方的努尔哈赤与蒙古科尔沁部明安贝勒之女博尔济锦氏大婚，这标志着建州女真已开始在政治、经济、军事上与蒙古联合。同月，南京各道御史言：

> 台省空虚，诸务废堕，上深居二十余年，未尝一接见大臣，天下将有陆沈之忧。

搁置；五月，又出现了日食，镇守辽东的名将麻贵致仕；八月，徐州抗洪用的堤防决裂；九月，曾力主"急罢矿税"的内阁成员李庭机也拜疏而去。同年，四川建昌、源山、拖郎、桐槽、热水诸番起兵反明。

万历四十一年（1613 年）：正月，诏朝鲜练兵防倭，而闽浙沿海又有倭寇出没，遂敕令沿海地区加强防备，并加淮、扬田赋以供鞑靼卜失兔与"忠顺夫人"三娘子成婚之经费，但三娘子不久即去世，卜失兔势弱，不能控制各部，这意味着明朝与蒙古土默特部之间延续了二十余年相对和平的日子已经结束。同月，努尔哈赤灭乌拉部，统一女真，这说明他所拥有的物力、人力、财力已完全达到了立国的规模，而此时的明廷大臣们却在忙于上疏奏请福王之藩；四月，巡按陕西华懋康陈边事十款：裁冗员、开河运、兑钱粮、变通盐法、广积粮、并京盘、修筑要塞、严格哨探、禁冒滥、禁游客，经所司会议，准予悉行。同月，洛阳福王府建成，计费用四十万两，廷臣又一再请令福王之藩；五月，上谕吏部都察院：

年来议论混淆，朝廷优容不问，遂益妄言排陷，致大臣疑畏，皆欲求去，甚伤国体。自今仍有结党乱政者，罪不宥。

七月，兵部尚书掌都察院事孙玮拜疏自去；九月，增补内阁大臣，以吏部左侍郎方从哲以及原吏部侍郎吴道南，并升为礼部尚书兼东阁大学士，入内阁参与机务，吏部尚书赵焕拜疏自去；十二月，工科给事中归子顾奏言时务五事：点用大臣，以寄重任；持平议论，以致和衷；慎用差遣，以戒旷职；严禁拖延，以督为令；明信赏罚，以肃风励。上即准奏，并传谕各部：

……祗因皇上静摄，上下隔绝，大臣言官，彼此相猜。岂国家之福？宜将章疏批答，使内外洞澈，责大臣言官各修职业，则人情自和，议论自省。

李朴上疏言：

朝廷设言官，假之权势，本责以纠正诸司，举刺非法，非欲其结党逞威，挟制百僚，排斥端人正士也。今乃深结戚畹近坐，威制大僚；日事请寄，广纳赂遗；衮衣小车，遨游市肆，狎比娼优；或就饮商贾之家，流连山人之室。身则鬼蜮，反诬他人。此盖明欺至尊不览章奏，大臣柔弱无为，故猖狂恣肆，至于此极。臣谓此辈皆可斩也。

被贬为州同知。同年，两畿、长洲、江西、河南、山东、湖广、广西、辽东等地又爆发了洪灾。①

由此可见，直至万历四十一年（1613 年）年末，大明内外已经危机四伏。国外："北虏南倭"的威胁再次产生，且又多了一个新崛起的女真，它们都对明朝虎视眈眈；国内：天灾人祸不断，干旱、洪水、饥荒、叛乱接连爆发，导致财政拮据、军饷不足，而此时辞职的官吏就像肆虐的洪水一样奔涌四方。可笑的是，这些官员还都认为辞职是件很有骨气的事

① 以上参考《明史》《明神宗实录》等相关资料。

情。剩下来没走的官员们却只关心两件事，"党争"和"福王之藩"，虽然也有一些具备责任心的大臣上疏奏言时务，但从整体来看，这些奏疏根本无法放缓帝国衰败的速度，大明江山已经摇摇欲坠。

而到了万历四十二年（1614年），局势更见艰险：

正月，大刀刘綎平息了四川叛乱，这可能是几年以来唯一一件让朱翊钧高兴的事情，不过，同月兵部尚书王象乾却上疏催发边境军饷，并说：

> 近日脱巾之变一见于遵化，再见于蓟门，三见于永平，九边效尤，祸乱叵测。①

可见兵变已经在多处爆发，甚至"九边效尤"，这绝对是一个非常严重的问题。

此后，太后、潞王相继逝世，福王之藩；八月，首辅大臣叶向高辞职致仕，礼部右侍郎孙慎行也拜疏自去。

九月二十一日，也就是朱翊钧敕封关羽"伏魔大帝"的前二十天，山西、河南爆发了大面积的地震②，震区覆盖榆社、代州、长子、阳曲、太原、宁武所、榆次、清源、汾阳、繁峙、平遥、沁州、武乡、平阳、泽州等多个地区，城垛几倒，死人无数；夏阳、临汾、潞城、青涧、怀远堡、府谷、延绥以及京师真定、广平府永年、肥乡等二十余府州县皆受波及。③ 可想而知，明神宗朱翊钧接到各地灾情奏报时的复杂心理。

所以，这次大规模的地震应该就是他不顾祖训敕封关公的直接诱因，而自万历三十八年"正阳门楼灾"以来，发生在全国各地的所有祸乱也是促成此事的先决条件。正因如此，在他御制的建醮文中才会出现这样的词句：

> "镇静方隅，肃清中外"、"借此经忏之功，祈释民物之厄，清时丰岁，佑国宁邦。伏愿位镇丹天，暗助皇图之景远；威加海内，殄除庶域之妖氛。庶使万灵振伏，三界肃静。朝野莫安，海宇乐生平之

---

① 参考《明史稿·王象乾传》。
② 张廷玉《明史》卷三十《志第六》，中华书局1974年版，第503页。
③ 参考顾功叙等《中国地震名录》，科学出版社1983年版。

化；边陲镇静，四方无干扰之虞。"

　　从这些充满期盼的文字中可以看出，"关帝"在当时已是这位大明天子唯一的心灵慰藉。叶向高曾当面指责他说："举天下无一可信之人，而自以为神明之妙用"，也许确实如此，但在党争不断的朝野上下，在兵变四起、民乱滋生、外族觊觎、内臣颟顸的大明帝国，又有几个人真正值得这位皇帝信任呢？

第三节　清民国家信仰中的关公文化

一　明清易代

　　万历四十三年（1615 年）三月，即明神宗敕封关羽为"伏魔大帝"的几个月之后，辽东女真族首领努尔哈赤第七次进京朝贡，这也是他最后一次向明朝纳贡称臣[①]。在返回赫图阿拉（今辽宁新宾西老城）以后，努尔哈赤"于城东阜上建佛寺、玉皇庙、十王殿，共七大庙，三年乃成。"[②]，其中有一座庙即为关帝庙。[③]

　　万历四十四年（1616 年）正月初一，努尔哈赤在赫图阿拉自称为"覆育列国英明汗"，建元"天命"，国号大金（史称：后金）。

　　天命三年（1618 年）的正月十六日，努尔哈赤对诸王大臣宣布："汝等勿疑，吾意已决，今岁必征大明国。"四月十三日，他以"七大恨"诏告皇天后土，起兵反明。这个时间应在赫图阿拉关帝庙建成之前后不久。

　　努尔哈赤对关公的最初了解应来源于驻辽的明朝军队，其中对他影响最大的应是总兵官李成梁。

　　《清太祖武皇帝实录》等史料记载：努尔哈赤生于嘉靖三十八年（1559 年）己未，其父为明廷册封的建州左卫都指挥使觉常安第四子塔克世，其母为建州右卫都指挥使王杲长女喜塔喇氏额穆齐；万历二年（1574 年）明朝总兵官李成梁率兵讨伐建州，捣毁王杲寨。努尔哈赤与其弟舒尔哈齐被俘，并被收在李成梁帐下，充当幼丁；万历五年（1577

---

　　①　见《明清五百年·清代宫廷大事表·努尔哈赤》，故宫博物院数字图书馆。

　　②　《清太祖武皇帝实录》卷之二，故宫博物院排印本。

　　③　此庙现为普觉寺，然当地俗称仍为关帝庙。

年），努尔哈赤脱离李成梁返回建州；万历十一年（1583年）二月，李成梁发兵攻王杲，努尔哈赤父、祖皆死于战乱。李成梁将塔克世所遗土地人马派给努尔哈赤，并给都督敕书，令袭都督指挥衔；五月，努尔哈赤以父、祖所遗十三甲起兵，开始统一建州女真各部的战争。可知努尔哈赤与李成梁之间的恩怨情仇。

李成梁是李如松的父亲，前文已叙，李如松绝对是关公的信奉者，但他的这种信仰很可能还是受到了其父的熏陶。所以，努尔哈赤对关公的最初认识应该就是拜这位对他既有"杀父之仇"又有"提携之恩"的李成梁所赐。

此后，努尔哈赤曾多次进京朝贡，他一定领略过"只把人中提万国，大明先谒正阳门"的景象，这自然会加深他对关公文化的理解。不过，仅仅这些条件，似乎还不足以让他将"建元"、"反明"等重大决策都和修建关帝庙联系在一起，这里面肯定有更深层次的原因。

也许民国六年《沈阳县志·祭礼》所记录的一条资料能够解释这个问题：

> 满、蒙则供神板，亦有绣像者，悬黄云簾幔，列香盘四或五，如木主座。说有异同：世谓清太祖请神像于明，明与后土，识者谓为献地之兆；再请又与观音、伏魔画像，故宗祀之一为朱果发祥女，一为完立妈妈①。此列祀五位者之所宗也。

可知努尔哈赤在起事之前曾向大明朝廷请神，明廷遂将后土、观音、伏魔（关羽）赐予了他。这其实只是朝廷的一次镇远怀柔的安抚举动，类似的事情在宋明两朝经常发生，但这次的结果却是令人震惊的。

对于努尔哈赤而言，既然"识者"认为赐予后土是"献地之兆"，那么赐观音和伏魔岂不是把"人口②"和"军队"也都"献"给他了吗？这无疑会让努尔哈赤产生了"天命在身"的雄心，他在赫图阿拉修建七

---

①　按：一说"完立妈妈"即为"万历妈妈"之音转，也即朱翊钧的生母"孝定李太后"，见《清朝野史大观》卷二《清宫遗闻》。另：据《明史·悼灵王传》等史料记载，孝定李太后其实也是后世所知的"九莲菩萨"，此中由因颇多，需专著论述，在此不赘。

②　观音有送子的"神职"，因此观音也代表着人丁兴旺。

大庙，并为后金政权的第一个年号定为"天命"应该就和这种想法有直接的关系。

由此可见，努尔哈赤的关帝信仰来自他急于征服天下的迫切心理。在他的意识里，关帝已经不再是大明朝的守护神，而是"天命所归"的大金政权之战神了。

天命四年（1619 年）三月，明朝征集了十余万人（号称四十七万）的军队讨伐后金。努尔哈赤掌握战机，集中兵力，在萨尔浒之战中歼灭明军约六万余人，取得了决定性的胜利。从此，明朝的力量大衰，不得不由进攻转入防御；天命六年（1621 年），努尔哈赤攻占沈阳、辽阳，并迁都辽阳，兴建东京城；天命七年（1622 年），努尔哈赤大败辽东经略熊廷弼和辽东巡抚王化贞，夺取辽西重镇广宁（今辽宁北镇市），熊廷弼兵败被明廷问斩，王化贞下狱论死。至此，女真军队在天下已无对手。天命十年（1625 年，天启五年），三月二十二日，努尔哈赤迁都沈阳，并改沈阳为盛京。

在这个时期，地处辽阳县的西八里庄发生了一个故事：

> 明武安王庙即西八里庄关帝庙。清太祖征明至此，村人逃避。有苏姓者诡称庙祝求保护，乃以版亲题数语，末书"天命乙丑年题"，以是得无恙。洎定都沈阳，追悼阵亡将士，召苏诵经，赐道袍象笏……①

这位"苏姓者"谎称自己是关庙庙祝竟能得到努尔哈赤的御笔丹书，继而保全性命，可见其智，但这则逸闻也说明了当时努尔哈赤崇信关公已是尽人皆知之事。

努尔哈赤死后，其四子皇太极继位。天聪十年（1636 年）四月，皇太极在盛京称帝，建国号"大清"，改元"崇德"，并改女真族名为满族。

和他的父亲一样，皇太极也崇信关公，并且，他还将关公信仰推广到了帝国内外的各个民族之中。《朝鲜宣祖实录》第二〇八卷就记载了崇德元年满人首领台吉在抚顺关市祭拜关帝的情景：

① 民国《奉天府志》卷九二，转引自胡小伟《关公信仰研究系列》第四卷《明清关羽崇拜》，香港科华图书出版公司 2005 年版，第 487 页。

备黑牛一支，乌鸡一支，请关圣帝君神像到墙，傍立大刀两口，下立腰刀四十余口，摆设香案祀奠。用黄表写二台吉并各头目年庚、誓状一通，有各夷目闻刀盟誓，将血酒抛天，遍饮，愿从今一意恭顺天朝，出力报效。①

这段记载说明了此时的关公信仰已是大清帝国团结各个民族以及周边国家的一种重要手段了。

皇太极还于崇德八年（1643年）在盛京敕建关帝庙，《钦定盛京通志》记载了这件事：

盛京关帝庙：有三，一在地载门外城西北五里校场，崇德八年敕建。正殿三楹，东西配庑各三楹，大门三楹，赐额曰"义高千古"。……一在天佑门外，大殿三楹，左右庑三楹，大门三楹；一在城北二台子，大殿三楹，耳房四楹，大门三楹。②

《清史稿·礼三》也说：

关圣帝君：清初都盛京，建庙地载门外，赐额"义高千古"……

除此之外，当时的盛京还有一座比较隐秘的关帝庙，就在皇宫之北，应是爱新觉罗氏的私庙，其创建时间可能比皇宫的建造时间还要早，因为宫墙到这里像是特意拐了一个角度，并在大政殿后的红墙外为庙门留出了一块空地。

此庙至今尚存，正处在盛京古城的中心位置，因此也俗称"中心庙"，可见当时清皇室对关公的崇拜程度。而且，地载门关帝庙和中心庙

---

① 李光涛：《清太宗与〈三国演义〉》，台湾中研院历史语言所《集刊》第12本，第271页。

② 乾隆四十四年（1779年）的《钦定盛京通志》卷三十三。另：道光年间的完颜崇厚《盛京典制备考》卷二《庙寺》记此庙建于崇德五年，疑有误。

这两座盛京较早的关庙都在皇宫之北，这其中应该也暗含着"帝系转北"的隐喻。

也许确实如此，因为就在皇太极敕建地载门关帝庙的十年之前，明朝的崇祯皇帝已经放弃了关公信仰，并且一度将包括"伏魔大帝"在内的释、道、儒三教之所有神灵、圣贤，甚至大明子民的祖先统统打为"魔鬼"，这是因为当时的崇祯皇帝朱由检正在被一群狂热的天主教徒所包围。

《中国天主教传教史概论》载：

　　自南京教难①平息后，徐文定（即徐光启谥号）益知西士在中国传教，非筹划一永久坚固之基础，不能平安无事。朝廷之崇幸，官绅之友谊，终不可持公。又见利玛窦已故世，杨廷筠、李之藻亦相继离开人世。李之藻临终之际，又握公手以圣教相托。徐公自沈潅失宠后，难入阁拜相，而年已经古稀，于是深谋远虑，欲为圣教筹一久安之计。此计为何？即令明廷正式承认传教士之永久居留问题也。会钦天监推算日月食，屡屡错误，乃从修历方面进言。

　　自徐文定公荐举汤若望等修历，汤公得皇上宠幸，出入宫禁，迫行利便。与太监等往来，常乘机言圣教道理，圣教化行禁内。约在1630年（崇祯三年）太监庞天寿首倡奉教，同时领洗者十人，庞天寿取圣名 Achillēe。初由十人，渐至四十人，妃嫔皇子亦有奉教者。禁中安置圣堂一座，汤若望屡次在内举行弥撒，施行圣事。数年之内，宫中受洗者，有五百四十人之多。此皆当日神父之记载，并非虚语。②

----

① "南京教难"在非天主教徒中称为"南京教案"，发生在万历四十四年（1616年），起因是礼部侍郎署南京礼部尚书沈榷参奏在华天主教传教士"诡称天主""暗伤王化""诳惑小民""举尧、舜以来中国相传纲维统纪之最大者，而欲变乱之。"明神宗朱翊钧准奏查办，首府大臣方从哲遂下令包围教堂。七月，王丰肃、谢务禄等外国传教士在南京被捕，被押解到澳门葡萄牙人居住地；十二月庞迪我、熊三拔等传教士也从北京被押解澳门。这是天主教入华后首次与本土信仰发生的严重对抗冲突。

② 徐宗泽：《中国天主教传教史概论》第七章《中国天主教——自利玛窦逝世到明末》，上海书店1990年版，第426—427页。

可知在崇祯初年，大明禁垣之内已尽成天主教的传道之所。这种奇怪的现象出现之后不久，徐光启、南怀仁、汤若望等人就掀起了一场大规模的毁道、毁佛运动。刘若愚《酌中志》载：

> 隆德殿旧名立极宝殿，供三清上帝诸尊神。崇祯五年（1632 年）九月内，将诸像移送朝天等宫，六年四月十五日更名中正殿。①

王誉昌《崇祯宫词》注言：

> 乾清宫梁拱之间遍雕佛像累以百计。一夜殿中忽闻乐声锵鸣，自内而出，望西而去。三日后奉旨撤像，置于外之寺院……时内殿诸像并毁斥，盖起于礼部尚书徐光启之疏。光启奉泰西氏之教，以辟佛老，而上听之也。

时任左中允、崇祯侍读的文震孟之子文秉也曾在《烈皇小识》中云：

> 上初年崇奉天主教，上海（即：徐光启），教中人也。既入政府，力进天主之说，将官内俱养诸佛铜像尽行毁碎。

又云：

> 京师天主教有二西人主之，南怀仁、汤若望也。凡皈依其教者先问："汝家有魔鬼否？有则取以来。"魔鬼即佛也。天主殿前有青石幢一，大石池一，其党取佛像至，即于幢上撞碎佛头及手足，掷弃池中。候聚众多，然后设斋邀诸徒党，架炉鼓火，将诸佛像尽行熔化，率以为常……②

宫廷尚且如此，民间的天主教徒自也备受鼓舞，纷纷效仿，在这场突如其来的宗教运动中，关公的神像也难逃厄运。

---

① 刘若愚：《酌中志》卷十七。
② 文秉：《烈皇小识》卷六，上海书店 1982 年版，第 160 页。

实际上，在明代的中晚期，"伏魔大帝"已是举国上下影响力最大的神祇，所以就不可避免地成为"一元神教"传教士们所敌视的对象。崇祯时期福建地区流传着一本天主教入门书籍《口铎日抄》，是艾儒略、卢安德、林本笃、瞿西满等耶稣会士布道言论的合集，其中有一章专门讲到了"关壮缪"，名为《答关壮缪未为大忠而崇祀之非正》，现抄录两段如下：

> 相国曰："凡立教法，而非天下所能通行，或行而碍于正道，如佛老诸教，固不待辩矣。特有从来孝子忠臣，如关壮缪之类者，似亦有功于人心世道，何为并不奉之乎？"
> 司铎曰："儒书又云：'敬而远之'一语，尽之矣。如关羽而果忠孝，则敬其忠孝而效之，斯为实敬。至于设像立祠而谄媚之、祈祷之，以为福祸惟彼是求，则人类而操上主之权，理所不合也。"
> 独古大圣，明造物主之真传，笃奉圣教而阐扬之，生前备全德有征，身后享全福有验，为教宗考核始定入圣品者，始敢奉之、拜之，求其转达天主。若世人一概所奉，非但无功于真主，未守其教戒。即于国家事，亦难言之矣。①

除去技巧性的修饰词语，这位"司铎"所表达的中心思想就是："关壮缪"未经"教宗考核"，且是"人类而操上主之权"。在这种思维下，天主教徒毁坏关公像的行为自是屡见不鲜。因此，许大受就曾在《圣朝佐辟·辟废祀》中愤怒地说：

> 经传所定五祀、方社、田租等位，《祀典》所载"捍大灾、恤大患、死勤事、老本国"等诸灵爽以上，及吾夫子之圣神，凡从夷者，概指为魔鬼，唾而不顾，以为陷天主之妙诀，必督令弃之厕中。其有龛室者，令舁至本邑戎首之家所私设天主堂内杂烧之，嗟嗟！以大圣

---

① 天主教内部资料《明末清初耶稣会思想文献汇编》第一卷第九册，编辑者为加拿大籍韩国人郑安德。其序言称，该《汇编》所辑录的书籍现都存于法国国家图书馆。"司铎"本为中国古代掌管文教的官员，因必摇木铎以聚众，故称；天主教神父来中国后也每以"司铎"自称。《口铎日抄》记录的是崇祯三年（1630年）至十三年（1640年）之间耶稣会士的布道言论，具有很高的史料价值。

大贤、精忠仗义之神明，或受人彘之刑，或受秦火之烈，何惨也！举历代我朝所褒崇之圣哲，即关公为神皇，近年所新加帝号之英灵，而恣意私戕，又何逆也！①

既用"人彘之刑""秦火之烈"来形容这次运动，矛头实际上已经指向了宫廷，可见当时已经有人不顾崇祯皇帝的威严，开始对天主教徒的做法进行猛烈地抨击。此后，朝野上下就有了"天不佑明"的说法，如：

（崇祯十二年）岁底，上于宫中符召天将。宫中每年或召仙，或召将，叩以来岁事，无弗应者。以前一召即至，至是久召不至。良久，帝下临，乱批曰："天将皆已降生人间，无可应者。"上再拜，叩问："天将降生，将欲何为？尚有未降生者否？"乱批曰："惟汉寿亭侯受明深恩，不肯下降。余无在者。"②

一个曾毁佛灭道的大明皇帝还在祈求天将的护佑，而所有的天将却早已降生人间来推翻大明，唯有关羽最讲义气，没有下来，这颇有讽刺意味。很明显，这个故事的作者正是在通过调侃来发泄心中的怨懑之气。

中国历史上也曾有几位帝王对佛教或道教进行过迫害，但从来没有一个皇帝会同时将释、道、儒三教神灵全部唾弃，并公然将所有神像付之一炬，朱由检可谓是开了一个先河。在他死后，苟延残喘的南明政权崇奉天主教之热情不但未减，反而愈加高涨，这应该就是徐光启所谋划的"久安之计"已经成功的表现，但这种成功之代价却是明朝的彻底灭亡。

顺治元年（1644年，崇祯十七年，大顺永昌元年），李自成攻入北京，朱由检在煤山自缢而死。同年，清军入关，并开始追剿李自成残部和征服大明朝的所有土地。

此时的明朝皇族在南方先后建立了弘光、隆武政权，但很快就相继覆没。1646年11月，桂王朱由榔在广东肇庆被拥戴称帝，建立了永历政

---

① 辑入徐昌志《圣朝破邪集》卷四（香港建道神学院1996年版）。按：许大受是浙江湖州府德清县人，其父许孚远曾任万历时期的福建巡抚。徐光启、南怀仁、汤若望策划的这场焚毁神像事件未见于《明史》，应该是清初儒生对天主教的隔膜所致，但也为后世的天主教徒抹杀或歪曲这段历史预留了空间。

② 文秉：《烈皇小识》卷六，上海书店1982年版，第173页。

权，而其皇室成员、文臣武将、太监宫女却大多已皈依天主教，并接受了洗礼。比如：王皇太后，教名赫烈纳（Helena）；王皇太后之母，圣名犹莉亚（Julia）；马皇太后，教名玛利亚（Maria）；永历帝正后王氏，教名亚纳（Ana）；皇子慈恒，教名公斯当定（Constantinus），简称当定。此外尚有妃嫔五十人，大员四十人，太监无数。①

而应该令他们想象不到的是，那个曾被他们崇拜不已的汤若望在清军入关后立即就投靠了多尔衮；更令他们不会想到的是，其实天主教传教士也曾协助农民军建立了反明的大西政权。当时的大西王张献忠还赐封传教士利类思、安文思为"天学国师"，并对《圣经》爱不释手，他曾说："欧洲各国风俗纯美，实由此圣律而来也。然此等圣律于川人无益，伊等固执于恶，不从圣教圣令，宁愿从我刀剑之下。故吾奉天主之命，殄灭此种僧党及世间恶人。"② 在此之后，张献忠就开始大肆屠杀四川的儒家学子、佛教僧侣以及普通百姓，就像地球的另一边，传教士们和西班牙军队曾对美洲的印第安人所做的一样③。所不同的是，美洲发生的事情是异族侵略，而在中国却是自相残杀。甚至，就连推翻大明的终极力量李自成也与天主教有着扯不清的关系，崇祯十六年（1643 年）十一月，李自成攻克西安以后，曾唯独对天主教徒倍加照顾，并称传教士郭纳爵、梅名高是"远道来华，惟为阐明真教"④，此种暧昧态度，颇令人既惑且疑。

可悲的是，在南明政权即将覆没之际，朱由榔还委派传教士卜弥格携大太监庞天寿的密信向罗马教会求援，希望天主教教宗能"代求天主"保佑永历政权之"中兴太平"，并且能赐予他们军事上的援助。⑤ 当然，其结果可想而知。⑥

虽然大部分皇室成员和官吏已经彻底地放弃了关公信仰，但更多的明朝人却仍将"伏魔大帝"看作是国家的主神。如文秉在《烈皇小识》中

---

① 方豪：《中国天主教史人物传》，中华书局 1988 年版，第 294—302 页。

② 详见古洛东《圣教入川记》，舒伏隆译，四川人民出版社 1981 年版。

③ 详见巴托洛梅·德拉斯·卡萨斯《西印度毁灭述略》，孙家堃译，商务印书馆 1988 年版。

④ 王春瑜：《李自成、张献忠与传教士》，《文史知识》1999 年第 3 期。

⑤ 参见陈文源《西方传教士与南明政权》，《广西民族学院学报》（哲学社会科学版）2003 年 11 月。

⑥ 明末清初的乱象实际与天主教耶稣会的在华活动不无关系，但因牵扯繁多，学界分歧颇大，当另文专述，暂且打住。

说，在李自成攻入北京之前，正阳门关庙曾有异象：

> （崇祯十七年）十五日癸卯，日色益晦。正阳门外伏魔庙杵，忽自中劈。又南京孝陵夜哭。①

可见，在一些文人、士大夫的意识里，"正阳门外伏魔庙"依旧还是大明皇权的象征，而且，当李自成的军队攻入北京之时，也有忠于明室的士大夫先祭关公然后从容自尽的：

> 城陷，倪元璐绯衣北拜，至关壮缪前，酌酒酬之，讫而自酬。出坐堂上，书其几曰："宗社至此，当委我沟壑，以志其痛。"自经于堂。②

在此前后，面对流寇和清军的进攻，关公信仰也一直在激励着那些忠臣义士们奋勇向前。如《明史·忠义列传》载：

> 关永杰，字人孟，巩昌卫人。世官百户。永杰好读书，每遇忠义事，辄书之壁。状貌奇伟，类世人所绘壮缪侯像。崇祯四年会试入都，与侪辈游壮缪祠。有道士前曰："昨梦神告：吾后人当有登第者，后且继我忠义，可语之。"永杰愕然，颇自喜。已果登第，授开封推官，强植不阿，民畏爱之。忧归，起官绍兴。迁兵部主事，督师杨嗣昌荐其才，请用之军前，乃擢睢陈兵备佥事，驻陈州。陈故贼冲，岁被蹂躏，永杰日夜为徼备。（崇祯）十五年二月，李自成数十万众来攻，永杰与知州侯君擢、乡官崔泌之、举人王受爵等率士民分堞守。贼遣使说降，斩其头，悬之城上。贼怒，攻破之，永杰格杀数贼，身中乱刃而死。③

---

① 文秉：《烈皇小识》卷八，上海书店 1982 年版，第 231 页。
② 黄宗羲：《弘光实录抄》卷二，《痛史》本，第 6 页。
③ 张廷玉：《明史》卷二百九十三《列传第一百八十一》，中华书局 1924 年版，第 7512—7513 页。

可知关氏一门，代有英烈。赵曦明《江上孤忠录》也载：

> 阎公巡城一人执大刀以从，众望见以为天人。盖公躯干丰硕，双眉卓竖，目细长曲，面赤有须，颇类关圣。举人盛树廉，言公状貌亦如此。且云邑中士民，公无不识其姓名，临阵时，见一少年将士持戟锐进，不可当，战罢，不知所往，疑为土神陈烈士之助，急往虔礼。外又见女将自天而降，执旗指挥，绯衣将三人，自天而降，登城指挥，执土人问之，不知所对，远近皆以为神助。内舁关壮缪、张睢阳，皋巷寺巷二东平王及城隍五像，张黄盖，历行城上，而以磁石捻众神须内，遇铁气，须辄张，扶神手指挥，外兵望见，皆惊怖。良佐令其子攻城，正当睢阳神像指挥放炮，一发而毙。

《大梁守城记》亦云：

> （七月）二十六日，司里结义勇大社，揭白旗曹门上曰："汴梁豪杰愿从吾游者，立于此旗下。"于是郡王、绅衿、士民、四方游侠皆至焉，得万人。二十八日，祭关帝，刑羊、白鸡，沥血古铜磬中，投之酒，饮之。①

《东南记事》也说：

> 午时，协将陈有功战死，大军合数万来战，矢如雨下，沿山举火，赤地震裂。大清将王得仁、邓云龙、侯天宠等，以书来招赵珽，令其劝降，众惶惑多偶语。珽惧互相疑忌，家玉执珽手，拔剑斫案曰："行间离我兄弟，我等益当戮力，为国吐气。军中敢疑谤者，有剑。"人心始定，然犹无战义。十五日，子时，家玉设高皇帝，关壮缪位，牵诸将泣拜，设赏金于前，使郭毓卿、李明忠、陈良、赵珽，分帅死士百人，伏谷中，遂拔大营走。大兵合一万来追，入伏，大军纷奔，家玉鼓噪回军，大破之。步兵五千殒尽，骑兵舍马渡河，溺死过半，抚州围解。论者以是役为福州战功第一。

---

① 刘益安：《大梁守城记笺证》，河南中州书画社 1982 年版。

类似之事在《太和县御寇始末》《绥寇纪略》等各种相关史料中也多有记载。

值得一提的是，满族人在得到天下之后，也对这些宁死不屈的大明将士和普通民众心存敬意，并也开始效仿他们的忠勇气概，《台湾外记》就曾记载了康熙十七年（1678年）五月，郑经从台湾反攻福建之时，满族将帅在关帝庙为国殉节的事情：

> 二十四日，署海澄镇左营游击汪明请其镇主文相公、汪定公密议献城。定公佯许之；归语黄蓝，蓝即转告应举。举收汪明并其弟辰、子集，斩首示众。与士卒同甘苦，竭力守御。奈援师无期，粮米已匮，杀战马而罗雀掘鼠，继浸皮煮纸。强者食弱，饿殍遍户。六月初十日，轩率众环城攻击。众力不支，轩排闼从莱港而入。计受困八十三日，提督段应举知势莫敌，与副都统伯穆黑林谋自缢。行至关帝庙前，举曰："庙里去。"黑林曰："帝君在上，不便。"遂同上西门楼。举曰："守此城，死此城，宜矣！"与黑林相向而缢。希佛闻城陷，发火自焚。海澄总兵黄蓝，不知所之；有传其死于乱军者，有传其溺于水者。[1]

可知当时虽然各为其主，但将士们对关公文化以及忠义精神的认可却是不分满人还是汉人的。

二　大清主神

顺治元年（1644年），满清政府入京以后即将地安门外的白马关帝庙定为国家祀典关庙，"岁以五月十三日致祭，由太常寺先期题请，即遣本寺堂官行礼。"

顺治九年（1652年），爱新觉罗·福临敕封关羽为"忠义神武关圣大帝"[2]。

顺治十二年（1655年），福临亲自为德胜门外关帝庙撰写碑文，即

---

① 江日升：《台湾外记》，福建人民出版社1983年版，第278页。

② 见《皇朝通志》卷四十一《礼略六》，光绪二十七年本。

《皇帝御制重建忠义庙碑记》：

> 朕闻国家灵长之运，必凭藉高穹元贶，而乃勇于无疆者，其明社崇报，当何如耶？兹都城北德胜门外土城前，旧有关圣庙一座，创自明朝，已历多年。其间污漫倾颓，瞻礼不雅。朕念神威赫奕，忠义昭然，有感必应，有祷即灵。随发诚意，遣官重饰庙宇，庄严圣像。复建东西两廊，山门围墙，皆焕然一新，是岂无缘而致者也哉。今已功成，噫嘻盛欤！作庙翼翼，亿万斯年。①

此时的福临只有十八岁，从"今已功成，噫嘻盛欤！"能看出这位年轻皇帝在关庙建成之时发自内心的喜悦之情。

满人将关公称为"玛法"②，即爷爷的意思，此种称呼在敬畏之中饱含着真挚的情感。满人甚至有一部民族史诗——《关玛法传奇》（满语称《关玛法乌勒本》），在这部史诗中，关羽完全不是《三国演义》中汉寿亭侯，而是一位草龙转世的英雄，他曾与恶魔耶鲁里撕斗，并最终拯救了北方的女真人。在大多数情况下，这部史诗要在萨满巫师的唱念结合下讲诵十多个晚上③，听者云集。这对当时的汉人来说无疑是不可思议的。

顺治十六年（1659 年），降清明臣方拱乾因"江南科场案"被流放宁古塔（今位于松花江左岸支流海浪河南岸）与"披甲人为奴"，顺治十八年（1661 年），他得以赦归故里。方拱乾遂将流放时的所见所闻汇成一书，名为《绝域纪略》（又名《宁古塔志》），在此书中他描绘了一个场景：

> （满人）初时不知有佛，诵经则群伺而听，始而笑之，近则习而合掌，以拱立矣。……不祀神，惟知关帝，亦无庙，近乃作一土龛。④

---

①　于敏中等：《钦定日下旧闻考》，台湾商务印书馆 1986 年版，第 1776 页。

②　姚元之：《竹叶亭杂记》曰："伏魔呵护我朝，灵异极多，国初称为关玛法。"

③　参见富育光《萨满教与神话》，辽宁大学出版社 1990 年版。

④　方拱乾：《绝域纪略》，上海书店 1994 年版，第 82 页。

"不知有佛""不祀神""惟知关帝"可知关帝就是满族人的主神，而"乃作一土龛"正可看出满人对关公信仰的态度确实是纯粹而真挚的。所以，有清一代，关公在国家信仰体系中的位置被推到了极致。

康熙五年（1666年），年仅十三岁的爱新觉罗·玄烨曾派遣内翰林国史院庶吉士董笃行为洛阳关帝冢庙撰写《敕封碑记》，文章洋洋洒洒四千余字，以至于这通碑高4.7米，是毫无疑问的关庙碑石"巨无霸"。① 康熙十六年（1677年），玄烨又赐北京正阳门关庙庙额"忠义"②。从此，大清帝国上下又掀起了一轮崇拜关帝、修建关庙的高潮。

雍正时期，爱新觉罗·胤禛更是追封了关帝三代公爵，并升级了关庙祀典：

> 雍正三年（1725年），敕封关帝三代公爵，定春秋祭礼，置五经博士，以奉祀事，礼臣议请封关帝曾祖为光昭公、祖为裕昌公、父为成忠公。牌位止书追封爵号，不著名氏。于京师白马关帝庙后殿供奉，遣官告祭。其山西解州、河南洛阳县冢庙，并各省府州县，择庙宇之大者置主供奉，后殿春秋二次致祭。从之。五年，以关帝庙重修告成，定春秋致祭之仪，前殿牲用太牢，遣大臣将事行三跪九叩礼，后殿牲用少牢，遣太常寺堂官将事行三跪六叩礼，余仪皆同。五月十三日致祭，用牲牢果实。七年，定直省祭关帝庙岁三祭皆用太牢。③

胤禛还亲为国家祀典关庙题写了"忠贯天人"匾额④，并御制《敕建关帝庙后殿崇祀三代碑文》：

> 古贤圣明臣，各以功德食于其土，其载在祀典，由京师达于天下郡邑，有司岁时以礼致祭者，社稷、山川而外，惟先师孔子及关圣大帝为然。孔子祀天下学官，而关帝庙庙食偏薄海内外。其地至通都大邑，下至山陬海澨、村墟穷僻之壤。其人自贞臣闲士、仰德诵义之

① 《中国关林》，第109页。
② 见《钦定日下旧闻考》。另见康熙二十年（1681年），沈荃撰写的《正阳门关帝庙碑记》，拓片藏中国国家图书馆，索取号北京1164。
③ 《皇朝通志》卷四十一《礼略六》光绪二十七年本。
④ 见四库本《雍正畿辅通志》第六册，第28页。

徒，下至愚夫愚妇、儿童走卒之微贱，所在崇饰庙貌，奔走祈祷，敬畏瞻依，凛然若有所见。盖孔子以圣，关帝以神。神之陟降，上下显赫，鉴观以惊动觉悟，保佑扶持，与斯人呼吸相应答者，感而通微，而著洋洋乎忠义正直之气，充塞于宇宙之间，与日月星辰同其明，与江河山岳同其体，风雷雨露，同其功用。宜其英灵之振古常新，而为历代贤豪所莫能并也。

本朝崇奉，典礼綦隆。我世祖章皇帝顺治九年敕封神为"忠义神武关圣大帝"，较往代封号尤尊且正。京师白马关帝庙为奉神之所，岁遣大臣将事惟谨。朕缵绪膺国，尊隆轶祀，登基之初，既加封先师五代，以展尊师重道至意，更念神福国庇民，御灾捍患，英风贯古，浩气不磨，生有自来，钟灵孔厚。宜追封三代，晋爵上公。

爰允礼臣之议，加封神曾祖光昭公，祖裕昌公，父成忠公。博稽史册，名讳弗传。特用阙疑，以彰敬慎。虔制木主，于雍正五年六月供奉后殿，春秋崇祀，著为令典。夫礼由义起，而善则称先。事神事人，理无二至。神威灵赫濯，昭灼于千万世，则神之先人，享明禋崇，美报于千万世而无替，以称国家昭示明神之盛典。礼制攸宜，至宏远也。是用勒文贞石，纪奉祀所始，以贻示来兹，俾有考焉。①

到了乾隆年间，爱新觉罗·弘历对关公更为尊崇。据光绪《顺天府志》记载，弘历曾在乾隆二十五年（1760年）改关公原谥"壮缪"为"神勇"；三十三年（1765年）加封"灵佑"，又御书正阳门关帝庙楹联："浩气丹心，万古忠诚昭日月；佑民福国，千秋俎豆永山河。"四十一年（1776年）改谥"忠义"②，甚至还颁布特谕，修改史书《三国志》：

乾隆四十一年七月二十六日，奉上谕：关帝在当时立扶炎汉，忠节凛然。乃史书所谥，并非嘉名。陈寿于蜀汉有嫌，多存私见，遂不为之论定，岂得为公？从前曾奉世祖章皇帝谕旨，封为"忠义神武大帝"，以襃扬圣烈。朕复于乾隆三十二年降旨，加"灵佑"二字，用示尊崇。夫以神之义烈忠诚，海内咸知敬祀，而正史独存旧谥，隐

---

① 文渊阁《四库全书》别集《世宗宪皇帝御制文集》卷十五，第五册。
② 光绪版《顺天府志》礼部册。

寓讥评，非所以传信万世也。今当抄录《四库全书》，不可相沿陋习。所有《志》内关帝之谥，应改为"忠义"。第本传相沿已久，民间所行必广，虑难以更易。着武英殿将此旨刊载传本。用垂久远。其官版及内府陈设书籍，并著改刊，此旨一体增入。钦此。①

一个皇帝公开为一个历史人物在正史中更改谥号，这可能是有史以来唯一的一次。

弘历对关羽的尊崇，实和他毕生引以为傲的"十全武功"有关。这十全武功是：（1）乾隆十二年（1747年）：平大小金川；（2）乾隆二十年（1755年）：平准部；　（3）乾隆二十二年（1757年）：再平准部；（4）乾隆二十四年（1759年）：平回部；（5）乾隆三十四年（1769年）：平缅甸；（6）乾隆四十一年（1776年）：再平大小金川；（7）乾隆五十三年（1788年）：平台湾；（8）乾隆五十四年（1789年）：平越南；（9）乾隆五十六年（1791年）：平尼泊尔；（10）乾隆五十七年（1792年）：再平尼泊尔。

在这些战役中，关公信仰无疑起到了鼓舞士气的作用，所以大清帝国的将领们在每次战争胜利后，都会在当地创建或重建关帝庙，以示庆贺。比如，新疆伊犁九城中的惠宁有《惠宁城关帝庙碑文》，言：

往者天兵西指，雷击霆诛，准格尔之众不崇朝，而奢定规方二万余里，无不宾服向化。外则哈萨克、布鲁特各部落，愿为臣仆，唯恐后时。自古声教所不通，政令所不行，我皇上肤功迅奏，殊方重译，罔而不庭，此岂尽人力也哉！即以兹城之经史也。其地偏处荒徼，曩特为准夷回部往来游牧之场耳。今一旦焕然，与之更始，建城郭，立制度，同文共轨，人物嬉恬，商贾辐辏，四郊内外，烟火相望，鸡犬相闻，一转移间，遂称极盛。斯固由圣人在上，祯福锡极，独能过化而存神，要其潜期启默，俾万里之外，军民安睹，年岁顺成，无一物

①　文渊阁《四库全书》版《三国志》十六册。按：蔡邕《独断》云："名实过爽曰缪"，看来确非嘉名。

失。所之患者，岂非神威布获，有以襄此太平之盛烈也乎。①

这次战争让关公文化传至新疆，以至于当时的乌鲁木齐也以一座关帝庙为标识，1983 年出版的《乌鲁木齐史话》言：

> 1755 年讨平准噶尔部时，武圣关羽是清朝军队的"军魂"，于是就在平顶山头修建了一座朱红墙垣的关帝庙，所以人们把当时的乌鲁木齐称作"红庙子"，至今人们也把那一带称作"老红庙子"。

曾被贬谪新疆的纪晓岚在他的《阅微草堂笔记》中也提到了这座庙：

> 乌鲁木齐筑成时，鉴伊犁之无水，乃卜地通津以就流水。……登冈顶关帝祠戏楼，则城中纤微皆见。

不只乌鲁木齐，关帝庙在新疆的其他地区也有创建，如同书所云：

> 后汉敦煌太守裴岑《破呼衍王碑》，在巴里坤（今属新疆哈密市）海子上关帝祠中……②

《乌鲁木齐史话》也说：

> 巩宁城修筑后，鼓楼北隅为关帝庙。

西藏的关帝信仰，也兴盛于乾隆年间。乾隆五十七年（1792 年），福康安率领满汉八旗和藏族勇士们一起，平息了英国东印度公司唆使的廓尔喀（尼泊尔）叛乱之后，就在拉萨磨盘山修建了关帝庙，并亲自撰写碑文：

---

① 张雨新：《清朝对其保护神关羽的崇奉》，载于《出土文献研究》第 4 辑，中华书局 1998 年版，第 183 页。《伊江汇览》言，此庙曾有乾隆的御赐匾额，题为"神佑新疆"。
② 纪昀：《阅微草堂笔记》卷八《如是我闻二》。此庙现存，坐落在哈密东天山之巅，原名"天山关帝庙"，现称"天山庙"，海拔近 3000 米，可谓衔天山之雄奇，望古道之艰险，睹丝路之繁华，观千年之沧桑。

　　关帝庙新建于磨盘山顶，乾隆五十七年十月，大学士忠锐嘉勇公福康安撰碑文，其辞曰：建隆五十有六年秋，廓尔喀自作不靖，侵陵藏界，并抢掠札什伦布庙，皇上赫然震怒。谓卫藏自策，零敦多卜殄灭后，隶职方者百余年，使靳征调之，烦从移驻班禅达赖之议，其济咙聂拉木等地势将尽委之贼，此后受版者，当不止前后卫藏矣。特贵纶音，福康安为大将军，一等公海兰察、四川总督惠龄为参赞大臣，统领劲兵，大张挞伐，大司空和林飞刍挽粟，专司策应为后路声援，大学士孙士毅复自昌都驰赴西招协理军储，于五十七年夏，由宗喀济咙整旅遄进。先是驻军前藏征兵筹饷，谒札什城关帝庙。见其堂皇湫隘，不可以瞻礼。缅神御灾捍患，所以佑我朝者，屡著其孚格，于是度地磨盘山，鸠工庀材命所司董其役。默祷启行荐临贼境，七战皆捷。距阳布数十里，廓酋震詟军威乞降至，我皇帝鉴其诚款，体上天好生之德，准纳表贡，诏令班师，并御制十全记，颁示臣下。予惟此视师自进兵以来，山溪险劣，瘴雾毒淫，竟获履险如坦，不三月而蒇绩，自非神佑不至此。凯旋之日，庙适落成。与诸公瞻仰殿庑，徘徊俎豆，深感大功速竣，维神之力而益欣，继自今前后卫藏之永无虞也。是为记。[①]

　　从这篇碑文中，可以想见当时大清的国力之盛。此后，磨盘山关帝庙就成了西藏关公文化的圣地，藏民们在众多活佛和参战勇士的感召下，将关公看成了格萨尔王、红司命主、尚论多杰东都、三界命主尊赞、战神之王，使得当地的关公信仰延续至今。

　　终弘历之一生，大清军队将明朝没有修建过关帝庙的地方，基本都建了一个遍。弘历去世以后，清朝的历代帝王也都对关公有所加封，且虔诚供奉。

　　嘉庆十八年（1813 年），河南爆发天理教叛乱，九月十五日，教徒攻入北京紫禁城，但旋即被歼灭。此后，清军在几个月之间就剿平了天理

---

　　① 　福康安：《新建磨盘山关帝庙》，《卫藏通志》卷六，《西藏学汉文文献汇刻》第 2 辑《清代喇嘛教碑文》亦有载。另，"磨盘山关帝庙"即前文所说的"拉萨帕玛日山关帝庙"，也即"帕玛日格萨尔拉康"。

教，嘉庆皇帝爱新觉罗·颙琰认为这是关帝显灵所致，遂于第二年加关公封号"仁勇"。

道光六年（1826 年），又是在英国殖民者的怂恿支持下，新疆爆发了张格尔叛乱，叛军很快攻陷了喀什噶尔、英吉沙尔、叶尔羌、和阗四城。清廷立即任命陕甘总督杨遇春为钦差大臣、伊犁将军萨尔图克·长龄总领军事，督兵迎战。次年，清军相继收复失地，张格尔也兵败被俘。平叛成功以后，长龄在向朝廷的奏报中说：

> 当官兵冲击之时，陡起大风，尘沙飞扬。该逆等遥见红光烛天，遂被奸擒。又长龄等督兵进剿，师次浑河沿，该逆等竟夜扰营。风起猛烈，官兵乘风冲贼，俘馘无算。次早接仗时，据获贼金供，又见红光中兵马高大，不能抵敌，即各窜逸。

于是，道光八年（1828 年），爱新觉罗·旻宁复加封关公"威显"，并云：

> 此皆仰赖关帝威灵显赫，默褫贼魄，用克生擒巨憨，永靖边圉。应加展诚敬，以期亿万年护国安民。①

不过，自嘉、道以后，清朝的国力就不断下降，朝廷对于内政外务的处理方式也日渐颟顸，以至于在道光二十年（1840 年）爆发了鸦片战争时，签订了一系列丧权辱国的条约，中国历史从此拉开了沉重的近代序幕。

需要提及的是，那些曾在 1792 年随福康安痛击廓尔喀乱军的藏族武士们的后代，在 1840 年，英国军队进攻中国沿海之时，也义无反顾地远赴浙江和清军一起抗击侵略者。他们全部身穿藏袍，头戴虎皮帽，手持锋利的藏刀，抱定必死的决心，奋勇杀敌。虽然最终在英国火炮的猛烈攻击下，2000 名藏族勇士无一生还，但他们无所畏惧的战斗作风仍令英军为之胆寒，称："自入中国来，此创最深"，并被迫放弃了攻占慈溪的计划。

当年指挥这支队伍的是道光皇帝的侄子、钦差大臣奕经，据说他在藏

---

① 刘锦藻：《清朝续文献通考》卷一百五十七《群祀考一》，商务印书馆 1936 年版，第 9121 页。

兵未至之前曾于杭州关帝庙求得一签："不遇虎头人一唤，全家谁敢保平安。"①

道光三十年十二月十日（1851 年 1 月 11 日），广西金田爆发了后来波及半个中国的太平天国运动。在这场运动中，太平军所到之处毁学宫、拆孔庙、查禁四书五经，包括关帝庙在内的各种神祠、道观、寺院多被焚毁，如太仓县《唐市志》言：

> 关帝庙：二。一在河东市中，一在语廉泾。……咸丰十年为粤匪所毁，片瓦无存。

光绪十四年宝山县《月浦志》亦言：

> 月浦镇武圣宫：在东镇。旧本武烈王庙……同治元年四月二十日毁于粤匪……

宣统三年嘉定《黄渡续志》言：

> 关壮缪侯庙……粤匪之祸，镇赭为墟。为乡间神祠尚存一二，余则概遭焚毁。

类似的记载不胜枚举，而当时的咸丰皇帝奕詝依然奉关公为大清主神，并且又把关帝的祀典由"群祀"升为了"中祀"，追封关公三代王爵，并传谕各级官员在祭祀关帝时必须行三跪九叩之礼，如"帝王庙仪"。《清文宗实录》载：

> （咸丰三年，1853 年）癸酉，谕内阁太常寺奏：遵旨呈进关帝庙图式一折。关帝显佑我朝，神威叠著。上年加崇封号，升入中祀，一切典礼悉照中祀举行。前据太常寺奏请展拓庙制，以示尊崇致敬之道。以实不以文，关帝庙崇奉有年，若遽易旧规，转不足以妥神灵而

① 参见周小博、王红宽《国难当头，2000 藏军增援东南沿海战场》，载于《环球时报》2006 年 3 月 6 日。

昭诚敬。所有庙宇，规模著悉仍旧制，无庸增拓。乐器一切，均照本年春季陈设。至跪拜礼节，仅行二跪六叩，虽系照中祀例，然满洲旧俗于祭神时俱行九叩礼，嗣后亲诣致祭，亦硃定为三跪九叩礼，用伸俨恪之诚。

《清史稿》载：

> 于是跻列中祀，行礼三跪九叩，乐六奏，舞八佾，如帝王庙仪。五月告祭，承祭官前一日斋，不作乐，不彻馔，供鹿、兔、果、酒。旋追封三代王爵，祭品视崇圣祠。①

至此，关帝崇祀在国家级礼仪上已经达到了顶点。

咸丰三年正是太平天国在天京（今南京）建都之际，奕䜣在此时隆封关帝，实是为了鼓舞颓废已久的清军士气，增强全国官民奋战到底的决心。这个举动在此后也确实起到了一定的作用，如正定《广济寺关帝殿碑记》言：

> 粤稽我朝定鼎以来，重熙累治，长治久安，迄今二百余载矣。盖由天运之灵长，卜世卜年，固思帝德之渐被。无拂无侮而有不庭之讨，不虞之患，虽山川百神，莫不默有以相之，况护国灵佑佛。明明在上，昭若日星赫赫，在下威如雷电。乃上界之尊神，实清邦之保障，一时扶危定倾，屡蒙默佑。凡在军民中者畴，弗感戴焉。兹于咸丰三年，有广西逆匪聚众数万，敢讳猖狂。自是年六月至九月，蹂躏直隶正定府藁城县，并延至静海、阜城等县，以及束城连镇诸地方，显为元恶大憝，王法难容。我皇上肃降天威，恭行天罚。爰命盛京锦州副都统维禄，统领八旗十二佑领下骁校委官，领催兵丁。无一不奋勇争先，追奔而逐北，斩其枭帅，歼厥渠魁。俾直省诸州县，外无烽烟之告警，内无骸骨之堪忧，既班师而奏凯，后饮至而策勋。虽军威之丕振，实神功之默佑。愿刻石而立碑，历万古千秋而不朽。②

---

① 刘锦藻：《清史稿》卷八十四《礼三》，中华书局 1977 年版，第 2541 页。
② 马秉銮：《广济寺关帝殿碑记》，辑录于《正定府志》。

此碑文应撰写于太平天国的天官副丞相林凤祥、地官正丞相李开芳挥军北伐之时。咸丰四年（1854年），太平军的春官副丞相、平胡侯吉文元在阜城（今河北衡水市阜城县）被清军袭杀，《广济寺关帝殿碑记》中所指的"枭帅"应该就是此人。这是太平天国自建国以来所遭受的第一次重大挫败。此后，林凤祥在阜城挖壕坚守，抵抗了9个多月，最终被擒，李开芳也于咸丰五年（1855年）四月在山东冯官屯（今聊城冯官屯镇）被僧格林沁所率的清军俘获。

虽然作为大清主神的关帝，在镇压太平天国的战斗中起到了鼓舞士气的作用，但清王朝早已腐朽不堪，此时的皇帝与军队将领仅想要关公显灵护佑，却放弃了关公所代表的道德精神。

咸丰六年（1856年），以"扶乩"和"昏庸虚骄"而闻名的两广总督叶名琛奏称关公显灵广东，护佑城垣，请加封号。于是礼部奏请得准，加封"精诚"，次年又加封"绥靖"。同治九年（1870年），关公又被加封"翊赞"二字。光绪五年（1879年），又加封"宣德"。至此，关公的封号已是"忠义神武灵佑仁勇威显护国保民精诚绥靖翊赞宣德关圣大帝"，整整二十六个字，这在历朝历代所有古今名将的追谥中，是绝无仅有的。

然而，晚清政府已经完全不明白当年努尔哈赤、皇太极为何要崇祀关公，他们是想用关公信仰来换取天下民心，如果民心涣散，为神灵加封再多的谥号、提升再高的祀典，也已于事无补了，大清帝国已不可避免地走向了灭亡之路。

虽然如此，在清政府彻底倒台的前几年，关公信仰依然在各地产生着积极的作用，如光绪二十五年（1899年），远在北部边疆的呼兰城就曾重修关帝庙，副都统依尔根觉罗·倭克津泰曾亲撰庙记：

> 国家崇德报功，特隆祀事。凡有维系世道人心，与夫御灾捍患，利赖民生者，皆按期致祭，煌煌巨典，至慎且重。固非若释氏佛祖、老式诸天，以及山川城社之神，仅为士庶人岁时伏腊，持瓣香罗拜祈福已也。真省郡县志乘详载，祠堂庙宇兴废修建，后世文献并微，故灼然在人耳目间。
>
> 呼兰本塞外荒徼，历代因革无考，自乾隆纪元，置兵设防，建有

关圣帝君庙，以为春秋二祭之所。岁辛巳，余来镇是邦，睹其颓坏状，意欲新之而未遑也。风剥雨蚀，倾日甚，众协佐请重加修葺，愿捐薪俸以为之倡。明告殷商齐氓，使各纳钱。参领乌公独肩是任，督率绅董，庀材鸠工，越两年次第告竣。夫土木烦兴，不免有伤财之虑，而好善乐施者，争先恐后。如诗所云：经之营之，不日成之。圣灵昭著，功德在人，其孰能与于斯乎？忆同治丙寅，马傻倡乱，欲渡松花江，侦探之贼遥望北岸，若有千军万马；然光绪乙亥，丛万金焚掠苏城，直扑呼兰，城守尉成公率兵迎击于罗家窝堡，贼火药忽焚，自云恍惚见神人是以败。夫呼兰地方，始而设防，继而招垦以言夫守，城郭不完以言战，兵甲不多，百六十余年，兵燹不经。良由人心质朴，风俗醇厚，故能变险为夷，易危为安。而官斯土者，谧坐享安，皆神灵保佑之力居多。今蒙皇上御赐神功普佑匾额一方，颁赐前来，当即敬谨悬挂，因并记其事。后之来者，触目警心，实力向善，俗美化行，蒸蒸日上，迓共鸿庥，百世不替。苟非如此，瞻庙貌之巍焕，徒侈美观之一时，何足以持风教于不敝，溥乐利于无穷也。工役既竣，勒诸贞珉，反复陈说，掉阖境兵民知所儆惕，且兼为劝励云尔。是为记。[1]

第二年，八国联军入侵中国，俄国沙皇尼古拉二世宣布亲自担任总司令，派遣十几万大军，分兵五路进犯中国的东北三省，沿途大肆虐杀无辜平民："焚我江左旗屯，老弱妇女，半遭杀戮"[2]、"且俄兵素性残忍，前此黑龙江与之毒打，故瑷珲失守时，城市一概轰平，杀戮尤惨。又阿拉楚喀之失，毙数千人。珲春之失，毙千余人。海城、盖平沿铁路居民烧毁无遗类，载回妇女甚多，此皆人所共知。"[3]

八月，俄军攻至呼兰河畔，他们在南岸的南包家店架起火炮，向城内狂轰滥炸。此时的倭克津泰已年过花甲，却率领着一支仅有数百名步兵的队伍与侵略者浴血奋战，英勇拼杀，致使沙俄军队受到重创，在一个多月的时间里，始终不能渡过呼兰河。闰八月十九日（10月12日），在城破

①　黄维翰：《呼兰府志》，呼兰县志办公室1983年排印本，第378—379页。
②　光绪二十六年（1900年）六月二十九日黑龙江将军寿山折。
③　光绪二十六年（1900年）十月十九日盛京将军增祺片。

之前，倭克津泰为了全城百姓的安全，没有以身殉国，也没有仓皇逃窜，而是留下来与俄军谈判，最终让数万呼兰平民免遭屠戮。

倭克津泰以二品大员的身份在呼兰执政 20 年，宽政爱民，从不作威作福，百姓称他为"老倭公"。毫无疑问的是，这样一个人物才真正可以用"忠、义、仁、勇"来评价。

但是，光绪二十七年（1901 年）冬，因为有一个法国传教士在呼兰被杀，清廷遂将倭克津泰免职。次年正月，倭克津泰在忧愤中病逝。由此可见，当时的清政府已经愚蠢懦弱到了何种程度。

不只如此，在沙俄军队疯狂蹂躏东北三省之际，一些有骨气的中国人自发组成了几支抗击侵略者的武装队伍，其中影响力最大的当属"忠义军"。这支队伍坚持斗争了 3 年之久，进行过大小战斗数百次，战区西至沈阳、铁岭，南至凤凰，北达海龙、通化，牵制着旅顺口、大连的俄军基地，沉重地打击了沙皇尼古拉二世的嚣张气焰。然而，羸弱的清政府却在帝国主义的逼迫之下，向这些真正具有忠义精神的中华儿女们挥起了屠刀。最终在光绪二十九年（1903 年），忠义军被中外反动势力联合绞杀。而与此同时，清廷却先后 20 次向各地关帝庙颁赐匾额，这实在是一个莫大的讽刺，如果"忠义神武关圣大帝"真的在天有灵，他又能何去何从呢？

三　武圣祀典

清代，皇家祭祀关帝的规格日臻完备，规模比之明代更加隆盛。顺治元年（1644 年），清军刚刚入关，爱新觉罗·福临即着手制定关帝祀典，并恢复了五月十三日遣官致祭的定制，至康熙朝诏以太牢祀。

雍正三年（1725 年），"旨诏京省府州县有司，官崇祀关圣庙庭，逢祭辰，陈设牲醴，祀遵太牢，特典以昭崇奉至意。"雍正五年（1727 年），下令重修京城关帝庙后，胤禛专门制定了五月十三日祭典的有关规制：每年五月十三日致祭，关帝前殿祭品用太牢，即牛一、羊一、豕一；祭品有：白色礼神制帛一、果品五、尊一、爵三。三代后殿用少牢，即羊一、豕一，余如前殿。春秋二祭，前殿用帛一、牛一、豕一、镫一、铏二、簠簋各二、笾豆各十、尊一、爵三，派遣大臣一人承祭，行三跪九叩礼。后殿摆设三案，用帛各一，羊各一，豕各一，铏各二，簠簋各二，笾豆各八，尊三，爵九，派遣太常寺堂上官承祭，行二跪六叩礼。雍正七年

（1729 年），清政府制定直隶、各省祭祀关帝庙的制度。规定每年三祭，即五月十三和春秋仲月，祭品用太牢。这是自两宋以来，首次由政府规定地方按时祭祀关帝。

乾隆五年（1740 年），朝廷颁定祭祀关帝庙的祭品和仪注，其春秋二祭的祭品为：

　帛一、尊一、爵三、牛一、羊一、豕一、镫一、铏二、簠簋各二、笾豆各十、炉一、镫二。五月十三日之祭品：牛一、羊一、豕一、果实五。

后殿祭品为：

　帛一、羊一、豕一、铏一、簠簋各二、笾豆各八、尊一、爵三、炉一、镫二。

祭祀规制与雍正五年相似：庙祀洁扫殿宇；太常寺官具祝版、备器、陈礼品；承祭官入庙；迎神上香、奠献、作辞、行三跪九叩礼；奉祝、读祝辞；送神，视燎……

此外，弘历还额外规定了直隶、地方祭祀关帝庙的制度：承祭官祭拜前一日要吃斋，不理司法政务，照常办理民事。届时，"前殿主祭，以地方正官一人，后殿以丞、史。执事以礼生，陈设礼仪，均与京师祭关帝庙同"。另外，还由朝廷颁定了一系列祭文祝文。从此，祭祀关帝的制度更加完备。

咸丰三年（1853 年），关帝祀典升为中祀，享有与历代帝王相同的祭祀礼遇。与此同时，朝廷还制定了更加完善、更加全面的礼仪制度。据《钦定大清会典事例·礼部·中祀》记载，当时的规定有：（一）春秋二祭系卜吉，不得忌辰日期。（二）历代帝王庙乐章六奏用平字，迎神一成，初献一成，终献一成，彻馔一成，送神一成，凡六成。如遇亲祭，和声署照例奏导迎乐。今关帝庙乐章，照历代帝王庙用六成。（三）关帝庙佾舞，照历代帝王庙用八佾，文舞武舞兼用。（四）明年春秋二季，前殿承祭，以亲王郡王拟定正陪，遣王一员行礼；后殿遣太常寺堂官一员行礼。祀前于疏内开列具题请旨。（五）五月十三日告祭关帝庙，承祭遣官，祀前致斋一日，不作乐，不彻馔，供品鹿兔果酒，其余礼节，与春秋二祭同。（六）后殿各事宜，均照旧例，惟五月十三告祭，礼节供品与前殿同。（七）祀前二日，太常寺恭请祝版进内，由内阁恭书祝文，送寺安奉洁安，翌日恭设亭内，送至祭所。（八）前殿神位前，笾豆案一，陈设爵垫一，镫一，簠一，簋二，笾十，豆十；俎一，内陈牛一、羊一、豕一；香案陈铜炉一；香靠具实炭垫一；铜炉台二，上设六两重黄蜡二支。

如此一来，相关的祭品、祭器、祝文、祭礼、乐舞等一系列配套的礼仪制度也相继制定。如新制关帝庙祭乐为中和韶乐，其春祭乐章为：

> 春夹钟清均，倍应钟起调，箫仈除仁亿，笛六除伍仁。
> 迎神　格平之章：懿铄兮焜煌，神威灵兮赫八方，伟烈昭兮累禩，祀事明兮永光，达精诚兮忝稷，馨香俨如在兮洋洋。
> 奠帛初献　翊平之章：英风飒兮神格，思纷绮盖兮龙旗，爽斗桂醑兮盈卮，香始升兮明粢，惟降鉴兮在兹，流景祚兮翊昌时。
> 亚献　恊平之章：觞再酌兮告虔，舞干戚兮合宫悬，歆苾芬兮洁鬯，扇巍显翼兮神功宣。
> 终献　靖平之章：郁芭兮三申，罗笾簋兮毕陈，仪卒度兮肃明禋，神降福兮宜民宜人。
> 撤馔　彝平之章：物惟备兮成有，明德惟馨兮神其受，告撤兮礼终罔斁，佑我家邦兮孔厚。
> 送神　康平之章：幢葆葳蕤兮神聿归，驭凤轸兮骖虬騑，降烟煴兮余芬菲，愿回灵盼兮德洽明威。
> 望燎　康平之章：蒿烈兮燎有辉，神观遥爥兮祥云霏，祭受福兮茂典无违，庶扬骏烈兮永莫疆畿。①

咸丰四年（1854年），奕䜣又诏准皇帝在关帝祀典中要行三跪九叩之礼，突破了中祀的拜跪定制。同年农历八月十四日，咸丰帝还亲到关帝庙祭拜行礼。至此，清朝对关帝的崇祀礼典已达到有史以来的最高峰。《关帝志·祀典》云：

---

① 徐畅达：《关帝庙典礼·皇朝祭器乐舞录》，楚北崇文书局，同治十年。

祭仪，致斋二日。祭前一日，有司饬庙祝洁扫殿庭内外，奉祝版，视割牲如坛，祭仪备器；陈牛一，羊一，猪一，镫一，铏二，筐、簠、笾、豆各十，炉一，帛一，香盘一，尊一，爵三，牲陈于俎，帛实于筐，尊实酒、幂勺具。祭日五鼓，承祭官朝服诣庙。赞礼郎一人引由庙左门入，武官由右门入。至阶东盥手毕，诣拜位，前立陪祭官，咸诣拜位，序立。典仪、赞乐、舞生登，歌。执事官各其乃职，舞六佾，进；赞礼郎赞，就位，赞迎神，赞举迎；乐奏格平之章，乐作。赞礼郎赞，就上香位，引承祭官升东阶，入殿左门，就香案前立。赞上香，司香跪奉香，承祭官上炷香三，上瓣香，毕，赞复位。引承祭官复位立。赞跪叩，兴。承祭官行三跪九叩礼，兴，乐止。典仪赞奠帛、爵，行初献礼，奏翊平之章，舞干戚之舞。有司揭尊、幂勺、挹酒实爵，乐作。赞礼郎引承祭官升东阶，赞诣神位前，赞跪，承祭官跪，行一叩礼。司帛奉筐，司爵奉爵，各进至神位前。司帛跪奠筐于案，三叩，兴。司爵立献爵于案中，各退。司祝诣祝案前，跪，三叩，兴。奉祝版跪案左，乐暂止。赞礼郎赞，跪，承祭官跪，赞读祝；读毕，兴。以祝版跪安于神案，叩如初，兴，退。赞礼郎赞，叩，兴。承祭官行三叩礼，兴。典仪赞，行亚献礼。奏恢平之章，舞同初献。乐作，司爵献爵于右，如亚献仪。乐止，舞退。典仪赞，馔福受胙。赞礼郎赞，诣受福胙位。引承祭官至殿中拜位立，奉福胙二人，自东案奉福胙至神位前，拱举；接福胙二人，自西案进豆于左。赞礼郎，跪。承祭官跪，赞，饮福酒。右一人跪进福酒。承祭官受爵拱举，以授于左，接以兴。次受胙，如馔福之仪。赞，叩、兴。承祭官三叩，兴。赞，复位，引承祭官退，降阶复位。赞，跪，叩，兴。承祭官、陪祭官均行三跪九叩礼。典仪赞，彻馔，奉彝平之章。乐作，有司彻馔，乐止。赞，送神，奏康平之章。乐作，赞礼郎赞，跪，叩，兴。承祭官、陪祭官均行三跪九叩礼。兴。乐止。典仪赞，奉祝帛馔，送燎。有司奉祝帛香馔，以次送燎如仪。承祭官避立拜位西旁，俟过，复位。乐作，赞望燎。赞礼郎引承祭官诣燎位望燎。礼毕，乐止。承祭官及执事官皆退。同日祭后殿，正中奉三代神位，南向，各异案。每案羊一、猪一、铏二、簠、簠各二，笾、豆各八，炉一、镫一，殿中设案，少西北向，供祝版。东西各设一案，分陈礼神制帛、三香盘、三爵、九尊、三俎、筐幂勺具，设洗于后垣门内甬道东。承祭官位殿檐下正中。司祝、司香、司帛、司帛、司爵、典仪、常燎各以其职为位，如常仪。承祭官由前左门人后垣中门盥手毕，升阶就位迎神，引诣正位前，上香毕，以次诣左右位前，上香，复位，行三跪九叩礼。初献，读祝如仪。凡仪节，均与前殿同。

此后的地方性关帝祀典之规制更加烦琐，现以利川县为例介绍如下：

坛庙（仪注）

易观之象曰："圣人以神道设教。"解者曰："神，虚无泛渺之谓，圣人特借以儆惕人心已尔。"抑知虚无之境，神明所栖。诗曰："明明在上。"又曰："神之格思，不可度思。"萃之象曰："立庙。"涣之象曰："假庙。"萃，聚也。假，至也。圣人聚至，诚以严祀事，而散者立应焉。故诗曰："奏假无言。"然则祀典之设，先王所以通神明而光四海者，礼至大也，义至精也。我朝世德作求，典章灿备，悉本大中，自郊坛大祀而外，下逮各邑，凡有功德于民者，胥登祀典，守兹土者，宜何如恪，恭以将事与。

关帝庙在县城东门内，嘉庆三年，知县陈春波重修。

通礼：岁以春秋仲月及五月旬有三日致祭。知县主之，后殿以丞史，执事以礼生，是日昧爽，庙祝洁扫殿宇内外，具祝版，备器陈。神位前牛一、羊一、豕一、登一、铏一、簠簋各二、笾豆各十、炉一、镫二。殿中设一案，少西北向。供祝板，东设一案，陈礼神制帛一白色。香盘一、尊一、爵三，牲陈于俎，帛实于筐、尊实酒、幂勺具，设乐于西阶上，设洗于东阶上。承祭官拜位在殿内正中。

仪注：质明，承祭官朝服诣庙，赞礼生二人，引承祭官由庙左门入，至东阶上盥手，毕，进殿东门、诣拜位前立。典仪赞：执事者各司其事。赞礼生赞：就位。引承祭官就位立。典仪赞：迎神。乐作。赞礼生赞：诣上香位。引承祭官就香案前立，赞：上香。司香跪，奉香，承炷香、三上瓣香，毕。赞：复位。引承祭官复位立。赞：跪、叩、兴。承祭官行三跪九叩礼，兴。典仪赞：奠帛、爵，行初献礼。有司揭尊幂勺，把酒实爵，司帛、奉筐，司爵奉爵，各进至神位前，司帛跪，奠筐如案，三叩、兴。司爵立、献爵于案正中，各退。

司祝诣祝案前，跪，三叩、兴。奉祝版，跪案左、乐暂止。赞礼生赞：跪。承祭官跪。典仪赞：读祝。司祝读祝辞。

曰：维某年月日某致于忠义神武，灵佑仁勇，威显关圣大帝之神，曰：惟帝浩气凌霄，丹心贯日。扶正统而彰信义，威震九州岛；完大节，以笃忠贞，名高三国。神明如在，遍祠宇于寰区；灵应丕昭，荐馨香于历代。屡征异迹，显佑群生。恭值仲春秋嘉辰，尊行祀典。筵陈笾豆，几莫牲醪。尚飨。

读毕，以祝版跪安于篚内，叩如初，兴，退。赞礼生赞：叩、兴。承祭官行三叩礼，兴。典仪赞：行亚献礼，乐作。司爵献爵于左，如初献仪。典仪赞：行终献礼，乐作。司爵献爵于右，如亚献仪。典仪赞：撤馔、乐作。有司撤毕，赞：送神。赞礼生赞：跪，叩，兴。承祭官行三跪九叩首礼。兴。乐止。典仪赞：奉祝帛、馔送燎。有司奉祝、帛、香、馔，以次送燎，如仪。赞：望燎。赞礼生引承祭官诣燎位视燎。礼毕，乐止。各官皆退。

通礼：同日祭后殿，府县均以丞史将事光昭王位中，裕昌王左，成思王右，均南向。位各异案，每案羊一、豕一、铏一、簠簋中二、笾豆各八、炉二镫二。

殿中设案，少西北向。供祝版，东西各设一案，分陈礼神制帛三白色，香盘三、爵九尊三，俎篚幂勺具、设洗于后垣门内，甬通东，承祭官位殿檐下正中，执事人各以其职为位。如常仪。质明，承祭官由前左门入后垣中门，盥手，升阶就位，迎神。引诣正位前上香毕，以次诣左右位前上香，复位。行二跪六叩礼、初献读祝，如仪。

祝辞曰：维某年月日某官某致祭于关帝之曾祖光昭王、祖裕昌王、父成忠王曰：惟王世泽贻庥，灵源积庆。德能昌后，笃生神武之英；善则归亲，宜享尊崇之报。列上公之封爵，锡命攸隆；合三世之肇禋，典章明备。恭逢仲春秋，诹吉祇事荐香。尚飨。凡仪节皆与前殿同。

通礼：五月十三致祭关帝庙前殿。神位前，陈牛一、羊一、豕一、果实五盘，炉镫具陈设，及行礼仪节，与春秋祭同。

祝辞曰：惟某年月日，某官某致祭于忠义神武，灵佑仁勇，威显关圣大帝之神，曰：惟神纯心取义，亮节成仁。允文允武，乃圣乃神。功高当世，泽被生民，两仪正气，历代明禋。英灵丕著，封号聿新。敬修岁祀，显佑千春。尚飨。

通礼，同日致祭后殿，每案羊一、豕一、果实五盘。典仪不赞撤馔，司爵以执事生馀陈设，及行礼仪节与春秋季同。祝辞曰：维某年月日，某官某致祭于关帝之曾祖光昭王、祖裕昌王、父成忠王。曰：礼隆报祀，谊重推思当嵩生岳降之期，溯木本水源之始。辉煌栋宇，凭依已妥于上公。修洁豆笾，将馈告虔于仲夏。惟神昭鉴，尚其格歆。①

除去这些隆重的朝廷吉礼之外，满人还专有一套供本民族祭天祭神的祀典，俗称"堂子祭"，如吴振棫《养吉斋丛录》卷七载：

顺治元年，建堂子于长安左门外，玉河桥东。元旦必先致祭于此。其祭为国朝循用旧制，历代祀典所无。又康熙年间定，祭堂子，汉官不随往。故汉官无知者。询之满洲官，亦不能言其详。惟会典诸书所载，自挂纸钱以至司祝、擎神刀、祷祝、歌鄂啰啰，始末毕陈，并无神异之说。祭神殿南向，拜天圜殿北向，上神殿南向。上神殿，即尚锡神亭。按满洲祭神、祭天典礼，尚锡之神，即田苗神，其圜殿祝辞，所称钮欢台吉、武笃本贝子，皆不得其缘起。

而关帝就是"堂子祭"的主神之一，乾隆十二年《钦定满洲祭神祭天典礼·汇记满洲祭祀故事》载：

我满洲国自昔敬天与佛与神，出于至诚。故创基盛京，即恭建堂子以祀天，又于寝宫正殿恭建神位以祀佛、菩萨、神及诸祀位嗣，虽建立坛、庙分祀天、佛暨神，而旧俗未敢或改，与祭祀之礼并行。至我列圣定鼎中原，迁都京师，祭祀仍遵昔日之制，由来久矣。而满洲各姓亦均以祭神为至重，虽各姓祭祀皆随土俗，微有差异，大端亦不甚相远，若大内及王贝勒、贝子、公等均于堂子内向南祭祀。至若满洲人等均于各家院内向南以祭，又有建立神杆以祭者，此皆祭天也。凡朝祭之神皆系恭祀，佛、菩萨、关帝。惟夕祭之神，则各姓微有不同。

----

① 《利川县志》卷三同治本。

清朝皇族对于天、神的祭祀偏重于祝辞，如同典卷首说：

奉上谕，我满洲禀性笃敬，立念肫诚，恭祀天佛与神，厥礼均重。惟姓氏各殊，礼皆随俗。凡祭神祭天，背镫诸祭，虽微有不同，而大端不甚相远。若我爱新觉罗姓之祭神，则自大内以至王公之家，皆以祝辞为重。

所以，堂子祭的关帝祝辞尤为繁多，且在祝辞前后也有严格的仪式仪轨：

正月初三日、每月初一日，坤宁官祭朝、祭神，预将镶红片金黄缎神幔用黄棉线绳穿系其上，悬挂西山墙所钉之雕龙头、鬃金红漆三角架，以净纸二张各四折，镂钱四挂于神幔两端异……

皇帝亲诣行礼司香，移司祝叩头小低桌于北首。皇帝进于朝祭神位前，正中向上立司祝先跪。皇帝跪司祝祝毕，皇帝行礼兴退，司祝叩头兴合掌致敬如同。皇后行礼。皇帝在南，皇后在北。行礼司俎官、司俎等俱出外，惟留司俎、妇人、太监等在内。……

关帝神像于正中，所供之酒并香碟皆移正中，酒罇用净袱羃之。奏三弦琵琶鸣拍板人等进，坐于原处。司香妇人敛毡三折之，铺于近炕沿处。司香举台盏，授于司祝。司俎太监等异一猪，入门置炕沿下首西向，司俎满洲一人，屈一膝跪按其猪。司俎官及司俎首领太监内监等奏三弦琵琶鸣拍板拊掌。司祝跪于炕沿下，三折红毡，上斜向西南，举台盏献酒一次。司俎等照前歌鄂啰罗。献毕，司祝致祷，以二盏酒合注一琖中。司俎满洲执猪耳，司祝灌酒于猪耳内，以台琖授司香，一叩头三弦琵琶拍板暂止。司俎、满洲执猪尾，移转猪首向东。司俎太监等进前异猪，暂顺，放于包锡大桌上，司香举台盏授司祝，司祝接受台盏，异第二猪入门、献酒、灌酒如前仪。以包锡大桌上猪二，俱令首西向，横放省之。每桌前令司俎、妇人二举银里木槽盆接血，司香妇人撤去毡进红漆长高桌，设于西炕前以接血，木槽盆列高桌上，撤去所供糕酒与果。猪气息后，司俎等转猪首顺桌向南直放，去其皮，按节解开煮于大锅内。其头、蹄及尾俱不去皮。惟燎毛、焊净亦煮于大锅内。以脏腑置于锡里木槽盆。舁出另室内，整理洁净，舁进以盛血木槽盆，就地安置。司俎、满洲一人进于高桌前，屈一膝跪灌血于肠，亦煮锅内。司俎太监等置皮于盛皮木槽盆内，撤去包锡大桌二及油厚高丽纸，仍以胆与蹄甲贮红漆小木碟内，置于炕上所设之大低桌北首边上。俟肉熟时，细切胙肉一椀，设筯一双，供于大低桌正中。以二猪之肉分置二银里木槽盆内，前后腿分设四角，胸膛向前，尾椿向后，肋列两旁，合凑毕置猪首于上，复以臁肶连油整置于鼻柱上，供于神位前长高桌。司香点香，司香、妇人铺黄花红毡一，司香举醴酒椀一，司香举空椀齐进拱立，又一司香举台盏授司祝，司祝进跪献酒三次。是献也，凡献酒换盏注酒及，司俎太监等奏三弦琵琶，司俎等鸣拍板，司俎、满洲拊掌歌鄂啰罗三次，俱如前仪三。献毕，以台盏授于司香，叩头兴合掌致敬。

皇帝、皇后亲诣行礼，如前仪神肉前，叩头毕。撤下祭肉，不令出户，盛于盘内于长桌前，按次陈列。或皇帝率皇后受胙，或率王大臣等食肉之处，请旨遵行。如遇皇帝不受胙之日，令值班大臣侍卫等，进内食之食毕。司俎太监等撤去皮骨皮油，送交馎房。其骨、胆、蹄、甲，司俎官送洁净处，化而投之于河。随将神幔收卷，其所挂纸钱存俟月终，贮高丽纸囊内，除夕送赴堂子，与堂子内所挂净纸及神杆同化之。所有关帝神像，恭贮于红漆木筒。

这种仪式的祝辞为：

上天之子、佛及菩萨、大君先师、三军之帅关圣帝君！某年生小子、某年生小子（为某人祭则呼某人本生年），今敬祝者：丰于首而仔于肩，卫于后而护于前，舁以嘉祥兮，齿其儿而发其黄兮，年其增而岁其长兮，根其固而身其康兮，神兮贶我，神兮佑我，永我年而寿我兮！

朝祭灌酒于猪耳祷辞：

上天之子、三军之帅关圣帝君！某年生小子、某年生小子，敬献粢盛嘉悦以享兮！

朝祭供肉祝辞：

上天之子、三军之帅关圣帝君！某年生小子、某年生小子，今敬祝者：丰于首而仔于肩，卫于后而护于前，畀以嘉祥兮，齿其儿而发其黄兮，年其增而岁其长兮，根其固而身其康兮，神兮贶我，神兮佑我，永我年而寿我兮！

每岁春夏秋冬四季献神朝祭的祝辞为：

上天之子、佛及菩萨、大君先师、三军之帅关圣帝君！某年生小子、某年生小子，今敬祝者：谨以黄金、白银、蟒缎、龙缎、片金、倭缎、闪缎各色缎布，良马、健牛献于神灵！丰于首而仔于肩，卫于后而护于前，畀以嘉祥兮，齿其儿而发其黄兮，年其增而岁其长兮，根其固而身其康兮，神兮贶我，神兮佑我，永我年而寿我兮！

四月八日"浴佛祭"的祝辞为：

上天之子、佛及菩萨、大君先师、三军之帅关圣帝君！某年生小子等，今敬祝者：遇佛诞辰，偕我诸王敬献于神，祈鉴敬献之心，俾我小子丰于首而仔于肩，卫于后而护于前，畀以嘉祥兮，齿其儿而发其黄兮，年其增而岁其长兮，根其固而身其康兮，神兮贶我，神兮佑我，永我年而寿我兮！

《堂子亭式殿祭马神仪注》的祝辞为：

上天之子、佛及菩萨、大君先师、三军之帅关圣帝君！某年生小子，今为所乘马敬祝者：抚脊以起兮，引鬣以兴兮，嘶风以奋兮，嘘雾以行兮，食草以壮兮，啮艾以腾兮，沟穴其弗蹈兮，盗贼其无撄兮，神其贶我，神其佑我！

朝祭灌酒于猪耳祷辞：

上天之子、三军之帅关圣帝君，某年生小子，今为所乘马敬献粢盛嘉悦以享兮。

朝祭供肉祝辞：

上天之子，三军之帅关圣帝君！某年生小子，今为所乘马敬祝者：抚脊以起兮，引鬣以兴兮，嘶风以奋兮，嘘雾以行兮，食草以壮兮，啮艾以腾兮，沟穴其弗蹈兮，盗贼其无撄兮，神其贶我，神其佑我！

可见，在满人的大部分祭天、祭神仪式中，都会祭祀上天之子（努尔哈赤）、佛及菩萨、大君先师以及关圣帝君，但在需要杀猪供肉的祭典中，就只有上天之子和关圣帝君两位神灵了，这说明在满人的意识中，关帝更为亲切。而且，清朝皇族甚至在求子时也会祭祀关帝，如《神前求福祝辞》：

上天之子，佛及菩萨，大君先师，三军之帅关圣帝君、佛立佛多鄂谟锡玛玛之神位！某年生小子、某年生小子，今敬祝者：聚九家之彩线，树柳枝以牵绳，举扬神箭以祈福佑，以致敬诚。悯我某年生小子，悯我某年生小子，绥以多福，承之于首，介以繁祉，服之于膺。千祥荟集，九叙阜盈，亦既孔皆，福禄来成。神兮贶我，神兮佑我，丰于首而仔于肩，卫于后而护于前，畀以嘉祥兮，偕老而成双兮，富厚而丰穰兮，如叶之茂兮，如本之荣兮，食则体腴兮，饮则滋营兮，甘旨其献兮，朱颜其鲜兮，岁其增而根其固兮，年其永而寿其延兮！

可见爱新觉罗一系对三军之帅关圣帝君的信奉之诚。

四　关岳同祀

在嘉庆皇帝以护佑他个人的名义而加封关羽的时候，在道光皇帝为关帝"显灵"而沾沾自喜的时候，关公信仰就已经变了味道。它已缺少了能使朝野上下团结一致的精神，而"团结"才是关公文化在政治伦理体系中最重要的意义之所在。然而，烦琐的祭祀仪式和不断的自我催眠让清朝皇帝对关圣大帝的神力仍然抱以希望。

与之相反的是，在不断的挫折和屈辱之下，王公大臣们却普遍对关公信仰日渐冷淡，如光绪十五年（1889 年）五月，皇帝载湉遣郑亲王凯泰主持祭祀关帝大典，而是日陪祭官员却寥寥无几，东班仅有礼部多福一人。负责纠仪的御史唐椿森将此情况启奏皇室：

> 窃维关帝神默像，自来尊崇，我朝尤昭灵贶。凡与祭祀者，先期斋戒，则将事宜如何恪恭，讵意奉行日久。各衙门派出陪祀者诸多不到，即稽察监礼者亦属寥寥。本月初十日钦奉特旨遣郑亲行礼。视笾豆及监视笾豆尚有数人。臣在百官东班纠仪，见礼部只多福一员陪祀，殊觉不成事体，相应请旨严加申斥。庶届祭祀之期，不致仍前玩泄。

上谕：

> 御史唐椿森奏本月初十日致祭关帝庙陪祭稽察人员稀少据实纠参一摺。祭祀大典，理宜敬谨将事。此项陪祭及稽察监礼各员，到者寥寥，实属不成事体。着各该衙门查取职名交部议处。

虽然载湉为此勃然大怒，但最终此事却不了了之。颇具嘲弄意味的是，这位御史唐椿森在所上奏折中因急于弹劾"玩泄"者而将"郑亲王"漏写作"郑亲"，少了一个"王"字，因此反倒被"交部察议"。[①] 由此可见，"武圣祀典"往日的隆盛场景已经不存在了。

1912 年 2 月 12 日，清廷皇室发布逊位诏书，宣告了在中国实行了两千多年的封建帝制就此结束，历史又郑重地翻过了一页。而关公文化却没有因此在国家信仰中消失，至少在民国初期，关羽还是军队精神的象征，只不过在他的身边又多了另外一位以忠义闻名的历史人物——岳飞。

民国三年（1914 年），陆海军部曾向大总统袁世凯建议：

> 关壮缪翊赞昭烈，岳武穆独炳精忠。英风亮节，同炳寰区，实足

---

①　朱寿朋：《光绪朝东华录》，中华书局 1958 年版，第 2649—2950 页。

代表吾民族英武壮烈之精神。①

同年 11 月 20 日，袁世凯颁布将关羽和岳飞合祀的告令，令云：

> 据陆海军部呈称时方多难，宜右武以崇忠。古者以死勤事，以劳定国者，皆在祀典。近则欧西各国范金铸像，日本亦有靖国神社之名，表彰先烈，中外所同。现武成之奠尚在阙如。崇德报功必符名实。关壮缪翊赞昭烈，岳武穆独炳精忠。英风亮节，同炳寰区，实足代表吾民族英武壮烈之精神，谨拟以关岳合祀，作为武庙等情，查关岳两祠近代久崇禋祀，我国人民景仰盛徽，脦蠁之报，几遍里闾。诚以忠武者，国基所以立，民气所以强。当此民国肇兴，要在尚武。经传本有祃祭，唐宋亦祀武成，允宜特荐馨香，列诸典礼，为师干之圭表，示民族之楷模。著礼制馆妥议关岳合祀典礼，并稽考唐宋武成庙祀遗规，将历代武功彪炳之名臣、名将及民国开国忠烈将士酌予从祀，庶振袍泽之气，用臻强盛之麻。凡我国人民皆当知崇厥武祀，实以壮军志而固国维。既殊叔季丰昵之非，更异释老迷信之指，其咸怀明德，作我干城。本大总统深望也。②

岳飞确实是人们心目中的忠义典范，有清一代，他也一直在历代帝王庙中配享，但其影响力却从来无法和关羽相提并论，甚至岳飞本人也是关羽的崇拜者。民国政府之所以提高岳飞，实是想和清朝极度崇拜关羽的时代画上一条不太清晰的界限。因此那些清朝遗老还为此大发牢骚，曾任伪满洲国总理兼文教部总长郑孝胥就曾在日记中写道："祀武圣，放假一日；革命后，关岳并祀。党人以满洲为金裔，意在排满，此间犹沿之。"③

不过，袁世凯当国的北京政府，主要依靠国家名义下的私人军队和一大帮来自前清的旧官僚以及立宪党人。这种依靠私人军队和封建士绅的政权被后人称为"军绅政权"。军绅政权的典型特征是武人干政，推行"武治

---

① 政事堂礼制馆《为遵令拟订关岳合祀典礼呈请鉴核事》，《关岳合祀典礼》礼制馆印，民国四年（1915 年）。

② 同上。

③ 中国历史博物馆：《郑孝胥日记》第五卷，中华书局 1993 年版，第 2450 页。

主义"。因此，北京政府对"右忠"与"尚武"表现出特别的垂青偏好。袁世凯甚至认为："诚以忠武者，国基所以立，民气所以强。当此民国肇兴，要在尚武。"在此前提下，关羽和岳飞的神圣化，就意味着"武治主义"的神圣化。它可以从文化层面上论证北京政权的存在状态和运作机制的合理性。可以说，"右忠"与"尚武"是袁记北京政府祭祀关羽和岳飞的政治因子。① 所以，袁世凯和他的"武人集团"是不会放弃利用关公信仰的。

告令颁布以后，民国政府又在财政紧张的情况下匆匆忙忙地将醇贤亲王庙改造成国家祀典关岳庙，礼制馆还对关岳庙从祀者作了取舍标准：

> 一、忠武可风；二、史传有征；三、通于流俗；四、身为将帅。另有六类不录，功德显著别有庙祀者、文臣死事守土就义者、人所诟病史有恶声者、迹备稗野事轶村坊者、事费数典人待论定者、位秉钧衡名居裨贰者。②

据此确定从祀者为 24 人。东序为：张飞、王濬、韩擒虎、李靖、苏定方、郭子仪、曹彬、韩世忠、旭烈兀、徐达、冯胜、戚继光；西序为：赵云、谢玄、贺若弼、尉迟敬德、李光弼、王彦章、狄青、刘锜、郭侃、常遇春、蓝玉、周遇吉。③ 在这些从祀者之中，没有一位是清代将帅，而民国的开国忠烈也升入了专立的"忠烈祠"，并未和关岳庙从祀混淆。

民国四年（1915 年）3 月，徐世昌主持的民国政府礼制馆还专为关岳庙典礼制定了祭祀仪规，名为《关岳合祀典礼》，其祝文曰：

> 惟某年月日，陆海空大元帅某（遣官则云遣某官某）敬祭于关壮穆侯、岳忠武王曰：惟神河岳英灵，乾坤正气，忠诚激于金石，武烈炳于旂常，高义薄云，动寰区之景慕，精忠报国，垂后进之楷模。信大节之相符，宜有功而必祀。莫千秋之俎豆，庙貌长留，靖八表之

---

① 参见田海林、李俊领《"忠义"符号：论近代中国历史上的关岳祀典》，《山东师范大学学报》（人文社会科学版）2012 年第 1 期。

② 政事堂礼制馆《说明书》，《关岳合祀典礼》礼制馆印，民国四年。

③ 宋哲元修，梁建章纂：《察哈尔通志》卷二十六，台湾文海出版社 1993 年版。转引自胡小伟《关公信仰研究系列》第四卷《明清关羽崇拜》，香港科华图书出版公司 2005 年版，第 579—580 页。

戈鋋，民生受福。震今铄古，元精争日月之光，异代同时，壮采肃风云之气，永虔肸蠁，勿替明禋，尚飨。

相应乐章为：

> 迎神　乐奏建和之章，辞曰：尚武兮新邦景，前徽兮烈光缅，翊汉兮神威启，精忠兮靖康明，祀事兮惟诚，庶居歆兮苾芳乐。
>
> 初献　乐奏安和之章，辞曰：飒爽兮英姿，肃灵风兮两旗，椒馨兮始升荐，嘉币兮明粢，来格兮洋洋，神凭依兮在兹。
>
> 亚献　乐奏靖和之章，辞曰：振万舞兮宫悬，申式觞兮告虔，赫濯兮声灵，仰神兮亿年。
>
> 终献　乐奏康和之章，辞曰：河岳兮降神佑，启我兮后人，清酒兮三申，通精诚兮明禋。
>
> 撤馔　乐奏蹈和之章，辞曰：备物兮吉蠲，将告撤兮琼筵，神享兮克诚，垂英灵兮后光。
>
> 送神　乐奏扬和之章，辞曰：瞻祠庙兮神归，翩云驾兮骖骓，灵盼兮昭回，承嘉休兮德威。[①]

因为"前清孔子未升大祀以前，乐用文舞六佾"，所以礼制馆认为祭祀关岳应改用武舞六佾，以表示敬祀王侯的古武精神。

《关岳合祀典礼》还规定，京师关岳庙的祭期确定在每年"春秋分气节后第一戊日"，除此以外，还在每年国庆节日举行大阅告祭礼。大阅前一日，大元帅遣副总统或参谋总长、陆海军总长一人诣庙告祭关岳。当日夜半，执事官在正位神座南面建国旗、大元帅旗，两序分建所阅军队旗，前庭放置所阅军器。在神位西北设立瘗坎。在殿上正中束牲。主殿南北首偏东设一盟书案，偏西设一帨案，阶下正中设一受帨案。祭品只用酒脯。祭器每案笾豆各一。东阶上设国乐，西阶上设军乐。参加祭祀行礼者皆穿军服，而不用祭服。具体行礼进程为：辨位，献祭（司盟接盟书奉于案，鼋鼓三严，国乐作，奏国歌，告祭官以下咸三肃，乐止），读盟书，受帨，撤馔，送瘗。另外，还规定"凡出师告祭、旋师告祭，一切仪文器

---

①　政事堂礼制馆《京师关岳庙祭礼》，《关岳合祀典礼》礼制馆印，民国四年。

数，均与大阅告祭礼同。隆礼有加，则大元帅亲诣行礼"①。

典礼在祭品上袭用了清代关帝庙五月十三日之祭的相应规制，祭器又仿照明代式样，祭礼由二拜三行礼改为"三肃"礼，而像衅鼓、奠矢、酹鸡血酒等前代师祭仪节均废除不用。

自1915年至1926年之间，民国北京政府每年都举行关岳合祀典礼，通常由陆军总长主持，如1918年4月1日京师关岳庙春戊祀典，即由陆军总长段芝贵恭代行礼，翌年春戊祀典则由陆军总长靳云鹏恭代行礼。不过，此后的关岳合祀典礼已经不能准时举办，如1918年关岳庙春戊祀典本应在3月22日（戊辰日）举行，后改在4月1日（戊寅日）；1919年秋戊合祀关岳，祭期推迟到10月13日（戊戌日）举行。这是因为，南北军阀混战不休，天下纷争并未平息。

事实上，北洋政府对于关公信仰的推崇和运用又回到了晚清的老路上，虽然故作慎重地对典礼进行了修订，但其表现却依然鲜明地给人以维护专政统治的印象，这并不能解决当时严重的社会问题，也和以"共和"为主流的时代思潮完全对立，关岳合祀并没有起到团结民众的作用，相反，这种做法和祭祀孔子一样受到了新闻机构以及学界权威人士的指责，如《大公报》就曾评论说：

> 昨日祀文庙，今日祀武庙，馨香俎豆，祀事孔明，猗欤盛哉。民国之修文尚武，如是如是，政府之经文伟武，如是如是。吾知文庙既祀，则孔子在天之灵必福佑民国，武庙既祀，则关岳在天之灵，必呵之护民国。如是则民国乌得而不昌，乌得而不强，何有乎内乱，何有乎外侮？②

在袁世凯死后，蔡元培也在《旅欧杂志》上撰文云：

> 袁氏之为人，盖棺论定，似可无事苛求。虽然，袁氏之罪恶，非

① 政事堂礼制馆《京师关岳庙大阅告祭礼》，《关岳合祀典礼》礼制馆印，民国四年。
② 无妄：《闲评二》，载于《大公报》1915年3月18日，转引自田海林、李俊领《"忠义"符号：论近代中国历史上的关岳祀典》，《山东师范大学学报》（人文社会科学版）2012年第1期。

特个人之罪恶也。彼实代表吾国三种之旧社会：曰官僚，曰学究，曰方士。……武庙宣誓，教会祈祷，相士贡谀，神方治疾，所以表方士之迂怪也。今袁氏去矣，而此三社会之流毒，果随之以俱去乎？

激进的民主主义者陈独秀在抨击袁氏继任者时也说：

袁世凯二世酷肖袁世凯一世之点甚多：其身矮而胖也同。……其欲祭天尊孔以愚民也同。其爱冕旒喜拜跪也同。其尊信文武圣人，求神、治鬼、烧香、算命、卜卦、看相也同。

中国武治主义，就是利用不识字的丘八，来压迫政见不同的敌党；或者是设一个军政执法处，来乱杀平民。中国的文治主义，就是引用腐败的新旧官僚，来吸收人民的膏血；或者是做几道命令，来兴办教育工商业，讨外国人的好；做几道命令，来提倡道德，提倡节孝，提倡孔教，讨社会上腐败细胞的好。武治主义，文治主义，当真是这样吗？

陈独秀还对当时的中国学生崇拜关羽、岳飞表示担忧，他在《倒军阀》一文中说：

日本东京庆祝协约战胜的时候，庆应大学学生五千人，开提灯大会，前竖一面大旗，上面写了"倒军阀"三个大字，游行时经过的衙署都招待他们，惟有参谋部和陆军部不理。我们天津的庆祝会，南开学校的学生却异想天开，做一个"国魂舟"，两位学生装扮关羽、岳飞，坐在船内，游行街市。一个是反对武人政治，（乃木，东乡，真算得是中国关岳一流人物，何以日本青年不崇拜他，还要反对他呢？）一个是崇拜忠孝节义时代的武人。现在两国的青年思想如此不同，将来的国运就可想而知了。[1]

---

[1] 陈独秀：《独秀文存》，外文出版社2013年版。事实上，历史并没有向陈独秀所担心的方向发展。此后的中国正是因为还存在忠孝节义，才没有像奥斯曼土耳其那样分裂成一个个小国，才没有被日本所打倒；日本也并没有因为有个别学生反对武人政治，而停止军国主义的扩张进程。特别是陈独秀所说的乃木（楠木正成），也并没有被日本人抛弃，相反，他受到了日本人狂热的崇拜，而这个似"关岳一流的人物"，其实恰恰是日本上层人士按照关公定制的本国英雄，这一点陈独秀是不会明白的。

还有一些进步人士甚至说祭祀关岳是：

> 封建之积习未除，奴隶的根性犹存；重个人而轻集体，崇偶像而忘自我，善于听从个人英雄之发号施令，而蔑视社会集体之民主创造……①

在如此多的反对声中，北洋政府却依然故我。但是，整个民国北京政府时期，国家犹如一盘散沙，军阀派系战乱纷争，"你方唱罢我登场"，甚至出现"干政的军人反对军人干政"② 的局面，而且，袁世凯还曾逆时代而登基称帝，这就让他所倡导的关岳庙祀完全站在了时代潮流的对立面。

1926 年至 1928 年间，中国国民党领导的国民政府为争夺统治权而向北洋军阀发动"北伐"。国民革命军连克长沙、武汉、南京、上海等地，最终在西北的冯玉祥和山西的阎锡山加入下，于 1928 年攻克北京。同年，南京政府宣布废除关岳庙祀。至此，一种曾在宋元时期唤起汉人的民族意识觉醒，在明代激励军民抵抗倭寇，在清代鼓舞满、汉、蒙、藏等多个民族的人民联合起来痛击侵略者的精神文化，就在那混乱喧闹的民国时代，历史性地告别了国家层面的信仰体系，回归为纯粹的民间信俗。

但需要承认的是，曾作为国家信仰的关岳文化，并非对新时代完全没有意义，对关羽和岳飞的正当祭祀，蕴涵着中国人对浩然正气、春秋大义的崇拜与传承。如果合理运用这种文化，必然对社会发展有所助益，而且，就算在民国时期，关、岳文化也依然为国家的安全和统一起着积极的作用。

比如，一代枭雄吴佩孚就是关岳的忠实崇拜者。他行希武圣，矢志匡扶天下，驰骋疆场十数年，一度成为中国统一的希望。1923 年曹锟贿选任总统之后，参众两院议员中曾有策士鼓动吴氏谋求副总统之位，吴佩孚答道："如两院议决而许己：'配享关岳，自当从命'，否则勿出此无聊之

---

① 毁堂：《我的杂感》，姜振昌、徐萍《孤独的风中之旗："孤岛"杂文选》，文化艺术出版社 1996 年版。

② 陈独秀：《独秀文存》，外文出版社 2013 年版。

举动也。"① 其集忠义与英武于一身的儒将风范，正是关、岳的翻版，也正是"武圣"的精神号召，造就了吴佩孚激扬民族大义，拒绝做日伪汉奸政权之傀儡，甚至不惜为国捐躯、慷慨就义的英雄品格。在 1939 年吴佩孚死后不久，果然有人建议"请吴氏入武庙，当主席，请下关、岳，作个配享"。②

再比如曾被毛泽东点评为"置身民主，功在国家"的冯玉祥将军。他在河南主政期间，破除迷信、砸毁神像、禁烟禁毒、强令妇女放小脚、枪毙洛阳县县长，却唯独对关、岳崇敬有加。至今许昌关帝庙还留有冯玉祥所撰的楹联：

> 曹公待己厚矣，上书辞去，岂是绝情，此际心中存汉；
> 金房无可弃也，班师归来，原非素志，当下军命敢违。

此后在抗日战争时期，关公信仰依然在支撑着众多爱国军民与侵略者浴血奋战，并谱写了一首首荡气回肠的英雄壮歌。如举世闻名的台儿庄会战，就是中国勇士们在一座关帝庙前与日本板垣征四郎的军队做殊死搏斗的。这一仗打出了中国人的士气，是民国南京政府发动全面抗日战争以来取得的一次重大胜利。

参加过这次会战的张自忠将军更是至今都在被历史学家、军事学家、普通百姓称赞为"活关公"。巧合的是，1940 年他壮烈牺牲的地方距关羽在建安二十四年逝世之处不远，正是三国时代刘备的封邑——宜城（今属湖北襄樊）。

张自忠（1891—1940 年），字荩忱，汉族，山东临清唐园村人。1911年，20 岁的张自忠在天津法政学堂求学；1914 年，他投笔从戎赶赴东北，投二十镇八十七团车震部；1917 年，入冯玉祥部，历任营长、团长、旅长、师长、军长、集团军总司令等职。张自忠将军戎马近三十载，竭尽微忱，自抗战时起，就抱定"只求一死"之决心，一战于沘水，再战于临沂，三战于徐州，四战于随枣，五战于枣宜。1940 年 5 月 16 日，在对日

---

① 吴佩孚：《吴佩孚先生集》，台北文海出版社 1971 年版。
② 毁堂：《我的杂感》，载姜振昌、徐萍《孤独的风中之旗："孤岛"杂文选》，文化艺术出版社 1996 年版。

作战中，他身先士卒，勇猛拼杀，终因寡不敌众，殉国于宜城境内的十里长山，终年 49 岁，牺牲后被南京政府追授为陆军二级上将军衔。

张自忠的英勇精神和民族气节，就连日军也敬慕不已。当宜城会战结束后，日军清扫战场时发现了张自忠的遗体，他们不约而同地列队脱帽、行军礼致哀。接着，日军团长村上启作命令军医用医用酒精把遗体处理干净，用上好棺木承殓，暂葬于陈家祠后的土坡上，坟头立一木牌，上书："支那大将军张自忠之墓。"当晚在汉口广播中，他播报了这个消息，称：

> 张总司令以临危不惊、泰然自若之态度与堂堂大将风度，从容而死，实在不愧为军民共仰之伟丈夫。我皇军第三十九师团官兵在荒凉的战场上，对壮烈战死的绝代勇将，奉上了最虔诚的崇敬的默祷，并将遗骸庄重收殓入棺，拟用专机运送汉口。

这和当年孙权以诸侯之礼厚葬关羽可谓如出一辙。

18 日，第五战区司令长官李宗仁再电重庆军事委员会委员长蒋介石，证实第三十三集团军总司令张自忠的确于 16 日战死在宜城南瓜店沟沿一带。将星陨落，三军折柱，蒋介石在震惊、悲痛之余，急电前线，告谕官兵：

> 顷悉荩忱总司令亲临前线督战，壮烈阵亡，噩耗传来，痛悼万分！顾荩忱忠贞英勇，牺牲成仁，本其素志，光荣一死，炳耀千秋！惟在此抗战中途，将星忽殒，使国家遽失长城，损失过大，其何以堪？此中追念素所信赖爱护之袍泽，不禁悲痛无已者也！至荩忱尽瘁抗日，功在国家，所有表扬抚恤诸事，自当从详拟订，呈请国府明令施行。其所部，请代中善为抚慰，务继荩忱总司令之遗志，益加傚奋，俾得复仇雪耻，完成抗战最后之胜利，以慰其在天之灵，是所切望！……①

1943 年，周恩来还亲自撰写了《追念张荩忱上将》：

---

① 载于《张自忠将军纪念馆》，网站 http://hero_zhang.netor.com/。

张荩忱上将于民国 29 年 5 月 16 日在襄樊战役中殉国，至今整整三年。每当前线战况紧张，部队浴血奋战之际，便很容易联想到抗战以来的殉国将士，而尤易怀念到举世景仰的张荩忱上将。张上将是一方面的统帅。他的殉国，影响之大，决非他人可比。张上将的抗战远起喜峰口，十年回溯，令人深佩他的卓识超群。迫主津政，忍辱待时，张上将又为人之所不能为。抗战既起，张故上将奋起当先所向无敌，而临沂一役，更成为台儿庄大捷之序幕。他的英勇坚毅，足为全国军人楷模。而感受人最深的，及是他的殉国一役。每读张上将于渡河亲致前线将领及冯治安将军的两封遗书，深觉其忠义之志，壮烈之气，直可以为我国抗战军人之魂！……

张上将之殉国，不仅是为抗战树立了楷模，同时，也是为了发挥我国民族至大至刚的气节和精神。中国历史上，多少伟人名将，在抵抗外族侵略时，杀身成仁，见危授命。张上将之殉国，便是发挥了这种民族气节的传统。这种生死不苟大义凛然的民族气节，乃是抗日战争中所需要的宝贵精神。尤其是在抗战接近胜利而艰危过于往常之时，更需要这种精神，不动摇不妥协以来咬紧牙根，牺牲一切，以渡过中华民族解放之最后一段的艰苦行程。①

周恩来在文章中所说的"军人之魂""忠义之志，壮烈之气""杀身成仁，见危授命""生死不苟大义凛然的民族气节""我国民族至大至刚的气节和精神"不正是关公精神的概括写照吗？

1983 年，张自忠将军的女儿张廉云曾专程到当阳寻访父亲的遗迹，她说：

……我们经过玉泉寺，先看珍珠泉。在山坡上见到一方形石柱，上刻："汉云长显圣处"，是明万历年间立的。顶蹲石狮，姿态生动。我们来到玉泉寺，一位上了年纪的僧人迎门站着等候。经介绍后，这位僧人双手合十，说"我和张将军见过多次"。我惊喜万分又感不安，这实在是意外的相遇，却怎么能让明玉方丈迎候我呢！

在方丈室，明玉方丈对我讲了他和父亲相识的经过。有一件事情

①　原载《新华日报》1943 年 5 月 16 日。

他记得非常清楚，为维修被日寇炸毁的关陵庙，他找到父亲，希望军队能支援些木材。父亲立即答应，给关陵拨去木材。我听了此事，非常理解，父亲最崇敬关公、岳飞、文天祥，要维修关陵，他一定会尽力帮助的。

临别时，明玉方丈送我两盒茶叶，我欣然接受，并和方丈合影。到了当阳，也是我又一次进入宜昌境内，我有幸见到了明玉方丈，能够聆听他和我父亲交往的故事。1995 年 9 月，我的三侄、四侄也专程去宜昌拜见了明玉方丈。几年后听到明玉方丈圆寂的消息，十分感叹。①

可知关公精神并没有在南京政府废除关岳庙祀之后消亡，它依然在激励着一代又一代的爱国将士们勇往直前。

---

① 张廉云：《六十岁月　五过宜昌》，《张自忠将军纪念馆文选》，http：//hero_ zhang. ne-tor. com/。

第五章

民间信仰中的关公文化

第一节　关公形象分析

一　红面天神

清人梁章钜在《归田琐记》中曾引《关西故事》云：

> 蒲州解梁关公本不姓关，少时力最猛，不可检束，父母怒而闭之后园空室。一夕，启窗越出，闻墙东有女子啼哭甚悲，有老人相向而哭，怪而排墙询之。老者诉云："我女已受聘，而本县舅爷闻女有色，欲娶为妾。我诉之尹，反受叱咤，以此相泣。"公闻大怒，仗剑径往县署，杀尹并其舅而逃。至潼关，闻关门图形，捕之甚急。伏于水旁，掬水洗面，自照其形，颜已变苍赤，不复认识。挺身至关，关主诘问，随口指关为姓，后遂不易。①

这个故事不仅解释了关公的脸为何是红的，而且也把关公"亡命奔涿郡"和"关"姓的来源都做了一番描述，并展现出了关公打抱不平、疾恶如仇的豪侠气概，不过对于这些解释，梁章钜自己并不相信，他在后面接着写道："语多荒诞不经""殆演义所由出欤？"

其实类似《关西故事》这类涉及关公形象和出身的故事，在民间还有很多，大多是因宋元时期关公的地位不断上升以后，民众为了弥补《三国志》记述的不足也为了表示对关公的尊重，逐渐创作出来的。其中有些情节可能参考了更为古老的传说，有些则来源于当时的民众对于关公

---

① 梁章钜：《归田琐记》卷七《小说》，中华书局 1981 年版，第 133 页。

形象的共识。

按说关公的籍贯为今天的山西解州，地处黄土高原，空气干冷，又因为与太阳较近，紫外线充足，这些因素都容易使人皮肤变红，所以红脸大汉在山西并不少见，这样说来，也许关羽本身就是红脸，不过，民众似乎并不关心这一点。在为数众多的民间传说中，关公红脸的原因基本都是以神话的方式进行解答的，除《关西故事》："掬水洗面，自照其形，颜已变苍赤"之外，还有老人送药、枣水洗面、观音娘娘改容、黎山老母改容等，它们似乎都在传达着这样一个的信息：关公的红脸是一种神迹。

中国民俗协会编写的《关公传说》中，记载了一个《投宿吃煞神》①的故事，应该是这方面传说的早期版本：

> 古时候有个习俗，人死后第三天的夜晚，家人须在门外放上豆腐、米饭，斟上三杯水酒，一个剥了壳的熟鸡蛋，酒杯前摆一支筷和一根灯芯。说是人死三天后，灵魂要回家，阎罗王怕灵魂跑了，便派个煞神跟着。这煞神，来时一阵风，去时一阵沙，嘴尖爪利，奇形怪状，人们都很害怕，谁也不敢见他，所以家里人只在门外摆上酒饭，谁也不敢出门，全回避了。

> 一天，关公因打抱不平，杀死了当地一个恶棍，官府要缉拿他，他只得往外逃。太阳已落山，天已黑沉沉，前不着村，后不着店，错过了投宿的集镇，直走到半夜时分，才见路边有灯亮，知是一个小村落。

> 这灯是从一户人家的屋里射出来的，近前一看，门外摆着酒饭，从门缝往里一瞧，堂前点着蜡烛，三炷清香，桌上竖着一块木牌位，是个灵堂。他本不想叫门，只是别家都没灯亮，所以只好轻轻地敲门，并喊："老乡，开开门！"可里面没有人应。这时天又开始下雨，阵阵寒风吹来，不觉浑身发冷，没办法，只好用力去推。一推，门是虚掩的。此时，他虽肚子饿，可也没法，一看，堂前旁边有一间空房，还有一张空床，不管三七二十一，先睡一觉再说。

> 正在他迷迷糊糊入睡时，听得有"乒乒乓乓"的响声，还隐隐约约听得有哭声。他抬头一望，门外进来一个东西，不看倒罢，一

---

① 马昌仪：《关公传说》，中国社会科学出版社2006年版，第56—58页。

看，不禁"啊"了一声，汗毛根根直竖。他迅速地抽出随身带的宝剑。这怪物头上长角，面孔青紫，双眼如铃，脚生毛，爪如鸡。只听那怪物发出"啊哈"一声尖叫，向关公扑来。关公狠狠一剑，向它胸部戳去。怪物挣扎一下，就瘫痪倒地。

关公这时睡意已消失，走向中堂借蜡烛光亮一看，这怪物似鸡非鸡，死在地上。他想这是天赐给他的美餐，何不将它煮熟充饥？见大门旁有个炉灶，他就将它切成三段，放进铁锅，点着柴火煮了起来。

不一会儿，东方开始发白，听到里屋有人声。隔了一会儿，只见三五个人，手提木棍哆哆嗦嗦地向他走来。关公马上站起，拱拱手说："老乡，打扰你们了！"这些人看看关公彬彬有礼，其中一个胆子较大的人冲口就问："你是人还是鬼？""哈，当然是人！""你什么时候来的？""我是快半夜时候到的！""为什么到这里来？"关公就将如何错过投宿集镇，如何路过此地进内住宿杀死怪物，详详细细讲了一遍，并且指着铁锅里那只似鸡非鸡的东西让大家看。吓得众人连连后退："客官，吃不得，吃不得！""为什么？""这一定是煞神！"

关公却哈哈大笑："什么煞神煞鬼的，我就是不信。"

他向房主讨了点盐，竟将这怪物用盐蘸蘸，吃个精光。在场的人吓得直吐舌头。说也奇怪，关公吃完之后，只觉面部阵阵发热，浑身有使不完的劲，他伸一伸腰，双手来了个左右开弓，只听得咯咯发响。人们朝关公一看，面孔变了，变成了枣红色。

据说，关公的脸是这样变红的。这个村庄，从此以后，也就不再搞"接煞"之事。他们还认为关公是天上的神仙，所以《三国演义》中说关公是伏魔大帝哩！

这则传说虽然来自现代人收集到的乡野资料，但却充满了原始的气息，其最初创作时间应该比其他同类型的传说更加久远。它至少表达出这样几条信息：（1）亡灵回宅，煞神跟随。（2）煞神令人恐惧。（3）关公吃煞神。（4）关公吃完煞神以后，脸才便成了红色。（5）关公是天神。

如果将这几条信息综合起来就是：关公是专吃煞神的天神，"红脸"就是他"神性"的象征。

"煞"又通"杀"①，古人认为四时皆有煞，《太上玄灵北斗本命延生真经注》中云："四煞者：四时不正之炁也。春感之为瘟，夏感之为疫，秋感之为虐，冬感之为痢，故曰四煞。"可见，煞神是古人认为会带来瘟疫和死亡的凶神。

灵魂回宅、煞神跟随是一种旧俗，俗称："回煞""归煞"，这种习俗最晚形成于南北朝时期，北齐颜之推的《颜氏家训·风操》中有"偏傍之书，死有归杀。子孙逃窜，莫肯在家"之说，唐朝吕才的《百忌历 丧煞损害法》中有"如巳日死者雄煞，四十七日回煞……故世俗相承，至期必避之"的介绍，南宋俞文豹《吹剑四录》中云："避煞之说，不知出于何时。"清人和邦额的《夜谭随录·回煞五则》中也有"其子妇死，值回煞"的记载，可见，这种习俗由来已久。

吃煞神的传说似乎只有在关公传说中才有，但其渊源却可以追溯到上古。东汉王充在《论衡·订鬼》中曾引《山海经》曰：

> 沧海之中，有度朔之山，上有大桃木，其屈蟠三千里，其枝间东北曰鬼门，万鬼所出入也。上有二神人，一曰神荼，二曰郁垒。主阅领万鬼。恶害之鬼，执以苇索，而以食虎。于是黄帝乃作礼，以时驱之，立大桃人，门户画神荼、郁垒与虎，悬苇索以御凶魅。

神荼、郁垒是看守鬼门关的神，也是中国民间最早的两位门神，连黄帝都要为他们作礼，可想而知他们的"神性"之高。他们主领万鬼，见到恶害之鬼就将其锁起来喂虎，这就是"关公吃煞神"故事的直接来源。不过，神荼、郁垒也只是把恶鬼喂虎，而关公却直接吃，况且吃的还是比恶鬼更厉害的煞神，可见在老百姓心中，关公"神性"的霸悍。所以，直到现在，中国的很多地区还保留着将关公供奉在自家大门的门神之上的习俗。

"关公吃完煞神以后，脸才变成了红色"，这是因为，在中国人的思想里，红色具有驱灾避邪的神秘力量。

红色被誉为中国的"国色"，是中华民族最具有代表意义的颜色。在中国人大多数的传统节日中和结婚、生育、成人、升职、开业等庆贺活动

---

① 如杨衒之《洛阳伽蓝记》中的"立性凶暴，多行煞戮"。

中，红色都是主要的色调。因为它代表着太阳、火焰、生命、亲情与热血，也代表着平安富庶、家庭美满、事业有成、万事如意，在拥有几千年文明传统的中国人眼里，这些情感和事物都是神圣的，也都具有"神性"。

正是因为如此，红色也被人认为具有某种神秘的力量，红色木材成为降妖除魔、镇宅辟邪物品的原材料，如桃木剑、桃木幡、桃符；红色颜料成为道士炼丹、画符的主要原料，如：晋葛洪《抱朴子·黄白》云"朱砂①为金，服之升仙者上士也。"道教的《神龙度圣经》《洞庭法源经》中也有以朱砂在黄纸上画符以驱鬼、化煞的记述。直到今天，人们依然相信红色具有辟邪的神奇功能，比如中国人普遍了解的本命年系红腰带的习俗就说明了这一点。可见，在人们的意识里，红色有驱鬼、辟邪、化煞的作用。

"关公吃完煞神以后，脸才变成了红色"所表达的意思就是：降妖除魔、驱邪化煞的关公才是真正的关公，在吃完煞神以后，他的"神性"才开始回归。这也就是说《投宿吃煞神》所要表达的真正思想，即"关公是天神"。

如果继续深入了解中国人自古以来的"红色崇拜"信仰，我们就会更深刻的理解"红脸"的意义，我们将会看到，"红脸"并不仅仅是关公"神性"的象征，它还代表了关公的"正统性"。

据考古发现，在一万八千年前北京周口店山顶洞人的墓穴里，原始人遗骨的周围有用赤铁矿粉撒成的圆圈。学界认为，这种圆圈不是无意义的，其红色的使用也绝非偶然。红色的赤铁矿粉在这里象征着鲜血，鲜血被认为是生命的来源和灵魂的驻所。在死者周围撒赤铁矿粉，用意是为其祈求新的生命。所以从上三代以前，中国古代人就将"血"运用到对祖先和社稷的祭祀上，甲骨文中"血"字的形状就是血滴入器皿的样子，在《说文·血部》中，"血"字即"祭所荐之牲血也"，《周礼·春官·大宗伯》中也记载："以血祭祭社稷、五祀、五岳。"五祀即是：禘、郊、宗、祖、报五种祭礼。② 因此，作为血的颜色，红色象征着祖先和社

---

① 中国古代的朱砂以湖南辰州产者为最佳，故又称辰砂。其地在三国时代属于关公文化的发源地荆州。

② 见《国语·鲁语上》。

稷，也象征着血缘。

　　红色会让人联想到火，而对火的崇拜是人类最古老的信仰之一。中国上古时代的燧人、炎帝、祝融等部族都崇拜火，而在关公文化的发源地荆楚一带，其先民就是炎帝、祝融的后裔。

　　炎帝文化是荆楚文化的肇端，和荆楚文化是"源"与"流"的关系，这在诸多学术著作中都有体现，而祝融与楚人的关系更是有史可查，据《国语·郑语》载：

　　　　周太史伯曰：祝融亦能昭显天地之光明，以生柔嘉材者也，其后八姓于周未有侯伯。……斟姓无后。融之兴者，其在芈姓乎？芈姓夔、越，不足命也。蛮芈蛮矣，唯荆实有昭德，若周衰，其必兴矣。

　　明确地指出芈姓楚人是"祝融八姓"之一。可见，祝融确实是楚人的先祖。在苗族传说中，关公就是火德星君下凡①，苗族奉蚩尤为先祖，蚩尤和炎帝之间又有着传承关系，如南宋罗泌《路史·后纪四》："蚩尤姜姓，炎帝后裔也。"而在炎帝、祝融、蚩尤的后裔（楚人、苗人）中，都有关公文化的存在，这并不是偶然的，这种文化现象的内涵其实就是祖先崇拜。

　　另外，自从邹衍的"五行转运说"在战国发端以后，这种观念就长时间地影响着中国社会。从西汉开始，以"金、木、水、火、土"五行相生相克的原理来解释朝代更替的说法，被各个朝代的统治者争相利用，以表示其治理天下的"正统性"。

　　关羽所效忠的汉政权就是以"火德"居天下的，后来的宋、明两朝也皆以"火德"自居，而关公恰恰就代表"火德"。

　　综上所述，关公的"红脸"来源于中国几千年的文化传统，它所表达的思想主要包含四个方面：（1）关公代表正统。（2）关公是祖先。（3）关公降妖除魔。（4）关公是天神。

　　到了宋、元以后，关公文化开始被儒家接纳，儒生们便用儒家的伦理道德观来解读关公形象，恰此时戏曲、评书等民间文化艺术开始走向繁荣，红面关公遂在民间观念里逐步演化为忠、义的象征。

---

① 马昌仪：《关公传说》，中国社会出版社2006年版，第2—4页。

二　龙威凤德

龙，是中国人最为崇拜的神异动物，很早就出现在古人的器物中。龙综合现实动物的特性，成为蛇身、鱼鳞、狮头、狮尾、鹿角、鹰爪、象牙等的复合体神异动物。在中国，龙的形象已渗透到人们生活的各个领域，象征着刚健、雄浑的神秘威力。

凤，是中国神话传说中的百鸟之王，能在火中再生，凤的形象为：鸿前、麟后、蛇颈、鱼尾、鹳颡、鸳腮、龙纹、龟背、燕颔、鸡喙，五色备具。雄曰凤，雌曰凰，合称凤凰，象征着仁慈、礼义等道德品格。

在民间的观念中，关公形象实际上就是龙与凤的结合。

明徐道《历代神仙通鉴》卷九云：

> （汉）桓帝时，河东连年大旱。蒲坂居民闻雷首山泽中有一尊龙神，相传亢旱求之极灵，集众往跪泣告。老龙悯众心切，是夜遂兴云雾，吸黄河水施降。上帝方恶此方尚华靡，暴殄天物，当灾旱以彰罪谴。而老龙不秉上命，遽取水救济过民，上帝令天曹以法剑斩之，掷头于地，以警人民。蒲东解县有僧普静，见性明心，结庐于常平溪侧。闻空中雷电，在白藤床上，晨出视之，溪边有一龙首，即提至庐中，置合缸内，为诵经咒。九日，忽闻缸中有声，启视已无一物，而溪东有呱呱声，发自关道远家。……（延熹三年）六月十五日，忽快雨如驶，一黑龙现于村，绕道远之庭，有顷不见。夫人淹芳方娠，至二十四日产一子。……后自名羽，字云长。

关公本是天龙之说还多见于口头文学中。如《飞来儿》说，有个姓管的老汉收养了一个弃婴，也即关公。后来有一老翁告诉他："你原是天上的仙龙。"又有传说称，关公是玉皇所斩的东海（南海）龙王的血变的，或是被玉帝所杀的露水龙变成的小孩。此外，还有关公是镇河小龙、襄河老龙、汾河龙王等说法，兹不赘述。[①] 可见关公为龙神的说法非常普遍。

---

① 参见李道和《炎帝与关公的历时性传承》，《民族艺术研究》2005 年第 3 期。

其实，关公的祭祀之日也是龙的生日。目前，中国及海外大多在五月十三祭祀关公，元代郝经《重建庙记》中有"夏五月十三日，秋九月十有三日，则大为祈赛"之句，可知五月十三祭关公的习俗由来已久。清阎若璩《潜邱札记》卷一说："世传五月十三日为关公生辰，明会典亦载之。"而北宋范致明《岳阳风土记》却记载："五月十三日，谓之龙生日。"

岳阳在三国时期也属荆州长沙郡①，因此，"关公是龙神"的观念应产生甚早，随着这种观念的普及，关羽的装备、坐骑和体貌特征也开始被人们神化为龙。

比如赤兔马。在嘉靖壬午本《三国志通俗演义》卷一《吕布刺杀丁建阳》的描写中，这匹马是：

> ……浑身上下，火炭般赤，无半根杂毛；从头至尾长一丈；从蹄至项鬃高八尺；嘶喊咆哮，有腾空入海之状。

而《周礼·夏官·廋人》曰：

> 马八尺以上为龙。

此马既"从头至尾长一丈"，自当为龙种。而《三国志通俗演义》中还另赞它为：

> 奔腾千里荡尘埃，渡水登山紫雾开。掣断丝缰摇玉辔，火龙飞下九天来。

这已经写明了它就是一条"火龙"。

"赤兔马"之所以叫"赤兔"，与古人把兔当成速度的象征不无关系。

---

① 岳阳地区三国时属荆州。黄龙元年（229年），孙权分屠陵县南部今华容县一带置南安县，改汉昌县为吴昌县。北齐时也属长沙郡。梁时分罗县、吴昌县新置玉山县、岳阳县、湖滨县，并以此五县及湘阴县建岳阳郡。郡治设岳阳。宋太宗时将湘阴县改属潭州。不久分巴陵县东北部建为王朝县，后改称临湘县，仍属岳州。哲宗时将沅江县改属鼎州，岳州辖巴陵、临湘、平江、华容四县。可知，岳阳在历史沿革中一直处于关公文化的发祥地。

　　古人很早就曾记载过名为"飞兔"的宝马，《吕氏春秋·离俗》曰"飞兔、要褭，古之骏马也。"这种马跑起来像兔在飞，所以得名。"古"总不外夏、商、周三代，而根据夏代出土的飞兔纹残陶器推测，飞兔的传说可能早在夏代就已经出现。所谓"赤兔"，也即"红色的飞兔"。

　　不过在正史中，这匹赤兔马并不是关羽的坐骑，《三国志·魏志·吕布传》曾明确说道："布有良马名曰赤兔。"裴注所引《曹瞒传》也称："时人语曰：'人中有吕布，马中有赤兔。'"而自从吕布死后，这匹举世无双的宝马在三国文献中就不知所踪。直到宋元以后，关公文化大盛，可能出于对关羽的爱戴，人们便将赤兔马"赠予"了关羽。在元人鲁贞的《武安王庙记》中已有："乘赤兔兮从周仓。"① 之语，可见小说《三国演义》的情节并非作者杜撰，它来源于元代民众的共识。

　　还有青龙偃月刀。这种兵器未见于正史，从《三国志·关羽传》："羽望见良麾盖，策马刺良于万众之中"的"刺"字来看，关羽也许用的是矛、槊、戟之类的武器，也有可能是剑。郎士元的《关羽祠送高员外还荆州》中有"走马百战场，一剑万人敌"之句，张商英在《咏辞曹事》中也有："月缺不改光，剑折不改铓。月缺白易满，剑折尚带霜"之辞。但是，南北朝时期的道士陶弘景在《古今刀剑录》中却说：

　　　　关羽为先主所重，不惜身命，自采都山铁为二刀，铭曰：万人敌。及羽败，羽惜刀，投之水中。

　　如此说为实，关羽就的确用刀。只是"都山"不知所指何地，很有可能就是现在湖南省益阳县南洲镇的"九都山"。此山在宋代曾名为宋田山，宋以前的名称已无考，因属华容县永乐南乡第九都，故明代成化年间改称为九都山。此地广泛流传着陆法和大破任约的传说，附近的赤沙湖岸畔还建有纪念此事的赤沙亭，可见"九都山"应与关公文化不无关系。

　　荆楚之地本是冶铁技术的发达区域。汉武帝时期，朝廷实行盐铁官营政策，荆州的南阳曾是朝廷在全国设立四十九处"铁官"之一，几百年之间，这种技术自然也会在荆州的其他地区普及。况且，楚国原本就曾是

---

　　① 　鲁贞：《桐山老农文集》，台湾商务印书馆 1983 年版，转引自胡小伟《关公信仰研究系列》第一卷《佛道两教的关羽崇拜》，香港科华图书出版公司 2005 年版，第 201 页。

战国时代"铸剑"工艺最为发达的国家，所以三国时期在此地铸造两把宝刀应该是不成问题的。①

中国自汉代开始，军队配置中就已开始有了刀。初为环首刀，本用来取代传统的汉剑。汉剑由于双面开刃、易折断而不利于马上作战，这在对匈奴骑兵的作战中非常不利。而环首刀单面开刃、厚脊，在当时而言是最利于砍杀的兵器，加上强弩铁戟的长短程配合，大大加强了汉骑兵的攻击力。匈奴人不会冶铁，而当时世界上其他民族更不懂得渗碳技术、热处理技术等这些复杂的钢铁加工工艺，这就使得环首刀和强弩一样，成为汉军独步天下的利器。

1974年7月，在山东临沂苍山地区出土了一把东汉时期的环首刀，刀身上刻有隶书铭文："永初六年（112年）五月丙午造卅湅大刀吉羊宜子孙。""卅湅"就是三十炼，也就是说这把刀曾经用"百炼钢"的技术锻打达了三十次之多，甚至在这把刀的刃部还发现它经历过"淬火"②，可见当时的工艺之精良。

至隋唐时期，刀的形制也逐渐丰富，《唐六典》卷一六"武库令丞职掌"条记载："刀之制有四，一曰仪刀，二曰障刀，三曰横刀，四曰陌刀。"但这四种刀的刀柄都不能算长，长柄大刀直到宋代才开始见于史料。宋绍定四年（1231年）版的《武经总要》前集卷十三中记有"掩月刀"，其形制已与"青龙偃月刀"相似。同书图十七释文也说：

> 右手刀，一旁刃，柄短如剑。棹刀，刃首上阔，长柄施镈。屈刀，刃前锐，后斜阔，长柄施镈。其小有别笔刀，此皆军中常用，其间健斗者，竟为异制以自表。

可知此时长柄大刀已和短柄刀一起成为军中常用之利器，而"青龙偃月刀"就类似于"掩月刀"或"屈刀"。

到了明清时期，"关王偃月刀"已成为刀中的至尊，万历年间出版的

①　不过，"刺颜良"发生在关羽来到荆州之前，当时关羽到底使用何种武器，现在依然是个谜。

②　"淬火"是将刀刃加热至某一温度，再用水、油或空气使其急速冷却，并让工件表面硬化，使得刀身软硬适中的一种制作工艺。

《三才图会·器用》中言道：

> 关王偃月刀：刀势即大，其三十六刀法，兵仗遇之，无不屈着。刀类中以此为第一。

此后，与此刀相关的杂谈小品也逐渐增多，清罗天尺就曾在《五山林志》中谈道：

> 邑无西门，筑城之初拟开西门，跨山而下抵金榜，将凿山为道，得一大刀，有青龙偃月字，异之。……创关公庙……奉刀庙中，神甚灵赫……

而在大多民间传说中，这把刀已经就是青龙所化：

> 炼到最后一火时，已是午夜时分。忽然炉中射出一道雪亮的光，似一把利剑刺入苍穹，照得天空如同白昼一般。众工匠急忙躲开，不知是何缘故。正在惊愕之际，忽听空中"咔嚓"一声巨响，一条青龙落入炉中，白光也没有了。当工匠们跑到炉前看时，大刀没有炸，抽出一看，殷红的血沾满了刀刃，恰如淬火一般。一把宝刀打成了。因有青龙入炉，大刀形如仰面躺着的月亮，故将这把宝刀叫做"青龙偃月刀"。①

另外，关羽的体貌特征也在传说中被演化为龙，比如他最明显的特征"美髯"。明人薛朝选就曾在《异识资谐》中说：

> 关云长美髭髯，内有一须尤长，二尺余。色如漆，索而□。常自震动，必有大征战。公在襄阳时，夜梦一青衣神，辞曰："我乌龙也。久附君身，以壮威武。今君事去矣，我将先往。"语毕，化为乌龙，驾云而去。公寤而怪之。至夜，公走麦城，与吴兵对。天曙，将须，失其长者。公始悟前梦辞去者是须也。

---

① 张志德、王成祖、郭学敏：《关公的传说》，山西人民出版社1986年版，第37页。

民间的这类传说也为数不少，其实都是在强调关公与龙之间的关系。龙是威猛、神秘的象征，通过这些文字或口头文学的渲染，关公信仰的影响力也就愈加彰显。

不过，在中国传统社会中，威猛的人并不一定就会得到大多数人的尊敬。就像同为蜀汉政权的张飞、马超等人也非常威猛，却并没有得到关羽这样的社会影响力，原因是中国人更崇拜道德高尚之人，正如《三国志通俗演义》中所说：

> 关公在生之时，敬重士大夫，抚恤下人，有互相殴骂者，告于公前，公以酒和之。后人争闹，不忍告理，常曰："恐犯爷爷也！"时人为此，不忍繁渎焉。故自古迄今，皆称曰"关爷爷"也。张益德平素性躁，虽敬上士，而不恤下人。凡有士卒争斗者，告于益德前，不问屈直，并皆杀之。后人因此不敢告理，但恐斩之。所以关公为人，民不忍犯；益德为人，民不敢犯：其贵重如此也。①

所以，关公的形象特征中就必不可少要有道德元素，这就是"凤目"。

《全相三国志平话》中说关公是"生得神眉凤目"。"神眉"是何眉形，目前无考，而凤目，即是眼睛细长、眼尾上翘的一种眼型，又称为"凤眼""丹凤眼"。据中国古代民间相术看来，凤眼是具有非凡智慧的标志，也是大贵之相。光绪年间的《麻衣相法》中说：

> 眼为监察官：黑白分明，或凤眼、象眼、牛眼、龙虎眼、鹤眼、猴眼、孔雀眼、鸳鸯眼、狮眼、喜鹊眼，神藏不露，黑如漆，白如玉，波长射耳，自然清秀有威，此监察官成也；若蛇、蜂、羊、鼠、鸡、猪、鱼、马、火轮四白等眼，赤白纱侵，睛圆黑白混杂，兼神光太露，昏昧不清，此监察官不成也，又且愚顽凶败。

刘备在《三国志平话》中本来也是"生得龙准凤目"，但到了《三国志通俗演义》中，凤目已成了关公的"专利"，而此时关公的"神眉"也

---

① 《三国志通俗演义》嘉靖壬午本卷十六《玉泉山关公显圣》。

已演化成了"卧蚕眉"。

综合清代相书的说法，卧蚕眉是眉毛长度超过眼睛，眉色乌亮富光泽，眉身呈现两端微弯，眉尾向上高扬，形状似青蚕卧桑叶中，有豪爽之风韵，主长寿、显贵。

自从《三国志通俗演义》面世以来，丹凤眼、卧蚕眉，便成为关公独有的最传神的形貌特征，其实《全相三国志平话》中所说的"神眉凤目"才是关羽最初的文学形象，而当时的"凤目"应该还没有后世所说的长寿、显贵的内涵，它更应该是一种道德品格的象征。

《说文》："凤，神鸟也。"《山海经》云："丹穴山，鸟状如鹤，五彩而文，名曰凤。"《尚书·益稷》中的"箫韶九成，凤皇来仪。"是目前最早有关"凤"的文学记录。师旷《禽经》云："凤禽，鸢类，越人谓之风伯，飞翔，则天大风。"金文《中鼎》也有"归生凤王"之铭辞。

《史记·五帝本纪》云：

> 皋陶为大理，平民各伏得其实；伯夷主礼，上下咸让；垂主工师，百工致功；益主虞，山泽辟；弃主稷，百谷时茂；契主司徒，百姓亲和；龙主宾客，远人至；十二牧行而九州莫敢辟违；唯禹之功为大，披九山，通九泽，决九河，定九州，各以其职来贡，不失厥宜。方五千里，至于荒服。南抚交阯、北发，西戎、析枝、渠瘦、氐、羌，北山戎、发、息慎，东长、鸟夷，四海之内咸戴帝舜之功。于是禹乃兴九韶之乐，致异物，凤皇来翔。天下明德皆自虞帝始。

可见，在古人思维中，"凤皇来翔"与"天下明德"有着直接的关系。

《韩诗外传》[①] 也说：

> 黄帝即位施惠。承天一道，修德，唯仁是纡，宇内和平，未见凤皇。唯思其象，凤昧晨兴，乃招天老而问之曰："凤象如何？"天老

---

① 《韩诗外传》是一部由360条轶事、道德说教、伦理规范以及实际忠告等不同内容的杂编，是实际运用《诗经》的示范性著作。被认为是韩婴所著。韩婴为汉文帝（公元前180—157年在位）时的博士。

对曰："夫凤，鸿前，鳞后，蛇颈而鱼尾，龙纹而龟身。燕颔而鸡喙。戴德、负仁、抱忠、挟义，小音金，大音鼓。延颈、奋翼、五彩备举，鸣动八凤，气应时雨。食有质，饮有仪。往即文始，来即嘉成。唯凤为能通天祉、应地灵，律五音、览九德。天下有道，得凤象之一则凤过之。得凤象之二则凤翔之，得凤象之三则凤集之，得凤象之四则凤春秋下之。得凤象之五，则凤没身居之。"黄帝曰："于戏，允哉！朕何敢与焉？"于是黄帝乃服黄衣、戴黄冕，致斋于宫，凤乃蔽日而至。黄帝降于东阶，西面，再拜，稽首曰："皇天降祉，不敢不承命。"凤乃止帝东园，集帝梧桐，食帝竹实，没身不去。

东晋郭璞在《山海经图赞》中也说凤的形象有五种像字纹：

首文曰德，翼文曰顺，背文曰义，腹文曰信，膺文曰仁。

这些文献资料都在强调"凤"就是"德"的代表，所以关公的"凤目"实际上也是其品德的外在表现。

另外，《鹖冠子·度万第八》云："凤凰者，鹑火之禽，阳之精也。"，《初学记》[①]卷三十引《纬书·孔演图》云："凤为火精，生丹穴，非梧桐不栖，非竹实不食，非醴泉不饮，身备五色，鸣中五音，有道则见，飞则群鸟从之。"可见，凤又是"火精""阳精"，也就是"火德"的象征。

而明代瞿九思《关将军幽赞录》云：

关将军非汉忠臣，盖火帝也……如云何以名某，南方属火，火为朱雀，朱雀有羽，征其为火帝，一也。天南门之星，正在南方。门阀在南，门扃亦在南，自宜姓关。南方为夏，夏云属火，故字云长。[②]

可见，火帝、凤凰、朱雀等文化符号与关公文化之间确实存在着密不

---

① 《初学记》，共三十卷，分二十三部，唐代徐坚撰。本书取材于群经诸子、历代诗赋及唐初诸家作品，保存了很多古代典籍的零篇单句。此书的编撰原为唐玄宗诸子作文时检查事类之用，故名《初学记》。

② （清）周广业、崔应榴《关帝事迹征信编》卷三十，转引自李道和《炎帝与关公的历时性传承》，《民族艺术研究》2005 年第 3 期。

可分的关系。

综上所述，作为中国影响时间最长、传播范围最广的英雄主义文化，关公信仰被赋予了众多的思想内涵，其中也包含着人们对勇敢（威猛）、善良（仁德）等伦理观念的理解。

简而言之，关公形象其实就是"龙威凤德"的组合。

三　绿袍竹王

嘉靖壬午本《三国志通俗演义》卷五《张辽义说关云长》描写了一段情节：

> 一日，操见云长所穿绿锦战袍已旧，操度其身品，取异锦做战袍一领赐之。云长受之，穿于衣底，上用旧袍罩之。操笑曰："云长何故如此之俭？"公曰："某非俭也。"操曰："吾为汉相，岂无一锦袍与云长？何以旧袍蔽之？不亦俭乎？"公曰："旧袍乃刘皇叔所赐，常穿上如见兄颜，岂敢以丞相之新赐而忘兄之旧赐乎？故穿于上。"操叹曰："真义士也！"虽然操口称其义，心中不悦。

这段情节赞扬的是关羽不忘先主的忠义操守，作者也在此解释了一个现象，那就是为何后世各地关帝庙中的关羽神像大多身穿绿袍。

不过，在宋代的文献资料中，却没有"绿袍"的记载，最早讲到关羽穿着的是《大宋宣和遗事》，说他是"绛衣金甲，青巾美须髯"，只提到了青巾，并没有提到绿袍。

实际上，关羽"青巾""绿袍"的装扮应与"竹"有关。

自宋元以后，民间流传着很多关羽和"竹"的传说，其中最著名的当属"关公诗竹"：

> 据说关公小时候，除了酷爱耍刀弄棒之外，还喜欢读书、习字、吟诗、作画，他特别喜爱梅、竹、松。关公在曹营时，曹操见他为人忠义知礼，并在他危难之时，斩了名将颜良、文丑，解了白马之围，所以非常爱惜关公。为能留住他，便三天一小宴，五天一大宴地宴请，并表奏朝廷，封关公为汉寿亭侯，又大赐金银财宝锦袍。可关公一心归刘，对曹操说："我与你只是朋友之交，可我与大哥刘备有生

死之交,我怎么能够贪图富贵而违背我们兄弟间的旧盟?"

一天夜里,关公难以入睡,站在窗前仰视夜空。忽然一阵狂风吹得窗前翠竹沙沙作响,关公赞叹翠竹高风亮节、不娇不嫩的气质,联想到自己的处境,更加思念兄弟,归心似箭,便铺展纸笔画了一幅风竹。少顷,下起雨来,雨点淅淅沥沥地打在竹叶上,关公看着这情景,画意不减,诗兴大发,又着墨画了一幅雨竹,并借用刮风、下雨的竹叶相互交叉、疏密有致等变化,巧妙地构成了一首五言诗,意在表明关公对刘备的一片忠诚。诗曰:

> 不谢东君意,丹青独立名。
>
> 莫嫌孤叶淡,终久不凋零。

不久,关公打听到刘备的消息,立即保护皇嫂离开许昌。曹操得知后,亲临关公居处挽留,一进门,只见所赐金银财宝都留放在桌上。再看这幅竹画诗时,便情知关公已经走了。他两眼盯住竹画,叹道:"云长啊云长,金银财宝,美女俸禄,均不能移其志,实乃令我曹某敬之!"关公借竹名志,表示不背其主,永葆气节。曹操敬佩他的忠义,就把这幅画刻在石碑上。①

人们认为这幅竹画诗是关公唯一流传下来的作品,所以竞相供奉。现在,荆州关帝庙、洛阳关林、涿州三义宫等多处关庙都有"关公诗竹"碑刻,皆云是当年关羽的亲笔手迹。

其实,"关公诗竹"最早见于清康熙五十五年(1716年)韩宰临摹的刻拓本,在此之前从未见于史册。康熙年间,关公文化已经兴盛多时,这个拓本自然不会和真正的关羽有任何关系。

不过,早在"关公诗竹"出现的很久以前,关公文化确实已和"竹"产生了不解之缘,甚至连关羽的祭祀之日都和竹有关。

前文所引的北宋范致明《岳阳风土记》记载:"五月十三日,谓之龙生日"后面还有一句话:"可种竹,《齐民要术》所谓竹醉日也。"虽然今本《齐民要术》已无竹醉之文,但五月十三"龙生、竹迷"无疑确是民间的风俗。宋陈元靓《岁时广记》卷二"龙生日"条载:"前辈作《苍筠传》云:'筠每岁惟五月十三日独醉,或为人迎置他处,不知也。'"宋

---

① 故事出自关公网,http://www. guan－gong. com/。

释赞宁《笋谱·五之杂说》也说："民间说竹有生日，即五月十三日也，移竹栽取，宜此日。"嘉庆十三年江苏《如皋县志》载："（五月）十三日官府、小民、市井、船户无不作关帝食者。又名'竹醉日'，移竹必活。"

在古代传说中，竹和龙之间往往是可以互化的①，这种观念其实起源于西南少数民族的一种古老信仰，即"竹王崇拜"。②

东晋常璩的《华阳国志》卷四《南中志》载：

> 竹王者，兴于遁水。有一女子浣于水滨，有三节大竹流入女子足间，推之不肯去，闻有儿声，取持归，破之，得一男儿，长养有才武，遂雄夷狄，氏以竹为姓，捐所破竹于野，成竹林，今竹王祠竹林是也。

与"竹王"相关的早期汉文文献，还见于西汉刘安《淮南子》、东汉应劭《风俗通义》、西晋司马彪《郡国志》、东晋干宝《搜神记》、刘宋范晔《后汉书》、刘敬叔《异苑》、梁任昉《述异记》、北魏郦道元《水经注》、北宋乐史《太平寰宇记》、南宋祝穆《方舆胜览》、宋王存《元丰九域志》等。

其中范晔的《后汉书·南蛮西南夷列传》中载：

> 夜郎者，初有女子浣于遁水，有三节大竹流入足闲，闻其中有号声，剖竹视之，得一男儿，归而养之。及长，有才武，自立为夜郎侯，以竹为姓。武帝元鼎六年，平南夷，为牂牁郡，夜郎侯迎降，天子赐其王印绶。后遂杀之。夷獠咸以竹王非血气所生，甚重之，求为立后。牂牁太守吴霸以闻，天子乃封其三子为侯。死，配食其父。今夜郎县有竹王三郎神是也。

---

① 张道和：《岁时民俗与古小说研究》，天津古籍出版社 2004 年版，第 180 页。
② "竹"作为西南地区丰富的自然物，其特点是具有蓬勃旺盛的生命力，人类由此将竹神话、拟人化，并赋予了它丰富的象征内涵，目前在仡佬族、布依族、彝族、苗族、土家族、侗族、壮族、佤族、哈尼族、傈僳族等一些少数民族中，都存在崇拜"竹王"和"竹三郎"的风俗。

可见，竹王神话发端于夜郎国时期的"夷獠"，目前西南地区的竹王信仰都和这个古老的族群有关。

前文已叙，"夷獠"也许即为"僚人"，在三国时期曾广泛居住在荆州的南部地区，很早就有了关公信仰，这使得"竹王"与"关羽"必然会产生联系。

在《后汉书》的记载中，竹王曾自立为夜郎侯，后被汉武帝斩杀，其三子袭位，死后配食其父，被当地人奉为"竹王三郎神"，本注也引《华阳国志》云："遯水通郁林，有三郎祠，皆有灵响。"而在唐朝末年，关羽就曾被汉地的人们称为"关三郎"。

范摅《云溪友议》卷上《玉泉祠》载：

> 玉泉祠，天下谓四绝之境。或言此祠鬼兴土木之功而树，祠曰"三郎神"。三郎即关三郎也。允敬者，则髣髴似睹之。缁俗居者，外户不闭，财帛纵横，莫敢盗者。厨中或先尝食者，顷刻大掌痕出其面，历旬愈明。侮慢者，则长蛇毒兽随其后。所以惧神之灵，如履冰谷，非斋戒护净，莫得居之。

孙光宪《北梦琐言》卷十一也说：

> 唐（懿宗）咸通乱离后，坊巷讹言"关三郎鬼兵入城"，家家恐悚，罹其患者令人寒热战慄，亦无大苦。弘农杨玭挈家自骆谷路入洋源，行及秦岭，回望京师，乃曰："此处应免关三郎相随也。"语未终，一时股慄，斯又何哉？夫丧乱之间，阴厉旁作，心既疑矣，邪亦随之。关妖之说正谓是也。

范摅、孙光宪皆为唐末之人[①]，但生平相差时间甚远，彼此之间也没有关联。既然两人皆言之凿凿，"关三郎""关妖"之说自非妄言。

但在贞元十八年（802 年）年董侹的《荆南节度使江陵尹裴公重修玉

[①] 范摅生卒年均不详，约唐僖宗时期（873—888 年）在世。孙光宪（901—968 年），字孟文，自号葆光子。曾仕南平三世，任荆南节度副使。入宋以后，官拜黄州刺史，宋太祖乾德六年卒。

泉关庙记》中，关羽是"生为英贤，殁为神灵，所寄此山之下，邦之兴废，岁之丰荒，于是乎系"的正神，并没有关三郎、关妖这种善搞恶作剧的"神格"，难道在一百年不到的时间里，关羽在人们心中的形象就发生变化了吗？

也许孙光宪所说的时代背景能够说明这个问题，因为他所说的"咸通乱离"其实就是"庞勋之乱"，这是一场由驻桂戍卒引发的战争。

唐咸通年间（860—874年），南诏国进犯安南，朝廷在徐泗二州的淮水流域（今江苏徐州、安徽泗县地区）招募了一批戍卒，其中八百人被遣往桂州（广西桂林）讨伐南诏，约定三年期满后即调回。

三年之后，戍卒日夜求归，徐泗节度使崔彦曾却一再食言。至咸通九年（868年）七月这批戍卒已在桂林防守六年，而此时的朝廷竟然还要他们再守一年。戍卒们见还乡无望，于是拥粮料判官庞勋为主，劫夺粮库，哗变北还。

九月，叛军攻陷宿州、徐州，杀节度使崔彦曾、判官焦潞等人，遂出官库钱帛，招募徒众，不过十天，人数已过五万。朝廷立即诏征诸道之师，大举讨伐。十月，淮南节度使令狐绹虑、大将李湘，皆被叛军所袭，全军覆没。一时间，江淮大乱，从今广西到湖南、湖北、安徽、江苏的广大民众纷纷响应叛军，庞勋声势大震，并开始急攻泗州、亳州。唐懿宗赶忙改遣沙陀骑兵驰援。

"庞勋之乱"共持续了一年多的时间。到第二年九月，沙陀人朱邪赤心在亳州大败叛军，庞勋也在不久后战死。此后唐朝官军大力捕杀桂州戍卒的宗族亲人，株连数千人。这次兵变虽然很快被唐王朝镇压下去了，但是开启了更大规模内乱的先声。宋祁曾在《新唐书》中总结道："唐亡于黄巢，而祸基于桂林！"可见其影响之大。

桂州是"夷獠"的聚居地，在三国时期属零陵郡，此地的竹王崇拜和关公信仰古已有之。驻桂戍卒即在此地防守六年，不可能不受到当地风俗的影响。所以，关羽是"关三郎"的说法，很有可能是因为这次兵变而传入汉地的。

汉人因为不懂竹三郎、竹王、关羽三者之间的关系，抑或是当时关羽在"夷獠"信仰体系中的地位已类似于"竹王三郎神"，故而关羽是"关三郎"之说才开始流行。而在"咸通乱离"中，驻桂戍卒是以叛军的身份出现的，在当时大多数人的眼中，他们都是"逆匪"，所以在朝廷平叛以后，又有"关妖"和"关三郎鬼兵入城"之说传于坊巷，这应是汉地官民对驻桂戍卒的恐惧感使然。

荆州江陵地区的关公信仰在此乱之后也受到了一些影响，如张商英所做的《重建关将军圣帝庙记》中就有："岁越千昇，魔民出世，寺纲颓紊，槌佛虚设"之语。

宋代仁宗年间，西南地区的关公信仰已经威胜军南征之后正式北传，"关三郎"近似"恶搞"的所作所为与中原地区所认可的"忠、义、仁、勇"的关羽形象严重不符，人们便将它与关羽相剥离，并将其演化成了关平，比如天台僧义缘在桂林的龙隐岩摩崖碑刻中就已将"擎天得胜关将军"与"坛越关三郎"相区别，在成功剥离关羽与关三郎的关系之后，玉泉寺"关羽祠"的香火重新鼎盛，如张商英所言：

> 元丰庚申，有蜀僧名曰承皓，行年七十，所作已辨，一大众请，倏然赴感。有陈氏子，忽作帝语："自今以往，祀我如初。"远近播闻，瞻祷愈肃。明年辛酉，庙宇鼎新……

这其实是承皓为玉泉关羽祠所做的一次拨乱反正的行动，张商英也应该明白其中的缘由，比如他另为关平庙所撰的《元祐初建关三郎庙记》中就表现出了他是一个知情者：

> 李冰治水患，庙食于蜀之离堆，而其子二郎以灵化显；云长死国事，神凭于楚之玉泉，而其子三郎以英异著者。有子克家，干父之蛊，如《易》之乾坤，不居正位，而寄功用于六子。

又说：

> 疾而祷之，有时而濡。孕珍草而发嘉木，驱魑魅而屏夔魁。林薮幽深，亡蛇虺之。蜚槛穽不设，无虎豹之虞，盖人力有所不能者，其鬼神之所司乎？①

---

① 康熙刻本《关圣陵灵庙纪略》卷之三。

"有子克家，干父之蛊，如《易》之乾坤，不居正位，而寄功用于六子。"这句话的意思在《易卦·巽》中能找到解释："初六，干父之蛊，有子，考无咎，厉终吉。""象曰：蛊：君子以振民育德……干父之蛊，意承考也。"意为纠正父辈养成的弊政，是父亲有能力继承大业的好儿子，亡父没有咎害，虽有危厉，但最终吉祥。

这充分说明了张商英完全理解天台宗"荆南正法"一系的良苦用心，只因不好说破，又不甘心后人说他懵懂，所以设了一个迷局，这种做派倒是符合《宋史》说他"负气俶傥，豪视一世"的风格。

也许是在张商英的影响下，宋廷此后还为关平追封爵位，徐松《宋会要辑稿》云："崇宁元年赐庙额'昭贶'……政和二年九月封平武灵（侯）。"[①]

自此关三郎就完全变成了关平，就连五月十三日关公祭日也逐渐变成了关平的生日，清胡鸣玉《订讹杂》卷五曾引冯景山的说法："五月十三乃侯子平之生辰，非侯生辰也。"甚至在《三国志通俗演义》中，明明是关羽亲子的关平也变成了关羽的义子，究其根本，实是"关三郎鬼兵入城"的怪异传说与汉地民众对"竹王崇拜""关王崇拜"之间关系的不理解所致。

现在，位于贵州省东北部的石阡县仡佬族人居住区，还保留着一种古老的节庆风俗，即"毛龙节"，这个节日的两个基本要素是：（1）"龙"信仰，包括传统故事、敬龙仪式、敬龙场合、用品及敬龙神诵词。（2）附属图腾信仰，包括"竹王"崇拜、盘瓠崇拜、关公崇拜、佛道崇拜和原始崇拜等。可见，在仡佬族人的信仰体系中，龙、关公、竹王三者之间一直存在着紧密的关系。而位于广西壮族自治区北部的三江侗族自治县，至今也还有在农历二月初五祭祀竹王的传统。在祭祀的前一天，当地的侗族人会先将神像从竹王庙中请出，一路游行到三王宫，并接受所有人的膜拜，活动结束后再送回竹王庙。值得注意的是，在游行队伍中，人们抬着的却是关公、竹王、三王（竹三郎）三位神祇的神像，关公开路，竹王、三王随后。而且，侗族人在每年的正月、五月或六月也会祭祀关公。这种现象曾让一些学者百思不解，最后又将其推为

"汉化"的结果①，实不知关公崇拜在这些西南少数民族地区中产生的时间要比北方汉地早得多。

由此看来，竹王、关三郎、竹醉日、关公、关公诗竹之间是有必然联系的，而在这几个关键点之中又存在古代民族之间太多的文化隔膜。但正因为如此，不同民族的人们出于自己的理解，又赋予了关公文化更加丰富而独特的内涵。对于汉地民众来说，关公的"绿袍"是其忠义的象征，而对于西南少数民族地区的先民来说，"绿袍、青巾"却象征着竹王、竹三郎的神性，可知这种形象也是关公文化多民族特性的一种表现。

第二节　关公祭祀日期

一　五月十三

对关公祭祀日期的明确记录最早见于金末元初郝经所写的《重建庙记》：

> 夏五月十有三日，秋九月十有三日，则大为祈赛，整仗盛仪，旌甲旗鼓，长刀赤骥，俨如王生。

可知五月十三日，九月十三日祭祀关公的风俗至晚产生于元代。

明清以后，五月十三日成为官方祭祀关公的法定日期。如《明史·志二十六·礼四》记载：

> 关公庙，洪武二十七年建于鸡笼山之阳，称汉前将军寿亭侯。嘉靖十年订其误，改称汉前将军汉寿亭侯。以四孟岁暮，应天府官祭，五月十三日，南京太常寺官祭。

清康熙年间李光地等人修订的《钦定月令辑要》也载：

> （五月）十三日，关庙祭献：原《续文献通考》：汉寿亭侯关公

---

① 参见高娇乔《侗族：夜郎后裔?》，《文教资料》2011 年 6 月号中旬刊。

庙五月十三日遣太常寺官祭。增《帝京景物略》：五月十三日进刀马于关帝庙。刀以铁，其重八十斤。纸马高二丈，鞍鞯绣文，辔衔金色，旗鼓头踏导之。

实际上，这种风俗在关公文化的产生之初就应该已经形成。

五月也称仲夏，是夏季中间的一个月，西汉成书的《礼记·月令》对五月的记载是：

> 是月也，命乐师修鼗鞞鼓，均琴瑟管箫，执干戚戈羽，调竽笙簧，饬钟磬柷敔。命有司为民祈祀山川百源，大雩帝，用盛乐。乃命百县雩祀百辟卿士有益于民者，以祈谷实。农乃登黍。

可见在汉代，五月是各地官民祭祀诸侯（百辟）、卿士之中曾有益于民者的法定时间。所以，在荆楚、吴越之地，人们会在这个时间里祭祀屈原、伍子胥①。

同理，五月祭祀关羽也是因为荆州人沿袭了《礼记·月令》的传统。虽然三国时代的孙吴政权不可能率领或号召民众来祭祀关羽，但既然孙权曾"以诸侯礼葬其尸骸"②，那么"帮人墓祭，岁以为常"③应该也是不成问题的。同时，因为汉代规定，在每年的五月还会"祈祀山川百源"、"大雩帝"（祈雨）、"以祈谷实"、"农乃登黍"，关公遂逐渐成为"所寄此山（玉泉山）之下，邦之兴废，岁之丰荒，于是乎系"④的重要地方神灵。

所以，人们会在五月祭祀关公的最初原因是：五月是祭祀曾有益于民的诸侯、卿士的法定时间，而三国时代的荆州民众认为关公就是曾有益于民的诸侯。

而在《礼记·月令》中，夏季又是：

①　三国时期邯郸淳所作《曹娥碑》有"汉安二年五月五日，迎伍君"之句。
②　《三国志关羽传》裴松之引注《吴历》。
③　阮恩光：《当阳县志》，宜昌印书馆1935年版。
④　董侹：《荆南节度使江陵尹裴公重修玉泉关庙记》。

其日丙丁，其帝炎帝，其神祝融，其虫羽，其音征……其数七，其味苦，其臭焦，其祀灶，祭先肺。

可知在汉代，人们认为主管夏季的天帝为炎帝、主神为祝融，这种观念就为关公能够成为"火德星君""酆都大帝""南海龙王"[1] 埋下了伏笔。

二　九月十三

九月是秋季的最后一个月，正是民间约定俗成的"祭厉"时节。

祭厉，即是"祭享无祀鬼神之礼"。古人以为人死无祀，其鬼无依，则为虐于人，称为厉鬼，故祀之。意俾有血食，以安其类、弭其害，称为祭厉。周已有之，据《礼记·祭法》，天子所祭乃天下之厉，称为泰厉，属天子七祀之一。诸侯所祭为一国之厉，称为公厉，属诸侯五祀之一。大夫所祭为一家之厉，称为族厉，属大夫三祀之一。至汉时，民家皆秋祀厉。唐制七祀，其一为秋行祀厉。宋因之。[2]

通俗地讲，"厉"就是指强死、横死、冤死、战死等非正常死亡的鬼魂。从这个意义上说，关羽完全符合这些条件。"厉"又指绝嗣之鬼，裴松之注《三国志》时曾引《蜀记》曰："庞德子会，随钟、邓伐蜀，蜀破，尽灭关氏家。"[3] 这就是说关羽已经绝嗣，从这一点来说，他也会被人认为是"厉"。《通典·卷五十一》载："人家祀山、神、门、户。山即厉也。"可见"厉"又通"山"，关羽死后葬于玉泉山，并成为玉泉山神，这也和"厉"产生了关联；再者，"厉"也通"疫"，《三国志·吴主传》记载："十二月，璋司马马忠获羽及其子平、都督赵累等于章乡，遂定荆州。是岁大疫，尽除荆州民租税。"也就是说，在关羽死后，荆州立刻就出现了严重的疫情，所以不排除当时会有人认为这场瘟疫是关羽死后化成的"厉鬼"所带来的可能。

---

① 南海龙王又称南海洪圣大王、洪圣爷、赤帝。是南海神与龙王的集合体，而祝融就是南海神，屈大均《广东新语·神语》曾解释说："祝融，火帝也。帝于南岳，又帝于南海者。"在台湾、福建一些地区的传说中，关帝也是南海龙王转世。

② 见《中国古代典章制度大辞典》"祭厉"条。

③ 《蜀记》所述仅为一家之言。事实上，自唐代开始，关羽后代的记载就不绝于史，唐德宗的近臣关播就被公认是关羽的子孙。

　　汉代正是民间秋天祭厉习俗产生的时代。那些遭逢战争、瘟疫之后能够幸存下来的荆州人，在秋祭中祭祀关公也应是理所当然之事。可见，对于祭祀关公来说，九月又是一个"法定"的时间。

　　不过，民众"祭厉"的目的都是非常明确的，那就是希望厉鬼能够尽快离开，而不是将其奉为守护神，让其永远留下来，所以民间祭厉的方式多为"驱厉"。从这种普遍心理来看，关公在当时荆州人的心中并不只是"厉"，还是像《礼记·月令》所说的那种有益于民的诸侯。因此，关公应该很快就从"受祭者"的身份转变成为驱厉祛病的神灵了。

三　六月廿四

　　除了五月、九月之外，在民间传播得最广的还有六月二十四日祭祀关公的习俗。

　　元代胡琦的《显烈庙记》云：

> 荆楚之人相传以显烈（关羽）六月二十四日生，昭觊（关平）五月十三日生。虽传记不载，然相传如此。是日朝拜祭赛者，远近辐辏。①

　　此后，清康熙十七年（1678 年），解州州守王朱旦声称自己在浚修古井时发掘出关羽的墓砖，砖上刻有关羽祖、父两世的表字、生卒年月等，还提到关羽的家庭状况，因而写了《前将军关壮穆侯祖墓碑铭》。依碑铭所记，关羽也是生于"桓帝延熹三年六月二十四日"，这似乎就印证了胡琦的说法。

　　在宋代，六月二十四日也是二郎神的生日。南宋孟元老在绍兴十七年（1147 年）因回忆北宋繁华景象而撰成的《东京梦华录》中说：

> （六月）二十四日，州西灌口二郎生日，最为繁盛。庙在万胜门外一里许，敕赐神保观。二十三日，御前献送后苑作与书艺局等处制造戏玩。如球杖、弹弓、弋射之具，鞍辔、衔勒、樊笼之类，悉皆精

---

　　① 　李侃等：《成化山西通志》卷十四《集文·重修显烈庙即寿亭侯庙》，四库全书存目丛书本。

巧。作乐迎引至庙，于殿前露台上设乐棚，教坊钧容直作乐，更互杂剧舞旋。太官局供食，连夜二十四盏，各有节次。至二十四日，夜五更争烧头炉香，有在庙止宿，夜半起以争先者。天晓，诸司及诸行百姓献送甚多。其社火呈于露台之上，所献之物，动以万数。自早呈拽百戏，如上竿、跃弄、跳索、相扑、皷板、小唱、斗鸡、说诨话、杂扮、商谜、合笙、乔筋骨、乔相扑、浪子、杂剧、叫果子、学像生、倬刀、装鬼、砑皷、牌棒、道术之类，色色有之，至暮呈拽不尽。殿前两幡竿，高数十丈。左则京城所，右则修内司，搭材分占上竿呈艺解，或竿尖立横不列于其上。装神鬼、吐烟火甚危险骇人，至夕而罢。①

这里所描写的情景颇像后世的"关公磨刀诞"，两者之间应存在一定的关系，但也应该看出，至少在北宋时期的中原地区，还没有关公生于六月二十四日的说法。

此外，六月二十四日也是"雷神"的显现之日。

雷神崇拜起源于古代先民对于雷电的自然崇拜，是人类的一种普遍信仰，希腊神话中的最高天神宙斯其实就是雷神，他的武器就是"雷霆"（thunderbolt）。古人对于气候变化没有科学的认识，当看到晴朗的天空会突然乌云密布，雷声隆隆，电光闪闪，时而击毁树木，时而击丧人畜，就认为是天上的神灵发怒，进而产生恐惧之感，并对"雷神"加以膜拜。另外，因有雷之时大多有雨，所以农耕民族的先民们也会因祈雨而祭祀雷神。

雷神信仰产生的时间要比二郎神信仰早得多，如《山海经·海内东经》就有雷神的记载："雷泽中有雷神，龙身而人头，鼓其腹。在吴西。"《明史·礼志四》记载，弘治元年尚书周洪谟等曾言："雷声普化天尊者，道家以为总司五雷，又以六月二十四日为天尊现示之日，故岁以是日遣官诣显灵宫致祭。"可见二郎神的生日确实就是雷神的祭祀之日。

雷神在道教之中的地位非常高，被尊称为"雷祖"，也是"九天应元雷声普化天尊"。据《无上九霄玉清大梵紫微玄都雷霆玉经》称，雷祖是

---

① 孟元老：《东京梦华录》卷八《六月六日崔府君生日二十四日神保观神生日》，贵州人民出版社2009年版，第148页。

浮黎元始天尊第九子玉清真王的化身。《灵宝领教济度金书》称："尊属九天之上，综司五雷（天雷、地雷、水雷、神雷、社雷），应化九天，总管雷霆都府，辖及二院（五雷院、驱邪院）三司（万神雷司、雷霆都司、雷霆部司）。"

道教正一派，向来崇尚施行雷法，又注重"及物之功"，所以在正一派崛起的北宋时期，雷神的功能已不限于施雨，而是扩大到了主天之祸福，持物之权衡，掌物掌人，司生司杀之能。《九天应元雷声普化天尊玉枢宝经》就称，雷神要对"不忠君王，不孝父母，不敬师长"者，付"五雷斩勘之司"，"先斩其神，后勘其形，以致勘形震尸，使之崩裂。"

在《太上大圣朗灵上将护国妙经》中，关羽已是"雷霆行符伐恶招讨大使、三十六雷总管""司雷部霹雳""掣电轰雷、腾云致雨、鸣锣击鼓、发号施令将军"，《道法会元·地祇馘魔关元帅秘法》也说关羽是"雷部斩邪使，兴风拨云上将"，可知道教也已将关羽奉为雷部正神之一。值得注意的是，在《酆都朗灵关元帅秘法》中，清源真君赵昱已是关公的副将，而这位清源真君其实就是二郎神。如元杂剧《二郎神醉射锁魔镜》《二郎神锁齐天大圣》《灌口二郎斩蛟》等所演的二郎神都是赵昱。

《太上大圣朗灵上将护国妙经》与《道法会元·地祇馘魔关元帅秘法》等经文皆产生于元代，与胡琦所编《关羽年谱》的时间相近，可见，胡琦所说的荆楚风俗是借鉴了道教的雷神崇拜和二郎神崇拜的双重因子。

不过，这种说法一直没有得到官方的承认。在明、清两朝，朝廷一直坚持五月十三日祭祀关公的传统，六月二十四日依然是雷神的祭祀日，但在民间祭祀中，人们祭祀关公的日期却曾在五月十三日和六月二十四日之间疑惑不定。

如民国三年山东《庆云县志》载：

> 岁时民俗：（六月）二十四日赛关帝。

民国十九年《龙山县志》则说：

> 岁时民俗：（五月）十三日，俗传关帝神诞，乡人结会祀神，谓之做关帝案。（六月）廿四日，紫阁祀关帝。谨按：知解州王朱旦碑记载，帝王生于桓帝延禧（熹）三年庚子六月二十四日，于汉灵帝

光和五年戊午五月十三日生子平。今俗所传五月十三诞者乃平诞，非帝诞也。近紫阁改期致祭，甚是。

可知胡琦、王朱旦之说在民间影响之深。

今天，在南部的广西、贵州、广东、福建等地，有些关帝庙中就供奉着雷神，而一些雷神庙里也供奉关公，这两位神灵同祀，已成为一种独特的文化现象。另在四川梓潼一带，也还有"关公扫荡"或"二郎神扫荡"等傩戏习俗共同存在，可见，民间对于雷神、二郎神、关公三者的不同信仰正在逐步趋于统一。

另外，这一天，还是彝族最盛大的节日"火把节"，彝族人在这一天也会祭祀竹王、关公、雷神①，并且会跳一种神秘的"傩舞"，名为"大刀舞"，道具与青龙偃月刀极为相似。

四　四月初八

除了五月十三日、九月十三日和六月二十四日，民间还有四月初八祭祀关羽的习俗。清嘉庆版《关帝圣迹图志全集》记载：

> 每岁四月八日传帝于是日受封，远近男女，皆刲击羊豕，伐鼓啸旗，俳优巫现，舞燕娱悦。秦、晋、燕、齐、汴、卫之人肩毂击，相与试枪棒、校拳勇，倾动半天下。

这段简短的文字，不仅记述了民间祭祀关帝的时间、所献礼品，还实录了开展祭祀活动的地域及祭祀形式。

实际上，四月初八最初是西南少数民族祭祀英雄的日子，而这个日期又来源于祭祀蚩尤。

现在的四月初八，是贵州、广西、湘西、桂北等地的苗族、布依族、侗族、瑶族、壮族、彝族、土家族、仡佬族等少数民族共有的传统节日，各地各族的节日内容不尽相同，但规模都比较大，比如对于苗族来说这一天就是祭祖节、英雄节、联欢节。

每年的这一天早上，贵阳市及邻县的苗族群众都要身着民族盛装，云

---

① 现多被当地人和部分学者误解为诸葛亮、关公、孟获。

集到市中心的喷水池一带。然后，人们在一起跳鼓舞、对山歌、舞花带、上刀梯、钻火圈……热闹异常，参与人数多以万计，场面宏大而壮观，人们尽情歌舞以至通宵达旦。据当地的族人说，他们纪念的人叫"亚努"，是个苗族的民族英雄，而这个祭祀传统已经延续了几千年。

"亚努"的真实身份，现在还不好确定，但其实早在汉代，四月就是官方祭祀蚩尤的时间。如《春秋繁露·求雨》载：

> 夏求雨。令悬邑以水日，家人祀灶。无举土功，更火浚井。暴釜于坛，白杵术，为四通之坛于邑南门之外，方七尺，植赤缯七。其神尤，祭之以赤雄鸡七，玄酒，具清酒、膊脯。祝齐三日，服赤衣，拜跪陈祝如春辞。

目前，苗族被中国史学家公认为是蚩尤的后裔，所以他们在四月所祭祀的祖先和英雄应该就是蚩尤。另外，四月初八在侗族、布依族等少数民族又是"牛王节"，而所谓"牛王"有可能也是蚩尤。

南朝任昉《述异志》记载：

> 有蚩尤神，俗云：人首牛蹄，四目六手。今冀州人提掘地得髑髅如铜铁者，即蚩尤之骨也。今有蚩尤齿，长二寸，坚不可碎。秦汉间说蚩尤氏耳鬓如剑戟，头有角，与轩辕斗，以角觚人，人不能向。

蚩尤即是"人首牛蹄"、"头有角"，其实就是"牛王"的形象。

前文已叙，关公信仰本身就与蚩尤信仰有一定的历时性传承关系，关羽和蚩尤又都是荆州少数民族所共同崇拜的英雄。而且，北宋元丰三年李汉杰所写的《威胜军关帝侯新庙记》也表明了当年沁州军士将关公信仰从少数民族聚居地的桂州北传山西之时，就是在四月建成关庙的，当时也一定也会举行祭祀仪式，北方四月初八祭祀关公的习俗应始于此。

四月八日又是"佛生日""浴佛节"，《东京梦华录》载：

> 四月八日佛生日。十大禅院各有浴佛斋会，煎香药糖水相遗，名

曰"浴佛水"。①

如此就让关公的祭祀时间和佛祖的祭祀时间重合，这有助于关公"伽蓝菩萨"之典故的传播，也会让关公文化逐渐在佛教信徒之中兴盛起来。所以，四月八日是汉地群众继承了少数民族的传统，并通过佛教的普及而发展起来的一个关公祭日。

除以上四个祭祀关公的日期之外，中国内地和海外还有正月初一、正月初八、正月十三日、正月十五日、四月初四、五月初五、五月十八日、五月二十三日、六月二十二日、六月二十三日、八月十五日②、九月初九、九月十三日、十月初一、十月十一日以及各种黄道吉日祭祀关公的习俗，查其原因多和当地民众的信仰习惯和民族传说有关。

不过，目前大多数地区的民众还是在四月初八、五月十三日、六月二十四日、九月十三日祭祀关公，其中又以五月十三日最为普遍。

第二节　关公主要神职

一　傩神关公

现在民间祭祀关公多在农历五月十三日，而在汉魏两晋时期，五月又被称为"恶月"。

南梁宗懔曾在《荆楚岁时记》中言："五月俗称恶月，多禁。忌曝床荐席，及忌盖屋。""五月五日，四民并踏百草，又有斗百草之戏。采艾以为人，悬门户上，以禳毒气。""以五色丝系臂，名曰辟兵，令人不病瘟。"东汉应劭的《风俗通义》中也有："五月盖屋，令人头秃"，"五月到官，至免不迁"之说，所以，五月又是驱鬼、逐疫的日子。在这样的日子里，古人通常会举行一种名为"傩礼"③的活动。

"傩礼"即为迎神赛会，它的形成时间可追溯到人类的文明之初，是一种神秘而古老的原始祭礼。《论语》中就曾有"乡傩"的记述："乡人

---

① 孟元老：《东京梦华录》卷八《四月八日》，贵州人民出版社2009年版，第145页。

② 韩国有中秋节祭祀关公的习俗。

③ "傩"是中国传统文化中多元宗教、多种民俗和多种艺术相融合的文化形态。这种文化其表层目的是驱鬼逐疫、除灾呈祥，而内涵则是人们希望通过各种仪式活动满足人们对阴阳调和、风调雨顺、五谷丰登、人寿年丰、国富民强或天下太平的祈盼心理。

傩，朝服而立于阼阶。"①《周礼·夏官》言：

> 方相士，狂夫四人。方相士。掌蒙熊皮，黄金四目，玄衣朱裳，执戈扬盾，帅百隶而时难（傩），以索室驱疫；大丧，先柩，及墓，入扩，以戈击四隅，驱方良（魍魅）。

这里所说的"狂夫"方相士就是最早的"傩神"，后来他在民俗中的地位逐渐下降，被贬成了出殡队伍中开路的纸人，俗称为"显道神"，而关公却逐渐替代了他的"职位"，成为影响时间最长、覆盖范围最广的傩神。

从《周礼·夏官》所描述的情景来看，傩礼就是一场大鬼驱逐小鬼的活动。关公生前之武功气概威震华夏，实为三国时期的第一勇将，在当时的民间观念中，他死后自当成为鬼雄，因此，人们以关公为傩神，也就是再自然不过之事了。

在重庆的酉阳土家族苗族自治县，至今保留着一种古老的傩戏剧种，名为"酉阳阳戏"。每逢村民婚丧嫁娶、生朝满日，酉阳的土家族、苗族村民们都会请戏班子到家里唱上一场。每年的正月，戏班还要在主事家的堂屋，从正月初二唱到正月十五日。在这几天，村民们会络绎不绝地提着香烛纸钱和好酒好肉到主事家，一同看戏，庆贺新年。但在看戏之前人们都要完成一个重要的仪式，那就是给关老爷（关羽）拜年许愿。此后无论过了多长时间，村民许的愿一旦兑现，还愿者就会把戏班子请到家中继续唱上三天。据当地人说，这种习俗有几千年的历史。

在唱阳戏之前，坛主（戏班的班主）会先进屋开坛，然后村民们把关老爷的木面具供奉在堂屋正上方，这叫"迎接关夫子进屋"，服侍关老爷的人必须是寨子里的一名壮年男子，该男子要净手、上香、倒酒、烧纸，再把事先准备好的三碗饭、三杯酒、三双筷子放在关羽的面具前。准备停当之后，坛主先杀鸡敬神，再烧香点烛祭天，三叩九拜之后，即高诵数百字的"开箱词"，随后坛主打开箱子，取出帅旗、刀箭和面具，再将关老爷的面具供奉在神龛之上。如此一番之后，戏班才开始唱戏。

在21世纪初期，戏班到村民家唱戏每人每天的费用是30元，并且包

---

① 孔丘著，杨伯峻译注：《论语译注》，中华书局1980年版，第105页。

吃住，一个戏班子到村民家唱一台戏，一般需要三天，加上供奉关老爷的
酒肉香烛等费用，差不多要用两三千元。因此，村民请戏班唱一场戏在寨
子里也算一件大事。对于他们来说，这是一种体面，更是一种心灵上的
慰藉。

据当地文化部门考证，酉阳阳戏是地道的土家族傩戏，早先叫杨花
柳，后经艺人的加工改造，才形成现在这种地方剧种。从戏班和村民对关
老爷的这种尊重态度来看，关羽俨然就是这种傩戏的"傩神"。

在我国西南地区的一些农村，人们还会举行名为"关公扫荡"的活
动，就是在举行驱傩仪式的时候，从关帝庙里抬出关公像，在田野、村寨
中游走，以借关公之威驱邪纳吉，祈雨除灾，或保佑一方平安。届时，当
地的群众会在村前村后设坛迎送，气氛热烈而隆重。

实际上，现在湖北、湖南、四川、重庆、云南、贵州、广西、河南、
安徽、江西等地各族人民的"傩戏"活动中，关公都是"傩神"。在这些
活动的中，人们都会首先进行一套烦琐而又庄重的"请神"仪式，所请
的神灵各地稍为不同，但基本都有关公。然后才会开始傩戏的表演，所演
曲目也各有殊异，但基本都有关公的典故或传说，整个表演过程也是在一
种神秘的严肃气氛下进行的。最后，人们还将举行同样烦琐的"送神"
仪式，活动才算结束。这种活动的周期一般会延续很多天，基本全村、全
寨的男女老少都会参加，而且每年都会举办很多次。

元代郝经所说的"关王赛会"，其情景是："夏五月十有三日，秋九
月十有三日，则大为祈赛，整仗盛仪，旌甲旗鼓，长刀赤骥，俨如王
生。"这实际上就是一场规模较大的傩戏，可见，关公的最初神格实为
"傩神"。

目前，在以傩礼来祭祀关公的民间活动中，最有特色的当属云南省楚
雄彝族自制州禄丰县的"大刀舞"。

禄丰县境内有一个地方叫高峰乡，这里的人口由彝、汉、苗、白四个
民族组成，其中以彝族人口最多。每年的农历六月二十四日至二十七日是
彝族最盛大的节日——火把节，因为这里的火把节还保持着原始的风貌，
所以被学界称为"最正宗的彝族火把节"。

在这个节日里，高峰乡人会举行祭祖、开光、祭天、耍火把、扫邪驱
魔、送火把等各种民俗活动，并会跳起一种传统的舞蹈，即"大刀舞"。
这是一种集巫、武、舞、刀法、精神力量为一体的祭祀傩舞，以两军对阵

厮杀抢占城池为情景表现的主线，以唢呐、锣鼓、大号为伴奏，曲调激昂向上、节奏性强。其表演过程变化多样，有圆阵围圈耍刀，有方阵对阵，有两人相互对杀，场面非常壮观。有学者认为，大刀舞体现了彝族的火崇拜、鬼魂观、祖先信仰的文化内涵，也反映了彝族战争、迁徙、发展的历史，所以，2009 年，"高峰彝族大刀舞"被云南省政府列入省级非物质遗产保护名录。

现将高峰乡火把节和大刀舞的主要活动过程介绍如下。

祭祖：农历六月二十四日，各家各户在家杀鸡祭祖，祖灵就是指彝族祖宗的牌位，是用彝话称为"莫"的竹子根制作而成。高峰乡人去世后，出殡第二天由毕摩带领孝子到山上找祖灵竹。毕摩念经后，孝子大叫三声"阿爹"！最先摇动的竹子被视为祖魂依附的竹。由孝子将竹连根挖出捧回祭场，毕摩用刀刻成人形，以银子点上眼鼻裹上五色布即成祖灵。竹子上有几个芽即表示孝子以后生几个儿子。

开光：二十五日下午约二时，土制铁火炮三响，户主们到土主庙集中。土主庙后空地撒一层松毛，三个傩面具放在其上，黑脸"庚英颇"居中，红脸"伧司颇"在右，白脸"艾目灵"置左，龙虎凤旗、小面具、大刀插在两边。炮响三声，长号齐鸣，毕摩插上香火，供上白酒、白米，红烛，三对卦木，率众人对傩面具跪拜祷告。祷告完毕，为傩面具开光。毕摩左腋夹大红公鸡，用右手掐破鸡冠，挤出鸡血为三大傩面具开光，先点眼，后点嘴、鼻、耳，边点边念："一点眼睛看四方，二点耳朵听八方，三点嘴巴吃猪羊，四点鼻子闻吉祥。"开光后，祭司右手斜举起一面大铜锣高呼："噢！问波捏津临腰波捏津我——序！"其意是六月二十四日、二十五日火把节开始。众人高呼："玛哩玛瑙——呜！"即一鼓作气。

祭天：开光后，三声炮响，起堂祭天。三大傩神开道，龙虎凤旗紧跟，后面是两面大锣、乐队、副神、刀队、旗队，全村成年男人紧跟其后，冲向第一营盘，敲大锣者高呼"网哥！网哥！呜！"，意为大家围拢来。三大傩神呈三角形站立，大刀队、乐队、旗队围着傩神成内外两圈并沿逆顺方向奔跑冲杀、跳大刀舞，三大傩面具不断摇摆，左顾右盼，作统兵征战状。最后三声炮响，队伍冲进天神庙，撒上松毛，将三大傩面具摆好，献上洒礼香火，众人跪拜磕头，毕摩用彝话唱诵祷辞。唱诵毕，磕头，三声炮响奏乐按原路回村祭关帝。

耍火把：二十五日夜，男性不分老少聚在土主庙前大晒场围绕三大傩神耍火把、跳大刀舞，许多人都举着火把，不时对着火把撒把香面，使得火星飞溅，这让舞蹈场面显现出一种特有的神秘与隆重气氛。

扫邪驱魔：农历六月二十六日，人们在土主庙集合，在三位傩神带领下为全村各家各户扫邪驱魔，唯死人未抬出门者不扫，生小孩不满月者不扫，家中有病人者被视为有鬼邪祸害，所以会特意认真扫邪。

送火把：二十七日送火把是火把节的高潮。先是人群从村里向山顶进发，在途中，隐藏着的大刀队会冲杀出来，在空地上跳一阵大刀舞，人们走一段跳一通，直至到达山顶。最后，舞者们会将面具、龙虎凤旗丢进火里烧毁。在火塘边等候的人们伸手到火中抢面具上的彩色纸，带回家烧成灰给小孩吃，据说小孩吃后不会生病。这时毕摩对着火堆供上香火，开始祷告，鸣炮三响。至此，整个火把节宣告结束，青年男女则尽情地跳起"左脚舞"。

从以上的活动过程中可以看出，"三傩神"面具基本上是火把节和大刀舞的主体。这三位傩神在彝语中的名字分别为庚英颇、伧司颇、艾目灵，其中庚英颇黑脸、三目、面目狰狞；伧司颇红脸、多须、不怒自威；艾目灵白脸、清秀、笑容可掬。

对于这三位傩神的身份学者们一直众说纷纭，有人说黑脸的是张飞、白脸的是刘备，也有人说黑脸的是孟获、白脸的是曹操，但红脸的伧司颇一望可知就是关羽，没有任何悬念。当地大部分汉族、彝族群众认为：黑脸庚英颇的是孟获、红脸伧司颇的是关羽、白脸艾目灵的是诸葛亮。

高峰乡地处云南，三国时期诸葛亮确实率军来过云南，并七擒七纵收服蛮王孟获，所以高峰乡人以诸葛亮、孟获为神是比较正常的事，但诸葛亮南征之时关羽已经逝世，史书上也从未有关羽来过云南的记录，为何当地的彝族人会奉关羽为神？

相传大刀舞的套路原有七十二套，现传下来仅有八套，其中有一套就叫作"关公刀"，它的主要动作有抛刀跺地晃手、踢刀上臂抹刀、左右算刀弓步、上部跪蹲挑刀、刀步背刀招手、刀步翻转、刀花等，与中原武林所流传的"春秋大刀"刀法极为相似，而道具也酷似"青龙偃月刀"。另外，高峰乡火把节"祭天"仪式的最后一个步骤，就是回村祭祀关帝。而且，六月二十四日在彝族为火把节，但这一天却也是关帝的诞辰。

如此种种问题，一直令人费解，有学者认为，大刀舞中大刀的起源是："由于高峰乡是古代贩盐的必经之地，盐商每天都经过彝族村寨，于是在不知不觉中把关羽的大刀套路传播进来，启发了彝族先民借用'关刀'取代棍棒，演变为今天表演彝族大刀舞所用的大刀。"[①]但还是没有说明彝族傩神伧司颇为什么是关羽的问题，也没有解释为何祭祀关帝会成为彝人祭天仪式的重要环节。

也许一些彝族耆老所说的更能让人得到启发，他们认为黑脸代表天、红脸代表地、白脸代表人，在彝族语言中庚英颇、伧司颇、艾目灵的发音也与这种说法相近。这就基本上告诉了我们这几位傩神到底是谁，那就是：庚英颇为雷神、伧司颇为关羽（炎帝、蚩尤、酆都大帝）、艾目灵为竹王。

二　雨神关公

雨神，是农耕文明的产物，很早就出现在人们的信仰体系之中。从目前发现的甲骨文卜辞来看，早在商代，"雩祀"就已经是国家祭典的重要组成部分。

最初明确记载关公有雨神"功能"的官方文献是淳熙十五年（1188年）十一月二十一日宋孝宗赵昚颁布的《特封关羽壮缪义勇武安英济王诏》：

> 敕云："生立大节，与天地以并传；殁为神明，亘古今而不朽。荆门军当阳县显烈神壮缪义勇武安王名著史册，功存生民。一方所依，千载如在。凡有祷于水旱雨赐之际，若或见于焄蒿凄怆之间。英烈岩岩，可畏而仰；庙貌奕奕，虽远益新。爰启王封，仍加美号，岂特显尔神威德之盛，亦以慰此邦父老之情。尚祈灵聪，服我休显。可特封壮缪义勇武安英济王。奉敕如右。"[②]

在大宋皇帝的金口玉言下，关公正式成为了雨神，同时期的黄茂才有

---

① 高峰乡火把节及大刀舞资料参见王琴美《民俗视野中的禄丰高峰乡彝族大刀舞》，《楚雄师范学院学报》2012 年第 4 期。

② 张镇：《解梁关帝志》卷一《封号》，山西人民出版社 1992 年版，第 66 页。

《武安王赞》，诗曰：

> 气盖世，勇而强。万众中，刺颜良。身归汉，义益彰。位上将，威莫当。吴人诈，失不防。质诸心，吾何伤？严庙貌，爵为王。祚我宋，司雨旸。祷而应，弥灾荒。名与泽，蒙泉长。

“祚我宋，司雨旸。”也表明了关公的雨神功能。又据《明世宗实录》卷一四九记载，嘉靖十二年（1533年）四月，世宗曾诏谕为祈雨致斋三日，特遣官员祭祀“汉寿亭侯之神”，更是强化了他的这种功能。

其实，在汉代的《礼记·月令》五月条中就有：“大雩帝，用盛乐。乃命百县雩祀百辟卿士有益于民者，以祈谷实。农乃登黍。”之语，其中的“大雩帝”“雩祀”都是祈雨的意思，这表示，五月本就是祭祀雨神的时节。关公祭日为五月十三日，所以古人在祭祀关羽的时候，也应该会加入祈雨的环节。

关公在西南少数民族中的生日曾是四月八日，而四月也是汉代的人们祈雨的日子，董仲舒《春秋繁露·求雨》中说：

> 夏求雨。令县邑以水日，家人祀灶。无举土功，更火浚井。暴釜于坛，白杵术，为四通之坛于邑南门之外，方七尺，植赤缯七。其神尤，祭之以赤雄鸡七，玄酒，具清酒、膊脯。祝齐三日，服赤衣，拜跪陈祝如春辞。

祭祀的主神就是西南少数民族的祖神蚩尤，可见，关羽雨神的“职责”和战神一样，最初都是从蚩尤那里继承而来的。

另外，关公最初的“神职”是“傩神”。而“傩礼”则涵盖了古人对于所有美好事物的期盼，这其中自然包括了人们对于雨水充沛、五谷丰登的淳朴愿望，所以春夏之际“跳傩祈雨”也是“傩礼”活动之中的主要环节之一，因此，作为傩神的关公也就和人们的祈雨仪式产生了关联。如此，久而久之，关公也就必然会成为雨神了。

清代以后，关公的祭祀风俗已经和人们在仲夏祈雨的风俗融为一体。如光绪元年湖南《兴宁县志》载：

岁时民俗：（五月）十三日为龙生，喜雨。谚云："不怕五月十三漫，就怕五月十三断。"又二十六日有雨为"分龙雨"，南迁北陌，晴雨各别，谚云："夏雨分牛迹。"按：五月十三日，俗名"磨刀雨"，以关圣生日传会之。

光绪八年《孝感县志》载：

（五月）是月也，移竹，刈小麦。俗称"雨程途"。初四、初五为划船雨，十三日为关公磨刀雨……

富察敦崇也在光绪二十六年成书的《燕京岁时记·磨刀雨》中说：

京师谚曰："大旱不过五月十三。"盖五月十三乃俗传关壮缪过江会吴之期，是日有雨者谓之磨刀雨。

民国北洋政府国务院秘书长夏仁虎也曾在《岁华忆语》中说：

五月十三，金陵谓是关帝磨刀日，是日有大风雨，曰关圣磨刀雨。

可见"五月十三关公磨刀雨"已成俗谚，并广泛流传在中国的各个地区，民间至今还有许多与此有关的传说，如：

历代以来各地关帝庙前的香火都很旺盛，人来人往，络绎不绝，闻名遐迩。此消息传至海外，却惹起南海恶龙的嫉妒。有一年正值水稻扬花吐穗之时，趁关公因事外出不在南天庭之机，恶龙便不把关平、周仓二将受托代管之事放在眼里，翻起逆浪，张开血盆大口，吸尽江河溪流之水，致使闽南一带千百万亩稻田，即时干旱枯萎。眼看将颗粒无收，农夫们焦急如锅上蚂蚁，纷纷到各处关帝庙祈祷降雨，哭号之声连天贯耳，关平、周仓二将力敌不过恶龙，见形势不妙，遂骑上千里驹，追寻关公回来征服妖龙。当关公返回南天廷时，俯瞰下界闽南一带山川，白地千里，旱情严重，非常愤怒，连夜具奏本，翌日早朝启奏玉皇大帝，请旨擒服妖龙，为民除害。玉皇准奏，并赐"先斩后奏"的令牌。关公回到南天庭后，立即调遣周仓、关平二将率领天兵，定于农历五月十三日吉时在南天门外磨利青龙大刀而后出征。是时，其磨刀的水洒落人间，形成微雨，而后天兵一齐涌到南海与妖龙展开厮杀恶战，最终擒住恶龙，拔了龙须，抽了龙筋，逼使妖龙吐出满腹之水，旱情消失，恢复了风调雨顺的景象。关公为了记取此次教训，遂于每年五月十三日亲自在南天门外磨刀示威并降雨霖。

三　胥吏之神

历史为将者，奋身决战，视死如生，苟临利害，不顾名节，此匹夫之勇，往往皆是也。及其风尘毕起，群孽争驰，忠以报上，勇以戡乱，虽千万中，盖难其人矣。尝阅诸信史，载其勋烈，较其成败，固有优劣之异，及其临大节而不可夺，辉耀今古，舍忠勇轶群，孰得而跂及。惟王以义从昭烈帝，与飞为御辱，恩固虽厚，未尝鲜礼，誓以共死以事先主，可谓忠矣！至于率众攻曹，水溃七军，斩魏诸将，群盗畏服，威震华夏，曹公避锐，可谓勇矣！观其曹公感义而终不能久留，虽图报曹公而□心于先主，始终不变，卓然过人，何异夫镇邪之剑，至刚而不挠，松柏之干，岁寒而不易。其遗风余烈凛凛乎，如秋霜之严也。

王，解人也，去古浸远，神灵不替，故能阴相我朝廷，屡有显烈，由是累加封爵，以达神休。闻喜，解之支邑也，中条稷山，南北相望，土广民饶，最为繁剧。崇宁初，二寇扰民，当职者深以为患。弓级董政，实领诸众，仅二十余年，盗贼畏惧。挺然建议曰："我辈以擒捕为职，戮力用命，匪神佑于其间，不能屡捷，故临出入，常祷于王，无不获功，信乎！王之德生而忠勇，其名不陨，降灵在人，应于不测。故上可以佑国家，远可以镇边境，迩可以保乡间。昭然鉴□，若在左右，何其一乡之人不能建立庙貌？尊加严事，归报神德。"于是与同列□立、郭安协力营干，罔有异□。遂卜县城之西，择为庙所，环垣周围计地三亩。至大观三载孟秋望日，殿庑方就。离轩之前，崇以为门堞；乾位之隅，敞以为花圃。植木之繁，以聚清阴；面山之峰，以增远目。故岁时乡社之人，得以陈俎豆，备乐舞于庭。逮至政和七年，会令佐贤明，讼简刑清，政修废举，命使立石，乐其功之罔坠。噫！尝谓王之行事，其忠节勇功，炳若丹青，乡人之所详闻。今略述其大概，俾忠义之士，激昂奋励以报朝廷，岂不伟欤？里人从政郎郎洪嘉，其诚意相嘱，为文以纪其实。时政和七年九月望日记。①

这是北宋阮升卿的《解州闻喜县新修武安王庙记》，作于政和七年（1117 年），这个时间是关羽被封为"武安王"的九年之后。

从碑文中可以看出，最初倡议修建闻喜县关庙的人是一位专以"擒捕为职"的弓级董政。所谓"弓级"指的就是弓手，也叫射士，是宋代的县役之一，在当时是维护社会治安的基层武力，这个职位在北宋初期主要由乡村主户中的第三等户担任，神宗时改差为募。弓手的职责主要是缉捕盗贼，类似于现代的刑警，所以这篇碑记应该就是警察崇拜关公的最早记录。

中国人民公安大学教授王大伟先生曾在他的著作《龙的盾牌》中讲述过这样一件事情：

> 1990 年 5 月，比尔曾在中国人民公安大学白色的阶梯教室里讲课，鄙人当过翻译……第二天，比尔上街买东西，王府井跑了一个遍，也没称心。原来他要买一张关公——关云长的画像。"关羽"他发音又不准，说成是 Guan Dai（关岱）。说了半天，我才知道他是要买关羽的像。真是"林子大了，什么鸟都有！"问他为什么，他却反说我无知，关羽是谁？是世界警察之父，他要买一张关羽画像回家。警察研究所的所长嘛，没有关羽像成何体统？②

可见，关公与警察之间的关系已经延于海外。

20 世纪末，香港油麻地警署还有崇拜关公的习俗，据说源于 20 世纪 30 年代的某位华人探长，其后扩展至各个纪律部队，如消防、海关等。

---

① （清）胡聘之《山右石刻丛编》卷十七，转引自胡小伟《关公信仰研究系列》第二卷《宋代儒学与关羽崇拜》，香港科华图书出版公司 2005 年版，第 98 页。

② 王大伟：《龙的盾牌——中国警察在英国》，农村读物出版社 1999 年版，第 7 页。

实际上，从《解州闻喜县新修武安王庙记》和公安大学外籍教授比尔的讲述来看，警察崇关的习俗至晚应起于宋代，香港油麻地警署只不过是继承这个古老的传统而已。

史载刘备曾做过安喜县尉，而县尉的职责就是辅佐当地县令维护治安，当时关羽张飞也是马弓手和步弓手，其职责很类似于宋代的弓手以及后世的警察，因此香港警察崇拜关公倒也是情理之中的事。

四　乡里之神

周制，王及诸侯国都郊内置乡，民众聚居之处曰里。因以"乡里"泛指乡民聚居的基层单位。《周礼·地官·遗人》："掌邦之委积以待惠施，乡里之委积以恤民之囏阨。"郑玄注："乡里，乡所居也。"

阮升卿的《解州闻喜县新修武安王庙记》提到关公"上可以佑国家，远可以镇边境，还可以保乡闾"。其中的乡闾①指的就是乡里社会，可见关公在北宋年间就是乡里之神了。

乡里制度是指中国古代县以下的各级基层行政区划的制度，是农业文明国家形态及其政治体制赖以形成和发展的基础，也是宗法性与行政性的高度整合制度，被称为"治民之基"②。乡村社会实行乡里制行政管理，集中反映了中国古代社会结构的一些特殊性，这是古代中国不同于中世纪西欧的地方。历代乡里制度都是以对全体乡村居民进行什伍编制为起点，以"什伍相保""什伍连坐"为基本组织原则的。乡里的乡正、里正拥有按比户口、宣布教化、督催赋税、摊派力役、维持治安、兼理司法等职权。

北宋的乡里制度由宗族耆老、豪绅富户掌管实权，承办田赋、徭役、缉捕、调解和税收。由于朝廷不注意乡村一级中治安、教化等方面制度上的设置，仅对赋役感兴趣，所以导致乡里社会秩序在制度上出现了失缺，以至于民变四起、盗贼横行。关公应该就是这种背景之下成为乡里之神的。对于当时的人们来讲，关公的主要神职就是"保境安民"，这种职能随着战争岁月的延长而不断得到加强，因此到了元代，关公庙已是"祠

---

① 古以二十五家为闾，一万二千五百家为乡，因以"乡闾"泛指民众聚居之处。《管子·幼官》："闲男女之畜，修乡闾之什伍。"《南齐书·礼志上》："郡县有学，乡闾立教。"

② 参见《周书·苏绰传》。

周天下，至梵宇琳宫，荒村穷谷"① 了。

同时，因乡里社会组织还有"平决诉讼"的职责，所以关公信仰也就自然而然地涉及司法，元代固原（今属宁夏回族自治区）的《重修显灵义勇武安英济王庙三门记》就记载了一件关公显灵昭雪冤案的故事：

> 元统甲戌夏四月，六盘山都提举司案牍张庸一旦款门告予曰：庸古并民籍，延祐庚申季冬，蒙中政院委，充提领所副提领。岁辛酉莅任，职掌催纳粮租，岁办贡税千余石，例投提举司库使阎文彬收掌，验数给付，岁终考较官为凭准。岁壬戌，朝廷差官陈署丞弛驿，纂计本司上下，计分楮币租税，问庸曰："汝纳税数有税契否？"庸赍先给收付为照。丞曰："殊无印符，难为凭准。"遂问库使，阎文彬从而隐匿。丞曰："国朝有何负尔，敢如是耶？"令卒隶图圄责监，承限逋纳。庸曰："此冤，何地可伸？"
>
> 越明日，庸祷于显灵义勇武安英济王庙内，跪拜未已，锁自释。监卒见怖，遽告署丞。丞大怒，命执厅下曰："汝罪当何？"刑督责益急。申谕监卒重锁固卫。言未讫，俄闻空中放矢之声，锁陨于地。丞曰："予告天役敢不卒究？事若信兹而缓于法，恐未宜。"复行监锁。次日，推问官吏咸列左右，有声自空，锁轰于地，碎犹沙砾。闻者莫不震悚，毛发尽竖。官吏更谏丞曰："此幽暗之事不可测度，莫若及库使亦同监锁，自行规兑。"丞从之。
>
> 明日，文彬与庸拜誓于王，至祠未矢，忽二雀翔下高空，集文彬首，二爪爬发，两翼击面，鸣声啾啾。……文彬神思昏聩，如痴醉人耳，良久方苏。叫曰："我等不合欺心，自召此报。"雀即飞去。既而，从其家求据，得日收历一卷，照与庸付同。官吏以是白丞，丞乃释庸，叹曰："诚透金石，格天地，感鬼神，观此可知。"……②

明朝开国以后，朱元璋非常重视利用儒家理论对乡里社会进行有序的

---

① 吴律：《汉义勇武安王祠记》辑录于《钦定日下旧闻考》卷五十二。
② 碑文撰写者为梁遗，见宁夏固原博物馆编《固原历代碑刻选编》，宁夏人民出版社2010年版。文字参考北方民族大学非物质文化遗产研究所马建民的《元代固原〈重修显灵义勇武安英济王庙三门记〉疏证》。

管理，所以各乡兴办社学，倡导理学伦理价值观，出现了"兴乡约以亲睦宜，设教育以修教育齐德焉"之风。许多村社也都相应建立了"旌善亭"，意即为"旌善抑恶"，这就让已成为乡里之神的关公也具有了道德教化的功能。

到了嘉靖年间，倭乱频发，东南沿海的江苏、浙江、福建、广东、广西一带的乡里社会遭到严重破坏，而此时的关公信仰在这些地区不但没有减弱，反而更加兴盛，各村各乡或新修或重建的关帝庙明显增多，很多饱受磨难的农民、乡绅都对关公产生了严重的依赖心理，如苏州《双凤关王庙碑》云：

> 甲寅（1554 年）之变，贼屯我双凤旬月，贼退，民多以生全为幸，以残毁而不足惜。相率持牲酒祷于庙门口：忧乱未已，王其念我民。明年乙卯，贼自吴门从昆山抵直塘，有道入双凤，闻双凤炮声，疑官军而遁。双凤实无官军，民相率谓王曰：王之灵也。又明年丙辰，贼复入七浦屯，东略诸镇。贼众一自直塘而南，去双凤里许；一自沙溪而西，去双凤里许。贼见双凤白雾漫空，恍惚若有神护，民掠去贼中脱回，悉能道之。民又相率谓曰：王之灵也。……倭夷乱华，三江惨毒。倭来则伏，倭去不复。倭夷在郊，孰敢进兵？丕显威灵，倭夷震惊。①

用今人的眼光来看，这可能是一种消极的自我催眠行为，而对于当时的人们来说，这其实是一种通过相互团结来消除恐惧的战前准备工作。从"倭夷在郊，孰敢进兵？"一句可以看出，这些人已经拥有了为保卫土地而抗争的勇气，而正是这种勇气才使得倭寇最终在沿海地区完全灭绝。

此后，万历皇帝奉关公为伏魔大帝，清政府又将关公立为大清主神，这无疑令关公信仰在乡里社会中的位置再次提高，以至于让关公和佛教的观音、道教的吕洞宾一起成为乡人必拜的神灵。如蒲松龄的《历城关帝庙碑记》云：

---

① 《双凤里志》，《中国地方志集成》乡镇专辑 9，转引自胡小伟《关公信仰研究系列》第四卷《明清关羽崇拜》，香港科华图书出版公司 2005 年版，第 147 页。

今夫至灵之谓神，谁神之？人神之也。何神之？以其不容已于人者神之也。日星河月，雷霆风雨，昭昭者遍满宇宙，而人则何知？其慈悲我者，则尸祝之耳。故佛道中惟观自在，仙道中惟纯阳子，神道中惟伏魔帝。此三圣愿力宏大，欲普渡三千世界，拔尽一切苦恼，以是故，祥云宝马常杂处人间，与人最近。而关圣者，为人捍患御灾，灵迹尤著。所以樵夫牧竖，婴儿妇女，无不知其名，颂其德，奉其祠庙。福则祈之，患难则呼之。何以故？威灵之入于耳者久，功德之入于心者深也。

余历城别业，故有关帝庙，规模故隘，以其难尽力而不容已于心者之所为也。居人香火之，四时不衰。历年久，风雨又剥落之，金碧摧残，其襄殊甚。村人过辙悼欢，蓄诚已非朝夕。其余地狭民贫，萌是念不敢倡是举，亦犹之当年不得已，于心而苟且从事焉者。值今岁成，吏清民安、岁又小稔，大众善心，不期而合。遂相与鸠工庀料，缘旧址而式廓之。群谋立石，志其年月，请余一言。余喜而记之。①

所以，明清两代由乡人集资创建或修建的关帝庙已经多如牛毛，数不胜数，富裕的地方可能会修建大庙，贫穷的地方也会围一个土龛，似乎一个村子如果没有关帝庙才是一件不正常的事。人们在关帝庙前祭祀、膜拜，祈求五谷丰登、世道清平，如果乡人之间产生了矛盾，也先要到关帝庙前评理，以求公平，这渐渐成了人们不变的习俗。同时，随着战争、移民和商贸的活动，关公信仰又被人们带到了海外各地，以至于全球有华人的地方大都有关帝庙。这种现象对不了解乡里社会的欧美人士来说，应该是很难理解的。

五　江湖之神

江湖一词最早出自《庄子·内篇·大宗师》："泉涸，鱼相与处于陆，相呴以湿，相濡以沫，不如相忘于江湖。"此后曹操《让县自明本志令》有"江湖未静，不可让位；至于邑土，可得而辞"之句，《汉书·王莽传下》也云："太傅牺叔士孙喜，清洁江湖之盗贼。"这就让江湖与祸乱、盗贼产生了联系。唐代贾岛《过唐校书书斋》"江湖心自切，未可挂头

①　蒲松龄：《蒲松龄集·聊斋文集》卷二，上海古籍出版社1986年版，第43页。

巾"以及宋代王安石《和王胜之雪霁借马入省》"超然遂有江湖意,满纸为我书穷愁"中的江湖意指隐逸之所,而北宋范仲淹《岳阳楼记》"居庙堂之高,则忧其民;处江湖之远,则忧其君"的江湖则用来指民间社会,有与朝廷相对的意思。可见,"江湖"的内涵相当丰富。

中国自唐代开始,商品经济逐渐繁荣,除去文人墨客为了修饰辞赋所强加的书面意义,此后的"江湖"更应是一种与"乡里"相对的基层社会概念。它所覆盖的范围是庞大的,囊括车、船、店、脚、牙,甚至胥、吏、僧、道各色人等,这其中当然包括帮会组织成员,也包括地痞、无赖、山贼、盗匪等反社会人群。在这种社会形态下,孔子所倡导的以"孝"为核心的伦理秩序显然用处不大,因为江湖人事大都生活在一个非血缘关系之人组成的陌生人的世界之中,在这个世界里,宗法制度没有丝毫的用武之地,而"义"则成为最重要的道德标准。所以,以关公崇拜为代表的"义"文化也就在这种社会形态中得到了发展。

最初接触过关公文化的江湖组织应是"盐帮"和"漕帮",其中两淮盐帮了解关公文化的时间会较早,因为自古以来荆州所用的盐大都为淮盐,而荆州恰恰是关公文化的发源地。李汉杰在宋元丰三年(1080年)所撰的《威胜军关帝侯新庙记》中曾说:"迄今江、淮之间,尊其(关羽)庙像,尤以为神。""江"指的应是荆州的江陵一带,而"淮"所指的应该就是盐业发达的淮河流域。

宋元时期,随着南北运河的不断疏通,漕运开始兴盛,以至于淮盐在国家税赋中的比重不断提升,这无疑加快了关公文化在淮河流域的发展速度。而且,宋、元的漕盐、漕粮运输都是由军队负责押送,而当时的"武安王崇拜"正在军队中日渐普及,所以关公信仰也就沿着漕路扩散到了为数众多的州县,其中,信仰气氛最为浓烈的地区当属徐州、扬州。

元皇庆二年(1313年),赵孟頫撰写的徐州《关尉神祠碑铭》,云:

> 有庙在洪之西陬,所祀二神,一为汉寿亭侯关公,公事汉昭烈,尝为徐州牧①;一为唐鄂国公尉迟恭。传二公治水吕梁,徐州盖有二

---

① "公事汉昭烈,尝为徐州牧"并不是当地人崇拜关羽的最初原因,徐州的关公崇拜应是以唐末的"庞勋之乱"为开端,那些跟着庞勋起兵造反的驻桂戍卒都是徐、泗人士,正是他们将关公信仰传回了徐州,这可能就是赵孟頫所不会知晓的渊源了。

公遗迹。二公生为大将，殒而为神，其急人之患难，夫岂怼于素志也哉？

可见徐州人将关羽看作是能治水的本地神灵。赵孟頫还提到了当时神祠的庙况之盛：

> 庙成，奉牲酒者争门而入，拜于轩陛之间者，至不能容。人之精神萃聚于此，又挟山川之气以自壮，故祷而辄应，每事必祝其灵赫。然享祀之至，俞久而俞盛。于此见忠义之士，虽千载遗烈，犹不泯也，岂不伟哉。[①]

徐州向有"五省通衢"的美誉，黄河、淮河、泗水等自然河道都在此地汇聚于京杭大运河，因此形成了南北东西通贯的商业贸易中心，五省商贾，八方贸易，时常汇集于此，这就为关公文化的传播创造了良好的条件。

与此同时，关公信仰在淮盐的重要产地扬州也得以迅猛发展，天历二年（1329 年）冯子振曾写过一篇《广陵修庙碑记》就说明了这一点：

> 大丈夫忠愤不酬于尺寸，而庙食滂沛于九州；功名不留于须臾，而义烈感慨于千古。长河之北，大江之南，陋之而偏州，迁之而僻县，枵然数十家之聚，辄集金券地，画土伐木，宁鹑衣百结，不敢虚丹腹于云长之祀事；宁蜗涎一角，不敢乏牲酒于云长之庙宫。矧大邦剧邑，人物充斥之乡乎！

到了明朝万历年间，关公成为官方指定的漕运护佑神，《古今图书集成·神异典》载："神宗万历十八年（1590 年），以神显灵高堰，诏加尊号，颁衮冕，赐庙额曰'显佑'。"并转引了一段资料说：

> 万历十八年十二月十五日，准礼部咨，该总督河漕右都御使潘季

---

① 嘉靖本《徐州府志》，转引自胡小伟《关公信仰研究系列》第三卷《元代关羽崇拜》，香港科华图书出版公司 2005 年版，第 150 页。

> 驯题称：本年五月内，因上源、汝宁、寿泗一带淫雨连绵，淮水暴
> 涨，至二十七、八日，雷雨交作，西风骤急，高堰将危。此时，从工
> 所看到黄云一片，笼罩武安王庙上，良久方散。又本庙僧人宗权有徒
> 远归，从十里外望见庙前灯火盛张，至庙寻访无踪，须臾风转雨收，
> 水势遂定，高堰溢而后安，实系武安王神功之力。

"高堰"即"高家堰"，系指今江苏省淮安市淮阴区高堰村附近的一段淮河堤防。宋代前后，黄河在河南夺泗争淮，致使淮河决溢，洪水经由洪泽湖又从决口流溢出去，造成连年灾害，又因黄河挟沙，淮河尾闾不断淤垫造成湖底日升，湖水日涨，湖堤日高，使得洪泽湖最终形成了一个"悬湖"，最高水位比下游地平线高出十几米。明万历六年（1578 年）三次出任河漕总督的潘季驯上任，提出高堰为两河的关键。只有增筑高堰不使淮水东溃，人工蓄积的淮水方能"尽出清口"，清口及下游不淤，运道才能通畅。继而他又提出增筑直立条石护坡，变一般性防堵为高标准的展筑，得到皇上获准。历尽艰难最终筑成了高 1.23 丈，长 60 里的土堤石工墙，即为"高家堰"。"堰堤大有建瓴之势，城郡更出釜底之形"，所以官民盛传"倒了高家堰，淮扬不见面"，足见其地理位置的重要性。

万历皇帝在此地敕封关公，而敕封建议又是出自河漕总督潘季驯，这无疑让关公成为名副其实的"漕运之神"。

也许在潘季驯的眼中，关公是治水、治理河道的神明，但在漕路沿线各城镇的民众心里，关公更是义神，是代表一种社会秩序的道德神祇，否则当年徐州的关尉神祠在庙成之时，也不会有"奉牲酒者争门而入，拜于轩陛之间者，至不能容"的景象；在扬州的广陵关庙前，人们也不会"宁鹑衣百结，不敢虚丹腆于云长之祀事；宁蜗涎一角，不敢乏牲酒于云长之庙宫"。

徐州、扬州、淮阴等城市都是明清时期的商业发达城市。在这些城市中，商贾云集、物阜货丰、码头林立、热闹非凡，是江湖帮会讨生计的理想之地。这些帮会组织的经营活动大多具有危险性，所以都很注重强调内部成员的忠诚和勇敢，且常常用"结义""授徒"等方式来提高组织的凝聚力，因此，以"忠、义、仁、勇"为核心精神的关公也就自然受到了他们的追捧。

其实这些帮会组织多是离乡背井的人们为了生存而结成的利益共同

体，其成员在大多数的情况下都是守法的。然而一旦出现灾祸，如：洪水、饥荒，或者国家政策出现偏颇，他们的反政府力量就会爆发出来。唐末的黄巢、元末的张士诚都曾是盐帮的首领，明嘉靖时期的倭寇中也有很多人曾是私盐贩子，从他们的所作所为就可见这些帮会的危险性。不过，在明朝末年以前，关公信仰与这些组织还没有任何特殊的关系，其组织成员信奉关公的方式也和普通平民一样，都仅是将关公看作是值得尊敬的神灵而已。然而到了清代，有一些明显具有反政府性质的帮会组织将关公作为工具来利用，这就让关公文化蒙上了一层阴影。如，公开提出了"反清复明"口号的"天地会"就曾以关公为名招收成员、扩大影响力。

在天地会接纳新成员入伙的时候，一般都会举行一种以"木杨城"为核心的神秘仪式，其祝辞曰：

> 滴血盟心本姓洪，木杨城里拜关公。藤牌宝剑千金重，镜剪绫花两边功。斗内公平与秤尺，米粮充足壮军容。……
> 木杨城内有关公，花红宝烛在其中。四大忠贤扶左右，松柏长钱挂西东。……三升酒醴来奉敬，五菜五果奉五龙。斗上红灯同结义，召集英雄见太公。①

而且，现存嘉庆十六年五月初七记录的"广西东兰州天地合成员姚大羔所藏《会薄》"中，已出现了类似组织内部联络的暗号，名为《关圣对》，如：

> 英雄豪杰定乾坤，万里江山共一轮；争天夺国一点红，路出根机剑下亡。

还有《真主联》云：

> 项羽拥衾，千载说仁义之风；关公秉烛，万古表精忠之名。②

---

① 萧一山：《近代秘密社会史料》，岳麓书社1986年版，第247、263页。
② 同上书，第258页。

又《洪门志》言：

> 每年五月十三日，为关帝圣诞；每年七月二十五日，为五祖纪念，即红花亭纪念。
> 关夫子来在云端，弟子跪在地平川。随带五百金枪手，要学桃园万万年。①

天地会对于关公信仰的借取，无疑使一种通过宋明理学完善后的忠义文化迅速产生了变异，以至于在几百年后，有人会以为关羽是"黑社会"的神，其实，这完全是一种误解。道理很简单，就像意大利的"黑手党"②信奉上帝一样：并不是因为上帝是"黑手党"的神，而是因为上帝是全世界基督教徒的信仰对象。关公在当时是清政府最为推崇的"忠义神武关圣大帝"，中国的信奉者又何止千万，以至于天主教传教士都要用关公来聚拢人气，如在八国联军攻入北京后，率领教徒四处抢掠的臭名昭著的侵略者、法国天主教驻京主教樊国梁（Pierre Marie Alphonse Favier），就曾在他的《燕京开教略》中大言不惭地说：

> 中国君民所敬之关壮缪者，曾识天主耶稣。有碑文为据。其碑文系壮缪为寿亭候时，亲笔所撰。如云：救世之主，诞于山洞。衣不蔽体。受尽祁寒子夜之苦。又言吾主死后复活。升天时，石上遗有足迹等等奇异。后有人将碑文揭下多贴。散布各处，壮缪若非奉教之人，何以碑文中，历言吾主降生之奇。……③

天地会等秘密会党在建立之初，也只不过是借用这位人气颇高的神灵为他们招兵买马、增加收益而已。从这个意义上说，关公不但不是"黑社会"的神，相反，这些根本不懂"忠"为何物的组织实际上与关公信仰之间的关系是势同水火的。

---

① 朱琳：《洪门志》第十三章，河北人民出版社1990年版，第105、145页。
② 实际上"黑社会"与"天地会"还是有很多不同的，但相同之处也很多，限于篇幅，暂且不论。
③ 樊国梁：《燕京开教略》卷一，清光绪三十一年，救世堂出版。

然而不可否认的是，正因为天地会等秘密会党以关公为主神，使得这些组织在发展过程中不断地强化道德意识，才让他们更加注重团结协作的精神，即："义"所蕴含的精神，并逐渐充当起了那些无法得到政府保护的海外华人之庇护者的角色。正如《请入忠义堂诗》所表述的那样，洪门兄弟视异姓结义为有益继承传统道义的行为，并将这种行为比喻为"刘皇请我到华堂，关张义弟保君王，孙曹多少英雄将？桃园结义保明皇。"① 这多多少少让那些孤悬海外的华商、华工们找到了一丝心灵慰藉，在抵御外国人压迫的时候，在反抗充满歧视的政策法规的时候，多了一些勇气和力量。

六　文衡帝君

关公是文衡帝君的说法目前依然在福建、台湾等地盛行，台湾的一些民众甚至将文衡帝君视为第十八代玉皇大帝，这种观念其实来源于关公"讽诵略皆上口"的儒学经籍《春秋》。

明代科举制度被称为"五经分房"，即以《诗》《书》《礼》《易》《春秋》分房出题，考生则各习一经。其中《春秋》向被称为"经中之史"，考生需要熟悉大量典故，所以是较难的一科，但考中之后的升职空间也比较大，且更容易接近朝廷的权力中枢，故被誉为《麟经》。

在这种制度下，随着关公信仰的兴盛，裴松之注《三国志》所引《江表传》的："羽好左氏传，讽诵略皆上口。"就将关公与科考联系到了一起，所以至迟在嘉靖年间的江南地区，已有关公在平息倭乱之后还保佑学子及第的传闻，如嘉靖四十一年王三锡撰嘉兴《义勇武安王神祠碑记》云：

> 余弟倩叔承李君素敬礼王，……叔承上公车春闱前数日，卧燕邸，梦至一室，四面皆火，度不能脱。遂仰空吁王，王忽现形与语曰："汝能忆十一年前王镇之事乎？免汝曹于兵燹，而活汝曹于庐室者，谁欤？"叔承叩颡谢过，再拜祈脱。王携手出叔承曰："与汝一第，吾乃以柳汁染子衣矣。"语毕，似梦非梦。叔承大感悟书绅，无

---

① 李子峰：《海底》，河北人民出版社 1990 年影印版，第 69 页。

何，果捷南宫，不殿试而旋。……①

不久以后，又开始有关公在梦中教授《春秋》义理的传说流行于市：

嘉靖间，临江县有禅寺塑帝像。太史张春未及第时，在寺内读书。往来从帝前过必稽首致敬，遇朔望必焚香默祷。忽有数蜂在帝像耳结巢，春见之，即为剔去。是夜梦帝至其书室中，春屈膝拜迎。帝曰："承汝疗耳，未有以报。子读《春秋》，曾知奥义否？"遂为春讲解数条。春听之，皆发人所未发。自此以后，每夜梦帝来临。一日《麟经》友会课艺，春以帝所指示，结构成文。众阅之，咸叹赏不置，曰："是必从秘本得来，愿借一观。"春曰："实无秘本。此关帝教我也。"众哂之，以为妄语。是年文宗科试，春获高等。及赴秋闱，复梦帝曰："我来辅尔三场。"春在场中作文，笔下若有神助焉。首场合式，二、三场有典故未明，一思维便源源而来。时春卷落广东霍渭厓《春秋》房，霍以《麟经》名世，自许无双。阅《春秋》艺，见其议论出群，大奇之。及阅表册，皆秘传语，益大骇异。力呈此卷，遂中式。丁未科会试亦如乡场神助。联榜及第，殿试后，张春选入翰林，人咸以为敬帝之验也。②

此后，这类故事就愈传愈多。而且，明万历年间的一个官员调配政策，也让已经为官的文人士子对关公更加崇信，这就是："掣签法。"
《明史·孙丕扬传》载：

（万历）二十二年拜吏部尚书。丕扬挺劲不挠，百僚无敢以私干者，独患中贵请谒。乃创为掣签法，大选急选，悉听其人自掣，请寄无所容。一时选人盛称无私，然铨政自是一大变矣。③

---

① 崇祯十年《嘉兴县志》卷六。又光绪二年《梅里县志》卷三。
② 《古今图书集成·博物汇编·神异典》第三十八卷《关圣帝君纪事》第492册，第38页。
③ 张廷玉：《明史》卷二百二十四《列传第一百十二》，中华书局1974年版，第5901页。

赵翼《陔余丛考》云：

> 吏部掣签，始于明万历中。孙丕扬为冢宰时，大选，外官竞为请托。丕扬创为掣签之法，分签为四隅，东北则北京为主，而以山东及河南之汝、彰、归，南京之卢、凤、淮阳附之；东南则南京、浙江、福建、江西、广东为主，而以河南之怀庆、开封、河南、南阳、湖广之郧阳附之；西南则以湖广、四川、云南、贵州为主，而广西之柳州、南宁、庆远、浔州、太平附之。至于起复调简，地僻缺孤，或人浮于缺，则又借附近之地，以通签掣之穷。吏部之有签，自此始也。见《明史·选举志》及《东林列传》，亦见顾仲恭《竹签传》，按于慎行《笔麈》谓孙公患中人请托，故创为此法，一时宫中相传，以为至公，下逮闾巷，亦翕然称颂，而不知非体也。古人见除吏条格，却而不视，奈何自处于一吏之职，人才长短，资格高下，皆所不计乎？顾宁人亦主其说。然吏弊日滋，自不得不为此法，所以二百年来卒不能改，此亦时势之不得不然也。①

也就是说从万历二十二年开始，朝廷三年一次的铨选，即官员的分配、提拔、调任，都以掣签的方式决定，这无疑是当时正阳门关庙香火鼎盛的重要原因之一，因为这座庙的"关帝灵签"在当时是被朝廷所承认的，如赵翼曾云：

> 顾仲恭《竹签传》载神前设签之始曰：入唐为陈武烈太祝，附帝意作韵语；入宋又避江东神幕，关壮缪侯之改谥武安王也，倚势辟之；明兴，为王立庙京师正阳门外，命签典谒。……②

此风在清代更盛，王世祯就曾自述说：

> 京师前门关帝庙签，夙称奇验。予顺治己亥谒选往祈，初得签云："今君庚甲未亨通，且向江头作钓翁。玉兔重生应发迹，万人头

---

① 赵翼：《陔余丛考》卷二十六"吏部掣签"条。
② 赵翼：《陔余丛考》卷三十三"神前设签"条。

上遑英雄。"又云："玉兔重生当得意，恰如枯木再逢春。"尔时殊不解。是年十月，得扬州推官，以明年庚子春之任。在广陵五年，以甲辰十月内迁礼部郎。所谓庚甲者，盖合始终而言之。扬郡濒江，故曰江头也。然终未悟后二句所指。至庚申年八月置闰，而予以崇祯甲戌生，实在闰八月，过闰中秋四阅月，遂蒙圣恩擢拜国子祭酒。于是乃悟玉兔重生之义。谚云：饮啄皆前定。讵不信夫？①

因此，关公在明末就开始被文人学子们奉为"关夫子"，《老圃丛谈》云：

关羽而成夫子，奇闻也。王夫之《识小录》谓，主考本称举主，万历以后称老师，崇祯末年称夫子。关羽之称夫子，盖亦自崇祯始也。②

并且，最迟在明末清初，关公也已是负责"科举""馆选"的主要神祇了，如《子不语》"神签预兆"中说：

秦状元大士将散馆，求关圣签，得"静来也好把此心扪"之句，意郁郁不乐，以为神嗤其有亏心事也。已而，试《松柏有心赋》，限"心"字为韵，终篇忘点"心"字，阅卷者仍以高等上。上阅之，问："心韵何以不明押？"秦俯首谢罪，而阅卷者亦俱拜谢。上笑曰："状元有无心之赋，主司无有眼之人。"

尽管押韵有误，也可以用"关圣签"糊弄过去，可见关公信仰在文人学子间的影响力之大。

以上这些原因让关公在四川梓潼成为"五文昌帝君"之一。这五文昌为："文昌帝君""魁星星君""朱衣神君""纯阳帝君""文衡帝君"。其中"文昌帝君""魁星星君"本为古代天文学中的星宿，"朱衣神君"一般被认为是朱熹，"纯阳帝君"是吕洞宾，而"文衡帝君"指的就是关

---

① 王士祯：《池北偶谈》卷二十二《签验》，中华书局 1982 年版，第 528 页。
② 转引自朱一玄《三国演义资料汇编》，南开大学出版社 2003 年版，第 744 页。

公，民间俗传此五神皆有护持文运之职能。

乾隆年间，台南赵宗润在所撰的《重建关帝庙曾建更衣厅碑记》中就曾言：

> 郡城文衡圣殿，创建多年，庙貌巍峨，颇称壮丽。①

可知关公文衡帝君的称谓在这时就已经广为人知了。此后，随着"罗教""鸾堂""斋教"等民间宗教在南方地区的兴起，又使得"文衡帝君"成为第十八代"玉皇大帝"。

这些民间宗教的教义称：关圣帝君，农历六月二十四日圣诞，现任第十八代玉皇大天尊，尊号玄灵高上帝。龙潜时任南天文衡圣帝，本相乃关圣帝君。玉皇大帝在神道信仰中，非指着某一神明，而是意指神明的权位，如皇帝的名位。第十七代玉皇大天尊玄穹高上帝，因功满道，备理合上证上清真境，自在无为，五教教主（儒、道、释、耶、回）乃奉诰命，荐举新玉皇，以期日月重开新运，于是共议推举关圣帝君于甲子年（清同治三年，1864 年）元旦，受禅为第十八代玉皇大帝，尊号为玉皇大天尊玄灵高上帝，统御诸天，管辖万灵。中天为"玉皇大帝"所居，上掌三十六天，三千世界，下握七十二地，四大部洲，掌辖圣贤仙佛，日月星辰及人间祸福、生死、寿夭、吉凶、抚绥万灵、泽及幽冥。

今台湾台中市武庙明正堂扶鸾著作的《瑶池圣志》还将历代玉帝名号排出谱系，以强调关公"继位"之正统性：

> 第 1 代玉皇大天尊玄玄高上帝——黄老
> 第 2 代玉皇大天尊玄元高上帝——紫微帝君
> 第 3 代玉皇大天尊玄明高上帝——大寰教化圣主
> 第 4 代玉皇大天尊玄微高上帝——鸿钧老祖
> 第 5 代玉皇大天尊玄寰高上帝——星化帝君
> 第 6 代玉皇大天尊玄中高上帝——气原天尊
> 第 7 代玉皇大天尊玄理高上帝——光华圣主

---

① 台湾银行经济研究室编：《台湾南部碑文集成》六三，台湾文献委员会 1994 年版。原碑立于台南市中区永福路祀典武庙，日据时移至南区碑林，碑额篆书"皇清"。

第 8 代玉皇大天尊玄天高上帝——大罗祖师

第 9 代玉皇大天尊玄运高上帝——精一天师

第 10 代玉皇大天尊玄化高上帝——延衍祖师

第 11 代玉皇大天尊玄阴高上帝——北华帝君

第 12 代玉皇大天尊玄阳高上帝——广度真王

第 13 代玉皇大天尊玄正高上帝——度化天尊

第 14 代玉皇大天尊玄气高上帝——伏魔世祖

第 15 代玉皇大天尊玄震高上帝——兴儒天尊

第 16 代玉皇大天尊玄苍高上帝——救世天王

第 17 代玉皇大天尊玄穹高上帝——妙乐国王

第 18 代玉皇大天尊玄灵高上帝——关圣帝君

第四节　财神信仰与关公崇拜

一　财神起源

在今天的世界范围内，很多华人开办的公司、酒楼、商铺、会馆的进门之处都供奉着关公神像，这无疑说明，在许多人的意识里关公已是不折不扣的"财神"。从历史的发展角度来看，这种观念的形成经历了一个复杂而又漫长的过程。

财神信仰起源于人类对于生活富足的美好愿望。司马迁在《货殖列传序》[①] 中曾说："天下熙熙，皆为利来；天下攘攘，皆为利往。""夫千乘之王，万家之侯，百室之君，尚犹患贫，而况匹夫编户之民乎！"不过，自古以来，小到个人，大到国家，对于如何获取财富的认知却各不相同。

比如，在中西方的传统观念中，商业和生意的概念就完全不一样。从字面意义来说，英文中商业（business）的词根是忙碌（busy），而中文谓之的"生意"，则取自《易经》的"生生之谓易"：

---

① 《货殖列传》的货殖一词出自《论语》："回也其庶乎？屡空。赐不受命，而货殖焉，亿则屡中。"意思是说：颜回的道德学问差不多了吧？可是总穷困潦倒。子贡没有经过准许跑去经商，猜测行情竟屡屡得手。关于货殖的含义，广雅云：殖，立也。尚书云：殖，生也。生资货财利。货殖的意思是囤积财物以谋利，可泛指经商理财。

富有之谓大业，日新之谓盛德。生生之谓易，成象之谓乾，效法之谓坤，极数知来之谓占，通变之谓事，阴阳不测之谓神。①

所以中西方所奉财神的神职也完全不一样。古希腊的"财神"是赫尔墨斯，据说他也是畜牧之神、行路者的保护神、商人的庇护神、雄辩之神，是他发明了尺、数、字母和欺骗之术；他还是七弦琴的发明者，又是希腊各种竞技比赛的庇护神。他能像思想一样敏捷地飞来飞去，所以他也是宙斯的传旨者和信使。从赫尔墨斯的众多神职中，我们可以看出，早期的西方人对于如何获取财富的普遍认知是：雄辩、快速、忙碌和欺骗。

将"欺骗"也列为"神性"，颇令人费解，这种观念应源于较为原始的游牧或渔猎文明。如：生活在美国西部的纳瓦霍人在与外来人交易时常采取欺骗的方式，但这是为公众接受的。这种分配现象出现的原因在于，交换双方的利益对立，并且社会关系并不密切，竞争的关系胜于合作。②

而中国很早就进入了农耕文明时代，所以对于财富的看法相对于西方也比较超前。对于中国古人来说，所谓"利"，也就是耕作之后的利益增值，这与"生生之谓易"的观点相通。所以，中国人最初所信奉的"财神"也和这种观点有关。比如"摇钱树"，这种在汉代、三国、魏晋时期墓葬中常见的随葬冥器，一般由青铜铸造而成，大多纹饰精美，图像丰富。树枝上都挂满了方孔圆钱，似乎只要摇动树干，铜钱就会纷纷落地。这就是中国古人将"利"理解为"生生之谓易"的最好证明。

不过，在门阀政治兴起的两晋以后，"摇钱树"的随葬数量就明显减少，原因是人们对于财富的获取方式已经发生了观念上的改变。

自三国时代开始，有些人通过投资军阀而赚取了大量的金钱，同时也得到了显赫的政治地位；也有些人因掠夺和军功得到了巨额的财富，继而也挤进了门阀的行列，所以这种通过战争赚取财富的方式越来越受到人们的关注。

到了唐代，投资战争而获得财富和地位的人越来越多，比如武则天的

---

① 《周易·系辞上传》。
② ［美］威廉·A.哈维兰：《当代人类学》，瞿铁鹏等译，上海社会科学院出版社2006年版，第206页。

父亲就是投资李渊父子而成为勋贵，继而拥有更多财富的①。而此时的门阀政治已经衍生出了一种怪胎，即节度使制度。当时的藩镇节度使都是大唐帝国中巨额财富的拥有者和支配者，他们对各自的领地"既有其土地，又有其人民，又有其甲兵，又有其财赋"②，并且可以世袭。

与此同时，佛教这种强调苦行的宗教在唐初却迎来了"财富增长"的高峰期，君主和显贵们为了表示对往生彼岸的决心和对上师的诚意，每以大量金银珠宝供张佛堂，装饰庙宇，如唐人张𪷯《朝野佥载》载：

> 洛州昭成佛寺有安乐公主造百宝香炉，高三尺，开四门，绛桥勾栏，花草、飞禽、走兽，诸天妓乐，麒麟、鸾凤、白鹤、飞仙，丝来线去，鬼出神入，隐起钑镂，窈窕便娟。珍珠、玛瑙、琉璃、琥珀、玻璃、珊瑚、车磲、琬琰，一切宝贝，用钱三万，府库之物，尽于是矣。③

可见其奢华。由此，一位充满战争气息的人格化的佛教财神应运而生，这就是毗沙门天王。

在中国早期的佛教文献中，已出现了有关毗沙门天王的记录，如《增一阿含经·四天王品》《大集经》《金光明经》等经典中都有他护持佛法的事迹。但在唐代以前，毗沙门天王还没有在中国成为一种普遍的信仰，相对于中国，它在西域诸国中更有影响力。天宝十二年（753年），不空大士远至西北边陲，为将士们请福，并开译场、行密法。在此期间，他与高仙芝、哥舒翰、封常清等节度使或军事将领皆有往来。也许就在此时，于阗的一种信仰引起了他的注意，这就是毗沙门天王信仰。自此以后，这种信仰开始在大唐境内盛行，在中晚唐时期达到高峰。

元和十年（815年）三月，西明寺僧迁毗沙门神像于开业寺，唐宪宗命骑兵"前后翼卫，其段以幢盖引侍，几数里不绝，观者倾都"。长庆三年（823年）十一月，通化门作毗沙门神像，穆宗赐绢五百匹。十二月，

---

① 《新唐书·武士彟传》载："士彟，字信，世殖赀，喜交结。高祖（李渊）尝领屯汾、晋，休其家，因被顾接。"
② 《新唐书》卷五十《兵》，中华书局1975年版，第1328页。
③ 张𪷯：《朝野佥载》第三卷，中华书局1979年版，第70页。

章敬寺作毗沙门神像，穆宗赐钱一千贯，又赐"毗沙门神"额。当日"毗沙天王导以幡幢，帝御望仙门观之，遂举乐杂戏角抵，极欢而罢"①。可见场面之隆重。现在河南的龙门石窟、甘肃的敦煌壁画、四川的大足石刻中都有毗沙门天王的塑像或绘像，敦煌壁画还常描绘他渡海时眷属随从抛撒金银财宝的情景。

毗沙门天王的坐像一般为天王坐于狮背上，右手持"胜利幢"，象征佛法战胜一切；左手握着能不断倾吐宝物的金鼠。其实这只金鼠大有来历，玄奘《大唐西域记》卷十二《瞿萨旦那国》载：

> （于阗）王城西百五六十里，大沙碛正路中有堆阜，并鼠壤坟也。闻之土俗曰：此沙碛中鼠大如猬，其毛则金银异色，为其群之酋长，每出穴游止则群鼠为从。昔者匈奴率数十万众寇掠边城，至鼠坟侧屯军。时瞿萨旦那王率数万兵，恐力不敌。素知碛中鼠奇而未神也，洎乎寇至无所求救，君臣震恐莫知图计，苟复设祭焚香请鼠，冀其有灵少加军力。其夜瞿萨旦那王梦见大鼠，曰敬欲相助愿早治兵，旦日合战必当克胜。瞿萨旦那王知有灵祐，遂整戎马，申令将士，未明而行，长驱掩袭。匈奴之闻也，莫不惧焉。方欲驾乘被铠，而诸马鞍人服弓弦甲缝，凡厥带系鼠皆啮断，兵寇既临面缚受戮，于是杀其将虏其兵，匈奴震慑以为神灵所祐也。瞿萨旦那王感鼠厚恩建祠设祭，奕世遵敬特深珍异。故上自君王下至黎庶，咸修祀祭以求福祐。行次其穴下乘而趋拜以致敬。祭以祈福或衣服弓矢，或香花肴膳，亦既输诚多蒙福利，若无享祭则逢灾变。

可知，金鼠崇拜原是西域人的本土信仰，是与毗沙门平行的两种文化，但在传入中国后产生了变异，又经佛教的渲染，才与毗沙门相结合的。其实这种结合也与战争有关。天宝八年，高仙芝时任安西四镇节度使兼右金吾卫大将军，曾与于阗王慰迟胜一起击破萨毗、播仙，② 而高仙芝又在天宝十二年以后与不空大士交往甚密，所以，金鼠崇拜与毗沙门信仰的结合也就是很自然的事情了。

---

① 吕建福：《中国密教史》，中国社会科学出版社 1995 年版，第 367、368 页。

② 参见王小甫《唐·吐蕃·大食政治关系史》，北京大学出版社 1992 年版。

二　宋代财神

宋代以后，毗沙门的神格逐渐下降，他的很多神职逐渐被分解到其他本土神灵的身上，自己也被降格为佛寺天王殿中持伞的"北方多闻天王"。也就是从这个时候开始，关公逐渐承袭了毗沙门的战神功能。同时，在佛教体系中，关公也顺势承袭了毗沙门天王财神的地位。今天的佛教名刹诸如北京雍和宫，红螺寺以及其他藏汉寺庙在财神殿独供关公的现象，即来缘于此。然而，关公之所以能够继承毗沙门天王，却并不是仅仅依靠佛教信众的传播，还和整个社会的意识形态有关。

随着门阀政治在北宋初年的正式解体，平民意识在各个领域都得到了加强，人们对于如何获取财富也有了更多的理解。

宋元时期，中国商业的发展已达到了封建社会商业的发达形态。此时出现了许多国际性的商业大都市。杭州就是当时最大的国际商都。《马可·波罗游记》中记载，杭州"在庄严和秀丽上，的确为世界其他城市之冠"，城内各街道有"无数的铺子"，还有十个方形的大市场，每星期有三日为集市，"有四五万人"带着各种物品来此贸易。

同时，此时的商税收入已成为国家财政收入的重要组成部分。如宋太宗时，一年的商税总额达四百万贯，宋仁宗时增加到二千二百万贯。此外，民间商业行会也得到了空前发展，对外贸易包括海外贸易逐步兴盛，纸币也在此期间出现并且货币流通量逐年扩大。这些都彰显出商业欣欣向荣、繁荣发展的一派景象。

宋元商业的繁荣发展，离不开商人在其中起到的至关重要的作用，而商人作用的发挥又与商人的商业道德密不可分。但显然，不同身份，不同层次，不同行业，不同境遇的商人崇尚的商业操守并不一致，因而对于整个宋元商业的意义也并不相同。南宋末年的黄震给商贾下了这样的定义："行者为商，坐者为贾，凡开店铺及贩卖者皆是。"①

在这种背景下，"财神文化"也就自然的呈现出了多样性的特征。此时，知名的财神有利市仙官、范蠡、五通神、五路神等。

其中，"利市仙官"即为坐商和商贩所供奉的财神。《通俗编》引述夏文彦《图绘宝鉴》说："宋嘉禾好为利市仙官，骨骼态度，俗工莫及。"

---

① 参考罗晶《浅析宋元时期的商德》，载于《伦理学研究》2012年第1期。

到了元代，民间也奉祀利市仙官的配偶为"利市仙婆"，《通俗编》引《虞裕谈撰》说："江湖间多祀一姥，曰利市婆官。"从名称可以得知，这种财神本是做小买卖的商贩为了讨"彩头"而创造出来的。

而行商大多远涉江湖河海，将茶、瓷以及各地的特产和朝廷禁售的盐、马等商品贩卖到全国各地，以求异地的巨额差价，所以他们所信奉的财神与坐商稍有不同，比如范蠡。《列仙传》云：

> 范蠡，字少伯，徐人也，事周师太公望。好服桂饮水。为越大夫，佐勾践破吴，后乘轻舟入海，变名姓，适齐，为鸱夷子，更后百余年，见于陶，为陶朱君，财累亿万，号陶朱公，后弃之，兰陵卖药。后人世世识见之。范蠡街桂，心虚志远。受业师望，载潜载慨。龙见越乡，功遂身返。展脱千金，与道舒卷。

范蠡在历史上是帮助越王勾践完成霸业的重要人物，长久以来，一直被人们所敬仰，在唐德宗所设武庙配享的六十四员古今名将中，也有他的位置。宋代以后，他更被朝廷尊为"遂武侯"。《宋史·吉礼八》载："宣和五年，礼部言：武成王庙从祀……越相范蠡遂武侯。"

范蠡因功成身退，而成为"财累亿万"的巨富，被人尊称为"陶朱公"，而且他也是武庙中的一员，这在一定程度上也代表了战争与财富之间的微妙关系，所以到了宋代，范蠡就被民间奉为财神。不过，当时已有诗人讽咏此事：

> 莫怪钱神容易致，钱神尽是愚夫。为何此鬼却相於。只因频展义，长是泣穷途。——韩氏有文曾伐汝，临行慎莫踟蹰。青灯双点照平湖。蕉船从此逝，相共送陶朱。①

除范蠡外，还有"五通神"也多为行商所供奉。

五通神又称"五显""五王"，其庙也称为"灵顺庙"，本为婺源、德兴一带的地方神灵，这种信仰的缘起在《江西通志》中说得很清楚：

---

① 太学士人：《临江仙》，引自《全宋词》卷四百。

　　灵顺庙：庙即五王庙，在德兴县东南儒学左。隋（581—617年）驸马张蒙逐猎，遇五神，指山穴双银笋，银宝始发，立庙祀之。唐总章二年（669年），赐额"五通侯"。南唐升元（937—943年）改封公，宋元祐（1086—1094年）加额"灵顺"，嘉泰间封为王。[①]

　　可见五通神的信仰来源于唐代德兴银矿的发现，此后历代加封应该也和国家所逐步推行的白银货币政策有关。不过，在民间传说中，这几位神灵的人品实在堪忧，宋代志怪小说集《夷坚志》中，五通神所显示出的"神性"有二：一是喜淫，可随心化形淫占妇女；一是能令人乍富，但微忤其意则又移夺之[②]，可见它们显然是邪神。但宋、元、明三朝，五通神信仰在江浙地区都极其兴盛，《西湖游览志余》卷二六《幽怪传疑·五通神》云："其神能奸淫妇女，输运财帛，力能祸福见形，人间争相崇奉，至不敢启齿谈及神号，懔懔乎有摇手触禁之忧。"

　　这种现象其实和行商饱受奔波之苦，希望能够快速致富的心理有关，而"淫占妇女"的"神性"却恰恰反映出行商常年在外，自身正常的生理需求无法得到满足，其道德观已开始混乱的状态。其实，这种隐秘的社会心理，也是后世"海淫、海盗"小说产生的源头。

　　与"五通神"在名称上有些相近的财神还有"五路神"，又称"路头神"，取意为行商出门有东西南北中五方五路神保佑，可以得好运，发大财。五路财神都是吉祥神，也是民间吉庆年画中常见的形象，他们深受人们的爱戴和崇拜。

　　在《封神演义》中，五路财神指的是赵公明元帅、招宝天尊萧升、纳珍天尊曹宝、招财使者陈九公和利市仙官姚少司。但其实五路神应来源于更加古老的民间信仰——五祀。

　　《礼记·月令》云："（孟冬之月）天子乃祈来年于天宗，大割祀于公社及门闾，腊先祖五祀。"郑玄注："五祀，门、户、中霤、灶、行也。"

　　可见，五祀即是祭门神、户神、土地神、灶神和行神，而所谓"路头神"，即五祀中之行神。由此可知，五祀最终能演化为"五路神""路头神"，还是与行商和其家人讨彩头的心理有关。

---

①　《古今图书集成·神异典》卷五十一。
②　参见洪迈《夷坚志·丁志》卷十九《江南木客》。

由此可知，宋代民间所崇拜的财神，包含了人们对财富获取方式的几种不同认识，它们是：战争、积福（吉利、讨彩头）、鬼神输运。

北宋亡国以后，儒生们对国家伦理体系进行了重构，他们强调"忠义"的重要性，并为此身体力行，使得社会风气得到了相应的改善。不过，因为商人更注重自身利益的最大化，因此"忠义观"与其本质似乎有些格格不入。所以南宋林升才咏出："山外青山楼外楼，西湖歌舞几时休？暖风熏得游人醉，直把杭州作汴州。"的悲愤诗句，杜牧也写下了《泊秦淮》："烟笼寒水月笼沙，夜泊秦淮近酒家。商女不知亡国恨，隔江犹唱后庭花。"来讽刺在商业繁荣的南宋社会，人们却忘记了北方沦陷的耻辱，只顾醉生梦死的现实情景。就算在南宋已经灭亡之后，在元帝国的统治下，"南人"（包括南方商人）的地位前所未有的低下，而商人阶层的爱国意识却依然没有觉醒，他们现在又开始信奉了新的"财神"——赵公明。

据说赵公明本名赵朗，字公明，《三教源流搜神大全》云：

> 赵公明，终南山人，头戴铁冠，手执铁鞭，面如黑炭，胡须四张。跨黑虎，授正一玄坛元帅。能驱雷役电，呼风唤雨，除瘟剪疟，祛病禳灾。如遇讼冤伸抑，能解释公平，买卖求财，宜利合和，无不如意。

可知，这位财神也是兼具战神和财神的双重身份。从"授正一玄坛元帅"一句可以看出，他本为龙虎宗之主神。在魏晋南北朝时期成书的《搜神记》和《真诰》等，都有赵公明的神迹，但那时的他只管勾人性命、降瘟和丧葬之事，并无财神的迹象，他能在元代进行"华丽转身"，多少与正一龙虎宗道士受到了毗沙门信仰的影响有关。

三　行业财神

明朝建国以后，朱元璋对江南商人进行了残酷地打压。出仕元明两朝的贝琼在《贝清江集》中写下了他亲眼所见的悲惨场景："三吴巨姓享农之利而不亲其劳，数年之中，既盈而覆，或死或徙，无一存者。"而身为明臣的方孝孺也在《逊志斋集》中叹息道："时严通财党与之诛，犯者不问实不实，必死而覆其宗。当是时，浙东、西巨室故家，多以罪倾其宗。"身为明朝状元翰林的吴宽在《翁家藏集卷》中也暗藏贬义地说："皇明受命，政令一新，富民豪族，划削殆尽。"

与之相反的是，朱元璋出于对蒙元势力的担忧，在长城沿线设立军事重镇，从而又促进了山陕商人的发展，这使得全国的商人阶层不得不重新考虑自身与国家利益以及社会伦理之间的关系。

明成祖朱棣继位以后，将都城从金陵（今南京）迁到北京，后又多次派郑和率舰队下西洋，仅这两项开支就耗资巨大，因此朝廷不得不开始对商业采取比较宽松的政策。

从明世宗嘉靖元年（1522 年）开始，到明神宗执政（1573 年）以后的一百多年时间里，是中国经济发展史上的一个重要的时期。在这个时期里，商品经济的发展，工商业的繁荣，超过了以往的任何一个朝代。与前朝不同的是，这时商人们所崇拜的"财神"，已经具备了道德品格的特征，比如"增福财神李诡祖"。

据说李诡祖曾是北魏孝文帝时的曲梁（今河北曲周）县令，做官时一心一意地为百姓办事，去世后被当地人立祠祭祀。到了元明时期，他已成为了一位神祇，《三教源流搜神大全》称：

> 李相公讳诡祖，在魏文帝朝治相府事。白日裁断阳间冤狱，夜间主判阴间是非，兼管随朝三品以上官人衣饭禄料，及在世居民每岁分定合有衣食之禄。至后唐明宗天成元年（926 年）赠为神君增福相公。

明万历年间的兵部尚书王一鹗也在《增福李公祠记略》中说：

> 祠崇祭祀旧邑侯李公也。案郡乘，公家世淄川，魏文帝朝仕曲梁。时殛妖塞横水，心切民隐，贻福孔多，既逝之后，民作庙祭祀之。盖能御大灾，捍大患，固祭祀典，之所适宜祭祀者，有唐封增福相公，元封福善平施公，则庙之所建也远矣！明兴晋祀名宦仍唐封，以便民之伏腊荐享，灾祥祈禳者，公多灵异，每祷辄应。嘉靖初年，按使毁淫祠，议及公庙，稽功德存之。庙制为享殿五楹，左右翼以廊各五楹，前崇门，次乐楼，后燕宫。积岁，两廊、燕宫就圮，迄乙未末，乡民宋渊等，请于祝侯斗南，倡议捐资，聚材鸠工。正梁宇，新

覆构，耀金碧，藻檐朱栋，饰牖画垣。民咸乐趋，不月而焕然。且增建穿廊及广生殿，以循古典，以循时制，庙其大备矣乎！岁时伏腊，百姓祭祀公于庙，而公坟墓在安上村。朱邑所谓子孙爱我，不如桐乡之民也！则公之尸祝于兹土也，固与名宦崇祀，共垂不朽矣。

可知这位李公在此时还只是地方神祇，其祠庙在嘉靖初年还险遭拆毁。但从万历年间以后，这位"增福相公"就成为彻彻底底的财神，也被民间称为增福财神、财帛星君、增福相公、福善平施公。他的绘像经常与"福、禄、寿"三星和喜神列在一起，合起来为福、禄、寿、财、喜。增福财神的形象为白面长发，笑容可掬，手捧一个宝盆，上写"招财进宝"四字。

从他的生平事迹并没有看出李诡祖的生活是否富裕，但他"心切民隐，贻福孔多"，占了一个"仁"字。很明显，李诡祖之所以能够成为财神是商人们有意识选择的结果。这说明，此时的大多数商人已经试图在自身利益、国家利益和社会伦理之间寻找一个平衡点，他们正在开始创造一个更加合理的商业道德体系。

关公也是在这个时期成为"财神"的。

在江南地区，道教的武财神赵公明忽然变成了和关羽有关系的人，据传他本为赵云的兄弟，这种说法最早见于明成化年间的《姑苏志》：

> 玄坛庙：在玄妙观前。神姓赵名朗字公明，与关羽同时，即赵云子龙之从兄弟也。[1]

而此时关公在其故里山西解州，早已被奉为"盐业"的保护神。嘉靖十四年的《河东运使重修盐池神庙记》载：

> 旧有池神庙，其为殿三，其妥神五……右殿神一，曰忠义武安王

---

[1]　嘉靖三十七年（1558年）《吴江县志》也说："玄坛庙：在纯阳道观。神姓赵名朗字公明，与关羽同时人，赵子龙之从兄弟也。建制无考。"万历四年《昆山县志》亦载："玄坛庙：在纯阳道观。神姓赵名朗字公明，与关羽同时人，赵子龙之从兄弟也。建制无考。"此后，这种说法在江苏一带沿袭至清末。

之神。①

　　自此之后，关公就被各个行业竞相奉为守护神、祖师爷，这种风气到了清代得以大行于世，到民国初期达到顶峰。据粗略统计，清、民时期至少有三十多个行业供奉关公。如：

　　描金业：雍正十二年（1734年），北京《重建慈源寺真武庙碑记》："兹因描金行整理行规，立十数余年。每有人吾行学艺者，原例先将公用银十两，以作□贺□□神圣诞之费。□年□存公用银五十两，同愿布施于慈源寺助修无量殿，内供玄天上帝、关圣帝君、火德真君、福德财神。愿同在此，永远香火。"

　　香烛业：乾隆二十八年（1763年），北京《香行记事碑序》："自来香行原有公会，祈谷坛关圣帝君神前进香……赖君之浩然正气。"道光六年（1826年），苏州《烛业东越会馆议定各店捐输碑》："道光二年九月公同捐资于吴邑十一都三十四图建立东越会馆，供奉关圣大帝。逢诞供祝，春秋设筵，朔望相供。"

　　烟草业：乾隆三十五年（1770年），山西《建立罩棚碑序》："都城彰义门内河东会馆，乃烟行崇祀火神、关圣、财神三圣处也。"

　　绸缎业：乾隆四十一年（1776年），苏州《吴县永禁官占钱江会馆碑》："（浙杭绸商）公建钱江会馆为贮货公所，外供关帝，内奉文昌。"

　　皮革业：嘉庆二十二年（1818年），苏州《硝皮业重修永宁公所碑》："据董事赵宗蘧、丁郁文秉称：'籍隶金陵，硝皮为业。向在台治北利四图龙兴桥建有永宁公所，供奉关圣帝君神像。"又《九行十六社》载，包头白皮坊及成衣局联合组织"威震社"，"每年三月十八日在关帝庙过会，供关云长为祖师。"

　　木作：道光元年（1821年），苏州《苏州府为小木作捐建公所给示禁约碑》："小木作艺业嘉庆十五年在于吴治憩桥巷内，捐建公所房屋十五间，供奉圣帝、鲁班、祖师神像。"

　　漆作：咸丰元年（1851年），苏州《漆作业捐助修理性善公所碑》："各殿屋面装修漆黝完工，请神像装金，开点明光，现已完毕……关平、

――――――――

　　①　按：此时关公已在朱元璋的诏谕下尽去前朝封号，而此处依然沿袭"武安王"之称，可见解州盐商之虔诚。

周、裴立粉追金……协天大帝装金……协天大帝、弥陀老祖台前坐褥、拜垫两副。"

洋布业：咸丰五年（1855年），苏州《咏勤公所恤寡会碑记》："咸丰乙卯吾吴业洋布者相约集厘，捐为恤寡会……又重建皋桥关帝阁。"

纸业：光绪三年（1877年），苏州《纸业兴建两宜公所碑》："复商举五魁会……于丁丑春造建圣帝正殿、祖师后殿、文昌宝阁。"

米业：光绪四年（1878年），苏州《吴江盛泽镇米业公所碑记》："其厅事三楹，供奉先农、后稷及文武二帝神位。"

银钱业：光绪六年（1880年），上海《新建汇号公所碑》："前厅供奉关圣帝君、火德星君、增福财神、天后圣母……"另李长春《京剧长谈·行会戏》载："汇票庄奉关公为祖师爷。"

面业：光绪九年（18843），苏州《吴长元三县示禁保护重设面业公所碑》："旧设面业公所，在宫巷内长邑元一图，供奉内有口口宫、关圣大帝。"

洋货：光绪十年（1884年），上海《上海县为洋货公所振华堂议立规条告示碑》："议公所内供奉关帝圣像，每逢朔望、司年、司月等早至拈香，以昭诚敬。如有不到者，察出议罚。"

酱园业：光绪十四年（1888年），北京《重修临湘会馆碑》："京师正阳门外有临襄会馆在焉。内供协天大帝、增福财神、玄坛老爷、火德星君、酒仙尊神、菩萨尊神、马王老爷诸尊神像。"

木业：同治四年（1865年），苏州《苏州木商捐资重建大兴会馆碑》："窃我大兴会馆……照旧供奉关圣、朱子神位，以为木商集议之所。"

此外，还有皮箱业、水炉业、成衣业、厨业、屠宰业、肉铺业、糕点业、干果业、理发业、典当业、豆腐业、骡马业、军人、武师、典狱、学究、命相、粪业……都崇祀关公或拜关公为祖师爷。[①]

如此多的行业商会都敬奉关羽，其实并不是他有"招财进宝"的功能，而是在长期的商业发展过程中，人们已经对于财富获取的方式上逐渐

①　甚至连妓女都找一个外形酷似关公的傀儡做守护神，明沈德符《万历野获编》载："近来狭邪家，多供关壮缪像，余窃以为亵渎正神，后乃知其不然。是名白眉神，长髯伟貌，骑马持刀，与关像略肖，但眉白而眼赤。京师相詈指其人曰'白眉赤眼儿'者，必大恨成货首仇，其猥贱可知。狭邪伟之，乃驾名于关侯。坊曲倡女，初荐枕于人，必可其艾猴同拜此神，然后定情，南北两京皆然也。"

达成了一定的共识。那就是，无论从事任何行业，伦理道德是一定要遵守的，或者说，严守商业道德也是获取财富重要方法之一。这一点在明清商帮的产生和发展过程中就能得到证实。

四 商帮财神

虽然明太祖成功地推翻了大元帝国，并将蒙古人赶出了长城，但元朝的残存势力并没有被赶尽杀绝。这些重新找回野性的蒙古人，通过自相残杀和相互吞并逐渐分化为鞑靼、瓦剌（厄鲁特）、兀良哈三个强大的部落联盟。鞑靼居大漠南北，瓦剌居天山南北，兀良哈居黑龙江南、大兴安岭东。他们一直在骚扰着明朝的边境，并伺机南下。

为此，明王朝不得不沿长城设立了一条漫长的封锁线，以抵御侵袭。这条封锁线由辽东、蓟州、宣府、大同、太原、榆林、宁夏、固原、甘肃九个军事重镇（合称九边重镇）连接而成，东起辽东虎山，西至甘肃嘉峪关，全长 8851.8 公里。① 除发生紧急军情从内地调动援军外，九边重镇的平时驻军即达 80 多万人。

如此大规模的军事部署，为明朝廷的财政带来了巨大的负担。《明会典》卷二八载，永乐年间，九镇主、客兵岁支粮食（含屯粮、民运粮、漕粮）共需 469 万石，京运银 43 万余两，此外还需要大量棉花、布匹等。又据《明史·食货志》载，九边主、客军岁支粮食 153 万余石，各项银 587 万两，饲草 753 万余束。

为解决边镇军事消费与供应的矛盾，明王朝采取了不少措施，其中之一就是对盐业实行"开中制"。

历代朝廷都明令禁止私商自行贩卖食盐，但迫于边境的压力，明朝廷于洪武三年（1370 年）采纳山西行省的建议，放开了这条禁令，不过，商人贩盐必须按官府的要求承办边镇需求的粮食。

首先，商人必须取得充当合法盐商的资格，要得到刊刻于铜板的"引目"，然后再运粮到边地向边仓交纳，领取"勘合"，写明纳粮数目和应支盐数，再凭勘合向所属盐运司领取"盐引"，到指定盐场（如河东、长芦、淮浙）支盐，最后才可以将盐运到指定地区销售，这就是"纳粮

---

① 数据来源于国家文物局和国家测绘局在 2009 年 4 月 18 日公布的明长城资源调查结果，见中新社北京 2009 年 4 月 18 日电（记者应妮）。

中盐"的"开中制"。实际上就是国家向商人出让盐的专卖权，以换取边镇所需的粮食供给，这种政策大大地降低了九边重镇的经济压力。

"中盐"可以获得高额的利润，明人胡松曾说："夫一引得白银六钱，积而千引，则可坐致六百金，万引则可得六千金。"[1] 可见其商机的巨大。一些边地商人，干脆雇人在边境耕种生产粮食，就地交给边军换取盐引，名曰"商屯"。"是故富商大贾悉于三边自出财力，自招民，自垦边地，自艺菽粟，自筑敦台，自立保伍。岁时屡丰，菽粟屡盈"[2]。边地商人得粟以输边，中盐以营利，渐渐成为集盐商、粮商于一身的富有商人，从而又吸引了内地商人去追逐高额利润。所以，"洪武永乐中，内地大贾争赴九边，垦田积粮以便开中，朝中募支，价平息倍，商乐转输"[3]。

操持这种生意的人多为山西、陕西商人，其中的山西商人在后来的不断发展中，形成了中国第一大商帮"晋商"。[4] 需要注意的是，此时的山陕商人已经将自身利益与国家利益牢牢捆绑在一起。诚然，他们确实获取了巨额财富，但他们也为国家的安全做出了重大的贡献。

当时晋商所中之盐遍及全国主要盐区，以河东、淮浙、长芦三处为最。中盐后的行销区域十分广阔，包括山西全部及陕西、河南大部地区，加上长芦盐和淮浙盐的行盐区，可以说遍及大江南北，这就让晋商养成了"贸迁四方"的商业习俗。而且，除纳粮外，开中制还有纳棉、纳布、纳马、纳铁等方式，这也促使了晋商向多行业经营的发展。

与此同时，朝廷的经济政策也在开始转变。

首先，永乐三年（1405 年），明成祖朱棣下令在辽东的广宁、开原设立"马市"，开始与塞北蒙古族和东北的女真族进行通贡互市。从此以后，这种时开时闭的边贸市场在长城沿线日益增多，市场规模也日益扩大。

其次，永乐皇帝朱棣虽然继承了朱元璋的朝贡贸易政策，但对一些违

---

① 陈子龙等：《明经世文编》卷二四六《陈愚忠效末议以保万世治安事》，中华书局 1962 年版，第 2588 页。

② 《明经世文编》卷一八六《哈密疏》，中华书局 1962 年版，第 1913 页。

③ 华钰：《盐筴议》，转引自孟森《明史讲义》，中华书局 2009 年版，第 50 页。

④ 山西本有中国最大的产盐基地——解州盐池，而山西的大同又是最早实行"开中制"的边镇，此外，山西自古土瘠民贫、人稠地狭，所以三晋之地多出商贾，唐代武则天的父亲武士彟就是山西商人，所以在天时、地利、人和的共同作用下，"晋商"开始兴起。

反"祖制禁令"的朝贡行为也并不认真追究，他默许西洋商人来中国与民互市，同时，永乐元年朱棣将洪武七年废止的泉州、宁波和广州三市舶提举司加以恢复，专掌"海外诸番"朝贡、博买和市易之事。这无疑为当时朝贡贸易的发展创造了便利的条件。

而且，永乐年间取消了国内禁设官牙的禁令。牙行是介于买卖双方之间的商行，洪武年间规定"不许有官牙、私牙"的存在。永乐时开始打破这一禁令，允许城乡商业区设立官牙，发给"印信文簿，附写客商船户籍贯姓名，路引字号，货物数目，每月赴官查照"①。从此在买卖双方的交易中，有牙行评定货价，主持公道，维持秩序，大大便利了商人的交易活动。

明朝廷的这些举措都对经济的发展起到了积极的促进作用。所以到了明代中叶，中国才会出现前所未有的繁荣景象。

隆庆、万历年间，全国各地兴起了许多以血缘、地缘为纽带的商业资本集团。其中最著名的是以晋、徽、赣、闽、粤、龙游（浙江中部）、宁波、洞庭（今苏州市西南太湖中洞庭东山和西山）、陕、鲁等地的商人组成的商帮，后世称"十大商帮"。这些商帮的成员多以中小型商人为主，但也有拥资数万、数十万乃至百万的富商大贾。

所谓的商帮其实是个泛称，在实际称呼中一般被称为商会，其设立的宗旨都是为同乡和同业内部的利益服务，防范异乡人和行外人的欺凌。首领称总会首，往往都是由最有实力的豪绅轮流担任，比较大的商会还会在总会首之下，按行业、姓氏设立会首。无论是会首还是普通的会员，他们在各自的商会里，都会得到相应的资金、策略、人脉方面的支持，但也要遵守共同制定的规则，一旦违反就将受到惩罚。

这些商会均在各自商贾集中的地方设立一种供同乡、同业交流和聚会的机构，名为会馆。会馆大都由商帮成员集体捐资修建，并在所在地的官衙报请立案。各商会会首在会馆中的职责除掌管会产，处理调解同乡、同业间的纠纷以外，还有一项很重要的工作，那就是立祭祀。如《晋冀会馆碑记所言》：

> 历来服官者、贸易者、往来奔走者不知凡几，而会馆之设，顾独

①　《大明律附例》卷十《户律·廛里》，光绪三十四年本。

缺焉。……虽向来积有公会，而祀神向来无祠，且朔望群聚类处，不可无以联其情而冷其意也。议于布巷之东蒋家胡同，购得房院一所，悉毁而更新之，以为邑人会馆。

"祀神向来无祠"是会馆建立的重要原因，可见"祀神"是会馆的要务之一，而既然还有同乡之间"以联其情"的功能，那么会馆所祀之神自也有鲜明的地方特色。比如徽州会馆多奉汪公大帝（汪华）和朱夫子（朱熹）、潮州会馆多奉天后（妈祖）和韩夫子（韩愈）、江右会馆多奉许真君（许逊）和鸣山九郎（石敬纯），而晋商会馆、山陕会馆则自然供奉关公。

就像河北舞阳北舞渡山西会馆《创建戏楼碑记》所说的：

山左有孔子道德高于万山，世人重其文也。然有文以为之经，必有武为之纬。惟我关羽生于山右，仕于汉朝。功略盖天地，神武冠三军，尤可称秉烛达旦，大节重于史册，洵足媲美孔子，躬身武夫子称。护国佑民，由中达外。至今普天有血气者，莫不尊亲。三晋商贾贸易□□上者，夙托神庇，无往不利。

晋商所建之会馆的主要特点就是以关庙为主体建筑，并把关羽作为拜祀的主神。一般在山门上的题额即标为关庙，同时有注明山西会馆或山陕会馆。这样就形成了一种会馆即关庙，关庙即会馆的特殊形制，在关公信仰中可谓独树一帜。

无论对现存的所有山西会馆、山陕会馆等进行实地考察，还是对现已无存但尚有碑记文献资料可查的会馆进行研究，都可以发现：会馆中轴线上的主体建筑是直接尊奉关公的大殿、拜殿、春秋楼、寝宫、牌坊以至戏楼歌台。会馆的主要活动除祭拜关帝外，其他有关重大事项的集会、议决、调解也需在"关圣帝君"面前由神明监督进行，连戏楼歌台上的演艺活动，也是娱神娱人兼而有之。会馆的附属建筑如厢房、偏院，在建筑布局和形制上同主体建筑融为一体，在建筑功能上既是筹办祭祀、酬神之处，又是同乡商会和行帮日常办事、接待之所。晋商会馆关庙的山门门额题名中，往往也是把"大关帝庙""关帝庙"和"山西会馆""山陕会馆"等同时并举，巧妙结合。甚至在对会馆的称谓上，当时或当地人多

称为"关帝庙""山西庙""山陕庙"，而在书面记载或研究著作中又多
称之为"山西会馆""山陕会馆"。因此可以说，晋商所建的关帝庙就是
会馆，或者说晋商会馆就是山西或山陕商人行帮捐款集资修建的关帝庙。
它是用作"祭神明而联乡梓"的神庙与会馆相结合的建筑，是兼具精神
领域里的信仰、教化功能与世俗生活中的商业会馆功能的处所。

　　随着晋商"贸迁四方"的足迹，这种晋商会馆式关庙在全国几乎所
有的商业都会、商埠码头、商业集镇拔地而起，炫金耀彩，令人瞩目。据
现有资料来看，有清一代，仅在北京的山西籍工商会馆就多达 43 所，在
天津、上海、山东、江苏、浙江、湖北、湖南、河南、河北、安徽、四
川、福建、广东、广西、辽宁、吉林、内蒙古、甘肃、新疆等地也为数众
多，几乎所有省区的大都会、大商埠和重要商镇码头都建有山西会馆或山
陕会馆。在许多省份，山西会馆或山陕会馆下伸到中小城市以至商业发达
的乡镇。以河南为例，山西会馆或山陕会馆不仅在当时的省会开封有 1
处，古都洛阳有 2 处，重要水陆码头社旗、周口有 3 处，而且许多州府所
在地、县城和乡镇都有。如南阳城关、社旗镇、石桥镇、瓦店镇、禹王店
有 5 处山陕会馆，唐河县、淅川县、邓州城关和急滩镇均有 1 处，内乡县
城关、桐柏县平氏镇有 2 处，镇平县城关镇、贾守镇、石佛镇、黑龙集、
侯集有 5 处，新野县有 2 处，西峡县西峡口镇有 1 处，禹州有 1 处，汝州
有 2 处，叶山县城北关、龙泉、旧县、康城有 4 处，襄县霍堰镇有 1 处，
鲁山县城关、廊庙、张良有 3 处，郏县、舞阳县、商城县、上蔡县、正阳
县、商丘县、永城县、渑池县、永宁县均有 1 处，林县城南关、合涧镇、
林淇镇、姚村有 4 处。以"星罗棋布"四字来形容毫不夸张。① 如此众多
的会馆都是晋商会馆式的关帝庙。

　　同时，清代商帮的关公信仰已非晋商所独有，在各地的商帮会馆中，
都已树立了武帝圣殿或关公神像。如，雍正七年，苏州《岭南会馆广业
堂记》：

　　　　岭南会馆之建，始于有明万历年间。至康熙丙午岁廓而新之。其
　　制中建武帝大殿，栋椽轩豁，制度焜煌矣。

---

①　郑协：《关公与晋商会馆》，《中国商界》2009 年第 9 期。

乾隆十九年（1755 年），苏州《潮州会馆碑记》：

我潮州会馆前代创于金陵，国际始建于苏郡北壕，基址未广。康熙四十七年乃徙上塘之通衢，列层五楹，为殿者一，为阁为台者一，闶闳高敞，丹艧羽飞，敬祀灵佑关圣帝君、天后圣母、观音大士。已复卖东西房屋，别祀昌黎韩夫子。

道光十年（1830 年），苏州《重修三山会馆勤助姓名碑》：

三山会馆建自前明万历年间，崇祀天后圣母，迄今数百载……诸同乡欣商修理，同心捐题……文昌魁星宝阁、武帝圣殿南边水仙、财神两殿，高会堂北边一枝山房、妈祖厅等焕然一新。

道光十二年（1832 年），盛泽《吴江盛泽镇徽宁会馆缘起碑记》：

建成徽宁会馆，正殿三间，正供威显仁勇协天大帝神座，东供忠烈王汪公大帝神座，西供东平王张公大帝神座。殿之东建造行馆，供奉紫阳徽国朱公。

道光十六年（1836 年），苏州《重修金华会馆碑》：

乾隆初年始倡议募资于金阊门外南濠地创构会馆。供奉关圣帝君，春秋祭祀。

光绪二十三年（1897 年），苏州《重修杭线会馆集益堂碑记》：

会馆正殿供奉武帝，一年圣诞两次，及三节敬神。

另外，清代商帮在开拓海外市场的同时也将关公信仰带到了俄罗斯、日本、东南亚等地，致使北至恰克图（今属俄罗斯布里亚特共和国）、庙街（今属俄罗斯远东联邦管区哈巴罗夫斯克边疆区的尼古拉耶夫斯基县），南至爪哇、苏门答腊群岛，东至日本，西至天山山脉都建有关帝庙。中国商人无形之中建立了一个庞大的关公文化商业圈，这种现象无疑是令人惊奇和震撼的。

晋商信仰关公的原因应是显而易见的。关羽本为解州人士，又曾保卫盐池而"大战蚩尤"，这使得关公成为既是老乡又是盐业起家的晋商们的唯一选择，然而其他商帮也敬奉关公的现象就颇为不同寻常了，这只能说明，中国所有的商人在获取财富的方式上已经有了观念上的改变。

早在明代中叶，蒲州商人王文显就曾说过：

> 夫商与士，异术而同心。故善商者，处财货之场，而修高明之行，是故虽利而不污。善士者引先王之经，而绝货利之途，是故必名而有成。故利以义制，名以清修，各守其业，天之鉴也。①

清代北京仙城（潮州）会馆的碑文更反复论述说：

> 然而利与义尝相反，而义与利尝相倚者也。人知利之为利，而不知义之为利：人知利其为利，而不知利自有义，而义未尝不利。非斯馆也，为利者方人自争先后，物自征贵贱，而彼幸以为赢，此无所救其细，而市人因得以行其高下刁难之巧，而牙侩因得以肆其侵凌吞蚀之私。则人人之所谓利，非即人人之不利也耶？惟有斯馆，则先一其利而利同，利同则义洽，义洽然后市人之抑塞吾利者去，牙侩之侵剥吾利者除，是以是为利而利得也，以是为义而义得也。夫是之谓以义为利，而更无不利也。②

"利自有义，而义未尝不利"和"以义为利，而更无不利"是这段论述中的重点，这对王文显的"利以义制"是在同一个思想层面上的升华。这表明，明清商人已经将"义"作为获取财富的重要手段。而关公能够如此被商人所敬仰，也正是因为关羽的"义神"形象符合明清商人"以义为利"的商业价值观。

---

① 李梦阳：《明故王文显墓志铭》，《空同集》卷四，钦定四库全书荟要（集部76）。
② 李华：《明清以来北京工商会馆碑刻选编》，文物出版社1980年版，第16页。

在位于河南南阳市赊店镇的山陕会馆中，有块立于清雍正二年（1724 年）的《同行商贾公议戥秤定规矩碑》，碑文字迹依稀可辨：

> 年来人烟愁多，开张卖载者二十余家，期间即有改换戥秤，大小不一，独网其利，内弊难除。是以，合行商贾，汇同集头等，齐集关帝庙，秤足十六两，戥依天平为则，公平无私，俱各遵依。同行有和气之雅，宾主无棘戾之情。公议之后，不得暗私戥更换，犯此者，罚戏三台。如不遵者，举称禀官究治。惟日后紊乱规则，同众禀明县主蔡老爷，发批钧谕，永除大弊。

为了杜绝商人缺斤少两、欺瞒顾客，商会就组织商人们在关帝庙前设立公平秤，统一秤杆刻度。而对于胆敢继续违规者，商会的惩罚方式也很特别：第一次违规"罚戏三台"，第二次违规"禀官究治"。如此处理，无论是犯规者还是处罚者，双方都不觉得尴尬，大家坐在戏台下，一通锣鼓、一串唱腔，批评和自责、不满和愤怒都在梆子声里烟消云散，双方的面子在娱乐中得到满足，生意秩序也由此获得维持。

粗看起来，这篇《同行商贾公议戥秤定规矩碑》所记述的似乎只是商会内部管理制度，但其实这里面也有晋商财富获取观念的体现，如此制度必然会使得赊店人对商会会员的买卖店铺产生信任感，继而多多光顾，这其实就是"利以义制"和"以义为利，而更无不利""利自有义，而义未尝不利"思想的现实反映，而关帝庙在这里所代表的就是"义"。

"义"又可以延伸为"民族大义"，这也是关公能够最终凌驾于其他财神之上的原因，而当清末朝廷腐败、外敌入侵、中华民族正陷入危亡时期，有些商人们也曾为"民族大义"而捐钱捐物、散尽家财，甚至死而后已，这种情景在唐宋时期的商业社会里是无法想象的。

至此，商人们终于找到了自身利益、国家利益和社会伦理之间的平衡点，这就是"以义取利"。

中国人对于财富获取的认识从"生生之谓易""战争掠夺""输运财帛"，再到"以义取利"，经历了数千年的时间，中国人所敬奉的财神也从"摇钱树""毗沙门天王""五通神""赵公明"，最终演变成了"李诡祖"关公"①，这其实是一种思想进化的体现。当然，财富的获取方式，在全球化的今天依然不是一件很容易说清楚的事情，否则也不会有如此多的经济学者皓首穷经地努力研究。在今天的世界上，依靠战争与掠夺而获取财富的国家行为和商业行为依然存在，梦想一夜致富，希望有神灵能为他"输运财帛"的人也随处可见，所以，赵公明的神殿、五通神的神庙至今依然香火鼎盛。然而，终究在明清时代中国人的商业理念中已经产生了"以义取利"的思想，中国的财神从此也多了一位关公，这不能不说是人类思想正在进步的象征。就像今人所说的：

> 以道德的标准选择历史人物来作为财神，使中国近代以来追求财富的极端行为升华为一种合乎伦理的经济行为。分析中国民间财神信仰所抽象出的这种中国式的经济伦理，对韦伯关于东方社会不可能产生近代经济伦理的命题提出了挑战。②

所言甚是。不过，在中国的历史上根本就从未出现过像古希腊人所膜拜的欺骗术的创始人"赫尔墨斯"那样的财神，东方社会和西方社会就商业伦理学的理念来说，到底谁代表古代？谁代表近代？其实还并不好确定。

---

① 大约在清代，比干也被人们奉为财神。《史记·殷本纪》载："纣愈淫乱不止。微子数谏不听，乃与大师、少师谋，遂去。比干曰：'为人臣者，不得不以死争。'乃强谏纣。纣怒曰：'吾闻圣人心有七窍。'剖比干，观其心。"据民间传说，因为比干无心，所以能做到不偏心，所以他能够成为财神。诚然，这种说法是商人追求公平竞争思想的体现，但事实上，这位历史上最古老的圣人之一，与财富完全没有任何关系，他能够得到人们的推崇继而成为财神，也完全是因为他的事迹中有忠义思想的体现。

② 吕微：《近代中国民间的财神信仰》，学林出版社1994年版，结语部分。

第六章

关公文化在港、澳、台地区的传播

第一节　关公文化在港、澳地区的传播

一　香港的关公文化

香港地处中国华南珠江口东侧，濒临南中国海，由香港岛、九龙半岛、新界（包括大屿山及 230 余个大小岛屿）组成，是亚洲重要的金融、服务和航运中心，以廉洁的政府、良好的治安、自由的经济体系以及完善的法制闻名于世，历来被誉为"东方之珠"。

关公文化在香港随处可见，许多商店、住宅、酒肆、社团都供奉着关帝神像，甚至一些政府工作人员、警务人员也是关公的忠实信徒。

香港版图只有内地半个县大小，却建有 10 多座大大小小的关帝庙，其中最著名的是位于太平山腰荷李活道的文武庙。

文武庙的建筑风格融历史、宗教、艺术于一体，是香港著名的古文物建筑群，也是新界首座被保护的文化古迹，在海内外颇负盛名。此庙供奉文武二帝，即文昌帝君和关圣帝君，庙内的铜钟、大鼎、銮舆、白镴香炉，及精雕细琢的神像木座等物也均是年代久远之文物。香港人认为，"文"代表文事，"武"代表武功，文事以文昌帝君为模范，武功则以关圣帝君为典型，所以文武二帝庙即为奉祀文昌帝君及关圣帝君之庙。二帝掌管着人间的所有文治武功，即现代人所谓的学业和事业，故庙内长年香火鼎盛，不熄的灯笼高照着文昌、关帝神像，吸引很多善信及内地游客到此参拜、游览。每年各种考试的前夕，会有很多应考者到此庙进香，以求成绩能够名列前茅，青年人在找到工作后亦会到此祈福，盼望事业能一帆风顺。寺内提供全年塔香、神袍等服务，亦有文昌笔及香烛元宝发售，善信、游客们既可随时随地以香烛酬谢神恩，亦可购买文昌笔以赠送子女，

寓意学业有成、金榜题名。现寺内还设有中英文解讖服务，深受游客欢迎。

文武庙的始建日期现已很难考证，但庙内一些文物的历史可追溯至香港开埠初期。1842年，英国强占香港岛后，将其改建成自由港，多间英国洋行相继在香港设立，同时也吸引不少华人来此从事与贸易相关的业务，如搬运及运输等，部分华商也在香港设立了南北行经商。从此，香港便逐渐成为亚洲乃至世界的一个重要贸易口岸。文武庙应该是这一时期的历史见证物，它体现了香港华人们在金发碧眼的英国人统治下，在天主教、基督教等西方宗教不断的强势挤压下，对民族传统倔强的坚持，正是这种坚持，才使得现在的香港文化呈现出了中西结合，多姿多彩的特色景致。

虽然文武庙已承载了太多的历史沧桑，但它并不是香港最古老的关帝庙，最古老的当属位于大澳的关帝古庙。

大澳地处香港新界大屿山的西部，是香港现存最著名的渔村，因其水乡风情独特，故有"香港威尼斯"之誉。它远离烦嚣的市区，较少受到都市化的影响，所以至今仍旧保留着早期香港的渔村风貌。

关帝古庙就位于大澳市区中心的吉庆后街。该庙规模不大，三幢四楹，屋顶缀以精致的陶制装饰。正门石刻"关帝古庙"四个大字，且有石刻对联："威名震华夏，大义本春秋。"正门两侧供奉土地及门官，两旁各置一个栏栅，分别放有一尊神像、一匹骏马和一位马夫。庙内正殿中央供奉有关帝坐像，神台两旁左右各有两尊神像，左边是周仓、张仙，右边是关平、黄灵公。

此庙在清乾隆六年（1741年）、清咸丰二年（1852年）、清光绪二十九年（1903年）、1959年、1975年曾历五次重修。现在庙内还保存有道光年间铸造的晨钟暮鼓和部分祭器，以及咸丰二年（1852年）、光绪二十九年（1903年）的重修碑记等珍贵文物。其中咸丰二年（1852年）所立的《重修武帝古庙碑志》石碑记载了这座庙的始建时间，即明朝弘治年间（1488—1505年），并云：

> 本澳内开建以来，仰荷武帝煌煌之泽，水陆士庶，袗者商贾，莫不咸沾圣德……因见圣神威灵之恪，无石跃诵棠棣之华，合心同志，是以乐功捐资……

碑阴刻有捐资人的官职，如"大鹏水师提督""大鹏协镇右部总司""水师提标中营""广东水师提标左营""山东登州镇文登营"等，以及"碧沙"等地方人士捐资人的姓名。

大澳是香港境内最大的岛屿，面积 146.75 平方公里，比香港岛还要大 84%，但此地的居民却并不多，仅有五六千人，并且主要是客家人。为何客家人会信奉关公？要想解释清楚这个问题，需要首先了解一下何为客家人。

客家人，又称客家民系，现已是世界上分布范围广阔、影响深远的民系之一，过去主要生活在闽、粤、赣、川、台湾等地的山区或沿海地区。在清代，因客家人的语言、服饰、建筑、风俗均与南方的土著居民有别，曾一度被朝廷认为是少数民族，并诬以"客"旁加"犭"之名，19 世纪初的西方传教士也曾误以为他们是独立的"民族"。自 19 世纪中叶以来，客家文化开始被国际学者所重视，其研究大体围绕着两个基本问题而展开：一个是"客家"是不是汉族？另一个是"客家"如果是汉族，那么"客家"和其他汉人有什么异同点？围绕着这两个问题，许多有识之士纷纷著书立说，发表自己的看法，使得客家这一族群逐渐被世人所认识。到了 20 世纪罗香林①开创"客家学"以后，人们开始普遍认为客家族群不是一个独立的民族，而是汉民族内部的一个系统分明、具有独特个性的支系即"民系"。从而彻底驳斥了历史上某些王朝对客家人的恶意中伤，澄清了不少人的模糊认识。然而迄今为止，客家人产生的具体原因和具体年代却依然还是个谜，有论者认为：

> 客家人的远祖多是中原大族世家，即从魏晋以来形成的"衣冠望族"。这些衣冠望族在六朝以后，虽被迫辗转迁入岭南定居，但那种威严和气派并未被逃亡生活所折磨殆尽。每个家族在逃亡中都是一个集体，完整的保留着中原衣冠望族文化意识和封建宗法意识。这些正是汉民族传统文化的精粹及正统观念，以忠君为表现形式的政治意

---

① 罗香林（1906—1978 年），字元一，号乙堂，著名历史学家、客家研究开拓者。其开创性著作《客家研究导论》《客家源流考》《客家史料汇篇》等为客家研究之学的奠定基础。代表作品有《客家研究导论》。

识，家族观念，族群观念，保守的、固执的祖宗之法的道德价值，以
及出身高贵、书香世家或诗书传家的文化教养而产生的优越感。①

而罗香林则认为：

> 客家先民的移民运动，在五代或宋初是一种极其显著的事项，
> "客家"一名也必起于是时。

近年来又有学者认为，客家人的起源时限应后移至北宋末年，并举出
在南宋末年临安沦陷以后，以闽、粤、赣交界处为中心的客家人不顾艰
危，出师勤王为例。如：文天祥曾有"今已约赣州诸豪，凡溪峒剽悍轻
生之徒，悉已纠集"之语，吴莱复在元兵南下时亦有"自江西初起，崎
岖山谷购募义徒，耕莽峒丁造辕门、请甲杖、不啻数万"之句，明初宋
濂《题文天祥手帖》中，也谈及文天祥在起兵抗元时，"赣州大姓起义旅
相从者，如欧阳、冠、侯等，凡二十三家。"说明这些欧阳、冠、侯等大
姓家族正是迁至赣州不久的客家先民。②

南宋末年，宋元双方曾在闽、粤、赣的"客家大本营"及其附近地
区几经争夺，战况极为惨烈，直至崖山海战失败，海上浮尸十数万，竟无
一人投降，这种景象结局，是在中国历朝陵替中从未出现过的。客家人在
民族危亡之际，毅然担起"兴复宋室"之责，极似三国时期蜀汉将相们
"知其不可为而为之"的英雄气概，可见当时的客属族群在汉民族的自觉
意愿中，已掺杂了强烈的政治色彩。③

值得注意的是，这场影响深远的崖山海战之古战场，其地理位置距离
香港不过 100 公里，距大澳更是仅有几十公里，而横在大澳和崖山之间的
就是文天祥曾留下著名诗篇的海域——零丁洋（现称：伶仃洋）。

前文已叙，关羽在宋代已被敕封为"壮缪义勇武安英济王"，且成为

---

① 陈运栋：《客家文化的源流》，转引自王东《客家学导论》，上海人民出版社 1996 年版，
第 72 页。

② 参考王东《客家学导论》第五章第四节《关于客家民系形成于五代宋初的商榷》，上海
人民出版社 1996 年版。

③ 参考胡小伟《关公信仰研究系列》第三卷《元代关羽崇拜》，香港科华图书出版公司
2005 年版，第 121—123 页。

独立的国家信仰，岳飞等爱国将领都曾以关羽自勉，而关公信仰在当时的客家人聚集地之一饶州（今属江西省，江西省简称为赣）也是古已有之，这从东隅仇香寺的关羽祠以及龙虎山的天师道对关公信仰的推崇中就可以得到证明。也就是说，在崖山海战前后，那些与元军做殊死搏斗的客家人应该已经具有了关公信仰。这就不能不让人联想到，大澳的客家人很可能就是那些崖山海战幸存者的后裔。也许，正是关公精神激励着他们的祖先们在面对全世界最强大军队的时候，视死如归、肝脑涂地。

　　事实上，客家人确实一直在关公文化的传播与发展过程中起着重要的作用。在全世界的客家人居住区都可以看到关帝庙和关帝信仰的存在，就目前的虔诚程度而言，客家人甚至超过了关公的"老乡"山西人。例如，广东梅州客家人每年祭拜关帝的重要节日就有好几个，有农历二月十三日的许福，农历五月十三日的关爷生日，农历七月十三日的暖福，十一月十三日的完福，等等。每年在这些节日里，当地的关帝庙（祠）都会组织大型的法会，大家自发配备牲醴果品、香烛衣纸，到此虔诚祭祀。在"祭江""打醮"等庙会活动时，还会用神轿把关帝老爷的神像请出来，大家高擎彩旗，敲锣打鼓，燃放鞭炮，抬着关帝到各街道、乡村巡游，祈求关帝老爷保佑。在法会的朝拜仪式中，庙祝们会在不同的关帝节日念不同的经文，关帝生日时诵祝寿的经文，祈福时诵千佛经，暖福时一般是地藏经（因为暖福接近地藏菩萨生日），完福诵千佛经，许福诵大悲忏。除了这些固定的祭拜日期之外，很多信众还会在除夕之夜到关帝庙做通宵忏悔，并争取上头香，大年初一也会有很多信众们在关帝庙吃斋饭。大部分客家人更会在自家的厅堂、店铺设置关帝神位，以便平时焚香点烛，顶礼膜拜……

　　客家人的关公崇拜中还有一些独特的地方，比如他们除了像其他内地民众一样把关帝看成是忠义的化身和"武财神"以外，还普遍认为关公的大刀能够"斩关口"，即：扫除生活中所有的障碍和烦恼。他们在感到不顺心的时候都会祭拜关帝，祈祷关帝可以利用关刀帮忙"斩关口"，使他们顺利渡过难关。此外，许多客家人还会将自己的小孩"过继"给关公，他们认为过继给关公会使体弱多病的孩子得到健康，或变得更乖。梅州一直流传着这样一个关于小孩过继给关公的故事：有一个从韶关来的信众谈到他曾经梦见自己身处一间处于半山腰上的关帝庙，并看到一个长须红脸的威武古人。这个形象跟关公一样的人在梦中对他说他的小孩不乖，必须过继给关公。他为了找和梦中形象相符的关帝庙,从韶关一直打听到山西,后来通过亲戚关系找到了梅州南口镇的关帝庙。当然,这只是一个传说,但梅州的客家人却大多深信不疑。这种"过继"只是仪式上的,并不是真的让小孩住进庙里,其一般流程是:首先,小孩的父母带着贡品(贡品有斋菜、豆腐、甜糖)到关帝庙上香,向关帝告知此事;接着庙祝向关帝求签,问关帝是否接纳;若签文显示为同意,则由庙祝送出衣服和甜饼,父母再将衣服和甜饼祭拜关帝之后带回家,整个仪式就完毕了,从名义上来说孩子已经成功地过继给了关帝。[①] 由此可见,客家人对关帝的崇信习惯是从小养成的,他们中的很多人还在不懂事的时候就已经和关帝建立起一种类似于血缘的关系。看来,客家人、大澳客家人以及他们和关公文化之间的渊源,是需要学界不断研究的重要课题。

除大澳关帝古庙和文武庙以外,香港知名的关帝庙还有西贡关帝古庙、沙头角南涌协天宫、筲箕湾南安坊关帝庙、屯门扫管笏关帝庙、大埔樟树滩关帝庙、荃湾关帝庙、长洲关公忠义亭、深水埗关帝庙、莲麻坑关帝宫、荔枝窝协天宫、元朗辋井围玄关帝庙等。

其中深水埗海坛街与界限街交界的深水埗武帝庙,至今也已有120年的历史。该庙所处的位置为深水埗海港,这里有不少的卸货码头,可见当年人们兴建这座庙宇,是为了祈求关帝能够保佑商业贸易的往来顺畅。庙外还建有一座"玉仙亭",2010年10月16日,香港人民在这里举行了庙宇重修及新建牌楼落成典礼,同时将武帝庙正式更名为"关帝庙"。当时有媒体详细地报道了这次典礼的空前盛况:

> 拥有120年历史的香港深水埗关帝庙近日完成大型重修,重新开放予市民参拜。为隆重其事,16日,内地、港澳台及海外多地关圣帝君分灵移驾出巡助兴,沿途吸引数千市民驻足观赏。当日上午,香港上环文武庙、广州、台湾、澳门及新加坡各地的关帝庙与深水埗关帝庙的关圣帝君分灵一同移驾,参与由300多人组成的"三龙九狮迎关帝巡游汇演"。汇演历时一个半小时,共分12阵演出。这个由数百人组成的队伍,由龙狮领头,继有五行旗阵、花担提灯阵及仙乐

---

① 参考司徒美、陈琳瑜、麦静文《客家乡土文化体系下关公崇拜习俗的嬗变与其意义转换——以广东梅县南口镇关帝庙为例》,《科技视界》2012年4月第10期。

阵，并以鸣锣开道，恭请帝君圣驾出巡。沿途有道教羽侣礼颂仙经护驾，为配合关帝形象，更有赤兔马和青龙偃月刀列于队中。出席当日庆典仪式的中国国家宗教局副局长蒋坚永表示："香港借关帝诞辰1850 周年的良缘，修缮关帝庙宇，对弘扬中华传统文化，彰显关帝文化的现代价值将发挥积极作用。"香港特区政府民政事务局局长曾德成表示："关帝所代表的忠义正气，是中华民族精神的重要内容，在香港，不少行业向来供奉关帝，是经历社会变迁而一直能够维持下来的传统。"①

曾德成先生所言极是。香港文化是多元文化的结合体，在客家文化之外，还有广府文化、潮汕文化两种本土文化体系，关帝信仰在这两种文化之中也一直占有重要的地位。另外，因为香港在历史上曾长期被英国统治，使得该地区不可避免地受到了以基督教新教为宗教基础、英国美国为代表的盎格鲁－撒克逊文化和以罗马天主教为宗教基础、法国意大利为代表的拉丁文化以及各种西方文化的浸染，然而关帝信仰却并没有因此而褪色。香港人用他们充满包容性的宗教情怀和具有国际视野的民族智慧将多种不同的文化完美地结合在了一起。在香港，一个基督教徒也会祭拜关帝，同样，一个家中供奉关帝的人也会去教堂做礼拜。可知对于香港人来说，关帝就是中华民族精神的象征，关帝信仰就是百余年来强调中华民族认同感的集体体现，同时也是无论经历多少社会变迁也会一直维持下去的文化传统，就像香港音乐人罗大佑在他的《青春舞曲 2000》歌词中所写的那样：

香港如何飘香　乡里欢聚异乡
东与西联营开张　新市民旧土壤
家国应如何称呼　黑眼睛黄皮肤
一亩梯田容万千住户关帝遥望天父
……

---

① 来源于中国新闻网网站，题为《香港百年关帝庙完成大修　海内外关帝分灵移驾助兴》，中新社香港 2010 年 10 月 16 日电，记者于晶波。http://www. chinanews. com/ga/2010/10 - 16/2591943. shtml。

家国应如何称呼 黑眼睛黄皮肤
一亩梯田容万千住户关帝遥望天父
……

二 澳门的关公文化

澳门位于南中国海北岸，地处珠江口以西，东面与香港相距 63 公里，北接广东省珠海，全境由澳门半岛、氹仔、路环以及路凼城四大部分（区域）所组成。

澳门最知名的信仰文化是妈祖文化，据说澳门的葡语名称"Macau"即来自妈祖，但这里的关公文化也同样是随处可见，其三大古庙妈阁庙（妈祖古庙）、观音堂（普济禅院）、莲峰庙都供有关帝神像，观音堂、莲峰庙还建有专门的关帝殿、武帝殿。此外，三街会馆、九澳三圣庙、氹仔关帝庙、凼北帝庙、莲溪庙、龙田村武帝庙等也都是主供关帝的庙宇。其中最著名的是位于玫瑰圣母堂附近的公局新市南街的三街会馆，又名关帝古庙。

该会馆建于 1750 年，距今已有 260 多年的历史。所谓"三街"，是指营地大街、关前街和草堆街，系澳门古老的商业中心，所有的华人商贾都会集中在此经营贸易。会馆所在地原为昔日繁华市区"荣宁坊"，故现在门前之社坛上仍刻有"荣宁社"字样，还有一副"荣居康乐境，宁享太平年"的对联。会馆初设时，既是商人议事的场所，也是祭祀关帝的圣地，在华人社会中有着重要的地位。1912 年，澳门中华总商会成立，三街会馆便失去了议事的作用，但因馆中供奉的关帝像雕刻精巧，古意盎然，加之地处繁华闹市，所以反而祀者日众，逐渐演变成为一间独立的庙宇。三街会馆规模虽小，且隐藏于市区的高楼大厦之中，却是当地居民生活变迁的见证，现在这里已成为澳门世界文化遗产的景点之一。

澳门人之所以信奉关帝和澳门独特的历史有着密切的关系，这段历史最晚起始于明代嘉靖年间。明世宗嘉靖十四年（1535 年），葡萄牙人通过贿赂广东官员开始在澳门取得停靠码头、进行贸易的权利；三十二年（1553 年），葡萄牙人借口曝晒水渍货物，强行上岸搭棚栖息，海道副使汪柏纳贿允诺；三十六年（1557 年），葡萄牙人在没有任何协议的情况下正式在澳门定居，于"普天之下，莫非王土"的天朝脚下"筑室建城，雄踞海畔若一国"①。此后在相当长的时间里，澳门虽然仍处于中国官员的管辖之下，但由于鞭长莫及，除了发生杀人之类的大事外，官府很少过问具体民事。所以，当地华人主要是依靠自己的力量来保护家人和财产的安全，这也让他们较早地建立起了面对现实的勇气。

清代中晚期以后，澳门更是成为冒险家的乐园，其主要居民大多是来自葡萄牙与闽粤各地的下层社会大众，其中还有一些游民，也就是说，他们多为好斗分子。瑞典人龙思泰曾在他的《早期澳门史》中说："经验也告诉中国人，那些以躁动难安和飞扬跋扈为主要特征的冒险家，离开欧洲来到亚洲，是为了寻求财富。"并且转引了广东地方官的话："澳门从前是个繁华之地，现在则变成了一个独立王国，有很多炮台，以及为数众多傲慢蛮横的人口。"龙思泰甚至在书中经常采用这样的语句来表达他的观感："鉴于粗野的下层居留者不断增加……"② 可见，在这种环境里，只有随时准备好战斗的人才能够生存，为了生存，他们必须无所畏惧地战斗。因此，当时的澳门华人多有好斗、倔强的性格特征。这种文化基础，正是代表着勇敢精神的关帝能在澳门得到特别尊崇的主要原因之一。如今在澳门的繁华街头，依然会看到取义为"泰山石敢当"的石头，这就是澳门人强悍、勇敢的传统性格的体现。需要留意的是，澳门人一般认为"石敢当"的神性要和另一位勇猛的神祇相结合才有威力，而他们在石敢当旁边安放的正是关帝。③

另外，清朝中晚期正是澳门手工业、工商业的重要发展时期，这也为关公文化的发展提供了有利条件。工商业与传统农业的经营方式不同，传统农业的经营大多是分散型的，而工商业的经营则需要更多人的集体合作；农业的经营需要的是对土地的忠诚，而工商业的经营则需要更顽强的勇于开拓的精神，而这些都可以在关公文化中得到体现。澳门的工商业人士希望以关帝为楷模团结起来，共同奋斗，成就一番事业。如三街会馆就是在这样一种社会背景下创建起来的。

---

① 王之春著，赵春晨校点：《清朝柔远记》，中华书局 1989 年版，第 7、361 页。

② 龙思泰著，吴义雄、郭德焱、沈正邦译：《早期澳门史》，东方出版社 1997 年版，第 57、95、101 页。

③ 参见刘海燕《关公信仰文化的地域特色与现代风貌——澳门、东山、榆林等地的关公文化考察》，载于《2012 年中国荆州·国际关公文化学高峰论坛论文汇编》，以及徐晓望《从澳门庙宇看澳门华人文化特色》，载于《福建论坛·经济社会版》2002 年第 5 期。

此外，明清时代，流行于闽粤下层社会的以“洪门”为代表的秘密社会组织逐渐传到澳门，这也为关帝崇拜的发展起到了一定的作用。前文已叙，洪门在创立和发展过程中，与关帝崇拜有着千丝万缕的关系。在创立初期，洪门正是以关帝崇拜为招募会员的主要方法之一，此后确立的组织文化基础也多是以桃园三结义似的义气为核心。所以，在澳门加入秘密社会组织的人，多以关帝为偶像，对于他们来说，崇拜关帝是永葆义气的象征。澳门三大古庙之一的观音堂（普济禅院）[①] 就和洪门的渊源颇深，而这里就建有一座规模不小的关帝殿，且为整座寺庙的主体建筑之一。

关羽无疑是“讲义气”的最佳代表人物，但对于大多身处外国治下的澳门人来说，义气又是中华民族的英雄气概之体现。在民间观念中，关帝为朋友两肋插刀，大义凛然，是非分明，敢爱敢恨，世界上没有他害怕的东西，这种继承中国侠义文化无所畏惧的气概，具有独特的文化魅力和广泛的社会模仿效应。对关帝的崇拜，也就是对中国式的英雄的崇拜，这种崇拜之中所蕴含的文化力量远远超越了任何秘密组织对社会的影响力。因此，无论一个人是否加入了秘密组织，这种精神文化都会对他产生激励和感召作用。比如：在澳门曾有一个叫作龙田村的小村庄，这里自清代起建有一座供奉关帝的武帝庙，而在这个村子里就曾有几位民间英雄联手制造了震惊中外的“沈志亮义士案”。

据同治十二年（1873 年）出版的《香山县志》记载：

> 沈志亮，名米，以字行。先世福建人，贸迁来澳门，遂家于前山寨南之龙田村。生而倜傥，慷慨尚义。道光十六年（1836 年），英夷[②]辟驰道，毁居民坟墓，灭骸骨。和议成，复大辟之。酷甚于前。民畏夷，莫敢争诉，官置不问。志亮先墓亦受害，思所以报之。

于是，沈志亮集合郭亚安、鲍俊、李亚保等几位志同道合之人在一座小庙中结拜，愿同生共死，一起为乡里复仇，并开始寻找机会实施刺杀葡

① 观音堂在历史上经过十多次重建，其中出巨资扩建者是著名僧人大汕和尚，因此观音堂也奉大汕为开山祖师，而这位大汕和尚就是“反清复明”的天地会（即：洪门）成员，观音堂也曾经是“反清复明”人士的聚会之处。

② 《香山县志》称葡萄牙人为“英夷”，当是作者对西方各国区别不清所致。

萄牙澳门总督亚马留的惊人计划：

> 　　志亮等自春徂秋，不得间。……（道光二十九年七月初七日）
> 乃使或为贩鱼，或为鬻果蔬，弛担于道，若观驰马者。金堂（即郭
> 亚安）又以野卉盈束置于道，马闻香不肯前。日将夕，天且风，马
> 腾尘眯目。志亮遂出番字书投英酋（按：应为葡酋），酋俯接而视。
> 遂出刈刀钩其颈，堕马。酋手枪负痛不及施，志亮遂断其首，以夸示
> 其手也，并断其手，埋诸山场之外。金堂杀其从者，西洋酋疾驰入
> 关。金堂宣言于众曰：此鬼罪大恶极，故我官府百姓欲得而甘心，余
> 弗问也。……诸夷惴惴，十三行皆震慑，华人闻者，莫不欢呼相
> 庆。……制府欲弗许，恐开兵衅，欲以死囚者代。奸人又忌之，索酋
> 首为证。制府不得已，趣鲍劝之出。志亮乃与金堂发所埋首与手，行
> 至省赴有司，即下狱。金堂语志亮曰："尔有母无子，不如我。"争
> 自认，而卒坐志亮。制府恐民变，昏后即弃市，金堂论遣戍。

　　沈志亮等人在合谋袭杀葡萄牙澳门总督之前，焚香结拜，歃血为盟；事发后，沈志亮为了保护乡里，挺身而出，从容就义，而郭亚安（金堂）在此时更是为了兄弟情义与沈志亮争相赴死，这都是民间侠士对"义气"二字的正面诠释，也是关帝崇拜对民间社会产生了巨大激励作用的实际体现。

　　相对于沈志亮而言，清政府的表现却差强人意。事实上，沈志亮等人的刺杀行为是在地方政府的支持下进行的，《香山县志》的如下记载揭露了真相：

> 　　谋其乡荐绅鲍俊、赵勋、梁玉祺，鲍俊谋之总督徐广缙，徐曰：
> "此诚可恶！"鲍还以告志亮。
> 　　志亮乃与同志郭金堂、吴某数人怀刃伺之。

　　身为总督的徐广缙对于上门商讨的鲍俊说出了"此诚可恶！"四个字，这自然就暗藏着教唆、默许的意味。况且，当时的清政府拥有澳门领土的主权，对于葡萄牙的殖民主义扩张行为，本该主动出面交涉，采取适当行动，完全不应由沈志亮等人采取暗杀手段来解决。对此，以徐广缙为

首的总督府默许于前，严办于后，任由过激行为在涉外事件中发生，才是沈志亮悲剧的症结所在。

　　审理此案的除徐广缙以外，还有广东巡抚叶名琛。这位叶名琛就是后来在咸丰六年（1856年）奏称关帝显灵广东，护佑城垣，请加封号的人，咸丰皇帝为此还加封关帝"精诚"二字。而其实正是因为叶名琛、徐广缙当年的软弱表现，助长了葡萄牙殖民者的嚣张气焰，使得亚马留的继任者们在咸丰元年（1851年）强占氹仔岛，此后又在同治二年（1863年），侵占界墙外的塔石等村庄，翌年再侵占路环岛；同治十三年（1874年）闯入香山县境，拆毁关闸汛墙，另筑新关闸（即今关闸），强占龙田、望厦，并在湾仔港设立浮桩为界，占据海域；光绪十三年（1887年），迫使清政府与其签署《中葡草约》，从而获得对澳门的"永居管理"权。可见，澳门的局势之所以急转直下，叶名琛、徐广缙之流是难辞其咎的。[①]相比沈志亮、郭亚安等人，清政府的封疆大吏们已完全不懂关帝所代表的核心文化是什么，在国家民族利益受到侵犯之际，他们却还再揣摩圣意为关帝讨封，是诚可笑。

　　据《香山县志》载：

　　　　光绪三十三年（1907年），葡欲增辟马路，焚龙田村民居三十余家，逼迁家具，违者被殴，事后略补屋价，托名购取。居人迁徙流离，莫名其苦，今龙田村已为墟矣。

　　因村子被焚毁，当地部分富有村民移居望厦村，其余流离失所的村民则迁往大炮台山脚。在龙田村的土地空置之时，澳葡政府借机将低陷的田地填高，使之与塔石连成广场。1918年，澳葡政府将这片广场改为民房和马路，称马路为龙田村街。其后，该区被发展为富人住宅区。为追念支援政府入主龙田村之葡籍富人，澳葡政府更将龙田村街改名为文第士街，其余街道亦以葡籍人士取名，如：罗沙达街、巴士度街、飞良绍街等。自此，龙田村之名已淡化消失于时间之流。

　　不过，澳门的民众却没有因清朝官员的颟顸腐败和葡萄牙人的野蛮行

---

①　参考刘居上《从清宫档案解读沈志亮事件》，载于中山市档案学会网站 http：//www.zsda. gov. cn/plus/view. php? aid＝4894。

径而减少对关帝的信仰热情，龙泉村当年的武帝（关帝）神像被完好地保留至今就是例证之一，可见百余年来，关帝精神一直感召着他们在逆境中不畏艰难、努力进取。

自 1999 年回归以后，澳门的国民生产总值以前所未有的增幅快速增长，现已成为全球最活跃的微型经济体之一，这种良好的局面与国家的积极政策是分不开的，同时也与澳门人自身所特有的勇敢、顽强、团结、互助精神密不可分，而这种精神的养成与澳门人民世代相传的关帝信仰不无关系。

如今的三街会馆、九澳三圣庙、氹仔关帝庙等庙宇在每年的农历五月十三日都会举行盛大的"关帝诞"庆祝活动。届时三街会馆还会在门前用竹棚搭建舞台，上演精彩的神功戏，通过隆重的"人神共娱"仪式，传达着尊崇忠义仁勇、勿忘民族传统的文化信息。

第二节　关公文化在台湾地区的传播

一　闽人入台

台湾是位于亚洲东部、太平洋西北侧的岛屿，面积约 3.6 万平方公里，另有宝岛、鲲岛、福尔摩沙等别称。作为西太平洋航道的中心，台湾是中国与太平洋地区各国海上联系的重要交通枢纽，但因为历史原因，这里曾被西班牙、荷兰、日本等国先后占领。抗日战争胜利以后，台湾重归中国的版图。1949 年，以蒋介石为首的国民党政府退守台湾，这个中国第一大岛遂与祖国大陆处于分离的状态。

台湾的关公文化非常兴盛，最直接的证明就是那些规模不一、为数众多、遍布岛内的关帝庙。据台湾内政部 2012 年 3 月份的统计，台湾岛上的"关圣帝君宫庙"已有 509 座，分布于台北市、新北市、基隆市、桃源县、新竹市、新竹县、宜兰县、金门县、连江县、苗栗县、台中市、彰化县、南投县、云林县、嘉义市、嘉义县、台南市、高雄市、屏东县、澎湖县、花莲县、台东县 22 个市县①，目前这个范围还在不断地扩大，宫庙的数量也在不断地增加。其中比较著名的有台南武庙、新竹县普天宫、

---

①　参考吴惠巧《关圣帝君信仰在台湾之在地化变迁》，载于《2012 年中国荆州·国际关公文化学高峰论坛论文汇编》。

台北行天宫、高雄文衡殿、台中圣寿宫、礁溪协天庙、日月潭文武庙等。每逢关帝诞，台湾各地关帝庙内香火缭绕，热闹非凡。

　　另外，台湾的民间组织、商业社团的办公场所也多供奉关帝，家庭供奉关帝神像的情况更是随处可见。据保守估计，目前在台湾至少有 800 万关帝的忠实信众，其中不乏政府要员、军警高管、商界巨子和宗教权威。台湾人对关公的尊称也是多种多样，基本囊括了历史所赐予关公的所有头衔，如：关圣帝君、圣帝君、武圣帝君、关老爷、关帝爷、关壮缪、汉寿亭侯、恩主公、帝爷公、武圣人、关夫子、山西夫子、文龙山西夫子、协天大帝、伽蓝菩萨、护法爷、盖天古佛、三界伏魔大帝、武帝、文衡圣帝、文衡帝君、文衡圣君、崇圣帝君、武安尊王等。这体现了关公文化的多样性特征，也说明了关帝信仰在台湾地区有其厚重的历史沉淀。

　　台湾有文字记载的历史可以追溯到公元 230 年。《三国志·吴书》就曾记录了吴主孙权派一万官兵到达"夷洲"（台湾）的事情，孙吴丹阳太守沈莹所著的《临海水土志》中也留下了世界上对台湾的最早记述。隋唐时期（公元 589—618 年），已有内陆民众移居台湾澎湖地区。宋元时期（公元 960—1368 年），内陆移居人口在澎湖地区已有相当数量，并已逐渐向岛内发展。公元 12 世纪，宋朝廷将澎湖划归福建泉州晋江县管辖，此后元、明两朝政府还在澎湖设巡检司，负责巡逻、查缉罪犯，并兼办盐课。

　　关公信仰在宋代已经大盛，到明代更是成为国家的最高信仰，在这漫长历史上的任何一个节点，都有可能使关公文化在台湾产生，"武安尊王"这个具有宋元时代烙印的称呼能在台湾得到保留，就似乎可以说明这一点。不过，虽然移民历来是文化传播的最主要的途径之一，但移民人口的数量也是一种外来文化得以发展的重要条件。晚明时期，台湾的人口不过十几万，其中汉族人主要以闽南移民为主，他们的人口比例并不高，这时的台湾文化应该还是以原住民文化为主导。

　　南明永历十五年（1661 年），郑成功收复台湾，当时他带来的军士及眷属有 3 万余人，随后清廷实行沿海迁界，致使不愿内迁的闽南居民大量入台。据连横《台湾通史·户役志》统计，明郑政权治台 20 多年，岛内的汉族人口迅速增至 20 万，台湾逐步演化为以闽南人为主体的社会，闽南文化也取代了原住民文化居主导地位。

　　所以，台湾最早有记载的关帝庙也始建于这个时期（1661—1683

年）。清代陈文达在《台湾县志》中云：

> 在西定坊（承天府，今台南市），大关帝庙，伪时（明郑时期）
> 建。康熙二十九年，台厦道王效宗修。五十五年，台厦道陈璸重修。
> 五十六年，里人鸠众改建。小关帝庙，伪时建。五十八年，里人同
> 修，在小关帝庙巷内。在永康里关帝庙，一在许厝甲（今台南县永
> 康市），伪时建。系茅屋，开辟后易茅为瓦，乡人同建。一在保舍甲
> （今台南县永康市），伪时建。台厦道陈璸匾曰：停骖默祷。在长兴
> 里（今台南县仁德乡）关帝庙，伪时建。五十九年，乡人同修。在
> 新丰里（今台南县关庙乡）关帝庙，伪时建。①

康熙二十六年（1687 年）蒋毓英修的《台湾府志》庙宇亦云：

> 关帝庙三所，府治镇北坊二所，凤山县治土击埕保一所（神像
> 原祀于福建烈屿，郑成功入台，洪姓信徒奉神像来台建庙奉祀）。②

　　此后，康熙三十三年（1694）高拱乾修《台湾府志》，他在凤山县的
"关帝庙"条中增列了安平镇（今台南市安平区）关帝庙，在诸罗县的
"关帝庙"条中增列加溜湾（今台南县安定乡）关帝庙（马兵营吴大明倡
募捐款创建），这两所关帝庙是否为明郑时期所建，府志没有说明，但现
代学者普遍认为它们确是明郑时期的关帝庙。这样算来，台湾在明郑时期
已建有 9 座关帝庙。这些庙宇有军事移民修建的，也有普通移民修建的。
　　清治时期，闽地民众再次掀起入台大潮，这个时期台湾新建的关帝庙
共有 33 座，分别是台湾县（今台南县、市）3 座、澎湖厅（今澎湖县）
4 座、凤山县（今高雄、屏东地区）9 座、嘉义县（今嘉义县辖区）2
座、彰化县（今彰化、台中县市地区）3 座、苗栗县（今苗栗县市地区）
4 座、淡水厅新竹县（今新竹县市以北地区）4 座、台北府（今台北县市
地区）2 座、噶玛兰厅（今宜兰县市地区）2 座。加上明郑时期的 9 座，

---

① 陈文达：《台湾县志》，辑录于《台湾文献史料丛刊》（第二辑），30 号，台湾大通书局
1984 年版，第 209—213 页。
② 蒋毓英：《台湾府志》，中华书局 1984 年影印本，第 123 页。

清末台湾有记载的关帝庙共有 42 座。① 可见在有清一代，台湾关公文化的发展确实与移民人口的不断增多有着密切的关系。当然，清政府对关帝信仰的推崇也是台湾关帝庙数量增多的重要原因，而且，清代闽人大规模入台也是在朝廷的大力鼓励下才能够得以实现的。

不过，42 座和现在的 509 座比起来相差甚远，从清末到当代的一百余年时间里，台湾关帝庙的数量增长了 10 倍还要多，这就不是单纯的移民问题、政治鼓励所能大力解释清楚的了，战争、宗教、政治、商贸等因素都在这个时期对关公文化的传播与发展产生了积极的促进作用。

二　日据时期

甲午战争期间，日军抢占了澎湖列岛。消息传至台湾岛内，全台百姓无不切齿痛恨，许多人开始自发地组建义军，誓死保卫家园。但在《马关条约》签订以后，台湾成为清政府的弃物和日本国的战利品，大部分显贵富商们完全不顾民众的死活，纷纷逃往内陆或海外，各地义军也只得转入地下，台湾从此进入了长达 50 年的日据时期。

起初，日本政府为了维持社会安定，曾通令保护岛内各类寺庙，所以关帝庙的数量也得以迅速增加，二三十年的时间里已涨到一百多座。民众们修建如此众多的关帝庙，并不仅仅是为了保护世代相传的信仰，更重要的是利用关帝庙做掩护来开展秘密的抗日活动。在 1913 年和 1915 年，台湾就曾发生了两件与关帝庙有关的重大抗日事件。

第一件是台南人李阿齐领导的"关帝庙起义"（日称"关帝庙事件"，又称"李阿齐事件"）。大陆出版的《台湾知识词典》对此事的记载为：

> 首领李阿齐，又名阿良，台湾台南人。其父因参加反割台斗争被日本人杀害。他继承父志，在五甲庄关帝庙等地，集合同志，联络高山族同胞，组织革命党。入党成员，一律剃去周边头发，只留中央一块圆形，以为标志，五甲庄民入党者尤多。他们决定一九一三年起义，攻占台南，推翻日本人统治。不幸事先走漏消息，日人展开大检举，李阿齐等数百人被捕。一九一四年三月三日，李阿齐等被判处死

---

① 参考陈名实《台湾关帝信仰的渊源与内涵》载于中国东山政府网站。http://www.dongshanisland. gov. cn/web/viewnews. asp？ID = 303。

刑。敌人用血腥手段镇压了这次未遂起义。①

20 世纪 90 年代台湾出版的《重修台湾省通志》卷九《人物志·人物表篇》中也提到了这件事：

> 李阿齐，台南关帝庄人，民国二年（1913 年），藉神道拟举事，被日警逮捕处死。②

另据《台湾历史人物小传》记载：

> 李阿齐（？—1914）又名阿良，台湾台南关帝庙庄（今关庙乡）人。业农。父达，乙未（1895）抗日殉难。因父仇，对日帝不共戴天，常于五甲、关帝庙等地，纠合同志，图歼日人。1912 年冬罗福星来台筹组革命组织，乃益受鼓励，愿效前驱。而阿齐有膂力，间用神道设教，为人所乐从，五甲庄民加入革命党者甚多，乃约党员剃去其周边头发，独留中央一块圆发作顶心为标志。并预定 1913 年 10 月 20 日前后起事，径袭台南。不幸事机不密泄露，日军警先发制人，展开大检举，阿齐及党员等数百人走避不及，遂被执。旋日人于苗栗设临时法庭，被判死刑，于 1914 年 3 月 3 日与罗福星、张火炉等同时遇难。日人称此事为"关帝庙事件"。③

由此可知，李阿齐正是"间用神道设教"来筹建革命组织，并发动武装起义的。虽然现在还不好确定李阿齐是否曾利用关公信仰来鼓舞士气，但既然事发于关帝庙庄，日方又为其定名为"关帝庙事件"，自然会引起日本政府对关帝信仰的高度警觉，而此后爆发的另一次更大规模的起义，会让他们对这种信仰产生更深刻的认识，这就是著名的"西来庵事件"。此事件在《重修台湾省通志》卷一中有详细的记载：

---

① 包恒新：《台湾知识词典》，福建人民出版社 1987 年版，第 106 页。
② 宋楚瑜、连战等监修，张丽堂等主修，刘宁颜总纂《重修台湾省通志》卷九《人物志·人物表篇》，台湾省文献委员会 1998 年 6 月版，第 121 页。
③ 张子文等《台湾历史人物小传——明清暨日据时期》，（台湾）国家图书馆特藏组编辑，（台湾）国家图书馆 2006 年 12 月 1 日版，第 170 页。

（1915 年 5 月）二十三日，阿公店（高雄县冈山镇）人苏东海，欲乘轮渡夏，以行踪可疑，被基隆警察署所扣，遂至泄露西来庵秘密。

此次革命事件，计有三名领袖。

一为台南厅后乡庄（高雄县路竹乡后乡村）人余清芳，日本侵略台湾时，曾参加义军抗日，失败后，辗转凤山、阿公店、台南、盐水港等地，以广交友。后因加入盐水港二十八宿秘密团体，一时被囚于台东加路兰浮浪者收容所。释放后，卜居于大目降庄（台南县新化镇），与当地望族苏德志及大潭庄区郑和记相识。苏、郑二人皆笃信神佛，且同为台南停仔脚街西来庵董事，乃荐余清芳代之。西来庵系五福大帝鸾堂，信徒极众，余清芳遂利用此庵，结合信徒，以谋起义。一为嘉义厅他里雾庄人罗俊，日本侵台时，参加抗日义举失败，潜往厦门。迫至去年，从台南人陈金发处得知余清芳之义举，再潜回台湾，与余清芳合作，以他里雾为据点，积极招募中部党员。一为台南厅竹头崎庄（台南县南化乡玉山村）元隘寮脚（在玉山村与左镇村中间）人江定，光绪二十五年，曾在大埔率领部众对抗日军，失败后，遁入山中，以后堀仔一带为基地，纠合甲仙埔（高雄县甲仙乡）隘勇及六甲事件残党，以图再举。

三人会面后，肝胆相照，余、罗二位负责招募党员及筹备军械，江定则在山中训练党员，于是党员与日俱增，遍布台北、台中、台南、南投、嘉义、阿缑各厅。此间，日警察虽然曾闻及甲仙埔、噍吧哖（台南县玉井乡）、员林等地，皆有不稳行动，但均无从知其真相，及苏东海被扣，揭发秘密，始觉事态重大。急令全岛开始检举。余、罗二位闻风晦迹。

六月二十九日，罗俊协同二位同志在逃至竹头崎庄之尖山时被捕。余清芳则携二千日元军资，安然抵达山中，与江定仓促起义。

七月六日，与台南、嘉义二厅日警队二百七十余人战于牛港仔山（在玉井乡）。江定之子江麟壮烈牺牲。九日，余清芳探知日本甲仙埔支厅警察全部出去搜山，乃乘虚杀入该厅。迫日警察队回来营救时，再袭击小张犁、阿里关、大丘园三派出所，击毙日人男女三十余人。

八月二日，余、江二志士再攻南庄派出所，歼灭日警十三人。台湾总督安东，紧急调派军队赴援，余、江二人，率众千余，迎战于虎头山（在噍吧哖支厅内）。日军以山炮猛攻，义军仅以旧式大炮二门相抗。因装备悬殊，损失惨重，战至黄昏，余、江二志士急撤入山。日军一面搜山，一面诱降。不知日人诡计者陆续归庄投降。日人令其参加归顺典礼，设伏尽歼之。尚有无辜妇幼多人随往参观典礼，亦无一幸免。十二日，余、江二人逃回后堀仔山时，尚有七八百名同志。余、江二志士，以敌我装备相殊，未忍同志徒自送命，遂散其众。江定匿山中，余清芳则与十一名誓同生死之同志突围出山。

十一日，逃至芏莱庄（楠西村北 1.5 公里之诏兴村），日警购线捕之，因余清芳曾以西来庵为活动据点或称西来庵事件，又因日军曾在噍吧哖大肆屠杀，又称噍吧哖事件。

九月二日，因西来庵（噍吧哖）事件无辜被戮者甚多，内外舆论哗然，是日，日政府为掩塞责任乃将总督府民政长官及高级官吏多人免职。①

西来庵事件是日治时期台湾人抗日运动中规模最大的一次武装起义，也是台湾人第一次结合宗教力量反抗日本统治的重要事件。《重修台湾省通志》中说"西来庵系五福大帝鸾堂"，而"鸾堂"② 正是盛行于台湾、闽、粤地区的民间宗教，所供奉的主神中普遍有关帝；另外，日本政府认定"西来庵事件"与"斋教"③ 有关，从而开始对这一民间宗教进行严格管控，致使大批斋教教徒转而皈依佛教，而斋教至迟自清代开始就奉关帝为主神，光绪二十一年六月十一日（1895 年 8 月 1 日）发生于福建省

①　宋楚瑜、连战等监修，张丽堂等主修，刘宁颜总纂《重修台湾省通志》卷一《大事志》，台湾省文献委员会 1998 年 6 月版，第 279 页。

②　鸾堂是台湾民间信仰颇为兴盛的宗教流派，又称鸾门、圣堂、圣门、儒门，或称儒宗神教、儒宗圣教、儒宗鸾教等，主张以儒为宗、以神为教，主祀恩主公（即：关帝、孚右帝君、司命真君等）。鸾堂最大的特色在于其扶乩阐教的鸾生组织和宗教活动。

③　斋教，原是由明教演变而来的秘密宗教组织。明清两代主要流传闽、浙、赣、台湾等省。清代亦有称老官斋教，信奉弥勒佛，尊为无极圣祖，在古田、屏南的斋教多信奉关帝、观音、佛和祖师。

的"古田教案"就是一场信奉关帝的斋教教众与西方传教士之间的流血冲突事件①；甚至，那位壮志未酬的余清芳义士也正是后来流行于海内外的关帝善本《桃园明圣经》的最初作者。台湾学者龚鹏程曾言：

> 大正四年（1915 年），台南斋教徒余清芳等扶乩，编出《关圣帝君桃园明圣真经》，鼓吹忠义思想。时因中国革命甫获成功，余清芳等人受到鼓舞，遂想运用宗教结合台人驱逐日人。不幸事机外泄，日警通缉余清芳等人。余等逃至台南县玉井，抢夺当地警察派出所武器，并将日人全部杀死。事发后，日人派兵将当地村庄住民烧杀一空，并追捕余清芳等千余人到案，史称"西来庵事件"。事件后，日人对台湾原有宗教即加意防范，且计划以佛教来取代民间信仰。全面调查各地主要庙宇奉祀之神祇、创建由来、信徒、庙产等资料，并发行政命令，规定庙宇的创立、废止、合并须经政府许可。据当时统计，全台湾共有寺庙宗祠等约 11391 座，内含庙宇 3312 座；斋堂 172 座；宗祠 120 座；小祠（无人住持者）11391 座；其中有关帝 132 座，在庙宇中排名第六。其中被毁者有：新竹州 10 座，台中州 2 座，台南州 35 座，高雄州 10 座，总共 57 座，占全省关帝庙总数的百分之四十一强。②

由此可见关帝信仰在"西来庵事件"中的突出地位，以及日本政府对于这种信仰的畏惧程度。从此，在中国台湾大部分地区与关帝有关的一切活动均被禁止。

不过，在据台的日本人当中，并非所有人都对这种信仰持否定态度，甚至有人还是关帝的忠实信徒，比如宜兰警察厅的金子课长就是其中一

---

① 1892 年，刘祥兴、柳阿七在福建古田创立斋会，三年中发展会众三千余人。1895 年，刘祥兴等以抗税为号召，酝酿发动起义，被古田英美传教士侦知，英美驻福州领事根据传教士的情报，向闽浙总督边宝泉告警。边宝泉立即派兵前往镇压。刘祥兴被迫提前行动，动员斋会群众把斗争矛头指向告密的外国传教士。8 月 1 日，三百多名斋会会众向古田英美传教士聚居区华山村进发，围攻教会修养院，杀死英国传教士史荦伯夫妇等 11 人，伤 5 人，焚房 2 幢。是为"古田教案"。

② 龚鹏程：《儒学新思》，北京大学出版社 2009 年版，第十八章第二节。

位。据宜兰礁溪协天庙①所编的《礁溪协天庙沿革》载：

> 至民国三年，甲寅夏季，重修庙宇，添购各项祭坛设备，并置石狮于庙前。同年有日据时代之宜兰厅警察课金子课长，因感关圣帝君佑助安抚山胞之神恩，乃破例请森林机关奉献樟木，雕塑关平大太子、周仓大将军金身神像陪祀。

可见这位金子课长对关圣帝君的虔诚。

而且，虽然日本政府是想利用佛教来打压关帝信仰，但他们也许并不知道关帝与佛教之间的深厚渊源。所以，他们很支持高僧大德主持那些没有被焚毁的关帝庙，妄图通过这种方法让台湾的关帝信仰消失。谁知适得其反，恰恰是在这些高僧的帮助下，一些地区的关帝信仰才得以延续，如协天庙的住持性圆禅师就是其中之一。据协天庙《庙志》说：

> 性圆师本名游阿水，俗称阿水师，幼年丧父，侍母极为孝敬，孝行早为邻里称颂，长大后即于台北观音山凌云禅寺出家，受正式佛学教育，并前往福建鼓山进修，学成后返回宜兰，在头城九股山吉祥寺担任弘法工作，为人信服。协天庙管理人林祖陈礼聘他出任住持，即希望以性圆师的孝行感召信众，造化民心，兼任鼓励信徒拥护神庙，进而振兴协天庙。

性圆禅师于1917年来到协天庙，任住持48年，于1965年圆寂。在日据期间，他是否举办过祭祀关帝的活动现已不好考证，但1937年日本开展皇民化运动时，台湾土产的道士、法师、乩童，都被禁止从事原有宗教活动，如欲为人办理法事，亦须改宗佛教，接受训练，并披袈裟，在这种情况下，协天庙附近的大忠村、大义村、二龙村、白鹅村、德阳村、三民村、林美村、六结村等地村民的关帝信俗却依然得以保留，这应该与性

---

① 礁溪协天庙为目前台湾比较知名的关帝庙，据传是由闽系移民在清嘉庆九年（1804年）所建。当时的福建漳州平和县附凤社后居民林应狮率族人奉关帝神像入台，并集资在此地建庙奉祀。最初仅为三间茅草小屋，至咸丰七年（1857年）改建为土墙瓦顶，并增建东西两侧护廊。同治六年（1869年）台湾总兵刘明灯巡视噶玛兰，奉祀有验，乃表请敕建。

圆禅师的着意护持不无关系。

1945 年，日本战败投降退出台湾。中华传统文化开始复苏，台湾各地曾被日军焚毁的关帝庙也纷纷重建。此时的性圆禅师更是对关帝信仰的推广做出了积极贡献。他以鸾堂教俗的"关圣帝君降坛"为名，出资精雕了二座神像，令鸾生林阿保携带着赴外地宣扬关帝盛德。林阿保先到台北市建昌街 138 号创立了志心堂，后又度柯金生至台北青潭创建明圣宫。此后，关帝神像所到之处，处处开坛，处处"济世"，同时，关帝坛堂还着意解决信徒的各种困难，因而获得了百姓的敬重。这些坛堂，后来逐渐发展为庙宇，并一直与协天庙维持着良好的关系，协天庙历年举行的祭典，这些庙宇都会迎神回来参拜、进香。其中比较著名的有，台北县青潭明圣宫、台北志心堂、台北德显堂、台北明圣堂、台北圣天堂、九份明华堂等。可见李阿奇在性圆法师的支持下所进行的传教之旅，不但对关公文化的发展助益匪浅，同时也奠定了协天庙在台湾关公信仰中的特殊地位。1997 年，已成为道教庙宇的协天庙举行"护国祈安五朝福醮大典"，全岛三百多家关帝庙会聚于礁溪，足以证明该庙的气场之强。①

三 现代状况

蒋介石政府败退台湾以后，于 1969 年在台湾岛的正中心位置的南投县鱼池乡，重修了日月潭文武庙。此庙金碧辉煌，美轮美奂，正殿供奉关羽、岳飞，后殿供奉孔子。在项目初期，蒋介石曾"钦定"设计格局，并前后七次亲临工地现场，视察垂询，使得原计划九年建成的项目，仅仅两年就得以完成，可见其重视程度。

可是，早在 1927 年，正是蒋介石领导的民国政府废除了祭祀孔子、关岳的国家祀典，为何在 40 余年后的台湾，他又如此重视文武庙的重建呢？他经历了怎样的心理历程呢？而且他还将该庙修建在全台的中央位置，这又有何寓意呢？这些问题目前依然无解，只能期许更多内部资料公布。不过，1969 年 5 月 8 日，日本琉球八重山公所在钓鱼岛上立起了水泥标柱，致使台湾再次掀起了反日狂潮，此事件应该和日月潭文武庙的重新修建有着重要关联。可知天下之事，了犹未了。

20 世纪 70 年代以后，台湾的经济发展迅速，人均收入逐渐提高，社

---

① 参见龚鹏程《儒学新思》，北京大学出版社 2009 年版，第十八章第二节。

会形态也从农业转为工商业，由此，关公的"神性"也开始更多地体现在文化领域与商业领域。如 1985 年礁溪协天庙举办的"庆成护国祈安建醮大典"，就是在宗教活动外添加了文物展览、特产展示、艺文展示、花灯展示、关圣帝君杯球赛（篮球、手球、桌球、排球）、故事演讲、妇女土风舞联谊、抛绣球活动、春联义卖、金婚伉俪、幼儿韵律、摄影比赛等诸多文化、商业活动。而 1997 年名义上是"全省农地利用综合规划成果示范观摩嘉年华暨礁溪乡金枣节文化系列活动"，包括农产品展售、花车游行、五峰旗茗茶品茗、温泉米食文化、金枣观光采果、金枣加工研习、温泉花艺走廊、温泉农业造景、温泉农业馆展，乃至农特产经营班、展售班……其实也就是协天庙的建醮活动之一部分。另一部分叫作"文化礁溪"，内容有跑马路古道行、礁溪四大名家邀请展、芭蕾飨宴、林清介的电影世界、锣鼓喧天戏歌仔、丝竹歌乐传礁溪、打出少年一片天、创意大会画庙会、民俗踩街乐连连、千手竞艳土风舞、亲子同乐百家欢、金婚金喜好姻缘、民俗之夜、礁溪之夜等。整个建醮活动花费六千万，吸引了三十万人到礁溪。这种活动在发展礁溪文化、活络该地经济方面的作用，是不可估量的。[①]

同时，随着台湾当局对宗教政策的逐步放开，一些从前"非法"的民间宗教组织均得到了合法身份，这其中包括许多奉关帝为主神的教派，如"儒宗神教""一贯道""中华桃园明圣经推广学会"等，这些教派对关帝信仰在台湾的传播曾起到过重要作用。其中"儒宗神教"脱胎于鸾堂，很久以前就奉文衡帝君（关帝）为"恩主公"；"一贯道"号称以继承儒家道统为己任，所以也尊崇关帝；"中华桃园明圣经推广学会"则更是专门推广关帝信仰的宗教组织。

进入信息社会以后，台湾的关帝信仰开始顺应网络时代的来临，其传播方式呈现了 e 化的特征。在现有的五百余座关帝庙中，已有百分之五十开设了专属网站，以更快捷的方式弘扬关帝信仰。为方便日益繁忙的信众能够在家祭拜关公，许多关帝庙还提供网络祭坛服务，台南市关帝殿就是全台第一家提供这种服务的关帝庙。在台南市关帝殿的网站上，信众可以通过网络更加方便地选择供品、求签问卜、点光明灯、膜拜祈福。e

---

① 　参见龚鹏程《儒学新思》，北京大学出版社 2009 年版，第十八章第二节。

化祭祀，是关帝信仰在台湾的本地化特色之一，其最大优点是可以满足信众随时随地的信仰需求，所以受到了不少年轻人的喜爱。① 这种传播方式是传统与现代的合理结合，也是台湾民间宗教经济的一种时代性创新。

台湾的关帝信仰终究来源于中国大陆，因此台湾民众在祭拜关帝的同时也会燃起一丝乡愁。自改革开放以来，随着两岸关系的不断改善，许多台湾的关帝信众纷纷回乡祭拜祖庙，铜陵关帝庙就是他们的目的地之一。

铜陵关帝庙位于福建漳州东山岛，因此也称东山关帝庙。据地方资料显示，该庙建于明代。洪武二十年（1387），朝廷建铜山城时，以防倭寇，遂刻立关羽神像；明正德三年（1508），当地人开始在原址上建庙，正德七年（1512）落成；明永历十八年（1663），宁靖王朱由桂随郑经撤离铜山归台湾，特地在王府内建造了从铜陵关帝庙分灵过台湾的关帝庙，庙宇也仿效铜陵关帝庙的形式建造；清康熙二十三年（1683）水师提督施琅率师复台后，官兵们又把"铜陵关帝庙"香火分布于台湾。因此，台湾漳州籍的民众多认为此庙是关帝"分灵入台"之祖庙。近年以来，宜兰、高雄、花莲、新竹、台北、台中、台东、桃园、基隆、澎湖等地的关帝信徒也纷纷组团前来朝圣谒祖。

不止于此，湖北荆州关帝庙、当阳关帝庙；山西运城解州关帝庙、常平关帝庙；河南洛阳关帝庙、许昌关帝庙、周口关帝庙；河北涿州三义宫；福建泉州通淮关帝庙等众多关帝庙也都成为台湾民众的旅游、朝拜圣地。同时，大陆的各级政府也不断组织人力物力到台湾开展关公文化交流活动。目前，台湾的关帝庙与分布于祖国各地的关帝庙正日益成为海峡两岸之间文化、经济交流活动的桥梁，关公文化也成为华夏子孙协同发展的重要精神纽带。

---

① 参考吴惠巧《关圣帝君信仰在台湾之在地化变迁》，载于《2012 年中国荆州·国际关公文化学高峰论坛论文汇编》。

第七章

关公文化在海外国家的传播

第一节　关公文化在日本的传播

一　幕府传播

关公文化在日本的某些地区已经成为本土风俗。旧本《长崎市史·风俗篇》曾特地把圣福寺关帝祭典列为专章，进行了详尽的描述；在日本辞书《年中行事辞典》中也专门列出了"关帝祭"条，并作为日本比较流行的祭祀活动予以介绍；另《长崎图志》也有"有关帝祠，五方五帝之像，制极精奇，祷祝甚验"的记载。① 同时，"关帝善本"也很早就开始在日本传播。明末东渡长崎的福清籍文人俞惟和的孙子、曾担任大通事的俞直俊（1681—1731 年）刊行的《关帝君遗训》原稿真迹，至今仍完好收藏在长崎县立图书馆中，它是当年关帝圣诞祭祀时必须诵读的经文，今已成为长崎县立图书馆珍藏的历史资料。

现在，日本有很多的关帝庙和关帝堂，它们主要分布在长崎、横滨、大阪、神户、函馆等城市，其中以横滨、神户、函馆的关帝庙最为壮观，堪称金碧辉煌、美轮美奂。这些庙宇至今香火不断、游人不绝，参拜和游览的人大多为旅居日本的华人，但也不乏日本本地人以及其他国家的关公崇拜者。

据日本《平凡社大百科事典》记载，日本人崇信关公始于室町幕府的开创者足利尊氏（1305—1358 年）。据说当年足利尊氏做了一个梦，梦见他向大元帝国求赐军神，而元朝的皇帝就将关羽赐予了他。梦醒以后，

① 参考葛继勇、施梦嘉《关帝信仰的形成、东传日本及其影响》，《浙江大学学报》（人文社会科学版）2004 年第 5 期。本节资料多参考此篇论文。

足利尊氏即将关羽的神像供奉在京都左京区真如町灵芝山的大兴寺，并举行了隆重的请神大典。从此，关公信仰开始在日本传播。

这条记载对于了解日本的关公文化具有重要的意义。

日本本土最早的军神、战神、武神为八幡神，也称八幡大菩萨，其起源可能来自《日本书纪》中的彦火火出见尊。《续日本纪》中记载：在公元6世纪中期，八幡神就被钦明天皇看作是应神天皇的化身；天平十二年（740年）日本发生了藤原广嗣之乱，当时的圣武天皇曾下诏命大将军大野东人祈请八幡神平息动乱。

因为是天皇祖神，所以八幡神也被看作是源自皇室的源氏一族（足利尊氏本族为清和源氏）的氏神。自佛教传入日本以后，他又成为佛教的护法神，而有八幡大菩萨的称号。据说在文治元年（1185年），源赖朝建立镰仓幕府以后，八幡神就一直被当作全日本的战神而受到人们的祭祀，这个传统延续至今。现在的日本还有很多的八幡神社，民众每年都会定期在神社前举行祭祀活动。由此可知，至少在今天的日本民众心中，关公并没有替代八幡神的位置。

不过，《平凡社大百科事典》在日本具有很高的权威性，这条记载应该不是没有根据的，而且，从足利尊氏所处的时代背景来看，他以关羽为军神也是完全可信的。

元弘三年（1333年），足利尊氏起兵推翻了镰仓幕府的统治，并在建武三年（1336年）赶走了后醍醐天皇，拥立明院统丰仁亲王为光明天皇。延元三年（1338年），足利尊氏得到了征夷大将军的封号，并开创了两百多年的室町幕府时代。

不过，足利尊氏的统治并不稳固，首先，后醍醐天皇逃到了吉野山，建立了南朝政权，并与室町幕府对抗，从此拉开了南北朝时期的序幕；之后，足利尊氏与其弟足利直义在观应三年（1352年）发生内斗，史称"观应之乱"，尊氏在这场内斗中杀死了直义。从此，足利家族内部的纷争直到足利尊氏去世的时候也没有得到平息。

"八幡神"正是天皇和足利家族的守护神。足利尊氏先是驱逐了天皇，而后又杀死了兄弟，这时的他如果还奉"八幡神"为军神的话，就显得名不正言不顺了，这位大神已经无法帮助足利尊氏鼓舞士气，更无法护佑他号令天下，他必须为他的军队寻找新的神明。

当时的元帝国是世界上最强大的国家，大元的军队是世界上最强大的军队，对于这一点，日本上至天皇下至庶民都有清醒的认识。所以，对于足利尊氏来说，元帝国的军神也许是他最合适的选择，而此时的元朝军神正是"显灵义勇武安英济王关羽"。所以，日本《平凡社大百科事典》所记载的足利尊氏以"梦请关公"为名在灵芝山大兴寺举办祭祀活动的事情应该是真实的。

明治维新以后，军权重归天皇，在经济、军事、文化、社会飞速发展的同时，日本的"皇国史观"和极端民族主义思想也开始大行于世。在这个时期，日本政府有意识地、系统性地修改和掩埋了很多真实的历史，足利尊氏也在此时因反叛过天皇而被认定为"逆贼"。这样一来，他曾经的所作所为自然都是无耻的叛逆行为。此后，虽然二战以来日本的政治环境有所松动，但大部分学者和民众却早已将足利尊氏与军神关羽的渊源忘得一干二净，后来出版的小说《秘本太平记》是描写日本南北朝时期大混战的经典之作，但在这本小说中，已经完全看不到关羽的影子，相反，主角足利尊氏的所有军事行动都有意或无意的和"八幡神"有关，似乎冥冥中都是"八幡神"在护佑着他，这也许正是作者吉川英次编写这部小说的初衷，那就是让所有日本人彻底地忘记关羽曾经是幕府军神的历史。

实际上，足利尊氏之所以能够"梦"到关羽，完全是出自他对政治、军事状况的清醒考虑，既然能够"梦"到，那么他必然早就知道关羽，这也恰恰能够说明关公文化在室町幕府执政之前就已经在日本广为传播了。

二 商贸传播

宋元之际，中国已经产生了资本主义萌芽，当时的朝廷实行重商政策，注重发展海外贸易。作为向来资源匮乏的日本自然不会放过这种"致富"的机会，所以自平清盛执政（1159—1181 年）以后，日本就积极派遣成批的商团至中国买卖商品。据《开庆四明续志》载："倭人冒鲸波之险，舳舻相衔，以其物来售"[①]，中日之间的商贸活动从此开始频繁起来，关公文化最迟应是在这个时期传播到日本的。

---

① 吴潜、梅应发、刘锡：《开庆四明续志》卷八《蠲免抽博倭金》；辑录于《宋元方志丛刊》第 5 册，中华书局 1990 年版，第 6010 页。

足利尊氏于 1338 年建立室町幕府后，即派遣半官方性质的贸易商船与元进行贸易（即所谓"天龙寺船贸易"），在获取高额利润的同时，他也汲取了大量的中华文化，所以，也许就是在这个时期，他受到了关公的启示，并开始"做梦"的。

到了明清时期，关帝信仰已经扎根于日本。从郑若曾《日本图纂》五岛图中"关王祠"的注释中就可以看出，当时被"大倭寇""海贼王"王直占据的五岛列岛中已存在关帝信仰。

五岛列岛位于日本列岛南端的萨摩，而萨摩从公元 7 世纪开始就与中国保持着特殊的贸易往来关系。到了足利幕府时期，为了与明帝国进行勘合贸易，萨摩藩曾对遣明船加以保护，因此民间的走私贸易也都经萨摩辗转赴日，往返于中日间的使节船舶及贸易商船也多取道五岛列岛，所以这个地方应该很早就有关公文化的存在。

萨摩藩对来日的中国人极尽优待且不断引诱，或被虏、或通商、或避难的中国人多居留萨摩。被倭寇俘虏至日的朝鲜人姜沆作《看羊录》载：

> 岛津义弘据萨摩、大隅、日向等地，近大唐及琉球、吕宋等国。唐船、蛮船往来不绝。来往天朝地方及蛮南者，路必由此。唐货、蛮货充于市肆。唐人、蛮人列尘比屋。

随着如此之多的"唐人"（当时日本对中国人的称呼）移居萨摩，中国的信仰习俗也随之而来。《三国名胜图绘十三·高城郡京泊津》载："宫内村有祭祀八王明神的神社，相传为唐人所建。"即使是中国船被限制在长崎以后，来往于中日之间的商人抵日或归航时也多会去八王神社参拜。虽然这座神社的性质尚不能确定，但它既为华人所建，自应祭祀华人信仰的神灵，关帝很可能就在其中。

日本学者山胁悌二郎曾对现存于世的绘卷《唐船菩萨移居唐寺》中一唐人捧着唐船菩萨神体的小道具登陆时的情景做了说明：

> 货物卸载完毕，唐人把航海中也不断祭祀的唐船菩萨"移居"唐寺。宿町唐人事务所的会头和职员们也尾随相伴，这称之为菩萨安置。这种热闹场面只有在长崎才能见到。唐船菩萨中，常见的有天后圣母、关帝、关平、周仓等……关帝是《三国志》中桃园三结义之

一，被视为护国救民的武神和财神、民族神，在唐人中广泛地被尊崇，关平是关羽的儿子，周仓是关羽的旗手。①

中村质也曾说：

> 赴日的唐人在货物卸载完毕后，在长崎奉行所职员、佣人和唐年行司等的簇拥相伴下，把船菩萨安置到唐寺，盛大节日举行的祭祀活动由唐寺招请僧人操持，特别隆重。在日唐人的住宅楼房的最高层设有妈祖堂和关帝堂、观音堂。②

很显然，在这种场合下，关帝不仅仅是财神、商业神，还是维系共同信仰的民族神。

日本现存的最早由华商修建的祭祀关帝的场所为长崎的兴福寺，这座寺院由居留日本的华人集团"三江帮"在1623年创建，当时在寺内的妈祖堂左侧供奉有关帝像；1628年，长崎华人"泉漳帮"创建福济寺，于寺内的青莲堂左边祀关帝；1629年，华人"福州帮"创建崇福寺，寺内的护法堂祭祀关帝和观音。1678年，长崎"广东帮"创建圣福寺，于寺内的观音堂祭祀关帝、妈祖和观音。其中，关帝在圣福寺的地位最高，每年农历五月十三日的关帝诞祭日，祭祀仪式极为隆重。自1784年起，圣福寺的关帝诞祭日每年增为两次，即在农历正月十三日再举行一次。据《丰利船备查日记》所载，1852年农历五月十三日，浙江籍"丰利"号商船驻留长崎期间，副财副陈吉人等人曾"先在馆内关帝圣殿拈香毕，至公堂同两在留总管往梅崎下船，到圣福寺拈香，乃年例关帝诞也"。

1873年，以客家人为主的华人商团在横滨成立中华会馆，同时建造了关帝庙，这里遂成为华侨们的精神信仰中心。在《横滨市史》中曾载有"奉祀关帝，此地华商悉得保护而无恙"的内容。

神户关帝庙建于1888年，之后每年农历八月中旬在此举行隆重的盂

---

① ［日］山胁悌二郎：《長崎の唐人貿易》，（东京）吉川弘文馆1995年版，转引自葛继勇、施梦嘉《关帝信仰的形成、东传日本及其影响》。

② ［日］中村质：《近世長崎貿易史の研究》，（东京）吉川弘文馆1994年版，转引自葛继勇、施梦嘉《关帝信仰的形成、东传日本及其影响》。

兰盆会。庙内殿堂碑文中有《关圣帝君圣德略记》，其铭文曰：

> 圣帝忠贞不二，义薄云天，后世尊为表率，尊称武圣。生时忠义仁勇，殁后为神明，于儒为淑世圣贤，于佛为护法伽蓝，英风播于万方，大义凛乎千古，而使顽夫廉，懦夫立，大有功于名教。

另据《神户开港三十年史》记载，1893 年 1 月，侨居神户之清人集资建造中华会馆（俗称南京俱乐部），馆内也设有关帝庙。

函馆的中华会馆落成于 1910 年 12 月，位于北海道函馆市中心富冈町。该会馆的建筑外形为关帝庙的造型，图案在宁波和上海设计，工匠及建筑材料也来自中国，还精心地把《关圣帝君觉世真经》全文雕刻在中华会馆内关帝祭坛背后的木板屏风上。日本侨胞俗称函馆中华会馆为关帝庙，关帝庙遂成为函馆中华会馆的代名词。关帝圣诞与清明节、盂兰盆节一起成为函馆华人的三大节日。关帝圣诞时的祭祀活动，需要由中华振兴商会函馆支部的全体会员参加讨论决定。另外，北海道的石狩弁天社也保存有"关羽正装图"。

由此可见，在日本华裔商人们的心中，关帝除了是商业神、财神以外，主要还是中华民族和中华文化的象征，关帝信仰早已成为这些海外同胞们不可或缺的精神支柱。

三　宗教传播

日本对于中国的传统文化向来非常重视，儒、释、道三教都曾对日本文化产生过巨大的影响。关公文化在日本的普及也与儒学、佛学的东传有直接的关系，比如理学大师朱舜水与禅宗高僧心越就曾为关公文化在日本的传播做出过重要的贡献。

朱舜水（1600—1682 年）本名朱之瑜，字楚屿，又作鲁屿，号舜水。他与黄宗羲、王夫之、顾炎武、颜元一起被史家称为中国明末清初的五大学者。顺治元年（1644 年）清兵入关，他流亡在外并参加了抗清复明的活动。南明灭亡后，朱舜水东渡日本，在长崎、江户（今东京）授徒讲学，传播儒家理学思想，其学特点是提倡"实理实学、学以致用"，认为："学问之道，贵在实行，圣贤之学，俱在践履。"这些观点得到日本朝野人士的推崇，理学自此在日本大盛。

朱舜水是关帝的坚定信奉者，他曾言：

> 关帝者，蜀汉大将，云长，讳羽，封汉寿亭侯，以正谊公忠为神，尤显于明朝。故薄海内外，无不尸祝。①

所以，在他的教学过程中，关帝信仰也会潜移默化地影响到他的弟子。在二十余年教学时间里，朱舜水结识了众多的日本弟子，其中不乏地位显赫者，代表人物之一就是水户藩藩主德川光国。

德川光国（1628—1700 年），江户时代"御三家"② 大名，字子龙，号梅里，为德川家康之孙。宽文元年（1661 年），继任水户藩（今茨城县水户市）藩主。万治二年（1659 年），朱舜水抵达长崎，德川光国得知他学识渊博，于是将他请至水户，协助管理藩政，重振藩学，致使儒家理学在水户藩确立了主导地位，世称"水户学派"。他还接受了朱舜水的很多建议，如：重实学，实行劝农政策；兴教育，广招贤士；设寺院，进行宗教改革，并且以儒家礼仪制定藩规。这些举措让水户藩经济繁荣，民风淳朴，社会稳定。德川光国也因政绩显著而在日本各藩中享有盛名。

朱舜水和德川光国的关系非常好。宽文五年（1665 年），朱舜水到水户后，德川光国为表达敬意，在筵席中大展手艺，舜水为表达感激之情，于日后举办答谢筵席时，也亲自制作藕粉扁条面回请光国，面汤是用猪肉火腿煮成的，这就是有名的"朱舜水明面"，据说日本拉面（又称中华面）即由此而来。朱舜水还曾向德川光国介绍中国特有的五种辛辣的作料：川椒、青蒜丝、黄芽韭、白芥子、芫荽，此后在水户家的史料中，将这些作料统称为"五辛"。由此可见，朱舜水与德川光国关系之密切程度。

如此密切的关系必然使德川光国深入地了解了关公文化，而且，就在这时，一位信奉关帝的高僧也来到了日本，他同样得到了德川光国以及几乎所有日本人的尊重，这位高僧就是心越禅师。

---

① 朱之瑜：《朱舜水集》卷十一《回答录》，（东京）文会堂 1912 年版，第 404—405 页。

② 德川家康为了巩固自己的政权，跟之前的幕府做法一样，把全日本各地的大名按照与德川家的亲疏关系分为三级。最亲密的大名是与德川家有血缘关系的。其中以德川家康的九男德川义直、十男德川赖宣和十一男德川赖房最亲，称为"御三家"。

　　心越禅师（1639—1694 年）姓蒋名兴俦，字心越，别号东皋。他是自唐鉴真东渡以来，再次对日本文化产生过重大影响的佛教人物。他八岁在苏州报恩寺剃度出家，自十三岁起云游江浙，后归隐杭州永福禅院。康熙十五年（1676 年），心越经普陀东渡扶桑抵达九州，驻长崎兴福寺，后应德川光国的迎请，主持新建的寿昌山祇园寺，成为曹洞宗寿昌派的开山祖师。①

　　心越在赴日之前曾隐于杭州永福禅院，而杭州人自南宋开始就对关帝尤为信奉，而且，心越俗兄的夫人就是关氏后裔，也许是这两个原因让他产生了关帝信仰。所以，他赴日时就携带有《关圣帝君觉世真经》。1677年，心越在日本将这部经书大量印刷，并广为发放，开始传播关公文化。在接受了德川光国的邀请成为祇园寺的住持以后，他更是经常举行祭祀关帝的法事活动。据本祇园寺所藏《初祖杂赞集》记载，1690 年 4 月，心越在对关帝进行祭祀后，还会将妈祖置于天德寺的关帝堂再加以祭祀②，可知在他的意识里，妈祖也是需要关公来保护的。

　　当时日本长崎的关公文化发展得已经很好，每年一、五、九月长崎的几大唐寺都会举办"关帝祭"，场面颇为壮观，但在关东一带却未见祭祀关公的活动，心越弥补了这个空白。但就算是在长崎，关公文化也多在华人及一般民众间传播，显赫身份的日本贵族之中鲜有关帝的信奉者，而德川光国却开启了这个先河。他曾献小宝塔秘藏于寿昌山春德寺关帝堂③，这证明他确实曾经信奉过关公。

---

　　①　心越对日本的文化曾做出过重要贡献。在日期间，他一边传道，一边授艺，教习古琴，讲述诗文，指点丹青，传授篆刻之法。其诗不求奇而自奇，不求工而自工；其书尤善录草，为日本书法开创了一个新的境界；其画长于释道人物，兼工梅兰竹菊；其篆刻，或清冷秀雅，或苍劲雄浑，或深邃典雅。目前心越被人们所知最大成就是琴道，他东渡日本时曾携带古琴三张，其中"虞舜"一琴现存东京博物馆。《日本琴史》云："琴学盛于日本，宝师（心越）之功也。"

　　②　在《初祖杂赞集》中还载有心越"关夫子赞庚子（误，应为庚午）四月末旬作"的诗句。

　　③　关于春德寺关帝堂，《常陆国名胜图志二·茨城》有记载，其文曰："关羽庙在寿昌山祇园禅寺内，有关羽像板，押金印施众。"据春德寺所藏的《关帝金印由来记》可知，此金印为关寿亭侯印七组之一，可禳灾生福。在《地中全图》上可以看到，春德寺下的东禅院、传灯院内也都建有关帝堂。参考李献璋《媽祖信仰の研究》，（东京）泰山文物社 1979 年版。

四　文化变异

也许是出于强烈的民族自尊心，德川光国在接触了关公文化之后，就在日本的历史上寻找类似人物来创造属于本民族的"忠义军神"。令人深思的是，他所找到的这个人正是一位曾和足利尊氏对抗的南朝大将——楠木正成。

楠木正成，幼名多闻丸，出生于河内国石川郡赤坂村，其姓出自日本五大姓氏之一的橘氏。1331 年，后醍醐天皇密谋消灭镰仓幕府，在逃出京都以后，他号召天下起兵勤王，楠木正成加入了勤王的队伍。他当时的人马很少，但因为善于用兵，所以成功地拖住了镰仓幕府的主力军队，这是楠木正成的一大功绩，但此次战役最终还是失败了。1333 年，后醍醐逃离拘禁他的隐岐岛，足利高氏在这时也倒戈相助，并和其他拥护天皇的显贵一起推翻了镰仓幕府的统治，战争胜利后，后醍醐赐足利高氏为"尊氏"。

1335 年，镰仓幕府的后人北条时行发动"中先代之乱"，足利尊氏借口平叛率大军离开京都，并在打败了北条时行之后宣布反对后醍醐天皇，很快就率军攻回了京都。后醍醐在震惊之后策划反扑，此时的楠木正成仍然全力效忠于后醍醐，并再次以弱胜强，击败了足利尊氏的大军。然而，由于后醍醐在消灭幕府之后颁布的新政损害了武士阶层的利益，导致各地武士纷纷支持足利尊氏。所以，足利尊氏很快就集结了数量庞大的军队，再次向京都进发。

楠木正成通过衡量形势，认为这次的战争不太可能以少胜多，如果强打必将失败，所以建议后醍醐避其锋芒、迁都别处，但遭到了后醍醐的坚决反对。自知必败的楠木正成选择了尽忠到底，抱着必死的决心率军应战。结果，弱小的天皇军队在强大的足利大军面前彻底崩溃，楠木正成也战斗到最后一刻，与弟弟互刺身亡。史载：

> 正成回战数次，士卒歼尽，躬被十一创。退入民屋，谓正季曰："今日送死九泉，吾子欲何所托魂？"正季笑曰："愿七生人间，以灭贼徒。"正成怡然，与之交刺死。①

---

① 德川光国等：《大日本史》卷一百六十九《楠正成传》，吉川弘文馆 1911 年版。

　　楠木兄弟死后，足利尊氏重新占领京都，废黜了后醍醐天皇，另立新君，并开创了室町幕府时代，在这个时代中，楠木正成一直被定性为"朝敌"。

　　如此看来，楠木正成确实算是个忠勇之士。但是，以上关于这个人物的历史资料都来自一部日本史书《大日本史》，而这部史书的最初作者正是德川光国。

　　在这位水户藩主的大力推崇之下，楠木正成的社会影响力逐渐提高，后世的日本甚至出现了"楠木流军学"这一学术流派，比如著名的"庆安之乱"① 的主谋由井正雪就自称是"楠木流军学"的传人。

　　德川光国②六十四岁时隐居在茨城县的"西山庄"，专心编纂《大日本史》。他从 1657 年开始编纂，到他去世时，只完成了一小部分。水户藩世代承袭了这项艰辛的编史工作，就算明治政府发布"废藩置县"政策时，也没有让他们半途而废。到了 1906 年，这项长达二百五十年的家族事业终于大功告成，德川光国的子孙将它作为特别的礼物献给了明治天皇。

　　从此后，楠木正成的地位被日本当权者无限地拔高了。因为他是为效忠天皇、反对幕府而战死的，十分符合明治天皇的实际需要。就这样，楠木正成被作为当时政治宣传的头号标杆和军人的绝对模范而得到大力推广，"尊皇攘夷派"都视其为精神偶像，楠木正成墓更成为当时日本人的朝拜圣地。

　　明治维新成功后，明治政府在楠木正成战死之地建立了凑川神社，专门供奉楠木一族。迁都东京以后，明治政府更是在皇居广场前树立了楠木正成的铜像，让他俨然成为天皇的守护神，并为楠木正成追赠正一位，尊称他为"大楠公"。"楠木流军学"更成为当时各大军校的必修科目。这种现象在日本历史上实属罕见，但如果仔细分析不难发现，明治政府对推行楠木正成信仰的一系列举措与中国明代嘉靖、万历年间朝廷对关羽的崇拜方式几乎是一模一样的，只是因年代、背景不同，略有改动而已，如关

---

　　① 又称"由井正雪之乱"。庆安四年（1651 年），自称军学者的由井正雪与浪人丸桥忠弥商议推翻幕府统治，由于计划泄露，正雪被迫自杀，忠弥在江户被捕。

　　② 此时德川光国已改名为德川光圀。

羽曾被封帝，但在"天皇至上、万世一系"的日本，这种称号是绝对给不了楠木正成的。

"二战"时期，日本军国主义政府出于侵略野心的需要，将楠木正成的地位再一次拔高，《大日本史》中楠木正成和他的弟弟临死前那句"愿七生人间，以灭贼徒"的誓言也被精简成了"七世报国"四个字，这四个字马上成为日本军人的精神格言，从日本侵略军在战争期间的表现来看，这种格言确实充满了自杀式的恐怖力量。

"二战"结束后，由于宣传"和平宪法"的需要，楠木正成的地位终于有所回落。但随着时间的远去，楠木正成又开始重新受到日本右翼势力和一些年轻人的追捧，而且，他的铜像至今还伫立在日本东京的皇居广场前，似乎是在激励着日本民众向他学习。

实际上，"军神"楠木正成的产生，就是关公文化在日本被人为变异的一种表现，这种变异的动机来源于日本贵族们的政治野心，所以很显然的是，楠木兄弟效忠天皇的豪言壮语在历史上并没有真实出现过。

水户藩主用悲壮而凄美的笔法为日本创造了一个类似关羽的"忠义军神"，但同时他们也不可避免地犯下了史家"曲笔"的大忌，也就是说，在楠木正成的传记中，德川一族因太重视情节的戏剧性，而犯了低级的错误。比如人们应该很难理解，在手下士兵全部战死的情况下，楠木正成和他的弟弟于自杀前躲在民居中说的话，是如何被流传出来的？德川光国家族用二百五十年的时间编纂的《大日本史》其史学价值可见一斑。

朱舜水在康熙十一年（1682年）四月卒于江户，棺椁留在位于茨城县常陆太田市郊外瑞龙山的水户德川家族的墓地之中；心越禅师也于康熙二十三年（1694年）九月三十日圆寂，日本民众把他的舍利子分葬于清水寺、达摩寺，他的碑铭曰："寿昌开山心越大和尚之塔"，每遇忌辰，僧俗就会持香供奉，迄今不衰。

这两位文化巨人不远万里来到日本，将毕生绝学全部献给了这里，日本民众也回报给他们相应的尊重。但从关公文化的发展来说，忠、义、仁、勇的伦理思想至今也没有在日本得到正确的传播，而"春秋大义"的儒家见解与"普度众生"的佛教情怀却被改造成了"七世报国"这样极端的军国主义价值观，这不能不让后人为这两位先贤感到惋惜。

第二节　关公文化在韩国的传播

一　壬辰战争

2008 年 2 月 27 日,《环球时报》转载了韩联社在 2 月 22 日发表的一篇报道,名为"关羽在韩国有块'私家地'":

> 位于忠清北道永同郡永同邑堂谷里 250 号的 850 平方米农田以关羽的名义登记备案,并且这块土地以供奉《三国志》十二名将(关羽、张飞、诸葛亮等)肖像的"十二神堂"为中心,是神堂的所在地。村民李某在此土地上耕种数十年,每年正月十五他都会备好祭品进行祭祀,不过李某 2001 年去世,祭祀活动也中断了。

这条消息也许并没有引起韩国人更多的关注,如永同郡地方法院负责人只是表示,以前的登记制度漏洞百出,所以才有可能以关羽的名义登记这块土地,现在这块土地的所有权应该通过所有权认证诉讼进行明确。

韩国乡土史学家金峰大表示:

> 关羽是《三国志》里的典型忠臣,是很多中国民众信奉的对象。韩国国内祭拜关羽的神堂除了首尔的宗庙外,具有代表性的就是堂谷里的神堂了。可能是为了明确作为神堂位土的土地所有权,才将土地登记在关羽名下。如何以关羽的名字进行土地登记,现在已经无法考究。

《环球时报》的文章还提到:

> 事实上,很多韩国人都是"三国迷"。罗贯中的《三国演义》在韩国被译为《三国志》,该书在韩国影响可谓深远。至于《三国》何时在韩国流行起来,现在普遍认为是在明朝和朝鲜共同击退倭寇过程中,当时,明朝士兵大部分供奉关羽神像,并在朝鲜修建了一些关羽祠堂。后来战争胜利,人们也对《三国》这本书产生了兴趣。现在韩国还保留着一些关羽祠堂,以及诸如在首尔南山供奉诸葛亮的

"卧龙庙"等其他祠堂。

通篇报道都将这片"私家地"产生的原因推到了小说《三国演义》的流行上，而"明朝和朝鲜共同击退倭寇""明朝士兵大部分供奉关羽神像，并在朝鲜修建了一些关羽祠堂"之语，只是在阐释小说《三国演义》在韩国流行的原因。但是，一个外国小说中的人物能在韩国"得到"一份地产的可能性有多大，却并不是韩联社这种新闻机构所关心的。而所谓地方法院负责人所说的"以前的登记制度漏洞百出"之言也只是官方托词，他们并不关心真正的原因是什么。

实际上，堂谷里的这片"私家地"是关公文化曾在朝鲜半岛广泛流传的实物证据。它正在向人们默默地诉说着一段辉煌而又沧桑的历史，这段历史是以一场古今罕见的旷世大战作为开端的。

战争从来都是文化传播的重要手段，这在人类文化史上不乏例证。关公文化也是因为战争而传播到韩国的，但与历史上其他战争传播文化的方式不同，这场战争的性质不是侵略，而是反侵略，更确切地说，关公文化是因为一场在人类历史上罕见的义战，而在韩国得以流传。中国将这场战争叫作"万历朝鲜战争"，日本叫作"文禄之役"和"庆长之役"，韩国称作"壬辰倭乱""丁酉再乱"，现合称"壬辰卫国战争"。

1590 年，绰号为"猴子"的羽柴秀吉结束了从应仁之乱起长达一百多年的战国时代，统一了全日本，被天皇赐姓为丰臣，其军力空前强大。1591 年，他为了平息国内显贵对分封不均的愤懑情绪，决定侵略朝鲜、中国、印度，以获取更多的土地。在他的侵略计划中，朝鲜是第一站。

万历二十年（1592 年、壬辰年）四月，丰臣秀吉以宇喜多秀家为总大将，以小西行长、加藤清正为先锋，出动近十六万人，编成九个军团至朝鲜作战，另命德川家康等东日本大名将其旗下十万余人的部队集结在名古屋城（位于今佐贺县唐津市）作为预备队，同时，还令九鬼嘉隆、加藤嘉明、胁阪安治率领四万水军分三路从海上攻击朝鲜。在这场战争中，丰臣秀吉总共动员了三十余万人的军队，可谓倾全国之力，志在必得。

而此时的朝鲜因国内长期和平，武备松弛，全国三百多个郡县大多没有设防，再加上朝堂之上党争不断，大臣们互相倾轧，使得日本侵略军于 4 月 14 日釜山登陆后，一路上势如破竹，如入无人之境。他们 5 月 2 日克王京汉城（今首尔），6 月 15 日攻陷平壤，短短两个月就几乎占领了整个朝鲜。无奈之下，朝鲜国王宣祖李昖逃亡到中朝边界的义州，紧急向明朝求援。

明神宗万历皇帝出于对"春秋大义"的崇信和对"唇亡齿寒"的忧虑同意了李昖的请求。他先对李氏王朝提供了政治保护，允许他们居住在辽东半岛的宽奠堡，然后开始组织军队，以兵部右侍郎宋应昌经略备倭军务，以名将李如松为东征提督，令其准备出兵朝鲜的相关事宜。12月25日，李如松率领四万大明将士渡过鸭绿江，开赴朝鲜战场。

李如松早在万历八年（1580年），任马水口参将之时就曾修建过关侯祠，并请徐渭为其撰写碑文，可知他对关公的崇拜之深。其实，此时的关公已经成为大明帝国的象征，所以李如松所率领的这些士兵全部有关公信仰，而四川副总兵刘𫄸、戚家军将领吴惟忠等一批骁勇战将更是关公的"铁杆"崇拜者。

万历二十一年（1593年）正月，李如松抵达平壤，立即就击溃了小西行长军团，收复平壤（史称平壤大捷），小西行长带着仅剩不多的残兵败将狼狈逃往汉城。紧接着，李如松又陆续收复黄海、平安、京畿、江源四道，并烧毁了日军在龙山仓的粮库，迫使日军于4月19日放弃汉城，败退至前一年的登陆点釜山。在短短四个多月的时间里，明军收复了朝鲜的大部分失地。

1593年6月，日本在无奈之下派使节至北京议和。7月，明朝廷宣诏援朝军队退兵以进行对日本封贡事宜，于是李如松大军撤退，只留副总兵刘𫄸继续扼守军事要道。9月，朝鲜国王李昖上表答谢明军的援助。12月，明朝命蓟辽总督顾养谦打理朝鲜事宜。1594年10月，日本议和使者小西行长到达北京议和。1595年1月，明朝遣使封丰臣秀吉为日本国王。至此，第一次日军侵朝战争（及壬辰倭乱）结束。

万历二十五年（1597年）年初，日本再次倾举国之力出动十四万军队，水陆并进入侵朝鲜，这让万历皇帝大怒，再次派兵支援朝鲜。2月，明朝立麻贵为备倭总兵官，统率南北诸军。3月，明朝以山东右参政杨镐为金都御史，经略朝鲜军务，以兵部侍郎邢玠为尚书，总督蓟、辽、保定军务。

此时，日军数千艘兵船集聚于釜山，并逐渐向梁山、熊川逼近。8月，日本攻破朝鲜闲山岛、南原，兵锋直指王京汉城。

麻贵率军抵达汉城后，即派副将解生与朝鲜都察使李元翼一起出兵迎战，在稷山将日军击溃，迫使日本第一军司令官小西行长退守井邑，第二军司令官加藤清正退守蔚山。

第二年，明军水师提督陈璘与朝鲜名将李舜臣率水师进驻全罗道，在海上痛击日军，屡战屡捷。

同时，明朝都察院右佥都御史、天津巡抚万世德受朝廷调令挥师北上，在辽东杏山大破日军，然后，率军至朝鲜与麻贵、邢玠等人会合。

1598 年 9 月，麻贵在邢玠、万世德等人的运筹帷幄下，与刘綎、陈璘、董一元兵分水陆四路进击日军。正在此时，日本太阁丰臣秀吉因战事不利忧郁而死，日军的军心大乱，明军趁势发动猛攻。

11 月，日军再也无心恋战，分批由蔚山出逃。明军水师提督陈璘以战舰数百，分布忠清、全罗、庆尚各个海口，围堵日军，并击杀引舰来援的小西行长部属石曼子。明军副将邓子龙与朝鲜名将李舜臣联合出击，在露梁海上痛击日军，焚溺数以万计，但最终不幸和日本士兵同归于尽。同时，明军陆军都督刘綎配合陈璘的舰队一同焚烧百余艘日本战舰，致使日军死伤无数。

12 月，日本军队最后的残兵由乙山偷渡，妄想逃回日本，但因畏惧悬崖峭壁，不敢下山，被陈璘全部擒获。至此，"丁酉再乱"再次以日本彻底的失败而告终。

自万历二十年（1592 年）开始，万历朝鲜战争共历七载，大明帝国为此丧师数万，糜饷甚多[①]。但战争结束后，明朝随即撤回军队，没有向李氏王朝提出任何补偿的要求。帮助国对被帮助国没有索要回报，这在人类战争史上极为罕见。从这一点来看，朝鲜之役是一场真正意义上的正义之战，大明军队也是一支真正意义上的正义之师。

关公文化正是伴随着这支正义之师来到朝鲜半岛的。在大明将领的心中，这场战争的胜利全仗关王显灵之功，正如《海东圣迹志》所言：

> 皇明万历壬辰、丁丑之间，侨寇朝鲜、蹂躏三京，皇帝命师东援，平壤之捷、岛山之战、三路驱倭之役，关帝辄显灵。每见神兵攘

---

① 《明史》说朝鲜战争期间，明朝"丧失数十万，糜饷百万"，这似乎有误，明朝两次参战总共出动二十三万人，何来"丧师数十万"？至于"糜饷百万"，倒有可能，因为明军的粮饷都是从明朝运送过去的，没有征用朝鲜一粮一钱。

攘，云雾滨渤间，有戈甲声，将卒勇气益倍，擒斩累千百，渠魁授首，余孽潜奔，迅扫七年气，恢复八域旧界。①

这让关公文化在朝鲜半岛的传播之初，就带着浓烈的英武之气和雄壮之风。

二　宣宗时代

朝鲜半岛最早的关王庙是全罗道康津郡的古今岛关王庙，由明军水师提督陈璘于宣祖三十年（1597 年）修建，其建造动机是源于一个梦。当时，陈璘与李舜臣率水军驻守古今岛，"于时关王之灵感于陈公之梦，赖其阴骘，竟树大捷之功。"② 他们将屡破日军的功绩归于关王的"阴骘"，因而为关王建庙。显宗七年（1666 年）以后，这座庙成为朝鲜的国家祭祀场所，以陈璘、李舜臣、邓子龙配享。

1597 年所建的关庙还有两个，分别是明军游击茅国器在庆尚道星州郡所建的星州关王庙（以祖承训、茅国器、卢得功配享），明将蓝芳威在全罗道南原府所建南原府关王庙（也称诞报庙，以刘绖配享)③。1598 年，明军真定营都司薛虎臣也在庆尚道安东郡建造了武安王庙。

汉城（今首尔）的首座关王庙为南关王庙，俗称"南庙"，建成于宣祖三十一年（1598 年）四月。当时，明朝经理朝鲜军务的杨镐，选定在汉城明军驻屯地（崇礼门，近首尔南大门）附近建造关王庙，负责督建的人为明朝游击将军陈寅。

陈寅曾在 1597 年 12 月的蔚山战斗中腿部受伤，后到汉城疗养，伤愈之后，随即上书给杨镐，希望在汉城建立关王庙，建庙的费用及人工可以由明军承担，朝鲜方面只需要提供木匠和泥匠，杨镐立即将此事上报给朝鲜王廷。

---

①　韩国首尔东庙：《东庙材料集》，钟路文化院 1997 年版，第 10 页。

②　中璨《陈都督东征纪实》之《关工庙重修记》，见《朝宗岩文献录续集》，转引自孙卫国《试论朝鲜王朝崇祀明朝东征将士之祠庙》，《韩国学论文集》2003 年第 2 期。

③　据孙卫国《试论朝鲜王朝崇祀明朝东征将士之祠庙》载：此庙为蓝芳威所建，"肃宗四十二以中军李新芳、千蒋表、千夫长毛承先配享，另立一祠享祀都督刘。今存，为韩国地方有形文化财第 7 号。"也有说此庙为明军都督刘绖于 1599 年所建，见具银我《首尔的关帝庙和关帝信仰》所引之注，及刘宝全《韩国的关王庙与关圣教小考》。

看着这些正在为李氏王朝浴血奋战的明军将领，宣祖李昖当然没有拒绝他们的请求。据说，当时许多明军将士都捐献了建庙所需的银两。① 但朝中的一些大臣们却对"天兵"们的做法不以为然，如《宣祖实录》中载：

> 政院以陈游击接伴官李忔书启……大概游击于立庙一事，及其诚恫，亲自监董，多言关王灵验之事，而涉于虚诞，不敢一一陈达矣。②

可见，政院大臣认为陈寅所说关王显圣之事太过虚幻和荒诞，不足以为信。这也从侧面反映了他们并不希望王室接纳关公文化，更不希望在王京建造关庙的心理。

然而，当时的百姓却普遍对关公"莅临"朝鲜持积极态度，曾有论者曰："关公生炳大义，没为明神，千秋正气，拂郁于宇宙。明朝更极受尊崇，盖多灵异。"更有人说："中国至今家尸而户侑，公灵如水，无不之矣，何独不可祀于东土也？"③

关王庙建成的几天之后，正是明俗中五月十三日的关公祭日，陈寅肯请宣祖亲临祭典。李昖对此迟疑不定，令大臣查考关庙的祭祀典制。副提学吴亿龄与应教申钦考《大明会典》，遂以"关庙在山川各神之列，春、秋降香，以此具奏"，李昖这才决定亲临关庙，下诏曰："平倭之役亦赖显助，本国固当尸祝之。"④ 但似乎因为天降大雨而没有成行，据《宣祖实录》载：

> 今日，乃关王生辰也。乃成塑像诸具致祭，请上亦幸祭之。此庙中国有之，而我国则无之。非祀典所载。而经理强之，上不得已将往焚香，而乘舆已驾，大雨暴下，停行。⑤

---

① 参考刘宝全《韩国的关王庙与关圣教小考》，《民俗研究》2010 年第 4 期。
② 《宣祖实录》宣祖三十一年四月二十五日条。
③ 李舜臣：《影印李忠武公全书》卷十一《附录》李颐命《古今岛遗祠记》，成文阁 1989 年版，第 310 页。
④ 吴庆元：《小华外史》卷五，汉城 1914 年本，第 299 页。
⑤ 《宣祖实录》宣祖三十一年五月十三日条。

可知这时朝鲜君臣对于关公文化多少还有些抵触。

不过，当时身在汉城的明军将领们大都参加了南关庙祭典，据说场面非常壮观，"天朝将官齐会祠下，备呈杂戏，都人饫观"①。后来很多朝鲜人认为五月十三日是关王到达朝鲜的日子，因此也都在这天祭祀关公。

当时朝鲜的文化主流是孔孟之道，子曰："非其鬼而祭之，谄也。见义不为，无勇也。"② 也许，朝中大臣们更赞同前面那句，认为朝鲜王室在汉城建关庙是在向明朝献媚，是有失尊严的事。但明朝将士们却是因为后面那句"见义不为，无勇也"，而千里迢迢地赶来帮助李氏王朝的，而"义勇"恰恰就是关公精神的核心。

对于明朝军队的将领来说，与普通军人大谈孔孟之道是没有意义的，但要谈到关公，却是无人不知、无人不晓，并且人人敬仰，为了提高军队的凝聚力，使得大家在远离家乡的地方依然能够同仇敌忾、奋勇杀敌，不断强调关公精神是非常必要的，而强调这种精神最好的方法就是修建关庙，这从明军将领于南关庙中所立的誓言中就能感受得到，如《宣祖实录》载：

> 邢军门接伴使全命元启曰："昨日军门与两按察、三提督，诣关王庙，会盟书一帖，大概同心戮力，南北相和，期于剿灭倭奴，否者同死于此，不得归家。军门以下入于桌前，先行四拜，军门诣香案前，烧香，连进三献，使叶靖国读祝文，仍行四拜。赞者执白鸡，宰杀取血，和于温酒，军门亲读誓帖，仍饮血盏讫，按察以下读誓饮血，一如军门。礼讫，军门以下一拜，三叩头而出。"③

"邢军门"应该是邢玠，"两按察、三提督"应该是麻贵、万世德、

---

① 申钦：《象村集》卷十《南关王庙送客有感》，辑录于中国社会科学院历史研究所文化史研究室编《域外所见中国古史研究资料汇编·朝鲜汉籍篇》，西南师范大学出版社 2013 年版，第一册。

② 孔丘著，杨伯峻译注：《论语译注》，中华书局 1980 年版，第 22 页。

③ 《宣祖实录》宣祖三十一年八月十六日条。

陈璘、刘綎、董一元①，这次关庙中的会盟应是在 1598 年"三路平倭之役"② 前各路军团负责人的宣誓大会。"同心戮力，南北相和，期于剿灭倭奴，否者同死于此，不得归家"，这是何等壮烈的誓言，这就是明军将领们"义勇"精神的最好证明。

但对于李氏王朝来说，关王崇拜与其说是一种信仰，还不如说是为了维护与明军将士的关系而不得不接受的文化。此时的朝鲜君臣对关公文化所知甚少，他们知道明军将士都崇拜关王，但他们并不知道为什么会这样，更不知道关王到底代表的是什么。

时任领议政（宰相）并统管四道军事的柳成龙早年曾作为书状官到过北京，对明朝的关公文化略知一二，他曾说：

> 余往年赴燕都，自辽东至帝京数千里，名城大邑及闾阎众盛处，无不立庙宇，以祀汉将寿亭侯关公。至于人家，亦私设挂壁，置香火其前，饮食必祭，凡有事必祈祷。官员新赴任者，齐宿谒庙甚肃虔。余怪之，问于人，不独北方为然，处处如此，遍于天下云。③

可见，就算曾身为朝鲜宰相的柳成龙，也仅见过明朝的关公文化现象，而完全不知道明人为何要祭拜关王。

这在《宣祖实录》中也有所反映：

> 政院启曰：经理都监郎厅来言，经理明日关王庙，欲为水陆斋，芙蓉香六柄已入之云，上曰：送之。史臣曰：云长非佛也，而华人设道场于关庙，其荒诞谬妄，如是夫。

然而不久之后，大明皇帝的做法让他们更加难以理解。

宣祖三十二年（1599 年，万历二十七年）四月，明神宗诏赐李昖四千金在汉城兴仁门外再建一座关庙，由此时已升任为都察院右副都御史的

---

① 此时杨镐的职权已被转交给万世德。

② 实际应是"四路平倭"，因董一元一路军在战役中受阻，所以明廷与朝鲜将此次战役称为"三路平倭之役"。

③ 柳成龙：《西崖文集》卷十六《关庙记》，转引自刘宝全《韩国的关王庙与关圣教小考》，《民俗研究》2010 年第 4 期。

万世德负责督建。

大明皇帝送四千金来修建关王庙，可想而知当时李氏王朝君臣上下的诧异情景，但李昖还是非常尊重明神宗的旨意，下令即日奉诏。这次他征调了大批朝鲜军士参与修庙，因王京军队人数不足，就动员了京畿、江原、忠清等地的地方军队，但因他命令地方军队自带粮食，招致了朝鲜士兵的不满。这时的朝鲜史臣说：

> 关庙之役，大是虚诞，一之已非而不能禁，又于东郊大兴土役，孑遗之民，安得以为生乎？吁！①

但在李昖的坚持下，东郊关王庙的修建工程还是开始实施了。这座庙的规模比南关王庙大得多，所以耗费的时日更长。在建设期间，因反对意见一度占了上风，工事还不得不于1600年11月暂时停止，至1601年2月，才再次开工。但这时依然有人阻挠，在司谏院的上札里就能看到"关庙役军，年年征发而民怨"②的愤懑之词。

到了宣祖三十四年（1601年）七月，在满朝大臣的反对声中，关王庙终于竣工。明神宗为这座关王庙亲赐匾额"显灵昭德武安王庙"，这就是"东关王庙"，俗称"东庙"。

此后"南庙"和"东庙"遂成为国家祭祀的场所，李昖还专门任命了"参奉"（从九品）来负责庙务的管理，为了筹措祭祀费用，李昖曾指示参奉购买部分田地，以俾用度。③

宣祖李昖置众多批评于不顾，坚决支持东关王庙的设立，并每年在两个关王庙举行烦琐的祭祀仪式，这是有他自己的考虑的。其一，明朝皇帝的诏谕不好轻易违背。其二，明军将领们的坚决态度让李昖很难拒绝。其三，李昖对大明皇帝和明朝将士有感恩之情。其四，在经历了壬辰战乱之后，李昖不得不开始重视武备。在与杨镐、陈璘、麻贵、刘綎、陈寅等人的接触中，他看到了大明军神的威力，所以他希望通过修建关王庙，一扫朝鲜王廷重文轻武的颓废之风。其五，李昖期望通过建庙，抚慰他的不安

---

① 《宣祖实录》宣祖三十二年六月条。
② 《宣祖实录》宣祖三十四年三月条。
③ 《宣祖实录》宣祖三十三年十月条。

之心。

在《宣祖实录》中，他曾与大臣尹寿根有一段对话：

> 上曰："关王庙何以再建乎？"（尹）根寿曰："未知其意。"上曰："然即未可止之乎？一设之后，不可复改，今当商量为之。前见刘黄裳，则我国都城东边似虚，建立屋宇，深凿池沟，以镇地脉云。此言与我国所言相合，若不得已说之，则设于东大门之外可矣。"①

所谓镇地脉之说盖为托词。从这段话中，我们可以看出，李昖对未来有所隐忧，他会担心朝鲜在倭乱之后再发生内乱，也会担心日本再次进犯朝鲜，所以他还需要大明军队的保护，这种隐忧是不能对朝鲜大臣们宣讲的。

无论如何，在明军将士的坚持与宣祖李昖的支持下，关公文化已经植根于朝鲜半岛，明军撤走以后，这种文化依然在这片土地上传播，并渐渐成为本土文化的组成部分。那些曾向李昖提出修建关王庙的明军将领们，也大都被李氏王朝立祠祭祀，供后人敬仰。

光海君时期（1608—1623 年），朝鲜王廷继续加强对关王庙的管理，曾下令追究疏于管理的官员的责任，洗刷墙上的涂鸦，对损坏的部分加以维修等。1618 年，为了迎接明朝来访的官员，光海君命人修缮关王庙和杨御史（即杨镐）碑阁。自此以后，明朝使臣抵达朝鲜王京后参拜关王庙，逐渐成为一种惯例。②

三　王朝中期

明朝灭亡以后，关公文化并没有在朝鲜消失，反而发展得更加迅速，这和李氏王朝世代对大明帝国的感恩之情是分不开的。

肃宗二十九年（康熙四十二年、1703 年）六月，大清皇帝派遣纳兰揆叙作为"册封敕使"来到朝鲜王京。在送上康熙御笔亲书的"藩封世守，柔远恪恭"匾额之后，纳兰揆叙对李氏王朝索诗索字、态度骄矜，引起了朝野上下的反感。在此之前，朝鲜向北京派出的使节回来所描述的

---

① 《宣祖实录》宣祖三十二年闰四月条。
② 《光海君日记》卷一百三十四，光海君十年四月甲子癸卯。

大清帝国的情形也大都是光怪陆离、粗鄙不堪，而这时的朝鲜又开始受到了日本德川幕府的侵扰，这些原因不得不让肃宗及其大臣们对大明帝国的缅怀之情油然而生，并开始追忆起那些"天兵"千里来援、同朝鲜人民一起痛击日本侵略者的历历往事。

在缅怀与追忆过后，君臣一致认为，明朝对朝鲜有三大恩：1392 年，明太祖赐"朝鲜"国号乃"大造"之恩；1592 年，明神宗出重兵援救朝鲜，抗击日本的侵略，使朝鲜"藩邦"得以复国，乃"再造"之恩；1637 年，崇祯帝在内忧外患焦头烂额之时，获知仁祖被皇太极围困于南汉山城之际，尚出兵思救，乃"拯救"之恩。"有此三大恩而不思崇奉，则岂可曰礼义之国也哉？"① 所以肃宗李焞决定亲自临幸南关王庙，瞻仰关王生像，以示"尊周思明"之意：

> 壬辰，上（肃宗李焞）下教曰："关武安王精忠大义，昭若日星。皇明太祖肇创寿亭侯庙，天下都邑，莫不立祠，崇奉之意，概可想矣。我国崇礼门外，即壬辰游击陈璘②所建也。其时我国出财力以助之。庙成，宣庙（宣宗李昖）亦尝亲幸。予于顷年拜陵时，历入东庙，盖其忠勇之气，令人感慨于千载之下。宣庙临幸，予之历见，皆非出于游观之意也。闻南庙安生像，明日举动，归路欲历过，其令礼曹秉处。礼曹请依辛未年例，以举手揖定仪注。从之。"

大臣们却唯恐怠慢上国使节，竭力谏言缓行此礼，但李焞却不听劝阻，坚持来到南关王庙，瞻仰生像：

> 乘舆将发，都承旨俞集一进曰："历临关庙之教，孰不耸动？玉堂之札，似不识圣意所存。而以义理言之，吉凶不可同礼。歌哭不可并行。何必于今日行此盛举乎？且天气盛热，请退行。"上不听。遂历过南关王庙，揖而立。顾近侍曰："此是生像，比东庙塑像，大有生气矣！"指西壁隅僧曰："此何为以为设也？"，近侍卫曰："俗称普

---

① 《朝宗岩文献录》，第 8 页，当代明义会成员、明遗民后裔吴浣根序，转引自孙卫国《试论朝鲜王朝崇祀明朝东征将士之祠庙》，《韩国学论文集》2003 年第 2 期。

② 按：前文已叙，崇礼门外关庙为陈寅所建，盖肃宗的原话有误。

净长老也。"上颔之。上又曰："武安精忠大节，万古昭昭，予之所尝深慕。而送敕之后，历入遗庙，瞻揖塑像，旷感尤深，令人怒发冲冠矣。"俞集一曰："圣上一念尊周，辞旨激切，可以鼓忠臣义士之气。然此宜近于文具，惟愿益勉修攘之策矣。"上曰："卿言然矣。"集一请禁庙中淫祀，从之。仍命依辛未例，致祭于东庙。①

关王庙中既已有普净长老的画像，说明小说《三国志演义》此时已在朝鲜流传，这为关公文化在民间的传播创造了条件。而俞集一申请在关庙中禁淫祀，也说明此时的关公文化已经开始与朝鲜的民间信仰相融合。

另外，从以上记录可以看出，肃宗临幸关王庙体现了他对关王信仰的复杂心理，其中包含着怀旧、感恩、感慨、期许、振奋等多重情感，他在东关王庙也曾题诗一首，抒发过这种情怀：

生平我慕寿亭公，节义精忠万古崇。志劳匡复身先逝，烈士千秋涕满胸。

有事东郊历古庙，入瞻遗像肃然清。今辰致祭恩愈切，愿佑东方万世宁。

在肃宗以前，关庙祭典没有明确的举办时间，但在肃宗以后，每年的惊蛰和霜降，朝鲜王廷都会派重臣到东庙、南庙主持关王祭典，有时国王也会亲自主祭②。据《春官通考》记载，祭典的仪式十分复杂。简要来说，除国王亲自主祭的活动以外，仪式前要先选出一名从二品以上级别的武官作为"献官"，献官要在祭仪前三天斋戒沐浴；祭祀当日，献官身着甲胄，行四拜礼；然后，行"饮福"和"受胙"；最后是宣读祝文、敬献币帛。祝文以"朝鲜国王"的名义，祈愿关王能宣扬武威，保佑朝鲜，大致行文如下：

维岁次，某甲某月某朔某日干支，朝鲜国王谨遣臣某官姓名，敢昭告于关武安王，伏以肃肃其灵，烈烈其武，愿扬神威，佑我东土。

① 吴晗辑《朝鲜李氏实录中的中国史料》第十辑，中华书局年排印本，第4212页。
② 《光海君日记》卷五十四，光海君四年六月甲子。

谨以牲币醴齐梁盛庶品式陈明荐，尚飨。[1]

如果说在宣祖时期李氏王朝对于接受关王信仰还有些勉强的话，到了肃宗时代，这种情况出现了根本的改变，肃宗李焞已经将关王信仰融于他的政治管理体系之中，充分发挥了关公文化在社会和军队中的伦理教化功能，使得朝鲜出现了坚持春秋义理，颂扬节义之人，崇尚忠义之气的社会风气。同时，肃宗在每次进行军事训练时都会住在关帝庙，以便随时检查军队的训练情况，这显示出他想要通过关王精神振兴朝鲜武备的决心。他的这些努力都大大提升了国家内部的凝聚力，为后来英祖、正祖时期朝鲜王朝的中兴打下了良好的基础。

到了英祖时期（1724—1776年），朝鲜王廷提高了关王的祭祀规格，把关帝庙祭祀列入了"国朝续五礼仪"的"小祀"之中。英祖李昑本人曾分别于1739年5月、1746年8月、1750年8月三次亲赴关王庙祭拜。在1746年的那次，李昑下令修缮东、南关王庙和安东、星州、古今岛等地的关王庙，还为东、南两庙御书"显灵昭德王庙"匾额，为两庙的关王像新制滚龙袍、翼善冠，并以拜孔子之礼至两庙祭拜。[2] 判尹李献庆曾作诗曰：

> 至尊每下拜，祀礼亦已崇。山河鼎吕力，雄镇久无戎。[3]

值得一提的是，英祖李昑也是历代朝鲜国王中第一个穿戴盔甲举行过军礼的国王，这似乎能够说明，英祖祭拜关庙也和他重视国家武备有关。

之后的正祖李祘（1776—1800年在位）甚至亲为关王庙的祭礼谱制《关庙乐章》，并把关帝庙祭祀升为"中祀"，随之关庙祭品的种类和数量也增加了许多。在此以后，亲自参拜过关王庙的朝鲜国王还有纯祖和哲宗，纯祖于1829年2月参拜过东庙，哲宗于1861年2月亲往南庙祭酌

---

① 柳义养：《春官通考》卷四十四"吉礼 关王庙"条。

② 吴晗辑：《朝鲜李氏实录中的中国史料》第十一辑，中华书局排印本，第4530页。

③ 申钦：《象村集》卷二，辑录于中国社会科学院历史研究所文化史研究室编《域外所见中国古史研究资料汇编·朝鲜汉籍篇》第一册，西南师范大学出版社2013年版，第一册。

行礼。①

随着关王在国家祭祀体系中的地位不断升高，以及小说《三国志演义》《壬辰录》的广泛流行，加之正祖以后，王廷又向民间印发了许多弘扬关公文化的经书善本，在朝鲜的民间社会中，关王已是"忠义的守护神"，同时也是求雨、驱鬼、祛病、赐福之神。朴趾源（1737—1805 年）曾在《燕岩集》卷七十别集《婴处稿序》中云：

> 雩祀坛之下，桃渚之同，青甍而庙，貌之渥丹而须俨然，关公也。士女患疟，纳其床下，慑神禓魄，遁寒崇也。

可知当时朝鲜的关公信仰已经与中国无异。

四　大韩帝国

1896 年，甲午战争以后，李氏王朝脱离了与清朝的藩属关系，在 1897 年改国号为"大韩帝国"。帝国的首任皇帝高宗李熙不仅没有取消关王信仰，反而将这种信仰提到了朝鲜历史上前所未有的高度，他将"关王"封为了"关帝"。②

光武二年（1898 年），李熙下令依原东、南关王庙之建制，在汉城宋洞（成均馆附近）③ 修建关帝庙，并下诏曰：

> 关庙之崇奉敬祀，今焉三百有余年矣。精忠节义之灵，凛凛然亘千秋而不泯；中正刚大之气，浩浩乎包六合而往来。阴骘肤邦，屡显神威，景仰钦慕之诚，宜其靡不用极。况有历代已行之礼，令掌礼院议定，尊帝崇号曰：显灵昭德义烈武安关帝。

大韩帝国所处的时代，是全亚洲乃至全世界正在趋于混乱的时代。在这个时代中，东方国家原有的社会伦理体系已经被西方列强的现代化武器

---

① 《纯祖实录》卷三十，纯祖二十九年二月；《哲宗实录》卷十三，哲宗十二年二月。

② 虽然中国早在万历年间就封关公为帝，但在朝鲜关公还一直是王，这是因为朝鲜在李氏王朝时期，没有国君称帝，而"神"的级别自然也不能高过国君。

③ 成均馆相当于中国的国子监。

打得四分五裂，完全西化的思潮已经在亚洲各国甚嚣尘上。然而作为皇帝，高宗并不想完全放弃本国的传统，所以，在力图对朝鲜进行现代化改革的同时，他也把关帝信仰这种传统文化当成了维持社会稳定、提高国家凝聚力的重要手段。

除了为关王"封帝"以外，高宗推广关公文化的方法还表现在"修庙"和"发书"两个方面。

1901 年，高宗诏令将汉城北门的"关羽庙"① 改为"关帝庙"，1902年，高宗又下令在汉城西门修建了"崇义庙"。与其他几座关庙不同的是，崇义庙中是以刘备、关羽、张飞三人为主神，并且将刘备供奉在中央，关张二人分供两旁，同时庙中还供奉赵云、诸葛亮、黄忠、马超、周仓、关平、王甫、赵累等历史及小说中的蜀汉名将。至此，加上东庙、南庙，汉城的东西南北四门都已建有关帝庙，再算上宋洞关帝庙，大韩帝国的首都以五行方位设立关庙的布局已经基本形成。

在汉城以外，高宗政府也修建了为数众多的关庙，如：江华岛的南关云庙、东关云庙、北关云庙、仁川花渡津关王庙、全罗道智岛关王庙、全州关圣庙、开城关帝庙、平壤关王庙等。

同时，高宗又在朝鲜各地大量发行关帝善书，如《关圣帝君圣迹图志全集》《海东圣迹志》《南宫桂集》《济众甘露》《三圣训经》《过化存神》《灶君灵迹志》《敬惜字纸文》《关圣帝君明圣经谚解》《关圣帝君五伦经》《觉世真经》等。其中《关圣帝君明圣经谚解》完全用最浅显易懂的文字表述，让很多识字较少或不懂汉字的普通农民也能明白关公文化的内涵。

在帝国政府对关公文化的大力推动下，民众也开始自发的修建关帝庙。汉城曾有多少民众修建的关帝庙已难考证，但知名的就有钟路中央关帝庙、麻浦关羽祠堂、中区茶洞关王神堂、龙山和下往十里的关帝庙等。汉城以外的关庙大部分为武人和胥吏所修建，如今可考的曾修建过关庙的地方有：平壤、开城、全州、丽水、江华、仁川、东莱（今釜山）、义州、泰仁、智岛等，可见当时关庙已经遍布朝鲜半岛。本章开篇所提到的

---

① 俗称"北庙"，于 1883 年由受到明成皇后宠爱的巫堂真灵君在东小门内建立，旨在保护王室、推广关帝的忠义。此外，还有民间建立的钟路中央关帝庙、麻浦关羽祠堂、中区茶洞关王神堂、龙山和下往十里的关帝庙等。

忠清北道堂古里的关羽"私家地"，应该也是在此时注册的，也许注册之人就曾经是武人或者胥吏。

就这样，大韩帝国掀起了一场关公文化的热潮。皇帝想要通过关帝信仰使大臣们坚毅果敢，和他一起克服困难；地方官员想要通过关帝信仰让民众们安贫乐富，不要滋生事端；军队将领想要通过关帝信仰令士兵们勇猛顽强，重义轻生……而在民间，关公信仰的发展势头更为猛烈，商人们把关帝视为财神，百姓们把关帝视为保护神，而巫堂①们则竞相自称能让关帝神降神、显神……

不过，这种热潮在 1908 年被熄灭了。其原因是，朝鲜半岛沦为了日本的殖民地。

五　近代状况

关帝信仰在朝鲜半岛流传的起因，是因为"平倭"，而当"倭奴"再次袭来，并统治了整个朝鲜半岛以后，这种信仰的境遇可想而知。

1908 年，"大韩帝国"的纯宗皇帝已经完全是日本政府的傀儡，他在 7 月 23 日颁布了第 50 号"敕令"，即关于"享祀厘整"的命令，其中的第七条规定：

> 废止大报坛、万东庙、崇义庙、东关庙、南关庙、北关庙及地方关庙的祭祀，大报坛②基址由官内府保管，崇义庙、北关庙归属国有，万东庙、东关庙、南关庙及东方关庙下付各地方官厅管理，根据人民信仰，别定管理办法。③

从此，"帝国"境内所有政府主办的关庙祭祀活动被一律废止，关公文化逐渐在韩国的官方记载中消失。然而，在民间社会中，关帝信仰却依然存在。

---

① 巫堂：西方学者认为其类似于萨满巫师，其实他们的生存方式更接近于中国原始道教的术士、方士。有太子巫、明图、乘鸟人等多种称谓、专门供奉关帝的巫堂被称为"殿内巫堂"，以女性居多。

② 肃宗时期修建的纪念援朝明军将士的祭坛。

③ 大韩帝国官报 1908 年 7 月 27 日，载于韩国国会图书馆编《韩末近代法令资料集（Ⅶ）》国会图书馆 1970 年版，第 97 页。引自孙卫国《试论朝鲜王朝崇祀明朝东征将士之祠庙》。

1920 年，也就是在大韩帝国正式并入日本版图的 10 年后，一种以关帝信仰为基础的民间宗教组织在汉城东关庙成立，这个组织名为"关圣教"。

据说关圣教由"东部名唱"朴基洪和金龙植所创，初期成员来源于汉城的殿内巫堂和崇神团体。他们认为，朝鲜在壬辰倭乱之后，因关帝的教化，世风日善，但是对关帝教教理的阐明和教律的宣扬尚不够完善，因此，为了广泛宣传"关圣教趣旨书"，遏制弊习，教化大众，遂创设该教。其"趣旨书"主要是《明圣经》《觉世真经》《三圣经》等关帝善本。其教义认为关羽向人类指明了永远真实的道德，鼓励教众按照关圣帝君指明的道德戒律进行修行。其教理认为关圣帝君之"灵"升天以后，掌管人间所有善恶，如人们精诚信奉，关圣则会显灵。

关圣教以汉城的东关王庙为本部，在正殿内安置关帝圣像，别馆内则奉四斗七星、玉皇上帝、天神和地神。教规规定每年的农历正月初一、五月十三日、六月二十四日、十二月六日和霜降日为信徒的集会（礼拜）日。另外，东关王庙在每个月的初一、初八、十五、二十八和每年的端午节也会举行参拜关圣帝君仪式，信徒在参拜时一般诵读《关圣帝君宝诰》。教规还规定每年农历三月三日、九月九日为大祭日，信徒在这两天要诵二十八次"三界伏魔大帝神威元真天尊关圣帝君"的咒文。除此之外，所有关圣教的信徒们都要在自家的后院砌一个石筑台，上面放一杯净水，一天参拜许愿两次。①

由此可知，关圣教的产生在朝鲜民间经过了民俗、巫俗以及与其他宗教混合的过程，它的教义、教理、教规吸收了儒教、佛教、道教、民间宗教甚至基督教等多种宗教的元素。

日本学者村山智顺曾说在关圣教成立之前汉城已有春秋社、日诚社、永明社、敬明社、千寿社、笃诚社、月诚社、汉明社、忠真社等崇神团体，这些团体组成了汉城的工商团体—同业组合。其中以东庙和南庙为中心的团体就有 30 多个。② 虽然现在还并不知道这些团体的教义与教理，但从这些团体的名字上就可以看出，它们基本都是"尊明思周"或信仰

---

① 参见刘宝全《韩国的关王庙与关圣教小考》。

② ［日］村山智顺：《朝鲜的类似宗教》，转引自具银我《首尔的关帝庙和关帝信仰》，《宗教学研究》2013 年第 3 期。

关帝的组织。关圣教的教义和教理也应该多少受到过这些"崇神团体"的影响。

德国汉学家格勒诺特·普鲁罗向海外发表过一篇研究论文《关圣教——中国古代神仪式20世纪在韩国复活》。他对关圣教的创立历史、组织、宗教活动及其财政状况等进行了详细的介绍。其大致要点如下：

1. 关圣教在创始人、组织、崇拜场地、信仰性字句及其规模等方面具有独立性。

2. 这种仪式是在韩国处于日本统治时期形成的。当时，韩国人认为韩国是由于中国神的介入才得到解救。

3. 关圣教被认为起源于中国，到韩国后由于适应韩国情况而发展起来的。

4. 关圣教的道德和行动规范具有儒教和佛教的双重特点，而神殿的结构和宗教行为具有道教特点。

5. 关圣教逐渐趋于韩国化，变为小规模的宗教性集会。

6. 关圣教的崩溃和消失与韩国独立后，国家所处的新情况，民众对于韩国战争和中国的态度变化，政府反对迷信的立场，以及东庙的国立化和公共博物馆的开放与旅游化等原因有关。[1]

关圣教立教时间为1963年。1973年以后，东庙被韩国政府指定为首尔市公园，庙中与关圣教相关的所有附属建筑随即被拆除，关圣教也因此解散。

目前韩国的首都首尔（原汉城）还保留有四座比较知名的关帝庙，分别为过去用于国家祭祀的南庙和东庙，以及由官署建立的圣帝庙和关圣庙。

1908年韩国废除关公祭祀以后，南庙在1913年成为一个徐姓家族的私人财产，在战争时期，部分建筑被战火烧毁，但于1957年得到重建，现在因住宅开发项目迁址到了铜雀区舍堂洞。南庙中曾供有三座关帝像，其中两座是北庙和西庙被拆毁后搬来的。三座关帝像都是红脸，穿着金袍。在关帝像后侧画有日月昆仑图，正殿左右墙上挂有玉泉大师（普净长老）、关平、周仓、崔莹将军等人和山神的画像。在玉泉大师前立有三个青龙偃月刀和一个三叉戟。

---

① 参见姜春爱《韩国关庙与中国关庙戏台》，中国戏剧学院学报《戏剧》2003年第3期。

至今，在每年的正月初一、惊蛰、清明、五月十三日、六月二十四日、中秋、霜降、十月十九日①，徐氏家族的子孙还会以儒家的方式在南庙举行祭祀活动，参加祭祀的大多为巫堂和关帝信奉者。不过，这些关帝信奉者大部分已上了年纪，所以人数不多。

东庙在20世纪90年代后，因管理问题没有开放正殿内部，所以信徒们只能在正殿前做祭祀。因此，信奉者也不多。来参加祭祀的人大部分为供奉"中国神"的巫堂，他们把关帝叫作"爷爷"，每到端午节就会带自己的弟子、信徒和家人们来东庙做祭祀，祈求身体健康、家庭平安。另外，巫堂们在平日也会带着自己的信徒来跳神，跳神的人大部分是做生意的，据东庙管理员说，来东庙跳神的人主要祈求生意兴隆、家庭平安、子女升入更好的学校以及求子、求财、求福、求治疾病等，其中祈求子女升入更好的学校和求治疾病的人最多。

中区芳山洞的圣帝庙从前曾是制造和储藏火药的军器寺，现在会为商人们举办求财祈福的祭祀活动，因此圣帝庙的关帝具有财神"功能"。在圣帝庙正殿中央的龛室里供奉着关帝及其夫人的画像，左右立有青龙偃月刀、三叉戟和刀。原来在正殿的左右侧有七幅画像，但现在已丢失。做祭祀的日期在过去是六月二十四日和十月十九日两天，现在只在关帝的"忌日"十月十九日举办祭祀活动，费用一般使用某家商会的基金。活动通常在下午三点举行，由出资的商会会长主持，按初献、读祝、亚献、终献的顺序进行。祭品有脯、肉串、苹果、梨、栗子、大枣、柿子、蒸糕、切糕、蔬菜、酒等，祭祀结束后，人们在一起饮福。

目前，圣帝庙只为商人们举办活动，平时不开放。若想要参拜圣帝庙，需要事先向首尔市中区政府申请。

奖忠洞关圣庙的功能主要以个人祈福为主。

据说这座庙在孝宗（1649—1659年在位）时期曾是御营厅②的军营。在该庙的正殿内挂有18世纪绘画风格的关羽及其夫人画像，正殿的入口左侧挂有"南营关圣庙永信社员芳名录"的牌匾，上写一百多名社员名称及挂上牌匾的日期：昭和十年乙亥四月。

据庙中资料介绍，永信社是由一批原高宗时期的军队将士在退役后组

---

① 韩国人认为这一天是关公忌日。

② 相当于御林军。

成的团体，其总裁是曾任陆军中将的赵性根和鱼潭。这样看来，关圣庙最初就是永信社内部的崇关场所。

现在，关圣庙在每年正月初一、五月十三日、六月二十四日、十月十九日会举行祭祀活动，祭礼采用的是简化的儒教方式进行，即参加者们向关帝的画像敬酒、磕头。

在首尔之外，韩国目前尚存的关庙还有全罗道南原府关王庙、江华岛的南、东、北关帝庙庆尚道安东关庙、庆尚道星州关庙、全州关帝庙及忠清道永同堂古里关庙等。

其中，全罗道南原府的关王庙由退役军人团体——耆老会管理，江华岛的南关帝庙由弥勒大道全刚莲华宗管理，东关帝庙和北关帝庙由巫堂们负责维护，庆尚北道星州的北关庙由关云寺管理，东庙由后天道弥勒宗佛组织管理，全州的关圣庙则由关圣庙维持财团管理。除此之外，忠清道永同堂古里的关帝庙已被当地村民们奉为守护神祠，他们准备将关帝一直供奉下去。

这些关庙大部分都已成为韩国国家级或地方级别的宝物和有形文化遗产。而现在韩国的关帝庙里，往往同时还供奉檀君、山神等本民族神灵，这说明至少有一部分韩国民众还是将关公当作本土神灵来看待的。

第三节　其他国家的关公文化

一　越南的关公文化

相比日本和韩国，关公文化最初在越南的传播方式比较特殊。它并不仅是依靠宗教、贸易、战争等常见的文化传播方式，而主要是以"国家行政干预"以及"民族自我认同"的方式进行传播的。甚至可以这样说，越南人之所以信奉关公，是因为关公就是他们的神灵。

自公元前207年开始，越南北部在一千余年的时间里，都是中华帝国的直接领地，而且，在越南人的民族认同中，他们的祖先很早就和中华始祖炎帝有着千丝万缕的关系。

据《大越史记全书》《越甸幽灵集》《岭南摭怪》等书记载，越南民族的始祖——雒龙君是泾阳王的儿子，雄王乃泾阳王之孙。而泾阳王则是炎帝神农三世孙帝明之子（即炎帝的第四世孙）。帝明先有长子帝宜，然后与一仙女又生一子，是为崇缆。崇缆自幼聪慧圣明。帝明欲使其嗣位，但崇缠坚决让位于长兄。于是，帝明令帝宜继承父位，掌管北方，又封崇缠为统治南方的领袖，是为"泾阳王"，其国号曰"赤鬼国"。可见炎帝与越南的关系之深。

而且，越南汉文古籍《大南实录》各卷中均用"汉人"来指越南的主体民族——京族，"汉民、汉音、汉俗"也指的是京族的百姓、语言和习俗。

在越南主体民族的语言——越南语中，不管是外来的信仰还是固有的信仰，有关信仰的词汇大多数都是以汉越词形式出现的，另有少数一些是借用其他民族的词，但唯独没有纯越词。如：越南语中的信仰（tin nguong）、崇拜（sung bai）、龙（long，rong）、神（than）、仙（tien）、鬼（quy）、精（tinh）、妖（yeu）、怪（quai）、圣（thanh）等都是汉越词，还有一些跟信仰和崇拜的活动有关的词，诸如祭拜（te bai）、祭祀（te tu）、供奉（tho cung）等也都是汉越词，没有固有词。①

所以，越南的许多民间信仰也与中国相通，比如伏羲、神农、后稷、祝融（南海广利王）、天后（妈祖）、真武大帝、玉皇大帝、太上老君、文昌帝君、姜太公、城隍、土地、石敢当等，关公自然也在其中。

关公在越南语中被直接用汉译音称为"Quan Cong"或"Quan thanh De Quan"，但在越南的关帝庙也叫"Chua ong"，即"男人寺"②或"翁寺"，值得注意的是，"男人""翁"这种称谓与我国广西壮族人对关羽的称谓相同，壮族在唐宋时期就已经有了关公崇拜，而壮族又和越南第三大少数民族"侬族"有着密切的亲缘关系，这也许能够说明，越南的关公信仰最早就是由壮族的先民传播过去的。

在越南百姓的意识里，关公的"神职"也和中国古荆州地区的民间认知相同，即：驱鬼除魔、辟邪禳灾、除病赐福、主持公道、伸张正义和抗敌御辱的地方保护神。

而且，据一位越南学者阮光颖介绍：

---

① 参见韦凡州《越南人信仰中的中越共同神研究》，硕士学位论文，广西民族大学，2010年。

② "ong"在越南语中指男性；"Chua"是在越南的一种流行和亲切的叫法，是从汉语"寺"翻译过来的，一般指佛教的比较正式的寺院，在语气方面朴实亲切且极富尊严性。

如今，在越南的北部、中部、南部，几乎每个地方都有关公殿。特别是在越南北部，笔者曾有幸拜访过首都河内的一家道馆，馆内布置得庄严肃穆，经过前殿，来到供奉关圣帝君的神案，上面供奉一尊纯黑铜质的关圣像，面容沉思，手执青龙刀，威风凛凛的样子令人肃然起敬。据碑文记载，这尊关羽像是由越南李太祖于 1010 年铸造的，高 3.96 米，重 4000 公斤。

1010 年即北宋大中祥符三年，这个时间比关公信仰正式北传的元丰三年（1080 年）还要早 70 年。需要注意的是：越南北方的直辖市海防市在唐代武则天大足元年（701 年）四月，曾被置为"武安州"，隶安南都护府，而宋代以后关公的第一个"王号"也是"武安王"，关公信仰也正是因宋军和交趾（今越南）的战争而开始北传的，甚至，在今越南河内寿昌的关公殿也是"相传建于唐朝，后来郑主将之重修、扩大，正门上写着'天故伟人'四个大字。"① 这些蛛丝马迹也许是在说明，越南的关公信仰与中国一样，都可谓是"本土"信仰。

明代以后，中越之间的民间贸易市场已经非常繁荣。当时两国之间的主要通道都在广西，除镇南关（今广西凭祥友谊关）是越南朝贡的必经之口外，民间边贸主要通过水口关（今广西龙州县）、平而关（今属广西凭祥市）和由村隘（今广西宁明县）出入境，这些地区在当时都有军队驻扎，而此时明军的关公信仰已在理学的设计下完全"汉族化"。而且，小说《三国演义》也在明代晚期传到了越南，另外，在明末清初的时候，有一批忠于明朝、不愿意接受清王朝统治的"明乡人"迁居越南，他们对关公的笃信无疑为越南民间的关公崇拜做出了突出的贡献，但同时也淡化了关公信仰在此地的多民族特性。这些因素使得越南的关公崇拜在经历了一次"回传"之后，成为"外来信仰"。

其实，关公文化早已经深入到越南人的日常生活之中，比如每年的五月十三日和六月二十四日也是越南公认的"关公诞"纪念日，此时，会有很多人携带祭品到就近的关庙祭拜。而且，很多越南人也在家里设神台拜祭关公，供台上或者摆着他的塑像，或放着他的画像，在画像里，关公

---

① 阮光颖：《试论关公信仰文化在越南的传播》，《东南传播》2008 年第 4 期。作者原为福建师范大学海外教育学院研究生班越南留学生。

位居正中，左边是他的侍卫周昌（周仓），右边是他的儿子关平。这些习俗都和中国无异。

越南的历代统治者也多对关公青睐有加，比如《广南省志略》中载："关公祠，在延福县会安铺，明乡人会造。明命六年（1825 年）驾幸广南，过其祠，赐银三百两。"①1850 年，嗣德帝亲命朝臣负责顺化关庙的重修工作并命撰碑铭以资纪念，碑铭赞关公曰：

> 惟公忠义正气赛乎天地间，壮哉崇祠，荣哉褒衮，关公崇拜在越南　为此江山增色，其所以佑我民，为世世忠臣烈士劝，皆于是乎在，岂仅皇州一壮观已哉。②

明命帝、嗣德帝还给顺化关公庙和会安关公庙题匾赐诗、赏赐银两。维新帝（1907—1916 年）、启定帝（1916—1925 年）亦曾分别给其他省所奉的关公像颁有敕封：

> 敕旨富安省绥安府富山村从前奉事翊保中兴关圣帝君，扬威御侮保障健顺和柔含光，翊保中兴白马上等神厚济广施博惠敦凝翊保中兴土地之神，节经颁给敕封，准其奉事，维新元年普光大礼，节颁宝诏，覃恩礼隆登秩，特准依旧奉事，用志国庆而伸祀典。钦哉。维新叁年捌月拾壹日。
>
> 敕旨海阳省东和义利甲从前奉事翊保中兴关圣帝君，护国庇民，显有功德，节蒙颁给敕旨，准许奉事，肆今正值朕四旬大庆，节经颁宝诏，覃恩礼隆登秩，特准依旧奉事，用志国庆而答神庥。钦哉。启定玖年柒月贰拾伍日。③

就连越南的革命领袖胡志明主席，也曾写过与关羽有关的诗句：

---

① 《广南省志略》越南汉喃研究院书号：A. 268，10b。转引自谭志词《关公崇拜在越南》载于《宗教学研究》2006 年第 1 期，以下借用的越南著作皆引于此论文。

② 潘廷选：《顺化关公祠碑铭》，越南汉研究院，拓片：19300。

③ 前揭《神迹神敕》，越南社会科学院图书馆藏书，编号：14893、9536。

树梢巧画张飞像，赤日长明关羽心。

祖国终年无信息，故乡每日望回音。①

可见关公文化在越南的传播之广，影响之大。

越南的关庙也曾经和中国一样遍布全境。在今天河内粤东会馆内的《重建关圣庙碑记》中就有这样的记载：

关夫子之庙满天下……关夫子之祀亘古今，穷南北，巍然而独盛也……故都兵变之后，其存者寡矣。②

现今，在越南全国的 59 个省、5 个中央直辖市中，至少有 22 个省、3 个直辖市共 40 多个宗教建筑都曾供奉关公。其中现存并比较著名的是：

1. 越南北部

关公殿：在寿昌，属于今天的河内市，坐落于 TayLuong 岸，离京城东城 2 公里。相传建于唐朝，后来郑主将之重修、扩大，正门上写着"天故伟人"四个大字。

关帝庙：由越南黎朝秉忠公捐款兴建，位于河口芳，现为河内阮忠直路。

关圣庙：在南定省美禄县能净社，今属南定市，建于 1843 年，1981 年重修。

关帝君殿：在清华省玉山县云斋社，建于绍治二年。关圣殿为兴安省金洞县北河区的中国清朝商人所建，越南自德三十二年（1879 年）重修。

关公庙：在兴华省水尾州明香市，今属黄连山省风土县，由当地华侨兴建。

关帝庙：在牧马城（今高鹏生安和县 Nuoc Hai 社），建于越南黎王永郑三年（1678 年）。

2. 越南中部

关公殿：建于天婆寺附近，越南明命十二年（1831 年）重修。绍治五年（1845 年）被移到香茶县地灵社（今属承天省 Hue 市），自德三年

---

① 梅国联等编：《胡志明诗歌全集》，文学出版社 2004 年版，第 257、540 页。

② 范贵适：《重建关圣庙碑记》，越南汉喃研究院拓片号：172。

（1850 年）国王赐予该殿一木料贴金殿牌。每年农历二月、八月都举办祭祀典礼。

关公殿：坐落于广南省会安市，以前明乡人称为"澄汉宫"，当地越南人则习惯称为"Chua Ong"，该庙创建年代应在 1653 年以前，自创建以来，曾在 1753 年、1783 年、1827 年、1844 年、1904 年、1976 年数度重修，但基本保持了其初建时期的建筑风貌。

3. 越南南部

议和庭：又称"Chua Ong"等，地址：胡志明市一郡新定芳陈光凯路 124 号。

义润庭：又称义润寺、关圣寺，地址：胡志明市五郡十三芳潘文康路 27 号。

李仁庭：又称南进庭，位于胡志明市四郡六芳云顿港 170/4 号。

安会庭：又称武庙，位于胡志明市旧邑郡十二芳 34 组。

明凤庭：位于胡志明市十一郡雄王路 80 号。

灵福庭：位于胡志明市八郡十二芳 852 号。

东福庭：又称平东福会庭，位于胡志明市八郡十六芳 60 号。

协恩庭：位于胡志明市八郡五芳范世显路 1293 号。①

在这些祭祀关公的殿、庙、庭等建筑物中，许多已被列为越南的国家文物保护单位，可知关公文化在越南还将继续发展下去。

二 美国的关公文化

1880 年（清光绪六年），华人移民在美国加州建立了金山华人会馆，该会馆就是一座关帝庙，庙额为："威宣海澨"。② 也就是说，关公文化至今在美国已经延续了一百余年，考虑到美国于 1776 年建国，总共不过两百余年的历史，所以这个时间已经不短了。

1785 年，美国商船"巴拉斯女神号"载着 3 名中国海员从广州到达美国东海岸的巴尔的摩，他们成为第一批跨上美国土地的中国人；此后，从 1820 年至 1840 年，有 10 名中国人移居美国；1847 年，中国第一批留

---

① 阮光颖：《试论关公信仰文化在越南的传播》，《东南传播》2008 年第 4 期。

② 见《清德宗实录》，转引自田海林、李俊领《"忠义"符号：论近代中国历史上的关岳祀典》，《山东师范大学学报》（人文社会科学版）2012 年第 1 期。

学生容闳等 3 人到达美国马萨诸塞州上学。① 可见此时华人在美国的数量还并不多。

19 世纪 40 年代以来，在西方列强的军事、经济、宗教、文化的多重侵略下，中国自然经济和封建社会秩序土崩瓦解，纺织、运输、出口贸易等领域也遭到严重打击，致使大批的船员、搬运工、手工业者纷纷失业。这样一种政治动乱和经济破产局面，形成了强大的推力，迫使很多人背井离乡，另寻出路。

与此同时，美国人詹姆士·马歇尔（James W. Mashall）在加州亚美利加河流域清理水轮锯木机水道时，意外地发现了黄金，此消息一经传出，很快就震动了全世界。

1848 年 10 月前后，一种用蹩脚中文撰写的传单，由外国船务的华人经纪散发到香港、广州以及附近的各个乡村。其内容如下：

> 美国人是非常富裕民族。彼等对华人前往，极表欢迎。彼处有丰富工资，大量上等房舍、食物和衣着。你可随时寄信或汇款于亲友，我等可负责传递与驳汇，稳当无误。此是一个文明国家，并无大清官吏或官兵；全体一视同仁，巨绅不比细民为大。现有许多中国人，已在彼处谋生，自非一陌生地方。在彼处，承祀中国神祈，本公司亦设有代办。你无需畏惧，会逢幸运，有志者请莅临香港或广州本公司接洽，当竭诚指引进行。美国金钱极丰富而有盈余，如欲赚取工资及保障工作，可向本公司申请，便得保证……②

这无疑让那些正苦无活计的中国沿海居民看到了一线朦胧的希望，所以到了 1849 年的夏季，一位访问香港的丹麦人曾在他的日记中写道："香港人普遍狂热，甚至是那些属于绅士阶层的成功律师也被这激动人心的消息所诱惑，决定去那里碰碰运气。"

据相关记载，1851 年至 1860 年间，大约 41000 名中国劳工到达美国西部，他们几乎全部集中在加州，84% 在金矿劳作。直到 1882 年，美国

---

① 参见郑凯文《美国华人社会变迁阶段及其分析》，《才智》2010 年第 17 期。

② 刘伯骥：《美国华侨史》，（台北）黎明文化事业公司 1976 年版，第 37 页。

华裔劳工的人数已达到 37 万。

然而，这些怀揣着"黄金梦"来到美国的中国人，很快就感受到了现实的残酷性。美国，这片冷漠的土地，根本没有什么可让中国人赚取的黄金，有的只是无休止的劳作和白种人的有色目光。

1850 年，美国加州通过了《外国矿工执照税法》，强令中国矿工与其他外籍矿工缴纳特别税款；1858 年通过的《禁止中国人或其他蒙古人种进一步移民加州法》，规定自 1858 年 10 月 1 日起禁止任何中国人或蒙古人进入加州；1870 年，加州议会通过了《防止有犯罪目的的绑架和输入蒙古利安、中国、日本妇女法》及《防止输入华人罪犯法》。前者阻止没有特别证件的中国妇女入境，后者禁止华人男子入境。1870 年以后，加州和旧金山市又相继通过了《洗衣馆法令》《旧金山反辫法》《捕鱼法》和《防止发给外国人执照法》等法规，对华人领取商业执照、经营洗衣馆、购买土地加以诸多限制。1875 年，美国国会通过了第一个全国范围内管理移民的法律《佩奇法》，该法对来自东方的移民进行限制，阻止华人妇女进入美国，阻碍了华人家庭的团聚；1882 年，在"中国佬滚回去"的口号下，加州劳工党敦促美国国会立法排华，同年，国会正式通过《排华法令》，该法的主要内容包括：10 年之内禁止华人劳工进入美国；不允许华人入籍为美国公民；只允许中国的外交官、学者、学生、商人、旅行者在美国短期停留。

这一系列的法案充满着种族歧视的特征和忘恩负义的意味，然而，这就是当时的美国。

美国政府之所以歧视华人，除了经济利益上的考量之外，还有文化信仰方面的因素。这是因为，美国是一个由大量的清教徒组成的基督教国家，它的主流人群白人的主要信仰为上帝，而移民至美国的华人却信奉一个红脸、长须、手拿大刀的中年男人，这位中年男人被那些留着长长的辫子的"蒙古人种"称为"关帝""关公"，这对他们来讲，显然是难以理解的。

20 世纪 40 年代，一位名叫林语堂的中国人向美国主流人群简要地介绍了一下关公，他说：

关公是中国历史的一个军人楷模，死后变成战神，保护正直的人，谴责那些残酷、不诚实的人。①

　　林语堂尽量用美国白人能懂的话语来阐述这个问题，但是，对于鼓吹"信仰自由"的美国来说，到底有多少人能够明白就很难说清了。至少在2007年，美国 B 级片著名影星布鲁斯·坎贝尔（Bruce Campbell）还自导自演了一部妖魔化关帝的电影，名为《我叫布鲁斯》（*My Name Is Bruce*）。这是一部喜剧恐怖片，编剧为马克·怀海登（Mark Verheiden），2008年10月26日在影线公开上映。

　　影片的背景是，1870年美国一座名叫金砾镇的地方发生了矿难事故，一百多位华人劳工被埋葬在矿井之下。华人的神灵关帝（被称为豆腐之神）被召唤而来并在井下守护着这些遇难的亡灵。直到一个多世纪以后的一天晚上，一群无知的年轻人闯入这个矿井，他们肆意毁坏亡灵的墓碑，惊醒了关帝。就此，这位豆腐之神大开杀戒，他挥舞着锋利的大刀，对镇上的男女老少个个枭首……

　　这是一部典型的粗编乱造的商业片，谈不上什么艺术性，唯一能够令人产生记忆的是自始至终贯彻影片的带有浓厚乡村风格的插曲，歌词大意为：

在一个叫作金砾镇的矿业小镇　时间是1870年
中国人来到这里打工赚钱
突如一夜　灾难发生
地底传来隆隆声　中国人困在里面

一个老中国人　为他珍爱的人祈祷
请求豆腐之神
来守护他们的亡灵

他的名字叫关帝
他的名字叫关帝
关你　关我　关帝

---

　　①　林语堂：《唐人街》，上海书店1989年版，第84页。

他的名字叫关帝

中国人相信 一切都有一位神主宰
日神 月神 风神 雨神
有些难以想象 甚至荒唐可笑
连豆腐都有一位保护神

他的名字叫关帝
他的名字叫关帝
关你 关我 关帝
他的名字叫关帝

眼中闪着红光
颔下飘着白须
人人都知道
他是一位值得敬畏的神

他的名字叫关帝
他的名字叫关帝
关你 关我 关帝
他的名字叫关帝

也许其中的一段情节可以暴露出影片制作者的初衷：当主角询问金砾镇上的人（已全部是白人），谁的祖先是当年矿难事故的凶手时，所有人都举起了手，这就是《我叫布鲁斯》想反映的主题思想：你们都是凶手的后代，他们的神会向你们复仇。

美国的华裔作家们为了消除白人对华人信仰的不理解（甚至是敌视），曾做过很多努力。他们将关公的形象进行了选择性的改造，如在《杜老鸭》中，华裔作家赵健秀就将修建横贯铁路的华工"关姓汉子"描写成白人所能接受的"牛仔"形象：

关姓汉子手握科洛克的六响枪。在科洛克还来不及面露惧色之前，他已经跃上马鞍，手舞着缰绳。他勒着马忽东忽西。科洛克浑身溅满了淤泥。关姓汉子转头对唐老鸭说："上来，孩子，我要你听着……"他抓住唐老鸭，往身后的马鞍上一放，就朝中国人的帐篷飞奔而去。科洛克追赶在后……关姓汉子在飞溅的淤泥中疾驰奔往卖点心的帐篷，用科洛克的六响枪连开三枪……"明天！十英里！"关姓汉子吼道："十英里的铁轨！"

然后故意将"关姓汉子"与关公形象融为一体，说"关姓汉子"的双眼就是关公那双"可以杀人的眼睛"，关公像中的关公与"关姓汉子"有一双"一模一样的眼睛"。

在另一位华裔作家汤亭亭的笔下，关公虽然与传统形象大致相同，但也出现了诸多变异。如《中国佬》第三章"内华达的祖父"中就有一大段描写受到迫害、四处逃亡的"阿公"看关公戏时的情节：

> 阿公的心顿时为之一振，他认出了出现在美国荒原上的英雄和他的战马。关公杀了仇人——一阵锵锵！咚咚！的锣鼓声——离开了家乡——奏起悲凉哀切的笛子乐曲。
>
> 关公单手交锋，搏杀敌方最大的头目，旋转、腾跳的剑舞给那些看戏的华人们增添了力量。
>
> 他的两个伙伴在远方听说了关公——这个有着一匹聪慧无比的马、长着红脸膛的男子汉——所做的英雄业绩。三个朋友重新团聚，一直战斗到他们打下江山，那本属于他们的江山。
>
> 阿公感到自己精神焕发。他也像观众中的鬼佬一样高声喊"好"，鬼佬们以前从未看过戏。关公是位武神，也是文神，他文武双全，已经来到美国——关公，关爷爷，他是作家、武士、演员和赌徒们的祖先。他惩恶扬善，是我们的亲人。他不是我们相隔千年的祖先，而是我们的祖父。

还有《女勇士》：

> 无论怎样，我们总会获胜。关公，这位战争和文学之神总是助我一臂之力。

在《引路人孙行者：他的伪书》中，汤亭亭又把关公描写成为"战神""祖父""忠义的象征""财神"和"戏剧之神"。①

也许正是因为这些华裔作家所塑造的变异了的关公形象，让一贯对华人心存偏见的美国主流社会对关公文化更加的不理解，最终导致了妖魔化关公的产生，应该肯定的是，那些自19世纪开始就漂泊海外的华人及其子孙，正是在用关公精神来维系相互之间的亲情、友情甚至爱情，更是在延续他们对中华民族的认同感。如果有一天，关公这个符号在他们的记忆中完全消失，那才是中华传统的伦理道德真正被"妖魔化"的开始。

如今，美国的华裔居民已超过了100万，他们在美国各地修建了为数众多的关帝庙，其中面积最大的是位于西南重镇休斯敦的得克萨斯州关帝庙。该庙创建于1999年1月，是得克萨斯州休斯敦及全美各地多团体多族裔人民同心协力共同创建的。其建庙宗旨是："服务广大亚裔同胞和其他族裔善信大众，继承和弘扬传统东方道德和文化，促进世界各族裔人民相互了解、团结友好而共创繁荣。"

此外，美国知名的关帝庙还有纽约关帝庙、洛杉矶关帝庙和旧金山关帝庙。据说，1999年旧金山市长布朗在参加连任竞选之时，还亲自到关帝庙求神祈福，并求了一签，签上写道："营为期望在春前，谁料秋来又不然，直遇清江贵公子，一生活计始安全。"

后来布朗在复选中一举获胜，连任旧金山市市长。胜选当天，布朗参加了华侨祝捷会，然后到关帝庙还愿，并按照华人的习俗，备果品三牲为祭品，恭恭敬敬地摆放在关帝像前以谢神恩。第二天，旧金山的各大报纸竞相出现了醒目的新闻标题：《关帝保佑布朗，顺利连任市长》《布朗市长关帝庙还愿》《华人小区为布朗市长庆功》。②

旧金山正是19世纪中叶，华人梦想中的"金矿"所在地，现在当然早已不见了金矿的踪影，但是这里的华人占总人口的12％，是一支历届政府都无法忽视的政治力量。布朗在此地朝拜关帝庙，和拉选票的现实目的是分不开的，但对于当地的华人来说，这终究是美国政府对中华传统文

---

① 参见付飞亮《关公形象在美国的变异》，《河南科技大学学报》（社会科学版）第30卷第4期，2012年8月。

② 资料来源于关公网（http：//www.guangong.name）。

化的一种友善表现，它至少能够说明，在美国的主流人群之中至少还有人在关注着关公文化，无论他们是把关帝当作"妖魔"还是"神明"。

2015 年在中国关公文化保护基地与美中关系基金会的共同努力下，决定在美国共建关圣学院（AASG）致力于在海外传播关公文化，这无疑是件促进中美民间交流的好事。

三 其他国家的关庙

清朝末年，中国内乱外侮不断，朝廷迫于列强压力，听任国际强盗巧取豪夺，并默许他们将中国贫民掠为奴隶，即所谓的"卖猪仔"。

英法曾于 1860 年（咸丰十年）十月，强迫清朝政府分别签订中英北京《续增条约》、中法北京《续增条约》，承认他们来华招工的权力。光绪《闽县乡土志》言："膂力强者，用应洋人之招，为苦工于绝域，彼族以牛马视之。"民国《永泰县志》言："同治初年，英、荷诸国开辟荒岛，乏人垦治，以重资诱往做工，遂有贩卖猪仔之事。"

其实自 19 世纪 50 年代开始，广东许多口岸就已经设有"猪仔"馆，华工出国前集中于馆内，丧失自由，备受虐待，常有被折磨至死或自杀者。出国需 2—5 个月的航程，华工被囚禁于船舱，生活条件极端恶劣，死亡率高达 30%—50%，故这种船又有"浮动地狱"之称。在海外庄园、矿山中，华工更是过着非人的生活，死亡率高达 40%—70%。

相比那些自发去美国"淘金"的中国人，这些被贩卖到东南亚、非洲、大洋洲、美洲等地的华工之境遇要悲惨得多，可以用九死一生来形容。他们一般被分为两类：（1）契约工，即订约卖身 3 年、5 年或 10 年；（2）赊单工，即出国船费由招工者先垫付，欠账者在国外须受雇主控制，直至还清债款及利息。但其实无论是"契约工"还是"赊单工"，最终能够回到祖国的人，可谓少之又少，那些奴隶主总会找出各种借口，不让华工离开，想尽办法让廉价买来的奴隶为他们无休止地干活，直至累死。

但是，那些幸存下来的华工却依靠他们坚韧的毅力和勤奋的精神克服万难、努力进取，致使很多人在多年以后完全改变了自身的生存状况，他们从备受奴役的华工一跃成为富甲一方的华商，与此同时，这些华工、华商也因此将一种文化传播到了天涯海角，这就是关公文化。

据粗略统计，仅菲律宾就现有关帝庙几十座。清末民初，怡朗有华商陈督戈捐地建造关帝庙，供奉泉州通淮关岳庙关帝；马尼拉里萨尔大街现有一座菲华通淮庙，也供奉关帝；北怡罗戈省建有泉州涂门关夫子庙；1984年，岷伦洛区务礼牙购物中心大厦9楼也创建了一座供奉关帝的正义庙。大多菲律宾的华商都将关公祀为主神，如菲律宾华侨早期的同业公会或工会大多供奉关帝和福德正神，中华木商会与福联和布商会则分别自称为"关夫子会"和"关帝爷会"。

印度尼西亚也有关帝庙多座。巨港在清光绪年间（1875—1908年）就建造了关帝庙。万隆南区中段因建造了奉祀关帝的协天宫而称为庙街。此外，棉兰市的清音禅寺及雅加达的金德院、南靖庙也都奉祀关帝等神明。

面积只有600多平方公里的新加坡，却有30多家大大小小的关帝庙。其中通淮关帝庙每年要举行多次朝圣大典，并会组织信众远赴中国大陆谒祖进香，声誉已传遍海内外。宁阳会馆、客家帮的应和会馆及福建帮的天福宫也都供奉关帝。在广福古庙、双林寺及普陀寺中，同样也有关帝神位。忠义馆的关帝像背景，是一条巨大的腾飞的金龙，每天都在向人们展示着中华传统文化的辉煌。

马来西亚的马六甲青云亭、槟榔屿的广福宫等寺庙，都主祀关帝。且以槟榔屿来说，这里在1786年以后，曾是英国经营的殖民地港口，也是各国海商出入马六甲海峡与印度洋之间的枢纽，同时还是华人劳动力与生产品进出邻近各城乡的跳板。至迟在19世纪初，已经有一些以关帝为主祀的华人组织在此地成立，比如1800年成立的增龙会馆和嘉应会馆，1822年成立的惠州馆，此外，在1827年正式选址建馆的槟城台山宁阳会馆，以及1837年的顺德会馆等，都是主祀关帝的文化场所。现在槟榔屿信奉关帝的会馆除以上所举之外还有很多，如香山会馆、顺德会馆等。而在首都吉隆坡，现有1889年建立的广肇会馆，其主体建筑就是一座关帝庙，100年来香火鼎盛。

在缅甸、泰国、东帝汶等国也建有不少关帝庙。

缅甸八莫滇侨的腾越（腾冲）会馆即为关帝庙，勃生粤侨兴建的三圣宫也祀有关帝神位，孟拱也有华侨所建关庙。掸邦东北部果敢县的果敢大庙，是当地人的信仰中心，其关帝座旁有两副楹联，很具震撼力："伐魏抗吴皇皇忠义参天地，兴蜀立汉耿耿赤胆贯山河"、"立志破曹瞒万古英明垂竹帛，忠心扶汉室一身勋业足千秋"。在每年的大年初一，果敢的善男信女都会到大庙烧香，祈求新的一年事事顺利，身体健康。

在泰国的曼谷、苏梅岛也有多座关帝庙，都是清朝末年的客属华侨所建。如：1872 年，华侨杨金玉等人发起，建造了苏梅岛关帝庙，1916 年又把该庙改建为三层楼，三楼祀奉关帝，二楼为会所，一楼为学校。

东帝汶首都帝力市的关帝庙更是当地华人的文化中心，据说此庙历经多次战火也没有遭到破坏。

此外，加拿大维多利亚、本拿比及澳大利亚墨尔本、悉尼、巴特瑞拉等地均建有庙宇奉祀关帝，古巴哈瓦那的唐人街也建有关帝庙，就连南非毛里求斯路易港也耸立着多座关帝庙，可谓哪里有华人，哪里就有关帝庙。在法属留尼汪的圣丹尼市关帝庙，导游会向所有来此旅游的人讲述一个古老的传说故事，这个故事的主角名叫关帝，他是一位英雄，也是留尼汪人的祖先。①

---

① 　参考朱正明《关帝文化向世界传播》，资料来源关公网（http：//www.guangong.name）。

第八章

结　论

第一节　关公文化的历史作用与文化特征

一　关公文化的历史作用

历史创造英雄，英雄又会加速历史的发展，英雄主义文化更会对历史的发展起到至关重要的促进作用。

在世界各国之中，类似于关公文化的英雄主义文化并不鲜见。比如15世纪，欧洲的民族理论开始兴起之时，为了建构"想象的共同体"，各民族开始努力搜寻民间的传说来编织史诗，力图通过英雄主义文化来唤醒民族的集体记忆，民族国家也因此而诞生了。到了19世纪，日耳曼人已经整理出了《尼伯龙根之歌》、法兰西人整理出了《罗兰之歌》、英格兰人整理出了《贝奥武甫》、西班牙人整理出了《熙德之歌》、俄罗斯人整理出了《伊戈尔远征记》。这些史诗基本上都具备几个相同点：（1）都体现了民族精神。（2）都阐述了民族价值观念。（3）都树立了民族英雄榜样。（4）都有些许神话色彩。（5）都是悲剧。（6）都曾是吟游诗人口口相传的口头文学。

15—19世纪是一个很重要的时期，对于欧洲乃至世界格局的重建都起到了决定性的作用，而各民族的英雄主义文化在这一时期为欧洲各民族国家的建立所起到的历史作用是不容小觑的。

关公文化兴盛于北宋末年，这个时间比15世纪早了300余年，中间还经历了一个横跨欧亚大陆的蒙古帝国统治时期。在这个时期当中，蒙古贵族对汉人及其他民族的盘剥之深是有史可查的，而也就是在这个时期里，关羽却"英灵义烈遍天下"，"所在庙祀，福善祸恶，神威赫然，人咸畏而敬之"。民间有关关羽的文艺作品也大量的产生，各地的关王赛会活动更是每年都隆重的举行多次，"夏五月十三日，秋九月十有三日，则大为祈赛，整仗盛仪，旌甲旗鼓，长刀赤骥，俨如王生。"为此，郝经不得不感叹："千载之下，仰慕而犹若是，况汉季之遗民乎？"①

可以看到的是，当时在中国广为流传的与关公有关的平话、小说、戏曲等信息文化与后来欧洲各民族的英雄史诗非常相似。（1）关公信息文化体现了"春秋大一统"的民族精神。（2）关公信息文化阐述了"忠、义、仁、勇"的民族价值观念。（3）关公信息文化树立了关羽这个英雄榜样。（4）关公信息文化的神话色彩浓厚。（5）关羽是个悲剧英雄。（6）关羽的故事早已在民间口口相传，家喻户晓。

这说明，元代的关公文化其实就是汉民族意识觉醒的重要动力，所以在南宋灭亡的几十年后，蒙古贵族们就被汉民族为主体的大明政权赶出了繁华的都市，回到了荒芜的沙漠与草原。也就是说，正是关公文化激发了汉人们团结一致推翻蒙古暴政的斗志。这也能解释为何朱元璋在位期间会罢黜武庙的祭祀，却在南京鸡鸣山修建关庙，以及为何大明开国将士们会在全国各地修建关庙的问题。可见，关公文化在当时的历史作用并不亚于后来欧洲的英雄史诗对于各民族国家建立所起到的作用。

而且，在中国历史上，有许多人正是因为受到了关公文化的鼓舞和激励，从而将自己磨炼成为真正的英雄。如近现代的张自忠、吴佩孚、沈志亮、余清芳以及台儿庄的烈士们；清代的倭克津泰、福康安以及西藏猛虎军勇士们；明代的戚继光、唐顺之、刘显、刘綎、陈璘以及万历朝鲜战争的将士们；宋代的岳飞、北方抗金豪杰以及威胜军二百三十七位南征壮士们，他们的英雄品格的养成都与关公文化有着直接的关系。而早在两晋南北朝时期，已有许多当世猛将被时人称赞为"勇似关、张"，如：刘遐、王飞、邓羌、梁崧、赵昌、李庠、檀道济、薛安都、垣历生、杨大眼、崔延伯、萧摩诃。人们通过英雄来创造英雄主义文化，而英雄主义文化又可以不断地催生出新的英雄。

所以，为英雄提供自我实现的强大精神力量也是关公文化在历史上所起到的重要作用之一。

英雄主义文化的作用并不仅仅在战争岁月里显现。在相对和平的年代

---

① 郝经：《汉义勇武安王庙碑》，《陵川集》卷三十三《碑文》，另《全元文》第四册也有辑录。

中，关公文化的作用则偏重于伦理教化、心灵慰藉与文化象征三个方面，这也是这种文化的重要社会功能。比如：南宋"隆兴和议"以后，关公的封号中就多了"英济"二字；元代徐州的关尉神祠也兼有"水神"功能；明清商贾将关公奉为"以义取利"的"财神"来尊崇；海外游子将关公视为祖国的象征来膜拜；等等。这都是关公文化的伦理教化、心灵慰藉与文化象征三种功能在起着作用。

由此可见，关公文化在历史上的作用至少有以下几点：（1）唤醒民族意识。（2）为英雄品格的养成提供精神力量。（3）社会伦理教化。（4）民众心灵慰藉。（5）国家文化象征。

二　关公文化的文化特征

1. 历史性与神话性

关羽是历史人物，他的生平在正史中有明确的记载，所以关羽本身就具有历史真实性。魏晋南北朝时期，关羽与张飞的名字存在于各个时期的史籍之中，常被人用来评价武将。自宋代以后，关公文化开始受到社会上各阶层的重视，历代朝廷赐给关羽的封号都在官方记载中有据可查，宗教典籍也将关羽纳入其中，在各朝的碑刻、笔记、杂谈、小说、诗歌、戏曲、楹联、传说中也都可以看到关公文化的体现，所以，关公文化是具有历史特性的文化。

同时，自历史人物关羽去世以后，神话性就成为关公文化的主要特征之一。隋唐时期的"玉泉山显圣""关将军索木"；宋代的"关公战蚩尤"；明代的"关公平倭寇"，以及"关公出世"等众多无法计数的神话传说，都在表明关公文化的神话特性，另外，历代朝廷及民众赐予关羽的封号，如"伏魔大帝""关圣帝君""文衡帝君"等，也是在强调关公的"神性"，因此说，神话性是关公文化的重要特征。

2. 伦理性与宗教性

关公文化的核心价值在于它的社会伦理作用，"忠、义、仁、勇"是关公文化的核心，在千余年的发展过程中，人们又为关公文化加入了更多的道德内涵，从人际交往到商业活动、从行业操守到为官之道、从家庭关系到民族共处、从军人气节到国际纷争，几乎包含了道德范畴中的所有层面，所以关公文化具有极强的伦理性。

关公崇拜在形成初期只是地域性的民间信仰，自唐宋以降，在儒、释、道三教的积极参与下，逐渐演化成了多宗教的共同信仰，从而出现了"儒称圣、释称佛、道称天尊"的文化现象。

民众对神灵的崇拜从本质上来说，也是一种人们以神性力量替代其自身的微小力量，借以满足自身需要的一种社会历史现象。这就是宗教的特性之一，其来源于人类的现实需求。但是，关公崇拜在这方面的表现略有不同，他的宗教性中也表现着明显的伦理特征，比如有座关庙的楹联是这样写的："拜斯人，便思学斯人，莫混账磕了头去；入此山，须出此山，当仔细扪着心来。"正是因为这种伦理特性致使关公文化被儒家、佛教和道教争相采纳。

是"忠、义、仁、勇"的核心价值观致使关公成为人们膜拜的对象，同样也是因为伦理性使得关公文化能够圆融于多种宗教体系之中。所以说，关公文化具有一定的宗教性，但这种宗教性是被它的伦理性所决定的。

3. 人为性与群体性

关公文化是人为创造的，其中包含历史上关羽对其自身的人格塑造，也包含后世民众对其形象的演义和再创造。

关公文化的本质是一种英雄主义文化。而英雄主义本身就具有人为性和群体性，一般是以具有崇高、悲壮、进取、不屈等品格的英雄人物作为原型，通过人为的加工和整理使其成为最具代表性的文化符号，然后向人们推广，在长时间的推广过程中，人们还会对其不断地再加工和再创造。无论这样做是有意识还是无意识，其目的都是为了使英雄形象最大限度地代表整个群体的利益，以更好地激励和劝导群体成员保持统一的价值观与人生观，从而实现群体利益的最大化。英雄是促进群体内部团结的重要手段。

西方的英雄史诗一般都具备人为性和群体性的特点。比如英格兰的《贝奥武甫》、法兰西的《罗兰之歌》、俄罗斯的《伊戈尔远征记》等，这些史诗对于建构民族国家都曾起到过重要作用，但也都是符合各民族群体利益需求的人为加工品，这些英雄人物其实在真正的历史中很难找到。

同样，关公文化也是如此。不过，就人们耳熟能详的《三国演义》来说，相较于《贝奥武甫》等西方史诗，关公形象的人为修改程度是非常小的。在关羽的生平中，"匹马刺颜良""辞曹归刘""单刀赴会""水淹七军""刮骨疗毒"等事迹都是真实发生过，"温酒斩华雄""三英战吕布"等故事虽是后人加工创造的，但是这些再创造的情节都符合了当时社会的需求。在《贝奥武甫》中，英雄手撕魔鬼，孤身屠龙，这在现实中是万万不可能发生的，但是英国人却对此深信不疑，直到科技进步的今天依然如此，因为，贝奥武甫是他们的民族英雄。

相比《三国志》而言，中国民间传说中的关公形象，却更接近于史诗英雄。在传说中，关公为火德星君下凡、是龙血化生；他降妖除怪、以煞神为食，曾在盐池率领阴兵大破战神蚩尤；他护国佑民、以百姓为重，曾在南天门向龙王示威为凡间降下磨刀雨……也许，这才是中国人心中真正的关公。

中国自商代就开启了信史时代，比世界任何国家都早。三千余年以来，中华文明的历史从未中断，所以对于中国的历史人物，从正史中进行考证似乎比较容易。但是，不可否认的是，正史同样也会受到文化学中的人为性和群体性的影响。就《三国志》而言，很多历史人物都被这部史书明显地美化了，比如曹操、司马懿、孙坚、周瑜……相比之下，关羽被美化的成分反而是极少的。

4. 普同性与多样性

经过长时间的发展和演变，关公文化最大的普同性依然体现在《三国志·关羽传》和"忠、义、仁、勇"的核心价值观上，后人在这两方面虽然多有添加，但基本没有进行删改。另外，海内外祭祀关公的日期如五月十三日、六月二十四日等，在民间已经基本被固定了下来。还有，卧蚕眉、丹凤眼、面如重枣、五绺长髯，赤兔马、青龙偃月刀、周仓、关平、夜读《春秋》等形象特点已经深入人心，这些都反映了关公文化的普同性。不过，因为各地区和各信奉团体的历史、风俗、习惯各有特色，关公形象也会有些许的不同，比如金面关公、黑面关公、白面关公、红袍关公、白衣关公、白马关公、倒坐关公等。而且，民间对于关公的称号也可以说是多种多样，有"关公、关大王、关老爷、关帝、关玛法、关菩萨、关圣帝君、武安尊王、文衡帝君"等，各地对关公的祭祀时间、祭祀风俗与禁忌也颇有差异，而关公的传说故事更是形形色色，五花八门，关公文化的表现形式也非常丰富，如笔记、小说、碑刻、戏曲、影视、游戏等。这些都表现了关公文化的多样性。

5. 继承性与包容性

关公文化千余年的发展史，说明了这种文化具有很强的继承性，这一点与中华文明自身的连续性有关，人类历史中出现过很多的文明，其中有些已经消失，如玛雅、巴比伦、亚述等，但中华文化几千年以来一直没有中断，并且不断地发展。这使得包括关公文化在内的多种文化被人们很好地继承了下来。当然，有些中华民族的传统文化也已经因为跟不上时代的步伐而消失，但关公文化不在其中。这是因为，关公文化具有包容性，这使得它在时代发展的洪流中具有顽强的生命力。我们可以看到，在各个时代，关公文化都能和各种新的文化形态相结合，比如在儒、释、道文化体系中的发展；成为多行业的行业神；进入多民族的信仰体系；成为戏曲、小说、绘画、雕塑等文学艺术作品的主题等，这都说明了这种文化具有强大的适应时代发展的特性，这种特性其实就是包容性。

6. 功能性与系统性

关公文化在和平年代的功能性主要体现在三个方面：伦理教化功能、心理慰藉功能、文化象征功能。

伦理教化：一个社会要正常运转，需要有一套完整的道德伦理规范来约束全体社会成员的行为，以达到社会整合的目的。道德是以善恶为标准，通过社会舆论、内心信念和传统习惯来评价人的行为，调整人与人之间以及个人与社会之间相互关系的行动规范的总和。道德作用的发挥要取决于道德功能的全面实施。从这一点来说，关公文化能够体现的最大价值就是辅助道德功能的全面实施。这也是它最重要的功能。

心灵慰藉：由于关公文化植根于重现世、重实用的民间社会，所以它带有很多民俗信仰的色彩。它的心理慰藉功能是在建立和加强精神观念，如对环境的协调、与困难作斗争时的勇气和信心，对死亡的态度等等方面发挥作用。作为"神明"的关羽最初产生于人们自身的弱小力量与其所处的强大外在环境之间的现实矛盾之中，所以，它一旦为人们所创造，就会开始相应的满足人们寻求心理慰藉的需求。

文化象征：关公的文化象征功能在海外华侨身上有更为明显的体现。"乡情"是几千年的中华文化所酝酿出的独特情感，广大华侨、华人身居异域，心怀祖国，他们往往要寻找各种载体来寄托对故土的深情。海外不少关帝神像、香火和符纸，都是华侨、华人从原籍带去的，而且很多关帝庙的建筑材料及庙内装饰，也都是从国内运去的，并按国内的规模和式样进行构筑。他们对关帝的崇拜不仅是出自功利性的需求，更多的是来自对祖国传统文化的缅怀。在他们的心目中，关公文化已成为中国传统文化的一种象征，这是"春秋大一统"观念超越时空和文化环境的特殊表现。所以说，关公文化是中华民族集体认同的文化，它具有强烈的文化象征功能。①

另外，关公文化的核心观念"忠、义、仁、勇"，也是一种完善的伦理系统。它其实是宋明理学的产物，其中的每一个字都代表各自的思想体系，但这四个字之间又相互制约，相互依存，组成了精致而又庞大的社会伦理道德系统。

7. 多民族性与国际性

关公文化是一种多民族共同创造的文化，这是因为它产生于多民族聚集的古荆州地区。三国时代的荆州聚集着现今多个民族的祖先，他们被当时的汉人称为长沙蛮、武陵蛮、零陵蛮、南郡蛮等，在这些少数民族中很多族群和部落都有崇拜关公的习俗。他们也为关公文化添加了许多民族元素，比如动人的传说和神秘的傩舞。从这个意义上说，关公信仰一开始就是多民族的信仰。经宋元明清四朝，中华民族之间的融合不断加深，关公文化更在多民族领域中不断发展。到了清末，至少汉族、满族、苗族、侗族、壮族、彝族、瑶族、蒙族、藏族、土家族、仡佬族、锡伯族等十多个民族都存在关公信仰。关羽曾被苗族等西南少数民族尊称为"关索"，被彝族先民们称为"伧司颇"，被满族人称为"关玛法"，被藏族人称为"真日杰布"，这就是关公文化多民族性的体现。

同时，随着宋元以后海外贸易和移民数量的逐渐增多，至民国时期，关公文化已被传播到数十个国家，目前在这些国家里，只要有唐人街的地方就建有关帝庙，而且，如今的关公信众也已不限于华人，这又是关公文化国际性的体现。

第二节　关公文化的发展规律及核心精神

一　关公文化的发展规律

文化有其自身的发展规律，关公文化也是如此。从历史进程来看，至少可以确定关公文化有两条发展规律。

其一，关公文化作为一种英雄主义文化，往往在国家、民族处于危急

---

① 参考刘志军《关公信仰的人类学分析》，《民族研究》2003 年第 4 期。

不利的情况下得到快速的发展，关公崇拜的行为也会在此时的社会各阶层中形成高潮。

关公文化本身就起源于征战不休、国家和人民利益受到严重损害的三国时代，此后关羽能够进入武庙配享、关公信仰能够从荆州的地方信仰跻身于国家信仰体系之中，也是因为唐德宗年间因"削藩"所引发的各种内部战争，已经致使国家进入了长期的混乱状态。宋代关公文化之所以兴盛也是以交阯进犯钦州、廉州、邕州为起点，再以金兵覆灭北宋而达到顶峰的。

元代忽必烈以关羽为"镇伏邪魔获安国刹"的法事监坛颇有些怀柔汉人的意味，而元文宗封关羽为"显灵义勇武安英济王"却的的确确是因为帝位有些朝不保夕；明太祖在南京建立关庙、嘉靖帝在当阳修缮关陵无不是因为国家的边境又出现了战争的阴影，万历不经过内阁直接封关羽为"三界伏魔大帝神威远震天尊关圣帝君"更是因为国家已经内忧外患、江山已经风雨飘摇。

努尔哈赤在修建关帝庙后起兵造反，是因为他认为女真人的利益一直在受到明朝的侵犯；

倪元璐在关壮缪像前自杀身亡，是因为他认为大明的"宗社至此，当委我沟壑，以志其痛"。

顺治帝封关羽为"忠义神武关圣大帝"，一方面是因为他继承了祖父的传统，另一方面也是因为天下并不安宁。就连乾隆要修改《三国志》之中的关羽谥号，也是为了鼓舞满汉将士们的士气，来平息无休止的连年战争。甚至到了近代，关公文化也曾经激励着中华儿女为了国家与民族的利益浴血奋战、马革裹尸。

因此，在国家、民族处于危急不利的情况下，关公文化将产生更大的影响，这是它的发展规律之一。

其二，因为关公文化是英雄主义文化，所以它也会受到英雄主义的客观规律的制约。比如：英雄主义和其他众多主义一样，多民族、多文化的价值观和人类趋向统一的英雄史观永远是一对矛盾。也就是说，英雄主义是有民族特性的，某位特定的英雄会在一个民族的人群中受到崇拜，而在另一个民族里则不会受到尊重，甚至还会被丑化、弱化、妖魔化。

关公文化在海外的传播过程中也体现了这种矛盾。比如美国就曾经拍摄、放映过妖魔化关羽的电影，日本政府也有意将关羽和室町幕府之间的渊源进行了弱化，韩国政府更以"破除封建迷信"为名解散了"关圣教"这一崇拜关羽的宗教组织。

然而，从国内来看，关公文化的发展却是另一番景象。"武安王"自蒙古海迷失后元年就被郝经、张柔等人推崇为"扶汉"的象征符号。此后，民间歌颂关羽的平话、戏曲也多以"复兴汉室"作为艺术主题，小说《三国演义》也是在此背景下产生的，可知汉民族意识在元代后期的觉醒与关公文化的发展有着非常密切的关系。不过，现在越来越多的资料显示，在宋代以前的少数民族人群中很早就产生了关公信仰。关公文化的发源地荆州在历史上就一直都是多民族混居的地区，生长在这里的"武陵蛮""长沙蛮""夷獠"很可能是较早信奉关公的族群。而且，关公信仰之所以在明清两代能够更为兴盛，也与蒙古族、满族、藏族等少数民族的崇信热情不无关系。

著名学者费孝通曾言：

> 中华民族作为一个自觉的民族实体，是近百年来中国与西方列强对抗中出现的，但作为一个自在的民族实体则是几千年的历史过程所形成的。①

关公文化的多民族特性正说明了中华民族自古以来的整体性。同时也说明了，中华民族的整体性正是在文化的不断冲突与融合的发展过程中得以实现的。

所以，关公文化既然是中华民族所推崇的英雄主义文化，它在传播过程中，其核心价值观必然会与世界上其他民族的文化产生一定的矛盾，但同时也会促进多民族文化之间的交流与融合，这是关公文化的第二条发展规律。

二　关公文化的核心精神

1. 忠

"忠"，是中华传统道德体系中最重要的概念之一，但其字义却有多种。《康熙字典》对忠的解释为：

---

① 费孝通：《论文化与文化自觉》，群言出版社 2007 年版，第 50 页。

【说文】敬也。【玉篇】直也。【增韵】内尽其心，而不欺也。【周礼·大司徒】一曰六德，知，仁，圣，义，忠，和。【疏】中心曰忠。中下从心，谓言出于心，皆有忠实也。又【六书精蕴】竭诚也。【书·伊训】为下克忠。【传】事上竭诚也。又不贰也。【诗·邶风·北风笺】诗人事君无二志，勤身以事君，忠也。又【广韵】无私也。【左传·成九年】无私，忠也。【后汉·任延传】延曰：私臣不忠，忠臣不私。又厚也。【周语】忠非亲礼。【注】厚也。又【谥法】危身奉上，险不辞难曰忠。

结合魏孝文帝元宏《皇帝谢伪雍州刺史书》中的"陈平归汉之智"可以确定，关公文化中的"忠"最初应是指"事君无二志，勤身以事君"之意，这种解释其实又来源于董仲舒的《春秋繁露》：

　　心止于一忠者，谓之忠；持二忠者，谓之患；患，人之中不一者也，不一者，故患之所由生也，是故君子贱二而贵一。①

由此可知，关公文化的核心精神之"忠"，原本就是"无二之忠"。此后儒者们对关羽的评价也大都围绕这个主题展开论述。

如明代方孝孺在《宁海关王庙碑》中说：

　　当侯之时，势莫完于操，力莫强于孙权。昭烈败亡之余，削弱为特甚。操既欲侯为己用，毅然不从；权欲为子请婚，骂辱其使如狗。左右昭烈，誓复汉室，此其忠义之气，固足以伏天下，岂一世之雄哉！

"左右昭烈，誓复汉室，此其忠义之气"，可知儒者们认为"誓复汉室"就是关羽的"忠"之所在。

这并不是宋明理学家对于关公精神转化之后的再利用，而是事实确实如此。裴松之注《三国志·关羽传》云：

_____

① 董仲舒：《春秋繁露》，中华书局1975年版，第427页。

　　《蜀记》曰：初，刘备在许，与曹公共猎。猎中，众散，羽劝备杀公，备不从。及在夏口，飘摇江渚，羽怒曰："往日猎中，若从羽言，可无今日之困。"备曰："是时亦为国家惜之耳；若天道辅正，安知此不为福邪！"臣松之以为备后与董承等结谋，但事泄不克谐耳，若为国家惜曹公，其如此言何！羽若果有此劝而备不肯从者，将以曹公腹心亲戚，实繁有徒，事不宿构，非造次所行；曹虽可杀，身必不免，故以计而止，何惜之有乎！既往之事，故托为雅言耳。

　　姑且不论裴松之如何评价刘备，但关羽在"许昌围猎"之时想要击杀曹操之事却是千真万确的，从刘备和关羽的对话中，也可以看出他们对于国家利益的重视，而当时的国家在名义上依然还是汉室的天下。

　　而且，关羽终究逝世于汉朝结束之前，此时汉献帝还在许昌号为"天子"，而刘备也还没有称帝，他们的队伍是名正言顺的"勤王义军"。关羽在建安二十四年（219年）发动北伐战争，水淹七军、围攻襄樊，威震华夏，并遣孙狼等人骚扰河、洛，致使曹操意欲迁都，他这一系列军事行动的战略意图也非常明显，那就是要解救献帝，匡扶汉室。

　　需要承认的是，古代中国所谓的"忠"一直具有两歧性，即：人到底是应该忠于"道"还是忠于"君"。中国历史上确实有很多的人为了维护"忠"的唯一性，或以身殉道，比如方孝孺；或以死报君，比如刘绖。无疑，他们都是忠臣，但是不可否认的是，古人对于到底应该忠于什么，一直没有统一的答案。

　　道，按照现在的解释应为宇宙万物的客观规律。但这些规律并不是任何时代的任何人都可以理解的，所以古代的儒者就将天地万物的本源和自然规律、宇宙法则所代表的"道"，定为"天道"；把意识形态的部分定为一种政治理性原则，即所谓的"王道"。

　　就儒者而言，"王道"是他们的政治理想。这种理想有两个基本点：一个是以王权为核心并与伦理道德相结合的政治体系，如皇位继承制度中的"立嫡不立长""立长不立贤"，社会伦理结构中的"三纲五常""君君，臣臣，父父，子子"等；另一点是在政治实践中追求实现德政或仁政，如《孟子·梁惠王上》：

王如施仁政于民，省刑罚，薄税敛，深耕易耨，壮者以暇日，修其孝悌忠信，入以事其父兄，出以事其长上。可使制梃以挞秦楚之坚甲利兵矣。

儒者认为，如果实现了这两个基本点，天道和人道就会统一，进而实现"天人合一"。在这种理想的世界里，君与道是一个概念，所以"忠"的对象也自然就是唯一的。

但在实际的历史发展过程中，分裂、割据、改朝换代、谋君篡位都是常有的事，这就让唯一意义上的"忠"处于尴尬的境地。前一代的"忠臣"，也许就是下一代的"逆贼"，在这种环境里，忠于"道"就不能忠于"君"，反之亦然，如果一味坚持，就将惹来杀身灭族之祸。所以，大部分臣子往往采取一种兼顾"道"与"君"的中庸之道，也就是在观念上求道、在行为上从君。而且，对于那个理想中的"道"，他们也开始提出了符合自身利益的各种不同的诠释，这就造成了国家主流价值观的混乱。

应该看到，儒家文化本身也具有两重性：一种是制约王权的层面，如先秦的"民本"思想，"民贵君轻"思想和"公天下"主张。另一种是加强王权的层面，既有尊君抑臣的思想，也有法律、礼仪等各种制度。然而，对儒家文化如何取舍，主要不取决于儒家士大夫，而是取决于皇帝。文化是软的，权力是硬的；无论如何，是权力决定文化的运行，并决定文化人的命运，而不是儒家学说或学者决定皇帝的思想和行为。由于制约王权的那部分文化严重违背君主的意志，而加强王权的儒家文化非常符合统治者的需要（不仅是皇帝个人的需要，也是专制政权的需要），所以历史的结局是，制约王权的思想往往不能起作用，加强王权的思想和制度却能发挥极大的作用。①

因此"忠"的两歧性就使得各级官吏要么将服从打折扣，只搞表面文章；要么形成一种强烈的惰性（问题既然无法解决，便顺理成章地采取规避的态度），这使得大部分人在各种统治制度下生活于一种懒散的、虚情假意的、无精打采的状态。

其实，忠于"道"并不能构成政治意义上的"忠"，因为，人类现今

---

① 黄敏兰：《史实证明儒家文化难以制约专制权力》，《探索与争鸣》2012 年第 1 期。

还在不断地探索这些古人称为"道"的客观规律，在这个进程中，人类永远都是"在路上"，所以它并不能作为政治层面的"忠"的对象。而且，古人所谓的"道"也还不能全部称为是客观规律，因为其中有很多并没有通过科学的求证，往往仅因为是"圣人"之言就定为不变的法则，这种行为显然是盲目的。

真正意义上的"忠"应该是一种绝对精神，也是一个独一无二的政治伦理概念，而非学者所需要研究的学术概念。从现代意义上来讲，"爱国"就应是"忠"的唯一诠释，而"爱国"就代表着要绝对效忠于国家合法的最高决策者，这并不是一个需要费力思索的学术问题，而是一个作为社会性的人所必须遵循的道德法则。这也是为何古代君主大力推广关公文化的主要原因，因为，学者们皓首穷经地整理出海量的晦涩难懂的解释"忠"的著作，却还不如一座关公的神像对教化世风更有现实作用。

实际上，"不二之忠"并非中华传统文化所独有，也并不是封建社会所特有的，在人类历史上所有的社会形态中，在当今世界中所有的文明国度里，它都在不断地被人们强调着，比如日本自明治维新以来一直在强调对天皇的"忠"，英国在强调对女王的"忠"，美国、俄罗斯也在强调对于总统的"忠"。虽然这些国家最高领导人的产生方式各不相同，而且在舆论宣传中对"忠"的定义也多有区别，比如日本的天皇是"万世一统"，而美国则将总统鼓吹为"民主的选择"、代表"美国公民的利益"等。但相同的地方是，这些国家都在强调"忠"的唯一性。

对于关公文化而言，"不二之忠"正是它的重要核心精神，提倡这种精神对一个国家来说无疑是有益的。因为，如果一个国家的人民对于"忠"的对象不再是唯一的，那么就会给外国侵略势力造成可乘之机，这种惨痛的教训在中国乃至世界历史上屡见不鲜。

2. 义

《三国志·关羽传》载：

> 初，曹公壮羽为人，而察其心神无久留之意，谓张辽曰："卿试以情问之。"既而辽以问羽，羽叹曰："吾极知曹公待我厚，然吾受刘将军厚恩，誓以共死，不可背之。吾终不留，吾要当立效以报曹公乃去。"辽以羽言报曹公，曹公义之。

可见关羽对刘备的"誓以共死""不可背之"的情义，就连曹操也为之动容，而这也是关羽在后世被封为"义勇武安王""忠义神武关圣大帝"的出处。

《左传·襄公二十四年》有语：

> "太上有立德，其次有立功，其次有立言。虽久不废，此之谓不朽。"唐孔颖达《疏》："立德：谓创制垂法，博施济众；立功：谓拯厄除难，功济于时；立言：谓言得其要，理足可传。"

关羽正是因为树立了所有人都敬服的"义德"，所以他自己也成为千古不朽的"义神"。

"义"在中国是一种非常古老而又含义极广的伦理概念，如《管子·牧民》曰："国有四维，一维绝则倾，二维绝则危，三维绝则覆，四维绝则灭。倾可正也，危可安也，覆可起也，灭不可复错也。何谓四维？一曰礼、二曰义、三曰廉、四曰耻。"《荀子·王制篇》："人有气、有生、有知，亦且有义，故最为天下贵也。"《大学》："国不以利为利，以义为利也。"

孟子曾对"义"有过更多的阐述，他在《孟子·离娄下》中云："大人者，言不必信，行不必果，惟义所在。"他认为"信"和"果"都必须以"义"来衡量："君子之于天下也，无适也，无莫也，义之与比。"又在《孟子·公孙丑》中云："恻隐之心，仁之端也；羞恶之心，义之端也；辞让之心，礼之端也；是非之心，智之端也。人之有是四端也，犹其有四体也。"

西汉董仲舒继承了《孟子·公孙丑》的理论，并在"仁、义、礼、智"之后再加上一个"信"字，遂成为儒家所倡导的"五常"。从此，"义"作为五常之一，被定为"人"作为社会中的独立个体，所应该拥有的最基本的品格和德行。

《说文解字》对"义"的解释为："义，已之威仪也，从我羊。"《说文段注》："臣铉等曰：与善同意，故从羊。又云，义之本，训谓礼容各得其宜，礼容得宜则善矣。"《易·乾卦》："利物足以和义。"又《说卦传》："立人之道，曰仁与义。"

到了宋代，"义"的含义已经非常广泛，如洪迈的《容斋随笔》卷八云：

> 人物以义为保者，其别最多。仗正道曰义，义师、义战是也。众所尊戴者曰义，义帝是也。与众共之曰义，义仓、义社、义田、义学、义役、义井之类是也。至行过人曰义，义士、义侠、义姑、义夫、义妇之类是也。自外入而非正者曰义，义父、义儿、义兄弟、义服之类是也。衣裳器物亦然。在首曰义髻，在衣曰义襕、义领，合中小合子曰义子之类是也。合众物为之，则有义浆、义墨、义酒。禽畜之贤，则有义犬、义鸟、义鹰、义鹘。

现代《古代汉语词典》将"义"解释为合乎正义的行为和事情，合理的主张和思想、意思、意义，善、美、恩情、外形、风度等多重含义。

综合各种观点可以看出，中国的"义"字涵盖了道德情操、行为实践、风度仪容等多个层面的含义，是真、善、美的内容与形式上的高度统一。

同时，"义"又是个非常富于连接性的词汇，其他的伦理概念与其结合就会产生忠义、孝义、节义、恩义、情义、仁义、信义等多个新的词组，这无疑又大大扩展了"义"的外延。

但是"义"又有"大义"和"私义"之别。大义即为正义、公正、正直，其社会意义是积极的，如《旧唐书·李晟传》载："晟亦同劳苦，每以大义奋激士心，卒无叛离者。"私义即是以私人关系为准则的个人道义，其社会意义在商品时代以前曾被认为是极其消极的，如《商君书·画策》言："国乱者，民多私义；兵弱者，民多私勇。"

在小说《三国演义》中，关羽的事迹多表现为"大义"，但也在华容道上表现出了"私义"，在这段情节中，关羽为了回报曹操当年的恩情，不惜放他逃走。当然，"华容道"终究是小说作者的"演义"，在正史中是没有记载的。

实际上，在《三国演义》还没有产生之前，宋元儒者心中的关羽就是"大义"的典范。

如郝经就曾在《汉义勇武安王庙碑》中所说：

> 高、光以仁得天下，而桓、灵失之一时，豪杰莫不欲代汉受命，

比迹高、光。只事于诈力智计、土地甲兵。独昭烈帝始终守一仁，武安王始终守一义，尽心复汉，无心代汉。汉统卒，归之袁氏徒为僭伪，曹氏徒为篡窃，孙氏徒为偏霸，竟不能以有汉。

在这里，郝经所强调的已经不是关羽与刘备个人之间的情义，而是"春秋大义"。明代的春秋学大家周洪谟也曾言：

> 侯素读《春秋》，其早识先主为汉室之胄而力辅之，以除贼寇，图诏汉统，是得《春秋》"夷狄、尊王室"意矣。于义见之明，岂特后人所谓"万人敌、为虎臣"而已。此侯所以庙食于后世也。①

而"春秋大义"曾是中国古代最高级别的伦理法则。《史记·太史公自序》云：

> 夫春秋，上明三王之道，下辨人事之纪，别嫌疑，明是非，定犹豫，善善恶恶，贤贤贱不肖，存亡国，继绝世，补敝起废，王道之大者也。……《春秋》辨是非，故长于治人。是故《礼》以节人，《乐》以发和，《书》以道事，《诗》以达意，《易》以道化，《春秋》以道义。拨乱世反之正，莫近于《春秋》。《春秋》文成数万，其指数千。万物之散聚皆在《春秋》。《春秋》之中，弑君三十六，亡国五十二，诸侯奔走不得保其社稷者不可胜数。察其所以，皆失其本已。故《易》曰"失之毫厘，差以千里"。故曰"臣弑君，子弑父，非一旦一夕之故也，其渐久矣"。故有国者不可以不知《春秋》，前有谗而弗见，后有贼而不知。为人臣者不可以不知《春秋》，守经事而不知其宜，遭变事而不知其权。为人君父而不通于《春秋》之义者，必蒙首恶之名。为人臣子而不通于《春秋》之义者，必陷篡弑之诛，死罪之名。其实皆以为善，为之不知其义，被之空言而不敢辞。夫不通礼义之旨，至于君不君，臣不臣，父不父，子不子。夫君不君则犯，臣不臣则诛，父不父则无道，子不子则不孝。此四行者，

---

① 张镇：《解梁关帝志》卷三。周洪谟，字尧弼，长宁人，曾提出"人君保国之道有三：曰力圣学，曰修内治，曰攘外侮"。后任礼部侍郎，《明史》有传。

天下之大过也。以天下之大过予之，则受而弗敢辞。故《春秋》者，礼义之大宗也。夫礼禁未然之前，法施已然之后；法之所为用者易见，而礼之所为禁者难知。

可见，"春秋大义"其实就是儒家思想的核心，是儒者在社会价值、伦理道德和社会礼仪等方面的看法、取舍和褒贬的理论依据，其本质是个人在群体的社会生活中，与他人、环境等因素产生作用时，在选择上所遵循的一整套行为规范和思想原则的指导纲领。

"春秋大义"又和"春秋大一统"等同，"春秋大一统者，天地之常经，古今之通谊（义）也。"① 这个词已经超越了简单的国家伦理范畴而上升到了对国际秩序的诠释，即以"和为贵"的中华大一统思想，简单地说，"春秋大一统"就是要创造一个大一统的和谐安定社会，可见古人理想之宏大与崇高。

正因为"春秋大义"在中国古代思想体系中的地位之高，所以"好读左氏传，讽诵略皆上口"的关羽也就成为当之无愧的"义神"。《左氏春秋》强化了关羽在社会道德体系中的地位，以至于官府或民间修建的大多关庙中都有名为春秋阁的建筑，关公的神像也通常是手捧《春秋》的样子，这就是在昭示关公所代表的义就是"春秋大义"。

所以说，关公文化所代表的"义"，并不只是简简单单的"私义"，而是涉及和谐安定社会所必需的多方面的伦理法则。

3. 仁

嘉靖本《三国志通俗演义》卷十六《玉泉山关公显圣》中说：

> 关公在生之时，敬重士大夫，抚恤下人，有互相殴骂者，告于公前，公以酒和之。后人争闹，不忍告理，常曰："恐犯爷爷也！"时人为此，不忍繁渎焉。故自古迄今，皆称曰"关爷爷"也。

这里面体现了关公的"仁"。

在古代，"仁"又常和"恩"连用，如董仲舒《春秋繁露·十指》

---

① 班固：《汉书》卷五十六《董仲舒传》，中华书局 1962 年版，第 2523 页。

云：“亲近来远，同民所欲，则仁恩达矣。”曹植《娱宾赋》：“扬仁恩于白屋兮，逾周公之弃餐。”韩愈《袁州申使状》：“伏乞仁恩，特令改就常式，以安下情。”

在《三国志》中，“羽善待卒伍而骄于士大夫”，明确突出了关羽对普通士兵的仁，而“恩”也在吕蒙的一段评述中得到体现，《三国志·吴书·陆逊传》载：

> 蒙曰：“羽素勇猛，既难为敌，且已据荆州，恩信大行，兼始有功，胆势益盛，未易图也。”

作为一直觊觎荆州的吕蒙，他对于关羽的褒义评价应该可信度颇高，可知关羽确实是个具有仁德品格的人。至今，台湾、福建等地的民众还尊称关公为“恩主公”，这个称谓最初就应该来源于此。

“仁”在中国古代也是一种含义极广的道德观念，曾被孔子认为是最高的道德标准，比如《中庸》第二十章云：

> 人道敏政，地道敏树。夫政也者，蒲卢也。故为政在人。取人以身，修身以道，修道以仁。
>
> 仁者，人也，亲亲为大。

孟子更有《仁者爱人》之说：

> 君子所以异于人者，以其存心也。君子以仁存心，以礼存心。仁者爱人，有礼者敬人。爱人者，人恒爱之；敬人，人恒敬之。

所以，正因为关公有“仁”的品格，他才会成为千百年来“人恒爱之”“人恒敬之”的著名神祇。否则，无论历代统治者如何吹捧，关公也不会“祠周天下，至梵宇琳宫，荒村穷谷”，最多也就像太公望一样，长久的存在于演义小说之中。

“仁”对于现在的社会发展来说，无疑还是有积极意义的，大到国际关系小到个体之间的交往，都能起到重要的作用。

比如从大的方面来看，仁者讲求一个国家对战争与和平应有一个慎重明智的选择。在制定内政外交政策时，需要注意考虑世界历史的主题和历史的潮流，考虑本国人民的客观要求，把本国的利益与全人类共同的利益结合起来，人己兼顾，也不要有损他国利益，就是在国际关系中至少应遵守的"己所不欲，勿施于人"的伦理原则。本着"天下一家"，"四海兄弟"的"仁爱"意识和"推己及人"的道德行事。如能如此，国与国之间自会和平共处。

从小的层面来讲，"仁"这一思想启发我们从多方面去培养自己健全的人格精神，能够在现代社会中使人形成稳定的情感世界，从而具有一种不懈的精神力量。"仁"所强调的是一种基于恻隐之心之上的伦理观念，这有助于人们克服西方社会过分崇尚强者本位的价值观，从而避免造成那种由于冷漠而使弱者陷于无助和精神孤独境地的社会局面，进而建设一种有别于西方人生活方式的新的文明样式。生活在现实社会中的人，尤其是生活于高度竞争的市场经济环境之中的当下的中国人，不仅需要亲情的温馨来慰藉，同时更需要友谊，更需要与那些同自己生命相契合的人的生命交融，更需要那种超越一切尘世利益计较的崇高的情感。所以"仁"这个古老的伦理观念，对于今天来说，不仅没有过时，而且具有十分重要的现实意义。

4. 勇

关公无疑是因为"勇"而天下扬名的，这在陈寿的《三国志》中记载得很明白。后人对其勇也多有称颂，如唐代郎君胄的《关羽祠送高员外还荆州》云：

> 将军禀天姿，义勇冠今昔。走马百战场，一剑万人敌。

清人赵翼也曾在《二十二史札记》中说：

> 汉以后称勇者必推关张。

李汉杰也在《威胜军关帝侯新庙记》中说：

> 建安二十四年，尝率精锐进围樊城。将军善攻有术，不在矢石，在于权□ 机制胜，密不可窥。坐降于禁而威震华方，曹公议徙

□□□□其锐。曹公明略盖于天下，闻其威名，勇气几夺，况下者乎？每建旗临阵，作愤轩昂，横刀而前，□奋于臆，顾眄宇宙，叱咤生风，霆□上冲□□□□。万众睹其勃如之色，人人不寒而股栗，虽生而魄碎。雄棱未霁，虏势已摧，威之盛也。

此后，在历朝历代各地的碑记、笔记、祭文、小说、戏曲、曲艺、传说故事中，关公之勇在不断地被人复述着，千百年以来从未间断过。

不过，大部分儒者在肯定关公之"勇"的同时，总要加上"此识将军之面，而未识将军之心"或者"此不识侯也"等等，然后就开始从其他角度来阐述关公精神到底是什么，最终将结论归纳在关公的忠义品德上。显然，对于关公文化的发展来说，这是积极的，这让关公在道德体系中的位置远远超越了中国历史上数以千计的猛将、骁将，成为理所应当的"道德之神"。

但是，这种现象也说明了一个问题，那就是在中国传统伦理观念里，"勇"的道德意义比不上忠、义。

这种思想并不是来源于儒家，而是来源于道家和杂家，如《庄子·盗跖》云："勇悍果敢，取众率兵，此下德也。"《吕氏春秋·论威》甚至说："勇，天下之凶德也。"

而儒家和墨家对"勇"的看法相对比较宽容，如《国语·周语》言："勇，文之帅也。"《左传·昭公二十年》："知死不辟，勇也。"《论语·宪问》："仁者必有勇。"又《子罕》："知者不惑，仁者不忧，勇者不惧。"《墨子·经上》云："勇，志之所以敢也。"

儒家认为"勇"需要用一定的外在因素来制约，如《论语·阳货》云："君子有勇而无义为乱。"因此，在儒家思想主导的传统社会里，"义"和"勇"则成为一对辩证而又统一的哲学观念，而关公信仰则是这种观念的外在体现。

在关公文化领域中，"勇"其实还是实现忠、义、仁等其他道德行为的基础。与一般民间信仰最大不同的是，关公文化在元明时期接受了"陆王心学"的洗礼，这让它成为"知行合一"思想在民间社会的载体。也就是说，在关公文化的核心精神中，"忠"、"义"、"仁"代表的是知的层面，而"勇"则代表了行的层面。从这个意义上讲，关公文化其实也是对中国传统伦理文化的一种补充。

对于西方文化来说，"勇"也是个很重要的伦理概念，亚里士多德就曾在《尼各马可伦理学》中研究过"勇敢"，他认为：

> 勇敢是恐惧与信心方面的适度，是面对一个高尚的死时在恐惧方面的适度品质。

他还分析了表面上看起来的五种勇敢：政治强迫的勇敢，个别经验的勇敢，激情的勇敢，乐观的勇敢，无知的勇敢，而这些都不是真正的勇敢。勇敢作为一种德性，区别于鲁莽和懦弱，在面对可怕的事物时，既不会过分自信，盲目轻敌，也不会过分恐惧，看到害怕的事情掉头就跑，而是表现出镇定、沉着，机智迎战，这样的行为才称为"勇敢"。

亚里士多德和中国的诸多思想家大多将"勇"特定为一个人在战场上的表现，但作为伦理意义上的"勇"不应该仅仅表现在战争时期。其实，在人的社会活动中，处处都会运用到"勇"。比如：一个人如果真正要做到忠、义、仁，就必将面临到国家利益、群体利益、他人利益与自身利益的抉择问题，在大多情况下，这种抉择是不会出现双赢或多赢结果的，这时就需要以"勇"来进行指导。所以，对于正常的社会伦理体系来说，"勇"其实是一个重要的概念，它能使人不再懦弱和自私。事实上，懦弱和自私确实是反伦理的概念，但也是"人性的弱点"，是每个人都会有的弱点，弥补这个人性上的不足的唯一方法其实就是勇敢。也就是说，如果没有"勇"作为基础和支撑，那么所有伦理道德体系都将会有面临崩塌的危险。

其实关公文化所代表的这种伦理关系早在罗贯中的《三国志通俗演义》中就有所体现，虽然当时还没有人明确地提出过"知行合一"的理念，但我们可以看到，作为陆学门徒的罗贯中在塑造关公这个人物时，就是以勇来体现他的所有道德品格的。

这种以勇为基础的道德体系并不是所有人都能够理解的，比如美国汉文化学者鲁尔曼（Prof. Robert Ruhlmann）就曾在《中国通俗小说与戏剧中的传统英雄人物》中写道：

> 但关羽所代表的主要美德——忠义事实上有多方面的涵义，彼此很容易纠缠不清，而成为解不开的死结。关羽的故事说明同时为父

母、朋友、君王、国家和正义尽责是何等困难。尽管官方传记编写人如何解释，这位英雄人物仍表现出人生的复杂。

他没有意识到作为英雄人物的勇敢品格是可以解释忠、义、仁以及其他各种美德的。"忠、义、仁、勇"等义理以及规范的研究已是中国绵延两千年的显学、专学，其经书典籍浩如烟海，而关公文化也在中国流传了千百年，鲁尔曼如果仅从小说、戏剧去诠释关羽的这些精神品格自然会陷入困境。如果将这些伦理概念换成现代人特别是西方人能够看懂的词汇的话，也许可以暂时解决这个问题，虽然这些词汇还不能完全等同于它所代表的意思，这些词汇就是：爱国、勇敢、团结、进取、仁爱、诚信，这样看来，它们之间似乎并没有任何矛盾之处。

第三节 关公文化学的时代价值及前景展望

一 关公文化学的社会价值

1. 伦理价值

钱穆先生曾说："关羽为什么遭受中国人如此般地崇拜呢？正因为关羽有他的道德精神。"关公虽然兵败被杀、事业未成，"但无损其道德精神之长存千古"。在今天我们中华文化重建的进程中，弘扬中华文化优秀传统，就包括对关公所体现的这种诚信、忠义精神价值的弘扬。①

文化价值，实际上是一种价值判断。不同的文化有着不同的价值观和价值标准。在以农耕为主的中国封建社会里，文化价值主要表现为一种道德价值，以道德伦理来标示个人，强调人对道德的遵守与认同。②

因此，文化中的一些积极因子可以依附于语言和其他文化载体，形成一种社会文化环境，对生活于其中的人们产生同化作用，为他们的价值观、审美观、是非观、善恶观涂上基本相同的"底色"，也为他们认识、

---

① 引自中国社会科学院学部委员、世界宗教文化研究所所长卓新平先生对《关公文化学》立项的评议意见。

② 孟祥荣：《信仰、崇拜、价值、仪式——荆州地区关公文化断想》，辑录于《2012中国荆州·国际关公文化学高峰论坛论文汇编》。

分析、处理问题提供大致相同的基本点，进而化作维系社会、民族生生不息的巨大力量。可以说，文化就是凝聚社会的黏合剂。

中国是伦理本位的社会，中国传统文化是伦理型文化。关公文化作为中国传统文化，既是儒、释、道诸家文化的组成部分，又是中国人伦理、道德的核心内容之一。关公文化作为一种精神现象，它对社会生活最直接的意义就是在伦理道德方面，也就是说，关公文化精神价值的核心在于道德价值。关公对国以忠，待人以义，处世以仁，作战以勇，体现了中华民族的传统美德。千百年来，人们崇拜关公，本质上也是在崇拜这位英雄的高尚人格。

随着中国市场经济的发展，中国已从传统的农业社会向工商业社会成功转型。在历史上，以忠、义、仁、勇为核心精神的关公文化在宋元以后的流动商品社会中也曾起到极其重要的社会伦理教化作用。继承和发扬关公文化所蕴含的道德精神，将有利于克服市场经济条件下出现的某些"道德滑坡"现象，有利于形成良好的社会道德风尚，有利于精神文明的建设。

2. 政治价值

关公文化的政治价值，首先表现在民族凝聚力方面，特别是关公文化所代表的"春秋大一统"思想，对促进祖国统一具有重要意义。

关公为之奋斗的最高理想，就是匡扶汉室，一统天下。这种思想包含着实现国家统一的积极因素，是中华民族历久不衰，团结统一的内在根据。福建东山铜陵关帝庙的楹联："数定三分，扶炎汉平吴削魏，辛苦备尝，未了一生事业；志存一统，佐熙朝降魔伏虏，威灵丕振，只完当日精忠。"精辟概括和歌颂了关公"志存一统"的精神。关公文化的凝聚力，为我们统一祖国提供了思想文化基础。"忠义二字，团结了中华儿女；春秋一书，代表着民族精神。"充分揭示了关公文化的民族凝聚力。关公文化已被整个中华民族高度认同，海峡两岸同胞共同崇拜关公。充分发挥关公文化连接海峡两岸人民的精神纽带的作用，为两岸民众共同形成强大的向心力将起到积极的作用。

另外，关公是中国民间信仰之中有限的几个被多民族共同信奉的神祇之一，重视关公文化的发展对于促进民族和谐与团结不无裨益。关公文化既是民族的，也是世界的，同时也是联结民族文化与世界文化的纽带。从华人开始走向世界的那一天，关公文化就被陆续传播到朝鲜、日本、东南亚国家和西方世界，从而加深了国外民众对中华传统文化的了解，推动了整个中华民族文化走向世界，至今这些国家的关帝庙依然香火鼎盛。因此，发展关公文化学无疑有助于将中国从文化大国打造成文化强国的战略目标的实现。

需要强调的是，关公文化的核心精神非常符合党的十八大以来所倡导的社会主义核心价值观。2012 年 11 月，中共十八大报告明确提出"三个倡导"，即"倡导富强、民主、文明、和谐，倡导自由、平等、公正、法治，倡导爱国、敬业、诚信、友善，积极培育社会主义核心价值观"，这是对社会主义核心价值体系的高度凝练和集中表达。其中，富强、民主、文明、和谐是国家层面的价值目标，自由、平等、公正、法治是社会层面的价值取向，爱国、敬业、诚信、友善是公民个人层面的价值准则。而千百年来，关公文化的核心精神正是古人对于爱国、敬业、诚信、友善等美德的理解与诠释。可以说，关公精神是中国历朝历代老百姓所共同认可的价值准则，这其实和当代公民个人层面的价值准则没有任何矛盾之处。

2013 年 12 月，中共中央办公厅印发《关于培育和践行社会主义核心价值观的意见》，明确提出，以"三个倡导"为基本内容的社会主义核心价值观，与中国特色社会主义发展要求相契合，与中华优秀传统文化和人类文明优秀成果相承接，是我们党凝聚全党全社会价值共识作出的重要论断。

关公文化作为中华优秀传统文化，在全社会倡导社会主义核心价值观的今天，自当会顺应时代的潮流，发挥它的重要作用，而通过不断研究和理解关公文化，将会直接促进社会主义核心价值观与与中华优秀传统文化的承接，这也是关公文化学政治价值的重要体现。

3. 艺术价值

艺术是一种很重要、很普遍的文化形式，有着非常复杂而丰富的内容，与人的实际生活密切相关。艺术作为一种精神产品，具有无限发展的趋势，并在整个社会产品中占有越来越大的比重。艺术的本质就是通过某种特定的媒介符号如绘画、雕塑、建筑、诗歌、音乐、舞蹈、戏剧、小说等来反映和描述事物及其价值关系的运动与变化过程，从而对人的情感、知识和意志进行交流、感化和训练。艺术价值是重要的精神价值，其客观作用在于调节、改善、丰富和发展人的精神生活，提高人的精神素质（包括认知能力、情感能力和意志水平）。

　　千百年来，关公文化在艺术领域有丰富的表现形式，在造型艺术和表现艺术两大范畴内，从建筑艺术（关庙）、造像艺术（绘画和雕塑）到文学艺术（小说、诗歌、民间口头文学）、舞台艺术（戏曲、曲艺）、影视艺术（电影、电视剧）、礼制艺术（祀典、庙制、庙额、碑文）、祭祀艺术（人们在祭祀过程中产生的舞蹈、音乐、祝词等艺术形式），可谓种类繁多，异彩纷呈，充斥于关公精神文化、物质文化、制度文化、信息文化的各个方面。

　　关公文化艺术价值的研究就是以价值论的方法来观察和分析这些多姿多彩的关公艺术，并对它们的特性、功能、价值关系进行考证与衡量。

　　比如，现存于北京故宫博物院的绢画《关公擒将图》就是难得的艺术珍品。该画为明代宫廷画家商喜所作，描绘的是《三国志》中关公水淹七军、生擒庞德的故事。全图人物共六人，主角是关羽和庞德。庞德上身裸露，赤脚，双目怒睁，咬牙切齿，毫不畏惧；两裨将在敲桩、绳缚、揿身、压抑被审者的咆哮；关平拔剑威慑，周仓从旁吆喝——把整个审讯场面激化到了绷弦欲断的程度。而关羽蓝巾、绿袍，全身披挂，丹脸凤眼，长髯飘拂，气宇轩昂，集儒雅和勇毅于一身。画面人物间互有呼应，特别是庞德掉头不理，一裨将似欲扭转他的头颅逼他听审，而关羽庄重的表情上又展现了一丝"英雄相惜"的神态，这一描绘增强了戏剧性的冲突。此图人物高大、气势雄壮，线条刚劲流畅、顿挫有力，色彩红绿金粉、鲜艳夺目，是难得的艺术佳作。单纯从这幅画的工艺水准来说，已足以价值连城，如果我们将明代的关公文化进行了解之后，就会发现它更多的历史价值。

　　据嘉靖《徐州府志》记载，宣德七年，朝廷曾经重新修缮徐州的"关尉神祠"，并将其列入官方祀典，岁以春秋上丁三日致祭。商喜是宣德时期的宫廷画家，他的《关公擒将图》又有鲜明的壁画风格，这应该能够说明，此画正是为"关尉神祠"所作。由此，人们可以重新评估这幅画的文物价值和艺术价值。

　　此外，关公文化学的研究成果也会对当代的艺术家提供创造灵感，它会为现代人理解古代人的美学思想提供一个崭新的视角，同时也会对传统文化的发展以及现代产品的创新具有一定的指导意义。目前的海内外每年都有很多与关公有关的艺术作品问世，包括雕塑、绘画、影视作品等，了解关公文化当然会对这些艺术品的创作者们产生裨益，关公文化学对现代艺术市场的价值也体现于此。

4. 宗教价值

在历史上，宗教与哲学、道德、法律、政治、文学、艺术一样，是上层建筑和社会意识形式的重要组成部分之一，是一种特殊的文化形式。

一个宗教之所以成为宗教，是因为它包括三个层面，其一为宗教的思想观念及感情体验（教义），二为宗教的崇拜行为及礼仪规范（教仪），三为宗教的教职制度及社会组织（教团）。从这个意义来说，在历史上的大部分时间里，关公信仰并不能算是一种宗教，因为它缺少专门而必要的教职制度及社会组织。但是，自从天台宗的"荆南正法"一系将关公借取到佛教体系之中以后，关公就从单纯的荆州地方的民间信仰跨入了人为宗教的殿堂。宋、明两代，道教正一、全真二派的极力推崇；元、清两朝，佛教密宗、禅宗的不断介入又使得关公成为一个极具影响力的宗教符号。再加上儒家的大力扶持，使得清末的许多民间宗教争相奉关公为主神，甚至已经出现了崇拜关公的教职制度及社会组织，如韩国的"关圣教"就是一例。

不过，无论是民间宗教还是人为宗教，宗教人士对于关公这个"符号"的借取最初都应该是来自人们对于宗教发展的考虑。在此之后，关公文化却又无一例外的对它们起到了道德指引作用。比如，佛教天台宗自"玉泉山显圣"的故事流传以后，就开始以关公来监督僧侣的日常修行；道教正一派自"关公战蚩尤"的传说流行以后，就开始为天下苍生祈福，并强调本派的"及物之功"，清朝西藏的佛教密宗更是通过修建关帝庙和国家利益紧紧地捆绑在一起，在福建、台湾地区的鸾堂、斋教等民间宗教组织甚至会运用关公信仰与侵略者、殖民主义者展开英勇顽强的斗争。这是因为，关公文化所代表的精神在深深地影响着这些宗教的信众们的人生观与价值观。

因此，关公文化不仅是学者需要研究的问题，也应是宗教人士需要关注的事情。对于关公文化的理解，可以让宗教界更好地理解宗教与社会、宗教与国家、宗教与民族之间的关系，这在宗教健康发展方面产生的价值将是难以估量的。

5. 经济价值

在当代社会科学研究中，交易成本经济学（即新制度经济学）、交易成本政治学等学科都极为关注所谓非正式规范在经济、政治活动中的作用。"关公文化"中所蕴含的社会规范，在很大程度上正是属于非正式规范的范畴。"关公文化学"之研究，对于此类学科的研究将会有不可忽视的意义。①

关公文化的经济价值首先表现在它为经济活动所提供的精神动力上。就目前的社会理解程度而言，关公的"财神"之称是其受到群众尤其是商人阶层的虔诚崇拜的主要原因，而其实在古代，商人们之所以崇拜关公是因为他代表着"先义后利"的商业伦理道德。因为在大众的心目中，关公既讲信义又讲诚信，所以人们一般认为信仰关公的人一定不会"见利忘义"。"利"与"义"之间的关系，其实早在明清时期就已经得到了以晋商为代表的中国商人们的足够重视，并衍生出了具有时代先进性的商业理论，关公也正是因此才成为"财神"的。所以，关公文化的经济价值首先表现在"以义取利"的中国传统特色的经济思维之中。

其次，关公文化的存在也为商品经济的发展创造有利条件。比如：将现在已知的关帝庙进行修复并对外开放，它们一般大都建在风景名胜之地，都是发展文化旅游业的重要而又宝贵的资源，本身就可以创造良好的经济效益。关公文化在民众间的广泛影响力和吸引力，也会使关帝庙所在地成为群众的集结场所，形成经济活动中心。从古至今，一般哪里有关庙，哪里就会形成活跃的贸易市场。而且，全国现有为数众多的关帝庙大多已成为各地的文物保护单位，这也为各地开展关公文化旅游业创造了良好的条件，以成熟的经济价值理论作为支撑的物质消费文化也将在关公文化的整体发展过程中创造更多的经济效益。

因此，关公文化学作为一种受众人群庞大并带有厚重历史感的基于传统文化的社会科学，其价值不言而喻。

二　关公文化学的学术价值

1. 关公文化学的历史学价值

文化是历史的产物，文化同时也创造着历史，文化与历史是一个相互交织的整体。研究文化时必然要涉及历史的概念与事实，研究历史也同样无法逃避对文化的系统性描述与客观评价。

在近一千八百年的发展过程中，关公文化对许多重大的历史事件都曾

① 引自北京大学社会学系教授刘世定先生对《关公文化学》立项的评议意见。

产生过作用，研究和理解关公文化将会有助于人们认清这些事件的真实情景。比如，三国时代的"赤壁大战""借荆州"；唐代的"庞勋之乱"；宋代的"建隆风波""熙宁战争""崖山海战"；元代的"天历之变"；明代的"嘉靖倭乱""万历朝鲜战争"；清代的"台湾收复""平定廓尔喀""张格尔叛乱"……

甚至在海外国家的历史中，也经常可以看到关公文化的存在。比如在日本的室町幕府时期、朝鲜的李氏王朝时期、美国与澳大利亚的"淘金热"时期都有很多的事件与关公文化有重大关联。认识关公文化，会加深人们对于这些历史时期、历史事件之中的人物、风俗、制度、经济基础、社会结构等方面的了解。因此，关公文化学的研究成果对于历史学的价值是显而易见的。

2. 关公文化学的文学、民族学价值

目前，国内鲜有学者重视关公文化和中国少数民族之间的历史渊源，也很少有文章能从大眼光看待关公文化的起源、发展与演变过程，人们的注意力还较多地局限在《三国演义》等文学作品对关公文化的作用上，这显然是不够的。中国社会科学院文学研究所的杨义研究员曾言：

> 用大眼光解读中华民族共同体的文学与文化，就必然要求文学文化观念的深刻革新。在汉族文化和少数民族文化之间，还原中华民族文学文化发展的基本原理，就必须树立中华民族文学版图的完整性、原本性、多样性、生命性和原创性五种意识。研究中华民族文学文化而无力整合少数民族资源，乃是知识结构的不可不弥补的缺陷。①

中国众多的民族至今还流传着与关公文化有关的习俗与口头文学，如彝族火把节的"大刀舞"、壮族的"关帝诞"、藏族的《格萨尔王》、满族的《关玛法传奇》、蒙古族的《格斯尔传》等，对于这些习俗和口头文学的研究无疑会使人们对于各民族的民俗、信仰、文化方面产生更深刻的理解。同时，中华民族是生活在中国的五十六个民族的统称，了解关公文化也会弥补人们对"中华民族文化共同体"的认识不足，并会对文学、

---

① 杨义：《中华民族文化发展与西南少数民族》，载于中国社会科学院民族文学研究所官方网站：http：//iel. cass. cn/news_ show. asp? newsid = 10758。

民族学的研究有所助益，其价值不容忽视。

3. 关公文化学的宗教学价值

宗教学是透过宗教现象研究宗教的起源、演化、性质、规律、作用等本质问题的人文社会科学。

中国的外来宗教佛教与本土宗教道教都和关公文化的渊源极深。在古代历史上，佛教天台宗、密宗、禅宗，道教的正一派、全真派无不借取过关公信仰，关公信仰也对这些教派的发展产生了积极的影响；在近代以来，这些宗派又反过来为关公信仰的延续与发展起到了重大的作用。所以，研究中国宗教的发展史、发展规律以及各宗教的性质、演化、作用等问题就多少会涉及关公文化。

而且，从广义上讲，宗教不仅指制度性的人为宗教，还包括渗透着超自然力量信仰的思维、心理与行为，如泛灵信仰、图腾信仰、英雄信仰、祖先信仰、巫术仪式等。关公文化的本质是一种影响深远的英雄主义文化，其中自然存在有英雄信仰的元素，而它在许多个人、群体、民族、地区中又体现出了祖先信仰、泛灵信仰的特点，因此，关公文化学范畴之内的关公信仰本身就是非常有价值的宗教学课题。

4. 关公文化学的政治学价值

政治学，顾名思义，就是研究政治的科学。政治本质上是人们在一定经济基础上，围绕特定的利益，借助于社会公共权力来特定和实现特定权利的一种社会关系。也可以说，政治学就是研究这种特定的社会关系及其发展规律的科学，侧重于研究国家的政治生活，如政治思潮、国际关系等。

政治与文化之间的联系是历史的、必然的，二者之间并不存在不可逾越的鸿沟。在中国传统文化中，政治占有及其重要的地位。比如：秦汉以来，儒家文化是统治者的正统意识形态，也是中国社会的主流思潮，自上而下地影响着整个社会生活，这就说明了文化与政治之间存在着必然的联系。

唐代德宗年间，关羽的神像进入了武庙，这证明关公文化在当时已经对社会公共权力产生了影响。宋代以后，关羽更是不断地被特定权力阶层所推崇，并逐渐成为国家的象征，这与宋、元、明三代儒生们所发起的各轮政治思潮都有着直接的关系。比如理学的产生、心学的建立等，研究关公文化和这些思潮之间的关系，将有助于了解中国历史上的政治发展规律。

在政治学的现代视野中，关公文化同样会产生一定的价值。比如，儒家思想在今天的中国依然产生着不可小觑的作用，关公作为儒家所树立的传统文化符号，他的作用同样也是不应轻视的。另外，"武圣"关公在海外拥有比"文圣"孔子更强大的文化影响力，同时在某些地区也在产生着一定的政治影响力，所以关公文化学的研究成果对于政治学范畴内的国际关系学来说也有颇高的应用价值。

5. 关公文化学的社会学价值

现代的社会学学者通常通过比较法来研究人类组织和社会制度，在进行研究时常常分析群体，如社会组织、宗教组织、政治组织及商业组织，借以分析社会群体间的互动与发展过程，分析群体活动对成员的影响。

社会学的研究成果能够协助立法者、行政人员、社会组织者、企业策划者去解决社会问题并制定相应的公共政策，因此，社会学有着较强的应用性。基于这个特点，关公文化学的研究成果对于社会学者将会有所助益。比如，关公文化的本质是什么？如何理解关公信仰？如何界定关公信仰与其他民间信仰之间的区别？关公信仰的积极面和消极面各体现在哪里？它对社会发展有无帮助等等。如果社会学者对于以上问题不能理解，将影响到他的研究成果，进而影响到政府或企业决策的正确性与合理性。

这并不是一个可以忽略的小问题。国内现存的关帝庙数以万计，还保留关公信仰的人群更是数不胜数，而且关公文化还会牵扯到多民族、多宗教等诸多复杂的现实问题。所以，关公文化学的研究成果将会对社会学的研究产生比较重要的辅助作用，它的社会学价值也在于此。此外，目前国内的民俗学是社会学的一个重要分支，是一门侧重对民间文化与生活文化进行研究的学科，而民俗是关公文化的重要外在表现之一，关公文化学的民俗学价值自然不用赘述。

6. 关公文化学的经济学价值

经济常被看作是一个相对独立的研究领域。经济学主要是研究人类如何将有限或者稀缺资源进行合理配置的社会科学。其实，经济不仅是一个关于生产、分配和消费的体系，同时也是文化体系的一部分。文化研究中的许多问题都涉及经济问题，反之亦然。不同的生产方式，会产生不同的文化规则和生活习俗，而不同的文化规则也会产生不同的分配和消费的体系。

文化是经济发展的助推器，它对经济的支撑作用主要表现在三个方面：一是文化的导向赋予经济发展以价值意义，经济制度的选择、经济战略的提出、经济政策的制定，无不受到社会文化背景的影响以及决策者文化水平的制约。文化对物质生产、交换、分配、消费以思想、理论、舆论的引导，在一定程度上规定了经济发展的方向和方式。二是文化赋予经济发展以极高的组织效能。人作为文化的单元，不仅受文化熏陶，而且也依一定的原理相互感通，相互认同，从而形成社会整体。文化的这种渗透力是人的社会性的体现，它能够促进社会主体之间相互沟通，保证经济生活与社会生活在一定的组织内有序开展。三是文化赋予经济发展以更强的竞争力。经济活动所包含的文化因子越厚重，其产品的文化含量以及由此带来的附加值也就越高，在市场中实现的经济价值也就越大。

目前国内的经济学者多把着眼点放在西方经济学的研究上，对于中国传统经济的重视不够，特别是对于中国宋元以后商品经济的发展历史了解甚少。通过关公文化学的研究成果，经济学者会间接地认识到中国传统经济社会之中的商业文化及其历史作用，特别是商业伦理文化的作用，这必然会为发展中国特色的社会主义市场经济产生价值。

7. 关公文化学的心理学价值

心理学（psychology）一词来源于希腊文，意思是关于灵魂的科学。心理学既是理论学科，也是应用学科，是一门研究人类或动物的心理现象发生、发展规律的科学，包括心理现象、精神功能和行为的科学，涉及知觉、认知、情绪、人格、行为、社会关系以及人类或动物日常生活或生存的诸多方面。

关公文化对心理学的价值主要体现在文化心理学的领域之中。文化心理学是一门交叉学科，它是随着对人的心理的研究而发展起来的，其另一个来源是人类学。所以目前西方文化心理学有三种理论，即进化论的文化心理学理论，功能论的文化心理学理论和民族心理理论。其中功能论与民族心理理论将会和关公文化学产生关联，同时，对关公文化的了解也将有助于学者们对应用心理学的研究。

比如：关公信仰至今还在影响着许多人，而信仰问题可以说是人们的一种生活态度和心灵的最终寄托，深刻地影响着人们的价值判断、人生观和世界观。信仰作为个体所必需的精神力量和精神支柱，它对人们的实践活动和精神生活有着巨大的影响，这无疑是属于心理学的研究范畴。关公文化学的研究成果将会对中华民族的心理、信仰的功能以及信仰在应用层面上的研究产生巨大的学术价值。

三 关公文化学的前景展望

中华文化历史悠久，传承数千年一以贯之，作为一种极具中华民族英雄主义文化特质的关公文化也因此流行了一千余年。然而，自19世纪中期以来，无论是国门被强制打开还是对于现实各种文化的不满或逆反，中国人开始逐渐地抛弃自己固有的民族传统文化，特别是五四运动以后，这种抛弃的速度在加快。人们在打破旧世界的同时，大量介绍西方文化，并通过西方经济模式和科学技术的引进，逐渐改造中国，试图建立一个崭新的世界，关公文化在此时也被打入了"封建迷信"的行列而遭到冷遇。

然而，在经历了几十年的痛苦摸索，吸取了无数次的惨痛教训之后，一些有识之士发现，世界，尤其是以西方为主导的世界，并不认同中国已经改造了的文化，包括中国的体制、价值观念，尤其是生活方式。我们拥抱了世界，但世界并不拥抱我们。一方面，西方不认同中国具有的世界文化的共同特征；另一方面，中国在向西方文化靠拢的过程中又失去了自己的文化特质。中国在经济快速发展的同时，迷失了在传承传统基础上发展新文化的方向。①

20世纪末，有关文化，尤其是有关中国传统文化的发展、建设以及何去何从，它的影响力如何等学术讨论，引起了学界和社会公众的广泛关注，关公文化因此重新回到了人们的视野之中。特别是在台湾与大陆的关系日渐和缓，香港、澳门又相继回归以后，关公文化的历史作用和现实意义逐渐引起了各地方政府的重视。

21世纪初，河北、山西、河南、湖北等地的有关方面已将历史上的关羽同传说中的关公合为一体，把关公文化与经济建设联系起来，以强有力的举措和动作，以大量的人力与物力投入，通过各种渠道和形式，大张旗鼓地研究和宣传关公文化。同时，为服务于经济建设与社会发展，学界出现了许多关公文化研究的新理念。②

① 参考陈华文主编《文化学概论初编》，首都经济贸易大学出版社2013年版，前言部分。
② 陈元芳：《关公文化在城市与组织文化中应用的探讨》，辑录于《2012年中国荆州·国际关公文化学高峰论坛论文汇编》。

　　对于振兴传统文化来说，这自然是一件好事，但需要承认的是，目前关公文化学的理论体系还并不成熟。时至今日，许多所谓的研究成果可以说是漏洞百出，以至于社会上和学术界对于关公文化仍然存有很多的误解。比如有学者在论及关羽神话问题时曾言："一个始终匍匐在神话英雄脚下的民族，是世界上最没有出息的生物之群。"① 这显然就是不懂何为英雄，何为民族，何为关公文化的人所说的话，按他的观点，也许这世界上所有的民族都是"没有出息的生物之群"。当然，这也是可以理解的，因为，国内外以现代方式研究关公文化的时间不过一百余年，国内更是不过几十年，而真正有重大价值的研究成果也只是在近十几年才出现的，对于英雄主义文化的研究更是还处于初级阶段。可以说，关公文化学才刚刚产生，其认识论、方法论、价值论体系也并不完善，有许多的问题还有待深入的思考和研究。

　　比如，关公文化起源于荆州，而三国至唐宋时代的荆州曾是怎样的一种景象？它的地缘政治、经济基础、民族构成是怎样的？三国时代以后的门阀政治是否曾经是关公文化的发展障碍？为何在关公文化的发展过程中，少数民族的作用如此之大？客家文化与关公信仰有怎样的渊源？它是怎么产生的？明代万历年间关公被皇帝封为"伏魔大帝"与民国中期国民党政府废除"关岳祀典"是否都与东西方信仰冲突有关？关公文化还有哪些发展规律？关公文化学还会对哪些学科产生影响？等等。虽然本书对以上问题均有所涉猎，但其实需要深入挖掘之处还有很多。胡小伟曾言："尽管努力挖掘资料，但历代关羽崇拜中究竟还隐藏着中国文化演进的多少秘密，仍然是一个需要众多学人共同努力探究的课题。"② 此言甚是。

　　就目前的研究成果来说，关公文化学在未来将呈现两种趋势，一种偏重理论，将会对关公文化的产生、发展、演变以及规律、作用和社会功能等方面提出新的观点；一种偏重实践，将会对关公文化在各地区的文明建设、文化普及及文化产业发展方面产生更大的作用。这两者之间并不是各

---

　　① 黄忠晶：《论关羽的神话——兼评李存葆的〈东方之神〉》，《江南大学学报》（人文社会科学版）2004 年第 2 期。
　　② 胡小伟：《中国文化史研究：关公信仰研究系列》第四卷《护国佑民——明清关羽崇拜》，香港科华图书出版公司 2005 年版，大结语部分。

自独立的，而是相辅相成、互为依托的。而且，随着时代的进步，历史还将赐予关公文化更多的内涵，也将会为关公文化学提出更多的课题，比如文化冲突、文化融合、传统与现代的矛盾、民族英雄与世界各民族文化之间的矛盾等多方面的问题，这都需要进一步的研究。就区域而言，如何认清各地与关公文化之间的历史渊源，为发展当地文化事业提供理论依据，也是关公文化学在实践应用领域的重要课题之一。

　　党的十八大报告强调，要弘扬中华文化，建设中华民族共有的家园。这充分体现了当代中国共产党人对繁荣发展民族文化的强烈历史责任感。在党的积极政策的指引下，重新了解中华民族的英雄，继承中华民族的精神，弘扬中华民族的美德，当是所有中国人义不容辞的事情。关公，作为中华民族崇敬了千百年的超级英雄，作为中华民族"忠、义、仁、勇"精神的真实写照，作为中华民族爱国、勇敢、团结、进取、仁爱、诚信等传统美德的象征符号，在东西方文化不断融合发展的今天，在中华民族伟大复兴的道路上，必将再次傲视群雄，俯瞰天下，而关公文化学也必将为此做出巨大的贡献。

参考文献

古籍、古文

左丘明：《左传》，中华书局 2012 年版。

司马迁：《史记》，中华书局 1959 年版。

班固：《汉书》，中华书局 1962 年版。

范晔：《后汉书》，中华书局 1965 年版。

陈寿：《三国志》，中华书局 2006 年版。

房玄龄等：《晋书》，中华书局 1974 年版。

沈约：《宋书》，中华书局 1974 年版。

令狐德棻：《周书》，中华书局 1971 年版。

李百药：《北齐书》，中华书局 1972 年版。

萧子显：《南齐书》，中华书局 1972 年版。

李延寿：《北史》，中华书局 1974 年版。

刘昫：《旧唐书》，中华书局 1975 年版。

欧阳修等：《新唐书》，中华书局 1975 年版。

脱脱等：《宋史》，中华书局 1977 年版。

宋濂等：《元史》，中华书局 1976 年版。

张廷玉等：《明史》，中华书局 1974 年版。

赵尔巽等：《清史稿》，中华书局 1977 年版。

孔丘：《论语译注》，杨伯峻译注，中华书局 1980 年版。

孟轲：《孟子译注》，杨伯峻编，中华书局 1980 年版。

韩非：《韩非子校注》，江苏人民出版社 1982 年版。

张家山二四七号汉墓竹简整理小组：《张家山汉墓竹简》，文物出版社
   2001 年版。

许慎：《说文解字》，万卷出版公司 2009 年版。

蔡邕：《独断》，日本早稻田大学风陵文库藏本。

杜预：《春秋经传集解》，上海古籍出版社 1978 年版。

张华：《博物志》，日本国立国会图书馆藏本。

习凿齿：《襄阳耆旧记校注》，荆楚书社 1986 年版。

常璩：《华阳国志》，齐鲁书社 2010 年版。

郦道元：《水经注校证》，陈桥驿校证，中华书局 2007 年版。

何宁：《淮南子集释》，中华书局 1998 年版。

李吉甫：《元和郡县志》，台湾商务印书馆 1986 年版。

杜佑：《通典》，中华书局 1982 年版。

张鷟：《朝野佥载》，中华书局 1979 年版。

杜佑撰，曾贻芬校：《通典食货典校笺》，巴蜀书社 2013 年版。

董诰等：《钦定全唐文》，扬州诗局嘉庆二十三年本。

周绍良：《全唐文新编》，吉林文史出版社 2000 年版。

马端临：《文献通考》，中华书局 1986 年版。

杨仲良：《皇宋通鉴长编纪事本末》，江苏古籍出版社 1988 年版。

陆九渊：《陆九渊集》，中华书局 1980 年版。

李季可：《松窗百说》，台湾艺文印书馆 1964—1969 年版。

徐梦莘：《三朝北盟会编》，上海古籍出版社 1987 年版。

孟元老著，姜汉椿译注：《东京梦华录全译》，贵州人民出版社 2009
　年版。

中华书局编辑部：《宋元方志丛刊》，中华书局 1990 年版。

陶宗仪：《南村辍耕录》，四库丛刊本。

李修生：《全元文》，凤凰出版社 2004 年版。

戚继光等：《传世藏书·子库·兵书》，海南国际新闻出版中心 1995
　年版。

中国地方志集成编辑工作委员会：《中国地方志集成·乡镇志专辑》，上
　海书店 1992 年版。

张宇初等：《正统道藏》，文物出版社、上海书店、天津古籍出版社 1987
　年版。

司马光等：《资治通鉴》，中华书局 1956 年版。

不题撰人：《龙鱼河图》，嘉靖十七年本。

李一氓：《藏外道书》，巴蜀书社 1992 年版。

梁章钜：《归田琐记》，中华书局 1981 年版。

王士禛：《池北偶谈》，中华书局 1982 年版。

唐顺之：《重刊荆川先生文集》，《四库别集》572 部。

徐渭：《徐文长小品》，文化艺术出版社 1996 年版。

张建业、刘幼生：《李贽文集》，社会科学文献出版社 2000 年版。

黄宗羲：《弘光实抄录》。

不著撰人：《清太祖武皇帝实录》，故宫博物院排印本。

程敏政：《皇明文衡》，正德五年本。

沈榜：《宛署杂记》，北京古籍出版社 1980 年版。

谢肇淛：《五杂俎》，上海书店 2001 年版。

廖鹭芬：《天一阁藏明代方志选刊》，上海古籍书店 1981 年版。

舒赫德：《钦定胜朝殉节诸臣录》，四库全书武英殿本。

李侃等：《山西通志》，四库全存目丛书本。

赵翼著，王树民校证：《廿二史札记校证》，中华书局 1984 年版。

张镇：《解梁关帝志》，山西人民出版社 1992 年版。

刘益安：《大梁守城记笺证》，河南中州书画社 1982 年版。

刘锦藻：《清朝续文献通考》，商务印书馆 1936 年版。

徐昌志：《圣朝破邪集》，香港建道神学院 1996 年版。

嵇璜、刘墉等：《皇朝通志》，光绪二十七年本。

于敏中：《钦定日下旧闻考》，台湾商务印书馆 1986 年版。

江日升：《台湾外记》，福建人民出版社 1983 年版。

姚元之：《竹叶亭杂记》，光绪十九年本。

方拱乾：《绝域纪略》，上海书店 1994 年版。

田易等：《雍正畿辅通志》，四库全书本。

雍正：《世宗宪皇帝御制文集》，四库全书别集本。

西藏社会科学院藏学汉文文献编辑室：《清代喇嘛教碑文》，天津古籍出
　　版社 1986 年版。

周家楣、缪荃孙等：《顺天府志》光绪本。

黄维翰：《呼兰府志》，呼兰县志办公室 1983 年版。

徐畅达：《关帝庙典礼》，楚北崇文书局同治十年本。

不著撰人：《利川县志》同治版。

政事堂礼制馆：《关岳合祀典礼》，政事堂礼制馆 1915 年版。

罗贯中：《三国志通俗演义》，嘉靖壬午本。

魏勷：《关圣陵庙纪略》，康熙本。

陈文达：《台湾县志》，辑录于《台湾文献史料丛刊》（第二辑），30 号，台湾大通书局 1984 年版。

蒋毓英：《台湾府志》，中华书局 1984 年影印本。

樊国梁：《燕京开教略》，救世堂 1905 年版。

陈子龙等：《明经世文编》，中华书局 1962 年版。

不著撰人：《大明律集解附例》，光绪三十四年本。

田明曜等：《香山县志》同治本。

李东阳：《空同集》，四库全书本。

王之春撰，赵春晨校点：《清朝柔远记》，中华书局 1986 年版。

朱之瑜：《舜水集》，（东京）文会堂 1912 年版。

德川光国等：《大日本史》，吉川弘文馆 1911 年版。

吴庆元：《小华外史》，汉城 1914 年版。

蒲松龄：《蒲松龄集·聊斋文集》，上海古籍出版社 1986 年版。

文秉：《烈皇小识》，上海书店 1982 年版。

台湾银行经济研究室：《台湾南部碑文集成》，台湾文献委员会 1994 年版。

郑安德：《明末清初耶稣会思想文献汇编》第一卷，天主教内部资料。

吴晗：《朝鲜李氏实录中的中国史料》第十辑，中华书局 1980 年版。

李舜臣：《影印李忠武公全书》，成文阁 1989 年版。

中国社会科学院历史研究所文化史研究室：《域外所见中国古史研究资料汇编·朝鲜汉籍篇》，西南师范大学出版社 2013 年版。

冯俊杰：《山西戏曲碑刻稽考》，中华书局 2002 年版。

李华：《明清以来北京工商碑刻选编》，文物出版社 1980 年版。

高楠顺次郎等：《大正藏》，大正一切经刊行会大正年间（1912—1926 年）版。

韩国首尔东庙：《东庙材料集》，钟路文化院 1997 年版。

专著、专集

胡小伟：《关公信仰研究系列》五卷，香港科华图书出版公司 2005 年版。

胡小伟：《关公文化溯源》上下卷，北岳文艺出版社 2009 年版。

洪淑苓：《关公民间造型之研究——以关公传说为重心的考察》，台北"国立大学"出版社 1995 年版。

陈寅恪：《金明馆丛稿汇编》，上海古籍出版社 1980 年版。

王楚香：《古今楹联大观》，上海文明书局 1920 年版。

方诗铭：《三国人物散论》，上海古籍出版社 2000 年版。

马昌仪：《关公传说》，中国社会出版社 2006 年版。

王大伟：《龙的盾牌——中国警察在英国》，农村读物出版社 1999 年版。

王玲：《汉魏六朝荆州地区的经济与社会变迁》，中国社会科学出版社 2010 年版。

台湾三军大学：《中国历代战争史》，军事译文出版社 1983 年版。

钱锺书：《管锥编》，中华书局 1986 年版。

顾颉刚：《顾颉刚读书笔记》，中华书局 2011 年版。

王古鲁、苗怀明：《王古鲁小说戏曲论集》，中华书局 2013 年版。

唐景福：《中国藏传佛教名僧录》，甘肃民族出版社 1991 年版。

张志江：《关公》，中国社会出版社 2009 年版。

关四平：《三国演义源流研究》，黑龙江教育出版社 2001 年版。

蔡东洲、文廷海：《关羽崇拜研究》，巴蜀书社 2001 年版。

顾功叙等：《中国地震名录》，科学出版社 1983 年版。

孟森：《明史讲义》，中华书局 2009 年版。

故宫博物院：《明清五百年·清代宫廷大事表·努尔哈赤》，故宫博物院数字图书馆。

方豪：《中国天主教史人物传》，中华书局 1981 年版。

徐宗泽：《中国天主教传教史概论》，上海书店 1990 年版。

古洛东撰，舒伏隆译：《圣教入川记》，四川人民出版社 1981 年版。

巴托洛梅·德拉斯·卡萨斯：《西印度毁灭述略》，孙家堃译，商务印书馆 1988 年版。

刘益安：《大梁守城记笺证》，河南中州书画社 1982 年版。

江日升：《台湾外记》，福建人民出版社 1983 年版。

富育光：《萨满教与神话》，辽宁大学出版社 1990 年版。

陈独秀：《独秀文存》，外文出版社 2013 年版。

姜振昌、徐萍：《孤独的风中之旗——〈孤岛〉杂文选》，文化艺术出版社 1996 年版。

中国国家博物馆：《郑孝胥日记》，中华书局 1993 年版。

吴佩孚：《吴佩孚先生集》，台北文海出版社 1971 年版。

张道和：《岁时民俗与古小说研究》，天津古籍出版社 2004 年版。

丁山：《中国古代宗教与神话考》，上海书店出版社 2011 年版。

萧一山：《近代秘密社会史料》，岳麓书社 1986 年版。

朱琳：《洪门志》，河北人民出版社 1990 年版。

李子峰：《海底》，河北人民出版社 1990 年影印版。

吕建福：《中国密教史》，中国社会科学出版社 1995 年版。

吕微：《近代中国民间的财神信仰》，学林出版社 1994 年版。

王东：《客家学导论》，上海人民出版社 1996 年版。

龙思泰：《早期澳门史》，吴义雄、郭德焱、沈正邦译，东方出版社 1997
　　年版。

王小甫：《唐·吐蕃·大食政治关系史》，北京大学出版社 1992 年版。

周作人：《秉烛后谈》，新民印书馆 1944 年版。

包恒新：《台湾知识词典》，福建人民出版社 1987 年版。

宋楚瑜、连战等监修，张丽堂等主修，刘宁颜总纂：《重修台湾省通志》，
　　台湾省文献委员会 1998 年版。

张子文等：《台湾历史人物小传——明清暨日据时期》，（台湾）“国家”
　　图书馆特藏组编辑，（台湾）“国家”图书馆 2006 年版。

龚鹏程：《儒学新思》，北京大学出版社 2009 年版。

吴占才：《南澳县文物志》，南澳县文普办 1985 年铅印版。

刘伯骥：《美国华侨史》，黎明文化事业公司 1976 年版。

张志德、王成祖、郭学敏：《关公的传说》，山西人民出版社 1986 年版。

费孝通：《论文化与文化自觉》，群言出版社 2007 年版。

陈华文：《文化学概论初编》，首都经贸大学出版社 2013 年版。

梅国联等：《胡志明诗歌全集》，文学出版社 2004 年版。

李福清：《古典小说与传说——李福清汉学论集》，中华书局 2003 年版。

韦思谛编：《中国大众宗教》，陈仲丹译，江苏人民出版社 2006 年版。

齐格·蒙特鲍曼：《作为实践的文化》，郑莉译，北京大学出版社 2009
　　年版。

威廉·A. 哈维兰：《当代人类学》，瞿铁鹏译，上海社会科学院出版社

2006 年版。

论文

潘天强：《论英雄主义——历史观中的光环和阴影》，《人文杂志》2007
　　年第 3 期。

张强：《关帝庙建筑的布局及其空间形态分析——以山西省境内现存的关
　　帝庙为例》，硕士学位论文，太原理工大学，2006 年。

浦士培：《建立中国关学刍议》，《2012 中国荆州·国际关公文化学高峰论
　　坛论文汇编》。

孟祥荣：《信仰、崇拜、价值、仪式——荆州地区关公文化断想》，《2012
　　中国荆州·国际关公文化学高峰论坛论文汇编》。

傅利民：《从里耶秦简看汉寿古"索县"地历史沿革演变》，汨罗屈原文
　　化网站，http：//www. mlnews. gov. cn。

李步嘉：《关羽始筑江陵城说辩误》，《华中师范大学学报》（哲学社会科
　　学版）1997 年 7 月。

马昌仪：《论民间口头传说中的关公及其信仰》，《中国神话与传说学术研
　　讨会文集》（上册），台北汉学研究中心，1996 年。

国风：《士人与士族》，《中国县域经济报》2007 年 7 月 30 日。

李锦芳：《百越族称源流新探》，《云南民族学院报》1997 年 2 月。

彭志敏：《关羽崇拜起源地考》，《安徽文学》2009 年第 12 期。

徐文明：《天台宗玉泉一派的传承》，《佛学研究》1998 年第 1 期。

才让：《藏传佛教中的关公信仰》，《中国藏学》1996 年第 1 期。

加央平措：《关帝信仰与格萨尔崇拜——以拉萨帕玛日格萨尔拉康为中心
　　的讨论》，《中国社会科学》2010 年第 2 期。

周维平：《从敦煌遗书看敦煌道教》，《中国宗教》2006 年第 6 期。

朱海：《"忠孝不并"与"忠孝两全"——略论唐宋之际忠孝观念的变
　　迁》，《光明日报》2006 年 1 月 17 日。

李振纲：《象山心学与朱陆之辩》，《河北大学学报》（哲学社会科学版）
　　2004 年第 4 期。

李灵年：《罗贯中为赵偕门人辩略》，载《三国演义学刊》第二辑，四川
　　省社会科学出版社 1986 年版。

欧阳健：《罗贯中三题》，《山西大学学报》（哲学社会科学版）2003 年第

1 期。

李福清：《关羽肖像初探》，台湾"国立历史博物馆"《历史文物》第四卷第四期（1994 年 10 月）。

陈岗龙：《内格斯尔而外关公——关公信仰在蒙古地区》，《民族艺术》2011 年 2 月。

王春瑜：《李自成、张献忠与传教士》，《文史知识》1999 年第 3 期。

陈文源：《西方传教士与南明政权》，《广西民族学院学报》（哲学社会科学版）2003 年 11 月。

李光涛：《清太宗与〈三国演义〉》，台湾"中研院"历史语言所《集刊》第 12 本，第 271 页。

张雨新：《清朝对其保护神关羽的崇奉》，载《出土文献研究》第 4 辑，中华书局 1998 年版。

田海林、李俊领：《"忠义"符号：论近代中国历史上的关岳祀典》，《山东师范大学学报》（人文社会科学版）2012 年第 1 期。

李道和：《炎帝与关公的历时性传承》，《民族艺术研究》2005 年第 3 期。

高娇乔：《侗族：夜郎后裔？》，《文教资料》2011 年 6 月。

王琴美：《民俗视野中的禄丰高峰乡彝族大刀舞》，《楚雄师范学院学报》第二十七卷第四期。

罗晶：《浅析宋元时期的商德》，《伦理学研究》2012 年第 1 期。

郑协：《关公与晋商会馆》，《中国商界》2009 年 9 月。

司徒美、陈琳瑜、麦静文：《客家乡土文化体系下关公崇拜习俗的嬗变与其意义转换——以广东梅县南口镇关帝庙为例》，《科技视界》2012 年第 10 期。

刘海燕：《关公信仰文化的地域特色与现代风貌——澳门、东山、榆林等地的关公文化考察》，载于《2012 年中国荆州·国际关公文化学高峰论坛论文汇编》。

徐晓望：《从澳门庙宇看澳门华人文化特色》，《福建论坛·经济社会版》2002 年第 5 期。

吴惠巧：《关圣帝君信仰在台湾之在地化变迁》，载于《2012 年中国荆州·国际关公文化学高峰论坛论文汇编》。

葛继勇、施梦嘉：《关帝信仰的形成、东传日本及其影响》，《浙江大学学报》（人文社会科学版）2004 年第 5 期。

具银我：《首尔的关帝庙和关帝信仰》，《宗教学研究》2013 年第 3 期。

刘宝全：《韩国的关王庙与关圣教小考》，《民俗研究》2010 年第 4 期。

孙卫国：《试论朝鲜王朝崇祀明朝东征将士之祠庙》，《韩国学论文集》
　　2003 年第 2 期。

姜春爱：《韩国关庙与中国关庙戏台》，《戏剧——中央戏剧学院学报》
　　2003 年第 3 期。

韦凡州：《越南人信仰中的中越共同神研究》，硕士学位论文，广西民族
　　大学，2010 年。

阮光颖：《试论关公信仰文化在越南的传播》，《东南传播》2008 年第
　　4 期。

谭志词：《关公崇拜在越南》，《宗教学研究》2006 年第 1 期。

郑凯文：《美国华人社会变迁阶段及其分析》，《才智》2010 年第 17 期。

付飞亮：《关公形象在美国的变异》，《河南科技大学学报》（社会科学
　　版）第 30 卷第 4 期，2012 年 8 月。

朱正明：《关帝文化向世界传播》，关公网，http：//www. guan - gong. com。

刘志军：《关公信仰的人类学分析》，《民族研究》2003 年第 4 期。

黄敏兰：《史实证明儒家文化难以制约专制权力》，《探索与争鸣》2012
　　年第 1 期。

杨义：《中华民族文化发展与西南少数民族》，《民族学研究》2012 年第
　　1 期。

陈元芳：《关公文化在城市与组织文化中应用的探讨》，载于《2012 中国
　　荆州·国际关公文化学高峰论坛论文汇编》。

黄忠晶：《论关羽的神话——兼评李存葆的〈东方之神〉》，《江南大学学
　　报》（人文社会科学版）2004 年第 2 期。

后　记

2009 年，我到中国社会科学院杂志社任职，结识了世界宗教研究所的王志远老师和文学研究所的胡小伟老师。两位老师是多年的好友，相互之间亲密无间，他们在各自的学术领域都已是泰斗级人物，建树颇丰。我被他们的博学、睿智与平易近人的学者风度所折服，并为自己能够认识这样的人中龙凤而庆幸万分，所以我时常去拜访两位老师，聆听教诲，受益匪浅。在他们所涉猎的知识体系中，最让我感兴趣的是关公文化。

和大多数人一样，我对关公的最初了解也来源于小说《三国演义》，关公的冷傲、忠义、勇猛和坚强的品格着实令我着迷，但我一直没有搞明白的是，为何在小说中，罗贯中并没有直接描写关公的死亡，而是用神奇的笔触写道：

> 时五更将尽，正走之间，喊声举处，伏兵又起。背后朱然、潘璋精兵掩至。公与潘璋部将马忠相遇，忽闻空中有人叫曰："云长久住下方也，兹玉帝有诏，勿与凡夫较胜负矣。"关公闻言顿悟，遂不恋战，弃却刀马，父子归神。史官有诗赞曰：
> 壮哉熊虎将，赳赳汉云长。功绩过韩、耿，声名重马、张。
> 恩酬曹孟德，死报汉中王。大义参天地，英风播四方。

这一直是我的心头疑问，直到翻阅了胡老师的著作《关公信仰研究系列》我才终于找到了答案。原来，在《三国演义》产生的数百年前，关公早已是中国人的全民信仰，也是所有人都崇拜的英雄，而对于中国人来说，真正的信仰是不灭的，真正的英雄也是不会死的。

自此后，我以助理的身份多次陪同胡老师至运城、洛阳、榆林、太原、西安等地做学术考察与调研活动。在此期间，我不但对关公文化有了更为深入的了解，也逐渐坚定了要成为关公文化的研究者与传播者的决心。

2012 年，我随胡老师参加了荆州市举办的"中国荆州国际关公文化学高峰论坛"活动。在本次活动的中，主办方领导与老师一起将《关公文化学》的编写列入了工作计划之中，为此我也曾欢欣鼓舞。然而，在 2013 年年底，荆州市政协的刘作忠主任在办理好一切手续，来到北京要和胡老师正式签约之时，老师却突然因病去世。可想而知，这让所有相关人员在悲痛之余均感到措手不及。

几天以后，刘作忠主任找到王志远老师和我，希望我们能够将这部专著完成。几经考虑之后，我们答应了刘主任的请求。王老师是为了实现老友的多年夙愿，而我则是为了告慰胡老师的在天之灵，因此推掉了一切琐事，开始专心编写这部《关公文化学》。

在编写过程中，需要特别感谢的就是刘作忠主任，他在已经退休的情况下，主动为我们收集资料、提供素材，并多次往返于北京和荆州之间，这种有始有终、恪尽职守的作风，着实令人由衷的钦佩。

本书初稿完成之时，正值胡老师去世一周年之际的午夜，遥想当年曾与老师在荆州的江津古渡把酒畅谈，纵论三国旧事，不禁对月涕零，感慨万千。

康　宇

2015 年 2 月于京西偃月书房